中國社會科學院甲骨學殷商史研究中心集刊

教育部、國家語委甲骨文研究與應用專項資助集刊

中文社會科學引文索引（CSSCI）來源集刊

甲骨文與殷商史

Bulletin of Oracle Bone Inscriptions and Yin-Shang History

新八輯

紀念殷墟甲骨文發現120周年專輯

宋鎮豪　主編

上海古籍出版社

《甲骨文與殷商史》（新八輯）編輯委員會

主 編：宋鎮豪

編輯委員會：

目　録

新時代甲骨學發展史上的新際遇、新使命、新成果和新作爲

宋鎮豪

（中國社會科學院歷史研究所，出土文獻與
中國古代文明研究協同創新中心）

一、甲骨文入選"世界記憶名録"

2017 年我國向聯合國教科文組織提交的甲骨文"世界記憶亞太地區名録"（Asia/Pacific Memory Of The World Register）與"世界記憶國際名録"（International Memory of the World Register）申報，成功入選"世界記憶名録"（圖一）。

"世界記憶名録"關注的是世界的文獻遺産，創建於 1997 年，是聯合國教科文組織的三大旗艦項目之一（另兩個是"世界遺産名録"，登録具有傑出普遍價值的建築物和自然遺址；"非物質遺産名録"，關注的是口述傳統和文化的傳承）。爲了區別其文獻遺産的地域影響力，根據聯合國教科文組織的地區劃分，後來又建立了"世界記憶非洲地區名録"（ARCMOW）、"世界記憶亞太地區名録"（MOWCAP）和"世界記憶拉丁美洲和加勒比地區名録"（MOWLAC）。"世界記憶名録"旨在用最可見的方式，將一個抽象的理想與目標——保護文獻遺産——變得更易於接近和具體化，目的是呼應聯合國教科文組織，引起各國政府、社區和個人對世界文獻遺産保護、利用情況的重視、關注與保護。據聯合國教科文組織的《世界記憶名録指南》（MEMORY OF THE WORLD REGISTER COMPANION）説："列入任何一級的名録都表明聯合國教科文組織對其永久價值和重要性的肯定。它同時也提高了該文獻遺産保管單位的地位。隨着時間的推移，通過讓更多的人瞭解那些不知名的文獻遺産，名録將有助於改變人們對世界歷史的認識和理解。入選後可獲得聯合國教科文組織的證書，有權利使用世界記憶的標志，該標志本身

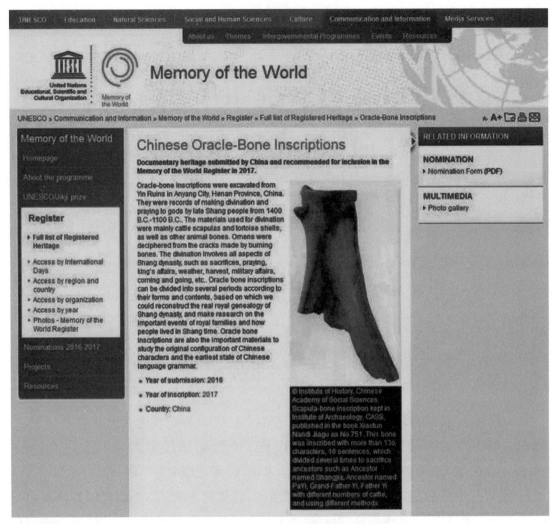

圖一　聯合國教科文組織網站終選消息公布

就證明了聯合國教科文組織的承認。該文獻也因此具備了與其他被列入名録的文獻同等的地位,因此也具有要求政府更加重視該遺産保管機關的理由。"此次甲骨文成功入選"世界記憶名録",標志着聯合國教科文組織公開肯定了甲骨文遺産的世界意義,肯定了其對文化和社會歷史産生的深遠影響,也標志着甲骨文具備了與世界其他被列入名録的文獻遺産同等重要的國際地位,這是一份驕傲和榮譽。

　　殷墟甲骨文是地下出土中國最早的成文古典文獻遺産,也是漢字漢語的鼻祖,在發展進程上没有中斷過,可以稱得上是歷史延綿、生命不衰的古老字種,傳承着真正的中華基因。甲骨文是重建中國上古史,尋繹中國思想之淵藪、中國精神之緣起、中國信仰之由來、中國傳統文化之演繹源頭的最真實素材。甲骨文申報"世界記憶名録",學界期盼已久。早在 2006 年 8 月,在河南安陽"慶祝殷墟申遺成功及 YH127 坑發現 79 周年國際學術研討會"上,專家學者就籲請國家立項,啓動甲骨文申報世界文化遺産。2010 年 5 月 21 日,全國古籍保護中心專門召開甲骨文申報"世界記憶名録"專家座談會,正式確定國家檔案局爲申報歸口管理單位,適時啓動申報程式,國家圖書館則組織專家學者多次研討申報事項及甲骨文申請列入"國家珍貴古籍名録"的有關標準制定和實施辦法。2013 年 3 月 8 日,經國務院批准,甲骨文正式列入《國家珍貴古籍名録》。

經過醖釀籌劃,2013 年 7 月,國家文物局協同國家檔案局委托我擔綱"甲骨文申報世界記憶亞太地區名録"與"甲骨文申報世界記憶國際名録"兩個中英文申請文本,依據聯合國教科文組織的《世界記憶名録指南》及《文獻遺産保護總方針》,對甲骨文申報"世界記憶名録"申請表的各項準則作深入透徹的分析,形成明正的對應規則,論證甲骨文申報"世界記憶名録"的必要性和重要性,爲確保珍貴的甲骨文遺産和檔案資料得到保護和傳播,提交明確真實而權威的申報理由,並爲國家文物局與國家檔案局準備提交申報紙本與數位化文本及所需配套資料。

甲骨文申報"世界記憶名録",采用聯合申報的形式,我選定了以中國社會科學院歷史所和考古所、國家圖書館、故宮博物院、北京大學、清華大學、上海博物館、南京博物院、山東博物館、旅順博物館、天津博物館等 11 家珍藏的約 93 000 片甲骨文爲申報主體,主要是基於這 11 家甲骨文藏品數量多、來源與遞藏經過清楚、入藏程式規範、檔案登記明確可查,且經專家真僞鑒定,有其級別劃分,具備文物、文獻遺産及學術史意義的多重標準。擬寫文本其間,國家文物局還專門組織召集全國 11 家甲骨文收藏單位負責人一起商談如何配合申報工作,我的學生郅曉娜博士協助承擔文本的英譯工作,同年 11 月 26 日我們完成了全部交辦任務。

隨着國家全域性"世界記憶名録"各項申報項目審核落實與有序提交的安排,2016 年我們又增補了申報圖文材料。在教育部等相關部委的積極配合下,2017 年 3 月 27 日聯合國教科文組織發來通知,中國提交的甲骨文申報"世界記憶名録"初選順利通過(圖二);10 月 30 日傳來消息,聯合國教科文組織世界記憶工程國際諮詢委員會經過終審,中國甲骨文遺産成功入選"世界記憶名録"(圖二);2017 年 11 月 27 日終選通知證書正式頒發;同年 12 月 26 日在故宮博物院建福宮,教育部、國家文物局、國家檔案局、中國聯合國教科文組織全委會等相關部門以中國官方的名義,聯合舉辦了"甲骨文入選'世界記憶名録'"發布會。

契自甲骨,發軔今朝。甲骨文入選"世界記憶名録",是三千年前古文獻遺産在新時代的新際遇,是實至名歸,更賦予了我們學人新的時代使命,去開拓甲骨文保護整理與科學研究的新視野。甲骨文的古典精髓在公衆層面的認知度將持續擴大,必然會激發出中華古老文明日久彌新的活力。

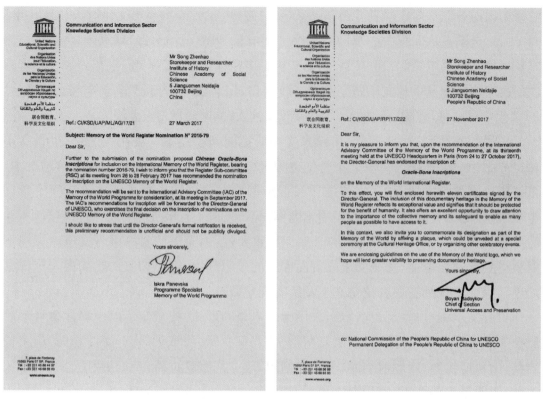

圖二　甲骨文申報"世界記憶名録"2017 年 3 月 27 日
初選通過通知書與 11 月 27 日終選通知證書

二、新時代甲骨文研究的新使命與新成果

　　甲骨文内容繁富,涉及三千年前殷商時期的政治制度、王室結構、國家管理、社會生活、經濟生産、天文曆法、自然生態、交通地理、方國外交、軍事戰争、宗教祭祀、思想意識、文化禮制等方方面面,具有極高的文物價值、史料價值和學術史研究價值。從1899 年發現至今,經海内外學者們近 120 年來前赴後繼的探索,其中的歷史奥秘逐漸揭開,甲骨學嶄然成爲一門舉世矚目的國際性顯學。

　　甲骨文流傳不廣,能接觸揣摩到原物的更不易,甲骨拓本遂成爲方便傳播甲骨文的重要介體。中國社會科學院歷史所先秦史室是甲骨學研究的重鎮,藏有大批甲骨文拓本,其來源相繫於建國初製定"國家十二年科學發展遠景規劃"中列爲歷史學科重點項目《甲骨文合集》的編集。近年來我們發現有相當數量的甲骨文拓本爲當年《合集》及後來的《合補》所漏收漏選:有的都是上世紀 70 年代以前或更早時期的拓本,而其甲骨實物往往早已去向不明;有的雖知下落,原骨却已破碎,片形遠非早期拓本完整;有的甲骨拓本集屬於海內外唯一性的珍本或孤本,有新材料的文物價值和古文字與古史研究的重要學術價值。但因這批甲骨拓本集塵封已久,紙張斷爛零落,需要進行搶救性破損修復和專業性有序保護整理研究。

　　新時代帶來新契機,我們基於甲骨文物遺産的保護整理、科學研究、學術史追踪、文化傳播及歷史教育之目的,擴大歷史所藏甲骨墨拓珍本整理與研究的視野,深入挖掘每宗甲骨資料的來龍去脉及其學術史價值,站在學術前沿,把握甲骨學科發展方向;走出象牙塔,横向加强與海内外甲骨收藏單位的交流合作,在整理研究中搜集補充甲骨新資料,並注意吸收甲骨文的最新研究成果,充分呈獻我們的新知新獲;同時配合甲骨學科建設並加强中青年高端專業人才培養,不斷奉獻出我們的精品力作。近 10 年來,我們先後整理研究出版了 10 種總計 9 230 多片殷墟甲骨文的學術著作,列舉如下:

　　1.《雲間朱孔陽藏戩壽堂殷虚文字舊拓》(上下册,綫裝書局,2009 年 12 月,圖三)。爲上海著名收藏家朱孔陽所藏戩壽堂甲骨拓本,依當年王國維《戩壽堂殷虚文字考釋》一書的體例編次。戩壽堂甲骨最初爲丹徒劉鶚鐵雲所藏。劉氏搜購甲骨文始於 1901 年,自稱“總計予之所藏約過五千片”。1909 年劉氏獲罪流放新疆,生前所藏甲骨散失,其中近千片爲羅迦陵所獲,羅氏曾請王國維編集《戩壽堂所藏殷虚文字》,書爲石印本,印刷不精,甲骨拓片模糊不清。上海朱本的戩壽堂舊拓凡 639 片,拓工精良,屬於戩壽堂甲骨尚未殘損時的早期佳拓,遠較王氏《戩》完整,甚至比《合集》還要上佳。朱氏又藏編餘的甲骨文拓片、摹本《甲骨文集錦》二卷,上卷名爲《殷虚

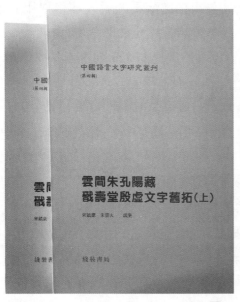

圖三

文字拾補》,收入 135 片;下卷名爲《殷虚文字之餘》,收入 158 片,合計 293 片。這兩批拓片雖不見於王氏《戩》,因有一部分顯然是《戩》甲骨的反版、正版或骨臼的拓片,只是其間失聯而已,可知爲戩壽堂同批之物。全部拓片中有近百片《合集》未收,現結集出版,使往昔戩壽堂同批甲骨材料得到齊整著錄。

2.《張世放所藏殷墟甲骨集》(綫裝書局,2009 年 12 月,圖三)。本書以拓片、照片和釋文相對照的形式,著錄安陽"四堂書屋"張世放先生所藏甲骨文凡 385 片,大抵爲安陽小屯村北出土。

3.《中國社會科學院歷史研究所藏甲骨集》(上中下册,上海古籍出版社,2011 年

圖四

8 月,圖四)。著錄甲骨凡 2 023 片,原爲郭沫若、胡厚宣、容庚、康生、羅福頤、羅福葆、王杏東、王獻唐、顧鐵符、易忠籙、羅守巽、葉玉森、郭若愚、徐宗元、徐坊、臧恒甫、顧承運、陳侃如、邵友誠、方曾壽、周伯鼎、蔣楚鳳、英國考文夫人、北京琉璃廠慶雲堂、韻古齋、振寰閣、富晋書社和北京文物商店等二十八家的舊藏品。甲骨的出土年代,多數是殷墟早期發現品,部分屬於上世紀 20 年代及 1937 年至 1945 年抗戰期間殷墟盜掘出土後散落民間者。本書以甲骨彩照、拓本、釋文與來源著錄表四位一體的形式,貫之以"分期斷代,按字體別其組

類,再按内容次第排序"的體例原則編次公布,上册爲甲骨彩版,包括有字甲骨 1 920 片、零星小碎骨 41 片、無字甲骨 32 片、僞片 30 片的彩色照片;其中已被《甲骨文合集》收錄 889 片,《甲骨文合集補編》收錄 389 片,仍有 642 片未被兩書著錄。中册爲甲骨文拓本。下册爲甲骨釋文和 6 種檢索表格。彩版首開甲骨正、反、側邊照片兼具的著錄樣式,側邊照片便於更好地觀察鑽鑿形態與邊側文字,以及甲骨邊緣鋸截錯磨整治等人工干預痕迹,其上下左右碴口的厚薄斷口狀,可供甲骨拼綴驗證。

4.《俄羅斯國立愛米塔什博物館藏殷墟甲骨》(上海古籍出版社,2013 年 12 月,圖五)。著錄甲骨凡 202 片,爲 1911 年前後俄羅斯著名古文書研究家黎哈契夫(Н. П. Лихачев)托一位中國官員購得,二戰前歸聖彼德堡冬宮保管。黎哈契夫曾與聖彼德堡大學東方系漢學家伊萬諾夫(А. И. Иванов)教授合作研究過。1932 年前蘇聯科學

院語言思想研究所布那柯夫（Ю.В.Бунаков）進行過專題研究，因衛國戰爭而未能完成。中國科學院歷史所胡厚宣先生與俄羅斯科學院劉克甫（М.В.Крюков）教授也曾分別於50年代、2000年整理部分，但均受條件所限，未能全面整理著録這批重要材料。《合集》僅僅收了79片摹本，且摹寫有訛誤。這批甲骨文藏品從未傳拓過，甲骨照片絶大多數也未曾公布，只有小量摹本著録。現在我們與俄羅斯國立愛米塔什博物館合作整理著録這批甲骨，首次以彩照（包括甲骨正、反、側邊）、墨拓、摹本、考釋爲一體的著録範式予以公布，用中、英、俄三種文字對每片甲骨釋文加以簡説，滿足了學界長期以來的期盼。

圖五　　　　　　　　　　　　　　　　　圖六

　　5.《旅順博物館所藏甲骨》（上中下册，上海古籍出版社，2014年10月，圖六）。著録甲骨凡2 217片，包括有字甲骨2 211片、無字甲骨3片與僞刻3片，蚌笄頭刻辭1枚。主要爲"甲骨四堂"之一羅振玉（雪堂）的舊藏品，少量爲日人岩間德也藏品，屬於安陽殷墟早期出土品。《合集》僅僅收了587片（拓片533、摹本54），絶大部分没有公布發表過。我們也是按照彩照（正、反、側邊）、墨拓、摹本、釋文簡釋與著録表前後一系的範式加以編集，是一部融學術研究與資料著録爲一體的大型甲骨著録書。

　　6.《殷墟甲骨拾遺》（中國社會科學出版社，2015年1月，圖七）。搜匯安陽藏家的殷墟出土甲骨凡647片，計第一期228片，第二期186片，第三期33片，第四期11片，第五期189片。有不少珍品，如人頭骨刻辭、塗朱鹿頭骨刻辭、牛距骨緑松石鑲嵌刻辭等。本書采取甲骨彩照、拓本、摹本、釋文四位一體的著録體例進行編著。

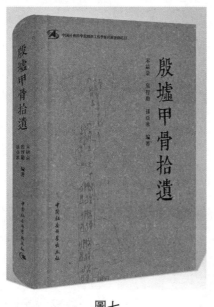

圖七　　　　　　　　　　　　　　　圖八

　　7.《笏之甲骨拓本集》(上海古籍出版社,2016 年 10 月,圖八)。著録原笏之高鴻緒輯集甲骨拓本凡 1 867 片。原骨不少已流落日本,有的曾著録於林泰輔《龜甲獸骨文字》(1918 年)、金祖同《殷契遺珠》(1939 年)、《龜卜》(1948 年)、饒宗頤《日本所見甲骨録》(1956 年)、渡辺兼庸《東洋文庫所藏甲骨文字》(1979 年)。其中的一批甲骨,歸了日本河井荃廬(1871—1945)收藏,二戰中 1945 年 3 月 10 日美軍空襲東京,位於千代田區九段富士見町的河井氏邸被波及,甲骨遭到战火焚燒,損毀嚴重,劫餘的甲骨後來入藏東京大學東洋文化研究所,松丸道雄《東京大學東洋文化研究所藏甲骨文字》(1983 年)有著録。數年前,我應邀訪問東京大學東洋文化研究所,在平勢隆郎教授陪同下,觀察過這批甲骨,所見色澤灰白,開裂斷缺,表皮剥落,收縮形變,慘不忍睹。此是河井藏品未損前的早期拓本,有可能墨拓於流入日本前,保存了甲骨原先形態,片形、字迹、墨色等明顯好於《東大》,彌足珍貴。

　　8.《重慶三峽博物館所藏甲骨》(上海古籍出版社,2016 年 11 月,圖九)。著録甲骨凡 210 片。這批甲骨中小部分係端方舊藏,又歸羅福頤,後爲重慶博物館購藏(20 片);大部分購自孫作雲(90 片)及重慶白隆平(67 片);還有一部分爲衛聚賢、羅伯昭捐贈。當年《甲骨文合集》著録了 36 片,其後《甲骨文合集補編》又著録 3 片(與《合集》相重 1 片)。此次對全部甲骨藏品進行拍攝、墨拓和整理研究,按彩照(正、反、側)、拓本、摹本、釋文、表格前後一系的著録範式公布出版。

圖九   圖十

9.《符凱棟所藏殷墟甲骨》（上海古籍出版社，2018 年 1 月出版，圖十）。本書著錄山西太原符凱棟所藏殷墟甲骨文 116 片及安陽傅林明所藏大卜骨兩版。采用甲骨彩照、拓本與摹本三位一體的形式刊布。

10.《徐宗元尊六室甲骨拓本集》（上海古籍出版社，2018 年 1 月，圖十一）

該書是據中國社會科學院歷史所藏徐宗元尊六室甲骨，對徐氏《尊六室甲骨文字》一書的再編纂，增入補遺 5 片，合計 269 片，原書拓片不佳，現全部換成新拓，訂正了原書的若干訛誤，加補了原書一些甲骨正反臼的漏拓。本書分爲三部分：第一部分爲甲骨圖版，序號一遵原書排次；第二部分爲甲骨釋文，包括徐宗元所撰《尊六室甲骨文字考釋初稿》的排校標點本以及本書的新釋文；第三部分爲著錄檢索表。

爲廣續《甲骨文合集》"輯集殷墟出土甲骨文之大成"的前緒，我主持的國家社科基金重點課題暨中國社科院重大科研項目**《甲骨文合集三編》**，歷經前後 10 多年的艱辛工作，已經告成。該書輯集了《合集》與《合補》漏收的舊拓殷墟甲骨文，以及編集《合集》問世後散見各處的甲骨文，補收補拓部分公私諸家所藏甲骨文，整合有關甲骨綴合資料，總計

圖十一

著録甲骨文達 3 萬片,不久將向學界提供一部材料詳盡、能反映當今學術前沿水準的大型甲骨著録集,並且盡可能體現甲骨學研究的新認知,全面充分展現百餘年來甲骨文與甲骨學研究的新進展與新成果。

另外,2011 年中國社會科學院歷史所創新工程項目啓動,由我主持的"歷史所藏甲骨墨拓珍本的整理與研究"被批准爲其分項目之一,也可以説是因於我此前主持的中國社會科學院重大 A 類項目暨國家社科基金重點課題《甲骨文合集三編》的後續而設立的。此項目已於 2016 年結項,預計有多種甲骨珍本與孤本出版,其學術意義在於努力使一批甲骨墨拓珍本的原貌及藴含其中的原始學術信息得到帶有搶救意義的整理保護,爲揭示甲骨文庋藏事略和諸家收藏曲折情委的學術史提供新的考訂途徑,同時也通過刊布甲骨拓本叢編的甲骨文著録形式,爲學界提供一批學術研究新成果。

三、甲骨文保護整理與研究的
新際遇、新作爲

進入新世紀近 10 多年來,甲骨學科受到中央領導高度重視。2014 年 5 月 30 日習近平總書記在北京視察工作中指出:"中國字是中國文化傳承的標志,殷墟甲骨文距離現在三千多年,三千多年來漢字結構没有變,這種傳承是真正的中華基因。"2016 年 5 月 17 日,習總書記在全國哲學社會科學工作座談會上發表重要讲話,强調要重視發展具有重要文化價值和傳承意義的"絶學"、冷門學科,如甲骨文等古文字研究等,確保有人做、有傳承。兩次語重心長的重要指示,點明了甲骨文研究對於中華文化傳承的重要性和意義所在,這對全面推進甲骨文的保護整理和深入研究可謂是前所未有的新際遇。新使命必將造就新作爲。2016 年 8 月 20 日,劉延東副總理在一份批示中説:"對甲骨學研究要予以支持。"同年教育部、文化部、科技部、國家語委聯合下達了《關於落實支持甲骨學研究的工作措施的報告》。隨着一個個堪稱大工程項目的相繼開展,開展海内外甲骨藏品家底清查、構建電子數位化甲骨文字形庫、國家社科基金重大委托項目"大資料、雲平臺主持下的甲骨文字考釋研究"立項,有序將各地大宗甲骨文藏品加以徹底整理研究與著録公布,通過整理促進研究,推動交叉學科協同探索,有利於發現問題、承認問題和解決問題,有助於提升甲骨學科建設,爲加强甲骨文遺產的保護,爲中華優秀傳統文化傳承體系的構建和甲骨人才培養,爲國家製定的"十三五"實施中華典籍整理工程建設做出應有的貢獻。

時下,我正在全力主持兩個甲骨文整理研究項目:一個是 2014 年 11 月 5 日立項的國家社科基金重大項目**"山東博物館珍藏殷墟甲骨文的整理與研究"**,由山東博物館與中國社會科學院甲骨學殷商史研究中心合作承擔(圖十二、十三)。山東博物館珍藏甲骨文數

圖十二　山東博物館庫房墨拓甲骨場景

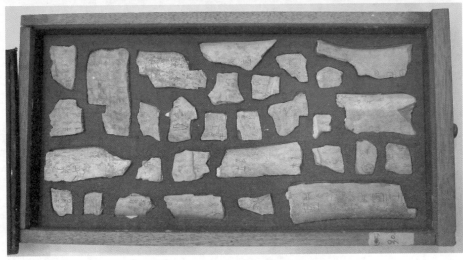

圖十三　山東博物館藏甲骨文

量達 10 500 多片,舊爲加拿大明義士、德國人柏根氏、上虞羅振玉、益都孫文瀾、濟南王惠堂、山東文管會與原齊魯大學等所藏,當年《甲骨文合集》和《山東省博物館珍藏甲骨墨拓集》兩書,總共才收録了 1 970 片,未經著録的多達 8 000 片以上。

　　另一個是 2016 年 12 月 21 日立項的國家社科基金重大委託項目**"大資料、雲平臺支援下的甲骨文字考釋研究"**子課題**"天津博物館藏甲骨文的整理與研究"**,也是在我主持下,由天津博物館與中國社會科學院甲骨學殷商史研究中心合作承擔(圖十四、十五)。天津博物館珍藏甲骨文數量近 1 800 片,主要爲王懿榮、王襄、孟廣慧、羅振玉、王福重、李鶴年、陳邦懷、方若、魏智、徐寶祠的原藏品,其中王懿榮、王襄、孟廣慧三位是甲骨文最早發現者。部分甲骨文 1925 年王襄曾編入《簠室殷契徵文》,然因"印刷不精,且多割剪",書出之後,曾蒙受不白之冤,遭到一些學者詬病,多以材料可疑,摒而不用。比如 1930 年郭沫若在《中國古代社會研究》中即説:"此書所列幾於片片可疑,在未見原片之前,作者實不敢妄事徵引。"商承祚也説:"王書紙厚墨重,筆畫侵蝕,字形惡劣,訛誤百出。"1932 年商氏在《甲骨文字研究》一書中還懷疑説:"殆王(襄)氏摹刻而自欺欺世也。"但到 1935 年,郭沫若在《卜辭通纂》"述例"中對自己的看法作了鄭重糾正:"余曩聲言其僞,今案乃拓印不精,文字多上粉,原物不僞,特附正於此。"孫海波撰《簠室殷契徵文校録》,力證其片片皆真。邵子風在《甲骨書録解題》也辨析説:"今觀書中所録各版,頗多訛誤,去真已遠,故書初出時,論者見其文字契刻殊

圖十四　天津博物館庫房墨拓甲骨現場

圖十五　天津博物館藏甲骨文

劣,疑爲贋品。然……王書材料非僞,惟因各版割裂剽奪之處甚多,復由作者手加摹寫,故文字失真,有似於僞耳。"著名甲骨學家胡厚宣在《殷墟發掘》一書中更明確指出:"王氏精於鑒別,書中並無僞品。"

兩館所藏甲骨文,其實均未徹底系統整理和全面公布過,經過長達近 60 多年的"冷封",有的骨片面臨破碎粉化,有的文字殘泐消磨,不及時清除污垢蟲蠹對甲骨的腐蝕,則將因人爲物故或其他自然因素而招致"甲骨文收藏之日即漸滅之期"的時代遺憾,尚且不要説對甲骨古文字研究、出土文獻學與中國上古史研究所將造成的損失了。這兩大課題,別開生面,均在與甲骨收藏單位精誠合作下進行,不是因循守舊,而是與時俱進,重在有所作爲,傳承與研發並重,遵循"保護第一,整理第二"的原則,就兩大宗甲骨藏品展開全面徹底整理研究,多角度高清晰拍攝,整體性氈墨傳拓,辨其真僞,別其組類,分期斷代,殘片綴合,釋讀文字,纍析文例,詮解史實,最終將編著完成兩部融學術研究與資料著録爲一體的**《山東博物館所藏甲骨》**與**《天津博物館藏殷墟甲骨集》**,爲甲骨文和殷商史研究提供新一批珍貴的資料,歷練造就一批嶄起的甲骨學科研究新秀。

新世紀以來,甲骨藏品搶救性保護措施正逐步落實,甲骨文研究已呈專題化、系統化、數位化和跨學科性,甲骨學術史研究趨於精準化。新時代,新際遇,也賦予中華學子新的歷史使命,迎來甲骨文保護整理與科學研究的新局面,研究中面臨的種種新老問題有望得到解決,勢必使甲骨文研究"低迷"的情勢有所改觀,甲骨學知識在公衆層面的認知度將因之擴大,相信能够滿足新時代的社會需求,凝聚國民的自豪感與自信心,爲弘揚中華古老文明的影響力和國家文化軟實力作出應有的貢獻。

論"殷墟花園莊東地甲骨"是小乙時代卜辭

——從商代的"日名"説起(上)

曹定雲

(北京師範大學歷史學院,中國社會科學院考古研究所)

引　言

《殷墟花園莊東地甲骨》(以下簡稱《花東》)出版已經十五年。1991 年發現的花園莊東地甲骨是繼 1973 年小屯南地甲骨發現後又一次重要的發現。《花東》的出版,是甲骨學界的一件大事。由於它的出版,在甲骨學界,掀起了新一輪研究甲骨文的浪潮。老學者自不待言,年青的學者更是趨之若鶩,在花東新出的甲骨卜辭中,尋求自己的新發現,尤其是一些年青的博士、碩士,將花東甲骨新材料作爲自己的研究對象,寫出一本又一本新著,爲甲骨學研究添磚加瓦,作出了可喜的貢獻。2013 年,我們對《花東》一書進行修改,現已再版。在再版《後記》中,我們對有關學者所作出的"貢獻",盡可能地予以采納和吸收,並深深地表示感謝。

《花東》卜辭屬於"非王卜辭",材料新穎,時代又早,因而在研究中出現許多不同的看法,是很正常的事。各種不同意見的"碰撞"與"切磋",會使我們的研究進一步得到提升,這是很可喜的一件事。縱觀十多年來各種討論意見,我感到其中有一個最大的"問題"還是沒有解決好,那就是商代的"日名"。由於對"日名"有着完全不同甚至是"對立"的理解,因而在討論中,"一人一把號,各吹各的調",對人名"丁"作出適合於自己心意的理解,很難取得共識。這個"問題"不解決,花東 H3 卜辭的進一步研究就會"舉步爲艱",對 H3 卜辭時代的推斷更是無從談起。因此,筆者決定,先從商代的"日名"入手,然後再討論其他。

一、關於商代"日名"的討論

(一) 關於商代"日名"的種種説法

　　無論是商代文獻和殷墟卜辭材料,都可以看到殷人祖先名"上甲"、"大乙"、"祖乙"、"武丁"、"祖庚"、"示壬"、"示癸"等。對於這些"名稱",過去多理解爲"廟號",是對祖先的一種"稱呼",是祭祀時才使用的。這些"甲、乙、丙、丁、戊、己、庚、辛、壬、癸"(俗稱"十干")就是"日名"。這些"日名"是如何確定的? 自東漢以來,就有過種種説法,没有取得共識。十多年前,我曾經寫過一篇文章,即《論商人"廟號"及其相關問題》,刊登在《新世紀的中國考古學——王仲殊先生八十華誕紀念文集》,①對"日名"中的各種問題,作了總檢討。由於篇幅太長,不能重複,只能擇其重要者,向讀者作些陳述。關於"日名"産生的説法,歸納起來有如下 10 種:

　　1. 生日説,認爲"日名"源於祖先之生日。《史記·殷本紀·索隱》皇甫謐云:"微字上甲,其母以甲日生故也。商家生子以日爲名,蓋自微始。"

　　2. 祭名説。認爲"日名"源於祭祀之日。王國維曾説:"殷之祭先率以其所名之日祭之。祭名甲者用甲日,祭名乙者用乙日,此卜辭之通例也。"②

　　3. 死日説。認爲"日名"源於祖先死日。董作賓云:"商人甲乙之號,蓋當爲祭而設。"他在《斷代例》中又説:"成湯以日干爲名,當是死日。"③

　　4. 致祭次序説。認爲"日名"源於致祭次序。陳夢家云:"卜辭中的廟號,既無關生卒之日,也無追名,乃是致祭的次序;而此次序是依了世次、長幼、及位先後、死亡先後順着天干排下去的。凡未及王位的與及位者無别。"④這是一種"混合"的説法,説了很多的標準,究竟如何決定,並没有説清楚。

　　5. 卜選説。認爲"日名"是死後通過占卜決定的。1957 年,李學勤發表《評陳夢家殷墟卜辭綜述》一文,文中認定,"殷人日名乃是死後選定的"。⑤ 此説能否成立? 本

---

① 曹定雲:《論商人廟號及其相關問題》,《新世紀的中國考古學——王仲殊先生八十華誕紀念文集》,北京:科學出版社 2005 年版,頁 300。

② 王國維:《觀堂集林》第 9 册,北京:中華書局 1959 年版,頁 7。

③ 董作賓:《甲骨文斷代研究例》,《慶祝蔡元培先生 65 歲論文集》(上册),1933 年;又《論商人以十日爲名》,《大陸雜志》1951 年第 2 卷第 3 期。

④ 陳夢家:《商王廟號考》,《考古學報》1954 年第 8 期;又見《殷虚卜辭綜述》,北京:科學出版社 1956 年版,頁 405。

⑤ 李學勤:《評陳夢家殷虚卜辭綜述》,《考古學報》1957 年第 3 期。

文後面將會作詳細的分析和評論。

6. 家庭成員分類説。張光直從文化人類學的角度來論證商人廟號在世系中的規律性,認爲以十日爲名的習俗是死後的廟主分類制度,是商王室二種執政組(一種以甲、乙廟號爲代表,二是以丁廟號爲代表)輪流執政的結果。①

7. 冠禮和婚禮説。馬承源認爲:"商周貴族男子所稱的日干實爲冠禮中所授之字,而女子日干乃是許嫁之字,冠禮在前,婚禮在後,故男女一般不同字。"②但馬先生在文章中並沒有提出任何的例證來支持他的這一觀點。

8. 嫡庶説。朱鳳瀚認爲:"祭禮之差別主要取決於受祭者在宗族中的等級地位,故頗疑商人日名奇偶分布之差異是由於受祭者的嫡庶身份不同決定的。……故占有多數比例的偶數日名,應是屬於嫡子的。少數奇數日名則是屬於具有庶子身份者。這裏所言嫡子是指正妻所生諸子,庶子是指庶妻(妃妾)所生諸子。"③

朱先生的"嫡庶説"也存在問題:他文章中舉"祖庚"、"祖甲"是奇數日名,但"祖庚"、"祖甲"是武丁正妻(法定配偶)所生還是庶妻(非法定配偶)所生,史籍並無文字記載。相反,大甲是大乙之嫡長孫,用的却是奇數干名,則提供了反證。因此,"嫡庶説"也只能存疑。

9. 雙日工作,單日休息説。這是美國學者吉德煒對殷周金文中"偶日干名占絶對多數"這一現象進行的解釋。他認爲,廟號的性質與祭祀有關。死後干名的選擇,一是取吉祥之意,故選擇某些吉日;二是這些吉日要合於負責祭祀活動的官員在作業上的方便。對偶數干名的偏好,可用祭祀活動中"雙日工作,單日休息"來解釋。④ 吉德煒是外國學者,他對殷周"日名"的理解有些"現代化"。殷周時代,那些以奇數幹部带头爲"日名"的廟號的還不少,那又如何去解釋呢? 這恐怕是該説所遇到的最大障礙。

10. 葬日説。認爲廟號中的日干源於埋葬之日,這是日本學者井上聰提出的。他在《商代廟號新論》中,采用"剛日、柔日"説,云:"外事以剛日,内事以柔日。"他還説:"商人已經有死亡後在陰日埋葬的習俗,甲骨文、金文中的陰日廟號,是基於埋葬習俗

① 張光直:《商王廟號新考》,《中研院民族研究所集刊》1963 年第 15 期。又見《中國青銅時代》,北京:生活・讀書・新知三聯書店 1983 年版。
② 馬承源:《關於商周貴族使用日干稱謂問題的探討》,《王國維學術研究論集》(二),上海:華東師範大學出版社 1987 年版。
③ 朱鳳瀚:《金文日名統計與商代晚期商人日名制》,《中原文物》1990 年第 3 期。
④ 吉德煒:《中國古代的吉日、廟號與登龍之心》,《中國殷商文化國際學術討論會論文》,1987 年 9 月。

而定的,而葬日又多選用陰日,所以廟號多爲陰日干名。"①中國學者張懋鎔也持有相
似的觀點。② 井上聰認爲"葬日多用柔日"是正確的,但"葬日"是否就是"廟號"值得商
榷,因爲"葬日"與"廟號"是性質不同的兩回事。

　　以上所列"日名"(廟號)産生的 10 種説法,基本上又可以歸爲兩大類:第一類,
"日名"是生前確立的,屬於此類的有"生日説"、"家庭成員分類説"、"冠禮和婚禮説";
第二類,"日名"是死後確立的,屬於此類的有"祭名説"、"死日説"、"致祭次序説"、"卜
選説"、"嫡庶説"、"雙日工作,單日休息説"、"葬日説"。對於以上 10 種説法,在長期
的討論中,很多"説法"早已淡出了人們的視綫,如"生日説"、"死日説"就是,且陳夢
家、張光直等先生都作過批評,如今很少有人再提;"祭名説"、"致祭次序説"也難以對
"日名"作出合理的解釋;張光直先生在否定"生日説"、"死日説"上是有貢獻的,但他
的"家庭成員分類説"同樣受到"質疑"——"日名"與"兩種執政組"沒有關係,朱鳳瀚
先生對殷周金文中"日名"作過詳細統計,對"兩種執政組"作出否定;③朱鳳瀚先生用
功很勤,他在否定"兩種執政組"上是有貢獻的,但他自己的"嫡庶説"同樣受到質疑,
上文已經説過,不再重複;至於馬先生的"冠禮和婚禮説",只是一種"推測",沒有事實
證據,可以棄之不論;美國學者吉德煒先生的"雙日工作,單日休息説",由於不明中國
古代宗法的實際情況,作了"現代化"的處理,可以諒解;井上村的"葬日説",在否定
"卜選説"上是有貢獻的,但"葬日"是否就是"日名"仍值得討論,下文將會論及。

　　總之,以上種種説法,都沒有真正解決商代"日名"問題。現在要重點討論的是李
學勤先生的"卜選説",其原因有二:第一,他提供了"卜辭證據";第二,此説目前仍有
一定的"市場"。

(二) 關於"卜選説"的討論

　　1957 年,李學勤先生在《評陳夢家〈殷虛卜辭綜述〉》一文中,認爲"殷人日名乃是
死後選定的",下列祖庚卜辭可以爲證:

　　　　[癸]未[卜]□[貞,旬]亡禍? 己丑小㝢[丼]。八月。　　　　　　　明 1983④

　　　　[丁亥卜]□貞,其有[來]艱? 二日己[丑],小㝢丼,八月。　　　　掇 1.210⑤

---

① 井上聰:《商代廟號新論》,《中原文物》1990 年第 2 期。

② 張懋鎔:《商代日名研究的再檢討》,《古文字與青銅器論集》,北京:科學出版社 2002 年版。

③ 朱鳳瀚:《金文日名統計與商代晚期商人日名制》。

④ 明,指《殷虛卜辭》,明義士編著,上海別發洋行石印本,1917 年。

⑤ 掇,指《殷契拾掇》,郭若愚編著,上海出版公司出版,1951 年。

[己丑卜]大貞：作喪小刉？冬（終）。八月。

[己丑卜]大貞：作脀小刉，亡橪？　　　　　　　　　　　　前 7.28.1①

貞：其橪？　　　　　　　　　　　　　　　　　　　　　　前 2.32.6

庚寅[卜]□貞：王□□□小刉……？　　　　　　　　　　　南坊 4.161②

丙申卜，出貞：作小刉日，叀癸？八月。　　　　　　　　　後下 9.3.10.1③

丁酉卜，……小刉老。八月。

丁酉卜，大貞：小刉老，惟丁叶？

[貞]：不[惟]丁[叶]？　　　　　　　　　　　　　　　　　綴 17④，掇 2.151

　　上引祖庚卜辭，李先生認爲："小刉死於八月己丑，當日卜作喪，丙申日卜作其日名爲癸，丁酉卜老（老，宗廟初成之祭）。《簠人》5、《珠》1055 祭小刉均用癸日。⑤《庫》985＋1106'乙巳卜，帝日叀丁？叀乙？'是武乙爲康丁選擇日名。乙、辛二卜下均記有'有日'，故定康丁日名爲丁。"⑥根據以上卜辭，李先生認定，商人廟號（日名）是死後通過占卜選定的。

　　《庫》985＋1106 原是兩小片肋骨刻辭，經李先生綴合而使辭意完整，從而引起李先生的特別關注與研究。1979 年，李先生在《論美澳收藏的幾件商周文物》一文中⑦，將他在美國卡内基博物館看到的《庫方》985＋1106 原骨刻辭，即今《美國所藏甲骨録》（USB10.11），⑧重新予以認定：

　　　　乙巳卜，其示帝？

　　　　乙巳卜，帝日叀丁？

　　　　叀乙？又日。

　　　　叀辛？又日。（USB.11，以上一面。圖一）

　　　　乙巳卜，其示？

　　　　弜？

　　　　乙巳卜，其示？

---

① 前，指《殷虚書契》，羅振玉編著，國學叢刊石印本，1911 年；彩印本，1913 年。

② 南坊，指《戰後南北所見甲骨録・南北坊間所見甲骨》，胡厚宣編著，北京：來熏閣書店 1951 年版。

③ 後下，指《殷虚書契後編・下》，羅振玉編，影印本，1916 年。

④ 綴，指《甲骨綴合編》，曾毅公編，修文堂書房 1950 年版。

⑤ 珠，指《殷契遺珠》，金祖同編，上海中法出版委員會，1939 年；簠人，指《簠室殷契徵文》，王襄編著，天津博物院石印本，1925 年。

⑥ 庫，指《庫方二氏藏甲骨卜辭》，方法斂、白瑞華編，北京：商務印書館 1935 年版。

⑦ 李學勤：《論美澳收藏的幾件商周文物》，《文物》1979 年第 12 期。

⑧ 周鴻翔：《美國所藏甲骨録》，加利福尼亞：美國加利福尼亞大學出版社 1976 年版。

弜？

乙巳卜，帝日叀丁？（USB10，以上另一面。圖二）

2. USB 11　　　　　　　　　　　　1. USB 10

圖一　　　　　　　　　　　圖二

　　李先生云："這是給剛死去的王選擇日名的卜辭。……日名只在死後應用，且與祭日有關。……《庫方》985＋1106 依次卜問丁、乙、辛三個日名，在乙、辛兩辭下記'又(有)日'，應該是確定日名爲丁。這說明日名不是依生日、死日、次序等固定不變，而是死後選定，爲我們理解日名的習俗提供了新的綫索。"李先生最後斷定：該片刻辭是日名"卜選説"的有力"證據"。① 由此，李先生的文章引起了國内外學者的關注。

　　李先生的"卜選説"能否成立，關鍵在於他對卜辭的理解是否正確。對於祖庚卜辭中有關"小匄卜喪"的 10 條刻辭李先生認爲是"卜選日名"的，日本學者井上聰給予

① 李學勤：《評陳夢家殷虚卜辭綜述》。

否定,他説:"根據卜辭記載,小㔾在八月己丑日死亡,死後過了七天即丙申日,貞人再卜埋葬的日子。"[1]這種推斷是很有道理的。前引第 3 條"己丑卜,大貞:作喪小㔾"已經十分清楚地表明了這一點。第 7 辭"作小㔾日,叀癸",不是"小㔾日名"爲"癸",而是小㔾之葬日爲"癸"。至於《簋人》5、《珠》1055 祭小㔾均用癸日,也不足爲怪,在葬日進行祭祀,完全合於情理,不應當把"埋葬之日"與"日名"等同起來。所以,李先生所引"卜喪小㔾卜辭",不是"卜選日名"的證據,而是"卜選葬日"的證據。

　　李先生對《庫方》985+1106 刻辭的解釋,同樣是偏離了刻辭的原意。首先,這是一片肋條骨刻辭,而非正式卜辭,它很可能是"仿刻"。對此,我已作過詳細辨析。[2] 既然如此,它的史料價值就要大打折扣。其次,該刻辭云"叀乙,又日"、"叀辛,又日",此"又日"又作何理解? 李先生認爲是"有日"(按:可能是認爲"已有日",故後面選擇日名爲"丁")。[3] 這樣的解釋是不妥的。

　　《庫方》985+1106 同樣是一片"占卜葬日"的刻辭。此中的"又日"就是"復日",因爲,"又"與"復"的辭義是相通的。關於"復",《説文》云"往來也";《集韻》云"重也","又也";《詩・大雅・大明》"文王有明德,故天復命武王也",此"復命武王"就是"又命武王";《左傳・僖公五年》:"晉侯復假道于虞以伐虢",此"復假道"即"又假道"也。關於"又",《儀禮・士虞禮》"又期而大祥",注"又,復也",《傳》、《箋》皆訓"又"爲"復";《禮記・文王世子》"以待又語",注"又語爲後復論説也";《韻補》"又……音亦復也"。由以上史籍可證,"又"與"復"的辭義完全相通。所以,《庫方》985+1106 之"又日"實爲"復日"。

　　"復日"就是"重複"之日,"忌爲凶事,利爲吉事"。所以,古代死者入葬,都要極力避開"復日"。所謂"復日"就是"重喪",在"復日"裏辦"喪事"中還會接着"死人",這是中國古代最忌諱的一件事,今日農村仍然盛行。《庫方》985+1106 刻辭記載的就是這樣一件事:由於乙、辛兩天均是"又日"(復日),死者不能入葬,故"乙巳卜帝日叀丁"。此"帝日叀丁"是"帝之葬日爲丁"也,這與《儀禮・士虞・疏》"葬用丁亥,是柔日"完全吻合(按:均用"丁"日)。由此可知,《庫方》985+1106 刻辭,是武乙爲死去之父選擇葬日的刻辭,而非選擇"日名"的刻辭。該辭所表示出來的"乙、辛爲復日"、葬日用"丁"這一套迷信思想,在中國的歷史長河中一直流傳,今日仍可見其痕迹。

　　總之,李先生所引用的上述"祖庚卜辭"和《庫方》985+1106 刻辭,均是占卜"葬日",與"日名"無關。李先生的"卜選説"既然用錯了材料,自然也就失去了存在的"依據"。

---

① 井上聰:《商代廟號新論》,《中原文物》1990 年第 2 期,頁 58。

② 曹定雲、劉一曼:《殷人卜葬與避"複日"》,《2004 年殷商文明國際學術討論會論文集》,頁 296—297。

③ 李學勤:《論美澳收藏的幾件商周文物》。

（三）關於“日名”真諦的探討

前面所論，對以前學界存在的 10 種“日名説”都進行了剖析，指出没有任何一種説法能真正解決“日名”問題。而殷墟花東 H3 卜辭，首當其衝就要解決卜辭中的人名“丁”、“子丁”、“子丙”等“日名”。正是在這種“壓力”之下，我們不得不探求“日名”究竟是怎麼一回事。有關“日名”的討論，最核心的是兩個：第一，“日名”是何時確定的？第二，“日名”的實質是什麼？有關這兩個問題，我在《論商人廟號及其相關問題》一文中都作了詳細的討論，現扼要介紹如下：

1. “日名”是生稱

關於“日名”生稱這一事實，我首先是從花東 H3 卜辭中發現的。《花東》294（H3：880）（見圖三）云（引文有省略）：

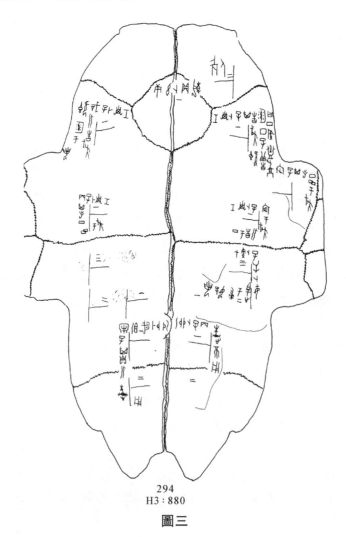

294
H3：880

圖三

　　① ……子其乍丁雖于犾。一

　　……

　　④ 壬子卜：子丙其乍丁雖于犾？一

　　……

　　⑦ 乙卯卜：子丙速？不用。一二①

　　⑧ 乙卯卜：歲祖乙牢，子其自弜速？用。一二

　　……

　　上舉該版四辭中，第①辭"子其乍丁雖于犾"與第④辭"子丙其乍丁雖于犾"的句子成分和語法結構完全相同。第⑦辭"子丙速"與第⑧辭"子其自弜速"的句子成分和語法結構也完全性同，第①、⑧辭中的"子"是 H3 卜辭中占卜主體"子"，是生者；那麼，與"子"地位完全相同的第④句、第⑦句中的"子丙"，也應當是"生者"，因爲"子丙"與"子"（占卜主體）在做着相同的事。"子丙"是以"丙"爲其"日名"，活着的"子丙"是"日名"爲生稱的有力證據。

　　《花東》420（H3：1314）云：

　　① 甲辰卜：丁各仄于我？用。一

　　……

　　⑤ 壬子卜：子丙速用，□各于［會］？一二

　　該版第⑤辭"子丙速用"與《花東》294 第⑦辭"子丙速"辭意相近，辭中的"子丙"當爲同一人兩辭再證"子丙"是生者，而非死者。由此可以看出，"日名"是生前就有的，而不是死後確定的。"子丙"本是生稱，死後則稱"父丙"、"祖丙"，是爲"廟號"。

　　爲了證實這一問題，我幾乎翻遍了殷周金文，結果發現了更多的證據。在現存殷周金文中，我搜集到 26 器有"日名"的銅器銘文，這些銘文中有從"甲"至"癸"以"十干"爲"日名"者，而且都是生者。有關詳情，可參閱拙著《論廟號》一文，②便可知曉。在這裏，我只提出第（14）器——春秋晚期庚壺，以資佐證，③該銘文云：

　　……殷王之孫，右師之子武叔日庚，擇其吉金……庚率二百乘舟入鄘（莒）從淵

　（河）。

---

① 此"速"字采用陳劍所釋，見《説花園莊東地甲骨卜辭的"丁"》，《故宫博物院院刊》2004 年第 4 期。

② 曹定雲：《論商人廟號及其相關問題》，頁 300。

③ 曹定雲：《論商人廟號及其相關問題》，頁 298。

這是一條極好的材料。器主是殷人的後代,即"殷王之孫,右師之子",其名是"武叔日庚"(名稱＋日名),後面又簡稱"庚"(日名)"率二百乘舟入鄗(莒)",這是"日名"爲"生稱"的最佳證據。由於"武叔日庚"身上流淌着"殷人"的"血液",商代的"日名"爲生稱,不就昭然若揭了嗎? 花東 H3 卜辭中的"子丙"與庚壺中的"日庚",其"日名"一脈相承,難道還存在疑問嗎?

圖四

拙作《論廟號》一文中,還收錄了一件戰國璽印。此璽見於羅福頤先生主編的《古璽彙編》,其銘文爲"日庚都萃車馬"(見圖四)。①

此璽之鑒別與考釋都應歸功於羅福頤先生。他説:"更如近世,以河南信陽戰國墓出黄腸木上有火烙印,藉知烙印方法始於戰國。前人只知漢有烙馬印,近見傳世之'日庚都萃車馬璽'之紐制,始悟此乃戰國烙馬用璽。過去只列諸官璽,未明其用。今由紐制,一見而知。紐上作方孔,所以納木者,是得漢烙馬印之啓發,並非今日智慧或能勝前人也。"②

羅氏考釋甚爲精辟。這是一件地道的戰國時代"烙馬印"。在馬身上"烙印",自然是標明此馬爲銘文中的"主人"所有,别人不能動用或牽走,馬之主人自然是"生者"。而此璽銘文自名"日庚",足證"日庚"是生稱而非"死稱"。此一璽足可破千古之迷:以"十干"命名的"日名",原本是"生稱",只不過人在生前很少用,死後才用作"廟號"而已。

2."日名"的真諦是宗族行第

由前面的論證可知,商人"日名"是生稱,並非死後確定。因此,所有"日名"中凡死後確立的種種説法(包括"卜選説")都統統被否定。那麽,生前的"生日説"、"家庭成員分類説"、"冠禮和婚禮説"是否就對呢? 也不是,前文已作過分析。"日名"的真正含義,即"日名"的真諦究竟是什麽,我們必須重新探討。

研究殷周時代的"日名"習俗,不應該脱離中國古代的宗族制度。殷周時代是宗族制度非常嚴密的時代,宗族內部成員之間,有着非常嚴密的輩分和行第的區别,人與人相見,彼此互相稱呼,一聽"名字",大體就能區别開來。這就是"日名"的特殊效應。"日名"一般由兩部分組成:前面爲"區别字",如"大甲"之"大"、"仲丁"之"仲"、"小乙"之"小"、"盤庚"之"盤"等;後面是"十干",如"大甲"之"甲"、"小乙"之"乙"、"卜丙"之"丙"、"康丁"之"丁"等。由於後面的"十干"代表的是"十日",故這些以"十干"命名的"名字"

① 羅福頤:《古璽彙編》,北京:文物出版社 1981 年版。

② 《古璽彙編·序》,頁 4。

也就稱之爲"日名"。"日名"中的"區別字"當有某種含義,有的可以考究,如"大"、"中(仲)"、"小";有的則很難考究了,如"盤庚"之"盤"、"康丁"之"康"。而"日名"中的"十干"(甲、乙、丙、丁……癸),則表示此人在同族同輩中的行第,即在同輩中的出生次第,頭一位出生者名"甲",第二位出生者名"乙",第三位出生者名"丙",以此類推。此中的"甲、乙、丙、丁"相當於後世的"一、二、三、四"。大家知道,隋唐以後,人們常常用數目字命名,如"張三"、"李四"、"王五"等等。這些"張三"、"李四"、"王五"之"名字",就表示了他們在同族同輩中的排行次第——"張三"排行第三,"李四"排行第四,"王五"排行第五。殷周時代的"甲、乙、丙、丁"同隋唐時代的"一、二、三、四"實質相同,都是表示"行第"。這個觀點,清人吳榮光曾經提及,他在《筠清館金文》卷一中説:"甲乙丙丁猶一二三四,反言之如後世稱排行爾。"由於他當時見到的材料有限,無法將這一問題展開討論,故後來人們對他的這一觀點早已淡忘。如今重提他的看法,是對他最好的紀念。

殷周時代人名中的"甲、乙、丙、丁",與隋唐時代人名中的"一、二、三、四"都是"行第",這有充分的事實根據。現代學者岑仲勉將唐代詩文中數目字人名編輯成書,名曰《唐人行第録》。本書所收録的人名中,韓愈叫"韓十八",因他排行第十八;白居易叫"白二十二",因他排行第二十二;岑參叫"岑二十七",他的排行是第二十七;高適叫"高三十五",他的排行是第三十五,如此等等。[①] 這樣的例子很多,此不繁舉。

殷周時代的"日名"取之於"甲、乙、丙、丁",隋唐時代的"數目字人名"取之於"一、二、三、四",這兩種"人名"表現的都是"行第",都是中國古代宗族制度的反映。不了解這一點,就不會了解"日名"的真諦。所謂"日名"的真諦,就是兩點:第一,"日名"是生前就有的。我在衆多的殷周青銅器銘文中才找到 28 件,"少"是"少了點",但不能因爲"少見"而"多怪";第二,"日名"表示的是"行第"。明白了這兩點,我們才有可能對殷墟花東 H3 卜辭中的人物("日名")展開討論,才有可能達到"共識"。否則,南轅北轍,各奔東西,不會取得真正的"進展"。這就是我爲什麼要花較多筆墨,對"日名"重新進行論述的原因所在。

二、論花東 H3 卜辭中的"丁"與"王"

(一) 花東 H3 卜辭人名"丁"之解讀

花東 H3 卜辭是"非王卜辭",其占卜主體是"子"。這個"子"與原"子組卜辭"之

---

① 岑仲勉:《唐人行第録》,北京:中華書局 1962 年版。

“子”,是不同的兩個人,對此我們已有詳論。[1] 花東 H3 卜辭中,有一個非常重要的人物叫“丁”,他在朝中,舉足輕重,是占卜主體“子”關注的主要對象。

《花東》56(H3:200)其卜辭云:

　　　辛丑卜:钔丁于祖庚至☐ 一,晋羌一人,二牢,至牂一,祖辛钔丁,晋羌一人,二牢?[2]

該片卜辭是占卜主體“子”爲“丁”舉行“钔祭”:前面一辭是“钔丁于祖庚”(即向祖庚舉行钔祭),後面一辭“祖辛钔丁”應是“钔丁祖辛”之倒文(即向祖辛舉行钔祭),其目的是祈求祖庚、祖辛保佑“丁”,被禳災禍。這個“日名”爲“丁”之人,自然是生者,而且是“子”非常敬重的人物。

在 H3 卜辭中,還有一位“日名”爲“丁”之人是“死”者,今有卜辭爲證,《花東》255(H3:754)第①辭云:

　　　甲寅卜:弜宜丁? 一

該辭中“宜”爲祭名,“丁”是被祭祀的對象,自然是死者。值得注意的是,H3 卜辭中,生者“丁”與死者“丁”是同時並存的兩個人。因爲,他們同見於一版甚至是一條卜辭中,其證據是《花東》34(H3:115+241+246),該版第④辭云:

　　　甲辰:宜丁牝一,丁各仄于我,翌于大甲?用。一二

上引第④辭中的“宜丁牝一”之“丁”因受“宜”祭,是死者;而該辭後面“丁各仄於我”之“各”有“進入”之意,故“丁各仄於我”之“丁”則爲生者。這就表明:花東 H3 卜辭中,同時存在着“日名”爲“丁”的死者與生者。這不足爲“奇”,因爲殷代“日名”用的是“十干”,總共只有十個號,而同族同輩兄弟往往會超過十人,有時甚至是三十、四十多人,由於都用“十干”,其“日名”自然會有“相同”者。殷代的“商三句兵”銘文爲我們提供了這方面的例證,現將其銘文徵引如下:

(1) 大兄日乙戈:

　　　大兄日乙、兄日戊、兄日壬、兄日癸、兄日癸、兄日丙。《集成》17.11392 [3]

(2) 且日乙戈:

---

① 劉一曼、曹定雲:《再論殷墟花東 H3 卜辭中占卜主體“子”》,《慶祝高明先生八十壽辰暨考古五十周年論文集》(《考古學研究》之六),北京:科學出版社 2006 年版。

② 中國社會科學院考古研究所:《殷墟花園莊東地甲骨·釋文》,昆明:雲南人民出版社 2003 年版,頁 1583。

③ 集成,指《殷周金文集成》,中國社會科學院考古研究所編撰,1984 年 3 月至 1994 年 12 月,中華書局。

祖日乙、大父日癸、大父日癸、仲父日癸、父日癸、父日辛、父日己。

《集成》17.11403

(3) 大且日己戈：

大祖日己、祖日丁、祖日乙、祖日庚、祖日丁、祖日己、祖日己。

《集成》17.11401

上述三戈都是祭器,其上銘文記載了被祭祖先稱謂(日名),一共 19 位(因"祖日乙"在且日乙戈和大且日己戈中同時出現,實爲一人)。這是這一大家庭三代人在宗族中稱謂之分布,我們從中可以看到一個"現象":在"祖"輩稱謂中,有兩個"祖日丁",兩個"祖日己",還有一個"大祖日己";在父輩稱謂中,日名爲"癸"者有四人,兩個"大父日癸",一個"仲父日癸",一個"父日癸";在兄輩稱謂中,有兩個"兄日癸"。所以,在同族同輩排行中,"日名"相同者,兩人以上很正常,三人、四人也不新鮮。所謂"三人"就是"天干"排了三輪故出現三個"日名"相同者,所謂"四人"就是"天干"排了四輪,故而出現四個"日名"相同者。因此,殷墟花東 H3 卜辭中,出現了生者"丁"與死者"丁"同時並存,自在情理之中。那位死者"丁"出生早,"日名"輪排在前,因故而早逝;而生者"丁"却風華正茂。兩個"丁"同時出現在卜辭中,不是很正常嗎? 所以,人們完全没有必要多慮。

在《花東》卜辭有關人名"丁"的討論中,姚萱女士認爲只有一位"活着的丁",没有"死者丁"。[1] 姚萱女士的看法也是"事出有因",因爲她是根據《花東》403 和 416 之《釋文》而得來。這兩版《釋文》注釋中是説"丁"爲"死者",但《花東》403 拓片不清,原釋文有誤;《花東》416 之"丁"實爲"地名",陳劍指出是對的。[2] 這兩處,我們這次再版均作了修改。但綜觀《花東》卜辭,死去的"丁"仍然是存在的,除上舉《花東》255 第 1 辭、《花東》34 第 4 辭外,還有下面卜辭爲證:

甲辰：宜丁牝一,丁各仝于我,翌日于大甲? 一二　　　　《花東》420.2[3]

此辭中,"宜"爲祭名,"宜丁牝一"是"用一母牛祭祀丁",故"宜丁牝一"之"丁"應是"死者",上舉《花東》34 第 4 辭也是這個意思。"宜"爲祭名是肯定的,下面卜辭可以爲證:

---

① 姚萱:《殷墟花園莊東地甲骨卜辭的初步研究》,北京：綫裝書局 2006 年版,頁 28—29。
② 陳劍:《説花園莊東地甲骨卜辭的"丁"》,《故宫博物院院刊》2004 年第 4 期。
③ 《花東》420.2 係指《花東》420 片第 2 辭。以下皆同,不另注。

　　辛卜：其宜，叀豕？　一　　　　　　　　　　　　　　　　　《花東》139.8

　　辛卜：其宜，叀大豕？　　　　　　　　　　　　　　　　　　《花東》139.9

　　辛：宜牝妣庚？　一　　　　　　　　　　　　　　　　　　　《花東》139.10

　　上面《花東》139 三條卜辭，連續卜問用"宜祭"祭祀"妣庚"，究竟用什麼"犧牲"好，是"豕"還是"大豕"，最後確定是用"牝"來"宜"祭妣庚(第 10 辭没有"卜"，應是決定之辭)。所以，"宜丁"就是用"宜祭"祭祀死去的"丁"，應該不存在疑問。

　　但姚萱女士把"宜"解釋爲"進獻"，"宜丁牝一"就是"把一頭母牛進獻給丁(生者)"。花東 H3 卜辭中的生者"丁"，是一位了不起的"大人物"，"進獻"給他"一頭母牛"算什麼"禮物"？"牛、馬、羊"等都是祭祀時的普通"犧牲品"，動則好幾頭，多則幾十頭、上百頭。用"一頭母牛"進獻給大人物"丁"，這"禮"也太輕了吧！這樣的解釋讓人難以置信。韓江蘇女士也不同意姚萱的看法。她説："她(姚萱)把'宜'釋爲'進獻'不十分合情理，否定故去的丁存在的觀點則站不住脚。"[1]因此，花東 H3 卜辭中存在着死者"丁"，同樣是不容置疑的。

　　對花東 H3 卜辭中的人名(日名)"丁"，還有另外一種解讀，即認爲此"丁"不是"人名"，而是"天干"。持此觀點者是閆志，他在《殷墟花園莊東地甲骨卜用丁日的卜辭》一文中，認爲"丁"是天干日名，並結合文獻指出，古人善用"丁日"行事，以此論證 H3 卜辭中的"丁"爲干支日名的觀點。[2] 他的這一觀點，可能是由於没有認真審查 H3 卜辭中的"丁"，否則不會得出這一結論。姚萱女士評論："有研究者認爲這類指人物的'丁'都是日期，是指'丁'日。按其説絶大部分卜辭根本無法講通，他們的解釋十分牽强，實不可信。"[3]

　　根據以上探討，可以得出如下結論：花東 H3 卜辭中，有兩個"日名"爲"丁"者，一個是死去的"丁"，另一個是活着的"丁"。這位活着的"丁"(生者"丁")，是本文討論的關鍵人物。

(二) 花東 H3 卜辭生者"丁"是武丁

　　花東 H3 卜辭生者"丁"是武丁，這有充分的事實根據。我們從生者"丁"與"婦好"、與占卜主體"子"的關係中，可以窺其一斑。今略分引如下：

1. "丁"與"婦好"之關係

　　辛未卜：丁隹好令从"白"或伐卲？　一　　　　　　　　　《花東》237.6

---

① 韓江蘇：《殷墟花東 H3 卜辭主人"子"研究》，北京：綫裝書局 2007 年版，頁 119。

② 閆志：《殷墟花園莊東地甲骨卜用丁日的卜辭》，《故宫博物院院刊》2005 年第 1 期。

③ 姚萱：《殷墟花園莊東地甲骨卜辭的初步研究》，頁 28—29。

　　　壬卜：帚好 告子于丁，弗□？一　　　　　　　　　　　　　《花東》286.30

　　上面二辭中，前者是"丁"命令"帚好"征伐"白或"，後者是"帚好"有事必須告訴"丁"，這足以説明"丁"之地位在"帚好"之上。

2. "丁"與占卜主體"子"之關係

　　　辛亥卜，丁曰：余不其往，毋速？一　　　　　　　　　　《花東》475.8

　　　辛亥卜，子曰：余□速，丁令（命）子曰：往眔帚好于曼麥，子速。一

　　　　　　　　　　　　　　　　　　　　　　　　　　　　　　《花東》475.9

　　上引第 8 辭"丁曰：余不其往"，"丁"自稱"余"，其口吻接近于"王"，可見其人非同一般。而第 9 辭，先是"子曰：余□速"，口氣也不小，説明"子"同樣是非凡人物。但接着後面是"丁令（命）子曰"，説明"丁"的地位在"子"之上。

3. "丁"、"婦好"與占卜主體"子"之關係

　　　甲申卜：子其見帚好☑？一　　　　　　　　　　　　　　《花東》26.5

　　　甲申卜：子叀豕殺眔魚見丁？用。　　　　　　　　　　　《花東》26.6

　　該版卜辭也很有意思，它記載了在同一天裏，"子"同時向"帚好"和"丁"進獻禮物。向"帚好"進獻了什麼，因辭殘不得而知，向"丁"進獻的是擊死的豕和魚。該版卜辭再次證明，"子"的地位儘管很高，但仍在"丁"之下。但同時也證明，"丁"與"帚好"關係密切。還有一版卜辭很耐人尋味：

　　　辛巳：子其告行于帚，弜以？一　　　　　　　　　　　　《花東》211.1

　　　弜告行于丁？一　　　　　　　　　　　　　　　　　　　《花東》211.2

　　該版卜辭實在微妙而又意味深長。"子"出行這件事，問其告訴"帚"（婦好），而不必告訴"丁"，説明在"帚好"與"丁"兩人中，告訴"帚好"就可以了。這又道出了"丁"與"帚好"之間的親密關係。

4. "丁"之地位和作用

　　通過上面論述，我們可以看到：生者"丁"可以命令"帚好"和占卜主體"子"，其地位顯然在"婦好"和占卜主體"子"之上。同時，在國家的軍事行動中，"丁"是統帥。下面卜辭可以爲證：

　　　辛未卜：白或再册，隹丁自正（征）卲？一　　　　　　　《花東》449.1

　　　辛未卜：丁弗其從白或伐卲？一　　　　　　　　　　　　《花東》449.2

　　"伐卲"之事是當時國家的一件重大軍事行動，前面已有論述，"丁"曾命令"帚好"

和占卜主體"子"征卲,而該版卜辭則是"丁"親自"征卲",足見他是軍中統帥,是"一人之下,萬人之上"之人了。

花東 H3 卜辭中,有關生者"丁"的卜辭記載相當多,這裏不能一一列舉。僅根據上面材料,就完全可以斷定此"丁"非武丁莫屬。因爲只有武丁才有可能凌駕於"帚好"和占卜主體"子"之上,才有可能命令和指揮他們,才有可能與"帚好"保持那種特殊關係。在《花東·釋文》中,我們對這種關係作了充分的表述,可就是没有明白地"點出來",究其原因,是我與劉一曼對"丁"的看法不一致:我認爲是没有即位的武丁;她認爲是已經即位的武丁。兩人意見不統一,無法下筆,只好擱置以待將來。儘管我們有此分歧,但合作依然卓有成效,《花東》的出版,就是最好的明證。《花東》出版以後,陳劍率先指出花東 H3 卜辭中的生者"丁"是武丁,他説:"在這批卜辭中,多次出現的一位當時還活着的被稱爲'丁'的人物,可以肯定就是當時的商王武丁。"①陳文的觀點,我不是都贊成,但他指出"丁"爲武丁則是對的。陳文發表後,我跟劉一曼開了一句玩笑:"老劉呀,老劉! 我們烤了幾年的'鴨子'(指武丁),烤熟了,讓别人提走啦!"劉一曼"苦笑"一聲:"我們把問題説清,'鴨子'還是會回來的。"2005 年冬,我到臺灣史語所訪問,與古文字學界朋友談及此事,陳昭容女士很爽朗地説:"咳! 你們在釋文中,已經把這個問提講得很清楚了,就差'窗户紙'没有被捅破。"陳文的發表,"逼"着我將這一問題談開,②使學界對此有了真正的了解。

總之,花東 H3 卜辭中的生者"丁"是武丁,目前學界已無爭議。這也爲我們的討論奠定了較好的基礎。

(三) 花東 H3 卜辭中的"王"是小乙

花東 H3 卜辭中不但有"丁",而且還出現了"王",且與"丁"同版。《花東》420(H3:1314)卜辭云:

　　(1) 甲辰卜:丁各仄于我? 用。一

　　(2) 甲辰:宜丁牝一,丁各仄于我,翌日于大甲? 一二

　　(3) 甲辰卜:于祖乙歲牢又一牛,叀□? 一

　　(4) 庚戌卜:隹王令(命)余□乎燕若? 一

---

① 陳劍:《説花園莊東地甲骨卜辭的"丁"》,頁 52。

② 曹定雲、劉一曼:《1991 年殷墟花園莊東地甲骨的發現與整理》,《花園莊東地甲骨論叢》,臺北:聖環圖書股份有限公司 2006 年版。

(5) 壬子卜：子丙速？用。□各，乎[會]？ 一二 ①

該版出現了幾個重要人物："宜丁牝 一"之"丁"是死者"丁"；"丁各仄于我"之"丁"是生者"丁"；有"余"（占卜主體"子"）；有"子丙"；還有最重要的"王"。除去死者，最重要的生者有四人，其中"王"與生者"丁"（武丁）是最爲重要的人物，而且同版。從情理分析，"王"與生者"丁"不會是同一個人。既然生者"丁"是武丁，那這個"王"就應當是武丁之父小乙，没有别的選擇。

把該版卜辭中"丁各"之"丁"認定是"人名"，對專門研究甲骨的學者來説，應該不是問題。可能會有個别學者提出，"丁各仄于我"之"丁"不是"人名"，而是"天干‘丁’"，解讀爲"丁日各仄于我"。這樣解讀是否可行呢？回答是否定的。因爲，"各"是動詞，有"進入"之意，故"各"前面一定是"人名"，這在殷代甲骨、西周金文中有充分的證據，此不繁舉。而且，花東 H3 卜辭中，還有更爲重要的一版卜辭，記述了"丁"（武丁）與"王"之關係。它就是《花東》480（H3：1472），現徵引如下（見圖五）：

(1) 丙寅卜：丁卯子🔲，丁禹嗇 🔺 一，緺九？在🔲。來㦿自鞏。一二三四五

(2) 癸酉卜，在🔲：丁弗㝛祖乙彡？子占曰：弗其㝛。用。一二

(3) 癸酉卜，子炅在🔲：子乎大子钤丁宜，丁丑王入？用。來㦿自鞏。一

(4) 甲戌卜，在🔲：子又令[叙]，丁告于🔲？用。子🔲。一二

(5) 甲戌卜：子乎郶，妁帚好？用。在🔲。一

(6) 丙子：歲祖甲一牢，歲祖乙一牢，歲妣庚一牢？在郶，來自鞏。一②

該版卜辭的内容極爲重要，因爲在花東卜辭中，幾個最重要的人物都在這裏出現了：占卜主體"子"、帚好、"丁"（武丁）、大子（太子）、王，一共五人。更爲重要的是，其中四人（子、丁、大子、王）不僅同版，而且同辭（第 3 辭）。該版卜辭比《花東》420 更有説服力，《花東》420 是"丁"與"王"同版，而該版是"丁"與"王"同辭，這是"丁"與"王"同時並存的鐵證。"丁"與"王"是同時並存的兩個人：既然"丁"是武丁，那這個"王"必是小乙，没有任何游移的餘地。關於"大子"（太子），我們在《花東·釋文》曾指出："可能是 H3 卜辭主人‘子’之長子，也可能指殷王的‘太子’。"③

---

① 此"速"字采用陳劍所釋，見《説花園莊東地甲骨卜辭的"丁"》，《故宫博物院院刊》2004 年第 4 期。

② 此釋文與原《花東·釋文》相比，略有改動，以此釋文爲準。

③ 見《花東·釋文》，頁 1744。

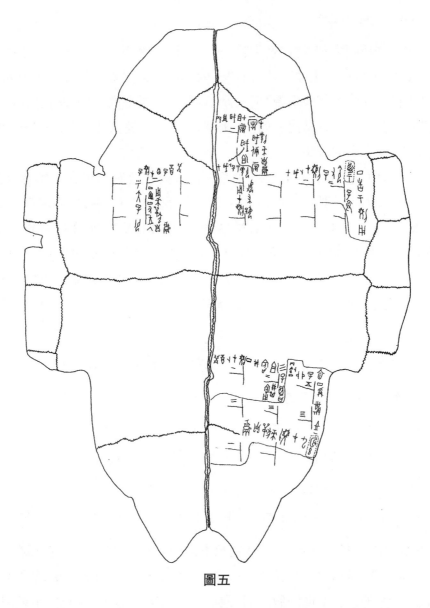

圖五

　　本文根據《花東》420、480 中"丁"與"王"同版同辭,推定"丁"是武丁、"王"是小乙,
是合於邏輯的必然結論。在這裏也許會有人提出:"丁"與"王"是"一個人","兩種稱
謂",就好比武丁賓組卜辭(《合集》1822)中,"南庚"與"祖庚"同版,此"南庚"與"祖庚"
有可能是一個人,再如"盤庚"也可以稱作"父庚"等等。[①] 我認爲這兩個"例子"與"王"
與"丁"不可相提並論:前者是一個人,兩種稱呼;後者是兩種不同身份的"人"。它們

----

① 劉一曼、曹定雲:《殷墟花園莊東地甲骨卜辭選釋與初步研究》,《考古學報》1999 年第 3 期,頁 299,注
　　(34)。

之間没有可比之處。"王"與"丁"不是"稱謂"的不同，而是"身份"與"地位"的不同。而且，是住在不同的地方，"丁"在𢀛，"王"在殷都。故"丁"與"王"絶對是兩個人，而不是同一個人。

這次祭祀也很特别，"钔丁宜"是爲"丁"舉行"宜祭"，"丁"是這次祭祀活動的受益者。祭祀的原因，可能與"帚好"生子有關，第(5)辭"妫帚好"可以證明這一點。生者"丁"與"帚好"是夫妻，"帚好"的事也就是"丁"的事。古代婦女生子是過關，所以占卜主體"子"要爲"丁"(實則"帚好")舉行"宜祭"，祈求"帚好"母子平安。"帚好"生子，對殷王朝來説也是一件大事。由於"丁"與"帚好"並没有在殷都，而是在𢀛，所以"丁丑王入"，即殷王(小乙)要親自來這裏，看看這個新生的孫兒(丁丑王入)，這是人之常情，合乎情理。如果這個嬰兒後來没有"夭折"的話，很可能就是武丁之長子"孝己"。

綜上所述，可作如下結論：花東 H3 卜辭中的生者"丁"是武丁，"王"是小乙。這爲我們進一步解讀花東 H3 卜辭，奠定了基礎。

(四)《花東》480 卜辭隸釋評議

前文已經指出，《花東》480 卜辭由於"丁"與"王"同版同辭，成爲《花東》卜辭的核心、解讀《花東》卜辭的關鍵。本文前面已經作了解讀，合乎情理，不少研究者都同意或基本同意。但也有研究者在一些關鍵辭上，出現了不同的解釋，影響到對人名"丁"的理解和對"王"的判斷。爲此，需要對相關學者的文章進行討論，並敬請諒解！

1. 朱歧祥先生在《殷虚花園莊東地甲骨校釋》中，將《花東》480 卜辭隸釋如下：

(1) 丙寅卜：丁卯子𢀛丁，再𢀛△一，绁九？在𢀛。來戰自斝。一二三四五

(2) 癸酉卜，在𢀛：丁弗婬祖乙彡？子占曰：弗其婬。用。一二

(3) 癸酉，子炅在𢀛：子乎大，子钔，丁俎？丁丑王入。來戰(狩)自斝。

(4) 甲戌卜，在𢀛：子又令［叙］，子又告于𢀛？用。一二

(5) 甲戌卜：子乎钔，妫帚好？用。在𢀛。一

(6) 丙子：歲祖甲：一牢，歲祖乙：一牢，歲妣庚：一牢？在郣。來自斝。一①

朱先生"釋文"與《花東》相比，雖然第(6)有些小的差異，而最大的不同是在第(3)辭上。他將"子乎大子钔丁宜"截爲三段，變爲"子乎大"、"子钔"、"丁俎"，這樣，"大子"由"一人"變成了"二人"，"丁"由"钔祭"的受益者變爲"钔祭"的主持者。對此，朱

---

① 朱歧祥：《殷墟花園莊東地甲骨校釋》，東海大學中文系語言文字研究室，2006 年，頁 898。

先生是這樣解釋的：

> 按："原釋文"作"大子"連讀，認爲"此大子可能是 H3 卜辭主人'子'的長子，也可能是指殷王的太子"，可商。殷卜辭中從無"大子"例，只有"小子"的官名。花東卜辭習見活人名"大"，如 478 版的"其钔大于子癸"、416 版的"子車大令"。本辭宜分讀作"子乎大，子钔，丁俎"三句，指"子呼令大"，"子進行钔祭去災"，"丁舉行俎祭"。花東甲骨恐無"大子"的用法，更不應該解讀作"太子"或"殷王的太子"。①

朱先生此言值得商榷。我們從前面論述知道，《花東》480 卜辭主要是圍繞着"帚好"生子而展開的一系列祭祀活動。活動的總領者是占卜主體"子"，禦祭的具體執行者是"大子"，禦祭的受益者是"丁"。"子"、"大子"、"丁"都是重要的"王室成員"，爲"帚好"生子而舉行祭祀，他們在場實屬必然。如今，"大子"沒有了，變成了"大"。"大"不是"王室成員"，此事跟他沒有關係，他到這裏來是"多餘"。"子乎大"幹了什麼？不知道，沒有下文。所以，朱先生這一"改動"不合情理，"大子"不能去掉。從歷史之真實情況看，武丁並不是"法定"的王位位繼承人。武丁"日名"爲"丁"，在同族同輩中，排行老四(丁)，也有可能是"第十四"。他肯定不是"老大"，在他的前面還有其他"兄長"。陽甲、小乙一代的"王位"是兄弟相承。在小乙前面，陽甲、盤庚、小辛之子中，可能已經有"預定"的"王位"繼承人，這個人應該就是"大子"(太子)。因此，《花東》480 中出現"大子"(太子)一辭，實屬正常。

總之，朱歧祥先生將"子乎大子钔丁宜"改爲"子乎大，子钔，丁俎"是不妥當的，也不合情理。

2. 韓江蘇女士認爲"子乎大子钔丁宜"之"丁"是死者。她對《花東》480 卜辭作了如下隸釋：

(1) 丙寅卜：丁卯子㓙丁再崇吉一，珥九？在斷。來狩自斝。一二三四五

(2) 癸酉卜，在斷，丁弗宲祖乙彡？子占曰：弗其宲。用。一二

(3) 癸酉卜，子灵在斷，子呼大子禦丁？宜？丁丑王入？用。來狩自斝。一

(4) 甲戌卜，在斷，子又令馭？子㝞丁告于斷？用。一二

(5) 甲戌卜，子呼钌嘉婦好？用。在斷。一

(6) 丙子，歲祖甲一牢？歲祖乙一牢？歲妣庚一牢？在钌，來自斝。一②

韓江蘇女士在該版卜辭的隸釋中，將㓙隸釋爲"斷"、將冗隸釋爲"灵"等，均有可

---

① 朱歧祥：《殷墟花園莊東地甲骨校釋》，頁 898。

② 韓江蘇：《殷墟花東 H3 卜辭主人"子"研究》，頁 512。

商。但這幾個字不是本文今天要討論的問題，可放之來日。今天要討論的是第（3）辭，她將“子乎大子禦丁宜”隸釋爲“子呼大子禦丁？宜？”，並認爲“丁”是死者。這樣，《花東》H3卜辭中的生者“丁”就不會與“王”發生“衝突”，該版中的“王”自然也就不是小乙。她是如何論證的呢？請看下文。

　　她説：“此句中，出現了三個重要的稱呼：大子、丁、王。這幾個人物是整版卜辭的關鍵，也是理解商王家族結構的重要史料，因此，要對他們身份確定，需要以H3卜辭内容爲依據，還要把本版卜辭内容放到武丁時代的社會歷史背景下來考察。……王出現在本辭中，因H3卜辭時代爲武丁時期，此王指武丁，應不會有疑問。”

　　她接着對本版卜辭中的“丁”進行分析：“H3卜辭中，作爲人名的丁，指故去的丁和活着的丁兩個人。‘大子禦丁’之丁，應指故去的丁還是指活着的丁（活着的丁爲武丁），要據句法來説明，‘丁’的前面的動詞爲‘禦’，因此，有必要梳理‘禦’在卜辭中的幾種用法。”（按：因韓文很長，不便詳引，下面只引某些結論。）

　　韓文首先徵引了“禦”作爲祭名在王卜辭中的各種用法，得出的結論是：“王卜辭中，禦作爲祭名無法判明‘禦丁’之丁是活人丁還是故去的丁。若爲活着的丁，其義爲武丁向某先祖舉行禳除災禍的禦祭；若爲死去的丁，則爲向故去的丁舉行禦祭。”又説：“從王卜辭與H3卜辭中有關禦的用法，分辨不出丁應爲活着的丁，還是故去的丁。”[1]這是韓江蘇女士搜集大量材料後得出的結論。照此結論，她應該無法否定“子乎大子禦丁宜”之“丁”是武丁（活者丁）。這本來是一個很好的結果，但後面她卻來了一個“大轉彎”，用H3卜辭（《花東》480）“丁與王”與“丁與丁”所在的辭比較來分析，卜辭如：

　　　　甲寅卜：弜宜丁？　一　　　　　　　　　　　　　　　　《花東》255.1

　　　　甲辰卜：宜丁牝一？丁各仄于我？　翌于大甲？　一二　　《花東》34.4

　　她説：“宜爲祭名，‘宜丁’爲‘宜于丁’的省略即向故去的丁宜祭？去掉牲數，《花東》34爲‘（子）宜丁，丁各’與‘（大子）禦丁，王入’（《花東》480）句法結構一樣，由此看，‘子’與‘大子’爲同位語，‘宜’與‘禦’爲同位語，那麽，丁即指故去的丁。”[2]

　　韓女士所引材料以及所做的分析，其不妥之處有三：第一，《花東》255.1與《花東》34.4其辭都是“宜丁”，而《花東》480.3是“禦丁宜”，前者丁在“宜”後，後者丁在“宜”前。二者所處位置不同，性質自然不一樣。第二，“（子）宜丁”與“（大子）禦丁”也不能

①　韓江蘇：《殷墟花東H3卜辭主人“子”研究》，頁522。
②　韓江蘇：《殷墟花東H3卜辭主人“子”研究》，頁119。

同義而語,"宜"與"禦"辭義完全不同,"宜"爲祭名,其後者多爲祭祀對象與犧牲;而"禦"有"禳除、進獻"之義,一般多用爲某人(生者)舉行祭祀,禳除災禍。"宜丁"之"丁"爲"死","禦丁"之"丁"爲"生"。"生、死"陰陽兩重天,不能相提並論。第三,韓文將《花東》480.3辭拆開了,原文是"子乎大子禦丁宜",現變成"子乎大子禦丁,宜",將"丁宜"二字分開,割裂成了爲"丁"舉行"宜祭"的卜辭内涵,從而想使"生者丁"變爲"死者丁"。但韓文這樣改,還是不行,因爲"禦丁"之"丁"仍然是"生者",而並非"死者"。韓文將"宜丁"與"禦丁"相提並論,同樣是不妥當的。

總之,《花東》480.3"子乎大子禦丁宜"是不可改動的,"禦丁"之"丁"是生者武丁,而與"丁"(武丁)同版的"王"只能是小乙。

三、花東 H3 甲骨是小乙時代卜辭

上文的論述,揭示了一個基本問題:《花東》420、480 中,生者"丁"與"王"同版甚至同辭,生者"丁"既然是武丁,那與之同版的"王"必爲小乙。這在邏輯推理上,没有障礙,小乙爲"王",説明武丁尚未即位。下面就此進行論述。

(一) 武丁尚未即位的卜辭證據

既然武丁的身份不是"王",而是"子",那武丁就應當稱"子丁"。《花東》331(H3:1028)恰恰提供了這方面的證據。該版卜辭(見圖六)如下:

(1) 辛卜,帚母曰、子丁曰:子其又疾? 允其又。一二

(2) 其疾,若? 一

我們在《花東·釋文》中指出:"本版第 1 辭的占卜過程中,至少有三人參與,即卜者(未署名)和占者帚母、子丁。"[1]該版占卜的事情關係到占卜主體"子",問及占卜主體"子"有没有"疾"(病)。這是一條非常重要的材料,它揭示了"丁"之身份是"子"。這個"子丁"就是最重要的人物——生者"丁",亦即武丁。此卜辭中的"子丁"之"子"可以有兩種解釋:一、"兒子"之"子",因小乙尚在,稱武丁爲"子"並没有降低他的地位;二、王室貴族子弟的尊稱,稱"子丁"顯示了武丁地位之尊貴與榮耀。無論作哪種解釋都可以。這裏面反映出一個重要歷史信息:武丁的身份不是"王",而是"子"。該版卜辭與《花東》420、480 兩版卜辭互相呼應:《花東》420、480 中"丁與王"同版甚至同

---

① 中國社會科學院考古研究所:《殷墟花園莊東地甲骨·釋文》,昆明:雲南人民出版社 2003 年版,頁 1583。

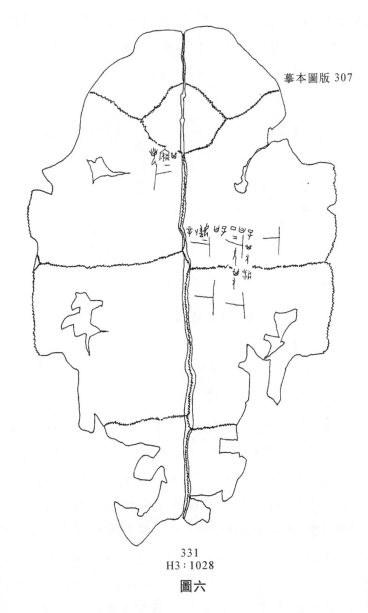

摹本圖版 307

331
H3：1028

圖六

辭,説明“丁”與“王”是同時並存的兩個人;而《花東》331 卜辭中,“丁”(武丁)的身份是
“子”,證明“丁”(武丁)尚未即位。這三版卜辭相互呼應,決非“巧合”,而是真實地反
映了殷王朝初期的那一段歷史。這三版卜辭好似“三足鼎立”,將花東 H3 卜辭時代牢
牢地鎖定在“小乙時空”,不歪、不斜、不倒。

　　武丁稱“丁”或“子丁”,“丁”乃“日名”,是武丁在同族同輩中的排行次第(行第)。
本文第一節已作過詳細論述,此不贅言。武丁“日名”爲“丁”,説明他在同輩兄弟中排
行第四,也有可能是第十四。他不是“大子”(太子),也不是法定的“王位繼承人”,後
來取得“王位”,完全是憑他的軍事、政治才能和成就,類似唐朝的李世民。他在小乙

時代,就已經征戰疆場(征卲),建功立業,後來取得"王位",自然是經過了一翻"奮鬥"。即位後"三年不言",就反映了其中的艱辛與難處。

花東 H3 卜辭中,還有"子丙"其人,見於《花東》294 和 420 中。《花東》294(H3:880)卜辭如下(引文有省略):

(1) 壬子卜:子其告狀,既畫丁?子曾告曰:丁族 祝宅,子其乍丁離于狀。一

(2) 壬子卜:子戠弱告狀,既畫于□者?一

(3) 壬子卜:子 于狀弱告于丁?一

(4) 壬子卜:子丙其乍丁離于狀?一

······

(7) 乙卯卜:子丙速?不用。一二

(8) 乙卯卜:歲祖乙牢,子其自速?用。一二

《花東》420(H3:1314)卜辭如下(有省略):

(1) 甲辰卜:丁各尺于我?用。一

(4) 庚戌卜:隹王令(命)余乎燕若?一

(5) 壬子卜:子丙速用,□各乎[會]?一二

以上兩版中的"子丙"是 H3 卜辭中又一位重要人物,他的"日名"是"丙",在同族兄弟排行中是老三,應是武丁之兄。此"子丙"與占卜主體"子"應是遠房的同輩兄弟,但占卜主體"子"的"日名"是什麼目前還不清楚。這兩版卜辭的重要人物是占卜主體"子"、"丁"(武丁)、"子丙"、"王"。"子丙"顯然是重要的"王室成員"。"子丙"人物的出現,曾引起陳劍的重視。他在《説花園莊東地甲骨卜辭的"丁"》一文中説:

> 花東卜辭中曾出現"子丙"二字連用的例子,見於第 294 片和第 420 片。第 294 片考釋謂:"此'子丙'爲人名,而且是活着的人。由此看來,'廟號'中的'天干'原本是生稱。過去一般認爲'廟號'中的'天干'是死後才確定的,這種看法應重新考慮。"第 420 片考釋又謂:"此'子丙'是一位活着的人……由此可證,此'丙'爲生稱,死後才成爲'廟號'。這爲我們研究'廟號'來源,提供了依據。"在本文初稿中,筆者曾引用以上兩段話作爲武丁也可以生稱"丁"的證據。沈培先生看過後指出,"子丙"爲人名之説其實是靠不住的,'丙'當是時間名詞,以下兩例可證:
>
> 27. 壬子卜:子丙速?用,[丁]各,呼會。　　　　　　　　　　《花東》420
> 28. 辛亥卜:子曰:余丙(原文未釋出)速?
>   壬子卜:子弱速,呼會?用。　　　　　　　　　　　　　《花東》475
> ……上引三辭顯係卜同事,而一爲貞人云"子丙……",一爲"子"自己説"余

丙……”,足證“子丙”不能連續讀爲人名。……沈培先生還指出,第 331 片考釋謂辭中有占者“子丁”,也是基於錯誤的斷句和理解。總之,除了待討論的武丁之稱“丁”,花東子卜辭並沒有提供所謂“生稱日名”的積極證據。①

看了陳劍這段文章,“感慨”頗深。陳劍在看到《花東》294 和 420 的《釋文》後,認識到“日名”是生稱,並認爲“武丁”之“丁”也是“日名”,從而要將“子丙”作爲武丁日名的重要證據。但“這條思路”被沈培先生“擋住”了:“子丙”爲人名靠不住,那是“時間名詞”。好在陳劍仍然將“丁”釋爲“武丁”,沒有將“丁”看作是“時間名詞”。不過,陳劍的心裏仍然是“忐忑不安”:“武丁生稱‘丁’與現有對日名廟號的認識相矛盾。……看來,花東子卜辭以所謂‘丁’指稱商王武丁,到底應如何解釋,確實還有待進一步研究。”②

陳劍的這種矛盾心理很能説明問題,一部分學者至今沒有真正理解“日名”,沒有明白“日名”的真諦究竟是什麼,這也是我在本文的第一節首先專門討論“日名”的原因之所在。沈培先生之所以要“擋住”陳劍,其根源也在這裏。關於“日名”,我在十多年前的《論商人“廟號”及其相關問題》一文中已作過詳細論述。③ 今天本文第一節有關“日名”的論述,指出其中的要點所在。“日名”本爲生稱,其真諦是“行第”。我在文章中例舉了 29 個證據,其中有不少是“鐵證”。因此,“日名”爲生稱,已是“板上釘釘,成爲定論”。沈培先生沒有弄明白“日名”是怎麼一回事,卻説我們“基於錯誤的斷句和理解”,甚至有人説我們“誤釋”、“誤讀”。④ 今天本文將“日名”的來龍去脈重新再講述一遍,讀者心裏自然就十分清楚了。

拋開“日名”本爲生稱不論,陳文中所舉的那兩個否定“子丙”是人名的“例子”也有問題。用《花東》420“壬子卜:子丙速?”與《花東》475“辛亥卜:子曰:余丙速? 壬子卜,子弜速”作比較,證明《花東》420 “子丙”之“丙”是時間詞,“子丙”不是人名,是講不通的。因爲,《花東》420 與《花東》475 都是大版龜甲,它們之間沒有“同版”關係,更不用説“同版同辭”了。憑什麼能證明這兩條卜辭記載的就是同一天、同一件事呢? 難道就因爲《花東》475 中也有“壬子”嗎? 須知:同樣的“干支”日期,在同一年中可以有六次重複;如果不在同一年,那重複的次數就更多了。所以,你無法證明《花東》420 中的“壬子”與《花東》475 中的“壬子”就是在同一天。既然不在同一天,憑什麼要根據

---

① 陳劍:《説花園莊東地甲骨卜辭的“丁”》,頁 56—57。

② 陳劍:《説花園莊東地甲骨卜辭的“丁”》,頁 56—57。

③ 曹定雲:《論商人廟號及其相關問題》,頁 300。

④ 陳劍:《説花園莊東地甲骨卜辭的“丁”》,頁 56—57。

《花東》475 中的"壬子卜"，去否定《花東》420 中"壬子卜"中的"子丙"是人名呢？這在邏輯上就説不通。

總之，花東 H3 卜辭中的"子丁"、"子丙"之稱，是殷代"日名"爲生稱的重要證據。"子丁"就是"武丁"，其身份是"子"。"子丙"爲"子丁"之稱作了重要的"旁證"。因此，《花東》331 中"子丁"之稱是武丁尚未即位的真憑實據。

（二）《花東》331 卜辭解讀評議

由於《花東》331 是一版非常重要的卜辭，它關係到"丁"（武丁）的身份、武丁是否即位、花東 H3 卜辭時代，學者們高度關注，各種不同觀點的學者，都力圖使《花東》331 卜辭的解釋爲自己觀點所用。這十餘年來，對《花東》331 出現了多種解釋，先將相關學者的解釋引述如下：

1. 陳劍在其文章的《注釋》中，對《花東》331 作了如下解讀：

……我們認爲此辭當斷句作："辛卜：婦母曰子：丁曰：'子其有疾。'允其有？""允其有"也是屬於命辭而非驗辭。全辭大意謂：婦母告訴子説，丁説"子大概有疾病"，真的有嗎？①

我們在前面文章已經指出，此片中的"占卜人物"一共三人：卜者（未署名）、占者帚母、子丁。被占者是占卜主體"子"。"帚母"與"子丁"是同時在場的兩個人，身份也"合適"："母（暫不知是哪位）"的身份是"帚"（婦），"帚"是殷代王宫中女官之名，張政烺先生早有專論；②"丁"的身份是"子"，前面已有分析。占卜主體"子"可能身體不適，故進行占卜。"帚母"與"子丁"同爲"占者"，這是很正常的一件事。陳文這一改，將"丁"的身份去掉了，"丁"即位不即位就"另當別論"了。不過，陳文這一改動，在文句上出現了"紕漏"：原本是"帚母曰：子丁曰"，遵照通行的斷句法，"曰"後斷句，均用冒號，文句整整齊齊，如今變成"帚母曰子：丁曰"，讓人讀後有"不適"之感。其實，陳文完全沒有必要作這種"改動"。因爲，即便否定"丁"的身份是"子"（實際也否定不了），那也改變不了《花東》420、《花東》480 中"丁"與"王"同版甚至同辭的事實，武丁肯定是沒有即位。

2. 黃天樹先生對《花東》331 作了如下解讀：

---

① 陳劍：《説花園莊東地甲骨卜辭的"丁"》，頁 56—57 原注①。
② 張政烺：《帚好略説》，《考古》1983 年第 6 期。

辛卜：婦母曰子："丁曰：'子其有疾。'"允其有?①

黃先生的解讀與陳劍的解讀大同小異："同"是都將"子丁"分開；"異"是將"丁曰：'子其有疾'"統統轉入"婦母"之口。這是標點符號的變化，實質上與陳文之意沒有區別。稍有不同的是，黃先生用大引號（""）套小引號（''），將後面的話統統納入婦母之口。殷代是否存在如此複雜的語言結構，需要用大引號（""）套小引號（''）來表示，令人生疑。黃先生的用意應當與陳劍一樣，否定"子丁"的存在。由於前面已對陳文作過評論，此處就不贅言了。

3. 朱歧祥先生則對《花東》331作如下解讀：

辛卜：帚母曰：子、丁曰：子其有疾?　允其有。一二

對於該辭的解讀，朱先生是這樣解釋的：

……原釋文以"子丁"爲句，認爲是參與占卜的人，非。花東無"子丁"之例。曰字之前一般都作"子占曰"、"子曰"，占花東甲骨甲骨95%以上。個別的例外只有"子曾告曰"（294）、"先言曰"（351）、"丁曰"（410）、"丁令子曰"（475）、"于丁曰：婦好"（5）、"丁曰"（257）。由以上例外句組，多見用"丁曰"，可推知本辭亦是"丁曰"成詞，應讀作"辛卜：帚母曰：子、丁曰：子其又（有）疾?"。②

朱先生認爲以前沒有出現過，今天出現了就是"問題"，此話顯然欠妥。科學研究中，"新情況"總會層出不窮。前面所言"大子"（太子），因爲以前從未出現過，故朱先生認爲不對，要將"大子"分開。如今又因"子丁"以前沒有出現過，朱先生認爲也不對，也要將"子丁"二字分開。不過，朱先生的解讀也有其獨特之處：他雖然將"子丁"一辭分開，但他並沒有將"子"與前面相連接，變成"帚母曰子"，而是變成"帚母曰：子、丁曰"。這樣，該卜辭之占者就由二人變成三人，即帚母、子、丁。可這樣一來，問題又出來了："子"本來就有"疾病"，是卜問的對象，而如今"子"卻成了"占者"，與"帚母"、"丁"一道自己占問自己的"病"情，顯然不合情理。所以，朱先生的解讀同樣是不可取的。

4. 韓江蘇女士對《花東》331作了如下解讀：

辛卜，婦女曰子?　丁曰子?　其有疾?　允其有?　一二

韓女士此釋中，將"母"釋爲"女"，並認爲"婦女"應指"婦好"。她說："《花東》331

---

① 黃天樹：《簡論"花東子類"卜辭時代》，《古文字研究》第二十六輯，北京：中華書局2006年版，頁23。

② 朱歧祥：《殷墟花園莊東地甲骨校釋》，頁1024。

之婦‘女’作‘’形,與‘好’作‘’形所從女相同,與丁一起爲‘子’貞問且先問婦女、後問丁的占卜,説明此婦女地位之高,此婦女應指婦好。”①

韓江蘇女士此釋可商之處有三:第一,她不在“曰”後斷句,而全在“子”後斷句,與通常語法不合;第二,卜辭中出現四個問號,與通常占卜程式不合;第三,她將“帚母”釋爲“婦女”,並認爲這就是“婦好”,没有證據;第四,她同樣將“子丁”二字分開,不認爲“子”是“丁”之身份,是不妥的。基於以上四點,韓江蘇女士此釋同樣不可采納。韓女士之所以會有這種斷句法,一個重要的原因是她認爲辭中的“子”就是“孝己”,這顯然是難以通過的。

(三) 花東 H3 卜辭是小乙時代卜辭

本文前面對花東 H3 中最重要的三版卜辭作了解讀,並對其他的各種解讀作了評論,得出的結論是:花東 H3 卜辭中的“丁”是“武丁”,他的身份是“子”,稱“子丁”,此時尚未即位;與“丁”(武丁)同版甚至同辭的“王”必然是小乙。這裹没有“調和”的餘地。因此,花東 H3 卜辭應當是小乙時代的卜辭。這個觀點我以前就説過,②今日更爲堅定。

《花東》的全部編號是 561,其中 502 號之後是小片,可以不予考慮。那麼,《花東》刊出的大片號碼之數共 502 號。在 1 至 502 號中,反面紀事刻辭有 49 片,因不記人物活動,也不考慮;另有 432、433、434 爲小片,也不考慮。這樣,實際有效片數爲 450 片。在這 450 片中,有“丁”和“子”的片數占多少呢?我作過統計,有關“丁”的記載是 93 片,有關“子”的記載 174 片,二者合計是 267 片,占統計數的 59%。這表明有關“丁”和“子”活動的卜辭占了 H3 卜辭的半數以上。但此中還有一種情況,H3 卜甲中有不少是被刮削過的,我統計的是 132 片,其中有 70 片被刮削得乾乾净净,基本上已看不出人物的活動,也應當在排除之例。這樣,267 片就占了有效總數的 70%,而其他與“丁”和“子”有關聯的人和事之卜辭,尚未在考慮之中。③

以上統計數字表明,有關“丁”和“子”的卜辭占了花東 H3 卜辭的絶大部分。“丁”和“子”是關係十分密切的同代之人(遠房同輩兄弟),“子”有可能年長一點,而此時的“丁”(武丁)尚未即位。因此,花東 H3 卜辭主體應當是武丁即位以前,即小乙時代的卜辭。當然,卜辭時代與王位交替不會完全等同,此中難免會有個别的武丁即位以後

① 韓江蘇:《殷墟花東 H3 卜辭主人“子”研究》,頁 148。

② 曹定雲:《殷墟花東 H3 卜辭中的“王”是小乙》,頁 16。

③ 曹定雲:《殷墟花東 H3 卜辭中的“王”是小乙》,頁 16。

的卜辭(目前無法確指),即使將來某一天能够確指某片是武丁早期卜辭,也動搖不了花東 H3 卜辭主體是小乙時代卜辭。

將花東 H3 卜辭定在小乙時代,可能有不少學者思想準備不足,或者有些想不通。這其中的“障礙”無非有兩個:一是地層上的“障礙”;二是人物關係上的“障礙”。現分說如下:

1. 先説地層。花東 H3 是 1991 年秋發現的。1993 年安陽工作隊發表了《1991 年安陽花園莊東地、南地發掘簡報》,對花東出土的甲骨和其他遺物作了簡要的報導,指出:“這個甲骨坑根據地層關係和共存陶器判斷,屬殷墟文化一期,從坑中所出的一些卜辭涉及的人物、事類來看,屬武丁時代。”①在當時甲骨尚未整理的情況下,能作出這樣的判斷,應該説是相當不錯了。卜辭内容與地層關係基本上吻合。

1998 年夏,我參加了花東 H3 甲骨的整理工作,在整理前期,我對上述結論是相信的。但隨着整理工作的深入,漸漸有了新的看法:“丁”和“王”同版甚至同辭,説明“丁”與“王”是同時並存的兩個人,“丁”既然是“武丁”,那“王”必是小乙;同時,“丁”又稱“子丁”,説明“丁”(武丁)此時並没有即位,這與前面的記載又相吻合。基於這一考慮,在整理後期,我與劉一曼多次交換意見,但未能取得一致。我在提出這一看法時,就已經考慮到地層。將卜辭時代提至小乙,不會有地層上的障礙。因爲“地層”只是限定時代下限,而並不限定時代上限。況且,小乙與武丁是緊密相鄰的二王,小乙在位只有 10 年,②卜辭乃神聖之物,占卜後會長期保存,到武丁時候再埋藏,是很正常的事。所以,H3 卜辭屬小乙時代與 H3 地層屬殷墟文化一期晚段能够相容,並不發生“矛盾”,這種擔心也是没有必要的。

2. 關於人物問題。花東 H3 卜辭中,最重要的人物就是“丁”(武丁)和“帚好”(婦好),而“婦好”是武丁“賓組卜辭”中常見人物,又是學者們最熟悉的熱門人物,人們很自然地將其與武丁時代聯繫在一起。其實,這是一種“習慣”的思維方式在干擾人們的視綫。武丁即位之前,應該是一位很成熟的青年了。在小乙時代,武丁與婦好已經結爲夫妻,一起馳騁疆場(征邲),建功立業,這是很正常的一件事。所以,花東 H3 卜辭中出現“婦好”,出現“子丁”,出現“婦好生子”,都不構成“不是小乙時代”的理由。相反,出現了倒是正常的。武丁有點類似如唐朝的李世民。李世民在即位之前,不也是在爲李唐王朝打天下嗎? 所以,不能因爲花東 H3 卜辭中有“武丁”、“婦好”或其他

① 中國社會科學院考古研究所安陽工作隊:《1991 年安陽花園莊東地、南地發掘簡報》,《考古》1993 年第 6 期。

② 曹定雲:《殷代積年與各王在位年數》,《殷都學刊》1999 年第 4 期。

人物，就懷疑 H3 卜辭不是小乙時代卜辭。小乙時代卜辭中，出現“婦好”的記載實屬正常，學者們不必爲此多慮。

3. 關於“征卲”問題。“征卲”的實質，是殷王朝對周邊諸侯國、方國的控制與擴張。有些諸侯國或方國對殷王朝時叛時服。在殷代的 273 年中，殷王朝對一些諸侯國或方國的“戰争”，可能不止一次，而是多次。殷王朝與周邊諸侯國、方國的關係，是一個多次“征戰”、反復“磨合”的過程，很少有一次就能“解決”問題的。因此，不能因爲見到“征卲”，就把不同歷史時期的“征卲”扯到一起，那樣很不妥。這個問題，我們在《再論武乙、文丁卜辭》一文中，①已作過詳細討論。

總之，花東 H3 卜辭是小乙時代卜辭，與 H3 的地層關係不矛盾，與卜辭的人物、事類也相吻合，各種疑慮都可以得到圓滿的解釋。

2015 年 8 月 22 日草於華威里寓所

2018 年 1 月 16 日修訂

---

① 黄天樹：《簡論“花東子類”卜辭時代》，《古文字研究》第二十六輯，中華書局 2006 年版，頁 29。

殷墟甲骨斷代標準評議(一)

常玉芝

(中國社會科學院歷史研究所)

引　言

甲骨斷代研究是甲骨學中最基本、最主要的工作。殷墟甲骨文自 1899 年王懿榮首先發現至今已有近 120 年了,在這漫長的時間裏,學者們對殷墟甲骨的斷代研究前赴後繼,取得了卓越的成就。筆者認爲可將百年來的甲骨斷代研究分成四個階段:第一階段由 1899 年甲骨文的發現到 1933 年董作賓發表《甲骨文斷代研究例》之前,約有 34 年的時間;第二階段由 1933 年《甲骨文斷代研究例》發表到 1956 年陳夢家發表《殷虛卜辭綜述》之前,約有 23 年的時間;第三階段由 1956 年《殷虛卜辭綜述》發表到 1977 年李學勤發表《論"婦好"墓的年代及有關問題》之前,約有 21 年的時間;第四階段由 1977 年《論"婦好"墓的年代及有關問題》發表至今,已有整整 40 年的時間。本文擬對這四個階段的甲骨斷代標準研究做較詳細的介紹與評議。

第一階段: 1899 年至 1933 年,甲骨斷代研究初始階段。代表人物是羅振玉和王國維。

這一時期的甲骨,在 1928 年之前,均爲非科學發掘所得。1903 年,劉鶚編著了第一部甲骨著録書《鐵雲藏龜》,他在《自序》中説,從甲骨上刻的"祖乙、祖辛、母庚,以天干爲名",認定甲骨是殷人遺物。[①] 1914 年,羅振玉在《殷虛書契考釋》"自序"中説,卜辭中有"康祖丁"、"武祖乙"、"文武丁"稱謂,"今證之卜辭,則是'徙于武乙,去于帝乙'",[②]即認定甲骨是殷王武乙至帝乙時遺物。1917 年,王國維發表《殷卜辭中所見

---

① 劉鶚:《鐵雲藏龜·自序》,抱殘守缺齋石印本,1903 年。

② 羅振玉:《殷虛書契考釋·自序》,1914 年;增訂本,1927 年。

先公先王考》，①舉《後·上》19.14 的"癸酉卜，行貞：王〔賓〕父丁歲三牛及兄己一牛、兄庚〔一牛〕，亡尤"，②《後·上》7.7 的"癸亥〔卜〕，貞：兄庚歲……及兄己宜……"，③《後·上》7.9 的"貞：兄庚歲及兄己其牛"，④説："考商時諸帝中，凡丁之子，無己庚二人相繼在位者，惟武丁之子有孝己，有祖庚，有祖甲，則此條乃祖甲時所卜，父丁即武丁，兄己兄庚即孝己及祖庚也。"即王國維根據上述三版卜辭中的"父丁"、"兄己"、"兄庚"的親屬稱謂和世系關係，確定這些卜辭是商時"祖甲時所卜"。他又舉《後·上》25.9 的"父甲一牡、父庚一牡、父辛一牡"，⑤説："此當爲武丁時所卜。父甲父庚父辛即陽甲盤庚小辛，皆小乙之兄，而武丁之諸父也（羅參事説）。"即王氏根據此片上的"父甲"、"父庚"、"父辛"親屬稱謂和世系關係，確定該片卜辭是"武丁時所卜"，而注明"羅參事説"，是言羅振玉也持此種看法。1923 年，王國維在《説殷》一文中説："盤庚以後，帝乙以前，皆宅殷虛。"⑥至此，羅、王二氏都認定甲骨文包含的時代是從武丁到帝乙時。羅振玉、王國維開闢了以稱謂兼世系推定甲骨卜辭時代的先河。

　　這一階段中，需要提及的還有加拿大學者明義士。1924 年，小屯村民在築墻取土時發現了一坑甲骨，約 300 餘片，後爲明義士所得。1928 年，明氏將其編入《殷虛卜辭後編》，在未完成的"序"中，他利用親屬稱謂"父乙"、"父丁"，再結合字體進行斷代，認爲"父乙"是指小乙，"父丁"是指武丁，遂定這部分甲骨的時代是在武丁、祖庚之世。⑦對於明氏的斷代，董作賓、陳夢家反對，他們認爲"父丁"是指康丁，"父乙"是指武乙，這部分甲骨的時代是在武乙、文丁之世。陳夢家説："1928 年明義士將其未收於《殷虛卜辭》的甲骨一千餘版拓成墨本，名爲《殷虛卜辭後編》（未印）。其未完成的叙言，曾將 1924 年冬小屯村中一坑所出三百餘片加以分類，企圖以稱謂與字體決定甲骨年代。此坑所出我定爲康丁、武乙、文丁三王卜辭，而明氏誤認'父丁'爲武丁（其實是武

---

① 王國維：《殷卜辭中所見先公先王考》，1917 年；《觀堂集林》卷九，北京：中華書局 1984 年版。

② 該辭王氏漏釋"行"、"尤"二字。該片即《合集》23187。

③ 該片王氏未釋"歲"、"宜"二字，而且在《後編·上》第 7 頁，不是王氏所説在第 8 頁。該片與《後·上》7·9 是一骨之折，《合集》已拼合，著錄號是《合集》23477。

④ 該片王氏未釋"歲"字，也是在《後編·上》第 7 頁，不是王氏所説第 8 頁。原辭是"庚己其牛"，當是"兄己其牛"的誤刻。該片與《後·上》7.7 是一骨之折，《合集》已拼合，著錄號是《合集》23477。

⑤ 原片"牡"作"壮"。該片即《合集》2131。上述王國維所引《後·上》各片都只是指出它們在《後編》的頁碼，並未舉出片號，各片號是筆者查閱卜辭內容後補上的。

⑥ 王國維：《古史新證》第五章"殷"，《國學月刊》1927 年第 2 卷第 8 至 10 期合刊。

⑦ 許進雄：《〈殷墟卜辭後編〉編者的話》，臺北：藝文印書館 1972 年版。

乙稱康丁),'父乙'爲小乙(其實是文丁稱武乙),因此他的斷代不免全錯了。"①李學勤則贊同明義士的意見,1977 年以後,他提出所謂"歷組"卜辭的時代問題,就是采用明義士的做法,用稱謂與字體論述"歷組"卜辭的時代是在武丁至祖庚時期(詳另文)。②明義士以稱謂進行甲骨斷代無疑是受了羅振玉、王國維的啓發,但他是首位注意運用字體進行斷代的學者。

　　總之,第一階段的甲骨斷代研究,由於當時所見甲骨均爲非科學發掘所得,所以學者只能根據卜辭中的稱謂、世系連帶字體來推斷卜辭的時代。當時還不能够提出系統的甲骨斷代標準,但已引出以稱謂、世系及字體定時代的端緒。羅振玉、王國維對甲骨斷代研究具有開山之功。

　　第二階段:1933 年至 1956 年,結合考古發掘,系統提出甲骨斷代標準。代表人物是董作賓。

　　1928 年秋至 1937 年春,中研院歷史語言研究所在殷墟進行了十五次科學發掘。董作賓在 1928 年至 1934 年間,8 次主持或參加了殷墟的發掘,他是第一、五、九次發掘的主持人,第二、三、四、六、七次發掘的參加者,又受中央古物保管委員會委托,監察了第十一、十三兩次發掘。

　　在 1929 年 10 月進行殷墟第三次發掘時,發現了四版大龜甲,董作賓對這四版龜甲上的卜辭進行了研究,於 1931 年 6 月發表了《大龜四版考釋》一文。③ 在該文中,他指出卜辭中長期不明的"卜"下"貞"上一字實是"貞人"的名字,指出利用"貞人"可以推斷卜辭的時代,這就是"貞人斷代説";同時,他還提出了八項甲骨斷代標準:1. 坑層;2. 同出器物;3. 貞卜事類;4. 所祀帝王;5. 貞人;6. 文體;7. 用字;8. 書法。1933 年 1 月,董先生又通過對前五次發掘所得卜辭材料的研究,發表了著名的論文《甲骨文斷代研究例》,④把甲骨斷代標準修改、完善爲十項:1. 世系;2. 稱謂;3. 貞人;4. 坑位;5. 方國;6. 人物;7. 事類;8. 文法;9. 字形;10. 書體。根據十項斷代標準,他將殷墟甲骨"粗略地分爲五期":

　　第一期:武丁及其以前(盤庚、小辛、小乙)

　　第二期:祖庚、祖甲

---

① 陳夢家:《殷虛卜辭綜述》,中華書局 1988 年版,頁 135—136。

② 李學勤:《小屯南地甲骨與甲骨分期》,《文物》1981 年第 5 期。

③ 董作賓:《大龜四版考釋》,《安陽發掘報告》1931 年第 3 期。

④ 董作賓:《甲骨文斷代研究例》,中研院歷史語言研究所集刊外編第一種《慶祝蔡元培先生六十五歲論文集》上册,1933 年。

第三期：廩辛、康丁

第四期：武乙、文丁

第五期：帝乙、帝辛

董作賓的甲骨分期研究比羅振玉、王國維進了一步，將甲骨的時代上推到武丁之前的盤庚、小辛、小乙，下延到帝辛，證實了"自盤庚徙殷，至紂之滅，二百七十三年，更不徙都"。[1]

對於自己"粗略"的分期，董先生説："分卜辭的時期爲五，這是粗疏的、暫時的，將來必要求精細。"他"本着五個時期的劃分，就十種標準一一舉例論述之"。這裏論述董先生的十項標準時，對卜辭和商史的詳細論證及其貢獻暫且不録，只對他就各項斷代標準的論述做簡要評介。1. 關於"世系"。他説："斷代研究的第一步工作，即是定殷人的世系；世系定了，然後纔有分劃時期的可言。" 2. 關於"稱謂"。他説："由各種稱謂定此卜辭應在某王時代，這是斷代研究的絶好標準。"3. 關於"貞人"。他説："貞人説的成立，爲斷代研究的主要動機，由許多貞人定每一卜辭的時代，更由所祀先祖等的稱謂，而定此許多貞人是屬於某帝王的時代，這樣，我們就可以指出某貞人是某王的史官。如果我們把同在一版上的貞人聯絡起來，他們就可以成爲一個團體。"即"貞人集團"。"貞人"的發現是"在斷代研究上，添了一個最確實而有力的憑證"。4. 關於"坑位"。董先生在該文中論述的是前五次發掘的"坑位"情況，他説"就出土甲骨文字的坑位，分爲五區"，"'坑位'是出土甲骨的地點"，而且"只限於民國十七年至廿六年中央研究院發掘的材料，不能概括全部甲骨文"。這裏，董先生明確指出他所説的"坑位"是指出土甲骨的地點，即是指灰坑所在發掘區的區位，區位是在發掘時人爲劃分的，這與後來考古學所説的"坑位"是指灰坑在地層中的縱向位置不同。董先生説，由各區出土的甲骨文字證明，殷墟包含的時間是從盤庚到帝辛。他列出了一個前五次發掘在五個區裏發現的甲骨文的期屬表，即一區村北出一、二、五期，二區村北出一、二期，三區村中、南出三、四期，四區村北出一、二、三、五期，五區村北出一、二期。1956 年，陳夢家指出董先生對各區所出甲骨的分期是有錯誤的(見後文)。[2] 李學勤在八十年代提出的殷墟甲骨發展的"兩系説"，就是以董先生的這個前五次發掘的所

---

[1] 見陳逢衡：《竹書紀年集證》卷 49，轉引自方詩銘、王修齡：《古本竹書紀年輯證》，上海：上海古籍出版社 1981 年版，頁 30。

[2] 陳夢家：《殷虚卜辭綜述》第四章，北京：科學出版社 1956 年版。

謂"坑位"爲根據的。① 5. 關於方國。董先生説，各時期與各國的關係有所不同，"從方國的關係上，也可以看出每一時期的特異之點"，因此，研究方國變化可有助於推斷時代。6. 關於人物。董先生説，與"方國"一樣，"各時期的人物如史官、諸侯、臣僚，也都有所隸屬"，即各個時期的人物有所不同，因此，由人物的相互關係，可以推定時代。7. 關於事類。董先生説："由貞卜事類可以分時期的，無如祭祀。每一時代的祭法和所祭的祖先神祇，都有不同。……其次如征伐，如卜旬，如帚矛的記載，皆可爲分期研究的標準。"8. 關於文法。董先生説："由文法的隨時變易上，也可爲劃定時期的標準。"9. 關於字形。董先生説："殷虛文字經過了二百餘年的長期，許多字都有他由簡而繁的演變過程，這在分期整理完竣之後，自然可以找出一個系統來。"這裏值得注意的是，董先生説的字形斷代是"在分期整理完竣之後"的事。10. 關於書體。董先生説："從各時期文字書法的不同上，可以看出殷代二百餘年間文風的盛衰。"董先生還特別强調了運用十項斷代標準進行斷代時的主次，他説："斷代的十個標準，主要的法寶不過是'稱謂'同'貞人'，其餘八項，除了'世系'之外，都是由稱謂、貞人推演出來的。"②"世系、稱謂、貞人三位一體，都是斷代的基礎。'坑位'是出土甲骨的地點，只限於民國十七年至廿六年中研院發掘的材料，不能概括全部甲骨文。'方國'、'事類'、'文法'、'字形'、'書體'都是根據有貞人的基本片子推演出來的，也可以説是間接的標準。因爲如果有一片卜辭只殘餘幾個干支字，或者没有貞人的'卜夕'、'卜旬'片子，那就只好在'字形'和'書體'或其他標準上找時代了。"③

　　1933 年之後，董先生將主要精力投入到對殷代曆法的研究中，耗費十年，於 1945 年出版了《殷曆譜》一書。在該書中，他稱又發現了殷代的禮制有新、舊兩派的不同，説："由本書分期分類整理卜辭之結果，乃得一更新之方法，即所謂分派之研究。此一方法須打破余舊日分爲五期之説，即別分殷代禮制爲新舊兩派，以武丁祖庚上世及文武丁爲舊派，以祖甲至武乙、帝乙、帝辛爲新派也。"④即他定武丁、祖庚、文武丁爲舊派，祖甲、廩辛、康丁、武乙、帝乙、帝辛爲新派，在分期研究法之外又提出了個分派研究法。分派研究法在學術界一直存在争議，如陳夢家説："字體文例如一切制度是逐

①　李學勤：《殷墟甲骨兩系説與歷組卜辭》，《李學勤集》，哈爾濱：黑龍江教育出版社 1989 年版；《殷墟甲骨分期的兩系説》，《古文字研究》第 18 輯，北京：中華書局 1992 年版。

②　董作賓：《殷虛文字乙編・序》上輯，中研院歷史語言研究所，1948 年。

③　董作賓：《甲骨學五十年》，臺北：藝文印書館 1955 年版(此處轉引自劉夢溪主編：《董作賓卷》之《甲骨學六十年》，石家莊：河北教育出版社 1996 年版。下同)。

④　董作賓：《殷曆譜・自序》，中研院歷史語言研究所，1945 年。董氏後來將武乙改爲舊派，見《殷曆譜的自我檢討》，《大陸雜志》第 9 卷第 4 期。

漸向前演化的,不能機械的武斷的用朝代來分割。因此董氏《殷曆譜》所標的新派舊派不但是不需要的,也是不正確的。"①

　　1948年《殷虛文字乙編》出版,該書收入"殷墟發掘第十三次至第十五次所采獲的甲骨文字",三次發掘主要"集中在村北的 BC 兩區"。董先生在《乙編·序》中説,他在寫《殷曆譜》做新、舊兩派研究時,就已發現文武丁"從紀日法、月名、祀典各方面看,他都恢復了舊派的制度,只有一個唐的名稱没有復活,仍然叫大乙,這是一個堅強的、惟一的證據。"即"由於稱唐爲大乙,可以斷定絶對不是武丁"的。由此,他認爲自己在1933年的《甲骨文斷代研究例》中,將有貞人自、狄、勺、余、我、子、㔋、𢽳、卣等卜辭劃歸在第一期武丁時是不對的。現在經過十八年的研究,乃認定貞人狄、勺、自、匚、余、我、子、㔋、𢽳、車、史、万、幸、㣇、卣、取、叶等17人的卜辭都應屬於文武丁時期。文武丁卜辭集中在第十三次發掘村北 B 區的兩個坑:119 坑(共 298 版,②其中 1 版屬武丁)、YH006 坑(207 版,其中 6 版屬武丁),以及"散見别的坑中的共 13 版",即總共511 版全屬於文武丁卜辭。董先生對比文武丁與武丁在文字、曆法、祀典、文例、事類等方面的異同,得出文武丁絶大部分恢復了武丁時的舊制,即"文武丁復古"了,稱是"揭穿了文武丁時代卜辭的謎"。總之,1948 年,董作賓將 1933 年劃歸到第一期武丁的一部分卜辭,即後來被陳夢家稱作"自組"、"子組"、"午組"的卜辭,移到了第四期文武丁時。這是繼明義士之後,對第四期卜辭發表的第二個意見。對董先生的這個改定,陳夢家在 1950 年代初,就指出其是錯誤的,陳先生認爲這幾組卜辭仍應是武丁時代的(詳見後文)。李學勤在六十年代以前是肯定董先生的改定的,後他又提出這幾組卜辭是"非王卜辭"、"婦女卜辭"。陳夢家的意見被後來不斷發現的新材料證明是正確的,目前學術界對此已基本達成共識。

　　1955 年,董作賓在《甲骨學五十年》中説,"第一期應包括祖庚,不能只限於武丁"。③ 董先生説《甲》3553 的"何"是第三期貞人,可以早到第二期。④ 這些表明他已認識到不能機械地用王世來劃分卜辭的時代。

　　綜觀第二階段的甲骨斷代研究,是利用比較科學的考古學方法發掘所得的材料進行的。董作賓先是發現了卜辭中的"貞人",指出利用貞人可以推斷卜辭的時代,

---

① 陳夢家:《殷虛卜辭綜述》,北京:中華書局 1988 年版,頁 155。下文凡引該書,都只在文後用括號標出頁碼(以 1988 年中華書局本爲準),不再另作注明。

② 董先生在《殷虛文字乙編·序》中對 B119 坑出土的甲骨片數有 296、298 版兩説。

③ 董作賓:《甲骨學五十年》。

④ 陳夢家:《殷虛卜辭綜述》,頁 155。

"貞人説"是個重大的發現；繼而他又系統地提出了甲骨斷代的十項標準，並利用十項斷代標準將殷墟甲骨卜辭按王世劃分爲五期。這些成果開創了甲骨斷代研究的新局面，提升了甲骨文的史料價值，其意義是十分深遠的。但他的十項斷代標準中的"坑位"標準，所指是不够科學的；"人物"作爲斷代標準也是不合適的；特別是後來他提出的"新派"、"舊派"説，基本上是不被学界接受的；而所謂"揭穿了文武丁卜辭的謎"，更是被學界指出是錯誤的。

　　第三階段：1956 年至 1977 年，甲骨斷代研究進一步深化。代表人物是陳夢家。

　　陳夢家從 1951 年到 1954 年，陸續發表了《甲骨斷代學》系列文章，[1]後匯總並更加詳論於 1956 年出版的《殷虚卜辭綜述》一書的第四章、第五章中。[2] 陳夢家的甲骨斷代研究繼承和發展了董作賓的甲骨斷代學説，他的主要貢獻有：將董氏十項斷代標準進行了歸納整理，濃縮成甲骨斷代三大標準，論述了各大標準的運作程序和必須遵循的規則；指出董氏一些斷代標準具有局限性；指出董氏五期斷代法的缺陷，另外創立了"卜人組"的斷代方法；詳細論證了武丁至帝辛各組卜辭的時代，論述中蘊含着一個王世不是只有一種類型的卜辭，一種類型的卜辭也不只限於一個王世的觀念；論證了董氏所謂"文武丁卜辭"的斷代錯誤；等等。

一、歸納出甲骨斷代三大標準

　　陳夢家對董作賓的甲骨斷代十項標準逐一作了分析、研究，剔除了具有局限性的"坑位"、"人物"標準，在董氏"貞人説"的基礎上創立了"卜人組"的斷代標準，將董氏的各項斷代標準整理濃縮成三大標準，論述了運用各大標準斷代所必須遵循的規則。

　　第一標準：董作賓斷代十項標準中的前三項標準分別是世系、稱謂、貞人（陳氏稱作"占卜者"或"卜人"），對此，陳夢家給予認同。他説："此三者（世系、稱謂、占卜者）乃是甲骨斷代的首先條件，我們姑名之爲第一標準。"即陳先生將董先生的前三項標準歸納爲第一標準。但他强調，"三者之中，占卜者尤爲重要"，"占卜者之所以重要，因爲僅僅依靠稱謂斷代，其材料究屬有限。並且，單獨的稱謂不足以爲斷代的標準，如'父乙'可以是武丁稱小乙，也可以是文丁稱武乙。占卜者是最好的斷代標準，因爲：（1）同一卜人可以在不同卜辭中記載若干稱謂（下略）；（2）在同一版甲骨上往往載有若干卜人，他們是同時的人，因此將同時卜人見於不同版的諸種稱謂匯聚起來，

---

① 分別刊於《燕京學報》1951 年第 40 期和《考古學報》第 5、6、8 期（1951—1954 年）。

② 陳夢家：《殷虚卜辭綜述》。

可以得到某一時代整個的稱謂系統"(137頁)。這裏,陳先生指出被董先生稱之爲"斷代基礎"的三項標準——世系、稱謂、貞人(占卜者),"乃是甲骨斷代的首先條件",他將其歸結爲斷代的第一標準。但他强調"三者之中,占卜者尤爲重要","因爲僅僅依靠稱謂斷代,其材料究屬有限",並且"單獨的稱謂不足以爲斷代的標準",如"父乙"稱謂,在第一期中指武丁之父小乙,在第四期中指文丁之父武乙。而因"同一卜人可以在不同卜辭中記載若干稱謂",而將"同時卜人見於不同版的諸種稱謂匯聚起來,可以得到某一時代整個的稱謂係統",因此,"占卜者是最好的斷代標準"。

第二標準:陳先生説:"根據第一標準,我們可以有兩種標準片:一種是不具卜人名而可由稱謂決定年代者,屬於此者不很多;一種是具有可定年代的卜人名字者,屬於此者爲數甚多。從上述兩種標準片,我們便有足够數量的斷代材料來研究不同時代的

甲. 字體,包括字形的構造和書法、風格等;

乙. 詞彙,包括常用詞、術語、合文等;

丙. 文例,包括行款、卜辭形式、文法等。

如此排列爲表,可知某一時代字體、詞彙與文例的特徵,用此特徵可以判定不具卜人的卜辭的年代。我們姑名之爲第二標準。"(137頁)即字體、詞彙、文例是斷代的第二標準。這裏,陳先生强調第二標準的字體、詞彙、文例等特徵,是從第一標準提供的可定年代的標準片中總結出來的,只有在掌握了某一確定時代的字體、詞彙、文例特徵後,纔可以用此特徵去判定那些不具卜人的卜辭的時代。陳先生的第二標準含有董先生斷代標準的第八項文法、第九項字形、第十項書體,但其所包含的內容更加豐富,並且指出了運用這些斷代標準的前提。

第三標準:陳夢家説:"利用上述兩標準,可將所有的甲骨刻辭按其內容分別爲不同的事類而加以研究。卜辭內容大別爲六:

一. 祭祀　對祖先與自然神祇的祭祀與求告等;

二. 天象　風、雨、啓、水及天變等;

三. 年成　年成與農業等;

四. 征伐　對外戰争與邊鄙的侵犯等;

五. 王事　王之田獵、遊止、疾、夢、生子等;

六. 卜旬　來旬今夕的卜問。

此各類如以分期之法研究,即可綜合成某一時期的祀典、曆法、史實以及其他制度。各種制度的不同,也可作爲判別時代的一種用處,姑名之爲第三標準。"(138頁)即事類是斷代的第三標準。這裏,陳先生指出,事類是根據第一、第二標準給出的具有確切時代的卜辭分析總結出來的,將各類"以分期之法研究,即可綜合成某一時期的祀

典、曆法、史實以及其他制度”，而“各種制度的不同，也可以作爲判別時代一種用處”
（138頁）。陳夢家的第三標準含有董作賓斷代標準的第五項方國、第七項事類，而且
所包含的内容更爲廣泛，並且指出了運用事類進行斷代的程序。

　　陳先生歸納的三大標準，給我們繪製了一幅清晰的甲骨斷代路綫圖。他把董作賓
十項斷代標準中，除第四項“坑位”、第六項“人物”之外的八項，進行了科學的分類、整
理、歸納，濃縮成三大標準，闡述了三大標準之間相互依附的關係，構成了一個環環相
扣、條理分明的整體，改變了董氏十項斷代標準的分散狀況。陳先生並告誡説：“上述的
三種標準，必須要依照先後次序逐步進行，必須要根據了材料作歸納的工作，必須要在
嚴格的管制下尋求條例。”（138頁）這裏的三個“必須”、一個“次序”、一個“歸納”、一個
“管制”，就是強調在運用三大標準進行甲骨斷代時，必須遵守的程序和規則。

　　陳先生説根據三大斷代標準，可以將已出土於安陽小屯的殷代卜辭並少數的記
事刻辭分爲九期，即武丁、祖庚、祖甲、廩辛、康丁、武乙、文丁、帝乙、帝辛卜辭，剔出了
董作賓的盤庚、小辛、小乙卜辭。他並説在“實際分辨時，常有困難”，所以在可以細分
時，盡量用九期分法，在不容易細分時則采用董作賓的五期分法，甚或他提出的早、
中、晚三期的大概分法（138頁）。

　　在陳先生的三大斷代標準中，没有收入董作賓斷代的第四項標準“坑位”、第六項
標準“人物”。之所以如此，是因爲董氏提供的“甲骨出土的坑位，在斷代上只能作有
限的指示”（137頁）。董作賓在1931年《大龜四版考釋》一文中，首次提出“坑層”可作
爲斷代的方法。1933年在《甲骨文斷代研究例》中，將“坑層”改爲“坑位”，列入第四項
斷代標準（緊接在“世系”、“稱謂”、“貞人”之後），並列出前五次發掘在五個發掘區裏
的灰坑中出土的甲骨文的時代，他“以爲某區某些坑只出某幾期卜辭”（139頁）。1956
年，陳夢家在《殷虛卜辭綜述》第四章《斷代上》中專門列出一節（第二節）討論董氏的
“坑位”標準。他説：截止到1956年，中研院對十五次發掘的坑位資料公布的還十分
有限，“因爲坑位對於甲骨斷代有相當重要的關係，所以不得不暫就有限的資料加以
研究”（139頁）。陳先生首先對董氏的“坑位”概念提出疑議，他説：“所謂坑位應該和
‘區’分别，A、B、C、D、E等區是爲發掘與記録方便起見在地面上所作人爲的分界，並
非根據了地下遺物的構成年代而劃分的。”這是説，董氏將灰坑所在的人爲劃分的發
掘區的區位當成了斷代的“坑位”，而人爲劃分的發掘區不是根據地下遺物的構成年
代而劃分的，因此“區位”是不能表示灰坑的時代的。考察灰坑的時代，“必須是某些
獨立的儲積甲骨的穴窖纔有可能定這個坑包含某個或某些朝代的卜辭”，“某坑出土
的甲骨屬於某某期，必須根據了卜辭本身的斷代標準，如卜人、稱謂、字體、文例等等，
這些斷代標準必須嚴格而準確，纔能定出某坑甲骨的時期”。因此，董氏的所謂“坑

位”,“只能供給我們以有限度的斷代啓示,而在應用它斷代時需要十分的謹慎”(140—141 頁)。陳夢家還特別告誡説“坑以外我們自得注意層次”(第 140 頁)。陳先生没有參加過田野考古發掘,却能够提示斷代應注意灰坑所在的“層次”即地層,這是非常難能可貴的。再一個是陳先生也没有將董氏斷代標準的第六項“人物”列入專項斷代標準,其原因:一個是人物的活動是包含在各種“事類”之中的;第二個是古代存在着異代同名的現象,各代之間同名者衆,單獨地依靠某個人物進行斷代必定是不準確的,所以“人物”不能作爲獨立的斷代標準來使用。陳夢家在斷代標準中,没有將董作賓的“坑位”和“人物”兩項列入其中,實在是有先見之明。君不見,自 70 年代後半段起,就有學者利用被陳夢家批評過的董氏的所謂“坑位”(區位),提出殷墟甲骨發展的“兩系説”;利用被陳夢家抽出不單列的董氏斷代標準中的“人物”(“婦好”等),作爲所謂“歷組”卜辭提前的主要根據;利用被陳夢家(還有董作賓)提醒不能靠單獨的稱謂(“父丁”、“父乙”)斷代,來論證“歷組”卜辭的時代。由此造成了至今長達四十年之久的甲骨斷代的混亂局面。

總之,陳夢家的三項甲骨斷代標準是對董作賓十項甲骨斷代標準的繼承、發展和修訂,他提出的甲骨斷代標準是科學的、適用的當然有的地方還需要今後做進一步地完善。

二、建立“卜人組”,並推斷各組卜辭的時代

1931 年,董作賓發表《大龜四版考釋》一文,指出卜辭中“卜”下“貞”上一字是“貞人”的名字,並且利用“貞人”可以推定卜辭的時代。其後他在 1933 年發表的《甲骨文斷代研究例》中,將“貞人”列入十項斷代標準的第三項,還指出武丁在位時間有 59 年之久,其時“貞人也特别的多,可以成立一個集團”。他列出了第一期武丁,第二期祖庚、祖甲,第三期廪辛、康丁的貞人集團(材料多出土於村北的大連坑)。在此後的十年中,董先生忙於《殷曆譜》的寫作,再没有對貞人做出徹底整理。到了 50 年代初,陳夢家開始研究甲骨的斷代問題,1956 年他在《殷虚卜辭綜述》中,將董作賓的十項斷代標準整理歸納成三大標準,其第一大標準就是董氏前三項標準世系、稱謂、貞人(陳氏稱作“占卜者”、“卜人”)的總合。陳先生認爲“三者之中,占卜者尤爲重要”,“占卜者是最好的斷代標準,因爲:(1) 同一卜人可以在不同卜辭中記載若干稱謂,如卜人行於某片稱‘兄己兄庚’,於另片稱‘父丁’,則行必須是祖甲時人;(2) 在同一版甲骨上往往載有若干卜人,他們是同時的人,因此將同時卜人見於不同版的諸種稱謂匯聚起來,可以得到某一時代整個的稱謂系統”(137 頁)。基於這種認識,他對卜人進行了全

面系統整理,提出了建立"卜人組"斷代方法。不過,陳先生也指出:"有些王朝並不記卜人,有些王朝的卜人不容易與上下朝代分別","就全部九朝的卜辭而言,武丁到廩辛的卜辭記卜人名的最多;廩辛以後卜人不記名,到了乙、辛又出現了少數記名的。因此用卜人斷代,也是有一定的限度的"。

　　陳先生説:"決定卜人的時代可有四種方法:(1)由同組卜人的稱謂定其時代;(2)由特殊刻辭的簽署定其時代;(3)由卜辭内所記述的人物事類定其時代;(4)由字體文例等定其時代。""四法之中,自然以第一種最爲周密。所謂同組卜人者,是指某些卜人在兩種情形之下一同出現乃可定其爲同時代的人:一是同版卜人,即同一甲或骨之上有若干條卜辭在不同卜辭内有幾個不同的卜人名,此諸人是同時代的;二是並卜人,即在同一版同一卜辭内兩個卜人同卜一件事,這樣的例子不很多。另有一種'異卜同辭'的情形,即是在不同版上不同的卜人在同一日同卜一事,可推定此諸卜人乃屬於同時代的,這樣的例子也不多","由以上各法組成了某些組卜人,匯合某一組卜人見於不同版的稱謂便成爲某組卜人的稱謂系統,由此系統可決定其時代"(第173—174頁)。他還指出"有些卜人,與任何一組都沒有聯繫,則我們只可用其他三法來個別解決他們"(第174頁)。他特別強調對"不繫聯的卜人,需要等待各組卜辭的字形、文例、制度整理出系統後,方可以着手分別確定那些不繫聯卜人應列於那個時代"(第202頁)。

　　陳先生根據上述建立"卜人組"的原則,建立了"賓組"、"𠂤組"、"子組"、"午組"、"出組"、"何組"六個卜人組,各組以一個常見的卜人名作爲組名。他説:"武乙、文丁兩世的卜辭,很少有記卜人的。我們祇找到一個卜人歷,他的字體似當屬於武乙。"(202頁)"我們現在尚無法分別帝乙、帝辛的卜辭。這時期的卜辭也有一些卜人,並無見於同版的。此期共有六個卜人。"即對於只有一個卜人"歷"的武乙(含文丁)卜辭,沒有同版繫聯的帝乙、帝辛卜人,以及沒有卜人的康丁卜辭,陳先生都是沒有建立"卜人組"的。統觀在商末九王中,武丁、祖庚、祖甲、廩辛四王的卜人成"組",康丁、武乙、文丁、帝乙、帝辛五王的卜辭沒有成"組",對於沒有成"組"的卜辭,陳先生是以王世相稱的,即稱某某王卜辭,分別稱作康丁、武乙、文丁、帝乙、帝辛卜辭。他根據斷代的三大標準詳細論證了各卜人組及各王世卜辭所屬的時代。本文限於篇幅,只做簡單介紹。

(一) 關於賓組、出組、何組卜辭的時代

　　1936年春季,第十三次發掘在C區發現了"一個未經擾亂滿儲龜甲的圓坑,就是YH127",該坑出龜甲17 088片、牛骨8片,共出甲骨17 096片。"這一大批龜甲,十分

之九是賓組卜辭,十分之一是子組、午組和其他",陳先生"根據這批材料,來研究賓、子、午三組和其他少數一群龜甲,並論其時代"(156頁)。陳先生"把互見同版而可繫聯的一群武丁卜人稱之爲賓組,其他一些少見的卜人而其字體文例事物同於賓組者附屬於賓組"。他統計賓組有"同版卜人"和"並卜人"16人,其中殼、賓、爭、亘各出現了一百次以上。他根據人物、事類、出土坑位、字體、文例推定"武丁不繫聯的卜人"有31人,這些卜人或屬武丁時,或屬武丁晚期,或屬武丁晚期至祖庚時。他找出賓組主要稱謂祖、妣、父、母、兄、子以及其他人名共57個,"武丁卜辭的斷代是以所稱諸父甲、庚、辛、乙①爲上代的四王爲基礎的"(158頁)。他根據卜人同版、異卜同辭、稱謂、制度等定"出組"卜人有17人,論證"出組"卜辭是祖庚、祖甲時代的。他説:"武丁晚期卜人有可能延伸至祖庚時;同樣的,出組中的祖庚卜人亦有可能上及武丁晚期。"他把"出組"卜人"由其聯繫的親疏關係"分成兄、大、尹三群:兄群3人,大群6人,尹群8人。"尹群及其附屬者當屬於祖甲時代";"兄群的兄、出當屬於祖庚時代並上及武丁晚期";"大群可分爲二":早期的"當屬於祖庚時代,並上及武丁晚期",晚期的"當屬於祖庚晚期與祖甲早期"(192頁)。對於幾個沒有稱謂,也不繫聯的卜人,暫據字形定其爲祖甲時代的。他統計"何組"卜人有18人,其中有繫聯的13人,因該組卜辭稱"祖庚、祖甲、祖己爲父,稱武丁爲祖丁","不出現'兄辛'的稱謂,並由其字體文例之上承祖甲",所以定"何組爲廩辛卜人"(196頁);他根據字體、卜辭文例、祭法等分辨出何組及附屬卜人有早、晚期的分別。

由以上陳先生采用分"卜人組"的斷代方法對賓組、出組、何組卜辭的斷代可以看到,"卜人組"的斷代方法確實比董先生的"五期"斷代法更加科學,它突破了"五期"分法一個王世只能有一種卜辭的框架,也證明了一種卜辭可以分屬於幾個王世。如論證賓組卜人或屬武丁時,或屬武丁晚期,或屬武丁晚期至祖庚時;論證"出組中的祖庚卜人亦有可能上及武丁晚期";"兄群的兄、出當屬於祖庚時代並上及武丁晚期";"大群可分爲二":早期的"當屬於祖庚時代,並上及武丁晚期",晚期的"當屬於祖庚晚期與祖甲早期"(192頁)。

(二) 關於𠂤組、子組、午組卜辭的時代

1933年,董作賓在《甲骨文斷代研究例》中,將有貞人狄、勺、𠂤、匚、余、我、子、㣖、禸、車、史、万、卒、㞢、𠂤、取、叶等的卜辭劃歸到第一期武丁時。但到1945年,他在《殷曆譜》中研究新、舊兩派祀典時,發現這類卜辭中稱"唐"爲"大乙",僅憑此

———————————————

① 武丁諸父依次爲陽甲、盤庚、小辛、小乙,該處將"乙"誤爲"丁",當是排版錯誤造成的。

一證據,他就懷疑這些卜辭不應該屬於舊派的武丁時。1948 年他在《殷虚文字乙編》"序"中說,經過十八年的研究,特別是對第十三次發掘 B 區的"幾乎完全是文武丁時的卜辭"的兩個坑,即 119 坑出土的 298 片、YH006 坑出土的 207 片卜辭,"還有散見別的坑中的共 13 版"甲骨的研究,認定上述 17 個貞人的卜辭都應當屬於文武丁時期,即把原來劃歸到第一期武丁時的這部分卜辭整體移到了第四期文武丁時期;同時從文字、曆法、祀典、事類等方面論證"文武丁復古了",文武丁恢復了武丁時的舊制,自稱"揭穿了文武丁時代卜辭的謎"。董先生所說的這部分"文武丁卜辭",就是後來被陳夢家分別稱之爲"自組"、"子組"、"午組"的那部分卜辭。這是繼明義士之後,對第四期卜辭發表的第二個意見,只不過明義士指的是後來被稱之爲"歷組"的那部分卜辭。

1951 年起,陳夢家陸續發表《甲骨斷代學》,以發掘坑位和卜辭繫聯等大量證據證明自組、子組、午組卜辭屬於武丁時期,其成果收入 1956 年出版的《殷虚卜辭綜述》一書中。

陳先生在《綜述》中說:"1949 年我初步整理自、子兩組卜辭,曾據兩組卜辭本身定其爲武丁卜辭。後來《乙編》出版,我們更得到這樣的現象:(1) B119 和 YH006 兩坑是自組和子組的混合,且有少數的賓組;(2) E16 是自組與賓組的混合,YH127 是子組與賓組的混合;(3) E16 和 B119 都有𢀛的卜辭,他是和自組同時代的卜人。既然 YH127 大多數都是賓組卜辭,摻合在這坑之中的子組午組和其他少數卜辭是否也屬於武丁時代的? 我們認爲子組自組和賓組常常出於一坑,而同坑中很少武丁以後(可能有祖庚)的卜辭,則子組自組應該是武丁時代的,YH127 坑中的午組及其他少數卜辭也是屬於這一時代的。"(158 頁)YH127 坑出土 17088 片龜甲和 8 片牛骨,"這一大批龜甲,十分之九是賓組卜辭,十分之一是子組、午組和其他"(156 頁)。這是從出土坑位情況證明自組、子組、午組與賓組同屬於武丁時代。

1. 自組卜辭的時代

陳先生說"自組的卜人,在第一、二、三、四、五、八、十三等次發掘中都有出土的。這一組的主要卜人有三:自、扶、勺","這三個卜人往往見於同版"。他從七個方面論證自組卜辭的時代:

一是稱謂。他從有自組卜人的卜辭中歸納出自組有 26 個稱謂,這些稱謂可分爲數類:(1) 同於賓組的有 18 個;(2) 同於子組的有 7 個;(3) 同於午組的有 6 個;(4) 自組獨有的有 6 個。他說:"比較自與賓組,則知兩者相同之多。兩組所同的父甲、父庚、父辛、父乙實即武丁所以稱其父輩陽甲、殷庚、小辛、小乙者,所以兩組都是武丁時代的卜辭。"(147 頁)

二是出土情況。"自組卜辭的出土,可分爲兩類,第一類是零碎出土於某些坑中而記載不詳者……第二類是一坑出大量的自組卜辭而坑位有記載者。"(147 頁)

第一類。共有七次發掘。第一次發掘在村北 A 區 26 坑,"出自組卜人扶(《甲》145)和少數的自組卜辭(《甲》168、169);其他多是賓組卜辭和少數的祖庚卜辭"。第二次發掘在村北村南村中三地,"出自組卜人扶(《甲》454)和勹(《甲》488)。此次所獲甲骨除了少數乙辛卜辭(《甲》477—481)外,其餘多是自組卜辭","自組的龜甲,或者出於村南 36 坑以西沿大道的諸坑"。第三次發掘在 A 區、B 區、E 區,三個區全在村北。以在大連坑所獲廩辛卜辭占多數,只有一片龜甲(《甲》955)是扶所卜。在卜骨中有一大批用自組的扶作範本的習契之作,其上的稱謂還保持扶當時的稱謂,除"母甲"外,其他都見於賓組卜辭。第四次發掘,除 E16 坑外,其他在村北 A、B、E 三區所獲的有兩片是自所卜(《甲》3281,3304)。第五次發掘,在村北的 E 區和村南的 F1－4 發掘,獲卜人自(《甲》3483)和其他自體卜辭(《甲》3371、3372、3576)。第八次發掘,在村北 D 區,出自組卜人扶(《甲》3763)。第十三次發掘,在 YH036,只出了一片(《乙》474)扶所卜(148 頁)。

第二類。第一次發掘在村南 F 區 36 坑,這一坑全是自組卜甲,卜人是扶、衕。"此坑不出賓組卜辭,由《下》9.13、10.1 知衕不能晚於祖庚"(148 頁)(常按:筆者查閱了《後·下》9.13 和 10.1 兩版,知每版都是有兩條卜人兄和出的同文出組卜辭,兩條辭中都有"品司,申癸"等字;再查 36 坑中屬於自組的有卜人衕的《甲》241,在卜人衕的卜辭中也有"品司、癸"等字)。這裏陳先生是根據自組與出組卜問事類相同來斷定自組卜辭的時代不能晚於祖庚時期。第四次發掘在村北 E 區 16 坑,"這一坑是自組與賓組的混合,同坑所出牛骨都是賓組的"(148 頁)。第十三次發掘在村北 B 區 119 坑,"這一坑是自組爲主,亦有賓組和子組的卜人"(149 頁)。第十三次發掘,在村北 B 區 YH006,"這一坑和 B119、YH044 是相聯繫的,都出背甲……所出卜人和 B119 相似",也是有賓組、自組、子組卜人。第十三次發掘,在村北 B 區 YH044,"這一坑都是自組卜辭,沒有附卜人的"(150 頁)。

陳先生説:"以上兩類,其出土的集中地可歸并爲五:一、村南 36 坑及其附近;二、E16 坑;三、B119 坑;四、A 區 26 坑;五、D 區。第三、四次在 A、B、E 發掘所得的,可以包括在以上五處之中。如此可知自組卜辭並不限定出於一地。"(150 頁)總之,自組卜辭在小屯村南村北都有出土,而且村北出土的數量大大地多於村南,村北的 A、B、D、E 區都有自組卜辭出土,村南只有 F 區的 36 坑出土自組卜辭。

三是字體特徵。陳先生説:"根據以上所述附有自組卜人的卜辭以及一坑之中以自組占多數的卜辭,可以研究自組的字體、文例等等。"他説:"E16 所出《甲》3013、3045＋3047 各片,是自組卜辭而其字體實近於賓組卜辭。兩組的'不'字都是一個寫法,没有上面的一平劃,和後來的寫法不同。但是,𠂤組的寫法和賓組確乎有些差異的地方。𠂤組的干支字有和賓組相同的,有接近晚期的,後者實爲𠂤組的新形式。"(150頁)他舉了"子"、"午"、"于"三字爲例,還舉了"辛"、"丁"字,詳述了"貞"字在賓組、子組、𠂤組、午組中的十種寫法。總之,從字體上看,"𠂤組一方面遵守賓組的舊法,一方面已産生了新形式"(153頁)。

四是紀時法。"𠂤組的紀時法和賓組相似而有小異。兩組都稱'一月'而無祖甲卜辭的'正月'。兩組在某月之前通常不加'在'字",只是偶爾加"在"字。賓組計日"以所卜之日爲第一日,𠂤組以所卜之次日爲第一日計算"等等。即"𠂤組的紀時法和賓組也是大同而小異"(153頁)。

五是卜辭形式。"𠂤組和賓組的最通常的前辭形式有二:(甲)甲子卜某貞,(乙)甲子卜某"。"𠂤組某種卜辭形式,或同於賓組,或爲𠂤組所特有,或下接祖甲卜辭,與字體的情形一樣,足以表示𠂤組當武丁之晚葉,開下代的新式"(153頁)。

六是祭法。"𠂤組常用的祭法是'㞢'和'御',又有'尞'、'酙'、'歲'等,都是賓組所常用的,但是賓組的祭法更多。𠂤組的'㞢'和'又'是通用的"(153頁)。即"𠂤組祭法見於賓組,而'㞢'、'又'通用亦顯示交替之迹"(153頁)。

七是稱號。"武丁卜辭稱成湯爲成、唐,然亦稱大乙:𠂤組稱大乙者如《甲》187、223、248、253、266(以上出36坑),《下》42.15勹卜,賓組稱大乙者如《前》1.3.4……"。因此"董氏《乙編》序説武丁、祖庚稱唐,祖甲改稱大乙,以後各王稱大乙不稱唐。這個説法是與事實不合的。《甲》1556和《續》1.7.5都是廩辛卜辭而稱唐"。總之,"武丁時代通常稱唐,但到了晚期已有大乙之稱;祖甲時代的周祭通常稱大乙,但即在祖甲以後唐的稱謂並未全棄"。即在𠂤組的"稱號中,或守武丁舊制,或開新例如大乙、上甲諸例"(153頁)。這就把董氏所説"大乙"一稱只出現在武丁以後,並以此斷定𠂤組等組卜辭屬於文武丁的説法給否定了。

總之,陳先生通過對𠂤組、賓組兩組卜辭在稱謂、出土情況、字體特徵、紀時法、卜辭形式、祭法、稱號七個方面的比較,得出結論説"凡此可見𠂤組大部分和賓組發生重疊的關係,小部分與下一代重疊,它正是武丁和祖庚卜辭的過渡"(153頁),"𠂤組在它本來的地位(武丁之晚葉),上承早期的武丁(賓組卜辭),下接祖庚卜辭"(155頁)。也即𠂤組卜辭是武丁晚期至祖庚時期的卜辭,而不是董作賓所説的是第四期文武丁卜辭。

陳夢家對董作賓E16坑甲骨的斷代提出批評。他説E16坑所出甲骨是賓組與𠂤組的混合,董作賓在定該坑甲骨的時代時,是"據貞人定E16坑所出甲骨全是第一期的",但他"所舉的是賓組卜人而没有列𠂤組卜人"(155頁)。董氏一方面説E16坑"只出一、二期卜辭,一方面又以E16所出𠂤組卜辭與甲尾刻辭定其爲文武丁的。要是根據後説,那末 E16 坑應該遲到文武丁時代;要是根據前説,自組卜辭和甲尾刻辭應該屬於一、二期了"(155 頁),因此董氏對 E16 坑甲骨的斷代是矛盾的。陳先生説:"自組卜辭按其内在所表示的時代性乃是屬於武丁的,所以像 E16 和 B119 等坑都是一坑之中自組卜辭與賓組卜辭並見。在這些坑中,可能有祖庚卜辭,沒有祖甲以及其後的卜辭。"(155 頁)

陳夢家還指出,董作賓定自組卜辭爲文武丁卜辭,除了根據自組稱"唐"爲"大乙"外,還有一個就是根據出土地區,也即董氏的所謂"坑位"定時代。陳先生説:"自組卜辭在村南大道旁(36 坑一帶)出土不少,他把村南和村中廟前混合爲一區,認爲只出三、四期卜辭,因此定自組卜人爲文武丁的。"(155 頁)這就指明了董作賓以甲骨出土地點推斷卜辭的時代是錯誤的。

陳夢家指出:"賓組似乎是王室正統的卜辭;自組卜人也常和時王並卜,所以也是王室的。而其内容稍異。"(166 頁)

2. 子組卜辭的時代

陳先生總結子組卜辭相繫聯的卜人有子、余、我、徙、徙,"後二者可能是一個名字的兩種寫法,就是後來的巡字"。他從四個方面論證子組卜辭的時代:

一是出土情況。陳先生説:"1949 年我初步整理自、子兩組卜辭,曾據兩組卜辭本身定其爲武丁卜辭。"後來《乙編》出版,得知:B119 和 YH006 兩坑是自組和子組的混合,且有少量的賓組;YH127 大多數是賓組卜辭,還有少量的子組、午組卜辭。因爲子組常常和自組、賓組出於一坑,則子組應是武丁時代的(158 頁)。這裏,陳先生是根據子組、自組、午組卜辭與賓組卜辭同出一坑的關係來論證這幾組卜辭當是武丁卜辭。

二是字體、文例特色。陳先生指出,子組有些字如"于"、"丁"的寫法同於自組,干支如子、丑、未、午、庚等同於自組。子組的前辭形式有四類:(甲)甲子卜某貞;(乙)甲子卜某;(丙)甲子某卜貞;(丁)甲子某卜。他説:"(甲)(乙)兩式是賓、自兩組所同,但賓組以(甲)式居多,子組同之;(丙)(丁)兩式是子組所獨有的。"(160 頁)

三是稱謂。陳先生總結子組共有 27 個稱謂,可將其分成數類:同於賓組的 7 個,同於自組的 2 個,同於賓組、自組的 5 個,同於午組的 6 個,同於子丁群的 2 個,獨有的 5 個。"由此可見子組稱謂主要的同於賓、自兩組,然而和午組子丁群所獨有的幾種稱謂也相同"(161 頁)。

四是卜人同版。陳先生指出,卜人吏的卜辭和賓組相同。"《燕》436 吏與史同版,可能延伸到祖庚時代","吏雖附屬於賓組,但他曾和子組的史同版,是子組與賓組的聯繫"(182 頁)。

總之,陳先生從子組與賓組、𠂤組、午組常常同坑而出,子組字體文例、前辭形式、稱謂等都有與賓組、𠂤組、午組相同之處,賓組卜人有與子組卜人同版等,認爲子組卜辭當屬於武丁晚期,可能已延伸到祖庚時期。

此外,陳先生還指出子組卜辭有個特點:"子組卜人𩂣和巡(或與'婦巡'是一人)很像是婦人,該組的字體也是纖細的。第十五次發掘出土的(《乙》8691—9052)字體近子、𠂤、午組的,内容多述婦人之事,可能是嬪妃所作。這些卜人不一定皆是卜官,時王自卜,大卜以外很可能有王室貴官之參與卜事的。"(166—167 頁)

3. 午組卜辭的時代

陳先生説午組只有兩個不繫聯的卜人——午、兄,[①]"所以稱它們爲午組者,一則它們字體自成一系,不與賓、𠂤、子三組相同;二則其稱謂也自成一系。所謂稱謂自成一系者,指若干特殊的稱謂互見於若干版"(162 頁)。除了前舉 YH127 坑午組與賓組、子組同坑外,陳先生還從以下幾個方面論證午組卜辭的時代:

一是字體。陳先生説:午組的"干支和'于'字寫法接近賓組";"不"字上面有一横,與子組相同;"子"字中筆是斜的,與𠂤組字體近似;"貞"字有兩種,一種同於𠂤組,一種是它獨有的。

二是祭法。陳先生説:"午組最常用的祭法是'屮歲',偶爾亦作'又歲'(《乙》3748);其次是'御'、'屮'、'帝'、'興'、'新'、'羽日'(《乙》5394)、'奉生'(《乙》4678)。就祭法説,它們是武丁的,'羽日'在武丁已有。"

三是稱謂。陳先生總結午組的稱謂有 37 個,可分爲數類:(1)同於賓組的有 11 個;(2)同於𠂤組的有 7 個;(3)同於子組的有 6 個;(4)獨有的有 18 個。陳先生説:"此組的稱謂約有半數與賓、𠂤、子三組相同,而其中'下乙'一稱尤足證午組屬於武丁時代。"(164 頁)

綜合上述,陳夢家運用卜人、稱謂、出土穴窖(坑位)、字體、文法、卜辭内容等詳細考察了賓組、𠂤組、子組、午組卜辭的時代,認爲這四組卜辭"雖都是武丁時代的,然而也有早晚之不同,𠂤、子兩組大約較晚"(166 頁),"這四組卜人,賓組和午組是約略同時的,子組和𠂤組屬於武丁晚期"(174 頁),糾正了董作賓的所謂"文武丁復古"的錯誤説法。他明確指出:"《殷曆譜》中所有稱爲文武丁的都是武丁卜辭,只有《交食譜·日食一》所舉'日月又食'兩片牛骨却是真正的武、文卜辭。"(155 頁)他的研究成果得到

① 蕭楠指出,《屯南》4177 版午組卜辭有貞人"𠂤"。見蕭楠:《略論"午組卜辭"》,《考古》1979 年第 6 期。

國內外學者的普遍認同,並爲後來的考古發掘所證實。[1] 目前學界尚存在兩點分歧:一個是對自組卜辭究屬武丁早期還是晚期的認識不同;一個是對李學勤提出的子組、午組是非王卜辭意見不同。

前已引述陳先生的話:"賓組似乎是王室正統的卜辭;自組卜人也常和時王並卜,所以也是王室的。而其内容稍異。"(166 頁)"我們稱賓組爲正統派的王室卜辭,因它所祭的親屬稱謂多限於即王位的父祖母妣,此在自、子、午等組則擴張至未即王位的諸父諸祖諸兄諸子"(158 頁)。很顯然,這裏,陳先生是認定自、子、午三組卜辭都是王室卜辭,它們所祭祀的對象仍有王室成員(見另文),只不過是"擴張至未即王位的諸父諸祖諸兄諸子"罷了。但在陳先生《綜述》發表後的第三年,也即李先生發表《評〈綜述〉》[2]的第二年即 1958 年,李先生又發表了《帝乙時代的非王卜辭》一文,[3]該文將與自組同是"擴張至未即王位的諸父諸祖諸兄諸子"的子組、午組卜辭,剔除於王室之外,稱其爲非王卜辭。他這樣做很容易使人想到他是鑽了陳先生上述話的空子,即陳先生只說"自組卜人也常和時王並卜",沒有說子組、午組卜人也有此種現象;又"忽略"掉陳先生說的子組、午組與自組一樣,同是將所祭親屬稱謂"擴張至未即王位的諸父諸祖諸兄諸子"。故而他將自組放在王室卜辭之内,而將子組、午組定名爲"非王卜辭",以顯示自己的"獨到"見解。還有一點值得一提,即李先生文中的"子組"、"午組"稱呼使用的是陳先生的"卜人組"的名稱,這就與他頭一年(1957 年)在《評〈綜述〉》文中反對"卜人組"的斷代方法是相矛盾的。

陳夢家證明了武丁時期有賓組、自組、子組、午組四種卜辭,就證明了一個王世可以同時存在有多種類型的卜辭。陳先生指出:如果《尚書·無逸》言武丁"享國五

---

[1] 貝塚茂樹、伊藤道治:《甲骨文斷代研究的再檢討》,《東方學報(京都)》1953 年第 23 號;貝塚茂樹:《京都大學人文科學研究所藏甲骨文字》(本文篇)"序論",1959 年;姚孝遂:《吉林大學所藏甲骨選釋》,《吉林大學社會科學學報》1963 年第 3 期;鄒衡:《試論殷墟文化分期》,《北京大學學報(人文科學)》1964 年第 4、5 期;蕭楠:《安陽小屯南地發現的"自組卜甲"——兼論"自組卜辭"的時代及其相關問題》,《考古》1976 年第 4 期;中國社會科學院考古研究所:《小屯南地甲骨》上册《前言》,北京:中華書局 1980 年版;鄭振香、陳志達:《論婦好墓對殷墟文化和卜辭斷代的意義》,《考古》1981 年第 6 期;謝濟:《武丁時代另種類型卜辭分期研究》,《古文字研究》第六輯,北京:中華書局 1981 年版;中國社會科學院考古研究所:《殷墟的發現與研究》,北京:科學出版社 1994 年版,頁 169—170。

[2] 李學勤:《評陳夢家〈殷虛卜辭綜述〉》,《考古學報》1957 年第 3 期。該文在《李學勤早期文集》有收録,石家莊:河北教育出版社 2008 年版。但在收録該文時没有忠實於原作將文章全部録出,而是將最後一段删掉了,用"(下略)"示之,其原因當不難推測。

[3] 李學勤:《帝乙時代的非王卜辭》,《考古學報》1958 年第 2 期。

十有九年"可信,"則五十九年之久,其間字體文例制度的有所變異,乃是必然的事。因此,四組卜辭字體間的差異,同一稱謂的先後形式,或由於時有早晚,或由於卜者身份之不同,我們似不可執賓組卜辭爲武丁惟一的卜辭"(167 頁)。這個觀點董作賓早在《甲骨文斷代研究例》中就有指出,董氏在將自、子、午組劃歸爲武丁時就説"不能不承認武丁時代有各種不同的書體、字形、文法、事類、方國與人物了",[①]而後來他把上述三組卜辭改劃到文武丁後,仍然是承認這個觀點的。因此,董作賓、陳夢家纔是首先提出一個王世不是只有一種類型卜辭的學者,而一種類型的卜辭也不只屬於一個王世,也是由董作賓、陳夢家最先提出的。董作賓在 1955 年發表的《甲骨學五十年》中,[②]就説賓組卜辭中也含有祖庚卜辭,第三期貞人何的卜辭也可早到第二期。[③]陳夢家的論述則更多、更具體,前文所述的他對賓、自、子、午四組卜辭時代的論證就都蘊含着這個觀點。如他説"武丁晚期卜人有可能延伸至祖庚時;同樣的,出組中的祖庚卜人亦有可能上及武丁晚期","兄群的兄、出當屬於祖庚時代並上及武丁晚期","大群可分爲二:一是大群早期的見於武丁記事刻辭的中、㕜(以及昷、凸)與兄群早期的兄、出同時,當屬於祖庚時代,並上及武丁晚期;二是大群晚期的大、夨、喜與兄群晚期的逐當屬於祖庚晚期與祖甲早期"(192 頁)。"吏屬於武丁晚期而延伸祖甲(常按:"甲"當是"庚"之誤)時代","吏的卜辭多是卜旬卜夕的,所以没有世系稱謂;他的卜辭和賓組的相同,但如《元》211 一辭有'王賓夕'之語則近乎祖庚卜辭;《燕》436 吏與史同版,可能延伸到祖庚時代","《金》622 㞢的卜辭是子組形式的,與《綴》330 子所卜的同文。子組既屬於武丁晚期,所以㞢也是武丁晚期卜人。《河》519 有一卜辭云'丙寅卜夨貞卜㞢曰(下略)'是祖庚卜辭,可知㞢一直延伸到祖庚時代"(182 頁)。他指出自組、子組卜辭是武丁晚期至祖庚時期的,出組"許多卜人兼事祖庚、祖甲兩朝",有些卜人"自武丁晚期至祖庚,亦有延至祖甲的"(186 頁),卜人陟、定、屰、宎、㞚、正、專的"時代約當武丁晚期,甚或延至祖庚時代"(185 頁),等等。這裏,陳先生是以卜人組代表卜辭類型來叙述一種類型的卜辭也不只屬於一個王世的。陳夢家建立的"卜人組"所收録的卜人計有 120 位,比董作賓在《甲骨文斷代研究例》中所録的增加了 4 倍,比陳先生自己在《殷代文化概論》中所録的幾乎增加了一倍。

---

① 董作賓:《殷虚文字乙編·序》,劉夢溪主編:《中國現代學術經典董作賓卷》,石家莊:河北教育出版社1996 年版。

② 董作賓:《甲骨學五十年》,臺灣《大陸雜志》1955 年第 1 卷第 3、4、6、9、10 期。

③ 見陳夢家:《殷虚卜辭綜述》,北京:中華書局 1988 年版,頁 155。

三、區分出廩辛、康丁卜辭

1933年,董作賓在《甲骨文斷代研究例》中,將廩辛、康丁卜辭分在第三期,但不能將這兩王的卜辭區分開。1956年,陳夢家説:"五個時期的卜辭,由字體文例及制度可大别爲早中晚三類:早期是武丁、祖庚、祖甲和廩辛,中期是康丁、武乙和文丁,晚期是帝乙和帝辛。中期的康、武、文自成一系。因此所謂第三期正爲早中兩期所平分,'三上'廩辛屬於早期,'三下'康丁屬於中期。"(142頁)陳先生通過以下六個方面將廩辛和康丁卜辭加以區分:

一是字體。"廩辛沿襲祖甲謹嚴的作風(晚期亦然),但刻劃粗而不平匀,每一筆勢首尾尖而中部粗;康丁和武、文比之早晚兩期較爲散逸,康丁卜辭刻劃纖細而匀……武乙初期亦同……武乙、文丁卜辭漸發展而爲剛勁的直筆與鋭利的轉折,字也刻得大起來"。

二是卜人。"廩辛和其他早期卜辭都有卜人,康、武、文没有卜人(除武乙卜旬之辭有卜人厤數見),晚期也有一些卜人"。

三是龜骨。"早晚期占卜龜甲(腹甲與背甲)與牛胛骨並用,康、武、文多用牛骨,罕用龜甲"。

四是前辭形式。"廩辛及其他早期卜辭以作'甲子卜某貞'、'甲子卜貞'、'甲子卜某'爲常例,康丁卜辭常作'甲子卜',武乙卜辭作'甲子卜'、'甲子貞',到晚期又恢復早期形式。又廩辛、康丁附刻占辭'吉'、'大吉'於卜辭之旁,康丁尤爲普遍。康丁卜辭往往省去'甲子卜'這前辭;亦有作'甲子卜貞'的"。

五是稱謂。"廩康卜辭都可以有父甲、父庚(稱其父祖甲、祖庚)的稱謂,但是屬於粗筆常有卜人的廩辛卜辭絶没有兄辛(即康丁所以稱廩辛者)的稱謂,只有屬於細筆的康丁卜辭纔有'兄辛'的稱謂"。

六是周祭與記月。"康、武、文卜辭没有記月名的;也極少有周祭;在此以前以後則皆有之"。

總之,"就卜辭本身而言,廩辛字體粗,康丁细;廩辛有卜人,康丁無;廩辛無'兄辛',康丁有;廩辛偶有周祭並記月,[①]康丁更少;廩辛前辭作'甲子卜某貞'、'甲子卜貞'、'甲子卜某',康丁常作'甲子卜'。就卜用的材料而言,廩辛甲與骨並用,康丁多用骨"(193頁)。

---

① 陈夢家這裏説的"周祭",是指有周祭中的某種祀典,並不是指有系統的周祭祭祀。

四、關於帝乙、帝辛卜辭

陳先生説:"我們現在尚無法分別帝乙、帝辛卜辭。這時期的卜辭也有一些卜人,並無見於同版的。此期共有六個卜人:黃、派、 、 、立、 (《甲》27——此字補刻在'己亥卜貞'的左旁,僅一見)。以上六人中,黃和派同有'正人方'的卜辭,第二至第四人都有周祭卜辭。"(201 頁)

綜合上述,可以看到,陳夢家在甲骨斷代學研究上做出了巨大貢獻。在上個世紀50 年代上半葉,他憑藉殷墟十五次發掘公布的有限資料,系統地對殷墟甲骨進行了全方位的整理、研究,批判地繼承和發展了董作賓的甲骨斷代學説。首先,他全面梳理了董先生的甲骨斷代十項標準,對其進行了科學的歸納、整理,糾正了其中某些不合理的部分。經過整合,再系統地歸納出甲骨斷代的三大標準。三大標準囊括了董先生十項標準中的九項。對董先生的所謂"坑位"標準提出質疑,指出董先生的"坑位"實際是灰坑所在人爲劃分的發掘區裏的"區位",用"區位"代替灰坑所在的層位進行斷代是有局限性的。他提出"坑位"是指有"獨立的儲積甲骨的穴窖",並具有先見之明地指出"坑以外我們自得注意層次"。陳先生的重要貢獻還在於指出單獨利用每項斷代標準都有局限性,特別強調要綜合利用各項標準進行斷代。他詳盡地指明了利用三大標準斷代必須嚴格遵守的規則、步驟和程序,以及應注意的事項。其次,他在董作賓"貞人"斷代説的基礎上,系統、全面地整理了殷墟甲骨卜辭中的"貞人"(卜人),統計出殷墟卜辭中共有卜人 120 位之多,並詳盡地考察了各位卜人的同版繫聯關係及其附屬關係,將其劃分爲六個"卜人組"。他還利用三大標準對各卜人組進行斷代,證明了各卜人組的卜辭幾乎都有跨越王世存在的現象,即一個王世的卜辭可存在於上一王世的晚期,或可延續到下一王世的早期,這蘊含着一個王世並不是只有一種類型的卜辭、一種類型的卜辭也不只屬於一個王世的觀點,就突破了董先生五期斷代法的局限,比董先生的五期斷代法更準確、精密、科學。"卜人組"的斷代方法是陳夢家對甲骨斷代學的重要貢獻。他詳細論證了被董作賓分在第四期文武丁的自組、子組、午組卜辭實際上都是武丁(至祖庚)時期的卜辭,第一次區分出了廩辛、康丁卜辭。他還特別意味深長地強調單純地利用字體進行斷代是很靠不住的等等。這些研究成果都極大地推動了甲骨學與商代史的研究,在甲骨斷代學史上具有里程碑式的意義。

陳夢家、董作賓提出的甲骨斷代學説,陳夢家的"卜人組"斷代方法,以及董作賓的五期分法框架,經過七十多年的實踐證明,儘管有個別地方需要補充、修正、完善,但在整體上被證明是科學的、適用的,至今仍然具有强大的生命力。

五、李學勤對《綜述》斷代標準的批判

這一階段有個值得一提的事,就是李學勤對陳夢家甲骨斷代標準的批判。李先生在陳先生《殷虚卜辭綜述》出版後的第二年即 1957 年,發表了《評陳夢家〈殷虚卜辭綜述〉》一文。[1] 該文開頭對《綜述》總的評説是:"作者没有完全采取實事求是的態度",書中"有很大部分只是復述了前人、近人的學説,這些轉引的理論也有些是不妥的"。該文對《綜述》全部二十章逐章進行了批判,不但對凡是"陳夢家自己提出的主張",基本上都給予了否定,而且對陳先生轉引的"前人、近人的學説",也認爲"這些轉引的理論也有些是不妥的"。下面只就李先生對《綜述》第四章、第五章《斷代》(上、下)的批判情況做些評判。

李先生對《綜述》"斷代"部分主要提出三點異見:一是"卜辭的分類",二是"斷代標準和卜人",三是"卜辭的斷代"。

(一) 對"卜辭的分類"的批判

李先生開頭即説:"卜辭的分類與斷代是兩個不同的步驟,我們應先根據字體、字形等特徵分卜辭爲若干類,然後分别判定各類所屬時代。同一王世不見得只有一類卜辭,同一類卜辭也不見得屬於一個王世。《綜述》没有分别這兩個步驟,就造成一些錯誤。例如《綜述》所謂'康丁卜辭',便是用一個斷代上的名稱代替分類上的名稱。這種卜辭不用龜甲,而兆辭有'習龜卜'(《明》715)、'習龜一卜'(《粹》1550),故應與用龜甲的其他類同時存在。後者應即《綜述》所稱'廩辛卜辭'。"

李先生的這段話有兩層意思:

首先,李先生表明他不同意董作賓、陳夢家的世系、稱謂、卜人爲首要的斷代標準,特别是不同意陳夢家的分"卜人組"的斷代方法。他主張要先用字體分類,再進行斷代,即將字體視爲斷代的首要標準。他把董作賓十項斷代標準中的第 9 項"字形"、第 10 項"書體",陳夢家三大斷代標準中的第二大標準裏的"字體,包括字形的構造和書法、風格等",提前到首要標準。

在董作賓、陳夢家的斷代學説中,字體、字形在斷代中的作用是有前提的。董先生説"斷代的十個標準,主要的法寶不過是'稱謂'同'貞人',其餘八項,除了'世系'之

---

① 李學勤:《評陳夢家〈殷虚卜辭綜述〉》。

外,都是由稱謂、貞人推演出來的",①又説"'字形'、'書體'都是根據有貞人的基本片
子推演出來的,也可以説是間接的標準","如果有一片卜辭只殘餘幾個干支字,或者
沒有貞人的'卜夕'、'卜旬'片子,那就只好在'字形'和'書體'或其他標準上找時代
了"。② 陳夢家説,根據第一斷代標準即世系、稱謂、卜人,研究出可以定年代的標準
片,從這些標準片中歸納總結出各個時代字體的特徵,然後根據這些字體特徵(包括
詞彙、文例等)判定那些不具卜人的卜辭的時代,因此,字體是斷代的第二標準。顯
然,李先生的先用字體分類再進行斷代的理念,顛覆了董作賓、陳夢家的甲骨斷代學
説。至於李先生説只有用他的先用字體分類再進行斷代的方法,纔能證明"同一王世
不見得只有一類卜辭,同一類卜辭也不見得屬於一個王世",這是武斷的説法。前文
在叙述陳夢家的斷代成就時,已簡略地介紹了陳先生利用分"卜人組"斷代方法已證
明了上述現象。

其次,李先生指責"《綜述》沒有分別這兩個步驟,就造成一些錯誤",即指《綜述》
沒有先用字體分類再進行斷代兩個步驟,就造成了一些錯誤。即"《綜述》所謂'康丁
卜辭',便是用一個斷代上的名稱代替分類上的名稱。這種卜辭不用龜甲,而兆辭有
'習龜卜'(《明》715)、'習霝一卜'(《粹》1550),故應與用龜甲的其他類同時存在。後
者應即《綜述》所稱'廩辛卜辭'"。這段話表明,李先生根本就沒有弄懂陳夢家的斷代
標準和內容。

陳先生分"卜人組"(李先生説是分類)的原則是: 對没有卜人的康丁卜辭,對只有
一個卜人歷的武乙、文丁卜辭,對雖有六個卜人,但沒有同版繫聯關係的帝乙、帝辛卜
辭,都是不稱"組"的,也即都是不分"類"的,而是直接用王名(廟號)稱呼上述卜辭。
特別是陳先生已經分清了康丁卜辭和廩辛卜辭(見上文),直接用"康丁卜辭"稱呼屬
於康丁的那部分卜辭難道有錯嗎? 將卜辭歸屬於各王不正是學者們研究甲骨斷代的
終極目標嗎? 李先生不明此點,却還試圖用康丁卜辭的兆辭有"習龜卜"、"習霝一
卜",來指責陳先生沒有將康丁卜辭與用龜甲的廩辛卜辭放在一個類中。如果真如此
做了就又出現一個問題,即李先生剛説完要用字體分類,這裏却又主張用骨料來分類
了。此外,李先生還舉出三條廩辛卜辭和兩條康丁卜辭,説它們都有伐羌方、伐微方
之事,也證明康丁卜辭與廩辛卜辭是同時的,即是同類的。這又是提出以事類進行分
類了。李先生批評陳先生以卜辭用料和事類爲標準來説明廩辛卜辭與康丁卜辭屬同
類,這不但違背了他自己提出的以字體分類,而且將陳先生已從字體、卜人、稱謂("兄

---

① 董作賓:《殷虚文字乙編·序》上輯,中研院歷史語言研究所,1948 年。

② 董作賓:《甲骨學五十年》。

辛”)、祭祀、曆法、卜辭文例、卜用材料(廩辛龜骨並用,康丁多用骨,少用龜)等方面(193 頁)區分出來的廩辛卜辭和康丁卜辭的研究成果給打回去了,重新將廩辛卜辭與康丁卜辭混同起來,這實在是斷代研究的倒退。經過二十餘年,到了 70 年代末期,李先生在用字體分類時,將康丁卜辭定爲“無名組”卜辭,將廩辛卜辭定爲“何組”卜辭,即康丁卜辭與廩辛卜辭是被分在兩個類中的,這就等於承認了他二十年前對陳夢家的批判是錯誤的。

此外,李先生試圖從稱謂上證明“同一王世不見得只有一類卜辭,同一類卜辭也不見得屬於一個王世”。他舉的例子是:“在所謂‘康丁卜辭’中有父丁(《甲》413)等,又有連稱的兄己、兄庚(《南》明 639、640、《寧》1.213＋1.268),它的時代應上延至祖甲晚世。”筆者檢查了《甲》413(即《合集》32689),這是一版第四期武乙卜辭,不是康丁卜辭,辭爲“祝于父丁”,該“父丁”應是武乙對康丁的稱呼,不是祖甲對武丁的稱呼。筆者又檢查了《南明》639、640(分別是《合集》27617、27616)、《寧》1.213＋1.268(即《合集》27615),這三片中都有“兄己”、“兄庚”的稱謂,但再檢查同樣字體的卜辭還有“兄辛”(《合集》27622—27633)、“兄癸”(《合集》27634、27635)、“三兄”(《合集》27636)、“多兄”(《合集》27637、27638)等稱謂,而祖甲只有“兄己”、“兄庚”兩兄,所以李先生所舉上述三片卜辭都不能作爲康丁卜辭上延至祖甲晚世的證據。前已指明,一個王世不是只有一種類型的卜辭,一種類型的卜辭也不只屬於一個王世,是由陳夢家首先做出論證的(董作賓也有指出),只是陳先生沒有用一句話將其概括而已。因此,我們有理由認爲,李先生的這句話是根據陳先生的斷代成果悟出來的。同樣,陳先生在論述各“卜人組”卜辭的構成和對其進行斷代時,都已指明了各組卜辭的字體、字形、文例等方面的特徵,李先生提出以字體作爲分類的標準,無疑也是受到陳先生研究成果的啓發。只不過,他爲了反對陳先生的“卜人組”的斷代標準,而將字體抬高到了首要的標準。

李先生還説,他“依卜辭的字體、字形等,至少可把小屯所出卜辭分爲二十四類”。這就是説,李先生的分類是打破陳先生“卜人組”的斷代成果,當然也是不承認董先生的五期分法,是要將小屯出土的全部甲骨卜辭重新按字體進行分類,然後再重新進行斷代。但到了近四十年之後的 1996 年,他改變了字體的分類范圍,改字體分類僅限於在陳夢家的“卜人組”內進行了。①

這裏,有必要再提一下李先生的“卜辭的分類與斷代是兩個不同的步驟,我們應先根據字體、字形等特徵分卜辭爲若干類,然後分別判定各類所屬時代”。李先生這

---

① 見李學勤、彭裕商:《殷墟甲骨分期研究》,上海:上海古籍出版社 1996 年版,頁 21—22。

個斷代的方法與羅振玉、王國維的以稱謂定甲骨時代,與董作賓的以貞人或貞人集團斷代,與陳夢家的以"卜人組"的斷代方法都不相同。羅、王、董、陳斷代重視的是以卜辭中的"人"分類,李先生重視的是以字分類,他把董作賓十項斷代標準中的第九項字形、第十項書體提高到了首要的地位,對陳夢家先以第一標準"卜人、世系、稱謂"定出卜辭時代,在此基礎上,"掌握了某一時代的字體、詞彙、文例特徵後,纔可以用此特徵去判定那些不具卜人的卜辭的時代"的做法,也不認同,他是撇開"人"的因素,直接用字分類(當然字也是人刻的,但我們所指的"人"是指卜辭中的卜人、世系、稱謂等)。這種斷代方法是否科學,留待另文再做分析。

(二) 對"斷代標準和卜人"的批判

李先生說:"卜辭斷代標準應以稱謂系統爲主,祖先世系則係其根據。卜人雖是一個有效的標準,但因很多類卜辭不記卜人,所以並非通用的標準。《綜述》以祖先世系與卜人爲斷代的第一標準,是不恰當的。"這段話說明李先生根本就沒有弄懂陳先生強調的運用各斷代標準的步驟和程序。

關於稱謂在斷代中的局限性、卜人在斷代中的重要性,陳先生在《綜述》中都已做了詳盡的論述,我們在前文中也都已做過引錄。如陳先生說:"僅僅依靠稱謂斷代,其材料究屬有限。並且,單獨的稱謂不足以爲斷代的標準,如'父乙'可以是武丁稱小乙,也可以是文丁稱武乙。"(137 頁)此話實乃真知灼見! 君不見現在學界對所謂"歷組"卜辭時代的爭論,很大一部分就是糾纏在單獨的"父乙"、"父丁"稱謂的所指上。早在 1928 年,明義士就是根據"父乙"、"父丁"的單獨稱謂,認爲第四期卜辭也即現在所稱的"歷組"卜辭應該屬於第一期,遭到了董作賓、陳夢家的反對。由於單獨地依據"稱謂"斷代具有局限性,所以稱謂不能作爲斷代的首要標準。而對於卜人在斷代中的重要性,前文已引錄了陳夢家的諸多論述,如他說:"占卜者是最好的斷代標準,因爲:(1) 同一卜人可以在不同卜辭中記載若干稱謂,如卜人行於某片稱'兄己兄庚',於另片稱'父丁',則行必須是祖甲時人;(2) 在同一版甲骨上往往載有若干卜人,他們是同時的人,因此將同時卜人見於不同版的諸種稱謂匯聚起來,可以得到某一時代整個的稱謂系統。"(137 頁)因此,陳夢家以卜人與祖先世系、稱謂的相互作用,將其列爲斷代的第一大標準是科學的、合理的。至於對不記卜人卜辭的斷代問題,陳夢家在論述斷代第二大標準時已說的很明確了,他說:根據第一大標準即卜人、世系、稱謂,可以選擇兩種標準片:"一種是不具卜人名而可由稱謂決定年代者","一種是具有可定年代的卜人名字者",從這兩種標準片中研究不同時代的字體、詞彙、文例的特徵,將其排列成表,就可以得知某一時代字體、詞彙與文例的特徵,利用這些特徵就可以判定那些不具卜人名卜辭的時代了。

李先生還説《綜述》"第五章關於卜人的叙述頗多錯誤"。查陳先生在《綜述》第五章末列有"卜人斷代總表",列出武丁、武丁晚期、祖庚、祖甲、廪辛、武乙、帝乙帝辛時的卜人。武丁:"賓組"16 人,"附屬"24 人;"午組"2 人。共 42 人。武丁晚期:"自組"3 人,"附屬"9 人;"子組"7 人,"附屬"3 人,"不附屬"9 人。共 31 人。祖庚:"出組兄群"3 人;"出組大群"3 人。共 6 人。祖甲:"出組大群"3 人;"出組尹群"4 人,"附屬"4 人,"不附屬"5 人。共 16 人。廪辛:"何組"13 人,"不附屬"5 人。共 18 人。武乙:1 人。帝乙帝辛:6 人。總計 120 人。李先生説該表"武丁卜人中有一些誤認的"等,認爲全表"應删去 21 人,移動 19 人,增補 5 人"。李先生的意見在這裏不能也没有必要細述。陳、李二人孰對孰錯有待學者們進一步逐一甄别,但有一點可以肯定的是,李先生從董作賓之説,認爲被陳夢家分在武丁或武丁晚期的"所謂'午組'、'自組'、'子組'及其附屬卜人也屬於文丁時或其前後",F36 坑"純係文丁的'自組卜辭'",以及移動"自組"、"午組"、"子組"卜人到文武丁時代的意見肯定是全錯了。

(三) 對"卜辭的斷代"的批判

李先生説陳夢家的甲骨斷代有四個錯誤:一是前面已説的"所謂'康丁卜辭'實是祖甲晚期至康丁的,可能還延至武乙初年";二是"《綜述》以爲侯家莊 HS57 坑所出卜骨近於'午組',我們曾在别處指出它們屬於廪辛時代";三是"有舊所謂'文武丁卜辭'";四是帝辛卜辭。

關於所謂第一個錯誤。前面筆者已指出李先生列出的四條例證都不能證明康丁卜辭上延至祖甲晚期。此處又説"可能還延至武乙初年",因爲李先生没有給出例證,故不論。

關於所謂第二個錯誤。安陽侯家莊 HS57 坑所出卜骨的時代,李先生在同是1956 年發表的《談安陽小屯以外出土的有字甲骨》[①]一文中説,HS57 坑出土的字骨中有兩片,即《侯》10、12 有'父己',當是廪辛對祖己的稱呼,所以它們都是廪辛時代的卜辭",不是陳夢家所認爲的"近於'午組'"。筆者檢查了安陽侯家莊出土的甲骨,這是在 1934 年第九次發掘時所得的,這批甲骨著録於《殷虚文字甲編》。[②] 陳夢家在《綜述》第四章第八節"午組卜辭"中,所舉全部午組卜辭辭例均爲《殷虚文字乙編》所收

---

① 李學勤:《談安陽小屯以外出土的有字甲骨》,《文物參考資料》1956 年第 11 期。
② 董作賓:《殷虚文字甲編·自序》,中研院歷史語言研究所,1948 年。

(只有一例是《前》3.23.4)，不見有《甲編》的辭例(162—165頁)，故筆者起初不明白李先生根據什麼説陳先生將侯家莊出土的卜辭認作"近於午組"。後來，筆者再查李先生所説的"我們曾在别處指出它們屬於廩辛時代"，這個"别處"就是《談安陽小屯以外出土的有字甲骨》一文，在該文中李先生説在安陽侯家莊"HS12A 大圓坑出土的是六個完整腹甲、一個完整背甲和一塊腹甲殘片，上面有貞人狄，和小屯所出廩辛卜辭並無二致"。原來，李先生是將貞人狄的卜辭認定是廩辛卜辭的，難怪他指責《綜述》斷代是錯誤的了。

關於所謂第三個錯誤。李先生説："'文武丁卜辭'一名是董作賓在《殷虛文字乙編》序中提出的。陳夢家則認爲董作賓的'文武丁卜辭'都是武丁晚期的。"所謂"文武丁卜辭"，就是陳夢家稱作自組、子組、午組的卜辭。陳先生論證這幾組卜辭不是文武丁時期的，而應是武丁晚期的。李先生則認爲"所謂'午組'、'自組'、'子組'及其附屬卜人也屬於文丁時或其前後"，"這些卜辭中的王卜辭仍是文武丁時代的"。他提出了四點理由："(1) 其字體、字形都是晚期的。(2) 與公認的武乙至文丁初的大字卜辭(有卜人歷)和另一類有'自上甲廿示'的卜辭聯繫。(3) 没有武丁至祖庚初與舌方戰争的記載。(4) '自組'的稱謂系統不同於武丁，而近於文丁初的大字卜辭。關於(1)至(3)在此不能詳論，僅把'自組'稱謂系統開列於下，以資比較……"查李先生列出的"自組"稱謂中，稱"祖"的有 8 個(其中有"四祖丁")，稱"妣"的有 6 個，稱"父"的有 5 個，稱"母"的有 11 個，稱"兄"的有 3 個，還有"小王"，共 34 個稱謂。而陳夢家列的自組卜辭的稱謂有 26 個(頁 146—147)，與李先生所列的很不相同：没有稱"祖"的，稱"妣"的有 2 個，稱"父"的有 6 個，稱"母"的有 4 個，稱"兄"的有 4 個，稱"子"的有 5 個，有"小王"，另有"象甲"、"丁示"、"咸戊"、"侯替"。李先生稱謂表中賴以斷自組爲文武丁的"祖己"、"祖庚"、"祖甲"、"四祖丁"，在陳先生稱謂表中皆不存在。李先生説："'自組'最主要的父是父乙，母是母庚，兄中有兄丁，此三人也見於文丁初大字卜辭(也即他後來稱作"歷組"的卜辭)。"看來李先生是根據這幾個單獨的稱謂將自組與"大字"卜辭(即"歷組"卜辭)的時代等同起來，定其時代爲晚期的文丁初卜辭了，這種靠單獨的稱謂斷代的局限性再一次顯現出來。陳夢家則是將自組的稱謂系統與他組的稱謂系統進行比較來定自組的時代的，他説，自組的稱謂系統可分爲數類：(1)是同於賓組的(略)；(2)是同於子組的(略)；(3)是同於午組的(略)；(4)是獨有的(略)。他得出結論説："比較自組與賓組，則知兩者相同之多。兩組所同的父甲、父庚、父辛、父乙實即武丁所以稱其父輩陽甲、殷庚、小辛、小乙者，所以兩組都是武丁時代的卜辭。"(147頁)這纔是令人信服的結論。前文已介紹了陳夢家對自組、子組、午組卜辭屬於武丁時代的精闢論證，此處不再重複。陳先生論證這幾組卜辭屬

於早期的武丁時期,已爲國内外學者的研究和考古發掘證明是正確的。如 1953
年,日本學者貝塚茂樹、伊藤道治發表《甲骨文斷代研究的再檢討》,得出了和陳先
生相同的結論。1959 年,貝塚茂樹在《京都大學人文科學研究所藏甲骨文字》(本文
篇)"序論"裏,再次談這幾組卜辭的時代當屬早期。1963 年,姚孝遂在《吉林大學所
藏甲骨選釋》一文中,舉出一片賓組與子組兩種字體合刻於一版胛骨的例子。1964
年,鄒衡發表《試論殷墟文化分期》一文,從考古發掘材料上證明"自組"等組卜辭的
時代在早期武丁時代。① 此後,這幾組卜辭屬於早期的觀點又被殷墟小屯南地發掘
所證實,發掘者劉一曼、曹定雲等相繼以"蕭楠"的筆名發表文章給予論證。② 此外,還
有一些學者也做了這幾組卜辭屬於早期的論證。③ 目前學者們對這幾組卜辭的時代
問題已基本上取得了一致的意見。六十餘年的研究證明,陳夢家對"自組"、"子組"、
"午組"卜辭的斷代是正確的。

　　關於第四個錯誤。李先生指出陳先生所舉帝辛卜辭的兩個證據都不正確。他
説:"小屯所出卜辭有帝辛時代的,董作賓在《殷曆譜》中曾舉出一些證據。陳夢家在
《綜述》中補充了兩個證據,不幸都是不妥的。第一個證據是'文丁配妣癸',實則他所
引衣祭文丁配妣癸的卜辭(《寧》2.125)只記'妣癸',無法判定是何王之配。第二個證
據是'文武帝'即帝乙,這也是錯誤的。有'文武帝乙'的卯其卣是僞器。他所引乙日
祭文武帝的例子,《續》2.7.1'來乙丑'是'來丁丑'的誤讀,《前》1.22.2'大乙日'是'翌
日'的誤讀。文武帝仍應是文武丁。"筆者同意李先生的這個意見。④ 不過需要指出的
是,稱文武丁爲文武帝的卜辭不一定都是帝辛卜辭,帝乙也可以稱其父文武丁爲文武
帝。再者,現在已證明"卯其卣"不是僞器。⑤

　　還需要指出的是,李先生在評陳夢家所謂斷代錯誤的同時,還説"'午組'、'子組'

① 貝塚茂樹、伊藤道治:《甲骨文斷代研究的再檢討》;貝塚茂樹:《京都大學人文科學研究所藏甲骨文字》
　　(本文篇)"序論";姚孝遂:《吉林大學所藏甲骨選釋》;鄒衡:《試論殷墟文化分期》。
② 蕭楠:《安陽小屯南地發現的"自組卜甲"——兼論"自組卜辭"的時代及其相關問題》;中國社會科學院考
　　古研究所:《小屯南地甲骨》上册《前言》;中國社會科學院考古研究所:《殷墟的發現與研究》,頁 169—
　　170。
③ 鄭振香、陳志達:《論婦好墓對殷墟文化和卜辭斷代的意義》,《考古》1981 年第 6 期;謝濟:《武丁時代另種
　　類型卜辭分期研究》,《古文字研究》第六輯,北京:中華書局 1981 年版。
④ 見常玉芝:《説文武帝——兼略述商末祭祀制度的變化》,《古文字研究》第四輯,北京:中華書局 1980
　　年版。
⑤ 故宫博物院曾對"四祀卯其卣"、"二祀卯其卣"做過檢測,證明兩器銘文皆不僞。見《故宫博物院院刊》
　　1998 年第 4 期、1999 年第 1 期中的有關文章。

等是晚殷的非王卜辭"。他提出"非王卜辭"、"婦女卜辭"的概念,①我們已指出他的這些提法是從陳夢家的話語中得到的啓示。如陳先生説"賓組似乎是王室正統的卜辭,自組卜人也常和時王並卜,所以也是王室的。而其内容稍異"(166 頁);"子組所記的内容也與它組不同,子組卜人鼐和巡(或與婦巡是一人)很像是婦人,該組的字體也是纖細的。第十五次發掘出土的(《乙》8691—9052)字體近子、自、午組的,内容多述婦人之事,可能是嬪妃所作。這些卜人不一定皆是卜官,時王自卜,大卜以外很可能有王室貴官之參與卜事的"(頁 166—167)。李學勤的"非王卜辭"、"婦女卜辭"的提法,無疑當是從陳夢家的這些話語中得到的啓示。

綜觀李學勤對陳夢家《綜述》斷代部分(第四章、第五章)的批判,可以看到,字數雖然不多,但對陳夢家的三大斷代成就都給予了否定:一個是關於卜辭的斷代標準,李先生否定了陳先生(包括董先生)的世系、卜人是斷代的首要標準,認爲"以祖先世系與卜人爲斷代的第一標準,是不恰當的"。他將董作賓放在斷代標準裏第 10 位、第11 位,陳夢家放在由第一大標準爲基礎研究出的第二大標準裏的字體,提高到了首要標準,主張以字體分類。二是對陳先生"卜人組"的斷代方法,提出反對意見。陳先生認爲斷代標準中"占卜者尤爲重要",李先生則認爲卜人"並非通用的標準"。三是對陳先生的某些斷代提出反對意見。特別是反對自組、子組、午組卜辭是早期武丁卜辭的意見,主張這些卜辭仍應是董作賓所説的文武丁卜辭;對陳先生分出的廩辛、康丁卜辭,李先生認爲二者是同時的,不能區分開。總之,通過李先生對陳先生的批判,我們可以看到:一是他對卜辭材料不熟悉;二是對陳夢家的諸多論述都没有讀懂就妄加批判;三是對卜辭斷代的方法不知如何掌握;四是靠引述片斷材料進行抽樣論證,犯了學術研究的大忌。此外,很懷疑他的一些所謂"新觀點"有掠陳夢家之美的嫌疑。

六、董作賓對《綜述》的評價

對陳夢家及其《綜述》做出評價的還有董作賓。1959 年,董先生在《最近十年之甲骨學》一文中,②兩次談到陳夢家《殷虚卜辭綜述》這部"大書"。第一次是介紹該書的印數、内容二十章標題,引述該書的"内容提要"。董先生説,該書"一口吞下了我們估計的十萬片甲骨,而且完全消化乾净了",又説"他發表了這一部六百七十四面的大書

① 李學勤:《帝乙時代的非王卜辭》,《考古學報》1958 年第 1 期。

② 董作賓:《最近十年之甲骨學》,《大陸雜志》1960 年第 21 卷第 1 期,又見《甲骨學六十年》,臺北:藝文印書館 1965 年版。

之後,剛到一年,一九五七年五月的《考古通訊》遭受到考古界的集體大清算,題目是斥右派分子陳夢家。開頭就罵道:'……'"(常按:因屬人身攻擊,故不録)董先生抄了幾句罵陳夢家的話後就説:"鈔不下去了。"他説:"我和陳夢家相當熟識,他有他的智慧,天資很好,所以他幼年便作'新詩'人。年長後,又作了'考古家'、'古文字學家'。罵他的人,也不免太過火了。他所謂研究方法,在我看是可以參考商討的,罵他的人説不定還不及他有專門學問的。"第二次是説董氏自己"曾把發現以來這六十年内分成四個階段:第一,是字句的考釋;第二,是篇章的通讀;第三,是分期的整理;第四,是分派的研究"。他説最近十年,"大陸的陳夢家氏,他曾寫了《殷虚卜辭綜述》一大本書,雖然有些人攻擊他,但是平心論,他是在第一、二、三階段上下過大功夫。他承認了殷代曆法的一部分,他利用了斷代方法,祭祀典禮也瞭解一部分"。這裏,董先生是説,陳夢家對甲骨的研究,除了分派研究外,在"字句的考釋"、"篇章的通讀"、"分期的整理"上都是"下過大功夫"的,也即陳夢家在甲骨學的這幾個領域中都做出了巨大成就。這個評價是很高的。

　　李學勤對《綜述》(當然包括"斷代"部分)的批判意見,在很長一段時間内並没有引起學界的重視。相反,從 1956 年《綜述》發表至今的六十餘年間,絶大多數甲骨學者仍是以陳夢家的斷代理論爲圭臬,以董作賓的五期分法爲框架,結合新的考古發現,詮釋和發展了某些甲骨斷代標準,進一步論證了某些卜辭的時代,在甲骨學和商代史研究中取得了巨大的成就。六十餘年來再未見到有超越《綜述》的綜合性甲骨著作。六十餘年的實踐證明,《綜述》縱然有這樣那樣的不足甚至錯誤,有需要改進和加強的地方,但瑕不掩瑜,《綜述》的諸多觀點至今仍是顛撲不破的,它在甲骨學史上占有無可匹敵的重要地位,迄今仍被海内外學界稱之爲"經典之作"、"開創性的著作"、"曠世之作"。①

_____

① 何偉:《陳夢家的絶路與漢字的生路》,微信公衆號《文獻學與思想史》,2015 年 4 月 26 日。

典型賓組甲骨文分類新探[*]

鍾舒婷

（四川大學歷史文化學院）

對甲骨文進行精確分類是甲骨文研究的先決條件，而分類的唯一標準是字體。筆者在研究時發現，根據字體能對典型的賓組甲骨文進行進一步分類。而李學勤、彭裕商二位先生合著《殷墟甲骨分期研究》與黃天樹先生《殷墟王卜辭的分類與斷代》兩書中雖有涉及，但都沒有更進一步的研究。本文則是在他們研究的基礎上，將典型賓組甲骨文進一步分爲一 B 甲和一 B 乙兩個小類。賓組甲骨文獻數量龐大，也是歷來甲骨文研究的重點。要對賓組甲骨文進行深入研究，首先要對其進行科學的分類。李學勤先生在《殷墟甲骨兩系説與歷組卜辭》一文中指出"必須采取類型學的方法"，[①]將考古學的類型學方法運用於甲骨文分類。林澐先生在 1984 年《無名組卜辭中父丁稱謂的研究》中對其在 1981 年發表的《小屯南地發掘與殷墟甲骨斷代》一文中將卜人也列爲卜辭分類的基本依據做了更正，並進一步强調，"科學分類的唯一標準是字體"，"分類却只能依據字體"。[②] 此後，黃天樹先生將林澐先生所説的"字體"更進一步歸納爲"書體風格、字形結構和用字習慣三個方面"。[③] 不論是李學勤、彭裕商二位先生合著的《殷墟甲骨分期研究》，[④]還是黃天樹先生的《殷墟王卜辭的分類與斷代》，都是在字體分類的前提下進行的分期與斷代研究。臺灣學者杨郁彦以李學勤、黃天樹、彭裕商等學者對殷墟甲骨的分組分類爲參考，根據貞人、字體等標準對《甲骨文合集》進行全面

* 本文係 2016 年國家社科基金重點項目"殷墟甲骨文分類與繫聯整理研究"（項目號：16AKG003）階段性成果。

① 李學勤：《殷墟甲骨兩系説與歷組卜辭》，《當代學者自選文庫·李學勤卷》，合肥：安徽教育出版社 1999 年版，頁 83。
② 林澐：《無名組卜辭中父丁的稱謂的研究》，《林澐學術文集》，北京：中國大百科全書出版社 1998 年版，頁 141—142。
③ 黃天樹：《殷墟王卜辭的分類與斷代》，北京：科學出版社 2007 年版，頁 3。
④ 李學勤、彭裕商：《殷墟甲骨分期研究》，上海：上海古籍出版社 1996 年版。

的分組分類。①　其後,崎川隆博士更是依據字形對《甲骨文合集》中賓組甲骨文進行了更爲細緻的分類。②　王建軍先生對《甲骨文合集》、《甲骨文合集補編》、《英國所藏甲骨集》、《北京大學珍藏甲骨文字》等書中的賓組甲骨文進行了類型劃分,並做了數量統計。③

　　賓組卜辭數量衆多,根據字形,我們可以劃分出"典型賓組"一類。該類卜辭在李學勤、彭裕商二位先生合著的《殷墟甲骨分期研究》一書中被稱爲"賓組一 B 類",在黃天樹先生《殷墟王卜辭的分類與斷代》一書中被稱爲"典賓類"。依據字形特徵對其進行劃分,"典賓類"與"賓組一 B 類"的範圍相當,只是稱呼不同。但由於這一類卜辭數量衆多,字體風格又與賓組其他類區別明顯,因此上述兩本書的作者都未對該類作進一步探索。那麼,對這類數量衆多的一 B 類或者説典賓類再進行劃分是否可行呢?實際上我們能從他們各自書中看出端倪。在《殷墟甲骨分期研究》中,"賓組一 B 類"所舉例片,如《合》201、④《合》838、《合》5439 等片與《合》137、《合》558、《合》6177⑤ 等片的特徵字及書體風格明顯不同,且《合》201 等片的書體風格更接近"賓組一 A 類",⑥黃天樹先生在其書中已經明確指出賓組一類與典型賓組的字體(即李、彭二位先生書中賓組一 A 類與一 B 類)的過渡性,並且提出了"典賓類早期卜辭"這一概念。⑦　也就是説三位先生已經意識到"賓組一 B 類"字形及書體風格的差異。"賓組一 B 類"所舉《合》201、《合》838、《合》5439 等片即具有黃天樹先生所提到的"過渡性"特徵。但是這種"過渡性"或者説"典賓類早期卜辭"的具體特點及其判斷標準他們都並未詳細説明。根據《殷墟甲骨分期研究》一書的分類標準,我們將這類具有過渡性的甲骨文稱爲"賓組一 B甲類",典型賓組稱爲"一 B乙類"。由於一 B甲類具有過渡性,因此我們要同時結合賓組一 A 類與一 B乙類對這類甲骨文進行對比分析。

　　首先,從書寫材料來看,賓組一 A 類龜、骨並用,一 B甲類多用龜版,骨版數量較少,而一 B乙類多用骨版,用龜版較少。其次,就書體風格而言,⑧一 A 類字體最小,筆畫較細、直,其工整程度不如一 B 類;一 B甲類字體比一 A 類稍大,書寫工整,結構

---

①　杨郁彦:《甲骨文合集分組分類總表》,臺北:藝文印書館 2005 年版。

②　崎川隆:《賓組甲骨文分類研究》,上海:上海人民出版社 2011 年版。

③　王建軍:《賓組甲骨文"分級劃類"問題研究》,《殷都學刊》2014 年第 3 期,頁 69—72。

④　中國社會科學研究院歷史研究所:《甲骨文合集》,北京:中華書局(1978 年——1982 年)。文中簡稱《合》,其後號碼爲圖版號。

⑤　李學勤、彭裕商:《殷墟甲骨分期研究》,頁 112—115。

⑥　本文分組標準依據李學勤、彭裕商《殷墟甲骨分期研究》一書。

⑦　黃天樹:《殷墟王卜辭的分類與斷代》,頁 71。

⑧　爲方便比較,一 A 類與一 B甲類甲骨文均采自龜版,一 B乙類均采自骨版。

整齊,筆畫均匀;一B乙類字體最大,風格雄健規整,方正穩重。總的來説,從一A類到一B乙類,文字逐漸變大,從正方形演變爲長方形,筆畫也由細變粗,風格越來越成熟。下面我們將結合各類特徵字進一步對一B甲類的過渡性進行分析:

1. 殼

"殼"字一A類作 《合》6641、 《合》6862、 《合》903;一B甲類作 《合》667、 《合》671正、 《合》5446正;一B乙類作 《合》679正、 《合》6057正。從上述字形我們可以發現,一A類的"殼"字的左邊部分兩條分隔號出頭,或者右部一處斜筆向下出頭,大部分是前兩種寫法,而不出頭的情況極少,但到了一B甲類便都不再出頭,因此出頭與否也成爲我們區分一A類與一B類的重要標準之一。另外,除一A類與一B類兩條分隔號出頭與不出頭的差別外,一B甲類與一B乙類也存在細微差別,即一B乙類的兩條分隔號很平滑的從上而下,帶有弧度,一氣呵成,而處在過渡階段的一B甲類雖然不出頭,但不難發現在斜筆與分隔號結合處略微折筆,稍帶棱角,筆畫不如一B乙類流暢。

2. 賓

該字一A類作 《合》2063、 《合》1144、 《合》13525等形,其中最常用的是第一種寫法;一B甲類作 《合》14正、 《合》1100正;一B乙類作 《合》5760正、 《合》955。由上面字形我們可以看出,"賓"字是由 — — 逐漸變化而來,而一A類該字的寫法有時候已與一B甲類無别。一A類與一B類區别最明顯的一點在於"賓"所從的"宀",一A類往往在最上面加上一小豎,甚至到了一B甲類還偶爾會出現加一小豎的寫法,如上舉《合》1100正,而到了一B乙類,"賓"字的寫法就已經固定統一了。

3. 亥

總體而言,干支字在三類中寫法類似,區别較小,只有"亥"字的變化較大。"亥"的變化與上述"賓"字下部相似,但又不完全相同。此字一A類作 、 《合》6460正,繼承了師賓間組的寫法,不同於師賓間組的是一A類"亥"有點向下傾斜。而在一B甲中,作 《合》721正、 《合》641正,其中以第一種寫法爲主,一A類中間的短橫没有了,而只有極個别還存在《合》641正那種與一A類相同的寫法。而在一B乙類中作 《合》2366、 《合》67正等形,第一種寫法與一B甲類相同,而另一種寫法是直接在師賓間類和一A類寫法的基礎上,在中間的短橫邊多加了一小豎,其中以第一種寫法爲主。可見"亥"經歷了 — — 、 的變化過程。

4. 不

該字一A類作 《合》766正、 《合》6571正,其中第二種寫法中間筆畫折角向右凸是師賓間組的寫法,一A類大多數是第一種寫法,折角方向正好與師賓間組相反。一B甲類則繼承一A類的寫法,作▲《合》93 正、▲《合》201 正、▲《合》6484 正,與一A類相同,一B甲類絕大多數是第一種寫法。而一B乙類的寫法與前兩類完全不同,作▲《合》8806、▲《合》175 等形,最上部在原有的基礎上加了一個倒三角,而下部的寫法也不再像前兩類那樣固定。此外,晚期的一B甲類書體風格已經很接近乙類,但無論再怎麼接近,"不"字始終都沒有加倒三角,如《合》6482 至《合》6485、《合》9950 等圖版,它們的整體風格已經相當接近乙類,但"不"、"受"的寫法與乙類完全不同。

5. 受

該字一A類作▲《合》6886、▲《合》9507 正,其中有相當一部分是第一種寫法;一B甲類作▲《合》98 正、▲《合》9950 等形,以第一種寫法居多,中間只有兩個小豎(橫);一B乙類作▲《合》6208,乙類幾乎都是這種寫法。由上述字形我們可以看到,一A類"受"字的寫法,其中有一部分的"又"同在一側,一上一下,也有一部分分居左右兩側,一上一下;而到一B甲類,寫法固定,"又"分處左右,一上一下;乙類"又"不但位置固定,且中間部分爲三個小豎(橫),①一豎在上方,另外兩豎同在下部,而一A類和甲類多是兩豎(橫)分處上下兩側。我們之所以將上述《合》6482 等整體風格相當接近的乙類圖版劃入一B甲類,就是因爲甲類 "不"、"受"的寫法與乙類能夠完全區分開來,沒有混淆。

6. 隹、雀、隻

之所以將三字並列,是因爲後兩字都從"隹",且三者的變化軌跡一樣,因此本文重點以"隹"爲例。一A類作▲《合》1027 正、▲《合》10344 正、▲《合》6460 三形。第二種寫法偶爾會出現在一A類中,其寫法跟師賓間組完全一樣,最上一筆水平,屈足;第一種寫法是一A類特有的寫法,出現頻率也最高,這種寫法上承師賓間組,不再屈足,但最上面一筆依然保持水平;而第三種寫法是典型的一B類的寫法。一B甲類作▲《合》3771、▲《合》201 正等形,最上面一筆不再水平,而是斜向上;一B乙類"隹"字的寫法已經完全作▲《合》440。從上述字形我們可以看出,"隹"字大致是▲(師賓)—▲(一A)—▲(一B)的發展過程。一A類上承師賓間組,其中又有部分字形與一B甲類一樣,但又有其自身特有的寫法,到了一B類,寫法就比較固定了。

除上舉的文字之外,筆者另外選取其他常用字做成特徵字表以便查閱:

---

① 由於字體傾斜度不同,橫、豎與否隨字體而變化,如一A類與一B甲類,多是橫畫,乙類多是豎筆。

一 A 類					
殷	賓	亥	不	受	隹
《合》6641 《合》6862 《合》903	《合》2063 《合》1144 《合》13525	《合》6460 正	《合》766 正 《合》6571 正	《合》6886 《合》9507 正	《合》1027 正 《合》10344 正 《合》6460 正
雀	隻	爭	戉	辛	丑
《合》4121 《合》10125 正	《合》10344 正	《合》536 《合》776 正	《合》4209 《合》6664	《合》536	《合》536 《合》6571
辰	巳	未	申	酉	戌
《合》6571 正 《合》10184	《合》4519	《合》1140 正 《合》6641	《合》4209	《合》6570	《合》2056 《合》6570
貞	禍	翌	叀	用	人
《合》776 正	《合》6887	《合》776 正 《合》6578	《合》6460 正 《合》10344 正	《合》1027 正	《合》6641
其	㞢	勿	取	牢	帚
《合》3061 正 《合》6460 正	《合》536 4519	《合》190 正 《合》536	《合》536	《合》776 正 《合》3461 正	

一 B 甲類					
殷	賓	亥	不	受	隹
《合》5446 正	《合》14 正 《合》1100 正 《合》955	《合》721 正	《合》93 正 《合》201 正	《合》98 正 《合》9950	《合》3771 《合》201 正
雀	隻	爭	戉	辛	丑
《合》1677 反	《合》201 正	《合》248 《合》838 正	《合》248 正 《合》2373 正	《合》667 正 《合》809 反	《合》116 正 《合》7851 正

一 B 甲類					
辰	巳	未	申	酉	戌
《合》438 正 《合》9950 正	《合》734 正 《合》3238 正	《合》98 正 《合》151 正	《合》201 正	《合》248 正 《合》226 正	《合》248 正 《合》14 正
貞	禍	翌	叀	用	人
《合》201 正	《合》122	《合》721 正	《合》248 正 《合》880 正	《合》248 正	《合》775 正
其	屮	勿	取	牢	
《合》136 正 《合》201 正	《合》136 正 《合》418 正	《合》14 正 《合》943 正	《合》891 《合》7075	《合》438 正	

一 B 乙類					
殼	賓	亥	不	受	隹
《合》679 正 《合》6057 正	《合》5760 正	《合》2366 《合》67 正	《合》8806 《合》175	《合》6208	《合》440
雀	隻	爭	戉	辛	丑
	《合》10227	《合》542	《合》559 正 《合》8806 正	《合》154	《合》559 正 《合》5112 正
辰	巳	未	申	酉	戌
《合》559 正 《合》1066 正	《合》6057 正	《合》367 正 《合》6058 正	《合》10227 《合補》745	《合》226 正	《合》562 正、反 《合》495
貞	禍	翌	叀	用	人
《合》6057	《合》1066 《合》5807	《合》67	《合》6209	《合》379 《合》6567	《合》5 《合》37

續　表

一B乙類					
其	屮	勿	取	牢	
《合》367 正 《合》2954	《合》563 《合》5807	《合》6081 《合》8806	《合》6567 《合》8806	《合》779 正	

　　從上文與表格中的文字我們可以看到,處在過渡期的一B甲類特徵字有的與一A類相同,如"申"、"不";有的又與一B乙類相同,如"隹"、"亥";有的既包含了一A類也包含了一B乙類的寫法,如"酉";有的又與一A、一B乙類都不同,如"殷"、"翌",明顯具有過渡的性質。因此,將其單獨劃爲一類是十分必要且可行的。但總體而言,不論是書寫材料還是特徵字及其組合,一B甲類都更接近一A類,比如我們在分類的時候,有時並不能完全區分一A和一B甲類,因爲晚期的一A或者説早期的一B甲類實在太相似,以至於二者之間的界限模糊不清,而像上文提到的《合》6482至《合》6485、《合》9950等接近一B乙類的圖版則是很容易與乙類區分開來的。

　　我們都知道,對甲骨文進行科學細緻的分類是其研究的基礎,而分類要以字體爲標準。就賓組甲骨文而言,其數量龐大,時間跨度也較大,内容涉及方方面面,對其進行分類更是困難重重。將一A、一B之間的過渡類劃分出來只是第一步,就每一類的内部而言,不論是一A類還是一B甲類,其字形及書體風格也並不是一成不變的,它們各自也都有早晚之分,這些都需要我們更深入的探索研究。

　　附記:本文蒙導師彭裕商教授審閲指正,謹致謝忱!

　　附:

三類賓組甲骨文例片舉例表

一A類	《合集》118、190、536、574、776、1032、1784、2056、2063、3061、3461、3755、3756、4121、4994、5057、5179、5320、5382、5516、6460、6572、6639—6642、6862、6883—6887、7283、7768、7774—7779、8492、8593、9678、10172、10344、10413、12908、16794、17375
一B甲類	《合集》14、93、122、201、226、270、418、506、641、808、916、1076、2274、3201、5063、5354、5611、5992、6530、7851、7942、9074、9233、9792、10026、10601、10935、11000、11177、11274、11460、12948、12972、13506、13555、13658、13751、13975、14200、17085
一B乙類	《合集》1—5、177—185、301、540、613—620、826、827、1108—1110、3297、5044、6057—6063、6142——6195、6217—6221、7161—7165、8613—8617、10405、13722、13723、13996—13999、16940—16947、17391

三類甲骨文典型拓片舉例
一 A 類

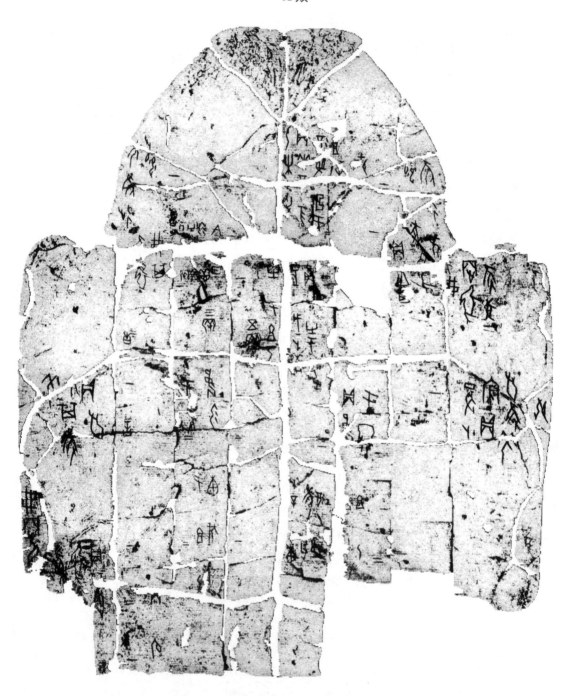

《合》190正

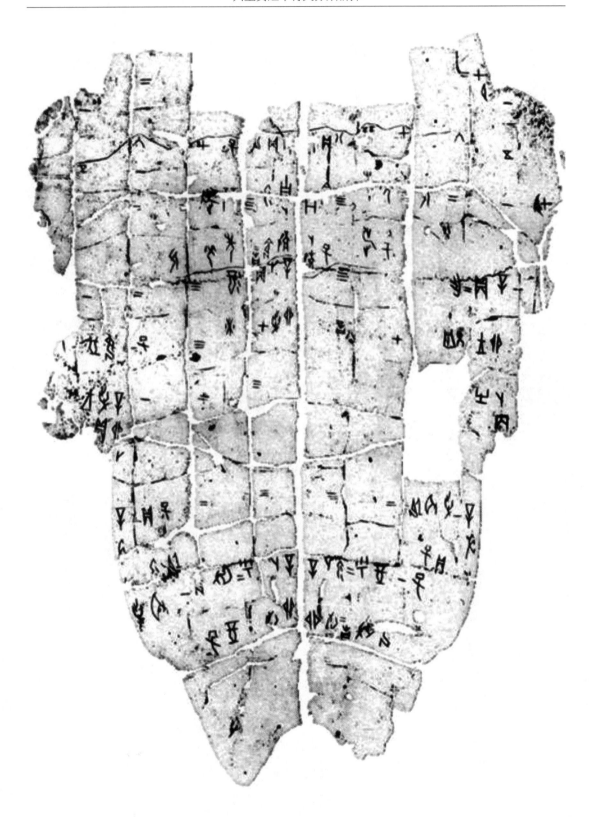

《合》536

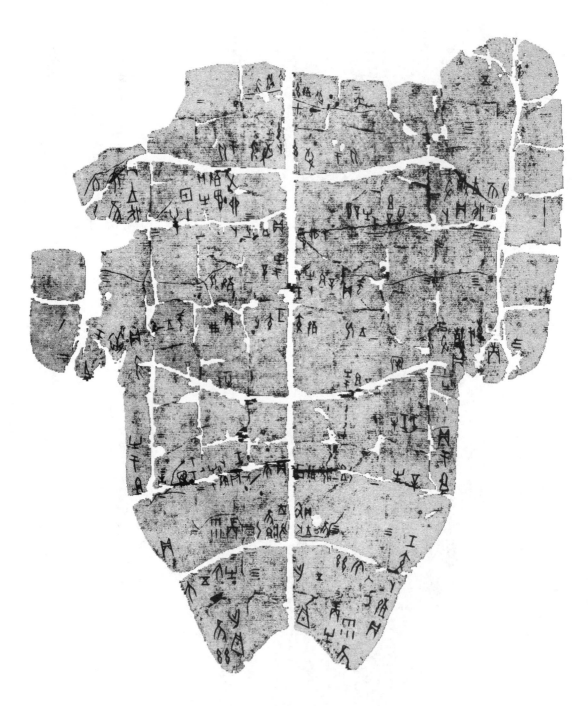

《合》776正

《合》3061正

《合》4209

一 B 甲類

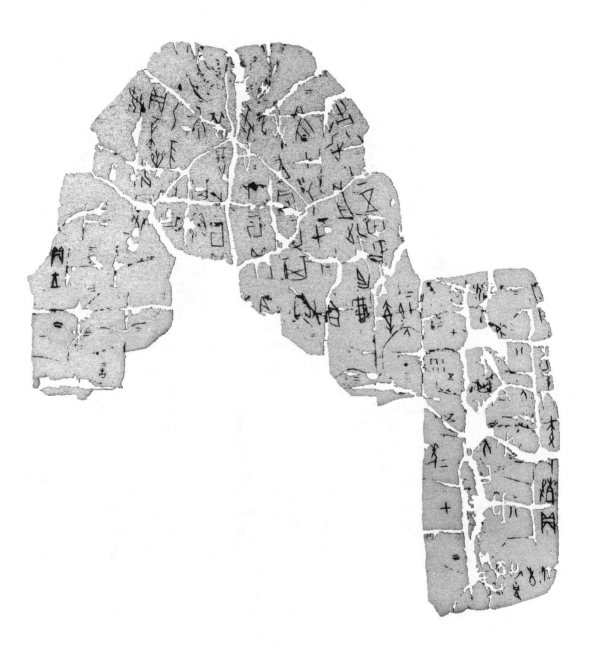

《合》641正

《合》667正

《合》6037

《合》6483正

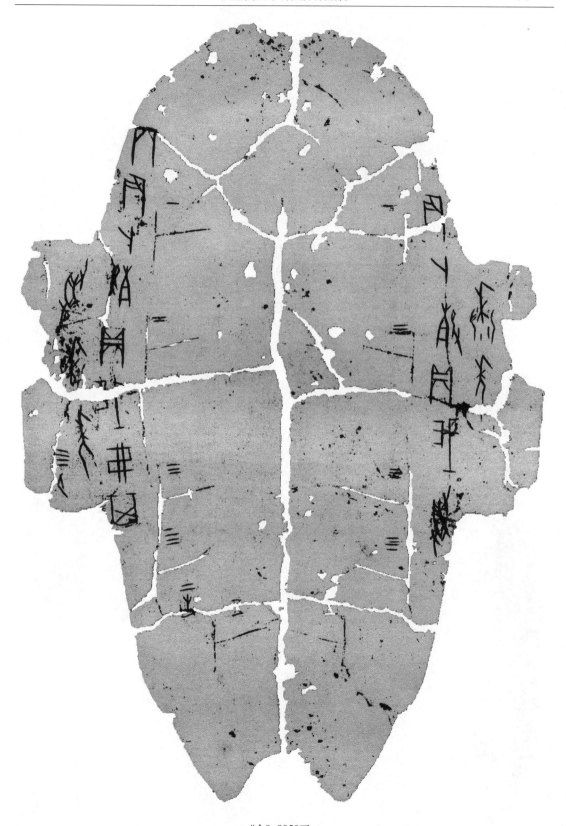

《合》9950正

一 B 乙類

《合》559正

《合》6057正

《合》6057反

《合》10405正

加拿大維多利亞博物館藏五片甲骨介紹

蔡哲茂

（中研院史語所）

《Chinese Art From The Rev. Dr. James M. Menzies Family Collection》一書是Barry Till所編，由Art Gallery Of Greater Victoria於1989年出版。書中收録有五片甲骨，其中是兩片胛骨，三片是龜甲（見圖一、二），尚未收於現今所見其他的甲骨著録之中。比較重要的是圖24龜甲，當中出現了過去在卜辭中見過的子，以前知道卜辭多次貞問他會不會忽然死亡，在此書收録的圖24龜甲中，可以看到王禦祭於他，可見此片是在子死亡後所貞問。圖22、23兩片胛骨所載田獵記録，亦可以補充過去對田獵卜辭的認識，然而當中還有一些文句因爲首見於此而未能通讀。

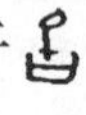

一、22 號甲骨

叀斿田，湄日亡𢦏，侃王。

叀渏田，湄日亡𢦏，侃王。

叀臾田，湄日亡𢦏，侃王。

王其田不冓雨。　　22（圖三）

本片與《合》29221文例相似，其内容爲：

辛☐湄日亡☐

叀斿田，湄亡𢦏。

叀渏田，湄日亡𢦏。

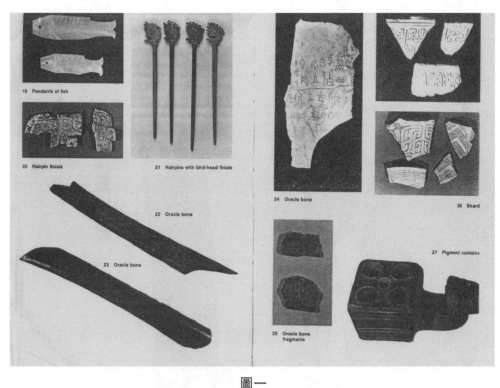

圖一

圖二

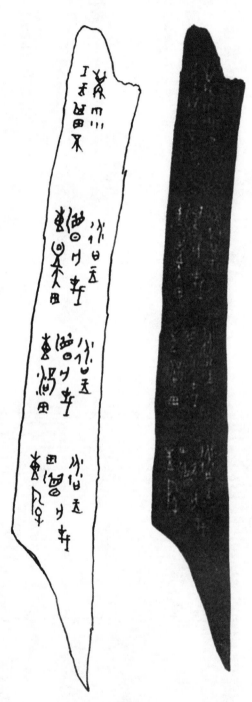

圖三

二、23 號甲骨

翌日戊，王其迷于盥，亡戈。　　　　　　　　　　　　　　　23（圖四）

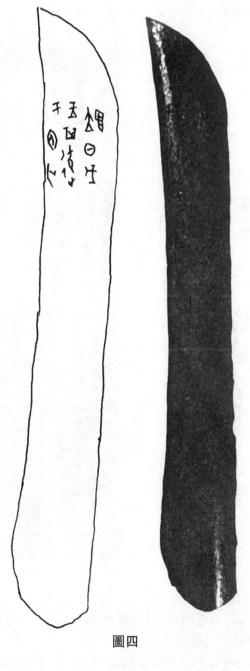

圖四

此片上方似有殘辭，然依書中提供之照片已無法辨認。

三、24 號甲骨

甲戌卜賓貞:钔王于子,尊册嬰。

壬子卜賓貞:辛亥王入自,王,隹蛊。①　　　　　　　24(圖五)

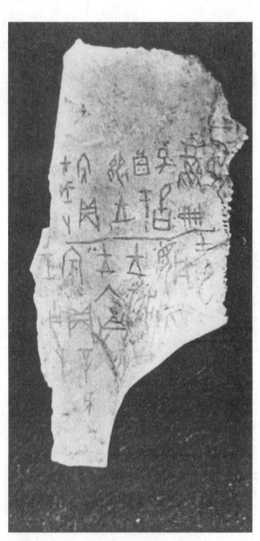

圖五

---

① 本條釋文最早見於胡厚宣《殷人疾病考》第 52 辭,《甲骨學商史論叢初集》下冊第 431 頁,齊魯大學國學研
　究所 1944 年。並有"盧静齋藏"之出處。按盧静齋指的應是民初旅法的華人古董商"盧芹齋"(C. T. Loo,
　1880—1957 年),2013 年 4 月他的傳記在法國出版,是年底中文版在香港出版,作者是佳士得國際拍賣公
　司駐上海的副總裁羅拉(Géraldine Lenain)。

子🔲在卜辭中曾被貞問會不會突然死亡，如：

癸亥卜𣪊貞：旬亡🔲，王固曰：☐其亦虫來娩，五日丁卯子🔲嫀，不殟。

　　　　　　　　　　　　　　　　　　　　　　　《合》10405 反

五日丁卯子🔲嫀，不殟。　　　　　　　　　　《合》10406 反

☐固曰：虫求（咎），七日己☐🔲殟☐　　　　《合》13362 正

癸亥☐貞肙☐子🔲☐殟　　　　　　　　　　　《合》17080 正

六日戊辰，子🔲殟。　　一月　　　　　　　　《合》17080 反

☐卯卜争☐🔲葬☐亡堃☐　　　　　　　　　　《合》17173

☐子🔲［告］☐🔲乙酉☐固☐　　　　　　　　《英》134

　　目前見到子🔲相關的記録都是卜問會不會忽然死亡，此人應爲殷王室中頗受重視的人物，其死後王還特別爲之"卸王🔲"。🔲可能代表身體的某一部分，其意義不明，待考。

　　"尊册夒"此詞僅見於此，大抵是説"尊册"於殷人之高祖"夒"。

　　"壬子卜賓貞：辛亥王入自🔲。"此段特殊在於壬子卜之時，特意先提到前一日辛亥。王入自🔲，從上文看來，🔲應爲地名，待考。而"王🔲🔲，隹蚩"，🔲字不識，可能是《合》6778 正之"🔲"字。"🔲"，又見《合》17399，謝明文釋作"瘳"，他説："甲骨文中的瘳……後來增'宀'，這應是爲表意更加明確而添加的意符，'🔲/🔲'表示人在做夢時手、眼睛、眉毛等皆有所動作，它可能就是'瘳'字初文。"[1]

　　書後附明義士之英文釋文，附之如下：

First Moon, King's Unlocky Dream of a Son translated by Rev. Dr. James M. Menzies.

四、25 號上甲骨

　　☐卜☐辛☐其☐　　　　　　　　　　　　　　　　　25 上（圖六）

　　"卜"字右旁似有文字，然而照片不清，無法辨識。

---

[1] 謝明文：《説瘳與蔑》，《出土文獻》第八輯，上海：中西書局 2016 年版，頁 21—22。

圖六

五、25 號下甲骨

壬辰卜▢ 辛▢ ▢▢

壬辰▢于祖▢　　　　　　　　　　　　　　　　25 下(圖七)

圖七

　　"▢"可能是"尊"字,但上端殘去,加之以照片不清,所以無法辨識。"▢"亦不識,可能右旁有所殘去,依其間隙推測可能是"侯"字。"侯"字作"▢",左右反書後殘去其右邊直畫即似本版此字。又或者是"至"字。

甲骨同文卜辭新例[①]

劉　影

（首都師範大學甲骨文研究中心，出土文獻
與中國古代文明研究協同創新中心）

　　在甲骨文原始材料的整理過程中，如果細心，經常會發現一些非常有意思的同文卜辭，筆者在校對《甲骨文摹本大系》的過程中，偶有一些心得，擇其中一些或可對研究有益之例，列之如下，敬請諸位方家指正。

第一例：《合集》9584(《山東》253)與《輯佚》256

《合集》9584
（《山東》253）

《輯佚》256

　　雖然從殘辭來看，兩版卜辭略有差異，但屬同文卜辭無疑，殘辭恰好可以互足，更大程度地補足卜辭如下：

　　　　（1a）□□卜，賓貞：☒隻（獲）毘，令多射衛（防）。

---

① 本文係 2016 年國家社會科學研究青年基金項目"殷墟甲骨文形態研究與數據庫建設"（項目編號：16CYY049)的階段性成果。

（1b）壬□卜，古貞：令韋  屮□。

（1c）☑  ☑。

兩版同文一爲二卜，一爲三卜，可能是成套卜辭中的兩版。卜辭中"隻（獲）"、"甾"連用，在戰爭卜辭中習見，可參《合集》6328、《合集》6329、《合集》6451、《合集》6607、《合集》6608、《合集》6609等。"隻（獲）"字，《合集》常見的寫法是"又（手）形指向鳥的足部"，本組同文是賓組三類卜辭，與戰事相關，亦見"隻（獲）"、"甾"連用，"隻（獲）"字的手形指向鳥翅膀的内側，但依然用爲"隻（獲）"，可見又（手）形朝向不同，并不影響"隻（獲）"之爲"隻（獲）"，手形指向鳥翅膀的内側的"獲"字，是一般又（手）形指向鳥足部的"隻（獲）"字異體。

第二例：《合集》3077與《合集》1663

《合集》3077　　　　　　　　　　　　　　《合集》1663

從形態上來看，兩版卜辭上端都是齒邊，《合集》3077殘存"戉"、"争"、"肇"、"丁"四字，《合集》1663存"戉"、"争"、"肇"、"寢"四字，殘辭的位置也相當。前者爲一卜，後者爲三卜，關係密切，當爲同文卜辭。《合集》3078亦爲《合集》3077的同文卜辭，未見兆序辭，如果兆序辭也是"三"，當可加綴在《合集》1663右側。

第三例：《合集》10066（《歷》1181）與《上博》2426.1108

從殘辭來看，《合集》10066對"王𤔲是否會下雨"與"今歲是否受年"兩個事項進行了占卜，《上博》2426.1108尚存"𤔲"、"雨"、"今"三字殘畫，占卜事項相同。由《合集》10066可推知《上博》2426.1108"今"下爲"歲"字殘畫，由《上博》2426.1108可推知《合集》10066"雨"字右側爲"争"字殘畫。新甲骨著録書的整理與出版，擴充了原有卜辭的内容，增加了很多新材料，這些新材料中有很多與舊材料關係密切，是在整理原始

《合集》10066
（《歷》1181）

《上博》2426.1108

材料的過程中尤其要注意對比與繫聯的。本組同文中《上博》2426.1108 就是一版新材料，但是與《合集》10066 關係密切，是同文或成套卜辭。

第四例：《合集》7749 與《合集》9027

《合集》7749

《合集》9027

《合集》7749 下端卜辭一辭尚存"以"字及"屮"字殘畫，比對《合集》9027 可知全辭當爲"貞：王其屮曰。兴以"。

第五例：[《合集》4773＋《合集》23668（《合補》4780）]與《合集》16537

《合集》4773 現藏山東博物館，見於《山東博物館珍藏甲骨墨拓集》第 786 號，[①]但書中拓本上部未拓全，《合集》拓本右側拓面亦不全，此版又見於《前編》5.41.5，拓面最全。筆者據斷口將《合集》4773 與《合集》23668 綴合，雖然斷口相合，卜辭之間也存在選貞關係，但終究未能將此組綴合坐實。《合集》16537 卜辭幾乎與筆者綴合後之卜辭

---

① 劉敬亭編著：《山東博物館珍藏甲骨墨拓集》，濟南：齊魯書社 1998 年版。

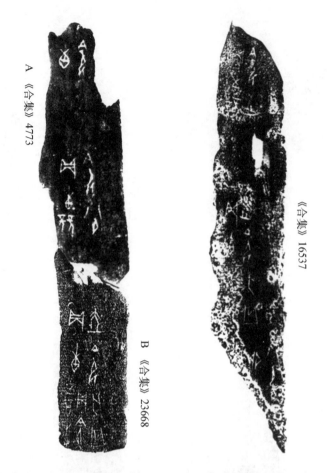

全同,兩版爲同文卜辭,由此可證《合集》4773 與《合集》23668 綴合是正確的。這對同文卜辭的發現,不僅可以證實綴合之正確,還可據《合集》4773＋《合集》23668 之清晰卜辭,讀出《合集》16537 骨版上漫漶之辭。

《合集釋文》、①《摹釋總集》、②《校釋總集》、③《摹釋全編》④等書均缺釋"八月"、"立"、"己酉卜,出貞:今夕"等字,現據同文卜辭可對《合集》16537 之卜辭釋讀如下:

貞:惠競令。八月。

貞:惠立令。

己酉卜,出貞:今夕亡(無)囚(憂)。

①	胡厚宣主編:《甲骨文合集釋文》,北京:社會科學出版社 1999 年版。

②	姚孝遂、肖丁主編:《殷墟甲骨刻辭摹釋總集》,北京:中華書局 1988 年版。

③	曹錦炎、沈建華編著:《甲骨文校釋總集》,上海:上海辭書出版社 2007 年版。

④	陳年福:《殷墟甲骨文摹釋全編》,北京:綫裝書局 2010 年版。

☑卯☑。八月。

由於卜辭中出現貞人"出"，原歸入賓出類的《合集》4773、《合集》16537 等均應納入出組一類卜辭。

第六例：《合集》19220 與《合集》4712

《合集》19220

《合集》4712

這是一組龜骨同文例。《合集》4712 辭殘，可擬補爲："[貞]。翼(翌)丁巳[多]賈其[征(延)]。乃屮☑。二月。"此組同文卜辭的認定，可以糾正《合集》19220 釋文之誤。《甲骨文合集釋文》、《殷墟甲骨文摹釋全編》、《甲骨文校釋總集》等書均將"征(延)"、"屮"二字連讀，唯《殷墟甲骨刻辭摹釋總集》將"征(延)"、"屮"二字中間做缺文處理。從同文卜辭來看，"征(延)"、"屮"二字中間當有一"乃"字。《合集》19220 又見於《國圖》2514，①從拓片及照片來看，"乃"字確實存在，"征(延)"、"屮"不能連讀。

第七例：《合集》17925 與《合集》18969

對比兩版卜辭的殘辭可知二者爲同文卜辭的可能性很大，兩版甲骨上端殘辭似可互足如下：

[貞]：乎(呼) 保犬。

---

① 國家圖書館所藏甲骨。

《合集》17925　　　　　　　　《合集》18969

　　卜辭中的""字,《甲骨文字編》誤作"𡿨"形,收在第 1033 號,僅此一形,頗爲可疑。[1] 實則此字短橫左右還有出頭的豎筆,即"𡿨"形。從《合集》18969 上端殘存的豎畫來看,亦可證此字左右豎畫的存在。"𡿨"形亦見於《合補》5004,與卜辭中的"𡿨"字,是否爲一字,待考。

　　綜上,本文的幾組同文卜辭例,或可殘辭互足,或可糾正釋文之誤,或可補足殘字,或可判別字形正誤,或有益於綴合及繫聯相關卜辭。可以説,同文卜辭可以幫助我們更準確、更全面地理解卜辭,是在原始材料的整理過程中要特別注意搜集的材料。

---

① 李宗焜:《甲骨文字編》,北京:中華書局 2012 年版,頁 317。

商代後期紀年述略

劉　桓

（北京科技職業學院文物藝術品學院）

一、引　論

　　本文所謂商代後期紀年，是指從盘庚遷殷至帝辛亡國之年的年數，這是前人曾經着手嘗試而未能解決的問題。今因武王伐紂之年（前 1111 年）和西周積年問題已經獲得解決，拙作《西周金文曆譜述略》（上篇）、（下篇）已經初步排列出一個西周金文曆譜。① 該曆譜年代框架已定，當然不排除還有少數金文年曆會有所調整，或者補充，凡此屬於糾錯、補正，本人近年已經下功夫作了這一工作。本文屬於同一系列論文。現在已經具備條件，根據古書《尚書》、《逸周書》、《古本竹書紀年》及甲骨、金文的記載、綫索可靠的傳世史料，來嘗試解決商代後期的紀年問題。至於董作賓先生《殷曆譜》的排譜研究，近三十多年學者繼續深鑽細研，於此頗有推進，然此殷曆年代問題，殷商文獻可用的資料更少，文獻驗證尚存在困難，故本文重點談商代後期紀年問題，或涉及周曆，則可以得到文獻驗證。

　　關於商朝總年數，古文獻中主要説法有三：第一，496 年説。《古本竹書紀年》説："湯滅夏以至于受，二十九王，用歲四百九十六年。"戴家祥先生力主此説，謂："商代國家的建立，距今約三千九百多年，據各家所載，由成湯至紂之滅，凡十七世三十一王，共四百九十六年（據《竹書紀年》）。"②《古本竹書紀年》的 496 年説，與古書説商代 500 年頗爲相合。《孟子·公孫丑下》："五百年必有王者興，其間必有名世者。"《大戴禮記·禮察》："然則如湯武能廣大其德，久長其後，行五百歲而不失。"賈誼《新書·數

---

① 拙作《西周金文曆譜述略》（上篇）、（下篇），分別載於《北方論叢》2015 年第 4 期、第 5 期。
② 戴家祥：《甲骨文的發現及其學術意義》，《歷史教學問題》1957 年第 3 期。

寧》:"臣聞之,自禹已下五百歲而湯起,自湯已下五百餘年而武王起。"第二,629 年或 628 年説。《左傳·宣公三年》載:"桀有昏德,鼎遷于商,載祀六百。"《漢書·律曆志》:"自伐桀至武王伐紂,六百二十九歲。"董作賓主此説。一説六百二十八年(《新唐書·曆志》一行説)。西漢時曾流行商代六七百年的説法,賈誼《上疏陳政事》:"然而湯武廣大其德,行六七百歲而弗失。"第三,576 年説。董作賓先生引《鬻子》説湯:"二十七世,積歲五百七十六歲,至紂。"第四,爲 550 年、553 年説。其根據也是《古本竹書紀年》:"湯滅夏以至于受,二十九王,用歲四百九十六年。"陳夢家先生舉《孟子·盡心下》"由湯至於文王五百有餘歲",認爲《竹書紀年》的 496 年,需加上文王在位 50 年和武王克殷前的 4 年,商代約爲 550 年。[1] 張立東《關於商代積年的初步研究》思路略同陳説,推算出自湯滅夏至武王克商是 1580−1027＝553 年,從湯滅夏到文王受命(前 1083 年)爲 497 年。[2] 以上 550 年、553 年説都不見典籍記載,其論述依據亦不無問題。另外,該説認爲商代 31 王,當然《史記·殷本紀》集解引譙周曰"殷凡三十一世",《上博簡·容成氏》也説"汤王天下三十又一世而受作"(《大戴禮記·少閒》也説 31 世)。然而董作賓先生列舉商代世系各王,祇舉出 30 王,[3]説明 31 王的説法還須進一步闡釋。至於商代 629 年,唐蘭先生認爲這是傳説,不可信。[4] 我認爲,對於這一傳統説法不能輕易否定,因爲《左傳·宣公三年》明言商朝"載祀六百",是與 629 年相一致的。這一上古的説法是否可信,初步估算並不難,兹暫從董作賓先生列舉商代世系各王 30 王之説。大家知道,根據《古本竹書紀年》記載盤庚遷殷之後的商代後期 12 王已經是 273 年,那麽前期共 18 王(未算盤庚)比後期多出 6 個王,年數上應該比 273 年多出七八十年才對,這樣算來商代總年數爲 629 年,還是比較合理的。過去有的學者對於年數問題不作仔細分析,輒輕易加以判斷,故所論不爲典要。當然 629 年這一年數還必須認真進行驗證,目前研究尚不完全成熟,總要作到與歷日相合方好。不過無論如何,總還可以看出端倪,那就是《古本竹書紀年》的 496 年説是有問題的,由此增益衍生的 550 年説、553 年説,還有古代《鬻子》的 576 年説,年數可能都偏少,都不如 629 年説(或 628 年説)年數合理且有文獻依據,劉歆至皇甫謐都傳承這一數據是有依據的。

---

[1] 陳夢家:《殷虛卜辭綜述》,北京:中華書局 1988 年版,頁 214。

[2] 張立東:《關於商代積年的初步研究》,北京大學中國考古學研究中心、北京大學震旦古代文明研究中心編:《古代文明》第 2 卷,北京:文物出版社 2003 年版,頁 196—197。

[3] 董作賓:《甲骨學六十年》,《中國現代學術經典·董作賓卷》,石家莊:河北教育出版社 1996 年版,頁 215。

[4] 唐蘭:《中國古代歷史上的年代問題》,《新建設》1955 年 3 月號。

　　自夏商周斷代工程开展以來，考古學家反復論證漸成共識，夏商分界在公元前1600 年左右，[1]這樣商朝年數取捨問題便似乎變得較以前容易解決了。因爲商代積年 600 年説（按照古人説數字的舉大數的習慣，可以包括 629 年説）無法容納其中，似乎祇有《古本竹書紀年》的 496 年增益的 553 年説較爲可取。可是我看問題的取捨不是這樣簡單，關鍵在於不能偏離古文獻的研究。對於這一年代學難題，我認爲研究的途徑有二：一是用傳統的曆日對照的方法來驗證解決，但目前難度很大，推算具體年月的曆朔還缺乏可用的工具書，殷曆的研究也是一個問題，非積以時日不能爲功，故不妨暫先擱置；一是用上古年代學結合最新的碳十四測年數據，與古文獻記載相參證，探索古史，判定考古遺迹的朝代，這一研究要做得好，亦較爲可行，可以解決問題。本文祇討論資料較多的盤庚遷殷以來商代後期的紀年問題，這個問題解決了，也有助於商朝總年數和始年的推算。

二、關於殷墟卜辭中五次月食的年代推算

　　判定商代後期的年代，離不開對殷墟卜辭中五次月食的年代推算，這一研究的首創要歸功於董作賓先生和劉朝陽先生，特別是董作賓大著《殷曆譜》中的《交食譜》對殷墟卜辭中五次月食的年代進行了推算，後來他又撰文對此有所修正。此外，陳遵嬀、嚴一萍、陳夢家、張培瑜、趙却民、范毓周等先生均有論述。天文曆算專家張培瑜先生的《甲骨文日月食與商王武丁的年代》一文曾總結説：“60 年來，研究甲骨文日月食並給出具體證認的有 22 家，共有 40 種説法，表一列出 22 家最後的證認結果。”（爲省篇幅，本文不再轉録該表）[2]

　　董作賓《交食譜》説庚申月食在“武丁時代西元前 1311 年”，曾獲得一些學者的贊同。但有的月食年代，例如 壬子（應作“乙酉”，經過嚴一萍綴合甲骨釋出）月食定爲小辛十年（前 1361 年），甲午月食定爲小乙八年（前 1342 年），則未免年代太早，[3]後來董先生一一重新進行考證，分別對月食出現的年份曆日時間等有所糾正。如乙酉月食，董氏“推定在西元前一二七九年九月二日丙戌二時六分的月偏食”，[4]董作賓先生弟子

① 夏商周斷代工程專家組編著：《夏商周斷代工程 1996—2000 年階段成果報告（簡本）》，北京：世界圖書出版公司北京公司 2000 年版，頁 81。

② 張培瑜：《甲骨文日月食與商王武丁的年代》，《文物》1999 年第 3 期。

③ 董作賓：《交食譜》，《殷曆譜》，臺北：藝文印書館 1977 年版。

④ 董作賓：《卜辭中八月乙酉月食考》，《董作賓先生全集》乙編第五册，臺北：藝文印書館 1977 年版。

嚴一萍先生精研甲骨,重新在董氏研究的基礎上作了考證。他考證的結果發表在《甲骨斷代問題》一書中,本文簡化爲下表:

年份(BC)	月	日	干支	日食發生日期
1325	8	30	壬午	武丁 15 年 9 月 15 日
1311	11	23	庚申	武丁 29 年 12 月 15 日
1282	11	3	壬申	武丁 58 年 11 月 15 日
1279	9	1	乙酉	祖庚 2 年 8 月 15 日(按嚴拼合了五片卜旬版後,董作賓推定)
1278	2	26	癸未	祖庚 3 年 2 月 15 日[①]

這一考證結果可以代表董、嚴兩家的觀點,學者也有傾向此説的。其中第一條壬午月食,根據董作賓等學者的研究應該是甲午月食,所以嚴氏的這一考證年份有誤。關於諸家對殷代月食的考證成果,温少峰、袁庭棟《殷墟卜辭研究——科學技術篇》、常玉芝《殷商曆法研究》、馮時《殷卜辭月食資料的整理與研究》曾經有所概括。[②] 常玉芝先生研究殷商曆法,對五次月食的甲骨卜辭一一分期斷代,認爲都是武丁時期的,對董説斷代有所糾正。其中第一條壬午月食,也改稱甲午月食;第二條庚申月食,常先生根據卜辭改稱"己未夕皿庚申月食",並采用裘錫圭先生皿即嚮字的釋讀,對該卜辭作了深入解讀探索,因而在這一具體干支上能够糾正舊説。[③] 不過在定年方面,常氏對這五次月食的具體時間傾向於較晚的年份,但也沒有確定。

美國華裔學者彭瓞均、邱錦程、周鴻翔先生的論文也談到第一期殷墟卜辭中五次月食的年代推算,可列表(此處對原表内容有所簡化)如下:

干支日	月	貞人名	認證的月食日期(BC)
甲午	無	賓	1322.12.25
庚申	十三月	爭	1311.11.24
癸未	無	爭	1278.2.27
乙酉	八月	爭	1279.9.2

---

① 嚴一萍:《甲骨斷代問題》,臺北:藝文印書館 1991 年版,頁 19。

② 温少峰、袁庭棟:《殷墟卜辭研究——科學技術篇》,成都:四川社會科學院出版社 1983 年版,頁 39—46;常玉芝:《殷商曆法研究》,長春:吉林文史出版社 1998 年版,頁 19—65;馮時:《殷卜辭月食資料的整理與研究》,《古籍整理研究學刊》2002 年第 6 期。

③ 常玉芝:《殷商曆法研究》,頁 19—50。

壬申　　　　　無　　　　　　　　　　1282.11.4①

應該説這一推算結果與董作賓、嚴一萍先生推算的多數日期大同小異，但是已經糾正了壬午月食的誤讀。卜辭斷代，也糾正了董、嚴的意見，認爲都是武丁時期的。從大的方面判斷，我基本上相信這一研究結果對的占多數。但是，根據今人以及我個人對殷曆的研究，我認爲表中原有紀月的兩次月食的日期推算似乎還可以討論。

　　我們平心静氣地分析比較，從大的方面看，彭氏等這幾次月食年代數據都在 59年的年代範圍内。這五次月食的甲骨卜辭，常玉芝先生也證明都是武丁時期的，②武丁在位 59 年没有疑義，那麽根據夏商周工程工程測年的數據、甲骨系列樣品分期及AMS 測年數據，甲骨一期、武丁早擬合後的日曆年代（BC）爲：1323—1287，1287—1273；1319—1280；1314—1278；1315—1278；1316—1278。武丁中，1285—1255，1240—1220；1285—1255，1235—1220；1280—1231；1285—1225。武丁晚，1255—1195；1260—1195。③ 與彭氏等的考證年代相比較，可知大的方面都在上述甲骨測年武丁年代範圍之内，没見有大的出入。至於具體到武丁時期每次月食的年份是否準確無誤，我以爲這一研究多數還是對的；但是具體到有月份記載的兩次月食的年份解讀，我認爲還不能如此認定。因爲根據今人以及我個人對殷曆的研究，在武丁時期，殷曆的一月相當於夏曆四月，④有的學者認爲是五月，⑤與周曆相差多少，似乎也應該在這個範圍内求之。而古書説夏商周只差一個月，實際上那是殷末的情況。另外，記載庚申月食的這片卜辭應更正爲“己未皿（郷，嚮）庚申月有食”。其中“嚮”字的釋讀，是常玉芝先生研究殷商曆法采用裘錫圭先生説。⑥ 關於這次月食發生的月份，上面的“十三月”是否是月食發生的月份？舊有“十二月”、“十三月”和“一月”三種説法。董作賓先生主張十二月説，他説：“月食必在望，庚申距癸丑八日，是癸丑在此月之上旬。此月當有丑、亥、酉三癸日也，依卜旬文例由下而上，癸未一旬，正相密接，而其下記有‘十三月’。第三版有未、己、卯三癸日，而癸未下亦有‘十三月’之文，是癸未爲十三月

① 彭㼗均、邱錦程、周鴻翔：《古代日月食的天文斷代和統計研究》，紀念甲骨文發現 100 周年國際學術研討會論文，1999 年，見宋鎮豪主編：《甲骨文獻集成》第 32 册，成都：四川大學出版社 2001 年版。

② 常玉芝：《殷商曆法研究》，頁 20—46。

③ 夏商周斷代工程專家組編著：《夏商周斷代工程 1996—2000 年階段成果報告（簡本）》，頁 54。

④ 劉桓：《關於殷曆歲首之月的考證》，《甲骨徵史》，哈爾濱：黑龍江教育出版社 2002 年版，頁 89。殷曆的一月相當於夏曆四月説，是常正光先提出來的。

⑤ 常玉芝：《殷商曆法研究》，頁 406。王暉亦主此説。

⑥ 常玉芝：《殷商曆法研究》，頁 19。

之第一次卜旬日無疑。由是逆推,則丑亥酉三癸日,必爲十二月,亦無足疑也。"[1]我認爲董氏之説確切無疑,這次月食正是發生在殷曆十二月。既然是殷曆十二月,那就大約相當於夏曆二、三月,周曆一月約略近之。查張培瑜編著的《三千五百年曆日天象》一書,前 1284 年一月四日己未(按"己未"似應作"庚申"爲是)月食,初虧 5.29,食甚6.33,復圓 7.37。[2] 這次月食的時間非常像"己未皿(鄉,嚮)庚申月有食"。若解釋爲發生在庚申之始,延續到清晨,就非常恰當。至於乙酉八月月食,定爲前 1279 年 9 月2 日也有問題。因爲殷曆八月換算成夏曆應該是十一、十二月,周曆可能接近夏曆。查《三千五百年曆日天象》,前 1304 年一月十五日乙酉月食,[3]有可能就是這次月食。我的考證結果暫列於下:

癸未夕月食	前 1325 年 8 月 31 日
〔甲〕午夕月食	前 1322 年 12 月 25 日
乙酉夕月食	前 1304 年 1 月 15 日
己未夕皿庚申月食	前 1284 年 1 月 4 日
壬申夕月食	前 1282 年 11 月 4 日

天文曆算專家張培瑜先生早期考證月食曾從董作賓説,後來在《甲骨文日月食與商王武丁的年代》一文列舉諸説,他的考證已經屬於年代較晚的説法。年代較晚説法中除了陳夢家先生外,張培瑜先生可稱有代表性的一家,其説法爲夏商周斷代工程所采用。張先生給出的五次月食的結果是:

癸未夕月食	前 1201 年 7 月 12 日
〔甲〕午夕月食	前 1198 年 11 月 4 日
己未夕皿庚申月食	前 1192 年 12 月 27 日
壬申夕月食	前 1189 年 10 月 25 日
乙酉夕月食	前 1181 年 11 月 25 日[4]

既然這五次月食都發生在武丁時期,其年代顯然都應在甲骨系列樣品測年數據武丁年代的範圍內並與之相對應才對,然而一比較年代纔發現不對,連最早的"癸未夕月食"在前 1201 年,與武丁早期甲骨文上限相比,至少晚了 100 多年,這樣連勉强地列在

---

① 董作賓:《交食譜》,《殷曆譜》下編,頁 500 下。常玉芝:《殷商曆法研究》頁 41 對此有申論。

② 張培瑜編著:《三千五百年曆日天象》,鄭州:大象出版社 1997 年版。

③ 張培瑜編著:《三千五百年曆日天象》。

④ 張培瑜:《甲骨文日月食與商王武丁的年代》,《文物》1999 年第 3 期。

武丁晚期以後都做不到（據本文考證，該年代已經不屬於武丁時期，甚至能在祖庚、祖甲、廩辛、康丁之後）。其餘四次月食，年代更晚，根本無法排進武丁年代。爲何作如此推算呢？我猜想也許受天文考年武王克商在前 1046 年一説的影响。月食考年與考古測年數據如此脱節，相差一百多年，自然無法自圓其説，結果也是不能令人相信的。反觀我所綜合的彭瓞均等學者三次月食推算結果，加上我個人對於兩次月食的推算，基本上與上述測年數據相合。從大的方面看，二者孰是孰非，似乎無需多説，考古測年數據已經清楚顯示出來，相信大家如果不懷成見，是不難判斷的。當然，有的考古專家強調説："根據灃西遺址測出武王克商的年代範圍是公元前 1050—1020 年；根據殷墟的測定，一期晚和二期的年代範圍在公元前 1261—1195 年，完全支持天文推定的武丁年代在公元前 1250—1192 年。"[1]但這一推定似乎忘記了與甲骨測年數據差了許多，難道二者數據不合，還要反過來用考古遺址測年數據來修改甲骨測年數據？值得深思。

在此必須説明一下，考古資料的佐證，在文獻資料不足的情況下是非常必要的。殷墟甲骨卜辭數量很多，已經形成系列，且斷代明確，碳 14 測年年代數據也比較可信，基本可以作爲直接證據來用；至於藉助考古遺址中出土的文物測年，整合出來的年份資料，是否可以直接利用，好像還是存在爭議的。對於考古資料似應不僅着眼全面，尤當采用關鍵可靠部分，研究結果纔比較可信。

三、論商代後期的紀年

本文所謂商代後期的紀年，是指盤庚遷殷至帝辛亡國（周武王克商）之年的年數。除了戰國時期的《竹書紀年》之外，後來學者也嘗試做過紀年，如晋人皇甫謐著《帝王世紀》，可惜此書已經散佚不全；又如宋代著作《太平御覽》、《皇極經世》、《通鑒外紀》、《通志》等嘗試做過紀年，但是依據很難説。今人董作賓、陈夢家、李仲操、曹定雲、常玉芝、夏商周斷代工程等不少學者都做過這方面的研究，雖有成績，但也是得失交織，而且缺乏必要的總結。我認爲，儘管董作賓先生這方面研究也有得有失，畢竟開創在先，我們還是先從董作賓的考證説起。董氏《中國文化的認識》一文説："中國歷史上有確切年代的是共和元年、西元前八四一年辛酉。周代的終結是周赧王五九年、西元前二五六年乙巳。這是沒有問題的。問題却在周年的開始武王伐紂之年。現在用新曆譜證明了武王伐紂是西元前一一一一年庚寅，這是唐代一行和尚曾用《大衍曆》推

① 《中國考古學的發展與〈考古〉的歷程——紀念〈考古〉創刊 60 週年筆談》，《考古》2015 年第 12 期，頁 6。

算出來的。舊史料是真古文《尚書·武成》篇和《逸周書》的《世俘解》所記殷一月二月,和周四月的日子對證起來,完全符合。這年是武王的十一年,向上推是西元前一一二二年己卯,文王的五十年,文王崩,武王即位。史家算周年,從這一年開始,叫作周受命年。所以舊有的周年是由一一二二年己卯到二五六年乙巳,共計八六七年,其中侵占了殷帝辛十一年。把帝辛的六十三年減爲五十二年,實際上周代有八五六年。"①按董氏説周朝的年數 867 年要減去侵占殷帝辛 11 年,實際上爲 856 年,總的説來不誤。但具體考述錯誤有二:一是公元前 1122 年是周受命年不錯,但把這説成文王崩、武王即位之年,叫作周受命年則非是,清代學者陳喬樅《今文尚書經説考》已經考證清楚,今文家認爲文王受命 7 年去世,次年武王即位。二是他把帝辛的 63 年減爲52 年,有誤。從卜辭、金文結合文獻推算,帝辛在位實爲 33 年,《帝王世紀》即述牧野之戰在紂即位 33 年,清閻若璩《尚書古文疏證》推算同此説,斷代工程認爲帝辛有 34個祀周,大致近是。關於帝辛在位年,下文還要涉及。由於董氏把前 1122 年當作武王即位之年,因此在與《逸周書》的曆朔相對照時,其年代必然出現錯誤,得不到準確的驗證。

周武王克商的年代在前 1111 年已經明確無誤,周世系年代這方面,藉助《古本竹書紀年》的記載,並參考甲骨文金文,已經可以計算出季歷、文王(西伯)、武王的幾個關鍵年代的數據,同時可以藉此推算商代武乙、文丁、帝乙、帝辛在位之年分別爲公元前多少年。周文王、武王的年代必然涉及到今文、古文兩家的紀年問題,我們謹從司馬遷用今文説,然後據此向上推算。現在可以知道,武王即位之年是前 1114 年,那麼文王(西伯)在位之年就應該是前 1164 年,也就是帝乙元年。當時,西伯之父季歷已經去世。文王在位 50 年,就在帝乙、帝辛時期的 50 年;文王去世後,加上武王繼位至征商的 4 年,爲 54 年。由於典籍和前人的研究證明帝辛在位 33 年,帝乙在位之年等於 54 年減去此 33 年得 21 年,再減去文丁在位的 1 年,帝乙在位爲 21 年。藉助武丁時期五次月食的研究,再根據《尚書》和《古本竹書紀年》的記載,武丁以來各王的在位年代變得清晰起來。從過去的研究來看,董作賓先生《殷商疑年》、陳夢家先生《殷虛卜辭綜述》曾對盤庚遷殷後的商年(但該書非一一考證年數)作過考證。上個世紀 90年代以來,研究年代學的李仲操,研究甲骨文、商代史的曹定雲、常玉芝等先生和夏商周斷代工程的其他學者對商代後期的諸王積年也作過考證。筆者相信《古本竹書紀年》所言"自盤庚徙殷至紂之滅二百七十三年,更不徙都",因此,對於李仲操所持 241

---

① 董作賓:《中國文化的認識》,《中國現代學術經典·董作賓卷》,頁 634。

年説、①常玉芝持 265 年説②以及夏商周斷代工程持 253 年説③，筆者認爲以上説法不無可取之處，唯因總年數不足，故不擬在此討論，本文祇討論有商代後期各王在位年數的總年數 273 年説和相近的 275 年説。

先看董作賓先生在《殷商疑年》中考證商代晚期遷殷後至滅亡共 275 年之説。各王在位年數爲：

盤庚	14 年
小辛	21 年
小乙	21 年
武丁	59 年
祖庚	7 年
祖甲	33 年
廩辛	6 年
康丁	8 年
武乙	4 年
文丁	13 年
帝乙	37 年
帝辛	52 年
總計	275 年④

董説有許多優點，如參考《尚書·無逸》叙述商王在位年數來定年數，遠比用《今本竹書紀年》爲可靠。有些商王在位年數，《尚書·無逸》在説到"肆祖甲之享國，三十有三年"之後，從此所立的商王因爲壽命的關係在位時間都不甚長，即"自時厥後，亦罔或克壽：或十年，或七八年，或五六年，或四三年"。這些年數，雖然没有具體説何王在位多少年，但顯然是指廩辛等王而言，其叙述無疑是可信的。故董氏定廩辛 6 年、康丁 8 年，其説有一定的依據。另外，對盤庚、小辛、小乙在位年數的判斷亦頗可取，至於 275 年的總年數也近是。但也有幾個明顯的失誤，如武乙 4 年、帝乙 37 年、帝辛 52 年等，與我們依據古書和甲骨文、金文得出的年數不符，這些問題的討論下文還要涉及。

---

① 李仲操：《對武王克商年份的更正》，《中原文物》1997 年第 1 期。
② 常玉芝：《殷商曆法研究》，頁 56—57。
③ 夏商周斷代工程專家組編著：《夏商周斷代工程 1996—2000 年階段成果報告（簡本）》，頁 60。
④ 董作賓：《殷商疑年》，《中國現代學術經典·董作賓卷》，頁 378。

　　其次,曹定雲《殷代積年與各王在位年數》也認爲殷代後期總年數爲 273 年或 274 年(含武王伐紂之年),各王在位年數如下:

盤庚	14
小辛	3
小乙	10
武丁	59
祖庚	11
祖甲	33
廩辛	4
康丁	31
武乙	35
文丁	22
帝乙	20
帝辛	31 或 32
總年數	273 或 274[①]

曹定雲先生所説多數年份可從,對董説有所糾正,可是也有少數年份欠妥需要調整。例如陳夢家先生認爲殷庚、小辛、小乙在位約共 60 年左右,[②]上舉董作賓先生則認爲這三王爲 14＋21＋21＝56 年,[③]而此處 14＋3＋10＝27,年數失之於少。又如康丁 31 年,采用的是常玉芝先生的説法,原來定此年數,可能是認爲該時期甲骨文比較多,然此年數的增加勢必會影響武丁在位年代向前推,從而使甲骨文月食研究離開甲骨文測年數據所指示的範圍,故不如董作賓的 8 年説合理,因爲董説特別强調《尚書·無逸》的記載。再如文丁在位 20 年以上,這也是取常玉芝先生説,根據周祭祀譜得出,亦不可從。常先生擬定的文丁二十祀祀譜,是根據肆簋銘文"妣戊武乙奭"得出的,常氏認爲武乙之配妣戊不屬於周祭系統。[④] 近年也有學者認爲武乙之配妣戊屬於周祭系統。我認爲該祀譜問題有二:一是對武乙之配妣戊的祭祀,衹能是在帝乙、帝辛時期,不可能在文丁時期。《史記·殷本紀》明言武乙死後,"子帝太丁立。帝太丁崩,子帝乙立","帝乙崩,子辛立",唯帝乙、帝辛稱武乙之配爲妣,而文丁衹能稱武乙之配爲

---

① 曹定雲:《殷代積年與各王在位年數》,《殷都學刊》1999 年第 4 期。

② 陳夢家:《殷虚卜辭綜述》,頁 210。

③ 董作賓:《殷商疑年》,《中國現代學術經典·董作賓卷》,頁 378。

④ 常玉芝:《周祭制度研究》,頁 126—133。

母。二是常氏《周祭制度研究》内容很嚴謹,唯此祀譜的年代與古文獻記載不合。因爲文丁、帝乙、帝辛的在位年代,通過《古本竹書紀年》等古書以及甲骨文、金文的記載,再結合文王在位年數 50 年的推算,相互印證,已經基本能弄清楚,文丁在位應爲 12 年,而非 20 年。此點在下面年代排列的敘述還要提到。至於紂的在位年數,夏商周斷代工程研究認爲帝辛共舉行了 34 個祭祀週期,爲 34 年,[1]實際上應爲 33 年,包括武王伐紂之年。

因爲文王在位的年代的確定,就可以上推季歷繼位之年,而季歷之立相當於商朝武乙 33 年。由於這些年代數據的明確,就可以排列出盤庚遷殷後的商代各王在位年數及公元年份。我做的商代後期各王在位年數表如下:

盤庚(前 1383—前 1367)17 年　《太平御覽》卷八三引《史記》在位十八年。

小辛(前 1366—前 1346)21 年　《太平御覽》卷八三引《史記》。

小乙(前 1345—前 1326)20 年　《太平御覽》卷八三引《史記》。

武丁(前 1325—前 1267)59 年　《書・無逸》。

祖庚(前 1266—前 1257)10 年　《書・無逸》"或十年",祖庚卜辭爲數也不少。

祖甲(前 1256—前 1224)33 年　《書・無逸》。

廩辛(前 1223—前 1220)4 年　《書・無逸》"或四三年"。

康丁(前 1219—前 1212)8 年　《書・無逸》"或七八年",與董説同。

武乙(前 1211—前 1177)35 年　古本《竹書紀年》。

文丁(前 1176—前 1165)12 年　周西伯(文王)於前 1165 年即位,此年以下,商代紀年可與周人紀年相互推算。

帝乙(前 1164—前 1144)21 年　參考王暉説。[2]

帝辛(前 1143—前 1111)33 年　《帝王世紀》,清閻若璩説(《尚書古文疏證》第 84),又以相關年數推算。

以上總年數 273 年。

今按,陳夢家先生認爲盤庚、小辛、小乙約共 60 年左右,上舉董作賓先生則以爲這三王爲 14＋21＋21＝56 年,本人據武丁即位年份向前推算爲 58 年,這三個推算數據均相近,相信距離真實的年份即便有誤差也不會有多大。本表最準確的年代應是武乙、文丁、帝乙、帝辛四代,基本可靠;武丁、祖甲的年數可靠,但年份系推算,也可能有很

---

① 《關於甲骨文和商代金文年祀的討論》,《光明日報》1999 年 6 月 11 日第 7 版。

② 王暉《從殷卜辭黃組兩種"王廿祀(祠)"看帝辛卜辭的存在證據》,《殷都學刊》2003 年第 1 期。

小的誤差;祖庚、廪辛、康丁的在位年數,本人的計算是自盤庚遷殷至商亡的總年數,減去盤庚、小辛、小乙的在位年數約共 58 年,再減去武丁、祖甲、武乙、文丁、帝乙、帝辛的在位年數,即 273－58－(59＋33＋35＋12＋21＋33)＝22,就是説祖庚、廪辛、康丁三王在位年數總共纔有 22 年可供分配,然後根據《尚書・無逸》並參考諸家之説,進行確定,應該較爲近實。

附　自武乙 33 年至商亡大事年表

約前 1211—前 1190 年	武乙前期	及武乙暴虐,犬戎寇邊,周古公逾梁山而避于岐下(《後漢書・西羌傳》)。后稷之孫,實維太王,居岐之陽,實始翦商(《詩・魯頌・閟宮》)。
前 1179	武乙三十三年	季歷立(據年代推算)。
前 1178	武乙三十四年	周王季歷來朝,武乙賜地三十里,玉十瑴,馬八疋。
前 1177	武乙三十五年	周王季伐西洛鬼戎,俘二十翟王。
文丁元年(前 1176)		
前 1175	文丁二年	周人伐燕京之戎,周師大敗。
前 1174	文丁三年	洹水一日三絶。
前 1173	文丁四年	周人伐余無之戎,克之。周王季命爲殷牧師。
前 1170	文丁七年	周又伐始乎之戎,克之。
前 1166	文丁十一年	周人伐翳徒之戎,捷其三大夫(以上皆據《古本竹書紀年》)。
前 1165	文丁十二年	王季歷困而死,文王苦之(《吕氏春秋・首時》)。
帝乙元年(前 1164)		帝乙處殷(《古本竹書紀年》) 西伯昌繼位爲周方首領。
前 1163	帝乙二年	周人伐商(《古本竹書紀年》)。
前 1157	帝乙八年	"周文王立國八年,歲六月"地動(《吕氏春秋・制樂》)。
前 1156	帝乙九年	十月,帝乙從多田多伯征盂方伯炎,直到次年三月結束(據《商代周祭制度研究》)。
前 1144	帝乙二十一年	帝乙去世。
帝辛元年(前 1143)		帝乙之少子辛母爲正后,得立,是爲紂。
前 1142	帝辛二年	納妲己(《初學記》卷九,皇甫謐説)。
前 1141	帝辛三年	紂王田獵獲虎(據安大略博物館藏虎上膊骨刻辭)。

前 1140	帝辛四年	四月,乙巳王在邵祭祀文武帝乙(據四祀邲其卣)。
前 1138	帝辛六年	至紂六祀,周文王初禴于畢(《唐書·曆志》)。
前 1134	帝辛十年	帝辛十祀,征人方(甲骨卜辭)。
前 1129	帝辛十五年	帝辛十五祀,再征人方(小臣艅尊)。
前 1122	帝辛二十二年	文王受命之年(次年稱元祀),始稱文王。商金文坂方鼎記紂五月在管(朝歌一帶)祭祀帝乙。
前 1121	帝辛二十三年	是年,"惟王(文王)元祀"正月,周文王妻太姒夢商廷生棘(清華簡《程寤》)。文王受命一年,斷虞芮之質(《尚書大傳》)。
前 1120	帝辛二十四年	(文王受命)二年伐于(《尚書大傳》)。
前 1119	帝辛二十五年	(文王受命)三年伐密須(《尚書大傳》)。
前 1118	帝辛二十六年	(文王受命)四年伐畎夷(《尚書大傳》)。
前 1117	帝辛二十七年	(文王受命)五年伐耆(《尚書大傳》),《尚書·西伯戡黎》説西伯戡黎,祖伊恐。
前 1116	帝辛二十八年	(文王受命)六年伐崇(《尚書大傳》)。玉環銘文文所述亦此事。
前 1115	帝辛二十九年	文王五十年,即受命七年。《尚書大傳》云七年而崩。《清華簡·保訓》:"佳王五十年,不豫。"《史記·周本紀》:"西伯蓋即位五十年。"又説:"詩人道西伯,蓋受命之年稱王而斷虞芮之訟。後十年(清陳喬樅《今文尚書經説考》十一已指出'十'乃'七'之誤)而崩,諡爲文王。"此爲今文家紀年。《逸周書·文傳解》:"文王受命之九年,時維暮春,在鄗,召太子發。"此爲古文家紀年,此九年等於今文家的文王受命七年。
前 1114	帝辛二十九年	文王受命八年,武王即位,未改元。"武王八年,征耆,大戡之。"(《清華簡·耆夜》)此爲今文家紀年。
前 1113	帝辛三十年	(文王受命)九年,武王上祭于畢。東觀兵,至于孟津(《史記·周本紀》)。
前 1112	帝辛三十二年	(文王受命)十年,東伐紂,周曆十二月戊午師渡孟津。

前 1111　　　　　　帝辛三十三年　　（文王受命）十一年，周曆二月初五（甲子）牧野
　　　　　　　　　　　　　　　　　之戰周軍獲勝，占領商都，紂王自焚死。

　　今按季歷被囚死、西伯立、周人復仇伐商這三個事件，環環相扣，緊密相連，彼此存在因果關係，中間不容間隔太長，否則難以講通。倘若文丁在位 20 年，則第一件事與後兩件事之間在年代上便會出現連不上的情況，故知非是，何況還不能通過曆譜驗證。

四、《逸周書》曆日驗證

　　曆譜需要古書驗證，商代紀年中以《逸周書》保存的年曆資料較多，故可用張培瑜《中國先秦史曆表》（簡稱張表）進行驗證。從年曆對照來看，傳世的《逸周書》應該多數屬於古文家傳本，而清華簡《耆夜》顯然屬於《逸周書》今文家傳本，這是前人不甚清楚的。

　　清陳喬樅《今文尚書經説考》十一重新博考文献，關於古文、今文兩家及鄭玄折衷之説，都説自文王受命至武王崩中間凡十有八年，後面還説"信以傳信，疑以傳疑"。這固然反映出作者治學實事求是的態度，但也是由於當時條件所限，如沒有《中國先秦史年表》這樣的科學著作，一時無法驗證結果。那麼這一傳統年代數據是否可信呢？沒有別的辦法，祇有通過一一驗證，纔知道結果。藉助清陳喬樅考證的自周文王受命至武王崩古文、今文兩家的年數，我認爲西伯文王時期共五十年，已經形成周方的曆譜，是可以驗證的。

　　清代學者研究《逸周書》涉及年曆問題，有的引用了古曆資料考證，對我們的研究實有啓發。

　　1.《逸周書·酆保解》："維二十三祀庚子朔，九州之侯咸格于周，王在酆，昧爽，立于少庭。"清代學者研究《逸周書》涉及年曆問題，即引用了古曆資料。朱右曾《逸周書集訓校釋》："文王即位四十二年受命，於是伐崇而作酆邑。云'二十三祀'，非也。以周曆推之，文王四十三年十一月爲庚子朔，蓋古文四字積畫相重，故誤耳……周曆曆術見甄鸞《五經算術》：'文王四十三年，元餘四百八十四歲，以章月二百三十五乘之，得十一萬三千七百四十，以章歲十九除之，得積月五千九百八十六，閏餘六。以周天分二萬七千七百五十九，乘積月如日法，九百四十而一，得積日十七萬六千七百七十一，小餘六百三十四，大餘十一。則是年周正月乙亥朔也。'求次月朔者，加大餘二十九、小餘四百九十九，小餘滿日法除之，從大餘，如是纍加之，推得是年建亥月爲庚子

朔也。"按文王四十三祀今文應是前 1122 年,可是查張表衹有前 1124 年十一月庚子朔
與之相合。前 1124 年是古文家四十三祀、今文家四十一祀,可知此處"四十三祀"合
於古文家説,而不合於今文家説。朱右曾舉出的甄鸞《五經算術》這一資料非常重要,
這就給我們以啓發,有助於我們理清《逸周書》的年曆問題。《逸周書》中的紀年經過
逐一驗證,發現大都適合用古文家曆日,而本人采用的則是今文家曆日紀年,二者之
間常有兩年的差距。古文家説文王受命九年去世,而今文家説此事在七年,故古文家
九年、今文家七年仍差兩年,所以書中周文王紀年,以及武王沿用文王受命的紀年都
必須比今文家早二年始能相合。值得注意的是《鄷保解》"維二十三祀庚子朔",按文
王二十三祀今文家是前 1142 年,無庚子朔;若依古文家説就應向前推兩年,即前 1144
年,是年五月庚子朔,則完全相合。所以,即便朱右曾的考證不對,按照後一説也可以
證明《逸周書》的年代與古文家説相合。董作賓先生《殷曆譜》説:"據本譜之考定,文
王在位五十年而崩,武王即位當西元前一一二二年己卯,殷帝辛之五十三祀也。文王
二十三祀,當帝辛二十六祀。"①按董氏推算武王即位之年已經出現錯誤,故此處推算
亦不可據,因爲"西元前一一二二年己卯"乃文王受命之年。

2.《小開解》:"維三十有五祀,王念曰:多□,正月丙子拜望,食無時……"按文王
三十五祀今文在前 1130 年,是年正月庚辰朔,不合。若依古文即前 1132 年,正月壬戌
朔,丙子十五,正合月望之義,舊注本不誤。黄懷信《逸周書校補注譯》以爲古無拜望
月之事,釋爲拜見,②恐非是。董作賓推算爲"文王三十五祀,當帝辛之三十八祀,西元
前 1137 年甲子",③是年殷正月十七日丙子,十六日乙亥有月全食,時辰在周鄷京夜十
時半,④年代推算既已不確,曆日驗證偶然相合亦必有誤。

3.《寶典解》"維王三祀二月丙辰朔",按張表前 1112 年二月乙丑朔,遲了十日。
今按,今文家武王克商的紀年在武王四年,《逸周書》大都爲古文家紀年,此處"維王三
祀"也不例外,是古文家紀年。《鄷謀解》:"維王三祀,王在鄷。"亦在此年。黄懷信《逸
周書校補注譯》注:"三年,滅商前一年。"⑤但他未説是古文家還是今文家紀年。《新唐
書・曆志》載一行引此作"維王元祀二月丙辰朔",據此推算應爲前 1114 年,是今文家
本。張表是年二月丁丑朔,遲了 21 日,蓋失閏所致。對於一行所引的《逸周書》,前人

---

① 董作賓:《殷曆譜》,頁 150。

② 黄懷信:《逸周書校補注譯》,西安:三秦出版社 2006 年版,頁 102。

③ 董作賓:《殷曆譜》,頁 150。

④ 董作賓:《中國古代文化的認識》,《中國現代學術經典・董作賓卷》,頁 634—635。

⑤ 黄懷信:《逸周書校補注譯》,頁 145。

如朱右曾認爲無根據。董作賓用一行引文,推算説:"武王元祀在其即位之次年,當殷帝辛五十四祀,西元前前一一二一年,庚辰。"[1]失之。

4.《逸周書·大匡》:"惟十有三祀,王在管。管叔自作殷之監。東隅之侯,咸受賜於王。"《文政解》:"惟十有三祀,王在管,管、蔡開宗循王。"以上均爲古文家紀年,十有三祀等於今文家紀年的十一祀,亦即前1111年克商之年。西周利簋述武王征商事,在牧野之戰後,第八天即來管地。近年學者質疑"管"字的釋讀,其實于省吾先生釋讀管字無誤,按"管"又通"館",《古本竹書紀年》説:"紂時稍大其邑,南距朝歌,北據邯鄲及沙丘,皆爲離宮別館。"管,蓋爲朝歌附近離宮別館一處建築群而得稱,該地建有商朝宗廟。《逸周書·克殷解》:"立王子武庚,命管叔相。乃命召公釋箕子之囚,命畢公、衛叔出百姓之囚。乃命南宫忽振鹿臺之財、巨橋之粟。乃命南宫伯達、史佚遷九鼎三巫。乃命閎夭封比干之墓。乃命宗祀崇賓,饗禱之于軍。乃班。"商朝帝辛時期,管是要地,在管地的活動很多;武王克商後,在管地多有部署,金文與文獻可以互證。管無疑就在朝歌一帶。順便提一下,《尚書·洪範》的"惟十有三祀"是今文家説,是在前1109年,與此不是同一年,不可混同。

由此可以看出,周曆在西伯(文王)時期誤差很少,基本上是合天的曆法。還應該説明,前人如董作賓先生也曾編曆譜,作過此種驗證工作,但出現的問題不少,由于他在年代學文獻考證上有失誤,如認爲帝辛在位有五十二年之多,其他各王有的年代也不確當,因而推算年代不合,加之不清楚今文、古文年代的區别,凡此不能不影響他驗證的準確。當然我們也不能苛求前賢,因爲一般説來前人也無法超越時代,畢竟當時有一些客觀條件尚不具備。

參考文獻

董作賓:《西周年曆譜》(簡稱董譜),《董作賓先生全集》甲編第一册(簡稱《甲編一》),臺北:藝文印書館1978年版。

張培瑜:《中國先秦史曆表》(簡稱張表),濟南:齊魯書社1987年版。

丁山:《商周史料考證》,中華書局1988年版。

李學勤:《夏商周年代學札記》,瀋陽:遼寧大學出版社1999年版。

張培瑜:《試論殷代曆法的月與月相的關係》,《南京大學學報》(哲社版)1984年第1期。

溫天河:《島邦男氏"帝辛三十三年殷亡説"及其商榷》,《食貨月刊》復刊第7卷5

---

[1]　董作賓:《殷曆譜》,頁151。

期,1977 年。

　　何幼琦:《帝乙、帝辛紀年和征夷方的年代》,《殷都學刊》1990 年第 3 期。

　　勞榦:《從甲午月食討論殷週年代的關鍵問題》,《中研院歷史語言研究所集刊》第 64 本 3 分,《芮逸夫、高去尋兩先生紀念論文集》,1993 年。

　　謝元震:《殷商帝乙帝辛在位年代》,《中國史研究》1996 年第 2 期。

　　張培瑜:《武丁、殷商的可能年代》,《考古與文物》1999 年第 4 期。

《爾雅·釋親》與甲金文所見殷商親屬稱謂制之比較研究

趙　林

（臺北中國文化大學中文系）

一、前　　言

作者在 2011 年出版的《殷契釋親——論商代的親屬稱謂及親屬組織制度》一書中，依據商代的甲金文，將商代的親屬制度作了一項整體的考察及論述的工作。[①] 本文乃在此一基礎上，進一步將商代的親制與見於《爾雅·釋親》一章中先秦時代的親制作一比較研究。

關於"爾雅"一名，《四庫全書總目提要》記已見於"大戴禮孔子三朝記稱孔子教魯哀公學爾雅"。這麽説來，在春秋時代"爾雅"就已經是當時貴族教育中的一門學程，不過今儒或認爲《爾雅》之成書乃在漢武帝時代前後，係由西漢小學家廣采諸書訓詁名物，綴輯經説舊文，遞相增益而成。[②] 至唐文宗開成年間（公元 836—840），《爾雅》且被列爲"經"書。

《爾雅》全文分出十九章，《釋親》乃其第四章，可説是一篇現存傳世最早的記述中國先秦時代親稱和親制的文獻。作者將《爾雅·釋親》與商代甲金文所見的親稱、親制作一比較，旨在考察兩個系統之異同，以期對我國上古時代親稱、親制遞變的軌迹有所發現。

---

① 見趙林：《殷契釋親·論商代的親屬稱謂及親屬組織制度》，上海：上海古籍出版社 2011 年版。本書在本文中簡稱《殷契釋親》。
② 參見芮逸夫：《爾雅釋親補正》，《臺灣大學文史哲學報》1950 年第 1 期，頁 101。

二、親屬稱謂的類型、構詞方式及標記符號

　　古代的漢語親屬稱謂一詞或可表示多種親類，例如商代的"父"這個親稱可同時表一己生身之父及生父之各級旁系兄弟，且不分血姻如（表一）之1，又如周代的"甥"這個親稱同時可表五種以上的親類如（表二）之17-1。再如在現代英語中的 uncle 一詞可以同時用來稱謂伯叔（父親的兄弟）和舅舅（母親的兄弟）。這些一詞可表多種親類的親稱乃普遍存在於古今中外眾多民族的語言之中，人類學家或名之爲"classificatory 類型性"（又可譯爲"類分性"）親稱。[①]　不過，爲了作親屬制度之研究，避免"類型性"親稱一詞多指所帶來的語意混淆，人類學家另采用一套符號，以便精確地去標記若干基本的親屬關係，如：

F——表示生父（father）　　　　M——表示生母（mother）

B——表示同胞兄弟（brother）　　Z——表示同胞姊妹（sister）

S——表示親生兒子（son）　　　　D——表示親生女兒（daughter）

H——表示夫（husband）　　　　W——表示妻（wife）

E——表示己身（Ego）

　　這套符號是用來輔助分析研究各個民族的親屬稱謂系統，非爲用來取代原有的親稱。這些符號可予個別或相加使用，但在相加使用時，需在前後符號中意補一個領格——"之"。準此，FF 表示生父"之"生父即祖父，FFF 表示生父"之"生父"之"生父即曾祖父，而 FB 表示生父"之"兄弟。如此，生身之父（F）及生父之兄弟（FB）便可分辨開來，避免了"父"一詞多指，作爲"類型性"親稱所帶來的語意混淆。再者，在兄弟姊妹的親稱符號前可加小寫的"e"表示"長（eld）"，加"y"表示"幼或少（young）"，例如：

eB——表示親兄　　　　　　　yB——表示親弟

eZ——表示親姊　　　　　　　yZ——表示親妹

　　爲表示使用親稱者即"稱謂人"之性別，可在親稱之後加（ms）表示男性稱謂（man speaking），加（ws）表女性稱謂（woman speaking）。例如"姪"這個親稱在漢及先漢時代僅可由女性用來稱其兄弟之子女如（表二）之21，若用符號來表示則爲"BS(ws)"即"兄弟之子（女性稱謂）"，或"BD(ws)"即"兄弟之女（女性稱謂）"。又，生稱或死稱可在親

---

① 關於人類學家對"classificatory（類型性或類分性的）"親稱定義的討論，參見 Robert Parkin, *Kinship An Introduction to Basic Concepts* (Oxford: Blackwell Publishers, 1997), pp.61-64。

稱之前加 a(alive 生存)或 p(past 逝去)表示。

　　換一個角度,從構詞形態來看,親屬稱謂又可分爲"單式"和"複式"兩種:所謂的"單式親稱"即指由單一的親稱詞或詞素(morpheme)所形成的親稱,如父、母、子、女、兄、弟等;"複式親稱"係由兩個或兩個以上的親稱詞或詞素所構成的親稱,含(1)由兩個單式親稱組合而成的,如祖父(祖＋父)、祖母(祖＋母)、母弟(母＋弟),以及(2)由一個單式親稱作詞根,再加上另一或多個親稱或詞素作詞綴組合而成的,如王父(王＋父)、族父(族＋父)、從母(從＋母)、外舅(外＋舅)、從祖父(從祖＋父)、高祖王父(高祖＋王父)、族曾王父(族曾＋王父)、從母晜弟(從母＋晜弟)、外曾王母(外曾＋王母)等。[①]　而"王、族、從、外"等詞素或詞綴,又通常被名爲親屬稱謂的"區別字(詞)"。當然,親稱在用作親稱的詞綴時,亦具"區別字(詞)"的效應。

　　大多數"複式親稱"的詞例是一個親稱指謂一種親類。人類學家以"描述性 descriptive"、"個別性 individual"或"零對等 zero-equation"來形容一個親稱指謂一種親類的親稱,與前述"類型性"親稱,即一詞可指稱多種親類的親稱是不同的。[②]　"單式親稱"是原生的,數量十分有限。"複式親稱"是次生的,是可以經由(1)"單式親稱"之相加,以及(2)"單式親稱"與"區別字(詞)"之相加或組合,持續地擴充其數量。在下文中,作者將依序討論比較商代甲金文和《爾雅·釋親》中的單式及複式親稱系統。又,商代甲金文中的親稱大多在作者所著的《殷契釋親》一書中有細節的討論,本文常引述結果,除非必要,不再重複論證。

三、商代甲金文中的單式親稱系統

　　據作者在《殷契釋親》一書中的研究結果,從商代甲金文中可輯出單式親稱 23 號

---

① 參見林美容:《漢語親屬稱謂的結構分析》,臺北:稻香出版社 1990 版,頁 116。林美容指出在馮漢驥(Feng Hai-chi)所撰的 "The Chinese Kinship System," *Harvard Journal of Asiatic Studies* II: 2 (July 1937),pp.141ff. 一文中列有近代標準化的書面親稱共 369 個,經她分析後發現這許多的稱謂其實只是由 34 個詞素(morpheme)所構成。而這些稱謂,她說 "除了少數幾個如父、母、夫、妻、子、女、兄、弟是由單一詞素自成稱謂之外,其餘的稱謂都是由二至四個詞素所構成"。作者認同林美容之説,且以爲此一由詞素構造親稱之特質在商代方始萌芽,到了《爾雅》時代漸趨成熟。參見本文之(六)、(七)對商周時代"複式親稱"之細節討論。

② 關於人類學家對"描述性的 descriptive"、"個別性的 individual""零對等的 zero-equation"等親稱定義的討論,參見 Robert Parkin, *Kinship An Introduction to Basic Concepts*,pp.61 - 64。又關於漢語親稱中之此等現象,參見趙林:《殷契釋親》,頁 135、142。

（但共有 24 名或稱），即 1 父、2 母 ab、3 姑、4 子、5 女、6 祖、7 孫、8－1 兄、8－2 須、9 弟、10 婦 ab、11 妻、12 妾、13 亞、14 司/姛/㚸/㚣、15 奭、16 妣、17 妃、18 生、19 匚/口/報、20 示、21 公、22 毓、23 高(兄、須二名，稱謂不同，但所指親類相同，故共為第 8 號。以下，不同名但同所指之親稱，皆援例編為同號)。現表列商甲金文中之單式親稱並說明如下：

（表一）　商代甲金文中的 23 號單式親稱

編號	稱謂	詞性	稱謂所指稱之親類
1	父	類型性	己生父及其各級旁系血、姻兄弟
2	母 a，b	類型性	a. 己生母及其各級旁系血、姻姊妹
			b. 商人先公先王法定配偶之另稱
3	姑	描述性	己(女性)稱謂夫之母，晚商時代始見(詳下説明)
4	子	類型性	己生身之子女及己各級旁系血、姻兄弟姊妹之子女
5	女	類型性	己生身之女及己各級旁系血、姻兄弟姊妹之女
6	且/祖	類型性	己父之父(含其各級旁系血、姻兄弟)，祖在商甲金文中作"且"
7	孫	類型性	己子女之子女(含其各級旁系血、姻兄弟姊妹)
8－1	兄	類型性	己同胞之兄長及各級旁系血、姻兄長(兄兼指男、女性)
8－2	須		
9	弟	類型性	己同胞之弟(含娣)及各級旁系血、姻之弟(含娣)
10	帚/婦 a，b	類型性	a. 商人法定配偶之通稱，為"配偶類"親稱
			b. 自晚商起又可指稱子婦，婦在商甲金中文作"帚"
11	妻	描述性	商人法定配偶之另稱，為"配偶類"親稱
12	妾	類型性	商人法定配偶之另稱，但亦用來指稱低階女性，為"配偶類"親稱
13	亞	類型性	兩壻(婿)相謂為亞，即連襟
14	司	類型性	即《爾雅》"娣婦謂長婦為姒婦"之姒，在商代可作婦、母之前綴，亦可單獨使用，字又作"姛/㚸/㚣"
15	奭	描述性	商先公、先王法定配偶之專稱，為"配偶類"親稱
16	匕/妣	類型性	商人祖先法定配偶之專稱，為"配偶類"親稱，字在商甲金文中作"匕"

編號	稱謂	詞性	稱謂所指稱之親類
17	妃	描述性	商人法定配偶之另稱,爲"配偶類"親稱
18	生	類型性	己之歸母系之生身子女及己母系各級旁系血、姻兄弟姊妹之歸母系子女
19	匚	類型性	匚級男性祖先(匚字又作口、報)
20	示	類型性	示級男性祖先(示字在傳世文本中作"主")
21	公	類型性	作親稱詞綴,且可指稱商人直系及旁系男性祖先
22	毓	類型性	作親稱詞綴,且可指稱商先公先王及與他們有生身關係的男、女祖先
23	高	類型性	作"祖、妣"之前綴,亦可表高於祖、妣輩之先人

對(表一),作者有四點附帶説明:

(1) 甲金文中另有"考、嬪、辟"三詞,是否爲商代之親稱,作者存疑。因爲到目前爲止,此三詞作親稱似皆見於周代文本,三詞作親稱之用例見於商代文本之後,方可確定它們屬於商代無誤。①

(2) "須"爲"兄"之別稱,②因此編"兄"爲 8－1 號,"須"爲 8－2 號。

(3) "子、兄、弟"爲非顯著類(unmarked)語詞,三者在個別或單獨使用時可涵蓋女性,在本文五之 C 對顯著類、非顯著類之詞性有細節的討論。

(4) 作者在《殷契釋親》中指出在早、中商時代,商人行雙向繼嗣及同姓二合兄弟偶族交表或姊妹交換婚制,親稱係屬"行輩型"(如圖五),③不分直旁或血、姻爲其特徵之一,如(表一)之 1、2、4—9、18 各稱,但是到了晚商時代,或由於姓族外婚之流行,出現了表"夫之母"的"姑",親稱在尊一輩始分血姻;周人則行異姓交表或姊妹交換婚,親稱呈"二分合并型",後再行姪媵婚,親稱演爲"奧麻哈型"。④ 在本文(八)對甲骨文

---

① 參見趙林:《殷契釋親》,頁 24—26,439—440 關於考,頁 145—146 關於嬪,頁 178 關於辟。

② 關於"須"爲"兄"之別稱的細節討論,見《殷契釋親》,頁 144。

③ "行輩型"親稱只分性別、世代,不分直旁、父方母方或血姻。此一原則且適用於父、子、祖、孫各代,人類學家或以"夏威夷制"、"世代制"、"馬來亞型"來稱之。參見威廉.A.哈威蘭著、瞿鐵鵬、張鈺譯:《文化人類學》,上海:社會科學出版社 2006 年版,頁 310。又見趙林:《殷契釋親》,頁 259—261 及本文(八)。

④ 關於商周婚制及親稱形態之改變,參見趙林:《殷契釋親》,頁 294—297。又參見本文(五)之 B 及 C 之相關討論。

暨《爾雅》複式親稱作比較時，會再回到這些議題。

四、《爾雅‧釋親》中的單式親稱系統

作者從《爾雅‧釋親》篇輯得單式親稱 26 號(但有 32 名或稱)：1-1 父、1-2 考、2-1 母、2-2 妣、3 姑 ab、4 子、5 舅 ab、6 祖、7 孫、8-1 兄、8-2 晜、9 弟、10 婦 abc、11 妻、12 妾、13 亞、14-1 姊、14-2 姒、15-1 妹、15-2 娣、16 嬪、17 甥 abcde、17-1 出、18 姨、19 私、20 嫂、21 姪、22 婿、23 姻、24 婚、25 夫、26 叔。現列表說明如下：

(表二)　《爾雅‧釋親》中的 26 號單式親稱

編號	稱謂	詞性	歸類	稱謂所指稱之親類(含《爾雅》之注記)
1-1	父	描述性	宗族	己生父
1-2	考	描述性	宗族	己生父之死稱(或以爲可作生稱)
2-1	母	描述性	宗族	己生母
2-2	妣	描述性	宗族	己生母之死稱(或以爲可作生稱)
3	姑 a, b	類型性	宗族	a. 父之姊妹爲姑
			婚姻	b. 婦稱夫之母爲姑
4	舅 a, b	類型性	母黨	a. 母之晜弟爲舅
			婚姻	b. 婦稱夫之父爲舅
5	子	描述性	宗族	己生身之子(含女)
6	祖	描述性	宗族	王父也，父之考爲王父
7	孫	描述性	宗族	子之子
8-1	兄	描述性	宗族	男子先生
8-2	晜	描述性	宗族	兄也
9	弟	描述性	宗族	男子後生
10	婦 a, b, c	類型性	婚姻	a. 法定女性配偶之通稱
			婚姻	b. 子之妻爲婦
			妻黨	c. 弟之妻爲婦
11	妻	描述性	婚姻	法定女性配偶之另稱

續　表

編號	稱謂	詞性	歸類	稱謂所指稱之親類(含《爾雅》之注記)
12	妾	描述性	婚姻	次級女性配偶(如言"父之妾爲庶母")
13	亞	描述性	婚姻	兩壻(婿)相謂爲亞,即連襟
14－1	姊	描述性	宗族	謂女子先生爲姊
14－2	姒	描述性	妻黨	女子同出,謂先生爲姒
15－1	妹	描述性	宗族	謂女子後生爲妹
15－2	娣	描述性	妻黨	女子同出,謂後生爲娣
16	嬪	描述性	婚姻	嬪婦也,即"婦 b"子之妻
17－1	甥 a, b, c, d, e	類型性	妻黨	a. 姑之子爲甥
				b. 舅之子爲甥
				c. 妻之晜弟爲甥
				d. 姊妹之夫爲甥
			婚姻	e. 謂我舅者,吾謂之甥,即己姊妹之子
17－2	出	描述性	妻黨	男子謂姊妹之子爲出,爲"甥 e"之另稱
18	姨	描述性	妻黨	妻之姊妹同出爲姨
19	私	描述性	妻黨	女子謂姊妹之夫爲私
20	嫂	描述性	妻黨	兄之妻爲嫂
21	姪	描述性	妻黨	女子謂晜弟之子爲姪
22	壻	描述性	婚姻	女子子(女兒)之夫爲壻(婿)
23	姻	描述性	婚姻	壻(婿)之父爲姻
24	婚	描述性	婚姻	婦之父爲婚
25	夫	描述性	婚姻	(法定之男性配偶)
26	叔	描述性	婚姻	夫之弟爲叔

　　對(表二),作者有五點附帶説明:

　　(1)《爾雅·釋親》將其所收録之親稱歸爲"宗族、母黨、妻黨、婚姻"等四類,未見商甲金文本有作相同的分類。《爾雅》"宗族"類親屬乃經由親屬組織的繼嗣(descent)關係而產生，而繼嗣之制度可分出父系的、母系的、雙重的，以及兩可的四種。^① 商代行雙重（既是父系又兼有母系）繼嗣，《爾雅》時代則行父系繼嗣。《爾雅》“宗族”類親屬乃純父系的，但商人無必要將親屬作“宗族、母黨、妻黨、婚姻”之分。《爾雅》“母黨”類之親屬，乃通過人母的關係而產生的，沒有爲人母這個角色關係的存在就沒有母黨親屬之存在。同理，所謂“妻黨”類之親屬，乃通過人妻的關係而產生的。特別要指出的是，現代人或將親屬分爲“血親、姻親、配偶”三類，因爲妻或配偶乃血親、姻親關係賴以發生的基礎或中介。^② 雖然將“配偶”獨立在姻親之外或有助於對親屬制度分析，因爲這可以解釋“配偶類”的親稱在“行輩型”的親稱系統中可歸爲“描述性”或“個別性”（配偶只居“配偶”此一親類地位，可不論它的“行輩”）。唯本文乃在研討《爾雅》之系統，未便更改其原來的歸類。

　　（2）《爾雅》26 號單式親稱中的“1－1 父、2－1 母、2－2 妣、3 姑 ab、4 子、6 祖、7 孫、8－1 兄、9 弟、10 婦 abc、11 妻、12 妾、13 亞、14－2 姒”等 13 號 14 名亦見於商甲金文單式親稱，但“2－2 妣、3 姑 ab、10 婦 abc、14－2 姒”等四名與商代同名親稱之內涵有出入。又《爾雅》的“1－2 考、5 舅 ab、8－2 晜、14－1 姊、15－1 妹、15－2 娣、16 嬪、17－1 甥 abcde、17－2 出、18 姨、19 私、20 嫂、21 姪、22 婿、23 姻、24 婚、25 夫、26 叔”等 16 號 18 名未見於商甲金文。

　　（3）商甲金文單式親稱中的“8－2 須、15 奭、17 生、18 匸/囗/報、19 示、21 毓、23 妃”等 7 號 7 名未見於《爾雅》單式親稱中，而商代的“5 女、20 公、22 高”等 3 號 3 名僅見於《爾雅》之複式親稱中作詞綴用。

　　（4）《爾雅》單式親稱中，同一親類有別稱者七，即 1－1 父別稱 1－2 考、2－1 母別稱 2－2 妣、8－1 兄別稱 8－2 晜、14－1 姊別稱 14－2 姒、15－1 妹別稱 15－2 娣、16 嬪別稱 10 婦 b、17－1 甥 e 別稱 17－2 出。這些稱謂與其別稱，皆比照商甲骨文中的“兄、須”，編爲同號。

---

① 繼嗣與傳宗接代、血親認定、財產或權位繼承皆有關聯。代代若經父子或由男性血親關係傳承乃爲父系（patrilineal）繼嗣，代代若經母女或由女性血親關係傳承則爲母系（matrilineal）繼嗣，此二者乃爲單系的（unilineal）繼嗣。而代代同時既經父子又經母女或由男女兩性血親關係傳承即爲雙重（double）繼嗣（例如不動產經父系傳承，而同時動產經母系傳承）。繼嗣者具有可自由選擇父系或母系或雙重繼嗣的制度則爲兩可（ambilineal）繼嗣。參見威廉・A.哈威蘭著，瞿鐵鵬、張鈺譯：《文化人類學》，頁 289 關於父系繼嗣，頁 294 關於母系繼嗣，頁 297 關於雙重及兩可繼嗣。原文見 William A. Haviland, *Cultural Anthropology* (Wadsworth, a division of Thomson Learning, 2002)。

② 參見楊大文：《親屬法》，北京：法律出版社 2000 年版，頁 50；楊立新：《親屬法專論》，北京：高等教育出版社 2005 年版，頁 22—23；陳敬根、楊文升：《婚姻家庭法應增設“親屬”一章》，《遼寧師範大學學報（社科版）》1998 年第 2 期，頁 19。

(5)《爾雅》單式親稱中,一稱表多種親類者,即係"類型性"親稱者共有 4 號 4 名:3 姑 ab、4 舅 ab、10 婦 abc、17-1 甥 abcde。此 4 號親稱旁以小寫英文字母作親類再區分詳如(表二)之 3、4、10、17-1。其中的姑 ab、舅 ab、甥 abcde 因周人行異性雙邊交表婚或姊妹交換婚而成爲"類型性"親稱,而婦 abc 則因爲乃配偶類親稱,故可指不同身份者之配偶。

五、《爾雅·釋親》暨商代甲金文中單式親稱系統之比較

雖然商人未對其親稱作出如《爾雅·釋親》的四種分類,但是爲了作出兩個系統的比較研究,作者首先將商甲金文中所有的單式親稱比照《爾雅》之分類,在表中相應的位置上列出;其次,作者將這兩個單式親稱系統就其尊、平、卑輩及各輩中世代高低之序再予分別列出,製成(表三)之一、(表三)之二,以方便各輩份(或世代)間之分析比較研究。

(表三)之一　《爾雅》及商甲金文所見尊、平輩單式親稱比較表

世 代			《爾雅·釋親》所見單式親稱	商甲金文所見單式親稱			
尊輩	尊五輩及以上	姓族親同姓	缺(《爾雅·釋親》文本中無"姓族"但有"親同姓"之稱)	再尊輩	高	姒、夆、妻、姜、母 b	高
	尊四輩	宗族	缺(但有複式親稱 3 名,詳表六)		匚		
	尊三輩	宗族	缺(但有複式親稱 7 名,詳表六)		示		
		母黨	缺(但有複式親稱 2 名,詳表六)		祖		毓
	尊二輩	宗族	祖(但有複式親稱 7 名,詳表六)	祖(FF)			
		母黨	缺(但有複式親稱 2 名,詳表六)				公
	尊一輩	宗族	父(考)、母(妣)、姑 a(FZ)	父、母 a			
		母黨	舅 a(MB)	(缺)			
		婚姻	姑 b(HM)、舅 b(HF)	姑(HM)晚商始見			
平輩		宗族	兄/晜、弟、姊/姒、妹/娣	兄、弟			
		妻黨	妻(W)、姨、私、嫂、婦 b(yBW)、甥 a(FZS)、甥 b(MBS)、甥 c(WB)、甥 d(ZH)	婦 a(W)			
		婚姻	婦 a(W)、夫、妾、叔、婚、姻、亞	婦 a(W)、妻、司(妃)、姜、亞			

卑輩親稱之比較,詳(表三)之二

1. 甲金文及《爾雅·釋親》尊輩單式親稱系統之比較

從理論上來說，尊輩的親稱可以分出五階/層/級，即 1 尊一輩、2 尊二輩、3 尊三輩、4 尊四輩、5 尊五輩及五輩以上。唯《爾雅》尊輩親稱系統（含單、複式）僅及尊四輩的"宗族"層級，商人則有尊五輩及其上"姓族"層級的親稱，所以作者在尊四輩"宗族"層級之上，再列出不在《爾雅·釋親》四分系統中的"姓族"層級親稱（按，《爾雅·釋親》文本中無"姓族"一詞，此詞乃 20 世紀以來學者所新創）。

《爾雅》所記的尊輩親稱以複式爲多，約有 39 名詳如（表六），但是《爾雅》尊輩之單式親稱加總起來只有 5 號 7 名詳如（表三）之一，且僅上及尊二輩。這 7 名親稱即"宗族"章之"父爲考，母爲妣……祖，王父也"，"母黨"章之"母之晜弟爲舅"，"婚姻"章之"婦稱夫之父曰舅，稱夫之母曰姑"，亦即作者編輯之"1-1 父、1-2 考、2-1 母、2-2 妣、3 姑 ab、5 舅 ab、6 祖"等 5 號 7 名。

在另一方面，商代甲金文所見的尊輩單式親稱則有 13 號 13 名，即作者編輯之"1 父、2 母 ab、3 姑、6 祖、11 妻、12 妾、15 奭、16 妣、18 匸/囗/報、19 示、20 公、21 毓、22 高"。現就尊輩世代多寡之序作比較，當可發現商代與《爾雅》尊、平輩的單式親稱系統至少有七點不同：

(1) 親稱形態分或不分血、姻之不同

《爾雅》尊一輩的親稱呈"二分（bifucate）"，即呈分父（夫）方、母（妻）方或分血、姻的現象，但是如前所述，在晚商"姑（HM 夫之母）"一稱出現之前，商人的親稱爲"行輩型"，不作血、姻之分。唯商代的姑只有"夫之母"一義，非如《爾雅》之姑有 a"父之姊妹爲姑"、b"婦稱夫之母爲姑"之分。雖然姑（夫之母）在晚商金文"作婦姑鷺彝。黿"《集成》2138、"婦闌作文姑日癸尊彝。冀"《集成》9820 中始見，使商人開始有了姻親稱謂，然而作爲血親稱謂的"母"猶可爲商婦用來稱呼夫之母，如晚商金文曰"婦婣作母癸尊彝。亞棗，冀"《彙編》1093，而作母黨的"MB（母之兄弟）舅 a"及作夫黨的"HF（夫之父）舅 b"在商代並未出現。不過，特別要指出的是，在晚商時代，平、卑輩的親稱並未出現血姻二分現象。

(2)《爾雅》與商甲金文"祖"之不同

《爾雅·釋親》在尊二輩宗族的單式親稱系統中僅"祖"一詞，在尊二輩以上就不用"祖"這個單式親稱（《爾雅》在尊三、四輩僅用複式親稱，如曾祖王父、高祖王父）。然而商人可以"祖"稱尊二輩及其上各世代的尊親，如商人第 7 代王名爲祖乙，第 8 代王名爲祖辛，第 9 代王名爲祖丁，第 12 代王名爲祖庚、祖甲。又如在一條晚商文丁時代的卜辭曰：

　　（1）甲辰卜，貞：王賓祖乙、祖丁、祖甲、康祖丁、武乙，衣，亡尤？

《合》35803

　　商王文丁於其父（武乙）之上各代的直系先王皆以"祖"稱之。卜辭中的祖丁應當是祖甲之父武丁，而祖乙則爲武丁之父小乙。顯然，這條卜辭乃係商王文丁在卜合（衣）祭其上連續五代的直系先祖。

　　總之，卜辭顯示商先王只要尊於時王二輩即可以祖名之，反映在將祖這個親稱用作商王私名或謚號的前綴。

（3）商代有"報、示、祖"之序

　　商人用"匚/匸/報"、"示"二詞命名商湯開國前六代男性先祖：報甲、報乙、報丙、報丁、示壬、示癸。依據商王系譜，四報之輩份乃在二示之前。再從晚商藍婦鼎之"藍婦障示己、祖丁、父癸"《集成》2368，以及藍卣之"藍示己、祖丁、父癸"《集成》5265 銘文來看，示的輩份顯然高於祖。因此，"報、示、祖"當爲三者輩份高低之排序。

　　商代的"報"可以跨四代祖先，"示"亦至少可以跨兩代祖先，亦即報、示二詞未具確實標指世代數位之功能（"報"未見有區隔字作詞綴；示雖有"大、小"作詞綴，但系用來分直旁，無標指世代數位之功能）。商代的"祖"雖然也可以跨尊多輩的世代，但"祖"又爲尊二代男性祖先之專稱，後人遂以"祖"爲詞根加上表世代的區隔字或詞綴，如用見於《爾雅》的"曾祖王父、高祖王父"來標指高於祖的尊三及尊四輩的祖先。再者，在《爾雅》單式親稱系統中無報、示之位置，報、示二詞於商代以後不再被用爲漢語親屬稱謂。

（4）商代不同之妣、奭等作配偶之稱謂

　　前面已提及商代的"妣"爲祖之配，異於《爾雅》之"妣"爲母之別稱，此爲二者女性稱謂系統不同之一。其二乃爲（表三）之一顯示在商代與"妣"同地位之親稱尚有"奭、妾、妻、母 b"四稱，例如商先公示癸之配妣甲在甲骨文中又被稱爲示癸奭妣甲《合》23308、示癸妾妣甲《合》2386，又如商先公示壬之配妣庚在甲骨文中又被稱爲示壬奭妣庚《合》23303、示壬妻妣庚《合》938、示壬妾《合》2385、示壬母 b 妣庚《合》19806。關於商代奭、妾、妻、母 b 四稱作配偶並無地位高下之分，在甲骨學界似有共識。①

　　唯作者必須指出"奭"一稱多用在商王周祭先王先妣之卜辭中，因此比其他三稱較具禮儀上的重要性，但是"奭"一稱未見於《爾雅》。母 b、妾、妻三稱甚至可以用來稱呼比四報二示更早的商先公或神靈之配，如夒母 b《合》34171、王亥母 b《合》685、河母 b

---

①　參見朱彥民：《殷卜辭所見先公配偶考》，《歷史研究》2003 年第 6 期，頁 13。

《合》683、王亥妾《合》660、河妾《合》658、河妻《合》686。然而，像妾、妻、母b作配偶類稱謂且不分貴賤平行使用之例則未見於《爾雅》。

(5)"毓"之有無

(表三)之一中尚列有商甲金文"毓"一稱跨越各尊輩，《爾雅》系統則無"毓"。王國維據《説文》"(育)"字或从每作"毓"，首先指出甲骨文从女(或人)从子(或倒子)之字爲毓，即育字的或體。[①] 在商卜辭中，毓字作"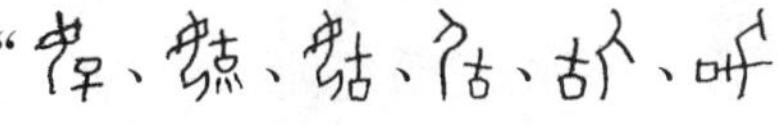"，[②]从女(或人)从子(或倒子)，象女(人)生育子嗣狀。按，甲骨文第2形女旁之""即毓字之"巟"旁(爲"(育)"之訛)，象倒子，即象方生下落地之嬰兒。卜辭曰：

(2) 婦井毓…… 《合》32763

(3) 貞：子母其毓，不？ 《合》14125

卜辭(2)之毓从女从倒子，卜辭(3)之毓从人从倒子。顯然這兩條卜辭皆在卜問商王婦是否順産之事。這裏的毓是作動詞用，表生育。但毓又可作名詞，如在周祭卜辭習用語"自報甲至于多毓"《合》10111,14852—14856或"自上甲至于多毓，衣"《合》25436—25438,37836,37844(各辭中的毓字或从女或从人)。又如在：

(4) 侑于五毓至于龔豸？ 《合》24951

"多毓"即多位毓，"五毓"即五位毓。毓在上引卜辭中指要接受商人"衣"或"侑"祭的祖先。卜辭言"自報(上)甲至于多毓"，這裏的"多毓"乃指自祀首報(上)甲以降，所有在商代周祭中接受五種祭祀祖先，即包括四報二示並下及所有的商先王和奭(含二示及直系先王的配妣)。事實上，這正是"毓"這個字造字旨義之所在。上引毓字第1—3形，字从子(或倒子)在"女"形後，表示正在生育子嗣的爲女性，而第4—6形字从子(或倒子)在"人"形後，乃表示此人(可爲女或男)與此子之生身關係(若此人爲男性則此男性爲此子之生父)。因此毓的造字旨義可以説是在突顯兩代之間生身即直系血親的關係，以有别於兩代間没有生身關係的類型性父子或類型性母子。"毓"這個親稱是商王室從早期直旁不分到晚期漸分直旁進程中所出現的新生事物。

---

① 王國維首先據《説文》考證毓乃育字之或體，並指出由於(倒)子在人後引申爲先後之後(后)，參見于省吾主編：《甲骨文字詁林》，北京：中華書局1996年版，字號461。本文簡稱《于詁林》。又，裘錫圭以爲毓字當讀爲戚字，見裘錫圭：《論殷墟卜辭"多毓"之"毓"》，收入宋鎮豪、段洪志主編：《甲骨文獻集成》，成都：四川大學出版社2000年版，卷21，頁159—161。作者就甲骨文毓之字形、毓爲育之或體、毓在卜辭中的詞用切入問題。

② 李孝定：《甲骨文字集釋》，臺北：中研院歷史語言研究所1965年版，卷14，頁4325。本書簡稱《李集釋》。

"毓"在商代甲金文中又可作單式親稱的區別字或前綴,如毓祖乙《合》22943、毓祖丁《屯》2359、毓父丁《屯》647。"毓祖"與"高祖"之稱且在同一塊骨版之卜辭中出現:

　　(5) 于高祖㸚,有匄?

　　　　于毓祖㸚,有匄?　　　　　　　　　　　　　　　　　　　　　《合》32315

前面已指出"多毓"乃指自大宗祀首報(上)甲以降所有接受周祭之商先公、先王和妾(含二示及直系先王的配妣)。顯然"多毓"或"毓"的範疇應從己之尊一輩起算並以"多高"爲上限。

(6)《爾雅》與商甲金文不同的"公"

在(表三)之一商親稱中尚有"公"一稱跨越平輩及諸尊輩。在甲骨文中公可用作父、兄輩的詞綴,如三公父《合》27494、公父壬《屯南》153、公兄壬《屯南》95;公又可作詞根並被綴以區別詞,如多公《合》33692、大公《合》20243。下引兩條卜辭顯示"公"或係殷王室先兄、先父、先祖及報示各輩男性的統稱。

　　(6) 王其侑大乙、大丁、大甲、惟勺歲公?　　　　　　　　　　　　《合》27149

　　(7) 辛亥貞:壬子侑多公,歲?

　　　　己未貞:惟甲子酒伐自報甲?　　　　　　　　　　　　　　　　《合》33692

卜辭(6)言公又言大乙、大丁、大甲,即第1至3代商先王,卜辭(7)言多公,又言自報甲,即自四報至歷代先王。由此可見公不僅含父兄二輩,且含所有的前輩先人至報甲爲止。又晚商卜辭記在大邑商有"公宮"《合》36540—36547此一建築,公宮乃爲商王舉行"衣(殷)祭"即合祭祖先的場所。因此,應可確定"公"乃殷商王室先兄、先父、先祖及報、示各輩男性的統稱。唯"公"僅含男性且含同輩,不同於"毓"含男、女性,且始自尊一輩。

"公"也是一個"類型性"的親稱,即一詞可以表多種親類的親稱。但是商代的"公"與商代的"父"不同,後者是將不同級的同代旁系男性血姻親皆以"父"稱呼之,是水平關係的"類型性"親稱;而"公"是將不同世代的男性血親,皆以"公"稱呼之,這是垂直關係的"類型性"親稱。又,商甲金文中未見"公"用諸於姻親之例,不同於周金文中的公與姑並稱,可指稱"夫之父"。①

(7)《爾雅》與商甲金文不同的"高/高祖"

"高"在商代一方面可作爲親稱的詞綴或區別字,一方面亦可作爲親稱來表高於祖、妣輩之先人。商王室有若干被歸爲"高/高祖"級的祖先,他們可被泛稱爲

---

① 細節考證,見趙林:《殷契釋親》,頁198—202。

"多高",如晚商金文"辛亥王在廣,降令曰:歸禩于我多高……"《集成》5396 中的"多高"。

　　唯"高"作爲商代親稱"祖"的前綴,與"高"作爲《爾雅》親稱"祖"之前綴含義不同。甲骨文中的"高祖"不限於指稱高於己四代之祖先,如"高祖夒"乃商人傳說中的始祖,如"高祖河"(有可能亦是河神),又如"高祖王亥"乃報甲之父、商人傳說中的先公近祖。史載商人於報甲時始大,報甲在甲骨文中爲"大宗"之祀首。雖然商王室的"高/高祖"世代可在四報二示之上,但商人亦可以"高祖乙"即"(高+祖)+乙"的方式來稱呼開國首任君王湯(大乙),即世代可在四報二示之下。這種世代定位又可在上、又可在下的現象,係屬上下或直系敵體(lineal equation)現象,所以是類分型的親稱。再者,湯乃商代"小宗"的"祀首",所以作者曾指出商人的"高祖"爲"先祖中的一類,有'階段性始祖'之含義"。[①] 要之,商人的"高祖"輩中有傳說中的始祖,介乎於山川之靈與人鬼間的先公遠祖,以及進入歷史黎明期的先公近祖、開國首任君王,是一個類分型的親稱,非爲《爾雅》所記之"高祖"乃實稱高於己四代之男性祖先,是一個"零對等(zero-equation)"即無敵體的"個別性"的親稱,如(表四)之二、(表六)。

　　《爾雅》對"高祖"在親屬關係中的定位,事實上,未必多爲先秦時人所遵行。例如戰國時代的陳侯錞銘文有言"高祖黄帝"《集成》4649,即表示陳侯以黄帝爲其高祖,這裏的黄帝顯然非指陳侯尊四代之男性祖先,如《爾雅》爲"高祖"所下的定義。陳侯稱"高祖黄帝",實具商人"高祖"旨意之遺緒,乃在表述黄帝爲陳侯至高至遠而又兼爲陳侯公室創始之祖先,即有始祖之含義。

　　高祖或始祖事涉"廟祧"。《禮記・祭法》曰:"遠廟爲祧。"《周禮・春官》記"守祧掌守先王先公之廟祧",《注》曰:"遷祖所藏曰祧。"《左傳・襄公九年》有"以先君之祧處之",《杜注》曰:"諸侯以始祖之廟爲祧。"由此可知"廟祧"事涉遠廟、遷祖所藏及始祖之廟諸議題,作者另有專文論述之。[②]

(8) 商代有兄弟偶族結構

　　商人以報甲爲大宗(廟)及王室周祭之祀首,此一現象顯示了商王室在開國之初乃以上推七世爲認定王親的範疇,此七世即湯,再加四報二示(含他們的後代),而商王室此一作爲的目的乃在以七代血親的纍積來形成或造就商人子姓的兩大兄弟偶族(如圖一)。

---

① 見趙林:《殷契釋親》,頁 61。

② 參見趙林:《論商周時代的宗祧制度》,《第七屆"黄河學"高層論壇暨出土文獻與黄河文明國際學術研討會論文集》,2015 年,鄭州,河南大學。

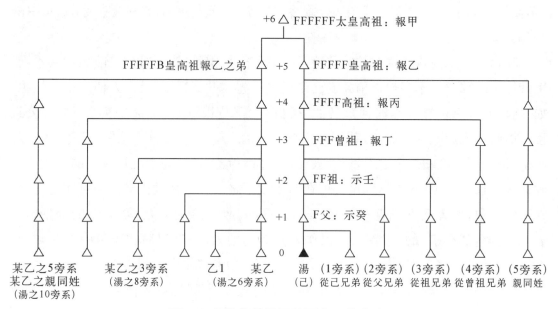

圖一　商湯時代的子姓兩大兄弟宗族

　　從圖一中可以看出,自報甲至湯共七代,而湯及其第 1—5 旁系親屬形成子姓兄弟偶族之一(可稱爲"王族",因湯在内),而某乙(湯之第 6 旁系)及其第 1—5 旁系親屬(亦即湯之 6—10 旁系)形成子姓兄弟偶族之二(某乙與乙 1 同一父系,對湯而言二者乃湯之第 6 旁系成員;唯乙 1 爲某乙之同父或從己兄弟,故乙 1 乃某乙之第一旁系;他們皆非"王族"成員)。這兩個子姓兄弟偶族各有 5 級旁系親屬,並(含己)同有七代深度,兩個兄弟偶族呈平衡對稱狀。特别要指出的是:湯及其第 1—5 旁系親屬這一系乃四報二示之直系,而某乙及其第 1—5 旁系親屬出自報乙之弟,乃四報二示之旁系,兩者可作内外之分,即前者爲内,後者爲外。商人成立這一對子姓兄弟偶族的目的是在行偶族間的交表及姊妹交换婚,作者在《殷契釋親》中已經有詳細的論述。

　　在圖一中,作者基本上是以《爾雅》的詞彙,即以"從父兄弟、從祖兄弟、親同姓"來表第 2、3、5 級旁系親屬,但爲求用詞精確作者另以個人所撰之"從己兄弟、從曾祖兄弟"二詞暫代《爾雅》文本中的"兄弟、族晜弟"來表第 1、4 級旁系親屬。又,需要特别指出的是:《爾雅》是以"親同姓"來稱呼第 5 級的旁系平輩親屬,唯"親同姓"已非《爾雅》定義下同一宗族之親屬,作者已經細緻地析論"親同姓"(即第 5 旁系或"五世")乃處於從"同宗族"親屬過渡到"同姓族"親屬之位置("親同姓"亦可爲己"族晜弟"之子)。[①]

_____

① 參見趙林:《殷契釋親》,頁 134。又見下文(八)中對"親同姓"親稱類型及内涵成分的討論。

　　總之,商代的大宗(廟,以報甲爲祀首)在成立之初,乃含兩個子姓兄弟偶族,即含兩個或一對子姓的宗族。但在周代,《禮》書所説的"大宗"、"小宗"都只含一個宗族("宗"在周文本中作"嗣系",與商甲金文的"宗"表"廟"不同)。再者,周王室對姬姓諸公室而言乃爲大宗(嗣系),唯後者雖爲周王室之小宗(嗣系),但又爲自其分枝出來的氏族的大宗(嗣系)。這些由小變大的"宗(嗣系)"雖可如《禮記·大傳》所言,由於世代的纍積,或亦具備了"百世不遷之宗(嗣系)"的資格,但不論是周代的宗族或姓族、小宗(嗣系)或大宗(嗣系),皆未形成兄弟偶族結構,與商代的大宗(廟)含兩個或一對兄弟"宗族"之結構有别(周人行姓族外婚,姓族内無需偶族或一對宗族結構以行姓族内婚),而這也就是《爾雅》的宗族只表四代(含己五代)親屬的原因之一。

　　《禮記·大傳》曰:"四世而緦,服之窮也,五世袒、免,殺同姓也,六世親屬竭矣。"周人"六世親屬竭矣",這是因爲周人的宗族是單一的。然而,商人的姓族内有一對兄弟宗族,即兩個宗族,商人因此"八世親屬竭矣"。[1]

2. 甲金文及《爾雅·釋親》平輩單式親稱系統之比較

　　《爾雅·釋親》之平輩單式親稱計得三類,即宗族、妻黨、婚姻。兹先比較"宗族類"親稱。依據《爾雅》"宗族"章所記之"男子先生爲兄,後生爲弟;男子謂女子先生爲姊,後生爲妹…… 晜,兄也",以及"母黨"章所記之"女子同出,謂先生爲姒,後生爲娣",如此,在(表三)之一平輩的宗族一格中便可置入兄/晜、弟、姊/姒、妹/娣等七個單式稱謂。唯這七個親稱中有三稱是重複的,所以實際上只有兄、弟、姊、妹四個。商甲金文中宗族類之單式親稱僅見兄、弟二稱,這是因爲商代兄弟二稱可以包含女性,事實上,這種用法到戰國時代還可以看見,如《孟子·萬章》篇曰"彌子之妻與子路之妻兄弟也"。再者,商代的兄、弟是類型性的親稱,可涵蓋旁系兄弟,但《爾雅》的兄、弟是描述性的親稱,不涵蓋其他旁系兄弟,《爾雅》用五個複式親稱來指謂後者,如(表四)之二的 40、41、42、44、45。

　　現在來看(表三)之一《爾雅》的 6 個平輩"妻黨類"單式親稱——1 妻、2 姨、3 私、4 嫂、5 婦 b(yBW 弟之妻)、6 甥 abcd,即甥 a(FZS 父之姊妹之子,即姑之子)、甥 b(MBS 母之兄弟之子,即舅之子)、甥 c(WB 妻之晜弟)、甥 d(ZH 姊妹之夫)。爲方便研析,現在將 1—5 歸爲一類,將 6 再歸爲一類來看現象。

　　關於第一類,《爾雅》"妻黨"章曰:"妻之姊妹同出爲姨,女子謂姊妹之夫爲私…… 女子謂兄之妻爲嫂、弟之妻爲婦。"妻黨第一類親屬乃含己妻(1 妻)之姊妹(2 姨)和她們的丈夫(3 私),以及己妻兄弟的妻子 4 嫂、5 婦 b(yBW 弟之妻)。簡言之,己妻的兄弟

① 趙林:《殷契釋親》,頁 134—135。

姉妹和他(她)們的配偶乃第一類妻黨親屬。其實,這一類之中還應該將甥 c(WB 妻之
舅弟)算進去。正因爲"妻之兄弟(WB)"被稱爲"甥 c",而"甥"一詞又可用來稱呼另外
三種平輩的親類,所以甥 abcd 可以視爲另一類。按,《爾雅》"妻黨"章曰"姑之子爲甥,
舅之子爲甥,妻之舅弟爲甥,姉妹之夫爲甥",即言己之 FZS 父之姉妹之子,即姑之子、己
之 MBS 母之兄弟之子,即舅之子、己之 WB 妻之舅弟、己之 ZH 姉妹之夫皆可以"甥"稱。
這四種親類可以同一稱謂稱呼之,即言一人如"甥 c(WB 妻之舅弟)"同時可兼有這四種
親類。此一現象經學者早已指出,只有在行異姓雙邊交表或姉妹交換婚時才會發
生。① 試説明如圖二。

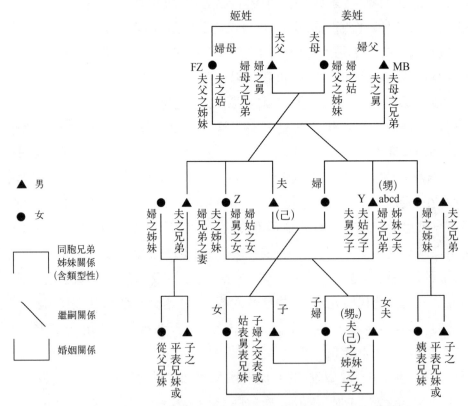

圖二　甥 abcde 及《爾雅》親稱系統所見雙邊交表及姉妹交換婚制

在圖二中,以姬姓和姜姓通婚,並以姬姓之"夫"爲"己"之例説明,則可以看到 FZ
(夫父之姉妹即夫之姑亦即婦母)嫁給 MB(夫母之兄弟即夫之舅亦即婦父)。換言之,己(夫)之

① 參見馮漢驥:《由中國親屬名詞上所見之中國古代婚姻制》,收入《馮漢驥考古學論文集》,北京:文物出版
　社 1985 年版,頁 195,原載《齊魯學報》,1941 年第 1 期,又見芮逸夫:《釋甥之稱謂》,《中研院歷史語言研
　究所集刊》1947 年第 16 期,頁 278—281。

父家(姬姓)和母家(姜姓)行姊妹交換婚。從圖二中又可以看到夫之婦(妻)乃夫之交表姊妹(即同時爲夫之姑表姊妹及舅表姊妹),且夫(己)之姊妹 Z 乃嫁給 Y,即婦之兄弟,亦即夫姑之子與夫舅之子,即夫(己)之交表兄弟。

夫姑乃夫舅之妻,兩人且爲己婦(妻)之父母。就是在這樣的世代交表或姊妹交換婚的條件下,(Y)這個人對己(夫)而言,同時可具有姑之子、舅之子、妻之舅(兄)弟、姊妹之夫等四種身份,己(夫)且可以"甥"一稱來稱呼(Y)。反之亦然,即換(Y)爲己,換己爲(Y),同樣己兼具(Y)的姑之子、舅之子、妻之舅弟、姊妹之夫的身份,(Y)且可以"甥"一稱來稱呼己。事實上,圖二中第二代的男女所娶之妻或所嫁之夫身份皆爲姑之子、舅之子,即甥。"甥"在《爾雅》所見交表婚或姊妹交換婚制中,是男女結婚人或結婚對象的身份。

商代並無妻黨稱謂之存在,雖然作者在"妻黨"中列了"婦 a(W)己妻"一稱,但未見有因婦(妻)之關係而產生的屬於"妻黨"的親類,這是因爲商人平輩親稱乃呈"行輩型"現象,不作血、姻之分,與前面所提及的商人尊一輩親稱類型相同。事實上,"婦 a(W)己妻"只是"妻黨"親屬關係人,即姻親關係經由她而產生,從嚴來說,她非爲"妻黨"親屬之一員。現代學者會將"妻"獨立爲"配偶類"親屬,不歸爲血親或姻親類親屬,道理即在此。

《爾雅》平輩"妻黨"親屬之存在顯示《爾雅》親稱系統呈現"二分",即分辨血姻或夫方妻方的原則。事實上,《爾雅》或周代的"姨"這個稱謂便是從商代的"弟"孳生出來的(姨字源自娣字,而娣字源自弟字)。[①] 弟在商代不僅可指稱己之胞弟(娣)、各級同輩旁系之弟(娣),也可指稱己妻之弟(娣)含各級旁系同輩之姻弟(娣)。唯《爾雅》曰"妻之姊妹同出爲姨",可見姨乃己妻之同胞姊妹,是一個分辨血姻的、描述性的親稱(與弟或娣完全不同)。從商代的"弟"孳生出《爾雅》或周代的"姨"這一事實,爲商周兩代親稱從不分血姻到分血姻的進程提供了一則極具說明性的細節片斷。

現在再來看平輩"婚姻"類之單式親稱。《爾雅》"婚姻"章曰:"夫之弟爲叔……壻之父爲姻,婦之父爲婚……兩壻相謂爲亞。"準此,在(表三)之一《爾雅》之平輩婚姻一格中,作者置入"婦 W(妻)、夫、妾、叔、婚、姻、亞"等七個單式親稱。按,"婦 W(妻)"、"夫"爲產生婚姻類親屬的關係人,而"叔"爲夫之弟,"婚"、"姻"爲夫之兒女親家,即女婿(壻)之父與媳婦之父。由此觀之,婚姻類所列出的單式親稱顯現出以"夫黨"爲主

---

① 按,弟、夷二字本爲一字。(清)阮元《周易注疏校勘記》指出,"渙"卦的"匪夷所思",荀本作"匪弟所思";"明夷"卦之"夷于左股"之夷,子夏本作"睇",京本作"胰";再者,《說文》的鵜字或從弟作鷈。細節論述,見趙林:《殷契釋親》,頁 118—119、139。

體的親類,且多係女性稱謂((ws)woman speaking),即用這些親稱的人爲女性。

"叔"在"婚姻"章中,除表"夫之弟"作親稱之外,又可作詞綴用,如在複式親稱"叔父、叔母"之中,這個叔乃"伯、仲、叔、季"作排行用的叔,非爲作"FB(父之弟)"此一親類的叔。作者指出在出土文本上,"叔"字始見於戰國《詛楚文》之"拘圍其叔父"一句中,而周金文中皆假"弔"爲叔,學者並指出在《晋書·鄭袤傳》之"賢叔大匠"一句中,始見"叔"字可單獨被用爲指謂叔父的親稱。[1] 總之,叔作親稱或作詞綴,在《爾雅》系統中,只用在平輩。

"婚姻"章之"兩壻相謂爲亞",即言己女兒姊、妹之夫以"亞"互稱,用現代的話來説亞就是"連襟"。事實上,亞(連襟)一稱並未對稱謂人或被稱謂人的世代作出限制。換言之,一方面基於姊妹之夫以亞互稱可將亞置於平輩婚姻類,同時亦可基於壻之輩份將亞置於卑一輩;再者,亞並未涉及夫方(黨)或妻方(黨)親屬之分,它只是一個界定姊之夫、妹之夫這兩造間關係的稱謂詞,而姊之夫、妹之夫可就男方或女方而言。

雖然《爾雅》的"妾"字出現在"宗族"章,但以"父之妾爲庶母"一句著録,因此作者依據"婚姻"章"衆婦爲庶婦"原則,將"妾"補入《爾雅》平輩之婚姻類親屬一格中。事實上,妾乃夫之次級配偶,而婦爲夫之元配,妾自當與婦 W(妻)同歸爲婚姻類親屬(或現代之配偶類親屬)。

在商代甲金文平輩單式親稱系統中有"婦、妻、司、妃(妃)、妾、亞"六稱可歸爲婚姻類親屬,其中妻爲婦之別稱,亞爲連襟,妾乃(次級)配偶,此四稱基本上與《爾雅》之婦、妻、亞、妾類似。妃字在商代甲骨文中從女從巳作"妃"(一見於以小爲綴的"小妃"《合》2867,並數見於作人名的"霝妃"《合》6197—6200 中)。由於"妃"在漢代以後的字書中又作"妃"《玉篇》、《龍龕手鑑》、《隸辨》、《集韻》、《類篇》,學者或釋"妃"爲"妃"《于詁林》456。《説文》曰"妃,匹也",《玉篇》曰"妃,方菲切,匹也,又音配"。妃若釋讀爲妃,則爲商代諸婦中之一種,其地位在商"司婦"之下。"司婦"爲商王諸婦之長,可簡稱爲"司",司婦即後代的"姒婦"或"長婦"(詳下複式親稱)。

3. 甲金文及《爾雅·釋親》卑輩單式親稱系統之比較

從(表三)之二中可以看見《爾雅》及商甲金文中卑一輩的各類單式親稱,唯於卑二

---

[1] 見趙林:《殷契釋親》,頁 125—127,又見芮逸夫:《伯叔姨舅姑攷》,《中研院歷史語言研究所集刊》1948 年第 14 期,頁 174。或以爲《史記·趙世家》"寡人胡服,將以朝也,亦欲叔服之"句中的"叔"乃指趙武靈王之"叔父"公子成,説見朴悦嘉:《〈史記〉親屬稱謂研究》,延邊大學碩士學位論文,2007 年,頁 23。事實上,《趙世家》記趙武靈王使王緤以"兄弟之通義"及"公叔之義"説公子成,顯然公子成乃武靈王之兄弟輩,此"叔"乃作排行之弟也。

輩雙方各僅"孫"一詞。不過,《爾雅》的卑輩複式親稱却可下達卑八代如(表四)之二之67—72,商甲金文則無任何卑輩複式親稱。

現在先討論(表三)之二中卑一輩宗族類親稱。雖然在《爾雅》的系統僅見"子"一稱,但"子"乃包含一己男性及女性卑一代的血親。《爾雅》曰"母之姊妹爲從母,從母之男子爲從母舅弟,其女子子爲從母姊妹",按,《爾雅》是在説"從母(即己母之姊妹)"所生的"男子(男兒)"爲一己的從母舅弟,而從母所生的"女子子(女兒)"爲一己的從母姊妹,由此可見"子"是包括一己之"男子(男兒)"及"女子子(女兒)"的一個親稱。唯"子"並具一字多詞之性質,在傳世文獻中"子"亦可兼指成年的男性或女性,如在"之子于歸"《詩·桃夭》中,子指成年女性,但在"之子于征"《詩·車攻》中,子指成年男性。

(表三)之二 《爾雅》及商甲金文所見卑輩單式親稱比較表

世 代		《爾雅·釋親》所見單式親稱		商甲金文所見單式親稱	
卑輩	卑一輩	宗族	子	父系	子、女
				母系	生
		妻黨	出、姪	(缺)	
		婚姻	嬪、婦 b(SW)、壻、甥 e(ZS)	婦 b(SW)晚商始見	
	卑二輩	宗族	孫	孫	

事實上,"子"含"女"在商代甲金文中便是如此。當單獨稱子之時,子可以包括女性,如商王貞人賓占卜"子目娩嘉?"《合》14034。娩嘉即生男孩,顯然,"子目"這位將要分娩的女性是以"子"爲稱的,她是商王子輩的女性。但當子、女並陳時,如卜"賜多子女?"《合》677 時,子僅指男性之子,而女則指女性之子。

西方語言學中的顯著理論(Marking Theory)指出:一對語詞或會有"顯性的(marked)"與"非顯性的(unmarked)"之分。[①] 當兩者不同時提示時,後者常概括前者,例如前面已説過的兩個例子:1. "子"(非顯性)相對於"女"(顯性),單獨説子時可含女;2. "兄弟"(非顯性)相對於"姊妹"(顯性),單獨説兄弟時可含姊妹。《爾雅》"子"一稱的內涵明顯是承繼商代甲金文而來,唯《爾雅》未提及"女"一稱,可能是因爲已經有

---

① "顯著理論"或譯爲"標際理論",係由布拉格學派(Prague School)的語言學家 Trubetzkoy,Jakobson 等於 1930 年代首先提出,後爲 J. H. Greenberg 應用到研究親屬制度上,亦爲當代語言學家 Chomsky 及 Halle 所采用。有關此一理論參見 John Lyons ed., *New Horizons in Linguistics* (Harmondsworth: Penguin Books,1975),pp.17,277 - 278。

了"女子子"之稱,爲免重複所以省略,並非當時没有作女兒的"女"這一親稱。

商代行雙系繼嗣,即同時行父系及母系繼嗣。① 在行父系繼嗣時,(由於商人親稱系統屬於"行輩型")在卑一輩的親稱僅子、女二稱,且因顯著理論效應,可以簡爲只有"子"一稱。子且爲不分血、姻之類型性的稱謂,還可用來稱呼父方母方各級兄弟姊妹之子女。同理,在行母系繼嗣時,在卑一輩的親稱,可以簡爲只有"生"一稱。生且爲不分血、姻之類型性的稱謂,並可用來稱呼父方母方各級兄弟姊妹之子女。商王母系繼嗣之"生"可以經過商王"子子"即立子之程序,取得商王父系繼嗣之"子"的地位。換言之,一人在商代同時可有"生"及"子"兩種身份。②

商人下一代分"生"及"子"之作用爲何? 據作者在《殷契釋親》一書中關於傳位及婚姻制度的研究,商王位的傳承乃循父系繼嗣關係,以兄終弟及、父死子繼爲原則,"子"爲商王位繼承人所需具備的身份。商王的子女結婚姻乃循母系繼嗣關係運作,即在"母系同生不婚"之原則下,行同姓二合偶族(moieties)雙邊交表及姊妹交換婚(如圖三)。

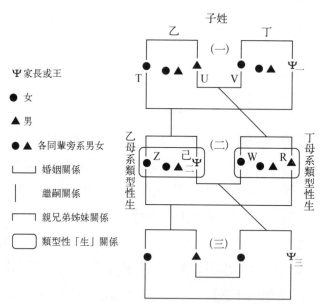

圖三　商代子姓二合偶族世代交表及姊妹交換婚制

在此一婚制中,結婚人的身份便是與己不同母系的"生",亦即與己同姓族但不同

---

① 關於商人行父系及母系繼嗣,見趙林:《殷契釋親》,頁 310—312。

② 見趙林:《殷契釋親》,頁 25—31、259—260 關於"子"之意涵及"子子"程序。

宗族的交表兄弟姊妹。① 現對"生"是商代結婚人所需具備的身份這一點再説明如圖三。在圖三之中，作者假設子姓中有二合偶族乙、丁二部（亦可名之爲内、外二部）。凵形括號中的數字表世代，"●"即圓形可表一或多個女性，"▲"即三角形可表一或多個男性。圖三中子姓第一代的二合偶族行姊妹交換婚，即"乙（一）之●▲（含 T、U 和他們的同胞及類型性兄弟姊妹們）"和"丁（一）之●▲（含 V，Ψ 一和他們的同胞及類型性兄弟姊妹們）"相互爲婚，但同部或同生即同爲乙（一）或丁（一）的男女不得互婚。

子姓第二代的二合偶族亦比照第一代行姊妹交換婚，即由"乙（一）T"母系的下一代"乙（二）之●▲（含 Z、Ψ 二和他們的同胞及類型性兄弟姊妹，即乙（二）的母系同生）"和"丁（一）V"母系的下一代"丁（二）之●▲（含 R、W 和他們的同胞及類型性兄弟姊妹，即丁（二）的母系同生）"相互爲婚，但同部或同生即同爲乙（二）或丁（二）的男女不得互婚。同樣，在子姓第三代的二合偶族亦比照第一、二代模式行雙邊交表及姊妹交換婚。

由於子姓二部即子姓内之二合偶族世代行姊妹交換婚，使子姓任何一個下代的乙母系類型性"生"和丁母系類型性"生"，不僅含同胞兄弟姊妹，還含堂兄弟姊妹（父親兄弟之子女）及姨表兄弟姊妹（母親姊妹之子女）。要之，"同生同部同偶族"關係呈現彼此間互爲"平表兄弟姊妹"，而"非同生同部"關係呈現交表兄弟姊妹關係，即彼此間互爲姑表兄弟姊妹（父親姊妹之子女）及舅表兄弟姊妹（母親兄弟之子女）。

圖三中的婚姻關係是循母系繼嗣原則進行的，但圖三中"Ψ"即王位或家長地位的傳承，從 Ψ 一傳 Ψ 二再傳 Ψ 三則循父系繼嗣原則，由父子相傳，唯 Ψ 一、Ψ 二、Ψ 三的母系屬則呈乙、丁隔代輪替的模式，近似周代的昭穆現象。

事實上，子姓任何兩代二部之間的婚姻模式即是各個世代之間的婚姻模式，因此，所謂子姓世代雙邊交表及姊妹交換婚，即言子姓的男或女世世代代以子姓的、類型性的、作爲"交表兄弟姊妹"的"生"爲結婚對象，而不以子姓的、類型性的、作爲"平表兄弟姊妹"的"生"爲結婚對象。每一代結婚人與前代不同之處乃在結婚對象彼此間兄弟姊妹關係的旁系級數範疇會與世代同步遞增。

特別在此要再强調的是在早、中商時代，即在"姑"這個稱謂出現之前，不論二人

① 在英語字典中 moiety 指 1/2 或一半。西方人類學家常用 moieties 指一個分爲兩半，且相互通婚的部落，見 Robin Fox, *Kinship and Marriage* (Harmondsworth: Penguin Books, 1967)，p.182。關於商代"二合偶族(moieties)"的産生，見《殷契釋親》，頁 140—141。又，作者所謂的"二合偶族"，李衡眉名之爲"兩合氏族"，且引據謝苗諾夫的研究，指出"成對"氏族間的婚姻在人類歷史上最早出現，同時在中國亦曾真實存在，且爲産生昭穆制的原由。見李衡眉：《昭穆制度研究》，頁 67—73。

互爲平表兄弟姊妹或交表兄弟姊妹，或互爲夫與妻，不論個人身在子姓二合偶族中之任一部（半）族，在商代他（她）們乃係同一姓族的一分子，他（她）們的親稱制度在尊一輩只有父、母二稱，在平輩只有兄、弟二稱，在卑一輩的父系模式只有子一稱，在卑一輩的母系模式只有生一稱，而且這些稱謂都是類型性的親稱，涵蓋父方、母方或夫方、妻方或男方、女方，即涵蓋血親及姻親及二合偶族之雙方。

關於卑一輩妻黨類單式親稱，《爾雅》系統有出、姪二稱，商代則無。現在先來看"出"。按，"妻黨"章曰"男子謂姊妹之子爲出"，這與"婚姻"章所曰"謂我舅者，吾謂之甥"説的是同一種親類（即己姊妹之子），所以作者將"出"編爲17-1號，並説明"出"爲"甥 e"之另稱。

男子姊妹之子所以被稱爲"出"，這是因爲在行父系繼嗣同姓不婚的周代，己（男子 A）之姊妹必須嫁入他姓，她的子嗣依父系繼嗣原則，屬於其夫的姓族。因此，男子 A 稱其姊妹之子爲"出"乃在表示：雖然男子 A 的姊妹與男子 A 原本爲同一姓族成員，但男子 A 姊妹之子却是被"出"的，即被排出或排除在男子 A 姓族之外。

商代則不同，由於己（男子 A）所娶的是同姓偶族的交表兄弟（姊妹），與己是類型性的兄弟（姊妹），而己之子與類型性的兄弟（姊妹）之子同一稱謂（即在父系繼嗣原則下稱"子"，在母系繼嗣原則下稱"生"），且皆爲同一姓族（但不同偶族）之成員。因此，在商代行同姓偶族交表及姊妹交換婚制度之下，一己姊妹之子没有被一己姓族排出或排除作爲一己姓族成員的問題。換言之，在商代姊妹之子乃爲己之類型的子，但在母系原則下以"生"稱之。到了周代，同姓不婚，且行單純的父系繼嗣原則，姊妹（同胞或類型性的）需嫁至他姓，因此姊妹之子不再與己同姓，故以"出"稱之，且在原來的"生"字旁加一個"男"字，以會父系繼嗣之意，造出了"甥"這個新字來稱呼係屬他姓的己之姊妹之子（且在"生"字旁加一個"女"字，以"姓"字保存"生"在商代一部分的語意）。總之，商代的"生"孳生了周代的"甥"、"姓"二字。

《爾雅》"婚姻"章的卑輩除了"甥 e（ZS 姊妹之子）"之外，尚有爲"女子子之夫"即爲女兒之夫的"壻"，以及爲子之妻即"婦 c（SW 子之妻）"的"嬪"。在商代卑輩的姻親則有"婦 b（SW 子之妻）"如（表一）10 一稱，唯於晚商時代始見。

現在回過頭來看卑一輩妻黨類單式親稱之"姪"。據《爾雅》"妻黨"章之"女子謂兄弟之子爲姪"可得知"姪"乃係"己父之姊妹"稱呼一己之用詞，而"己父之姊妹"據《爾雅》"宗族"章之"父之姊妹爲姑"可知即"姑"。換言之，"姪"是姑（父之姊妹）用來指謂其兄弟之子（女）的稱呼，正如《儀禮·喪服·大功·傳》所説的"謂我姑者，我謂之姪"。

"姪"這個稱謂自出現以來一直是女性用詞，大約到了隋唐時代才見到男性用姪來稱呼兄弟之子，即出現了"叔姪"之稱。然而，當時的儒者對此一用法並不以爲然。唐・杜佑《通典》有記："宋代或問顏延之曰：甥姪亦可施於伯叔從母耶？顏答曰：伯叔有父名，則兄弟之子不得稱姪……姪字有女，明不及伯叔。"所謂"伯叔有父名"即言伯叔與兄弟之子間自古以來乃以父子相稱，伯叔不應以姪稱兄弟之子。及至清代的段玉裁尚有類似的看法，在《説文》"姪"字下《段注》曰："各本作兄之女也，不完，今依《爾雅》正。"段玉裁將《説文》的文本改爲"姪，女子謂兄弟之子也，從女至聲"，且注曰："今世俗男子謂兄弟之子爲姪，是名之不正也。"段氏以爲姪這個稱呼乃是由女子用來稱呼她兄弟之子，由男子稱兄弟之子爲姪是不正確的。

事實上，唐宋以來的大家在作品中已見有用姪來稱呼兄弟之子，如唐白居易有"新構亭臺示諸弟姪"詩，宋蘇軾有"送千乘千能兩姪還鄉"詩。作者以爲從隋唐之前二代男性不分直旁皆以父子相稱，到隋唐以來二代直旁男性以叔（伯）姪相稱，這中間所顯示出來的信息應當是傳統父系大家族組織中直系與旁系間依存關係的遞減。父子之間的權力義務重於與叔（伯）之間的權利義務是不言而喻的。不過，即使叔（伯）姪間的稱呼已經流行，傳統社會中對姪仍有"猶子"或"從子"的定位。[1]

叔在叔姪之稱中乃係尊一輩的親稱，不同於作者在上面討論平輩婚姻類單式親稱中所指出的：在《爾雅》的系統中，叔作親稱，或作親稱的詞綴，乃敘平輩長幼排行之詞。作者在上面指出叔單獨使用表"父之弟"始見於《晋書》。晋代叔姪之稱使叔從此轉成了一個尊一輩的親稱，並使姪這個稱呼多了一個男性使用人。對於曾作爲女性專用稱謂的姪而言，在用姪表一己兄弟之女（子）這一點上似乎沒有改變，但當初造出姪由女性專用的旨意則有失落。

表（三）之二顯示《爾雅》卑一輩妻黨類親稱有出、姪二稱，但商代卑一輩則無妻黨類親稱。前面且已説過，由於商人同姓爲婚，所以下一代不會發生"出"即脱離父母姓的事情，且在商代兄弟姊妹的子女皆爲類型性的子女，就父系模式而言皆可稱子（含女），就母系模式而言皆可稱生，所以商人的卑一輩是沒有姪這個親稱的。"姪"（女性稱兄弟之子）一稱的出現，使周代女性稱謂系統中的"子"（己之子）不再指兄弟之子，但如上所言在周代男性稱謂系統中的"子"仍可指兄弟之子，一如商代。

作者在《殷契釋親》中考證，《爾雅》的"姪"這個稱呼是因周代行"姪媵婚"而産生的，"姪"是由"姑"用來專指與姑嫁同夫的、作爲姪媵的、一己兄弟之女。在姪媵婚中，男子不僅娶妻且以妻兄弟之女爲媵，男子之配偶跨越兩個世代。商代並没有出現姪這個親稱，雖然姑這個稱謂已在晚商時代出現［商代的"姑"乃係由女性（子婦）用來專

---

[1]（明）張自烈《正字通》"姪"字下曰："稱兄弟之子曰從子曰猶子，禮也。"

指其"夫之母"之詞，非爲《爾雅》時代由姪來稱呼與她同嫁一夫的"姑"]。《爾雅》之姪
與其姑同嫁一夫，這與商代的姑爲"夫之母"是不相容的，因爲姑不得爲己夫之母，同
時又爲己夫之妻。

促生"姪"這個親稱的"姪媵婚"是一種不同世代間的婚姻，人類學家稱之爲斜婚
（oblique marriage）。"姪媵婚"的行使會改變原本在雙邊交表及姊妹交換婚制中結婚
人兩造親屬間平輩的關係，即會將妻方的親屬輩份向上疊壓（skewing），同時將夫方
的親屬的輩份向下疊壓。這是因爲己（男）娶了妻之兄弟之女，這使妻之兄弟成爲了
己（男）之岳父，但妻之兄弟在沒有發生姪媵時與己（男）乃同輩。這種斜婚及疊壓作
用可假兒童遊戲器材"翹翹板"來作説明：結婚男女雙方平輩如翹翹板處於"男——
女"水平狀態；但是現在發生了傾斜，即"男——女"，亦即男方降於水平（平輩）之下，
而女方升至水平（平輩）之上，形成了男卑女尊之態式。男方直系不同的世代被壓成
"敵體（equation）"即一個輩分，如翹翹板的左方低端，女方直系不同的世代亦被壓成
"敵體"即一個輩分，如翹翹板的右方高端。此一斜（姪媵）婚及疊壓親稱的效應使周
初"二分合并型"的親稱結構面目全非，人類學家另以"奧麻哈（Omaha）型"命名這種
不同的親稱結構。[1]

周代之姪媵往往伴隨娣媵行使，即己（男）不僅娶妻，且同時娶妻之娣及妻之姪。
在姪媵制尚未興起即行雙邊交表及姊妹交換婚的時代，己（男）所娶的（含妻及其娣）
乃其雙邊交表姊妹，即己（男）母親兄弟之女同時又爲父親姊妹之女。然而姪媵發生
後，雙方平輩關係不再，己（男）雖然仍娶母親兄弟之女，但她的姪却非己（男）父親姊
妹之女，換言之，雙邊交表婚中的父方交表婚關係出現解構現象，不過母方交表婚關
係還是持續存在的。總之，姪媵婚的施行使早周的雙邊交表及姊妹交換（含娣媵）婚
演化爲母方交表婚及斜婚制。

現在看單式親稱最後一項的比較，即商代甲金文與《爾雅》的卑二輩雙方各僅
"孫"一詞。不過，《爾雅》的卑輩複式親稱可再向下延伸至卑八代如（表四）之二之 66—
72，商代則無卑二輩以下的親稱。這些稱謂的製作可能非基於現實的需要，而係與周
人"子子孫孫永寶"的主觀企望相關吧。

---

① 關於親稱"疊壓（skewing）"之理論，參見 Robert Parkin, *Kinship An Introduction to Basic Concepts*,
  pp.113.關於"奧麻哈（Omaha）型"親稱，見 *Kinship An Introduction to Basic Concepts*, p.111,以及 Ruey
  Yih-fu 芮逸夫，"The Similarity of the Ancient Chinese Kinship Terminology to the Omaha Type,"《考古人
  類學刊》1958 年第 12 期，頁 9—18。又參見趙林：《殷契釋親》，頁 287—293。

六、商代甲金文所見的複式親稱系統

在商代的甲金文中約見有 56 個複式親稱,它們由 21 個親稱區別詞與 13 個親稱詞組合而成。

21 個區別詞:高、大、中、小、多、介、多介、凸、右、左、公、司、亞、□、帝、長、毓、褶、肢、母、妣。

13 個親稱詞:祖、妣、父、母、子、兄、弟、女、生、公、婦、高、母弟。

特別要在此指出的是,在(表一)中作者列有商代甲金文中單式親稱 23 號 24 名,所以並非每一個單式親稱都一定會組成複式親稱。

在下表中,親稱區別字以"詞綴"名之,它們皆出現在親稱詞之前並與之組合成複式親稱,因此親稱區別字也可以稱之爲"親稱前綴"。親稱詞在下表中以"親稱詞根"名之。事實上,親稱詞根除了可以有前綴之外,還可以有後綴,但商代的複式親稱只見有前綴。現將商代 56 個複式親稱及其詞根、詞綴列表如下:

(表四)之一　商甲金文所見複式親稱表

詞綴	親　稱　詞　根	商甲金文複式親稱暨編號
高	祖　妣	(1) 高祖　(2) 高妣
大	祖　　父　母　子　兄	(3) 大祖　(4) 大父　(5) 大母 (6) 大子　(7) 大兄
中	妣　父　母　子	(8) 中妣　(9) 中父　(10) 中母 (11) 中子
小	祖　妣　　母　子　兄	(12) 小祖　(13) 小妣　(14) 小母　(15) 小子 (16) 小兄
多	高祖　高妣　　父　母　子 兄　女　生　公　母弟　婦	(17) 多祖　(18) 多高妣　(19) 多父　(20) 多母 (21) 多子　(22) 多兄　(23) 多女　(24) 多生 (25) 多公　(26) 多母弟　(27) 多婦　(28) 多高
介	父　子	(29) 介父　(30) 介子
多介	祖　　父　母　子　兄	(31) 多介祖　(32) 多介父　(33) 多介母　(34) 多介子　(35) 多介兄
凸	祖　妣　　母	(36) 凸祖　(37) 凸妣　(38) 凸母
右	母　子	(39) 右母　(40) 右子

詞綴	親　稱　詞　根	商甲金文複式親稱暨編號
左	子	(41) 左子
公	父　兄	(42) 公父　(43) 公兄
司	母　婦	(44) 司母　(45) 司婦
亞	妣　母	(46) 亞妣　(47) 亞母
□	祖　妣	(48) □祖　(49) □妣
帝	子	(50) 帝子
長	子	(51) 長子
毓	祖	(52) 毓祖
褅	祖	(53) 褅祖
眣	祖	(54) 眣祖
母	弟	(55) 母弟
妣	母	(56) 妣母
(女)	(子)	此"女子"指未婚女性

對以上商代諸親稱區別詞(字)或詞綴的性質及功能,作者有六點説明:

1. 分辨世代之尊卑、高(上)下之不同

屬於此一作用的商代詞綴有"高"、"毓"二詞。高可作"祖、妣"之前綴,形成"高祖"、"高妣"之複式親稱。如前(第五章第七節)所述,商"高祖"可指稱王室傳説中的始祖、先公遠祖、先公近祖、開國首任君王即小宗祀首湯(大乙),是一個類分型的親稱,而"高妣"爲他們之配。又前面第五章第五節亦論及"高祖"與"毓祖"形成對比,"高"因此有在上之意,而"毓"作詞綴如王國維説有在下或在后(後)之意涵。"高"作爲親稱詞綴,持續爲後代所沿用,然而,《爾雅》則將"高"作爲親稱詞綴的意義窄化,只指稱尊己四代的祖先,是一個"零對等"即無敵體的"個別性"的親稱。"毓"則未見爲後代用作親稱詞綴。

2. 分辨直旁之關係

屬於此一作用的詞綴有"帝"及"介、多、多介"等詞。

雖然"帝子"(《合》30390)一詞在甲骨文中僅一見,唯裘錫圭指出"嫡"在經典中多作"適",乃從帝聲,因此推論甲骨文中的帝子即指嫡子,並指出"這種帝字就是嫡字的前身”；相對於“帝子”的“介子”，饒宗頤指出《禮記·曾子問》中，稱庶子爲介子。[①] 裘錫圭、饒宗頤之説可從。

　　按，介父、介子《合》2345、1623乃是類型性的稱謂。介父可指稱一己各級旁系的父輩，介祖、介母、介子、介兄亦可指稱一己各級旁系的祖、母、子、兄輩。換言之，商人有作直旁之分，但不如《爾雅》又對旁系作了等級之分，如（表六）。也正因爲商人不對旁系親屬作等級之分，所以可在親稱或“介＋親稱”前加“多”作爲詞綴。在語意上，“多”與“庶”近似，所以商代的“多子”與後代的“庶子”近似。

3. 標示産生親屬關係之中間關係人

　　目前甲骨文中所見屬於此一類的詞綴僅有“母、妣”二詞，但是在理論上商代每一個現有的單式親稱皆可用作詞綴或區別字（詞）來表發生親屬關係的關係人，即通過詞綴所標示的“那個人”或“那個身份”而産生的親屬關係（在《爾雅》系統中會在此人或此一身份前加一“從”字以爲詞綴）。

　　商代甲骨文中有“多母弟”一稱呼，以“母”作爲發生親屬關係之中介者或中間關係人。

　　　(8) 庚子卜：多母弟暨酉弄？　　　　　　　　　　　　　　　　《英》2274

　　甲骨文“多母弟”以讀“多＋母弟”，即多個“同母之弟”。“母弟”釋爲“同母之弟”乃有“後例”，《公羊傳·隱公七年》曰“齊侯使其弟來聘，其稱弟何？母弟稱弟，母兄稱兄”，《何注》曰：“母弟，同母弟；母兄，同母兄。”“多母弟”乃多個與己同母的弟弟，即通過己母親即同母關係而産生的兄弟關係。

　　按，兄弟關係在父系繼嗣的原則之下，可以分出“同母同父兄弟”、“異母同父兄弟”。準此，卜辭(8)可視爲：商王在卜是否命令諸個與己同母之兄弟與“酉”來作“弄”這件事（商代父系的“父”含己父及己父之各級旁系兄弟；父系的“母”亦是類型性的，含多父之配偶）。然而由於商王室行“雙系（既是父方亦是母方）繼嗣”，因此雖然從父系繼嗣的觀點來説“母弟”含“同母同父兄弟”，但是從母系繼嗣的觀點來看，“母弟”除了“同母同父兄弟”之外尚包括“同母異父兄弟”（商代母系的“母”亦是類型性的，含己母及己母之各級旁系姊妹，母系的“父”含多母之配偶）。

　　至於以“妣”作詞綴的“妣母”一詞，作者以爲似可讀爲具有“妣”此一身份的“母 b”者（“母 b”有別於“母 a”），乃爲商人先公先王法定配偶之另稱如（表一）之2。

---

① 見裘錫圭：《關於商代的宗族組織與貴族和平民兩個階級的初步研究》，《文史》1982 年第 17 期，頁 3；又見
　饒宗頤：《殷代貞卜人物通考》，香港：香港大學出版社 1959 年版，頁 382。

4. 分辨同一輩份中,排行長幼或先後之序

屬於此一作用的詞綴有"大、中、小"這一系列的詞,它們可以作"祖、妣、父、母、兄、子"等六個親稱的前綴,以分辨各個世代同輩份者之間排行的長幼或先後之序。商代的"大、中、小"可與周代的"伯(或太、元、孟)、仲(中)、叔(少)、季"類比,而"太、仲、少"顯然是從"大、中、小"演化而來的。但是特別要指出的是:商代排行上的"大子"當如同"大祖、大兄",是出生上的位序,是自然形成的,未必如後代的"太子"或"世子",乃經由主觀的程序及條件,定爲專有邦或家繼承者的絶對地位(此一定義下的"太子"或"世子"可不必爲出生排行上的長子,也可不必爲第一夫人所生之子)。

特別要再指出的是:"中"可以與"大、中、小"形成序列,但"中"又可以與"右、中、左"形成另一序列,後者乃與職位或地位相關。再者,在晚商時代,"小子"一稱顯然已經用來指稱在政治上身份地位低於"子"者。①

5. 分辨地位之尊卑

屬於此一作用的詞綴約有"司、亞、長"等三詞。

"司"見用於作女性親稱的前綴詞,如"司婦",其詞義與後代之司馬、司徒之"司"基本上是相同的。司婦因此有管理諸婦、爲諸婦之長的義涵在内。司字在商代先作司及姰,後來又加了一個音符厶(以),作𤔲、姒,在周金文中又省作始、姒。商代的司或司婦與《爾雅》"娣婦謂長婦爲姒婦"之"姒婦"及《左傳·成公十一年》記"吾不以妾爲姒"的"姒"不僅在詞義上,而且在字形上一脉相聯。準此,商代的"司母"當係母輩之長,擁有管理諸母的身份地位。②

作爲商甲骨文所見"亞妣、亞母"二稱詞綴的"亞"是相對於"司"而言。亞母在地位上當係亞(次)於司母。《爾雅》未記有作爲詞綴的"亞(次)",但《漢書·高帝紀》言項羽之"亞父范增"一語則爲商代"亞(次)"用例之餘緒。再者"亞"在周初殷遺民癲鐘器銘"丕顯高祖、亞祖、文考,克明厥心"《集成》247 中,亞祖在世代之排序乃低或次於高祖。所以"亞"作親稱的詞綴,不僅表示水平關係,同時也表示垂直關係上的次位(此"亞"且不同於作婚姻類親稱的"亞")。

關於作"子"前綴的"長",李學勤考證,1999 年在安陽殷墟劉家莊商末墓葬 M1046 出土的玉璋上,一段墨書文字"裸于長子癸",其中的長子即首子、元子。李説可從,唯李學勤以爲"太清宫"長子口墓器銘中的長子亦爲元子,作者存疑,"長"在此或當從楊

---

① 參見趙林:《殷契釋親》,頁 34—35。

② 參見趙林:《殷契釋親》,頁 175—180。

升南讀若地名或氏名。①

6. 作職能或禮法之區分

屬於此一類的詞綴有"左、右、屮"及"公、□、禘、肢"等詞。左、右二字乃取象於左、右手,因此有在兩旁或夾輔之意,"右(屮)母"因此可讀爲"司母"之右輔,而"左子"、"右子"或可讀爲地位在"中子"之左、右者。

"□、禘、肢"作爲祖或妣的前綴,其功能爲何目前尚不明,"公"則爲尊稱。總之,本類詞綴以分辨職能或禮制相關事宜爲主,在分辨親稱的血緣關係上,其作用似不直接相關。

七、《爾雅·釋親》所見的複式親稱系統

在《爾雅·釋親》中約見有 72 個複式親稱,它們由 14 個親稱詞與 41 個詞綴或親稱區別詞(含 32 個單字區別詞,9 個雙字區別詞)組合而成。

14 個親稱詞:祖、父、母、姑、舅、兄、晜(晜弟之晜)、弟、姊、妹、婦、公、子、孫。

32 個單字區別詞:高、曾(曾$^{+3}$)、外、王、世、叔、庶、祖、從、君、先、少、族、長、姒、稚、娣、公、女、嫡、衆、婚、姻、男、離、歸、曾(曾$^{-3}$)、玄、來、晜(晜$^{-6}$晜孫之晜)、仍、雲。

9 個雙字區別詞:高祖、曾祖、族曾、外曾、從祖、族祖、從父、從母、女子(女)。

現表列《爾雅·釋親》72 個複式親稱,其詞綴、其所表的親類(用人類學家的符號標示)及《爾雅·釋親》對其的注記如下:

(表四)之二　《爾雅》所見複式親稱表

編號	複式親稱	詞綴	親　　類	《爾雅》注記
1	高祖王父	高祖 王	FFFF 父之父之父之父	曾祖王父之考
2	高祖王母	高祖 王	FFFM 父之父之父之母	曾祖王父之妣
3	高祖王姑	高祖 王	FFFFZ 父之父之父之父之姊妹	高祖王父之姊妹
4	曾祖王父	曾祖 王	FFF 父之父之父	王父之考

---

① 見李學勤:《裸玉與商末親族制度》,《史學月刊》2004 年第 9 期,頁 22;楊升南:《商代的長族——兼説鹿邑"長子口"大墓的墓主》,《2006 年中國安陽慶祝殷墟申遺成功暨紀念 YH127 坑發現 70 周年國際學術研討會論文集》,頁 4。楊指出長子口"應就是殷墟前期長氏家族的後代"。又參見李學勤:《長子、中子和別子》,《故宮博物院院刊》2001 年第 6 期。

編號	複式親稱	詞綴	親　　類	《爾雅》注記
5	曾祖王母	曾祖 王	FFM 父之父之母	王父之妣
6	曾祖王姑	曾祖 王	FFFZ 父之父之父之姊妹	曾祖王父之姊妹
7	族曾王父	族曾 王	FFFB 父之父之父之兄弟	父之從祖祖父
8	族曾王母	族曾 王	FFFBW 父之父之父之兄弟之妻	父之從祖祖母
9	外曾王父	外曾 王	MFF 母之父之父	母之王考
10	外曾王母	外曾 王	MFM 母之父之母	母之王妣
11	王父	王	FF 父之父	父之考；祖
12	王母	王	FM 父之母	父之妣
13	王姑	王	FFZ 父之父之姊妹	王父之姊妹
14	從祖祖父	從祖 祖	FFB 父之父之兄弟	父之世父、叔父
15-1 15-2	從祖祖母 從祖王母	從祖 祖 從祖 王	FFBW 父之父之兄弟之妻 FFBW 父之父之兄弟之妻	父之世母、叔母 父之從父晜弟之母
16	族祖王母	族祖 王	FFFBSW 父之父之父之兄弟之子之妻	父之從祖晜弟之母
17	外王父	外 王	MF 母之父	母之考
18	外王母	外 王	MM 母之母	母之妣
19	世父	世	FeB 父之兄	父之晜弟，先生
20	世母	世	FeBW 父之兄之妻	父之兄妻
21	叔父	叔	FyB 父之弟	父之晜弟，後生
22	叔母	叔	FyBW 父之弟之妻	父之弟妻
23	從祖父	從祖	FFBS 父之父之兄弟之子	父之從父晜弟
24	從祖母	從祖	FFBSW 父之父之兄弟之子之妻	父之從父晜弟之妻
25	族父	族	FFFBSS 父之父之父之兄弟之子之子	父之從祖晜弟
26	族祖母	族祖	FFFBSSW 父之父之父之兄弟之子之子之妻	父之從祖晜弟之妻
27	庶母	庶	FyW 父之次級配偶	父之姜
28	從祖姑	從祖	FFBD 父之父之兄弟之女	父之從父姊妹
29	族祖姑	族祖	FFFBSD 父之父之兄弟之子之女	父之從祖姊妹

續　表

編號	複式親稱	詞綴	親　　類	《爾雅》注記
30	從舅	從	MFBS 母之父之兄弟之子	母之從父晜弟
31	從母	從	MZ 母之姊妹	母之姊妹
32	外舅	外	WF 妻之父	妻之父
33	外姑	外	WM 妻之母	妻之母
34	君舅	君	HaF 夫之父（在）	婦稱夫之父（在）
35	先舅	先	HpF 夫之父（亡）	婦稱夫之父（亡）
36	君姑	君	HaM 夫之母（在）	婦稱夫之母（在）
37	先姑	先	HpM 夫之母（亡）	婦稱夫之母（亡）
38	少姑	少	HyM 夫之父之次級配偶	婦謂夫之庶母
39	晜弟	晜	B 兄弟（含兄及弟）	晜，兄也
40	從父晜弟	從父 晜	FBS 父之兄弟之子	兄之子、弟之子相謂
41	從祖晜弟	從祖 晜	FFBSS 父之父之兄弟之子之子	（從父晜弟之子相謂）
42	族晜弟	族 晜	FFFBSSS 父之父之父之兄弟之子之子之子	族父之子相謂
43	＊親同姓	（無）	FFFBSSS 父之父之父之父之兄弟之子之子之子之子	族晜弟之子相謂
44	從母晜弟	從母	MZS 母之姊妹之子	從母之男子
45	從母姊妹	從母	MZD 母之姊妹之女	從母之女子子
46	長婦（a,b,c）	長	a. HeW(ws) b. HeBW(ws) c. eSW	長婦謂稚婦；長婦爲嫡婦 （a. 夫之元配，即大老婆） （b. 夫兄之婦，即嫂） （c. 長子之婦，即嫡婦）
47	姒婦（a,b）	姒	a. HeW(ws) b. HeBW(ws)	娣婦謂長婦 （a. 夫之元配，即大老婆） （b. 夫兄之婦，即嫂）
48	稚婦（a,b）	稚	a. HyW(ws) b. HyBW(ws)	長婦謂稚婦爲娣婦 （a. 夫之次配，即小老婆） （b. 夫弟之婦）

續　表

編號	複式親稱	詞綴	親　類	《爾雅》注記
49	娣婦 (a,b)	娣	a. HyW(ws) b. HyBW(ws)	長婦謂稚婦爲娣婦 (a. 夫之次級配偶) (b. 夫弟之婦)
50	兄公	公	HeB(ws)	夫之兄爲兄公
51	女公	公	HeZ(ws)	夫之姊爲女公
52	女妹	女	HyZ(ws)	夫之女弟
53	女弟	女	HyZ(ws)	夫之女妹
54	嫡婦	嫡	eSW	長婦爲嫡婦,(長子之婦)
55	衆婦 (a,b)	衆	a. yW b. ySW	衆婦爲庶婦 (a. 次級配偶) (b. 庶子們之配偶)
56	庶婦 (a,b)	庶	a. yW b. ySW	衆婦爲庶婦 (a. 次級配偶) (b. 庶子們之配偶)
57	*宗族	(無)	己父方親屬群	父之黨爲宗族
58	*兄弟	(無)	己母方與妻方親屬群	母與妻之黨爲兄弟
59	*婚姻	(無)	己妻、己婿之父母相謂	婦之父母、婿之父母相謂
60	*婚兄弟	(無)	己妻之親屬群	婦之黨
61	*姻兄弟	(無)	己婿之親屬群	婿之黨
62	女子子	女子(女)	D 女兒	(女兒,即女性之子)
63	男子 (a,b)	男	a. S 兒子 b. Male 男性	a. 從母之男子爲從母晜弟 b. 男子謂姊妹之子爲出
64	離孫$^{-2}$	離	ZSS(ws)姊妹之子之子	女子謂出之子
65	歸孫$^{-2}$	歸	BSS(ws)兄弟之子之子	女子謂姪之子
66	外孫$^{-2}$	外	DS 女之子	女子子之子
67	曾孫$^{-3}$	曾	SSS 子之子之子	孫之子
68	玄孫$^{-4}$	玄	SSSS 子之子之子之子	曾孫之子
69	來孫$^{-5}$	來	SSSSS 子之子之子之子之子	玄孫之子

續　表

編號	複式親稱	詞綴	親　　類	《爾雅》注記
70	昆孫$^{-6}$	昆	SSSSSS 子之子之子之子之子之子	來孫之子
71	仍孫$^{-7}$	仍	SSSSSSS 子之子之子之子之子之子之子	昆孫之子
72	雲孫$^{-8}$	雲	SSSSSSSS 子之子之子之子之子之子之子之子	仍孫之子
	女子		Female 女性	（皆用作女性，不表女兒）

　　（表四）之二列出了見於《爾雅》的由 32 個單字區別詞和 9 個雙字區別詞組及 14 個親稱組合而成的 72 個複式親稱（唯加“ * ”號者可視爲“准親稱”）。對於《爾雅》這 41 個區別詞，現參照（表四）之一的説明方式來進行討論和對比。

1. 分辨世代之尊卑、高（上）下之不同

　　《爾雅》有“高$^{+4}$、曾（曾$^{+3}$）、王$^{+2}$、祖$^{+2}$、離$^{-2}$、歸$^{-2}$、曾（曾$^{-3}$）、玄$^{-4}$、來$^{-5}$、昆$^{-6}$、仍$^{-7}$、雲$^{-8}$”等 12 個單字區別詞，以及“高祖$^{+4}$、曾祖$^{+3}$、族曾、族祖”等 4 個雙字區別詞對親稱作出世代尊卑、高（上）下不同之分。這些區別字與親稱組合而成的複式親稱在《爾雅》中的定義在（表四）之二中已經列出，不再贅言。但作者要指出的是：那些加在區別字旁的“＋數字”旨在提示讀者該相關親稱所表示的尊輩世代之數，而加在區別字旁的“－數字”則表示卑輩世代之數，這些加減數字並不出現在各文本實録的親稱中。在《爾雅》系統中，由於有“曾$^{-3}$、玄$^{-4}$、來$^{-5}$、昆$^{-6}$、仍$^{-7}$、雲$^{-8}$”等區別字，所以親稱可以下達至卑八代，商甲骨文中則至卑二代爲止，且“孫”這個親稱在甲骨文中僅二見。此一現象反映出了商人重視尊輩及旁系先人，較輕忽孫輩，與周人在青銅器銘文中動輒言“子子孫孫永寶用”有別。

　　原則上來説，古代漢語書面親稱系統一方面會以添加意素的方式來達到精準指謂對象的目的，如前所言單、雙親稱區別詞之出現及使用。但是，在另一方面它也會調整因此產生的重出或重叠的稱謂（即贅詞現象）以精煉語言。例如《爾雅》曰“父之考爲王父”，又曰“祖，王父也”，所以“王父”可爲“祖”或“祖父”取代來稱呼“父之父（FF）”，而“曾祖”或“曾祖父”亦可取代“曾祖王父”來稱呼“父之父之父（FFF）”。再者，《爾雅》曰“曾祖王父之考爲高祖王父”，顯然高祖王父是曾祖王父之父，“高”要比“曾”長一輩，如同“曾祖”可以取代“曾祖王父”，“高祖”亦可取代“高祖王父”來稱呼“父之父之父之父（FFFF）”。事實上，在現代漢語親稱中，幾乎已完全捨棄以“王父”表父

之父。

　　按，"曾"爲"層"之本字，《爾雅》郭注曰"曾，重也"，"曾"有重叠或加多一層的意思，它作爲祖的前綴有就祖再加一輩的意思。作者將"曾"或寫成"曾$^{+3}$"、"曾$^{-3}$"，這表示"曾"這輩或高於己三輩如"曾祖"，或低於己三輩如"曾孫"。不過，這種寫法是未將"己"這一輩算入，才有"曾$^{+3}$"、"曾$^{-3}$"之數(這裏只計算父$^{+1}$、祖$^{+2}$、曾祖$^{+3}$等上三輩或子$^{-1}$、孫$^{-2}$、曾孫$^{-3}$等卑三輩，而一己則爲"己^0")。若將"己"這一輩算入，則"曾$^{+3}$"、"曾$^{-3}$"需改寫爲"曾$^{+4}$"、"曾$^{-4}$"(這裏的計算方式爲從己^{1}算起，再向上算父$^{+2}$、祖$^{+3}$、曾祖$^{+4}$共四輩，或從己^{1}算起，再向下算子$^{-2}$、孫$^{-3}$、曾孫$^{-4}$共四輩)。這兩種不同的算法各有所本且用法相異，只是既然"曾$^{+3}$"可以爲"曾$^{+4}$"，那麼"高$^{+4}$"也可以爲"高$^{+5}$"。

　　現在來看以"族曾"作爲《爾雅》複式詞綴的"族曾王父"、"族曾王母"二稱。"族曾"事實上是由"族"及"曾"這兩個單式詞綴(區別字)組合而成的。就"族曾"的"曾"而言，方才提到"曾王父"就是"曾祖父"，"曾祖王父"爲"曾祖父"，而"曾"爲己之上三或四代。在"族曾"中"曾"並未因"族"的加綴而改變了"曾"的輩份之值。加一"族"字在"曾王父"之前而成的"族曾王父"，乃表示他們係屬同一宗族的曾祖父們，即指稱一己的曾祖父及其兄弟們，他們與己出自同一高祖。"族"這個詞綴乃涉及"同宗族"及"兄弟"這兩件事，即涉及宗族中直旁系親屬的問題，但是由於它和"曾"結合成"族曾"，所以在本節中一并討論之。

　　關於"族曾王父"的定義，《爾雅》曰"(己)父之從祖祖父爲族曾王父"，而"己"之"從祖祖父"乃"己""父之世父、叔父"。準此，所謂"父"之"從祖祖父"或"族曾王父"即"己父"之祖父輩的諸祖，也就是一己"父之父之父之兄弟(FFFB)"，即己之曾祖父及其兄弟們。而"族曾王母"即一己"父之從祖祖母"，即己"父之父之父之兄弟之妻(FFFBW)"，即一己的曾祖父及其兄弟們的妻子。這裏所涉及的"從祖"這個詞綴，詳第七章第三節及表(五)之一。

　　"族"作爲親稱詞綴亦有較己相去三或四級之意涵，但"族"涉及的級非爲親屬之世代高下(垂直)關係，乃平輩之直旁(水平)的關係。現在先從自《爾雅》時代沿用至今之"族兄(晜)弟"一詞所涉及的兄弟亦即直旁關係説起。按，"親兄弟"乃同父，彼此間父系血統的差數爲0，但己與嫡親兄弟係屬同一父系。其次，"堂(從)兄弟"爲己父兄弟之子，與己不同父但同祖，即己與堂兄弟之父系關係間有1級之差(此一差別出自己父與己這一父系，相對於己父之兄弟及其子這一父系)；"再從兄弟"爲己祖之兄弟之子之子，與己出自同一曾祖，即己與再從兄弟之父系關係間又加多了1系級差數；而此一差別出自己祖之系(含己、己父及己父兄弟)與己祖之兄弟之系(含他們的後人至與己平輩)。"族兄(暠)弟"爲己曾祖之兄弟之子之子之子,與己出自同一高祖,即己與族兄弟之父系關係間又加多了1系級差數;而此一差別出自己曾祖之系(含己之曾祖、祖、父至己)與己曾祖之兄弟之系(含他們的後人至與己平輩)。換言之,一共加多了3系級差數,即同祖、同曾祖、同高祖三系級,詳見圖四。

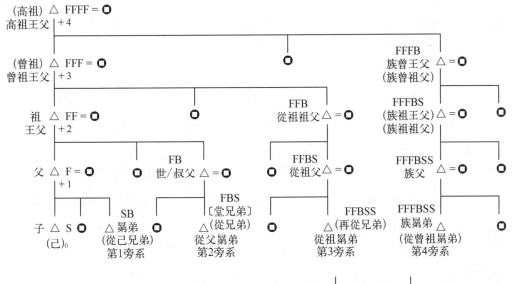

圖四　《爾雅·釋親》之兄弟及同宗族旁系兄弟(含姊妹)

　　如果以己(及己父)爲直系,而己之同父(從己)兄弟爲第1級旁系兄弟,則可視己之同祖(從父)兄弟爲己第2級旁系兄弟即"堂兄弟",己之同曾祖(從祖)兄弟爲己第3級旁系兄弟即"再從兄弟",己同高祖(從曾祖)兄弟爲己之第4級旁系兄弟即"族兄弟"(如圖四)。①

　　以"族"爲詞綴的親稱除了前述的"族曾王父"、"族曾王母",《爾雅》尚有"族祖王母"、"族父"、"族祖母"、"族祖姑"。《爾雅》曰"父之從祖暠弟之母爲族祖王母","族祖王母"即"族祖王父"之妻,而"族父"乃"父之從祖暠弟","族祖母"乃"父之從

---

① "族祖王父"一詞未見於《爾雅·釋親》文本,乃作者參照"族祖王母"所增補。再者據《爾雅》,"族祖母"乃"族父"之妻,而"族祖姑"乃"族父"之姊妹,三人係屬同一輩分,但"族祖母"、"族祖姑"中有"祖"字,而"族父"中無"祖"字。三人何以在命名上有此差別? 作者將另以專文探討之。又在圖四中,作者將作者本人所撰擬之親稱加( )號,見於其他傳世文本之親稱加〔 〕號,而《爾雅·釋親》文本所見之親稱則未加( )或〔 〕號。

祖舅弟之妻"即"族父"之妻,而"族祖姑"乃"父之從祖姊妹"即"族父"之姊妹(如圖四)。

因此,總的來説:己之第4級旁系親屬與己平輩者爲"族兄(舅)弟";高己一輩者爲"族父"、"族祖母"、"族祖姑";高己二輩者爲"族祖王母"、"族祖王父";高己三輩者爲"族曾王父"、"族曾王母"。特別要注意到的是:己之父系第4級旁系親屬恰有4代深度,即從"族曾"這一代算至與己同世代。己之父系第4級旁系親屬與己乃同出一高祖,如圖四所示。又,在圖四中部分未作説明的女性"○"與配偶"═"符號,詳第八章中對(表六)之討論。

2. 分辨直旁之關係

在《爾雅》的系統中,作直旁之分的詞綴約有"嫡、衆、庶、族、從"等五個。"嫡、衆、庶"以單字區別詞形態出現,而"族、從"可以單或雙字區別詞形態出現(在第七章第一節中,作者對"族"已作了部分討論)。

作者在第六章第二節中指出,商代分辨直旁關係的詞綴有"帝"及"介、多、多介",作者引據了裘錫圭"帝"即嫡的考證,並引據饒宗頤"庶子爲介子"的考證,並言"多"與"庶"近似,所以商代的"多子"與後代的"庶子"近似,由此可見"嫡、衆、庶"在商代多用爲分辨男性親稱直旁之分的詞綴。但是,在《爾雅》的系統中,則僅見"嫡婦"、"衆婦"、"庶婦"如(表四)之二之54、55、56號,以及"庶母"如(表四)之二27號等四稱以"嫡、衆、庶"爲親稱前綴,且皆用以分辨女性親稱之直旁或嫡庶。

"族、從"二詞亦係作直旁之分的詞綴,唯或可以雙詞複式形態出現,如"族曾王父"、"族曾王母"、"族祖王父"等,或以單字區別詞形態出現,如"族父"。作者在第七章第一節中已考證了以"族"爲前綴(不論以單、雙區別字)所產生的親稱皆屬於第4旁系,以"從"爲前綴的親稱則分布在第2、3旁系。

"從"作爲《爾雅》親稱詞綴如同"族",可以單字或雙字區別詞形態出現。以單字區別詞的即以"從＋親稱"爲結構形態,在《爾雅》中有"從舅"、"從母"二稱;以雙字區別詞的即以"(從＋親稱)＋親稱"爲結構形態,在《爾雅》中有"從祖祖父"、"從祖祖母"、"從祖王母"、"從祖父"、"從祖母"、"從祖姑"、"從祖舅弟"、"從父舅弟"、"從母舅弟"、"從母姊妹"等十稱。"從"這個親稱詞綴與標示"產生親屬關係之中間關係人"有關,需於下進一步討論之。

3. 標示產生親屬關係之中間關係人

"從"這個親稱詞綴恰恰是用"從"的本字"从"的象形造字本義,即一人在前,一人跟隨在後,有隨着、跟從,或通過、經由前者之關係,接續而來的意思。現在先看《爾雅》中七個以"從祖"爲詞綴的親稱,它們的編號取自(表四)之二以便查對。

(表五)之一　"從＋祖"＋親稱

	親稱	詞綴　詞根	詞綴之指謂作用在表達	詞根之所指
14	從祖祖父	從祖　祖父	來自己祖之兄弟的	(己)的祖父輩
151 152	從祖祖母 從祖王母	從祖　祖母 從祖　王母	來自己祖之兄弟的 (兩詞指稱同一親類)	(己)祖父輩的配偶
23	從祖父	從祖　父	來自己祖之兄弟的	(己)的父輩
24	從祖母	從祖　母	來自己祖之兄弟的	(己)父輩的配偶
28	從祖姑	從祖　姑	來自己祖之兄弟的	(己)的姑輩
41	從祖舅弟	從祖　舅弟	來自己祖之兄弟的	(己)的兄弟輩

作者以"來自己祖之兄弟的"解釋"從祖",乃據《爾雅》所言之"父之世父、叔父爲從祖祖父",因爲"父之世父、叔父"爲己的祖父輩,他們是己祖之兄弟。這些人之所以被己以"祖父"稱呼,是因爲"從祖"即隨着或通過己與祖父已有的關係接續産生出來的親屬關係。"從祖祖母"是因爲一己有了與祖父輩的關係,所以進而稱呼他們的配偶爲"祖母"。"從祖父"是因爲一己有了與祖父輩的關係,所以他們的兒子成了己的"經由祖父而來的"父輩,而他們的女兒成了己的"經由祖父而來的"姑輩即"從祖姑",他們的配偶成了己的"經由祖父而來的"母輩即"從祖母",他們的孫子成爲己的"經由祖父而來的"兄弟輩。

總的來說己之第 3 級旁系親屬是這樣的:與己平輩者爲"從祖兄(舅)弟";高己一輩者爲"從祖父"、"從祖母"、"從祖姑";高己二輩者爲"從祖祖父"、"從祖王(祖)母"。特別要注意的是:己之父系第 3 級旁系親屬恰有 3 代深度,即從"從祖"這一代算至與己同世代。己之父系第 3 級旁系親屬與己乃同出一曾祖,如圖四所示。現在再來看《爾雅》中兩個以"從"這個單一區別字爲詞綴的親稱。

(表五)之二　"從"＋親稱

	親稱	詞綴　詞根	詞綴之指謂	詞根之所指
31	從母	從　母	來自己母的	(己)的母輩即己母之姊妹
30	從舅	從　舅	來自己母從父兄弟的	(己)的舅輩即己母之從父兄弟

稱己母之姊妹爲"從母"乃因娣媵婚制而産生,蓋姊妹同嫁一夫,己母之姊妹可爲己父之妻(唯即使在娣媵婚制的時代,亦非一女所有的姊妹皆嫁給同一夫君)。再者,"舅"爲己母之兄弟,"舅"前加"從"乃表己母之從父兄(舅)弟。現在再來看《爾雅》中

三個以"從＋親稱(父/母)"＋親稱爲詞綴的親稱。

(表五)_{之三}　"從＋親稱(父/母)"＋親稱

	親　　稱	詞綴　詞根	詞綴之指謂	詞根之所指
40	從父晜弟	從父　晜弟	來自己父之兄弟的	(己)的晜弟輩
44	從母晜弟	從母　晜弟	來自己母之姊妹的	(己)的晜弟輩
45	從母姊妹	從母　姊妹	出自己母之姊妹的	(己)的姊妹輩

《爾雅》曰"兄之子、弟之子相謂爲從父晜弟","從父晜弟"即自唐代以來人們所謂的"堂兄弟"。[①]《爾雅》又曰"從母之男子爲從母晜弟,其女子子爲從母姊妹",即言"從母晜弟"、"從母姊妹"乃爲己母姊妹之子女。但作者需指出:若己母姊妹之夫皆爲己父,則"從母晜弟、姊妹"爲己之同父異母兄弟姊妹,倘若他(她)們與己不同父,則當爲己之"姨表兄弟姊妹"(唯《爾雅·釋親》中未見有"姨表兄弟"或"姨表姊妹"二稱)。

在現代的親稱系統中,人們或以"從兄弟"取代"堂兄弟"、"從父晜弟",或用"再從兄弟"而不用"從祖兄(晜)弟",此一情狀就親屬直旁等級之分辨來説,確實不如《爾雅》系統以"兄弟、從父晜弟、從祖兄弟、族兄弟(從曾祖兄弟)"來表己之1、2、3、4級旁系平輩親屬來得簡單明瞭。這是否是一種倒退?其實,古今社會不同,現代人已少有必要去知曉一己第4旁系每一成員的名稱。

4、5、6. 分辨同一輩份中排行長幼或先後之序和分辨地位之尊卑,以及作職能或禮法之區分

在《爾雅》中作長幼或先後之序,以及分辨地位尊卑之詞綴似多有重疊,這些詞綴有世、叔、少、長、姒、稚、娣、公等八詞。又《爾雅》中作職能或禮法區分之詞綴亦似未能與部分上述之詞綴分辨清楚,因此作者將它們合并在此討論之。

《爾雅》曰"父之晜弟,先生爲世父,後生爲叔父",由此可見"世、叔"爲敘平輩長幼或先後之詞綴。商甲骨文中未見有"世、叔"作敘長幼或先後之詞綴,僅見有"大、中、小"這一系列的詞,它們可以作"祖、妣、父、母、兄、子"等六個親稱的前綴,以分辨各個世代同輩份者之間排行的長幼或先後之序(參見第六章第四節)。雖然商代的"大、中、小"未見於《爾雅·釋親》文本中,但在兩周金文中常見周人以"伯(或太、元、孟)、仲(中)、叔(少)、季"來敘長幼,周之"太、仲"明顯是從商之"大、中"演化而來,同樣,周

[①]　"堂兄弟"一詞始見於《舊唐書·中宗本紀》"己未,封堂兄左金吾將軍"及《舊唐書·張獻誠傳》"仍薦堂弟試太常卿兼右羽林將軍"。參見趙林:《殷契釋親》,頁134。

代的"伯"似亦從商代作"首/長"的"白(伯)"傳承而來,再者"叔"的聲符"尗"有"小"的意涵,如趙璽之"尗司馬",而"尗"又可讀若"叔"。①

《爾雅》未見"世子"一詞,但其他傳世的兩周文本中倒是經常可見。"世子"有繼承父權之"太子"的詞義,且與傳世文本中的"嗣子"一詞意義相近。"世子"一詞於權位傳承制度相關,與出生長幼的排序似較少關聯。

《爾雅·釋親·妻黨》曰"長婦謂稚婦爲娣婦,娣婦謂長婦爲姒婦",《爾雅·釋親·婚姻》曰"長婦爲嫡婦"。作者在第六章第五節中已指出《爾雅》之"姒婦"即自商代之"司婦"一脉相承而來,有管理諸婦且爲諸婦之長即"長婦"的義涵在內。

《爾雅·釋親·婚姻》曰:"婦稱夫之父曰舅,夫之母曰姑……謂夫之庶母爲少姑。"事實上,女子稱夫之母爲"姑"始見於晚商金文。② 準此,《爾雅》"少姑"的"少"當如商代的"小母"的"小"。

《爾雅》中以公爲詞綴的親稱有"兄公"、"女公"二詞。《爾雅·釋親·婚姻》曰:"(婦稱)夫之兄爲兄公,夫之弟爲叔,夫之姊爲女公,夫之女弟爲女妹。""兄公"即夫之兄,"女公"即夫之姊。作者在第五章第一節第六小節中指出:商代的"公"可指稱商王室先兄先父先祖之輩,但亦可加詞綴在"父、兄"前,形成"公父、公兄"等詞,顯然"公"是對父兄表示尊敬的詞綴,其作用與《爾雅》之"兄公"、"女公"中的"公"相近。唯晚周金文中出現"姑公"《集成》4062、4436 二字,在此"姑"指夫之母,"公"指夫之父。③ 顯然"公"作親稱,商周義涵不同。

7. 作外(相對於內)之分

《爾雅·釋親·母黨》曰"母之考爲外王父,母之妣爲外王母,母之王考爲外曾王父,母之王妣爲外曾王母",《爾雅·釋親·妻黨》曰"妻之父爲外舅,妻之母爲外姑……女子子之子爲外孫",由此可見《爾雅》以"外"作詞綴來表母方(黨)、妻方(黨)及已出嫁女兒(女子子)方面的直系親屬。《爾雅·釋親·妻黨》曰"男子謂姊妹之子爲出,女子謂昆弟之子爲姪,謂出之子爲離孫,謂姪之子爲歸孫","離孫"即男子出嫁了的姊妹之孫,"歸孫"即(在周代)姪媵制的婚姻中隨姑出嫁的女子(姪)之子。由此可見"離"、"歸"有指謂男方之女性親屬(如姊妹、兄弟之女)出嫁後所生育的下一代。《爾雅》未有以"內"作詞綴以與"外"相對而言,唯《爾雅》之詞綴"外"當源出商代的"卜

① 參見何琳儀:《戰國古文字典》,北京:中華書局 1998 年版,頁 199—200。又《殷契釋親》,頁 126。
② 如《集成》2138、5375、9820 關於商代"姑"的細節討論,參見《殷契釋親》第七章。
③ 關於"姑公"一詞之討論,參見黃銘崇:《殷周金文中的親屬稱謂"姑"及其相關問題》,《史語所集刊》第 75 本第 1 分,頁 19—20。又趙林:《殷契釋親》,頁 198—203。

(外)”,而有所增益。

雖然商代未有以“卜(外)”作詞綴加在親稱之前,但商甲骨文中有商王名“卜丙”、“卜壬”(《史記·殷本紀》作“外丙”、“外壬”),作者在《殷契釋親》中已經指出商人兄弟偶族除了結婚姻之關係外,又以直系之半族爲“内”,以旁系的半族爲“卜(外)”。[①]

8. 作性別之分

在《爾雅》系統中以“女子子”稱呼女兒,以“男子”稱呼男兒,這應當與子爲“非顯著類(unmarked)語詞”單獨使用時可涵蓋女性有關(在本文第五章第三節對此一詞性已有細節的討論),所以特在“子”前加“女子”或“男”以分辨此子爲女兒或是男兒。商甲骨文有“呼娶奠女子?”《合》536 之卜,但子在這條卜辭乃如“之子于征”《詩·車攻》、“之子于歸”《詩·桃夭》中的子,泛指成人,非用作親稱之子。總之,未見商甲金文系統以“女”作女兒字的詞綴。

9. 標示生稱或死稱

在《爾雅》系統中“君”爲生稱詞綴,“先”爲死稱詞綴,如《爾雅》曰“姑舅在則曰君舅、君姑,没則曰先舅、先姑”。商甲金文系統則無此類詞綴。

10. 准親稱

在(表四)之二中,作者加“＊”號者有“親同姓、宗族、兄弟、婚姻、婚兄弟、姻兄弟”等六稱,皆見於《爾雅·釋親》的内文,作者以爲可視之爲“准親稱”。唯“親同姓”有狹義與廣義之分,狹義的爲“個別性”的親稱,廣義的則具“准親稱”的性質,需作進一步的探討及説明,詳見第八章。

再者,《爾雅·釋親》文本中作標題的“母黨、妻黨”這二詞,亦可視爲“准親稱”。不過,這些“准親稱”所指謂的對象非爲個人而是多人,如《爾雅》所曰“父之黨爲宗族,母與妻之黨爲兄弟,婦之父母、婿之父母相謂爲婚姻……婦之黨爲婚兄弟,婿之黨爲姻兄弟”。“母黨”、“妻黨”亦非指謂個人。這些“准親稱”的形式表面上看來像“複式親稱”,所以作者將它們暫置在(表四)之二中。事實上,它們並非真正的複式親稱,如作“准親稱”的“兄弟”,雖由“兄、弟”二詞組合而成,其意義却非兩者的相加,而係“母與妻之黨”;又如“子孫”,雖由“子、孫”二詞組合而成,其意義却非第一、二代的後嗣,而係指所有的後代。

11. 兩詞綴系統名稱與數量上的差異

經比較商甲金文與《爾雅·釋親》的親稱區別字或詞綴的運用,可發現:

1. 在甲金文 21 個親稱單字區別字或詞綴中有 9 個未見用於《爾雅·釋親》系統,它們是中、屮、右、左、亞、□、毓、褆、肢。但其中的“右、左”則見用於《左傳》,“中”則係

周文"伯仲叔季"之"仲"的本字。

2. 在《爾雅·釋親》32 個親稱單字區別字或詞綴中有 22 個未見用於商甲金文親稱系統,即曾、外、王、世、叔、從、君、先、族、姊、女、婚、姻、男、離、歸、曾、玄、來、舅、仍、雲。但其中的"外"在商甲金文中作"卜",並有用作人名前綴之例,而"外"的義涵當係源自"卜"。

3.《爾雅·釋親》的 9 個雙字區別詞或詞綴,即高祖、曾祖、族曾、外曾、從祖、族祖、從父、從母、女子(女),未見用於商甲金文雙字區別詞親稱系統。

4. 並見用於商甲金文及《爾雅·釋親》的詞綴有七組:"高 vs 高"、"小 vs 叔/少/稚"、"多/介/多介 vs 庶/衆"、"公 vs 公"、"司 vs 姒"、"帝 vs 嫡"、"大/長 vs 長"。

5. 商甲金文親稱系統用"母、妣"作詞綴,《爾雅·釋親》用"祖"作詞綴,雖字不同,但二者方法相同,皆係用一親稱作另一親稱之單字區別字或詞綴。

八、商代甲金文與《爾雅》
複式親稱系統之比較

商代甲金文之複式親稱與《爾雅》之複式親稱的不同,除了上節所討論的詞綴或區別字及其義涵上的不同之外,簡言之,便是兩個系統稱謂性質的不同。《爾雅》複式親稱是"描述性"即是"個別性"、"零對等"的,商甲金文的複式親稱則是"類型性"或"類分性"的。現在將這兩個複式親稱系統表列如下。

(表六) 《爾雅》暨商甲金文所見複式親稱比較表

世　代	《爾雅·釋親》所見複式親稱			商甲金文所見複式親稱
尊多輩	《爾雅·釋親》缺尊四輩以上的單式暨複式親稱			遠祖級: 高祖、高妣、多高、多高妣 先公(大宗)級:缺(但有單式親稱:匚、示。又,大宗以"報/上甲"爲祀首,下含三報二示並含小宗級先王) 小宗祀首:高祖(乙) 先王(小宗)級: 大祖、小祖、多祖、多介祖、中妣、亞妣、毓祖、出祖、出妣、□祖、□妣、禰祖、妝祖、妣母
尊四輩	宗族	直系	高祖王父、高祖王母	
		旁系	高祖王姑	
尊三輩	宗族	直系	曾祖王父、曾祖王母	
		旁系	族曾王父、族曾王母、曾祖王姑	
	母黨		外曾王父、外曾王母	
尊二輩	宗族	直系	王父、王母	
		旁系	王姑、從祖祖父、從祖祖母(從祖王母)、族祖王母	
	母黨		外王父、外王母	

續　表

世　代	《爾雅·釋親》所見複式親稱		商甲金文所見複式親稱
尊一輩	宗族	直系　庶母(唯有單式親稱：父、母)	大父、中父、多父、介父、多介父、公父、司母、大母、中母、小母、又母、屮母、亞母、多母、多介母
		旁系　世父、世母、叔父、叔母、從祖父、從祖母、從祖姑　族父、族祖母、族祖姑	
	母黨	從舅、從母	
	妻黨	外舅、外姑	
	婚姻	君舅、先舅、君姑、先姑、少姑	
平輩	(同姓)	親同姓(依據《爾雅·釋親》,非爲宗族類親屬)	大兄、小兄、公兄、多兄、多介兄　母弟、多母弟　司婦、多婦
	宗族	晜弟、從父晜弟、從祖晜弟、族晜弟	
	母黨	從母晜弟、從母姊妹	
	妻黨	長婦(a,b,c)、姒婦、稚婦(a,b)、娣婦(a,b)	
	婚姻	兄公、女公、女妹、女弟、嫡婦、衆婦(a,b)、庶婦(a,b)、宗族、兄弟、婚姻、婚兄弟、姻兄弟	
卑一輩	宗族	女子子(女子)、男子(a,b)	大子、中子、小子、右子、左子、帝子、長子、多介子、介子、多子、多女、多生
卑二輩	妻黨	離孫、歸孫、外孫	(缺)
卑三及多輩	宗族	曾孫$^{-3}$、玄孫$^{-4}$、來孫$^{-5}$、晜孫$^{-6}$、仍孫$^{-7}$、雲孫$^{-8}$	(缺)

《爾雅》複式親稱之所以能被定性爲“描述性”或“個別性”、“零對等”,乃因爲:

1.《爾雅》將尊輩的親屬在尊己的第四個(高祖王父)世代作了切割,即“上殺”的動作,而此舉之用意乃在劃出一己“宗族”血親,即“宗親”範疇的上限。

2. 辨識或顯示此尊四世(含己共五代)宗親内部諸成員與己的血緣關係脉絡,並予這些成員個別之角色命名,使其成爲一個個零對等、描述性、個別性的親類或親屬稱謂。

3. 將他(她)們與因配偶關係而產生的姻親作出區別,並將後者分爲“母黨”、“妻黨”、“婚姻”三類,且對此三類内部成員逐一命以親稱。事實上,《爾雅》對“母黨”親屬認定的範圍僅及己父岳家"核心家庭"①的成員，即含母親父母（外王父、外王母）的父母（外曾王父、外曾王母），以及母親父母的子女（從舅、從母）。對"妻黨"親屬認定的範圍亦僅及己岳家核心家庭的成員及其配偶，含己（諸）妻之父母（外舅、外姑），以及己（諸）妻之兄弟姊妹及其配偶，詳如（表三）之一平輩妻黨成員，唯後者部分孫輩的成員亦被納入"妻黨"，如（表六）卑二輩"妻黨"成員。"婚姻"類的親屬，《爾雅》則以己核心家庭成員與相對的親家成員爲範疇。

現在再回頭看 1、2 中的"宗親"問題。《爾雅》的"宗族血親"即"宗親"關係乃以一個核心家庭中的父母子女兄弟姊妹關係爲基礎，向上延伸四代（含己共五代）而成的。核心家庭中的"父母：子女"爲直系關係，而核心家庭中"己：兄弟姊妹"爲旁系關係。在己的這一代，己及己之父母爲直系（血親）關係，而己之兄弟姊妹爲己之第一級旁系血親。在己的上一代，己父與王父、王母爲直系（血親）關係，而己父之兄弟（世/叔父）、姊妹（姑 a）爲己父之第一級旁系血親，但他（她）們以及世、叔父的子女爲己之第 2 級旁系血親［由於繼嗣是父系的，所以父之姊妹（姑 a）的子女被排除在血親範疇之外，參見圖四（圖中之"母"或"配偶"及"姊妹"以女性符號" ⬤ "表之）］。在己的上二代，己王父與曾祖王父、曾祖王母爲直系（血親）關係，而曾祖王父之兄弟（從祖祖父）、姊妹（從祖王姑）爲己父之第 1 級旁系血親，但他（她）們以及從祖祖父的父系直系後嗣爲己之第 3 級旁系血親。在己的上三代，己曾祖王父與高祖王父及高祖王母爲直系（血親）關係，而曾祖王父之兄弟（族曾王父）、姊妹（曾祖王姑）爲曾祖王父之第 1 級旁系血親，但他（她）們及族曾王父的父系直系後嗣爲己之第 4 級旁系血親（參見圖四）。在己的上四代爲高祖王父，而高祖王父及高祖王母是一己的直系宗親，但是由於己對宗親認定的範疇以尊己的第四個世代爲上限，因此世代高於高祖王父之血親便不再計爲宗親類的祖先，但可以"同姓"祖先視之，同理，高祖王父兄弟之直系後嗣亦以"同姓"親屬即"親同姓"視之。

按，一個人的血脉，就生物的觀點而言可以一代接一代地向上追溯（甚至到達人類的始祖），因此人們選擇某一個世次作爲血緣關係存在與否或血緣關係類型異同的分界點，純粹是基於人爲的考量，有其制度上的作用。《爾雅》系統在尊己四（含己五）世作出切割，作者以爲這是配套周代"姓、宗、族"三階血親制度的措施，而此一制度又配套了"宗廟、祖廟、禰廟"制。

《左傳·襄公十二年》記"秋吳子壽夢卒，臨於周廟，禮也。凡諸侯之喪，異姓臨於

---

① "核心家庭"一詞出乃譯自人類學術語 nuclear family，指含父、母、子、女之家庭結構。參見 Robin Fox, *Kinship and Marriage*,（Cambridge：Cambridge University Press, 1987），p.36。

外,同姓於宗廟,同宗於祖廟,同族於禰廟。是故魯爲諸姬臨於周廟,爲邢、凡、蔣、茅、胙、祭臨於周公之廟"。《左傳》言"同姓於宗廟,同宗於祖廟,同族於禰廟",可見周人對親人有"同姓、同宗、同族"三階之分。[①]　"同宗"者就是《爾雅·釋親》中"宗族"類下的各個親屬,在(表六)中已詳細列出,"同姓"者就是《爾雅·釋親》中所記的"親同姓"。

作者在《殷契釋親》一書中指出己之"親同姓"在世之時與己仍爲宗親,死後方才成爲名副其實的"親同姓",即同姓而非同宗親屬。[②]　雖然《爾雅·釋親·宗族》曰"族舅弟之子相謂爲親同姓",是一個"個別性"、"零對等"的親稱,但這只是狹義的"親同姓"。"親同姓"就其構詞的義素"親=親屬"、"同姓=同姓的"而言,乃指同姓的親屬,即含己第5旁系及第6至更多旁系的親人。"同姓的親屬"可以説是廣義的"親同姓"。

同姓親屬尊輩的止算點乃在該一姓的始祖,而這個始祖往往是神話傳説中的人物(如后稷)。換言之,凡自認爲出自此神話傳説始祖的人皆爲該姓的同姓親人。準此,在周代的"親同姓"中,有一部分的人與己之間的關係可通過系譜顯示,如己之第6、7、8、9、10等旁系親屬,而條件是只要有確實的系(祖)譜記載可考。但是"親同姓"中也會有一大部分的人與己之間的關係並無系(祖)譜的記載可考(或本有系譜,但已失傳),彼此之間的同姓親屬關係乃通過共同的神話傳説始祖才能繫聯起來的。再者,在周代的"親同姓"中,另有一部分的人與己之間的同姓關係乃經過"人爲"的措施而建立,即經由"賜姓制度"而建立起"親同姓"關係,一如《左傳·隱公八年》所曰之"天子建德,因生以賜姓,胙之土而名之氏,諸侯以字爲謚,因以爲族",被賜予了姓(也因而得到了氏)的人,自然可與同姓的人建立起"親同姓"的關係,唯"賜姓制度"往往會打破原本的親屬關係。[③]　總之,廣義的"親同姓"非爲一己的"宗族"血親或"宗親"。

─────────────

① "姓、宗、族"三階之分亦見於其他先秦文本,如《左傳·定公四年》言"懷姓九宗"、《左傳·昭公三年》言"胙之宗十一族"。

② 參見趙林:《殷契釋親》,頁134—135。作者指出"親同姓"乃"族舅(兄)弟"之子,處於《禮記·大傳》所曰"五世祖,免,殺同姓也,六世親屬竭矣",即區隔同宗與同姓親屬之喪服位置,但只要"族舅(兄)弟"尚在世,"親同姓"乃附屬於"族舅(兄)弟"這一支(即第4)旁系。而且"親同姓"本身若在世,其神主自然未入廟,要到"親同姓"本人死亡,神主入廟時,才有"祖遷於上,宗易於下"之現象,因爲此時同宗祖廟中有¹親同姓、²族兄弟、³族父、⁴族祖父、⁵族曾祖父的五世神主,⁶高祖之神主必須遷出,參見(圖四)。高祖的神主一旦遷出了親同姓及其子嗣的祖廟,就表示親同姓及其子嗣與己已無共同的祖宗,亦即切斷了"親同姓"這一旁系與己的同宗關係。由此可見"親同姓"實居於從同宗親屬身份轉爲同姓親屬之過渡地位。

③ 例如晉之始封者爲成王之弟唐叔,他不僅爲成王的一級旁系親屬,亦係同宗之親屬,但唐叔一經賜姓便成了"同姓於宗廟"的親屬,而非"同宗於祖廟"的宗親。其他輩份再晚的周王室宗親,一經賜姓亦如唐叔,身份轉爲同姓親屬。細節討論,參見《殷契釋親》,頁316。

（廣義的）“親同姓”的成員有三類：（1）與己相距五代以上但仍有系譜可考的“同姓”親屬；（2）與己出自同一神話傳說始祖，但彼此之間已無系譜可考的“同姓”親屬；（3）因“賜姓制度”而建立起“同姓”關係的親屬。

以上所言的《爾雅》或周代的親屬組織系統，乃係在尊己的第四個（高祖王父）世代作了“上殺”的舉措，以劃出一己“宗親”的範疇之後持續產生的效應或結果。但是商人的親屬組織系統則不同，商人乃於尊己之第六世（含己爲七世）作出切割，從而建構了一對同姓的兄弟偶族，而這一對兄弟偶族，以商湯時代爲例，各有 5 級旁系親屬，有別於《爾雅》只有 4 級旁系親屬的單一宗族的結構（如圖一）。

與商代偶族結構配套的廟制亦不同於配套《爾雅》單一宗族的廟制。作者在第五章第一節的第七、八小節中指出：商王室爲每一位歷代直系先王建個別的廟，並建以大乙（湯）的神主爲祀首的“小宗（廟）”，内且含歷任先王之神主，商代無周人“遷主”、“毀廟”的措施，亦無“五世則遷之宗”的原則。商王室追認開國前六世的祖先，建置以報甲爲祀首的“大宗（廟）”來構造商人子姓的兩大兄弟偶族。但是不論在周代的“姓、宗、族”或“大宗（嗣系）、小宗（嗣系）”，即在周人的各級親屬組織中，皆未形成兄弟偶族結構。

作者在第五章第一節第七小節中又指出：湯及其第 1—5 旁系這一宗族體系乃四報二示之直系，並可以“内”定位之，而某乙及其第 1—5 旁系親屬出自報乙之弟，乃四報二示之旁系，可以“外”定位之（參見圖一）。内、外兩造成員間的關係，若假《爾雅》的用詞，乃互爲“親同姓”，且與作者所言的與己相距五代以上但仍有系譜可考的同姓親屬即前述的第（1）類“親同姓”性質近似。再者，亦在假《爾雅》用詞的情況下，商代亦有如作者所言的第（2）類“親同姓”，即自認爲與商人出自同一神話傳說中的祖先，只是他（她）們與這一對兄弟偶族之間的親屬關係已無系譜可考的子姓子弟。在此，作者特別要指出：本段對商代“親同姓”内涵的討論是假設性的，事實上，商甲金文中並無“親同姓”這一語詞。

作者在第五章第一節第七小節中又指出：商人建立這一對子姓兄弟偶族的目的是在行偶族間的交表及姊妹交換婚。在早、中商時代，由於商人世代施行此一婚制，商人的親稱呈不分血、姻的現象，是“行輩型（generation type）”的，異於《爾雅》親稱的類型。“行輩型”的親稱，人類學家或稱之爲夏威夷（Hawaii）型，摩爾根（L. H. Morgan）則稱之爲馬來亞（Malaysia）型。[①] 它的特徵是：同輩的男性，皆以同一個親

---

① 見［美］路易斯·亨利·摩爾根著，楊東莼、馬雍、馬巨譯：《古代社會》，北京：中央編譯出版社 2007 年版，頁 273、304、274—275，原著爲 Lewis H. Morgan, *Ancient Society*, Chicago：Charles H. Keer & Company, 1877。摩爾根筆下馬來亞型親制的特徵爲：“我的從、表、再從、再表、三從、三表以及更疏遠的從表兄弟姊妹等所有這些人不加區分一律都是我的兄弟姊妹。”此即人類學家所謂的“行輩型”或“夏威夷型”親制。

稱來稱呼之,同輩的女性亦然,不分血姻,如圖五:

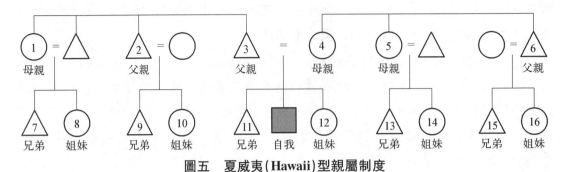

圖五　夏威夷(Hawaii)型親屬制度

(影印自[美]威廉·A·哈威蘭著,瞿鐵鵬、張鈺譯:《文化人類學》,頁 310)

　　哈威蘭製作了以上夏威夷型親制的圖解,他並説:"編號 2 和 6 的男子同 3 號一樣,都被自我稱爲父親;而編號 1 和 5 的女子同 4 號一樣,都被自我稱爲母親。'自我'這一輩所有的堂表兄弟姊妹都被視爲兄弟姊妹。"[1]簡言之,即尊一輩的只有父、母二稱,平輩的皆以兄弟姊妹互稱,没有血姻親之分。事實上,因爲偶族間世代行交表及姊妹交换婚,對男方而言,己(男)娶的皆爲己之交表姊妹,而她的父親爲己母之兄弟,她的母親爲己父之姊妹;對女方而言,己(女)嫁的皆爲己之交表兄弟,而他的父親爲己母之兄弟,他的母親爲己父之姊妹。所以就結婚兩造的父母和他(她)們的兄弟姊妹而言,凡是男性皆以"父"稱之,凡是女性皆以"母"稱之,此一原則,即"同輩的男性,皆以同一個親稱來稱呼之,同輩的女性亦然,不分血姻"適用於各個尊、卑世代。

　　準此,在商人各個尊、卑世代的複式親稱系統中可以觀察到:(1)無母黨、妻黨、婚姻等姻親類的親稱;(2)無標明旁系親屬等級類的親稱。

　　先就(1)而言,在商代的同輩世代中,僅有一稱代表男性,一稱代表女性,如尊二(或再上)輩僅祖、妣二稱,尊一輩僅父、母二稱,卑一輩僅子、女二稱。商人可以對這同輩的兩個親稱綴以分辨長幼、尊卑、職能的區別字或詞綴,如大、中、小、𡕥、右、左、公、司等,但未有如《爾雅》綴以表姻親的區別字,如外、從、從母、婚、姻等。

　　就(2)而言,己爲己父之直系親屬,而己之兄弟爲己之一級旁系親屬。

　　再者,商人僅有"介"或"多介"作區別字表旁系,只有"帝"作區別字表直系。不如《爾雅》在己之平輩以"從父、從祖、族"作兄(昆)弟之區別字來表旁系的級次;在己之尊一輩以"世、叔、從祖、族、族祖"作父或母或姑之區別字來表 2、4 旁系尊一輩的男女

① [美]威廉·A·哈威蘭著,瞿鐵鵬、張鈺譯:《文化人類學》,上海:社會科學院出版社 2006 年版,頁 310,原著爲 William A. Haviland,*Cultural Anthropology*,USA:Thomson Learning,2002。

宗親；在己之尊二輩以"從祖、族祖"作祖父母的區別字來表 3、4 旁系尊二輩的男女宗親；在己之尊三輩以"族曾、曾祖"作曾祖父母的區別字來表第 4 旁系尊三輩的男女宗親。①

　　總的來說，除了配偶類的親屬，商人的親稱系統（不論單式或複式）在早、中商時代皆爲"類型（分）性"不分血姻的，但是《爾雅》的複式親稱皆爲"描述性"、"個別性"或"零對等"分血姻的（除了"親同姓"一稱之外，但"親同姓"非屬《爾雅》"宗族、母黨、妻黨、婚姻"中任何一類親屬）。再者，《爾雅》的單式親稱亦多爲"描述性"、"個別性"或"零對等"的，只有"姑 ab、舅 ab、甥 abcde"三稱因行雙邊交表及姊妹交換婚，以及"婦"一稱因係配偶類親稱呈"類型（分）性"。唯作者在第五章第一節第一小節中指出：晚商時代金文中出現"姑"之稱謂表"夫之母"，使商人"行輩型"的親稱在尊一輩出現了分血姻的稱謂，即二分的現象。

九、結　語

　　本文以 2011 年作者出版的《殷契釋親——論商代的親屬稱謂及親屬組織制度》一書爲基礎，進一步將商代的親制與見於《爾雅·釋親》一章中先秦時代的親制作一比較研究，以期對我國上古時代親稱、親制遞變的軌迹有所發現。作者將親稱作單式、複式之分，再依序展開論述，並歸結出以下四點看法：

　　1. 從《爾雅》中可輯得單式親稱 26 號 32 名（不同名但同所指之親稱，皆編爲同號），唯其中有 13 號 14 名亦見於商甲金文單式親稱，即"1 - 1 父、2 - 1 母、2 - 2 妣、3 姑 ab、4 子、6 祖、7 孫、8 - 1 兄、9 弟、10 婦 abc、11 妻、12 妾、13 亞、14 - 2 姒"；有 16 號 18 名未見於商甲金文，即"1 - 2 考、5 舅 ab、8 - 2 晜、14 - 1 姊、15 - 1 妹、15 - 2 娣、16 嬪、17 - 1 甥 abcde、17 - 2 出、18 姨、19 私、20 嫂、21 姪、22 婿、23 姻、24 婚、25 夫、26 叔"。從商代甲金文中可輯出單式親稱 23 號 24 名，其中有 7 號 7 名未見於《爾雅》單式親稱，即"8 - 2 須、15 奭、17 生、18 匚（□/報）、19 示、21 毓、23 妃"，而商代的"5 女、20 公、22 高"等 3 號 3 名僅見於《爾雅》之複式親稱中。商代各單式親稱詳如（表一），《爾雅》各單式親稱詳如（表二）。

　　2. 除了名稱及數量上的差異，比較兩個單式親稱系統可以發現：早、中商時代，商

---

① 《爾雅·釋親》雖然列出各世代及各旁系宗親的專名，但就系統整體而言仍有所遺漏，如第 4 旁系應列出"族祖王父"或"族祖祖父"（見圖四）。芮逸夫於《爾雅釋親補正》一文中開出 19 項"補"、4 項"正"，唯似可再議，參見本文第七章第一節關於圖四的論述。

人親稱不分血、姻,爲"行輩型"的(參見圖五),這是因爲商人有同姓兄弟偶族之結構(參見圖一),且偶族間行雙邊交表及姊妹交換婚(參見圖三)。唯在晚商時代,或由於商人與異姓間婚姻的流行、表"夫之母"的親稱"姑"出現,使尊一輩的親稱呈二分即分血、姻現象(但在平及卑輩親稱仍爲"行輩型")。《爾雅》的親稱自始便是分辨血姻的,即將親屬分爲"宗族"(血親)與"母黨、妻黨、婚姻"(姻親)四種(二大類)。在周人行異姓雙邊交表及姊妹交換(含娣媵)婚時(參見圖二),親稱爲"二分合并型",但於其後益之以"姪媵"婚時,親稱演變爲"奧麻哈型"。又商代的單式親稱爲"類型性"的,一稱可指多種親類(唯"妻、奭、妃"三名配偶類的親稱除外),《爾雅》的單式親稱爲"個別性"的,一稱僅指一種親類(唯"姑、舅、甥"三稱因雙邊交表及姊妹交換婚之施行呈"類型性")。商親稱與《爾雅》皆有"祖、高(高祖)、公、妣"之稱,但内涵有異。商代在尊輩有"報、示、祖"高下之序,《爾雅》系統則無,兩系統反映出來的廟制亦有異。兩系統比較之大要,詳如(表三)一、二。

3. 在商代的甲金文中約見有 56 個複式親稱,它們由 21 個作詞綴的親稱區別字(詞),即"高、大、中、小、多、介、多介、屮、右、左、公、司、亞、□、帝、長、毓、禤、肢、母、妣",以及 13 個親稱字(詞),即"祖、妣、父、母、子、兄、弟、女、生、公、婦、高、母弟"組合而成。這 21 個親稱區別字中有 9 個未見用於《爾雅》——"中、屮、右、左、亞、□、毓、禤、肢"。商代區別字(詞)的功能大致上包括:分辨世代之尊卑或高(上)下之不同,分辨同一輩份中直旁之關係、排行長幼或先後之序、地位之尊卑,或作職能、禮法上之區分,以及標示產生親屬之中間關係人。在《爾雅》中約見有 72 個複式親稱,它們由 14 個親稱詞,即"祖、父、母、姑、舅、兄、舅、弟、姊、妹、婦、公、子、孫"與 41 個作詞綴的親稱區別字(詞)組合而成,它們含 32 個單字區別字,即"高、曾(曾$^{+3}$)、外、王、世、叔、庶、祖、從、君、先、少、族、長、姒、稚、娣、公、女、嫡、衆、婚、姻、男、離、歸、曾(曾$^{-3}$)、玄、來、舅(舅$^{-6}$舅孫之舅)、仍、雲",以及 9 個雙字區別詞,即"高祖、曾祖、族曾、外曾、從祖、族祖、從父、從母、女子(女)"。《爾雅》的雙字區別字皆未見於商親稱系統,其 32 個單字區別字中有 21 個亦未見用於商親稱系統,它們是"曾、外、王、世、叔、從、君、先、族、娣、女、婚、姻、男、離、歸、玄、來、舅、仍、雲"。這些未見於商代親稱的區別字,反映了《爾雅》系統作血姻親之分(如以"外、婚、姻、女、離、歸、從母、外曾"),作旁系級次之分(如以"世、叔、從、族、從父、從祖、族曾",參見圖四),作尊己 2—4 輩之分(如以"王、曾、曾祖、高祖"),作卑己 3—8 輩之分(如以"曾、玄、來、舅、仍、雲"),作生稱、死稱之分(如以"君、先"),以及表若干"准親稱"如"宗族、兄弟、婚姻、婚兄弟、姻兄弟"及廣義的"親同姓"。這些《爾雅》親稱系統的區分法,乃爲商系統所無,使《爾雅》複式親稱(除狹義的"親同姓"一詞之外)皆爲"個別性"或"零對等"的。商代及《爾雅》的複式親稱系統,詳如(表四)一、二。

4.《爾雅》的複式親稱之所以是"個別性"或"零對等"的,乃因爲《爾雅》將尊輩的親屬在尊己的第四——高祖王父(含己爲五的)世代作了切割,即"上殺"的動作。此舉之作用乃在配套周人"同姓於宗廟,同宗於祖廟,同族於禰廟"《左傳·襄公十二年》之三階血親及廟制,並劃出一己"宗"或"宗族"級血親,即"宗親"範疇的上限,製定"五世祖,免,殺同姓也,六世親屬竭矣"《禮記·大傳》及"五世則遷之宗"《禮記·大傳》的原則。準此,《爾雅》的"宗族"血親組織,上有四代祖先,旁有四級旁系兄弟(含姊妹)(參見圖四)。《爾雅》並將此一宗親組織内每一代、每一級旁系的成員,用親稱(含區別字)分別命名,並將此一範圍之外,即不同宗但同姓的親人以"親同姓"泛稱之,形成了《爾雅》的親稱系統。唯商人乃於尊己之第六世(含己爲七世)作出切割,纍積了的六代的親人,從而建構了一對同姓的兄弟偶族。這一對兄弟偶族,以商湯時代爲例説明,各有五級旁系親屬(如圖一),有别於《爾雅》只有四級旁系親屬、(己)上只有四世單一的宗族結構。再者,商人兄弟偶族乃以報(上)甲爲祀首的大宗(廟)作爲宗廟,唯商人又爲歷代直系先王立個别之宗(廟),並建立小宗(廟),以大乙(湯)爲祀首,以爲偶族中的王族(即出自湯及歷代商王的後人)共同的祖廟。商代的廟制無周代之遷主、毁廟,即無"五世則遷之宗"的原則,而且商人"八世親屬竭矣",有别於周人的六世。由於商人兄弟偶族世代互婚,血親即姻親,所以親稱相同,在尊二(或再上)輩僅祖、妣二稱,在尊一輩僅父、母二稱,在卑一輩僅子、女二稱,而親稱的詞綴或區别字只作同行輩間長幼、尊卑、職能之分,未有分辨血姻者。由於商代行"父死子繼,兄終弟及"之制,直系旁系地位在同一世代中不定,所以商人的親稱不作旁系系屬之分,亦無分辨旁系系級之詞綴或區别字,爲"行輩型"(又稱爲"馬來亞型"或"夏威夷型",參見圖五),與《爾雅》系統不同。雖然商代與《爾雅》皆有"高祖"一稱,但商人"高祖"的地位可在"報、示"級祖先之上,亦可在他們之下,呈現垂直敵體的狀態,亦爲"類型性"的親稱,可含傳説中的始祖、先公遠祖、近祖,以及開國首任君王,有别於《爾雅》的"高祖",後者爲"個别性"的親稱,專指尊己四代的男性祖先。商代複式親稱與《爾雅》複式親之比較,詳如(表六)。

晚商人物"師般"史迹考述

——并論文獻中"甘盤"的相關問題 *

張惟捷

（廈門大學人文學院）

一、研究緣起與方法

人物是構成社會歷史的最基本要素，因此對某一時代中重要人物的研究，可視爲傳統歷史學發展論述的主要基礎。19 世紀末的安陽殷墟出土的甲骨文爲學術界帶來了極大的震撼，豐富的第一手資料不僅證明了《史記·殷本紀》在世系記載上的可信，也透露出傳統文獻所保留商史的不足，其中在人物記述上更是如此。有鑒於此，針對獨立人物的專題研究遂逐漸受到學者的重視。

20 世紀早期，董作賓已認識到整理卜辭人物對推進商史研究的重要性，在他著名的"甲骨文斷代研究例"中特列出"人物"一項，具有標志性意義。[1] 此後學者對這方面投入了不少關注，近年來趙鵬研究員也曾指出對殷商人物史迹的梳理有助於我們了解當時社會文化的詳細面貌。林澐通過研究花東子卜辭的家族形態，表示：

> 由卜辭所反映出來的這些不同身份的人的活動，不僅可以進一步瞭解當時家族内部的情况，還可以瞭解商代的社會結構和社會關係。[2]

---

* 本文係福建省社科規劃項目"1949 年運臺甲骨《殷虚文字丙編》整理與研究"（FJ2017B127）成果

[1] 董作賓：《甲骨文斷代研究例》，原載《中研院歷史語言研究所集刊》外編第一種，南京：中研院史語所，1933 年 1 月；後重刊於《中研院歷史語言研究所專刊之五十附册》，臺北：中研院史語所，1965 年。

[2] 趙鵬：《殷墟甲骨文人名與斷代的初步研究》，北京：綫裝書局 2007 年版，第 1—2 頁；林澐：《花東子卜辭所見人物研究》，《古文字與古代史》第一輯，臺北：中研院歷史語言研究所，2007 年，頁 13。

可知卜辭人物研究所具有的學術意義。本文以晚商武丁時期重要人物"師般"爲研究主題,目的即在於通過對此人於卜辭中體現的各層面樣貌進行分析,試圖側寫出師般在當時所扮演角色的特色與社會定位,從而演繹出以其人爲中心點的周邊社會結構概貌,提供推進殷商史研究的有價值信息,同時以之爲基礎探索傳世文獻中"甘盤"的相關問題。

歷來針對晚商時期相關人物、氏族主題的專題研究甚多,可舉出胡厚宣、丁山、白川静、島邦男、李學勤、饒宗頤、林小安、鍾柏生、韓江蘇、李宗焜等人的相關研究成果爲例,近來也有以師般爲研究主題的學位論文。[①] 這些著作具有重要參考價值,其中或多或少也對師般此人做了探討,以下將會引述;不過篇幅大多簡短,在内容的深度與廣度上也普遍存在補充的空間,與師般本身在當時具有的重要地位有落差,故本文將以前賢成果爲參考基礎,對此人進行通盤且多層面的整體研究。

至於在方法上,這裏必須指出的是分期斷代方針。本文所探討甲骨材料主要集中於賓組卜辭,尤其是傳統所謂的"典賓類"字體上,一般學者對此均無異議。[②] 然而在實際研究過程中,近年已有學者指出典賓類字體中仍具有不少需要劃分的類型,特別值得注意的即是史語所於安陽第十三次挖掘所得 YH127 坑,臺灣東華大學魏慈德

---

① 胡厚宣:《殷代封建制度考》,《甲骨學商史論叢初集》上册,濟南:齊魯大學國學研究所,1944 年;丁山:《甲骨文所見民族及其制度》,北京:科學出版社 1956 年版,又北京:中華書局 1988 年版;白川静:《白川静著作集・別卷》甲骨金文學論叢[下]1,東京:平凡社 2012 年版;島邦男:《殷墟卜辭研究》,上海:上海古籍出版社 2006 年版,頁 459;李學勤:《殷代地理簡論》,《李學勤早期文集》,石家莊:河北教育出版社 2008 年版;饒宗頤:《殷代貞卜人物通考》上册,香港:香港大學出版社 1959 年版;林小安:《殷武丁臣屬征伐與行祭考》,《甲骨文與殷商史》第二輯,上海:上海古籍出版社 1986 年版;鍾柏生:《殷商卜辭地理論叢》,臺北:藝文印書館 1989 年版;鄭杰祥:《商代地理概論》,鄭州:中州古籍出版社 1994 年版;江林昌、韓江蘇:《商代史・卷二・〈殷本紀〉訂補與商史人物徵》,北京:中國社會科學出版社 2010 年版,此書人物部分主要由韓江蘇撰;李宗焜:《卜辭中的"望乘"——兼釋"比"的辭意》,《古文字與古代史》第一輯,臺北:中研院歷史語言研究所,2007 年,頁 117—138。《沚㦤的軍事活動與敵我關係》,《古文字與古代史》第二輯,臺北:中研院歷史語言研究所,2009 年,頁 71—91。《婦好在武丁王朝的角色》,《古文字與古代史》第三輯,臺北:中研院歷史語言研究所,2012 年,頁 79—106;陳昂:《略論甲骨卜辭中的自般》,北京:中國社科院研究生院碩士論文(指導教師:宋鎮豪),2010 年。

② 對於整體賓組卜辭的事類時間段,李學勤、彭裕商、黄天樹等學者均有過相關的研究,代表了 20 世紀末期甲骨斷代研究的最高水平,分别見李學勤、彭裕商:《殷墟甲骨分期研究》,上海:上海古籍出版社 1996 年版;黄天樹:《殷墟王卜辭的分類與斷代》,北京:科學出版社 2007 年版。不過,對於 YH127 坑的賓組卜辭研究來説,二書的分類方式由於選材涵蓋面較爲廣大,一般使用的賓一(賓一 A)、典賓(賓一 B)等組類,在實際處理 YH127 坑文字上便產生了空疏與出入,無法完美地概括大部分的 YH127 坑賓組卜辭。

根據前賢的研究成果,明確指出此坑賓組刻辭早於絕大部分典賓類,並列舉了部分例證。① 2009 年,吉林大學崎川隆專門探討賓組卜辭的分類問題,分析文字的各種細微特質,使傳統上所認知的師賓間類卜辭、賓一、典賓、賓三類卜辭得以獲得更合理、細緻的分類處理。② 據此,崎川隆將傳統分組分類形態以更爲細膩的角度析分,設置了"過渡類",在前輩學者的研究基礎上將 YH127 坑中這批占絕大多數的龜腹甲賓組刻辭從賓一類、典賓類中分立出來,以"過渡 2 類"指稱之,並明確了此類字體時間稍早於典賓類的特性,很好地解決了兩類字體容易混淆的問題。

由於賓組的"過渡 2 類"字體與典賓類是記述師般行迹最主要的類別,本文以下將大量引用,並根據其年代相對早晚的原則提出相關論述,請讀者注意;文中列舉甲骨、金文辭例中所舉"師"字一律據原形隸定作"𠂤",正文部分爲求便利,則直接寫作"師"。

二、武丁時期卜辭"般"、"師般"二者爲一人

長期以來,學界均將卜辭中單稱"般"者與帶職官名的"師般"視爲一人,未見異説。③ 從結果來看,這種思考方向雖然應該是對的,但是却不免想當然,欠缺對細節的考究,尤其考慮到甲骨文存在的"異代同名"現象,研究過程中對相同人名的習焉不察,往往將導致最終判斷的誤差。④

事實上,這個問題在師般的身上確實有所顯現,而這也是過去研究者所不曾觀察到的一點。一般來説,我們所習稱的"師般",其辭例絕大多數集中於典型賓組刻辭中,尤其是與"舌方"作戰相關的大字牛胛骨刻辭,例如下述卜辭:

---

① 魏慈德:《殷墟 YH127 坑甲骨卜辭研究》下册,臺北:花木蘭出版社 2011 年版,頁 362—365、381—383。

② 崎川隆:《賓組甲骨文分類研究》,上海:上海人民出版社 2011 年版。本文在傳統分組分類劃分上,主要采用黄天樹《殷墟王卜辭的分類與斷代》提出之術語,其中師賓間類、賓一類、典賓類、賓三類可與李學勤、彭裕商《殷墟甲骨分期研究》提出之師賓間組、賓組一 A 類、賓組一 B 類、賓組二類相對應。

③ 例如劉風華即認爲般"即𠂤般的簡稱",《殷墟村南系列甲骨卜辭整理與研究》,上海:上海古籍出版社 2014 年版,頁 36。同樣情況見江林昌、韓江蘇:《〈殷本紀〉訂補與商史人物徵》,頁 270,其餘例不勝舉。

④ "異代同名"雖然主要體現在歷組卜辭分期的爭論上,而支持歷組提前的學者早已證明反對者對此現象的引用是充滿問題的,但此現象確實存在於卜辭人名之中,例如無名組卜辭中的"成犬𠭯"、黄類卜辭的"右牧𠭯",其地位均無法與賓組的"𠭯(𡊒)"相提並論。見裘錫圭:《論歷組卜辭的時代》,《裘錫圭學術文集》卷一,上海:復旦大學出版社 2012 年版,頁 111。

　　A. 貞：叀（惠）自般乎伐。　　　　　　　　　　　　　　　　　《合》6209＋7260①

　　B. 貞□乎［自］般□舌方。　　　　　　　　　　　　　　《合》8553，重見《合補》1772

而殷墟 YH127 坑出土的大量刻於龜版上的賓組刻辭，對師般却僅稱"般"，没有"師"的稱號，絶無例外。如下所示：

　　C. 貞：般亡不若，不卒羌。

　　　般其卒羌。　　　　　　　　　　　　　　　　　　　　　　　　《合》506 正

　　D. 辛巳卜內貞：般往來亡囚（憂）。

　　　般其有囚（憂）。　　　　　　　　　　　　　　　　　　　　　《合》152 正

可見是否套有"師"此一官職名，在大範圍的賓組字體類型內形成了兩類鮮明的對比特徵，此現象雖易受忽略却不容不辨，我們必須藉由更多證據對前人的觀點加以核實，否則將影響關於此人史迹推論的的可信度。因此，對 YH127 坑賓組這位"般"的身份作界定，並探討他與典賓類的師般究竟是否爲一人，而這就需要通過細緻的比對分析來獲取綫索。可喜的是，卜辭中仍保有可資比對的重要材料，以下列舉並説明之。

　　1. "取龍"之事

　　在典賓類字體中有以下辭例：

　　E. □乎自般取龍。　　　　　　　　　　　　　　　　　　　　《合》6587

　　F. □□［卜］古貞□□般取□龍。　　　　　　　　　　　　　《合》6588

　　從殘斷位置來看，《合》6588 的"般"字前當缺"乎師"二字。"取龍"，是命令師般從"龍"處徵取人力、物資之意，《合》272 有"乎龍以羌"；當然，也有可能表示對龍進行某種軍事活動。而出自 YH127 坑的《合》6590 記載：

　　G. 己酉卜骰：令般取龍伯。　　　　　　　　　　　　　　　《合》6590

由此條的"骰"字構形可知字體屬於"過渡 2 類"，"取龍伯"一事可與前兩辭作很好的對照；雖然這兩組記載的時段可能並非同時（詳下章），但其事類相同，一稱師般，一稱般，確是二者爲一人的有力證據。

　　2. "奉羌"之事

　　"奉"字从止从羍會意，乃逃逸之"逸"的本字，可參趙平安説。② 典賓類有這條

---

① 蔡哲茂：《甲骨綴合集》，臺北：樂學書局 1999 年版，第 28 組，頁 57—58。

② 趙平安：《戰國文字的"遊"與甲骨文"奉"爲一字説》，《古文字研究》第二十二輯，北京：中華書局 2000 年版，頁 275—277。

卜辭：

> H. 乎自般取奉自敦。   《合》839

這裏的"奉"是名動相因，很可能指的是逃逸的奴隸，例如"逸奴"、"逸羌"，裘錫圭有很好的討論。① 試比較 YH127 坑的此條卜辭：

> I. □寅卜敵貞：〔般〕亡不若，不奉羌。
>
>   貞：般亡不若，不奉羌。
>
>   般其奉羌。   《合》506 正

此版經過新綴，與《合》839 的事類顯然相關，林宏明對此辭有詳細的解説，可參看。②這裏顯示出"管理異族俘虜"當是師般的主要職責之一，詳下文第五條説明。

3. 與"臯"的同版關係

"臯"，或寫爲"皀"，是武丁中期之後習見的一個主要人物，活躍於賓組、歷組卜辭中，在與舌方、土方等戰争中扮演了很重要的角色，受到商王的親信，且一直存活至祖庚祖甲時期。相關辭例如下：

> J. 貞：叀(惠)臯畀。
>
>   貞：叀(惠)般畀。   《合》15934
>
> K. 叀(惠)臯令。
>
>   叀(惠)般令。   《合》32861，同文見《合》32862

前者貞問是否給予臯或般某事物，後者貞問選擇命令臯或般去做某事。這是兩人同見一版並加以選貞的例證，《合》32861、32862 屬於歷組卜辭，"般"刻寫得較爲象形，其盤皿之形明顯，作，與賓組習見字形稍異，或將之釋爲"畝"，是有問題的。

在典賓胛骨刻辭中，臯又多見與"師般"同版，如下所示：

> L. 貞：叀(惠)臯乎。
>
>   貞：乎自般。   《合》4220
>
> M. 亞臯以人。
>
>   叀(惠)師般以人。   《合》32273

類似辭例不少，由此可見，此二者的職責與權限顯然有部分是重叠的。

---

① 裘錫圭：《甲骨卜辭中關於俘虜和奴隸逃亡的史料》，《裘錫圭學術文集》卷五，頁 3—14。
② 林宏明：《醉古集——甲骨的綴合與研究》，臺北：臺灣書房 2008 年版，第 31 組，頁 75。

4. 與"🗡"的同版關係

"🗡"在武丁時期雖不以參與軍事活動著稱,却在商王身邊擔任重要的角色,所從事的活動範圍甚爲廣泛,主要職司之一爲"小耤臣"。[1] 以下辭例表現出此人與師般的密切關係:

N. □□卜賓貞:局、克、般、工示 🗡 取有芻。　　　　《合》409+《合》14911[2]

此組本屬碎甲,爲林宏明綴合,辭例大概意思是指局、克、般、工四者交付芻人(羌)給🗡之意。此處的"示"表達交付、給予的概念,[3]局、克、般、工分別擁有其地盤,自有進獻勞力的義務。同樣,我們也可在其他辭例看到有關情形:

O. 癸巳卜古貞:令自般涉于河東[兆],🗡 于□收王臣。四月。
　　癸巳卜古貞:刃(勿)令□　　　　　　　　　《合》3826+《合》5566[4]

此組碎甲爲筆者與陳逸文綴合,卜辭内容與前條性質類似,亦與徵取人力有關,般在此已稱"師",而🗡在這裏似乎也是扮演一個收取者的身份,兩者都在王庭擔任重要職務。

5. 與"疫"的同時關係

"疫"、"何"是YH127坑賓組中習見的人物,他們往往出現在一些致送奴隸的卜辭中,如下面這組辭例:

P. 癸未卜般貞:疫以羌。
　　貞:何不其以羌。　　　　　　　　　　　　　　　《合》273

這是成套第一卜,完整的形式是從正反兩面各針對"疫"、"何"二者是否"以羌"作貞問,其他餘卜可見《丙》570、572、574、576、577。前面討論般與"🗡"的同版關係時引用的《合》409+《合》14911"局、克、般、工示🗡取有芻",這個"局"很可能就是"過渡2類"中的"何",仍與致送奴隸有關。而看下面這條辭例,可知師般與"疫"此氏族也有關係:

---

[1] 參姚孝遂説。引自于省吾主編:《甲骨文字詁林》第一册,北京:中華書局1999年版,頁228。

[2] 林宏明:《契合集》,臺北:萬卷樓出版社2013年版,第299組,頁305—306。

[3] 這類"示"字的用法,可參方稚松:《殷墟甲骨文五種記事刻辭研究》,北京:綫裝書局2009年版,頁22—44,有詳盡探討。

[4] 本組爲筆者與陳逸文綴合,見《甲骨新綴第二十五則》,發表於中國社會科學院歷史研究所"先秦史網站",http://www.xianqin.org/blog/archives/2641,2012年4月14日。

Q. 師般以疫,又。   《合》39868＋《合》39878＋《合》5785①

本版大部分事類與征伐工方有關,此條應即貞問師般帶領或協同疫族人參與作戰是否有利。②

此外,"般"或"師般"這兩種稱呼也與子妻、雀等人有同版關係,見《合》6477 反、《合》8395、《合》376、《合》428＋《合》17172 等,類似的例子甚多,這些情況都顯示了"般"、"師般"必須被視爲一人,前賢所論是可信的。進一步來看,經過上文的分析,結合"般"此人在武丁時期主要的兩類賓組卜辭中分別以不同稱謂出現的現象,筆者認爲實有其内在因由,值得進一步爬梳探究,請參見下章分析。

三、"師"之稱謂在商代的特性

"師"作爲單位名稱或定語稱號在卜辭中的用法是截然有別的,前者往往以"某師"、"師"的形態出現,乃指特定軍旅單位而言,此爲讀契者所習知,例如《合》181"師不其獲羌","獲"表示通過軍旅武力所取得;《合》34718"振師"、《合》34720"師亡振"等。③

這些用法在以師爲前綴定語的"師某"辭例中是無法見到的,顯示出"師"字在不同語境、詞序中具有的性質差異,必須先加以界定。

"般"此人在以"過渡 2 類"爲主的 YH127 坑賓組刻辭中均不加前綴"師"的稱謂,但到了典型賓組字體中却無例外地均稱"師般",在肯定此二種稱呼形式所指稱皆爲同一人的前提下,探索其稱謂形式之所以轉變乃成爲不可避免的議題。

YH127 坑這類"般"僅作單稱的賓組卜辭屬於以崎川隆"過渡 2 類"爲主、其他賓一類與師賓間類爲輔的一批甲骨,在時間序列上應該早於典型賓組字體,也就是大部分契刻於牛骨上稱"師般"的此類刻辭。即使前章談到這兩類卜辭中頗

---

① 《合》39868＋39878 爲蔡哲茂綴合,《合》5785 爲張宇衛加綴,見《甲骨綴合第十三～十七則》,發表於中國社會科學院歷史研究所"先秦史網站",http://www.xianqin.org/blog/archives/2536,2011 年 12 月 21 日。

② "疫"此字作 <ruby>麻</ruby>(《合》274 正)、<ruby>麻</ruby>(《合》4344 反)等形,其用法絶大部分作人名、氏族名使用,實即卜辭"疾"字的異體分工寫法,可參拙作:《賓組卜辭文字"異體分工"現象再探》,《第二十二屆中國文字學國際學術研討會論文集》,臺中:逢甲大學,2011 年,頁 188—190。

③ 特定軍旅單位如 <ruby>秉</ruby>師(《合》5812)、我師(《合》27882)雀師(《合》40864)等。卜辭又有"振旅"(《合》36426),可見師、旅性質相同。又有作爲人名之例,即師組卜辭之貞人名,《合》5807、《合》17055 的"師死＊"一事可能與其有關,見劉桓:《加拿大安大省皇家博物館所藏的一片大胛骨之新釋》,《文史》2009 年第 3 輯,頁 5—17。

有事類近同的現象存在,足證"般"、"師般"爲一人,但在大多數情形下,兩種分類形態分別存在於武丁中期以及中晚期至祖庚時期,其時間前後頗爲清楚,已見前述,這也是崎川氏將"過渡 2 類"字體置於他所界定的典型典賓類之前的主要原因。如此事實透露出這樣一種迹象:"般"在武丁中期之前顯然並沒有被賦予"師"的稱號,但到了中晚期之後開始稱"師般",如此的變化似乎暗示了他個人職務、身份上的某種轉變。

西周金文中的"師某"習見,例如師旂、師晨、師酉等,且當時具"師"職稱的人物不限於中央政府,也同時存在於諸侯國以及五邑之中。① 但在殷卜辭當中可以確知指涉某人的"師某"却相當罕見,一期卜辭中除了師般之外,確切可信的人物只有"師雈"、"師戈"二人,筆者認爲,釐清此二者在商王朝中所扮演的角色以及時代關係將有助於我們對般的"師"稱進一步認識,這裏先從前者開始討論。②

一般而言,"雈"此人在師組、賓組卜辭中大多生稱雈、伯雈,死後稱雈父壬,相關辭例很多,兹略舉如下:

A. 貞:呼舁雈牛。　　　　　　　　　　　　　　　《合》15931

B. 丁亥卜:雈其敦茲。五月。　　　　　　　　　　《合》6846

C. 乙丑卜:雈其戎眔(暨) 🐾 。　　　　　　　　　《合》6848

　　稱"伯雈"的辭例有:

D. 壬子卜:伯雈其啓。七月。　　　　　　　　　　《合》3418

E. 丁酉卜曰:伯雈同人,其眉。　　　　　　　　　《合》3421

F. 庚戌卜王貞:伯雈允其㞢角。　　　　　　　　　《合》20532

此人活躍於武丁早、中期,尤其在師賓間類、賓一大類卜辭中特別多見,上舉辭例均屬之,且於晚期典賓類胛骨刻辭中完全未見他的任何行迹。而他的死去大約就在武丁中期的早段,這是此人活動的時代下限。這由以下此組綴合可以看到:

G. 丙寅卜:雈有其降囚(憂)。

① 目前所見西周"師"官材料近百餘條,可參張亞初、劉雨:《西周金文官制研究》,北京:中華書局 1986 年版;吳鎮鋒:《金文人名彙編》,北京:中華書局 2006 年版。關於西周中央以外的"師"官分布以及地方其餘官僚體系問題,參李峰:《西周的政體:中國早期的官僚制度和國家》,北京:三聯書店 2010 年版,頁101—150。

② 《合》3130 有"乎雝哦(筆)△觷*",△一般均釋"□自",事實上從該字所從"自"的位置偏上,以及下半部破損處的殘存筆畫來看,△應即"鼻"字,在此作爲人名用,和同辭中的"觷*"同屬雝"筆"的賓語,是雙賓語結構。

　　　　囟亡其降𡆧(憂)。

　　　　☐今朝方其大出。

　　　　[今]朝方不大出。　　　　　　　　　　《合》16438＋《合》16478＋《合》6690

　　這是劉影所綴的一組典型師賓間類辭例,①此時囟已死去,故商王占卜其神靈是否降下憂患,由此可知師賓間類卜辭記録了囟長時間活動以迄死去的活動史迹。可資注意的是,YH127 坑中同時保留了不少師賓間類的刻辭,可知其與"過渡 2 類"字體的使用應有一段不短的相互重疊時間,而以後者的延續較久,與典型賓組字體形成了完整的承繼關係。

　　在 YH127 坑的"過渡 2 類"賓組刻辭中未見關於囟的任何辭例,但是有兩條稍早的典型賓一類值得注意。其一是囟顯然已死去的記載,《丙》607 一版背甲記録了他死後是否"害"王的貞問:

　　　　H. 羌甲𧧴(害)王。

　　　　　　南庚𧧴(害)王。

　　　　　　貞:囟父壬弗𧧴(害)王。　　　　　　　　　《合》01823 正＝《丙》607

　　這和前引辭 G 的貞問性質相同,都是關切"囟"的神靈是否降下災禍。稱"父壬",可見他在親緣上應是武丁的父輩,死後廟號爲"壬",而另一條典型賓一類則是記載他存活時期的重要辭例:

　　　　I. ☐卜争貞:自囟亡𡆧(憂)。

　　　　　　貞:自囟其有𡆧(憂)。

　　　　　　貞:斨其有𡆧(憂)。　　　　　　　　　　　　《合》3438 甲乙

　　此組卜辭很清楚地記録了此人冠以"師"稱的現象,這也是整個一期卜辭中除了師般以外,"師某"存在的罕見確例。因此我們通過梳理以上諸多辭例,可以了解到:"囟"在較早的師組、師賓間類卜辭中多單稱囟或稱"伯囟",而到了中期的 YH127 坑典型賓一類中,除了沿襲單稱之外,此人也加上了早期未見的稱號,改稱"師囟"。而他的死去,同樣也體現在典型賓一類與師賓間類卜辭中。

　　另一位具有"師"稱的人物是"戈",和囟類似,此人擁有自己的領地,如下所示:

　　　　J. 癸亥卜王:戈受年。十二月。　　　　　　　　《合》8984

　　　　K. 取羊于戈。　　　　　　　　　　　　　　　《合》3521

─────────

① 黄天樹編:《甲骨拼合集》,北京:學苑出版社 2010 年版,第 148 組。

其領地中保有許多的異族奴隸,往往也發生逃逸的事情:

    L. 貞:戈奉羌,得。 《合》504

    M. [王]占曰:出求(咎)。八日庚子戈奉[羌]□人,蚑出圉二人。 《合》584 反

當然,他也爲商王服事,參與了多次戰役,例見《合》6939、20171 等,兹不贅舉。值得注意的是以下辭例:

    N. □辰卜□貞:王□自戈[隹]田。 《合》5817 正

此辭的"師"字前殘一字,根據語法規則,殘去的該字作爲謂語的可能性較大,有可能是"乎"、"令"等役使類動詞。可以確定的是這裏的"師戈"一詞應該視作官職+私名的稱謂形態,也就是和師囷、師般一致,這個觀察應當是可以被接受的。

此辭刻寫於龜腹甲的中甲右側,從用龜的特性以及字體風格(尤其是"隹"的刻法)來判斷,很可能應當歸入崎川隆的"過渡 2 類"之中,至少是兼具"過渡 2 類"與典型典賓類特徵,[①]如此來推斷,此版書寫的時間理應略晚於師賓間類、典型賓一類,並且早於典賓類胛骨刻辭,也就是説大概處於武丁中期到中晚期之交的時段内,略遲於師囷的相關辭例,而此時的般尚未冠上師稱。

這是個饒有意味的現象,根據以上陳述的事實,我們可以對本文主要討論的般其人"師"稱號由來做進一步的推論:在 YH127 坑典型賓一類代表的武丁中期早段(有可能早至武丁早期後段),"師"的職務似乎是由"囷"來擔任,所以他有別於師組、師賓間類的單稱與"伯"稱,此時也取得了相應的官職稱號,在卜辭中有所顯現。"戈"、"般"此時段可能才開始爲王服事不久,這從早期的卜辭欠缺對此二人之記載可略見一二。接下來大約在武丁中期稍後,"囷"死去,這段史實也見於 YH127 坑賓組字體中,緊接着出現的"師"則是由"戈"來擔任,"師戈"的存在很可能局限於"過渡 2 類"代表的武丁中期至中晚期之交這段時間内。

没有迹象顯示"般"在武丁中期即已接替戈擔任"師"的職務,要等到稍後的胛骨典賓類字體,主要是和工方、土方作戰的時期,才大量見到"師般"的名號。在這段期間,"師囷"、"師戈"、"師般"三稱理應不存在時代重疊的可能性,"師"職稱在"囷"與"戈"、"般"之間先後移轉的痕迹確實是相當清楚的,這一點從未曾獲得前人關注。

如果上述論證大體可信,我們可以據之再提出一個假設,也就是商代"師"的職務

---

① 崎川隆認爲應歸入典型典賓類,參氏著:《賓組甲骨文分類研究》,上海:上海人民出版社 2011 年版,頁 368。

與稱號並非以世襲血緣關係作爲傳承依據,而是在很大程度上取決於商王或其他未知高層統治者的決議。以下這兩條卜辭透露出相關信息:

O. ☑乎自般、䜌。　　　　　　　　　　　　　　　　　　《合》4224 反

P. ☑酉矣☑自般、䜌,若。　　　　　　　　　　　　　　　《合》44

在此二辭中,師般與"䜌"同見,共同受王令執行事務。學者曾根據前引《合》3438等辭例,結合其他證據分析指出"䜌"此人有可能是伯㕠之子,"在㕠父壬死後繼承爵位"。① 若此説可信,正充分證明了"師"職務、稱號的非世襲性質,新任的師般能够和隔任師職人物的子輩共同行動、接受呼令,這多少也顯示出"師"職的任免掌握在商王室手中,是高度功能性的,這與西周初期"太師"一職的作用與承襲顯然頗爲不同。

　　這裏可附帶談一個問題,卜辭中能確認的"師某"稱謂,除了師㕠、師般以外,尚有"師賈"。辭例如下:

Q. 乙未卜暊貞:自賈入赤馻,其𪘓,不烈。吉。　　　　　　《合》28195

R. 自賈其乎取美,御[事]。②　　　　　　　　　　　　　　《合》28089 正

在字體上,Q、R兩辭分別屬於何一類以及無名類,我們知道,何組一類時代上下限約位於祖甲晚年至武乙初年,大致處在三期上下;而無名類卜辭上下限約位於康丁早中期至武乙、文丁之交,兩類時段有所相互涵蓋,③這兩辭的"師賈"有可能指的是同一對象。

　　既然師㕠、師戈、師般之間存在較爲明顯的接續迹象,"師賈"是否也能被視作賈此人擔任"師"職的體現呢? 筆者認爲並非如此,由於"賈"在商代具有特定職務的具指,似乎未見有用爲個人私名的可信例子,且觀察辭例內容與物品交流有關,可知"師賈"並非一位私名爲"賈"且擔任師職的人物,而指的是爲商王室貴族服務以物資取得、交換爲主要職責的氏族團體,"師賈"一詞應視爲"單位+職務"的結構較爲合理。魏慈德曾對此類"賈"做過細緻研究,指出:

　　也有些賈者隸屬於軍隊,在軍隊保護下進行物品交換或護送物品安然到達,其

---

① 蔡哲茂:《武丁卜辭中㕠父壬身份的探討》,《古文字與古代史》第三輯,臺北:中研院歷史語言研究所,
　　2012 年,頁 142。

② "賈"字從李學勤釋,參氏著:《魯方彝與西周商賈》,《當代學者自選文庫——李學勤卷》,合肥:安徽教育
　　出版社 1999 年版,頁 302—308。

③ 黃天樹:《殷墟王卜辭的分類與斷代》,北京:科學出版社 2007 年版,頁 236—265。

如(23)、(24)(引者按：即上引《合》28089、《合》28195)辭中的"自賈"，其構名方式類似"自般"等以"自"爲職名。因爲隨軍征戍行旅四方，故常能取得四方珍品，也會因爲戰爭勝利，故能掠奪戰利品。因此這些受保護的賈者，往往能給商王帶來驚喜珍貴的貢物。①

其說可信。這兩條辭例的"師賈"很可能就是在約略同一時期的軍旅中專司物品交易的賈者，兩辭的師賈或爲同一家族，但絕非一人的私名則是顯而易見的。

由上可知，商代官職體系中可能存在着一種"師"職的任免變換，而這種任免與家族血統是脫鈎的，前後任的師某並不具有血緣關係。從師冏、師戈、師般的辭例繫聯來看，"師"職應該屬於一種常設性職務或稱號，同時期之内僅由一人擔任。至於武丁之後關於"師"職的遞嬗傳承問題，由於卜辭材料不足，尤其是何組、無名類之後欠缺如同一期卜辭般記載較爲詳盡且多樣化的文字資料，我們目前没有辦法基於甲骨材料做出進一步研究，不過在商代金文上存在着若干綫索可資思考。

如前所述，作爲王朝重臣的"師"職在一、二期卜辭之後已無法見到，然而青銅器銘文中留下了幾條材料，晚商後期(文丁以降)的緯簋(《集成》4144)記載了"弜師"賞賜緯"户囊貝"之事；叔黽卣(《集成》5373)載有"子"賞賜叔黽"璧"，叔黽用作"丁師"彝之事。謝明文認爲前者"弜師"指的是弜地的長官，這從"師"字後綴的情形來看應該是可信的。② 此二"師"字已寫作 、 形，習見於西周甲骨，然商契未見此類寫法，可能不僅表現出文字的自然演變，同時也帶有刻意的別異作用。此類地方特定性質之"某師"與卜辭所載握有大權的"師某"顯然不同，他們之間的異同關係值得進一步探索。

最後可以稍做討論的是商王朝"師"職的内涵以及擔任此職務者的政治地位問題。學者已指出稱"師"者多擔負軍事職責的看法，如張亞初、王貴民等進行官職研究時均將"師"職與戎事聯繫，③這些見解大概都來自卜辭"師"的軍事單位性質以及西周以來"師"稱謂的武官特徵。關於金文中記載的大量"師某"、"師某父"、"師氏"，李峰曾分析相關銘文内容之間的聯繫，指出雖然一些稱"師"的官員確實發揮着軍事作用，

① 魏慈德：《從非王卜辭與王卜辭的關係來看卜辭中賈字的用法》，《東華漢學》2011年第14期，頁14。

② 謝明文：《商代金文的整理與研究》，上海：復旦大學博士論文(指導教師：裘錫圭)，2012年，頁228—229。不過他並未對"丁師"發表意見。筆者認爲，作爲叔黽先人，"丁師"可能也表示擔任過"丁"長官之意，此"丁"或即"丁賓"(《合》831、832)、"丁宗"(《合》13534)一類以丁爲名的場所。

③ 張亞初：《商代職官研究》，《古文字研究》第十三輯，北京：中華書局1988年版；王貴民：《商朝官制及其歷史特點》，《歷史研究》1986年第4期，頁113—114。

但更多迹象顯示,大部分的西周稱"師"者事實上擔負着民事上的主要職責,而非參與軍旅事務,他認爲:

> 上述銘文所表現出的緊密聯繫説明被稱爲"師某某"的官員可能在其一生中某一段時間是軍事官員,發揮過軍事職能,或作爲師氏,或作爲作戰軍隊的將領。如果某人現任的是民事行政類的職務,却仍被稱爲"師"(出現在他的名字之前),這個稱謂一定是用來指其過去曾擔任過"將領"或"將軍"。……這就是爲什麽青銅器銘文中有這麽多帶有頭衔"師"——"前軍事官員"的原因。它並不是一個職官名稱,而是代表過去的經歷,因而也可能表示個人的資格。①

從銘文證據來看,李先生的意見顯然可信,稱"師"者習見於西周政治舞臺此一現象應與曾任軍職之榮衔性質高度相關,然而我們無法在卜辭中見到類似的現象,這一方面當然受限於卜辭占卜簡短的特質,另一方面也表現出商代當時"師"此一職稱的獨擅性,其職官名稱(offical title)與權責(responsibility)高度結合,形成了名實合一的權力表徵,並不是一般參與軍事活動的任何貴族可以輕易獲取的尊稱,也未見轉職後仍襲師稱的迹象,②這點與商代的"亞"稱號十分不同。

　　一般來説,大多數學者認同"亞"是一種擔任武官的記號,卜辭有亞雀、亞旁、亞𦣞、亞醜*、亞其、亞疑、亞般以及"多亞",③包含了金文中大量以亞爲標志的氏族例證,其數目與商代目前僅能確認的這三個師某差異太大,多少透露出兩者同樣象徵着武職却在職務、地位上顯著不同的迹象。或許合理的情形應該如此:商代"亞某"稱謂的性質實際上較爲接近西周時期的"師某",偏向一種可繼承的虛衔;而商代卜辭中的"師"更可能是某人正當職的期間才能或應使用的稱號,這個職位高於絶大多數的王室或貴族武官,與西周早期"大師"、中晚期"師氏"稍可類比但並不等同,在軍事相關事務上有相當影響力。由於同血緣繼承脱鈎,遂與商代金文習見的"亞"標志以及"寢"、"作册"等官職不同,"師"職除了氏族名以外在銘文中極爲罕見。這是筆者通過整體辭例與文獻的分析所得到的看法。

---

① 李峰:《西周的政體:中國早期的官僚制度和國家》,頁 227—228。
② 商代不存在個人襲稱職官衔的現象,體現了政治職務的終身性質,可能是當時的官僚體系尚未被有意識建立的一個證據。
③ "般"在一、二期不見稱亞之例,但無名組字體中有"亞般"參與祭祀之事(《合》27938),可能是師般後人事迹,這也可視爲殷族以名爲氏的一個綫索,相關討論參本文第五段末。

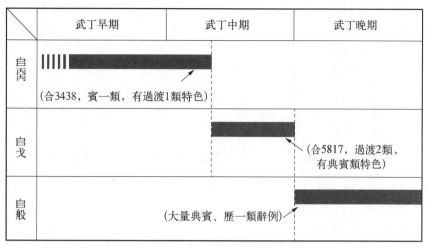

	武丁早期	武丁中期	武丁晚期
自丙	▮▮▮▮▮▮▮▮▮▮▮▮▮▮▮▮ （合3438，賓一類，有過渡1類特色）		
自戈		▮▮▮▮▮▮▮	（合5817，過渡2類， 有典賓類特色）
自般		（大量典賓、歷一類辭例）	▮▮▮▮▮▮▮▮▮▮

武丁時期"三師"稱號交接推擬圖

四、卜辭所見師般軍事辭例綜述

學者對商代人物進行分析整理,若欲取得具有說服力的成果,則全面搜羅相關甲骨辭例並加以仔細梳理,同時掌握最新學術前沿信息,顯然是最需重視的基本研究步驟,不可不審慎爲之。以下,將師般的軍事相關辭例加以列舉並分類討論,希望通過本章的工作能鈎深詣微,讓我們對此人隱埋千年的史迹獲得更正確的認識。

1. 和舌方的戰爭

典賓類卜辭中大量記載了對舌方的戰爭事類,這是在武丁中晚期發生的重大歷史事件。過去學者曾針對此一異族方族做過大量的探討,揭示出這是一場延續數年、較爲長期的軍事衝突(直到出組卜辭中亦可見對其的討伐),可參見近年來的幾項重點整理。① 一般認爲,此方族位居商王朝的正西、西北方,或在陝北,或在河套,或在晉陝交界處,諸說不一而足,相關細節尚待未來進一步研究加以釐清。師般參與了這系列的戰役,請看下列辭例:

  A. 貞:叀(惠)自般乎伐。

    貞:叀(惠)弘乎伐舌。

① 參孫亞冰、林歡:《商代地理與方國》,北京:中國社會科學出版社 2010 年版,頁 257—263;張宇衛:《甲骨卜辭戰爭刻辭研究——以賓組、出組、歷組爲例》,臺北:臺灣大學中文所博士論文(指導教師:徐富昌),2013 年 1 月,頁 14—45。

　　　　貞：叀(惠)王往伐舌。　　　　　　　　　　　　　　《合》6209＋《合》7260

　　　B. 叀臯。

　　　　　貞：旬伐舌，帝不我其受又。

　　　　　□乎[自]般伐舌。　　　　　　　　　　　　　　　　《合》6272

　　　C. 貞□乎[自]般□舌方。　　　　　　　　　　　《合》8553，重見《合補》1772

　　　D. 癸亥卜㲋貞：帚好 (娩)，不其妫。

　　　　　乎□自般[伐]舌□。　　　　　　　《合》14006＋《旅》1184＋《善齋》7.20A.3①

　　　E. 貞：叀(惠)自般乎伐。

　　　　　貞：旬隹自般[乎]伐。

　　　　　貞：叀(惠)臯乎伐。　　　　　　　　　　　　　　《合》7593＋《英》686②

這些都是典賓類字體，A組是關於征伐舌方將領的選貞，E組雖未載征伐對象，大概也是同一系列的戰役。獲得"師"職的般參與對舌方的作戰，但辭例偏少，和臯的命"伐"辭例比起來更是不多，可推測直接征戰似乎並非他的主要職責。間接參與的辭例如下：

　　　F. 庚寅卜㲋貞：旬旨人三千乎望舌方。五月。

　　　　　戊寅卜㲋貞：旬乎自般比冤▨　　　　　　　《合》6185＋《合補》2873③

此組可與下版作對照：

　　　G. 貞：乎戔舌方。

　　　　　貞：乎自般比冤。　　　　　　　　　　　　　　　　《合》6335

"冤"雖然在師組卜辭中多用如字，表示一種田獵方式，但在賓組字體中大多用作氏族名。"乎自般比冤"，當與命令般與冤協同對舌方作戰有關，這兩組據月份可歸入對舌方的五至七月作戰系列，此時期土方、舌方侵商西鄙，沚畞、叞妻笶皆來奔告，可參《合》6057。

　　　這種讓師般帶領其他氏族前來助戰舌方的例子尚有如下兩條：

　　　H. 乎子奻以敉新射。

---

① 本綴合見蔣玉斌：《甲骨舊綴之新加綴》第 7 組，發表於中國社會科學院歷史研究所"先秦史網站"，http://www.xianqin.org/blog/archives/4887.html，2014 年 12 月 25 日。

② 此組爲齊航福遙綴，收入黃天樹編：《甲骨拼合集》，北京：學苑出版社 2010 年版，第 180 組。

③ 本綴合見李延彥：《甲骨新綴第 54—56 則》，發表於中國社會科學院歷史研究所"先秦史網站"，http://www.xianqin.org/blog/archives/2219.html，2010 年 12 月 22 日。

允其敦。

自般以疫，又。

貞：舌方弗敦。

己亥卜賓貞：翌庚子步，戈人不[字]。十三月。

辛丑卜賓貞：叀（惠）[字]令以戈人伐舌方。戋（翦）。十三月。

《合》39868＋《合》39878＋《合》5785①

“疫”是服事商王的一個部族，已見前述。從此組綴合的内容來看，“自般以疫”也應該是與對舌方作戰有關的貞問，般可能帶領疫人直接投入戰爭，或提供後勤支援。

    I. 叀（惠）般以衆□召方，受又。

      庚子貞：甲辰酒于上甲。 《合》31987

本版爲歷二類字體，貞問“以衆”對召方作戰事宜。學者周知的是，歷組卜辭中未見舌方之名，但習見召方，且此二方地理可相互聯繫，對其征伐的商人領袖也完全重叠，歷一、歷二類字體與典賓類時代相互涵蓋，張宇衞近來提出“賓組舌方即歷組召方”的觀點，頗有道理。② 若此説可信，則辭 I 便是“般”帶領“衆人”與召方（舌方）的一個重要例子。③

    由前可知，師般在武丁後期對舌方的大規模作戰中扮演的是協同作戰的角色，卜辭顯示他並不擔任前綫總帥，而往往在後方起一些輔助的作用，這由以下兩條卜辭的合觀可以察覺一二：

    J. 乙巳卜賓貞：[字]乎告舌方其出。

      貞□允出。

      允其□

      貞：史（使）人于[字]。

      [字]。

      自般。 《合》5536＋6079，《合》6078 同文

---

① 本綴合見張宇衞：《甲骨綴合第十三～十七則》，發表於中國社會科學院歷史研究所“先秦史網站”，http://www.xianqin.org/blog/archives/2536.html，2011 年 12 月 21 日。《合》39868＋合 39878 爲蔡哲茂綴，《合》5785 爲張宇衞加綴。

② 張宇衞：《甲骨卜辭戰爭刻辭研究——以賓組、出組、歷組爲例》，頁 202—232。

③ 嚴格來看，這個“般”也有可能是師般的後人、氏族。後面會提到，《合補》10654 載“癸巳卜：祼告師般”，字體是歷一類，整體稍早於歷二類，此時師般已成爲被祭告的對象，是否《合》31987 征討召方的此“般”遂因而失去了“師”職？尚待進一步探討。

　　K. 壬子卜賓貞：舌方出。王隺(觀)。五月　　　　　　　　　《合》6096

這兩組辭例字體相近(賓組晚期風格)、干支同旬、内容相關,疑是一事前後所貞,和辭
F、G 屬同一系列。在邊境的"峀"來奔告舌方出犯的迹象,商王首先占卜了舌方是否
真的來犯,其次貞問是否遣使前往峀地,最後占問是派 𠂤 好,還是派師般較妥。至於
派人到峀地所爲何事,辭 J 告訴我們,商王也在數日後擬親自前往該地—"觀",[1]可知
乙巳日的占卜是關於派遣官員前往邊地觀探舌方意圖的記録,師般與 𠂤 都是指派這
類軍事任務的適當人選,從中也可略窺此人供職王庭、親近武丁的特質。

2. 和彭、龍的戰争

　　卜辭顯示,商王有時命令師般向"彭"、"龍""取"某些事物,後者與習見爲王服事、
管理羌奴的龍可能並非一人,而是氏族方國之名:

　　A. 乎自[般]取龍。　　　　　　　　　　　　　　　　　　　《合》6587

　　B. □□古貞□[自]般取龍。　　　　　　　　　　　　　　　《合》6588

　　C. ☒ 般 ☒ 彭、龍。　　　　　　　　　　　　　　　　　　《合》14775

上述由師般特地前去索取的是什麽呢? 下面有條辭例提供了綫索:

　　D. 貞：弓令自般取[束]于彭、龍。　　　　　　　　　　　　《合》8283[2]

"束"在卜辭中一般多用作某類建築物,或以商王前往"取束"的辭例體現,而此處能由
彭、龍處取得的"束"似與之稍有不同。此類的"束"有各自的君長進行管理:

　　E. 乙丑卜□貞：令羽眔鳴以束尹比畣弔,屮(贊)事。七月。　　《合》5452

　　F. 乎多束尹皀(次)于教。　　　　　　　　　　　　　　　　《合》5617

"多束尹",指管理或統治複數"束"的氏族首領,如《合》6771"往西多紆其以王伐"即指
商王朝以西的諸族頭人是否帶來商王所需的伐祭奴隸之意。筆者認爲,"束"的這種
用法似乎是指由一種附屬於不特定方族底下的人群組成單位,可能與其建築物的某
種特徵有關。[3] 按,辭 D 可與以下此條合觀:

---

① 隺(觀)用在戰争卜辭的例子僅此一見,趙誠指出此處用爲"觀察、監視"一類意思,可信,參《甲骨文字詁
　　林》第二册,北京：中華書局 1996 年版,頁 1695。

② 此辭的"束"字殘斷,除《摹釋總集》缺釋外,《合集釋文》、《校釋總集》均釋"束"。從該字殘存的點劃以及横
　　筆來看,釋"束"較爲可能,故本文從之。然而考量該字"矢"旁稍靠左,且右下似有直豎殘筆的迹象,或也
　　有釋"陜"的可能。

③ 此類的束顯非地名,而很可能具有"宗廟"一類的性質,參姚萱：《殷墟卜辭"束"字考釋》,《考古》2008 年第
　　2 期,頁 64—66。

　　　　G. ［貞］：取卅邑于彭、龍。　　　　　　　　　　　　　　　　　　《合》7073 正

商王從彭、龍二方索求的除了"束",尚有三十個居住點。由此可見,商王對龍、彭等氏族的宰制是相當高壓的,他命令師般要求的並非牛羊、奴隸,而是取"束"、取"邑",顯然已非正常性質的規律徵取,而是接近統治者對戰敗國族的吞食,這也可從過渡 2 類字體中一系列對龍方的作戰可略知一二,見《合》6476、6583 等。

　　　在一系列的征伐、强取之後,我們見到這樣一組卜辭:

　　　　H. 乎取龍［伯］。　　　　　　　　　　　　　　　　　　　　　　　　《合》6589 正

　　　　I. 己酉卜㱿［貞］：令般取龍［伯］。　　　　　　　　　　　　　　　《合》6590

張宇衛指出"卜辭此處言'取某伯',知龍、微遭逢大敗,因而其君被'取',進而可能作進獻之用",[1]近是。可以合理推測由於受到商朝的壓迫,龍方在武丁中、晚期斷斷續續地與商人發生衝突,最後終於被消滅,過程中師般扮演了重要的角色。

3. 和髟的戰争

　　　和前段所引"取龍伯"類似情形的,尚有與"髟"相關的一系列辭例:[2]

　　　　A. 貞：乎取髟伯。
　　　　　　貞：弓取髟伯。　　　　　　　　　　　　　　　　　　　　　　　《合》6987 正

從"龍伯"的情況看來,這裏的髟伯大概也是受到商王朝擊敗、被軍事控制的髟族首領,而擊敗他們的很有可能是武丁中期名將"雀",見《合》6986"雀弗其隻品髟"。《合》20084 有辭云"壬子卜貞：髟伯𠂤亡疾",此片字體近似師賓間類,時段較早,此"𠂤"應該就是這個髟伯的私名,顯然當時他與商王的關係應該較佳,故武丁關切其健康情形。

　　　取來髟伯之用意爲何? 可能是拿他來祭祖。看以下辭例:

　　　　B. 丙子卜亘貞：王㞢 ⊏ (報)于庚,伯髟［用］
　　　　　　貞：王㞢 ⊏ (報)于庚,伯髟弓用。　　　　　　　　　　　　　　《合》1115

王舉行"㞢報"的對象是"庚",指祖庚或父庚,貞問重點在於要不要"用"伯髟來進行祭祀,這類用方族首領爲祭品的現象可參《合》38759"☐方伯用"、《合》28092"用危方囟于匕庚"等例。

---

① 張宇衛：《甲骨卜辭戰争刻辭研究——以賓組、出組、歷組爲例》,頁 335。

② 此字舊釋"長"或"微",實即"髟"字,參林澐：《説飄風》,《林澐學術文集》,北京：中國大百科全書出版社 1998 年版,頁 30—34。

需注意的是,以上 A、B 二例均出自 YH127 坑賓組,在時間上稍早於典型的賓組大字類型,而後者便載有師般和髟族的互動記録,如下所示:

C. 于[畎](澗*)。

　　　　弜于澗奠。

　　　　貞:髟人于[畎](澗*)奠。

　　　　乎自般取。

　　　　告工方于示壬。

　　　　貞:戗以由。　　　　　　　　　　　　　　《合》39858+《蘇德*美日》226①

根據同版的"戗以由"聯繫《合》2341"戗以省白由,三月",可約略確定此時間區段。這是關於是否選擇"澗*"地奠置髟人的記載,以及是否選擇師般作爲負責人。商王命令他前往髟地的目的是"取",對象應即髟人全族,計劃將他們從原居處遷離,移居到商王所指定的地點,請看下面刻辭:

D. 丁巳卜㱿貞:乎自般往于髟。　　　　　　　　《合》13598+《懷》956②

此辭同版有"六月己巳"的記録,可知此時大約在武丁中晚期某年的五六月間,即位於辭 C 的兩個月後,這時應該已確定奠置的地點,遂貞問令師般前往處理的事宜。

裘錫圭已指出,這類作爲動詞的"奠"指將戰敗的國族或其他臣服國族的一部分或全部奠置在商人所控制的地區內。他針對 A、C、D 三辭內容表示:

> 綜合這些卜辭來看,似可作這樣的推測:當時商王準備叫師般去髟地,徵取髟人奠之於澗或其他地方,但是尚未決定是否把髟伯也徵取來。……可知髟族曾與商人爲敵。奠髟人之時,髟族當已由於戰敗而服屬於商。③

裘先生認爲此時髟族由於戰敗已臣服於商,無疑是正確的,而命令師般取得髟人從奠他方也令人信服,不過由於未關注到辭 A 以及本文所引辭 B 的時代較早,以至於認爲"取髟伯"的貞問與"奠髟"同時,就導致了對整體事件理解上的歧異,這可能是有問題的。事實上通過前文的分析可知,經過武丁前、中期的作戰,髟族降服,族長被商人捉去充祭,接下來直到中、晚期的髟族可能陷於群龍無首的局面,最終被師般控制,舉族遷徙至商王指定的地點(可能是澗*地),淪爲服重役的下族,而師般將其強制遷移的

① 蔡哲茂:《甲骨綴合集》,第 70 組,頁 101—102。

② 蔡哲茂:《甲骨綴合集》,第 14 組,頁 27—28。

③ 裘錫圭:《説殷墟卜辭的"奠"——試論商人處置服屬者的一種方法》,《裘錫圭學術文集》卷一,頁 176。

過程,想必也是血淚斑斑。

4. 其他可能的戰爭事類

除了針對𢀛方、彭、龍、彡等方族之外,似乎未見其他某特定征伐對象的辭例,不過卜辭中仍可見到師般參與軍事事務的一些迹象。例如一系列的"令師般"辭例,兹略舉如下:

A. 貞:令𠂤般。　　《合》4214

B. 癸巳卜貞:叀乙未令𠂤般。　　《合》4216

C. 癸巳貞:今日王令𠂤般。　　《懷》1651

D. 貞:㚻隹𠂤般令。　　《合》4219

E. 貞:令、𡆥、𠂤般。十三月。　　《合》428+《合》17172[①]

辭B、C字體分屬賓三、歷一類,干支、事類相同,卜問的應該是同一件事的選貞。[②] 上述這些對師般的命令、呼告均省去了細節,從其他相關辭例來看應該都與軍事有關。例如此二版關係到軍事前期典禮的實行:

F. 貞□𠂤般▨商爯册▨　　《合》7417

G. ▨令𠂤般比▨才北爯册▨　　《合》7423

"爯册"問題可見李宗焜近期的總結性研究。[③] 有些辭例則與調動部隊布局有關:

H. 貞:令𠂤般比□東。　　《合》4213

I. □□[卜]□貞:[令𠂤]般[入]𢆶。　　《合》8173

J. 壬午卜:令□般比侯告。　　《合》22299

K. 壬午卜:令般比侯告。

癸未卜:令般比侯告。　　《合》32812甲

辭J是婦女組字體,辭K是師歷間B類,二者同文例。這裏的"比侯告"很可能與征伐"人方"有關。師般又時常參與整體的軍事布局:

L. □𠂤般以人。　　《屯》340

M. □𠂤般以人。　　《合》32273

這兩版都是歷草類字體,同版有"𡆥以人"、"𠂤以人"等,所卜當是一事,L爲二卜,M

① 本組爲何會綴合,收入黄天樹編:《甲骨拼合續集》,北京:學苑出版社2011年版,第472組,頁192。

② 《懷》1651是卜骨,《合》4216則用甲,此例可視爲歷組應提前的一個證據。

③ 李宗焜:《卜辭"爯册"與〈尚書〉之"誥"》,《中研院歷史語言研究所集刊》第八十本第三分,2009年。

爲三卜。M另有"己巳卜：于大示，亞臭、雀告"，是三天後向大示祭告"以人"的活動。呼令"以人"的目的難以確知，然以軍事行爲較具可能性，如下所示：

　　　　N. 自般以人于北臭（次）。　　　　　　　　　　　　　　　　　　　《合》32277

　　　　　　人于浮臭（次）。

　　　　　　于峕臭（次）。

　　　　O. 自般以人于北臭（次）。　　　　　　　　　　　　　　　　　　　《合》32278

兩版也都屬於歷草類，貞問是否讓師般將部隊停次於某地的北臭。類似辭例又見以下：

　　　　P. ☑亦[自]般在諆（詩），乎臭（次）在之，臭☑十三月

　　　　　　　　　　　　　　　　　　　　　　　　　　　《合》4258＋《明續》S597①

　　　　Q. [貞]：亦自般在諆（詩），乎臭（次）在之，臭。　　　　　　　《合》7361

二辭同文，"諆"是地名，陳夢家曾將此辭"之"釋爲"止"，認爲"止臭"即"此臭"，與辭N的北臭作聯繫，也就是認爲這是貞問停次軍旅在北臭的事宜。裘錫圭已指出其不可信，表示這裏應將"臭"視爲動詞較佳。②　筆者認同裘説，則P、Q二辭意指安排師般軍旅在諆地的駐扎事宜。此外，關於師般直接參與戰事的記録尚有：

　　　　R. 自般其及。　　　　　　　　　　　　　　　　　　　　　　　　《合》4228

這裏提到所"及"的，應該是敵人的軍勢，如《合》6943"我馬及/弗其及戎"、《合》6946"犬追亘。有及/亡其及"指的是商王命令多馬與多犬追擊亘戎的情形。而這類的追擊命令，可能與師般前往助戰有關：

　　　　S. 甲申卜争貞：乎自般爰我。四月　　　　　　　　《合》17508＋《合》8309③

"爰我"一詞亦見《懷》762，即前來援助我方之意，可見師般雖罕見擔任戰役主帥，却似負有安排增援的職責。從卜辭內容上來看，他所能動用或指揮的軍旅人數相當驚人，如下所示：

----

① 此組爲許進雄綴合，收入蔡哲茂編：《甲骨綴合彙編——圖版篇》，臺北：花木蘭出版社2011年版，第50組，頁49—50。

② 裘錫圭：《説殷墟卜辭的"臭"——試論商人處置服屬者的一種方法》，《裘錫圭學術文集》卷五，頁184。此辭的語法結構值得注意，似將陳述現況的"師般在諆"置於命辭中，貞問呼令他"次在之，臭"的事宜，若將前者省去，"乎"後還原賓語"師般"，則形成"亦乎師般次在之，臭"，類似句型如"亦乎雀燎于云，🀫"（《合》1051），可進一步討論。

③ 本組爲李延彦綴合，收入黃天樹編：《甲骨拼合續集》，第581組，頁312。

  T. ☐萬人☐般。   《合》8715

此版殘斷,但"般"與"萬人"顯然是同一辭。卜辭中或言"登三千人"(《合》6640)、"收旅萬"(英 150),所徵召的都是參戰人員,想來此辭應該也不例外。能參與動用萬人作戰,可見師般的軍事地位頗高,與婦好、䓂或較早的雀相比,也不會相去太遠。

  通過本章的梳理,可知師般所參與的大型軍事活動主要體現在對舌方一役上,另外對"㣇"族的征服也投入甚多精力,其他或直接、或間接地也參與了一些戰事,但似乎均不擔任主帥角色,而顯示出較多的統籌、組織支援色彩,這一點與武丁時期主要將領雀、子商、婦好、望乘、沚㦰、䓂等人在軍事卜辭中的表現有着值得注意的差異。

五、卜辭其他相關辭例綜述
與師般親緣關係探討

  在本章中,筆者將着手對戰爭卜辭以外、與師般史迹有關的辭例進行整理,依事件性質分類探討,以助於釐清此人擔負職能之原始面貌。此外在師般是否與商王同族的部分作專門討論,根據現有材料與理論試構擬出其親緣結構與關係。

1. 取得、致送物資

  在目前可見到的所有辭例中,師般除了參與軍事活動之外,最多見的就是受王命令去取得與致送物資的活動了,尤其是關於"取"的事類,這和前段軍事性質的"取"有對象性質的差異。卜辭中有許多省略了內容,僅針對選擇師般的相關辭例:

  A. 貞:方告于東、西。

   乎自般取。

   乎自般取。   《合》8724

  B. 王夢☐之☐孽

   乎自般取。   《合》8840

  C. 貞:今丙辰其雨。

   貞:屮于岳。

   貞:叀般乎取。   《合》14410

  D. 貞:乎自般取。   《合》39784

有些辭例載有"取"的地點或對象:

  E. 戊辰卜賓貞:乎自般取于夫。   《合》8836

  F. 貞:今般取于㞷。王用若。   《合》376 正

師般受王命所執行的這類行爲顯然是一種上對下的徵取。文獻中對"取"字有確切的訓釋,《儀禮·鄉飲酒禮》:"皆進,薦西奠之,賓辭,坐取觶以興。介則薦南奠之。"鄭注云:"賓、介奠於其所。賓言取,介言受。"孔疏引《經典釋文》則曰:

> 尊者得卑者物言取,是以《家語》云:"定公假馬於季氏,孔子曰:君於臣有取無假。"①

卜辭中的這類"取"字用法也該如此理解,所取得的包含了各種類型的物資。如以下此例:

　　　G. 辛酉卜賓貞:乎自般取珏,不左。　　　　　　　　　《合》826,重見《合》39525

此"珏"從二玉會意,當是某種玉製品,或謂作爲祭祀用途,似可信。② 近來有組新綴還原了一條辭例:

　　　H. 貞:自般以紵弓于臺。　　　　　　　　　　　　　《合》2246 正甲＋《合》18599

此辭所貞問的大概是是否將師般所致送來的"紵"轉送往臺即敦地之意。花東甲骨習見子貞問獻給婦好"紵"之事宜,可見其價值。劉桓根據文獻分析,認爲"紵"應釋"絺",即細葛布製作之夏季衣服,足備一説。③

在一般物資之外,商王有時會命令師般徵取自己領地的"芻",即打芻草的奴隸:

　　　I. 貞:取般[芻]。
　　　　貞:取克芻。　　　　　　　　　　　　　　　　　　　　　　　《合》114
　　　J. 扃、克、般、工示 𡦆 取有芻。　　　　　　　　　　《合》409＋《合》14911

此二版事類有關。"有芻",即各自的芻人。辭 J 爲林宏明綴合,已見本文第二章。内容顯示扃、克、般、工示(交付)芻人給 𡦆 ,他們自有其地盤,有進獻勞力的義務。這些芻人大概有很多是受到奴役的羌人,而般與克、扃等人或氏族分別擁有不少此類奴隸,相關辭例又可見《合》113、《合》4253、《契合集》281 組等。有時商王會貞問關於這些奴隸的逃亡事宜:

　　　K. □寅卜般貞:[般]不若,不㩴羌。

---

① (漢) 鄭玄注,(唐) 賈公彦疏:《儀禮注疏》,收入李學勤主編:《十三經注疏》,北京:北京大學出版社 1999 年版,頁 158。

② 參見于省吾編:《甲骨文字詁林》第四册,頁 3284—3285。

③ 本綴合爲李延彦綴合,收入黃天樹編:《甲骨拼合續集》,第 540 組,頁 265。劉桓説見氏著:《讀殷墟卜辭札記四則》,《甲骨文與殷商史》新三輯,上海:上海古籍出版社 2013 年版,頁 190—192。

貞：般亡不若，不奉羌。

　般其奉羌。　　　　　　　　　　　　　　　　　　　　　　　　《合》506 正

以上三版均未加"師"稱，可見是師般活動的較早段記載。"奉羌"，指羌奴逃逸，林宏明根據趙平安、沈培等人的觀點，指出本版"卜問'龍'和'般'何者來管理般所俘的羌比較合適，比較不會發生'羌逃跑（奉羌）'的事情"，並進一步判斷：

　　《合》272 有卜問"貞：乎龍以羌。勿乎龍以羌"，商王可以命龍帶"羌"來。YH127
　坑出土卜辭有"□未卜賓貞：令般受何羌。貞：令犬✠（琮）受何羌"。可見"般"的
　羌並非全來自於自己俘獲的，很可能"般"、"龍"有一部分職責是管理俘獲的羌。①

其説可信，由此可知，師般的一項重要工作是爲商王徵集、捕捉異族奴隸並加以管理，以供役使。類似情況也見下面這兩條辭例：

　　L. 癸巳卜古貞：令自般涉于河東［兆］，𢆶 于□奴王臣。四月。

　　　癸巳卜古貞：刅（勿）令□　　　　　　　　　　《合》5566＋《合》3826
　　M. 乙亥卜：般取多臣□　　　　　　　　　　　　　　　《合》622

此辭爲筆者與陳逸文共同綴合復原，這裏被師般由河東"奴"來的多臣、王臣，應該也是指非自願的奴隸一類人而言，可參見裘錫圭的意見。②

　　此外，卜辭多見"般"貢入龜版數量的記事刻辭，可見《合》6478 反（入十）、7407 反（入十）、9504 反（入四）、16355 反（入二）等例。此人或氏族一般認爲就是師般或其宗族，學界似無異辭，《合》9471 有以下這條卜辭：

　　N. 貞：𠷎自般龜。

"自般龜"，應即師般"以"龜，指他所帶來、貢入之龜。"𠷎"舊多誤釋，裘錫圭指出實即"念"字，所從倒口爲"今"的古寫。此條卜辭舊無的詁，筆者認爲"念"字在此疑通爲"飪"，蔣玉斌近年曾分析甲骨、金文中的念與以之作偏旁的字例，指出"念"、"飪"通假的多項確例，並考證出《合》22099 一版中从鬲的"飪"字，據之揭露商代烹人酷刑之存在。③ 裘、蔣之説可信。由此來看《合》9471 此辭，或可能與此類行爲有某種關聯。

---

① 林宏明：《醉古集——甲骨的綴合與研究》，頁 75。

② 裘錫圭：《甲骨卜辭中關於俘虜和奴隸逃亡的史料》，《裘錫圭學術文集》卷五，頁 6、7。

③ 裘錫圭：《説字小記·説去、今》，《裘錫圭學術文集》卷三，頁 418—421；蔣玉斌：《甲骨文字釋讀札記兩篇》，《中國文字研究》第十六輯，上海：上海人民出版社 2012 年版，頁 64—69。

2. 商王對師般行事的關切

此處所指的"關切"指的是商王對其人爲王執事、奔走的可能結果，所自然表達出來的期待與關切。我們能看到的相關辭例大體可分爲以下兩部分：

(1) 有田無田

"田"字釋"憂"，從裘錫圭説。[①]　此類關於某人有憂無憂的貞問習見於卜辭，例如以下數辭：

　　A. 貞：自般亡田。

　　　　貞：自般其有田。　　　　　　　　　　　　　　　　　　　《合》2837

　　B. 貞：今二月自般至。

　　　　貞：自般[其]有[田]。　　　　　　　　　　　　　　　　《合》4225

　　C. 貞：自般其有田。　　　　　　　　　　　　　　　　　　　《合》4226

這三辭所貞問關於師般的憂患與否，細節上由於缺乏比對的資料，無法確知對應於何種事類，或爲人身安全，或爲軍事成敗。僅有辭 B 同版貞問到了二月時(表示貞問時很可能在一月)師般是否到來，透露了這是關於對其人往來安全關切的可能性。而這類辭例確實也有一些例子：

　　D. 辛巳卜丙貞：般往來亡田。

　　　　般其有田。　　　　　　　　　　　　　　　　　　　　　《合》152 正

　　E. 戊午卜古貞：般往來亡田。

　　　　貞：般往來其有[田]。

　　　　王占曰：吉。亡田。　　　　　　　　　　　　《合》4259＋《乙補》1791[②]

這是對般的交通往來表達關切的貞問，辭 E 可對照下面這個例子：

　　F. 戊午卜古貞：般亡田。

　　　　貞：般其有[田]。

　　　　王占曰：吉。亡田。　　　　　　　　　　　　　　　　　《合》4264

前版出自 YH127 坑，後版藏於歷博，二者顯然同卜一事，刻手也是同一人。比照之下，可知後者辭例當爲前者之省，前者行款緊沿千里路而下，後者則沿龜版左右兩邊而下，不知這不同的行款表現是否有特殊的蘊意。

---

① 裘錫圭：《説"田"》，《裘錫圭學術文集》卷一，頁 377。

② 此組爲林宏明綴合，收入氏著：《契合集》，第 274 組，頁 277—278。

（2）⊎王事

關於"⊎王事"一詞，"⊎"早期學者或釋爲"由"、"甾"、"協"，均不達其旨，近年蔡師哲茂指出"卜辭的'⊎'應是後來表示'簪'的'箸箭'的象形字，在'⊎王事'的地方讀作'贊王事'，表示佐助王事"，陳劍也通過進一步研究表示"⊎"字當讀爲"堪"，訓爲勝任之"任"。蔡、陳二説在釋字上各有所擅，較舊説更爲貼近卜辭原貌，學者可以并參。① 以下對所見例子稍做説明：

A. 貞：自般⊎王事。　　　　　　　　　　　　　　　　《合》2108＋《合》5466②

B. 自般弗□王事。　　　　　　　　　　　　　　　　　　　《合》5467

C. 癸酉卜古貞：自般⊎王事。　　　　　　　　　　　《合》5468＋《英》1276 正③

D. ［自］般□［王］事。　　　　　　　　　　　　　　　　　《合》5469

以上諸辭都是對師般是否佐助、勝任王事的貞問，以我們對此類辭例的理解，所謂的"王事"涵蓋面頗爲廣泛，或爲軍務（《綴集》175），或爲農務（《合》22），或爲工務（《合》14912），或爲田獵（《合》5480），則師般所參贊之王事，當即其中之一類。

3. 其他相關辭例

以下對師般相關的其餘辭例作分列討論，首先談談田獵活動。衆所周知，商代存有大量的田獵卜辭，武丁對於此活動具有相當程度的愛好，時常呼令臣屬共同參與。不過在現存材料中我們並不常見到師般參與的身影，少數辭例羅列如下：

A. 貞：乎般。

貞：乎般往畋，不𩂋（遭）鬼日。　　　　　　　　　　　　《合》10171④

本版貞問時間爲武丁中期某年一月左右，正值𠭯征伐舌方的前後。商王占卜呼令般前往田獵的事宜，其中關切是否"遭鬼日"，黃天樹根據裘錫圭的意見，進一步指出這應該是占卜者狩獵時所不希望碰到的事情，表示："由此可知卜辭中的'鬼日'，正如裘錫圭先生所説應指'太陽的一種不理想的狀態'，很可能是一個氣象詞。"⑤

B. 貞：乎取般狩𣏌。　　　　　　　　　　　　　　　　　　　《合》10934

---

① 蔡哲茂：《釋殷卜辭的簪字》，《東華人文學報》2007 年第 10 期，頁 21—50；陳劍：《釋"⊎"》，《出土文獻與古文字研究》第三輯，上海：復旦大學出版社 2010 年版，頁 1—89。

② 此組爲林宏明綴合，收入氏著：《契合集》，第 74 組，頁 87—88。

③ 此組爲蔡哲茂綴合，收入氏著：《甲骨綴合集》，第 74 組，頁 105—106。

④ 此版加綴狀況較複雜，可參考林宏明：《醉古集》第 347 組考釋，頁 188—189。

⑤ 參黃天樹：《殷墟甲骨文"鬼日"補説》，《古文字論集》，北京：學苑出版社 2006 年版，頁 237—239。

C. 叀般令田于并。　　　　　　　　　《合》10958(《合》10959＝《東文研》1033 同文)

這兩條應該都是命令般前往特定地點進行狩獵行爲的記載。值得注意的是,這三條辭例都是般此人尚未膺任"師"職之前所記録的,目前尚未見到他在武丁中後期受命田獵的明確記載。不過這條辭例可資關注:

□ 𢎨 溝,乎自般見。　　　　　　　　　　《合》4222,重見《合》8352 正

筆者根據卜兆方向、位置與文意,對本辭讀序做了與舊釋不同的安排。𢎨,舊均隸定爲"卲",實際上此字所謂"卩"偏旁殘斷了頭部,仔細觀察仍可見到向外的筆勢。《合》4932 有此字,辭例爲"貞:乎 𢎨 戜",其字原貌還是看得很清楚的,且可證明"𢎨"是人或氏族名。① "溝"作爲常見的田獵地,細繹《合》4222 文意,似指與 𢎨 族人在溝地田獵,命令師般奉獻所得之意。

在田獵活動之外,其餘一般事務似罕見般的參與,《合》371 正反有以下兩組辭例:

D. 乎𤜽同龍、圭。　　　　　　　　　　　　《合》371 正＝《乙》4516
　　乎般比圭力。
　　弜乎般比圭力。　　　　　　　　　　　　《合》371 反＝《乙》4517

𤜽、圭是人或氏族名,分見《合》5513、41024。二辭可能相關,後者呼令般"比"圭去"力",不知是否與農事有關。②

此外,在般獲得"師"的稱號之後,對於軍事活動,他不僅較多地直接參戰,同時也有不少間接事迹的記載。例如以下這三條辭例:

E. □[貞]:王令自般□
　　□自般壹子叟。　　　　　　　　　　　　　　　　　《合》32900

---

① 《合》4932"𢎨"字舊釋亦均作"卲",但拓片其實很清楚地保留了頭角的筆迹,應予注意。此"𢎨"所從之"𧰨",其頭角與否定副詞"弜䛐"之"䛐"相同,當即"莧"字羊角象形。近年相關討論可參謝明文:《商代金文的整理與研究》,頁 683—695;沈培:《甲骨文"巳"、"改"用法補議》,《第四屆古文字與古代史國際學術研討會論文集》,臺北:中研院歷史語言研究所,2013 年 11 月。

② 《〈殷本紀〉訂補與商史人物徵》將辭 D"乎般比圭力"釋爲"呼師般從,往,左",屬較嚴重的誤釋,見該書 274 頁。《合》371 正面載有貞問"子商獲"的卜辭,目前仍未見已稱"師"的般與子商同版的例子,子商在武丁中期以後已不再出現。

F. 庚子卜：王令自般壹子☒

《合》32901＋《合》32770＋《合》32773＋《屯》134①

G. 貞□自[般]壹子[妻]。　　　　　　　　　　　　《合》39783

令某人往"壹"之辭例多見，如辭 F 同版便有令�掌、骨剛壹子妻之事，另外有"壹首"，也應與此類有關。由於所從偏旁的細部變異性，學界關於"壹"字的討論目前仍無定論，或隸定爲�る，可參看于省吾以來的一系列討論。② 近來沈培對其用法做了完整的分析，令人信服地指出此字應釋爲迎迓之迓。③ 據此，上引辭例所表達的即是商王令自般迎接子妻作戰歸來的貞問記録。

H. 丙戌卜[爭]貞：令[般]祉(庇)丘。　　　　　　　《東大》1169

祉丘，即於丘入庇之意，《合》6943 曾載商王占問是否"令多奠祉(庇)爾(邇)墉"，即指命令戰場周邊的奠人進入鄰近城墉避難。④ 由此看來，辭 H 應亦與般所從事的軍事活動有關。

4. 師般參與祭祀活動的迹象

師般雖掌有較高的軍事權力，並且在徵取物資、管理奴隸等方面受到商王的信任，但在卜辭中却罕見此人較爲確切的祭祀相關辭例，這一點與同處武丁中、晚期的雀、子商、婦好、�掌等人相比，有鮮明的差異。經過檢閱，我們得到以下幾條與祭祀活動可能有關的例子：

A. 庚午卜韋貞：乎自般☒ 业五于☒　　　　　　《合》4223

B. 壬申卜貞：御自般帚。　　　　　　　　　　　《合》9478

① 林宏明：《醉古集》，第 187 組，頁 219—220。

② 見于省吾：《雙劍誃殷契駢枝》三編，石印本，1944 年，頁 23；林小安：《殷墟卜辭㑣字考辨》，《第三屆國際中國古文字學研討會論文集》，香港：香港中文大學，1997 年；趙平安：《"達"字兩系説——兼釋甲骨文所謂"途"和齊金文中所謂"造"字》，《中國文字》新 27 期，臺北：藝文印書館 2001 年版；劉桓：《釋甲骨文"遘"、"遏"》，《古文字研究》第二十七輯，北京：中華書局 2008 年版；朱鳳瀚：《再讀殷墟卜辭中的"衆"》，《古文字與古代史》第二輯，臺北：中研院史語所，2009 年 12 月；劉釗：《甲骨文"害"字及从"害"諸字考釋》，《紀念何琳儀先生誕辰七十周年暨古文字學國際學術研討會論文集》，合肥：安徽大學，2013 年 8 月。

③ 沈培：《釋甲金文中的"迓"——兼釋上古音魚月通轉的證據問題》(初稿)，《上古音與古文字研究的整合國際研討會論文集》，2017 年 7 月 15 日—17 日。

④ "祉"字釋"庇"，見裘錫圭，《説殷墟卜辭的"奠"——試論商人處置服屬者的一種方法》，《裘錫圭學術文集》卷五，頁 186。

辭 A 記載呼令師般做某事，假設該事屬於祭祀行爲，則"𡇬五"前面可能殘缺了"祭法＋十進位數量"；也有可能該"𡇬"字就是作爲祭法使用的，只是省去了牲品之名。辭 B 也有兩種可能性：一個是將般、帚連讀，"御自般帚"，即指爲師般的妻婦進行禳災之祭；其二，則是斷讀般、帚，"御自般，帚"，表示將在師般自外歸來後爲其舉行禳祭。目前學界已確認卜辭中許多人名後綴的"帚"都應讀爲"歸"，例如《合》32896"王其令望乘帚"、《屯》502"其令亞侯帚"即命令望乘、亞侯歸來之意，其例甚多，足證斷讀般、帚的可信度。① 當然，"帚"字前也不無可能省略了"于"字，這樣一來便指向死去的某婦或多婦禳祭師般的災禍。無論如何，接受御祭的主體應是師般。

> C. 癸亥卜内貞：乎般比𢝵。
> 　　乎般比𢝵。
> 　　弜乎般比𢝵。　　　　　　　　　　　　　　　　　　　　　　《合》13675

本辭應指呼叫般來參與"𢝵"祭；"𢝵"在歷組字體中寫成"𢝵"，其作爲祭名之例見《蘇德美日》122、《屯》1074，未見作爲人名之例。這裏似乎顯示商王對般的關切，原本不應與祭的般，被商王刻意找來參與。

上面三組是較爲直接的辭例，間接相關的有以下這條：

> D. 貞：于母己御。
> 　　貞：于兄丁御。
> 　　貞：于爕御。
> 　　貞：令自般。　　　　　　　　　　　　　　　　　　　　　　《合》2537

此辭貞問命令師般執行某事，而整版卜辭均與御祭有關，故可推知此事可能也與御祭有關。

以上便是可見的所有相關辭例，至於在師般死去後也曾受到商人祭祀，但似乎僅此一見：

> E. ☒告方于丁。
> 　　[癸]巳卜：祼告自般。　　　　　　《綴續》518 組(《合補》10487＋《英》397)

此版字體屬於歷一類，同版有"于大示告方"，同文例見《村中南》245＋《合》33098 以及

---

① 韓江蘇將此辭釋爲"爲師般婦所求的御祭"，並據之推論"師般婦"與商王同姓，師般此婚姻關係故受武丁重用，似屬過度詮釋，見江林昌、韓江蘇：《〈殷本紀〉訂補與商史人物徵》，頁 276。

《合補》10654。① 卜辭"裸告"的對象均屬祖先神靈，如"父乙"（《合》13619）、"母辛"（《合》40998）等，可知此時的師般顯然已去世，且武丁亦已死去。然而《村中南》245＋《合》33098 仍有🔲與🔲或（戠）活躍的記載。我們前面已經提到師般在歷二類卜辭中仍有活動的迹象，而學者研究指出歷一、二類於祖庚時期具有一段較長的共存時段，筆者認爲這就是師般活動的最後一段時間。同時可參照的是，賓組字體中有這樣的辭例：

F. 貞：今□般□🔲（殯）。　　　　　　　　　　　　　　　　《合》9627

這是賓三類刻辭，同版問雛、弘的疾病情况，🔲即殯字初文，意指"暴死"。此辭貞問的大概也是師般是否死去的相關問題，可見其身體狀况已不樂觀，而賓三類的時段已下探祖庚、祖甲之交。準此，配合考量歷一類、二類字體的相互涵蓋時間範疇，可進一步估算出師般活動的下限應該就在祖庚中期左右。

5. 師般親緣關係探討

　　和子漁、子商、雀等人不同，師般似乎與商王在血統上稍具隔閡，因此無法參與絕大多數的王家祭祀活動，這由前面所引的相關辭例可以看出。雖然我們今日無法通過有限殘斷辭例精密還原師般的親緣關係，不過此人在譜系上源自於王族應該可以肯定，因爲從前文論述商代"師"一稱號的重要性來思考，此職務恐非異姓臣屬可以勝任，前面第三章提到先於般任師職的"🔲"，武丁稱其爲"父"，有廟號"壬"，與羌甲、南庚等先王有明確的血緣關係，②可證王族血脉（至少與之同姓）應被視爲擔任此職的條件之一，只是師般所帶有的王族血脉色彩較爲淡薄。由此進一步考慮，不僅是般，連"戈"也應被歸入商人的同姓貴族之中。

　　退一步想，如果我們肯定師般不是異姓臣屬，而是不帶"子"稱的商人貴族這一前提，但又同時注意到他在禳御、卜疾方面並不受到商王關注且缺乏參與重要祭典的記載，無論對自然神或是祖先神靈的王室祭祀似都被排除在外，與雀、🔲、子賓、子漁等人截然有別，但他又在人生中期之後握有一定的軍事大權，則仍可大略推定此人的血緣關係——或許與商王介於親疏之間，和武丁不屬直系兄弟叔伯的可能性較大，而是關係較遠、可能即將析族而出的舊王族。關於商貴族不帶子稱的問題，林澐曾提到：

① 辭 E 綴合見蔡哲茂：《甲骨綴合續集》，臺北：文津出版社 2004 年版，頁 137—138。《村中南》245＋《合》33098 見孫亞冰：《〈村中南〉甲骨試綴一例》，發表於中國社會科學院歷史研究所"先秦史網站"，http://www.xianqin.org/blog/archives/2807，2012 年 9 月 27 日。
② 可參蔡哲茂：《武丁卜辭中🔲父壬身份的探討》。

　　其實,畢和雀不但看不出和"子某"在和時王的直系親屬的關係上有什麼明顯的差異,而且在祭祀商王的先公先王方面有特殊的地位……而與子漁、子央的明顯差別,就在於畢和雀是已經自立爲分支家族的族長了……一般説來,如果獨立成立分支家族之後,即使與時王關係很近的人(比如王的兄弟、叔伯),就不再稱子某了。①

畢(畧)是異姓多子,不在此處討論範圍内。筆者認爲林先生此處的説法也能够套用到般的身上,他與雀一樣與武丁在血緣上親近,都是已獨立分支的王族,但兩者的政治地位却有較大差異,這點是必須指出的。②

　　可資注意的是,在二期卜辭中有兩版同文卜辭的内容與般相關:

　　　A. 己亥卜大貞:乎般屖虫衛。　　　　　　　　　　　　　《合》23666
　　　B. 己亥卜大貞:乎般屖虫衛。　　　　　　　　　　　　　《合》41018

此例屬出二類,"屮"後一字,《校釋總集》釋"永",《合集釋文》作"防",《摹釋總集》作"衛",據《英藏》應以釋"衛"爲是。我們知道,出二類的時段已下達二、三期之交,可見此"般"大概與賓組的師般並非一人,考慮到卜辭中人物私名與氏族名往往混用的情況,此處有可能指的是賓組師般的後人。"乎般屖虫衛",大概是指呼令般族纂繼、承襲其先人之"衛"一類的意思,③這裏的"般"時代性與師般尚未太遠,且擁有武力,與前面引及第三期卜辭的"亞般"很可能屬於同一宗族,此類的證據可視爲般族以氏爲名傳承的展現。不過,這種以氏爲名形態的分辨需要格外注意,有學者或舉帝乙時期商器銘文所載之"作册般"(《集成》2711),將之同師般、亞般並列,作爲"世官世族"的顯現。筆者認爲此説有待商榷,西周以來"作册某"之某從語詞結構來看,是習見的職官+私名形式,此"般"應視爲該人物私名較爲合理,未必與武丁時期的師般有關係。④

---

① 林澐:《再論殷墟卜辭中的"多子"與"多生"》,《古文字與古代史》第三輯,頁116—117。
② 關於"雀"的全面研究,可參拙文:《殷商武丁時期人物"雀"史迹研究》,《中研院歷史語言研究所集刊》第八十五本第四分,2014年12月。據卜辭來看,雀有雀地,有雀人,並於1001大墓出土過"亞雀"角器,可見其勢力之大;不過這些在師般身上均未得見,顯示出二者身份地位上的區別。
③ 此處"屖"似應讀爲"纂",字釋見裘錫圭:《讀速器銘文札記三則》,《裘錫圭學術文集》卷三,頁167—171。
④ 將師般、亞般與作册般並列可參見王宇信、徐義華:《商代史·卷四·商代國家與社會》,頁498—499;陳昂:《略論甲骨卜辭中的自般》,頁50。事實上作册般鼎銘文另有"作册豐",或以爲此人乃作册般之子,或以爲此人身爲氏族大宗宗子,般爲小宗宗子;總之"般"、"豐"均不作氏族名用,顯然是私名。相關討論可參張宇衛:《甲骨卜辭戰爭刻辭研究——以賓組、出組、歷組爲例》,頁183—184。

六、聯繫師般與文獻"甘盤"身份應謹慎

如同第一段所論,由於師般之私名能與傳世文獻中的殷名臣"甘盤"聯繫,早期學者對此大多持肯定的態度,並未多做懷疑。最早董作賓在《甲骨文斷代研究例》一文中,便已據武丁時期卜辭具體提出這樣的看法:

> 卜辭中甘盤正作師盤。稱師,如吕尚稱"師尚父",以示尊崇賢臣之意。卜辭師作自,盤作般,與盤庚之作般同……一個時期的人物,見於卜辭的本屬偶然之事,竟有甘盤其人,足爲武丁時代信史添一新證,不可謂非契文研究的過程中一件小小的幸事了。[①]

董先生明確指出"師盤即武丁之師甘盤","師盤確曾立於武丁之朝,並且受他的詔命",此説影響學界匪淺。丁山在其《商周史料考證》一書中也提出類似的觀點:

> 由於甲骨文所見關於師般事迹之繁,可知甘盤確爲武丁初年的重臣;由於"今般死"的發現,我很疑惑他或死於武丁的中年。師般,在武丁時代,即食土於甘,其子孫因以甘爲氏,故周以來文獻,通稱之爲"甘盤"。[②]

自 20 世紀中以降,許多學者都曾發表類似意見,其看法大體一致,都認爲"師般"與文獻"甘盤"爲一人,曾經擔任過商代重臣或武丁之師。[③] 如今此觀點大抵已成定論,似無商榷之餘地,但是在通盤分析相關材料之後,尤其傳世文獻存在的若干問題,讓我們對上述成説的立論産生了懷疑。爲便説明,下面先列舉出南北朝以前所能見到的關於"甘盤"此人的所有文獻記載:

---

① 董作賓:《甲骨文斷代研究例》,原載《中研院歷史語言研究所集刊》外編第一種上册,1933 年,收入《董作賓先生全集》甲編,臺北:藝文印書館 1977 年版,頁 416—417。

② 丁山:《商周史料考證》,北京:中華書局 1988 年版,頁 74。此書爲遺著,寫定於 1949 年 1 月。

③ 可參見諸如胡厚宣:《釋死》,《甲骨學商史論叢初集》,頁 513;陳夢家:《殷虚卜辭綜述》,北京:中華書局 2004 年版,頁 366;趙誠:《甲骨文簡明詞典——卜辭分類讀本》,北京:中華書局 1988 年版,頁 40;林小安:《殷武丁臣屬征伐與行祭考》,《甲骨文與殷商史》第二輯,頁 276—277。也有懷疑持模棱兩可態度者,如李發:《商代武丁時期甲骨軍事刻辭的整理與研究》,重慶:西南大學博士論文(指導教師:喻遂生),2011 年,頁 106。事實上,從證史的角度來看,對卜辭與文獻著名人物的聯繫工作一直是吸引人的研究方向,但是即使存在再誘人的材料可比性,我們也必須時時提醒自己甲骨材料的貞卜特性以及和有周以降資料具有時代鴻溝的現實,尤其不應忽視對傳世文獻傳訛現象的合理批判,以免落入人云亦云的窠臼。例如陳昂碩士論文《略論甲骨卜辭中的自般》第四章第二節"論自般即甘盤"引述前人所提"商代已有三公制度"的可疑觀點,結合戰國以後文獻材料,便做出"自般即甘盤"的結論,缺乏堅實證據,應予存疑。

A. 公曰:"君奭! 我聞在昔成湯既受命,時則有若伊尹,格于皇天。在太甲,時
則有若保衡。在太戊,時則有若伊陟、臣扈,格于上帝;巫咸乂王家。在祖
乙,時則有若巫賢。在武丁,時則有若甘盤。率惟茲有陳,保乂有殷,故殷
禮陟配天,多歷年所。"《今文尚書·君奭》

B. 周公乃稱:"湯時有伊尹,假于皇天;在太戊時,則有若伊陟、臣扈,假于上帝,
巫咸治王家;在祖乙時,則有若巫賢;在武丁時,則有若甘般:率維茲有陳,
保乂有殷。"《史記·燕召公世家》

C. 王曰:"來! 汝說。台小子舊學于甘盤,既乃遯于荒野,入宅于河。自河徂
亳,暨厥終罔顯。"《偽古文尚書·說命下》

D. 六年,命世子武丁居于河,學于甘盤。《今本竹書紀年·小乙》

E. 元年丁未,王即位,居殷,命卿士甘盤。《今本竹書紀年·武丁》

先看成書最晚的《今本竹書紀年》,D、E兩條材料記載了甘盤成爲商王卿士的因由,但卻顯然屬於後人的鋪衍,根據王國維以來學者的考證,今本竹書參雜了大量南宋以後新造的材料,可能由明人寫定,故其可信度應存疑。[1]　王國維已指出,此二條承襲《君奭》、偽《說命》而來,也就是上引A、C辭例。關於《君奭》的問題稍後再談,而傳世《說命》三篇爲魏晉時偽作應該已成共識,無庸贅言。《國語·楚語》有一大段相關内容,以下稍做節選:

> 白公又諫王如若史老之言。對曰:"昔殷武丁能聳其德,至于神明,以入于河,
> 自河徂亳,于是乎三年,默以思道。"《國語·楚語上》

前賢多已指出此處與辭C的内容有一定的因襲關係,後者或即由前者而出,惠棟、朱駿聲、王鳴盛等均有論及。[2]　然不僅《楚語》此處,乃至《國語》全書卻無一句涉及"甘盤"此人,同樣也沒提到"就學"之事,這便令人對傳世《說命》所載"甘盤"之記載來源產生懷疑。由此來看,偽古文《說命》關於甘盤的說法另有所本,其淵源很可能與秦漢以後唯一載有甘盤其人的傳世文獻《史記·燕召公世家》有關。

　　與《今本竹書紀年》的情形相同,《史記·燕召公世家》辭B的内容乃承襲《尚書·君奭》而來,這從文字因襲痕迹來看是很清楚的。[3]　值得注意的是,《史記》一書中關於

---

① 參王國維:《古本竹書紀年輯校·今本竹書紀年疏證》自序,瀋陽:遼寧教育出版社1997年版,頁37;魯實先:《今本竹書紀年辨偽》,《復旦學報》1947年第3期,頁423—456。

② 參惠棟:《古文尚書考》、朱駿聲:《尚書古注便讀》,二書均收入《尚書類聚初集》,臺北:新文豐出版公司1984年版,分載第六冊頁107、第三冊頁285。王鳴盛尚且明確指出偽《說命》"此節之文皆取《君奭》、《無逸》二篇,并《國語》及汲郡古文撰成,而疵謬甚多。"參氏著:《尚書後案》,《皇清經解》第七冊,臺北:復興書局1972年版,頁4854。

③ 參漢達古籍研究叢書叢書主編:《先秦兩漢典籍引〈尚書〉資料彙編》第一冊,香港:中文大學出版社2003年版,頁244。

甘盤的記載亦僅此一見,《殷本紀》記載:

> 帝武丁即位,思復興殷,而未得其佐。三年不言,政事決定於冢宰,以觀國風。

這段文字與前引辭例的武丁即位前後的事件背景相同,照理應載有甘盤事迹,但却未見其踪影,同樣情況亦見同書《太史公自序》、《封禪書》、《三代世表》以及《屈原賈生列傳》。以《殷本紀》來説,此文是司馬遷編寫商史的主要書寫場域,若甘盤未被太史公記載於此,反而在《燕召公世家》出現,這是否在某種程度上表現出作者的刻意取捨?不得不更讓我們爲其中因由感到好奇。

　　根據上述情形,從現存的寥寥幾條材料來看,《尚書·君奭》的辭 A 應當就是春秋以後有關"甘盤"傳説的唯一源頭。《君奭》是今文二十九篇之一,由伏生口傳,晁錯受之,在内容的傳承譜系上應該是相對可信的,不過就"甘盤"此人的記載來説,仍有值得進一步考慮之處,因爲撿諸所有現存可見的先秦文獻,也就僅有《君奭》載有甘盤,甚至到目前爲止的所有出土文獻與古文字資料中也無從一見,這整體或然率相當值得注意。相較於載有甘盤的僞古文《説命》,近年《清華簡》的出土問世引起學界重視,爲古典學術帶來極大的衝擊,其中便有真正的古本《説命》三篇,其内容爲通過傳説與商王的對話闡發政治哲學與相關思想。而經過檢視,包括這三篇《説命》,所有出土文獻均不見甘盤的任何記載,這個現象足資吾人深思。[①]

　　據此,筆者認爲從人物的重要性、事件背景相關性以及統計學上的引用率角度來思考,《君奭》"在武丁,時則有若甘盤"此句出現的人物應當以"傳説"較爲合理,僞孔傳似乎已察覺到這點,其注曰:

> 高宗繼位,甘盤佐之,後有傳説。[②]

這是刻意將此二者在時間上排出先後,以合理化甘盤在此處的定位。但畢竟《君奭》通篇並無一語提及傳説,因此孔穎達也提出質疑:

> 高宗未立之前已有甘盤,免喪不言,乃求傳説,明其繼位之初有甘盤佐之;甘盤卒後有傳説。計傳説當有大功,此惟數六人,不言傳説者,周公意所不言,未知其故。[③]

孔氏在肯定甘盤存在的前提下,對《君奭》此處未及傳説的情形合理地表達了疑惑,這也正是我們所欲處理的問題。王鳴盛也注意到了這點:

---

① 參李學勤:《試説楚簡中的"説命"佚文》,《學習與探索》2009 年第 1 期,頁 207—208;清華大學出土文獻研究與保護中心編、李學勤主編:《清華大學藏戰國竹簡》第三册,上海:中西書局,2012 年版。

② 李學勤主編:《十三經注疏·尚書正義》,北京:北京大學出版社 1999 年版,頁 441。

③ 李學勤主編:《十三經注疏·尚書正義》,頁 442。

《漢書古今人表》甘盤與傅説並列,此言甘盤不言傅説,蓋偶不及之。①

諸説對甘盤的肯定從文獻上看來其實並不甚可靠,理由已見前述,這是前人受時代的限制所得出的看法。王氏認爲此處不言傅説似無足深怪。但根據前文的陳述,我們有理由對這點提出進一步質疑: 真的只是"偶不及之"嗎?②

《殷本紀》在武丁"三年不言,政事決定於冢宰,以觀國風"的記載之後,緊接的便是"武丁夜夢得聖人,名曰説",記述他在版築之中獲得名臣傅説的故事。傅説身爲武丁時期最著名的大臣,其起於胥靡的事迹在古代家喻户曉,流傳極廣,形成了深刻的長期文化記憶。以下略舉東漢以前傳世文獻中與傅説相關的内容:

傅説得之,以相武丁,奄有天下,乘東維,騎箕尾,而比於列星。《莊子·大宗師》

孟子曰:"舜發於畎畝之中,傅説舉於版築之閒,膠鬲舉於魚鹽之中,管夷吾舉於士,孫叔敖舉於海,百里奚舉於市。"《孟子·告子下》

傅説被褐帶索,庸築乎傅巖,武丁得之,舉以爲三公,與接天下之政,治天下之民。《墨子·尚賢中》

如是而又使以象夢旁求四方之賢,得傅説以來,升以爲公,而使朝夕規諫。《國語·楚語上》

閎夭之狀,面無見膚。傅説之狀,身如植鰭。伊尹之狀,面無須麋。《荀子·非相》

伯里子道乞,傅説轉鬻,孫子臏脚於魏,吳起收泣於岸門,痛西河之爲秦,卒枝解於楚。《韓非子·難言》

伊尹,庖廚之臣也;傅説,殷之胥靡也。皆上相天子,至賤也。《吕氏春秋·求人》

説操築於傅巖兮,武丁用而不疑。吕望之鼓刀兮,遭周文而得舉。《楚辭·離騷》

陳子曰:"夫善亦有道,而遇亦有時,昔傅説衣褐帶劍,而築於秕傅之城,武丁夕夢,旦得之,時王也。"《説苑·善説》

故虞舜耕於歷山之陽,立爲天子,其遇堯也;傅説負土而版築,以爲大夫,其遇武丁也。《韓詩外傳·卷七》

相關的例子很多,不煩贅引。司馬遷在《史記》一書中便分別於《三代世表》、《封禪書》、《殷本紀》、《屈原賈生列傳》、《遊俠列傳》、《太史公自序》中提及傅説及其事迹,顯

---

① (清)王鳴盛:《尚書後案》卷廿二,收入《皇清經解》第七册,頁 4663。

② 金兆梓亦曾注意此問題,認爲《君奭》之所以録甘盤而未及傅説,是因爲同段文字中周公所引的諸賢人均曾"在新王即位初攝過王政",故周公列舉以自況,合乎《君奭》文意;參氏著:《尚書詮譯》,北京:中華書局 2010 年版,頁 127—128。然事實上除了伊尹一人外,目前並無確切文獻證據可證巫咸、伊陟、甘盤等人曾攝政,金氏説法純屬推測。

現出對此人的深切認識。而根據筆者的統計,相較於甘盤的六條記載(其中三條僞作),南北朝以前傳世文獻關於傅說的記載不下五十則,尤其是屢見於戰國文字出土材料中,例如《上博簡》、《郭店簡》,以及前面提到《清華簡》第三册所保留的完整《説命》三篇,甚至在同書所收録《良臣》篇中,武丁賢臣亦僅載傅説、保衡二人。[①] 可見其事迹長期被廣泛地傳頌、流傳與改寫,在商史中的地位遠非僅有一則確例的"甘盤"可及,因此我們提出對《君奭》此記載的質疑,顯然有其必要。

從甲骨文的角度來看或許也能提供一些新視角,卜辭中的"般"、"師般",前者稱謂均集中出現於武丁中期,後者出現在中後期,甚至已晚至祖庚中期,理由已見前述。目前所能確定的事實是師組以及師賓間類字體都無法見到般的存在,也就是説武丁早期的辭例中没有般這個人,此人的出現與活躍必須晚到中期之後。然而以《君奭》"在武丁,時則有若甘盤"演繹出的傳世文獻,指出甘盤與武丁於即位之前早已有所交往,所謂"舊學于甘盤,既乃遯于荒野,入宅于河",且很可能早於徵舉傅説的時間,這顯然便與卜辭的記載產生了矛盾。韓江蘇也指出:

> 董作賓在《甲骨文斷代研究例》中認爲甘盤就是甲骨文賓組卜辭的師般。但據文獻所載,甘盤活動在小乙之世、武丁前期;賓組卜辭的師般,主要活動在武丁中後期。另,甲骨文中的師,不是尊師之師,師在卜辭中,多與商王朝的軍隊有關,師般是否爲甘盤,受材料所限,無法證實。[②]

其説信然。今天如果想要調和這種種矛盾,勢必得先提出文獻甘盤活躍於武丁中晚期以後的證據,但從現有資料來看,這種努力恐怕是徒勞的。

如果本文以上討論得以成立,則對《尚書·君奭》中"甘盤"存在的問題確應予質疑。是否有可能此甘盤實爲傅説之僞誤,是在春秋戰國以降,迄於晁錯以隸書寫定的長期文字傳抄過程中,因字形、字音上的訛寫和誤讀所導致,顯然值得學者加以關注,這其中因由,必須藉由出土材料與傳世文獻的雙重對勘才能得到進一步的證實。[③] 我

---

① 值得注意的是,《今文尚書·君奭》中所載商、周賢臣中除巫咸、巫賢、師般外,其餘八人俱見清華簡叁《良臣》,巫咸(賢)廣見於傳世、出土文獻,自無可疑。《良臣》作者未收此三人之因由想來必不同,對前二者是失收,對後者很可能根本不知有此人。

② 韓江蘇、江林昌:《〈殷本紀〉訂補與商史人物徵》,頁 215。

③ 甚至在晁錯之後,孔壁古文《尚書》的出現也產生了異文問題,如《君奭》同段中,"巫咸"的考訂便引起了爭議,東漢《白虎通義》據今文本作"巫戊",並引爲商人以生日命字之例證。王念孫、王先謙從之,以今本作"咸"爲誤從古文本之訛。章炳麟據之推論《白虎通義》該戊字最早應寫作戍,乃古文戊字,後來歷代刊刻均因之誤混咸字。捷按:此例可與本文對"甘盤"的推論合觀。王説見《經義述聞》卷四"巫咸乂王家"條,道光七年重刻本,頁 16—17;章説見氏著:《太炎先生尚書説》,北京:中華書局 2013 年版,頁 163—164。

們知道,現存《尚書》一類的上古資料在人名上確實存在或多或少的錯訛,以《逸周書‧祭公》爲例,其中一段文字"祭公拜手稽首曰:允乃詔,畢桓於黎民般",末句歷來不得其解,古今注家往往圍繞在"黎民"二字作文章,[1]事實上從新出土《清華簡‧祭公》的相同段落來看,這段文字內容如下:

公懋拜手稽首曰:允㞢(哉)! 乃諝(召)緐(畢)軀(桓)、丼(井)利、毛班。

原來"畢桓於黎民般"包括了當時重要的三公畢桓、井利、毛班之名,只是由於長期的傳寫過程中發生了訛誤,導致原貌失真。[2] 由此看來,《君奭》篇的"甘盤"是否也經歷了類似情況,是值得深思的。

最後補充一點,如果真的爲了某些原因而要將武丁時人與文獻作比附,揆諸現有之證據,筆者認爲不可信的層面仍占多數。就以最著名的傅説爲例,前面提到此人大量出現於後代文獻中,是武丁時期的代表性人物,從歷史的或然率來看,武丁時期的甲骨材料存世成千上萬,理應保有若干此人的直接或間接資料才是。然而事實是研究者到目前仍無足够證據將卜辭中的任何人物與傅説作可信的連結,這一方面是囿於卜辭記述本身的簡短與省略性,一方面則與文字釋讀的正確性有關,若無法突破這些限制,所花費的功夫將流於徒勞,是知從事繫聯人名的研究仍應謹慎爲宜。[3]

七、結　　語

本文藉由對甲骨文本的細緻爬梳,從大量以軍事爲主的卜辭內容着手,結合其他相關辭例,試圖以第一手材料作爲研究主體,並配合商周"師"職的探討以及傳世文獻分析,針對晚商重要人物"師般"進行深入研究,希望藉此更加釐清此人在晚商武丁、祖庚時期史迹活動的原貌。

---

① 參黃懷信、張懋鎔、田旭東:《逸周書彙校集注》,上海:上海古籍出版社 2007 年版,頁 931—932。

② 參沈建華:《清華楚簡〈祭公之顧命〉中的三公與西周世卿制度》,《中華文史論叢》,2010 年第 4 期,頁 379—404。

③ 林小安近來爲文,將卜辭"雀"定爲異姓臣屬,試圖將之與文獻中的武丁名臣傅説作聯繫,參氏著:《殷王卜辭傅説考芻議》,《古文字研究》第二十九輯,北京:中華書局 2012 年版,頁 113—119。此説比較傳世文獻與卜辭中傅説、雀的出現頻率以及地位,自有其內在邏輯可言,不過在解讀卜辭上似稍過武斷,如僅據《合》13869"雀肩同有疾(林文釋爲'骨凡有疾')"、《合》110"雀其殂(林文釋爲'雀其死')"等辭例便推測"雀至武丁中晚期已垂垂老矣",未免流於揣測,忽視此人消失於賓組胛骨類字體之後的現象;且未討論雀與商族隱含血緣關係的諸多綫索;尤其文末聯繫"雀"、"説"音讀的方式較爲粗疏,其不顧藥部、月部古韻遠隔且兩類未見相通例之事實,僅憑《廣韻》收字與《詩經》韻字作比附,表示"雀與説古音相近",值得商榷。

經過前文的研究可發現，師般在武丁中期以前並不加“師”稱號，“過渡2”類辭例徑以“般”稱之。到了中晚期以後，直至其於祖庚祖甲之交死去，很長的時間内他都擔任王朝中唯一的“師”職，這表示此人在這段時間握有相當的軍事權力，而卜辭顯示其軍權除了直接參戰以外，似偏重於運籌帷幄，例如前引《合》7508＋《合》8309記載貞問是否“乎自般爰我”，商王呼令某人來援，僅此一見，可能透漏出他的後援性質，且一戰可動用萬人（《合》8715），這似乎顯示他握有後方統籌調動部隊的大權，或至少有協調各股軍勢的職責，這也可能是當時“師”職的重要特點，值得注意。

雖然他握有一定軍權，但比較而言，其權勢仍明顯不如同時代的雀、子商、婦好以及㚔等人，這可能與武丁個人愛好有較大關係，而與血緣遠近無涉，卜辭顯示商王對其關切程度遠不及上述諸人。據本文研究，師般與師囧類似，較可能屬於舊王族出身，其帶有“以氏爲名”的迹象，稍後出組二類卜辭中的“般”族或即其後人。他很可能長期供職於王庭，和㚔一樣在商王身邊隨時接受差遣（《合》6078），①而除了主要的軍事任務外，他常出現在與管理奴隸相關的卜辭中，並受商王命令前往徵取、貢送物資，可見此人在王室中的職責也是相當多元的。

最後必須指出的是，後人往往認爲此師般即傳世文獻中武丁名臣“甘盤”，並藉此説明“二重證據法”之重要。然而正如本文前段所述，從現有甲骨學、文獻學的材料上來看，這個人物的繫聯明顯是可疑的，“甘盤”存在的文獻證據不甚可靠，則據之建立的二者聯繫也必須加以質疑，不可率而等同之。

本文蒙同仁葉玉英、孫飛燕過目校讀，指出若干錯誤，在此謹致謝忱。

---

① 島邦男便曾根據相關辭例，得出㚔擔任“王家冢宰”、支配王臣的看法，參氏著：《殷墟卜辭研究》下册，上海：上海古籍出版社2006年版，頁917—918。

卜辭所見商代外服衛考[*]

張利軍

（東北師範大學歷史文化學院）

　　甲骨卜辭中表示社會身份的"衛"，既往研究主要圍繞"衛"的稱名形式、衛的職責、諸侯衛及衛服的起源等問題取得了一些重要成果，[①]傾向於衛在商代晚期可能已經由職官發展爲諸侯，對於外服衛的性質有了較爲豐富的認識。但近年對商代外服研究的開展，尤其是關於卜辭中"侯"研究的深入，趨向於外服侯、田、男（任）終有商一代尚未發展爲諸侯，侯、田、男被稱爲諸侯應是進入周代以後的事情。[②]那麼，據《尚書·酒誥》所述，與外服侯、田、男並稱的外服衛及卜辭中"衛"的相關問題也很有必要再作探討。以下藉鑒外服侯的相關研究成果，對卜辭中衛的稱名方式與身份、衛的職責及衛與商王的關係等問題進行討論，謹請專家指教。

---

[*]　本文爲 2013 年度國家社科基金青年項目"夏商周服制的國家認同内涵與社會治理功能"（13CZS008）的階段性成果。

[①]　裘錫圭：《甲骨卜辭中所見的"田"、"牧"、"衛"等職官的研究——兼論"侯"、"甸"、"男"、"衛"等幾種諸侯的起源》，《文史》1983 年第 19 輯；王貴民：《"衛服"的起源和古代社會的守衛制度》，《中華文史論叢》1982 年第 3 輯；王宇信、楊升南主編：《甲骨學一百年》，北京：社會科學文獻出版社 1999 年版，頁 467—469。

[②]　參考朱鳳瀚：《關於西周封國君主稱謂的幾點認識》，《兩周封國論衡》，上海：上海古籍出版社 2014 年版，頁 272—285；朱鳳瀚：《殷墟卜辭中"侯"的身份補證——兼論"侯"、"伯"之異同》，《古文字與古代史》第四輯，臺北：中研院歷史語言研究所，2015 年，頁 1—36；張利軍：《商周服制與早期國家管理模式》，上海：上海古籍出版社 2016 年版。

一、卜辭中“衛”的稱名方式

裘錫圭先生指出甲骨文中“在某(地名)衛”是外服衛的主要稱名方式,[①]按照這一原則,“在某衛”者都應歸爲商代外服衛之列,其意義應爲在某地的職事衛,如“在陪衛”(《合集》28009 無名類)、“在㝵衛”(《合集》28060 無名類)、“在衛”(《合集》32937 歷二)、“在潢衛”(《屯南》1008)等,由卜辭“在㝵貞”(《合集》36914)、“在潢卜”(《合集》31685)確認㝵、潢皆爲地名。“□亥貞:在衛來”(《合集》32937 歷二),來爲來朝、來獻之義,知“在衛”等在某地的衛確爲商王朝職事。

考察關於衛的卜辭,還有一些稱謂可能也表示外服衛,即甲骨文中外服衛的稱名方式除“在某(地名)衛”外,可能還有其他形式。如有單稱“衛”表示外服衛的情況,卜辭“貞:呼衛[②]从㞢北。貞:勿呼衛”(《合集》7565 正),“甲寅卜,永貞:衛以僕,率用。貞:衛以僕,勿率用。貞:衛以僕,率用”(《合集》555 正),前一例卜辭呼命衛踐行王事,後一例卜辭卜問是否用衛向商王朝致送的僕爲祭祀犧牲。此處衛或以爲是人名、族名,但據《屯南》771 有貞問外服侯“射”的記載,知可以單言外服侯,而不書其名,衛擔負着爲商王朝踐行王事職責,則單稱“衛”亦可用來表示商代職事稱號,且卜辭載衛與其他職事一起踐行王事,如“乃呼歸衛、射、亞☐”(《合集》27941 何類),衛與職事亞、射一同接受商王的命令,更可確定衛爲商王朝職事稱謂。

卜辭中表示身份的衛亦有“某衛”的稱名方式,類於外服“某侯”、“某伯”,如卜辭“庚寅卜,争貞:令登眔㚔斫工衛,有擒”(《合集》9575),“己酉,貞:令𢦏衛比☐”(《合集》32999),在前一辭中眔前後的登與㚔應爲人名,是王命對象,工衛是以職名代指某人,據後文“有擒”,知斫應爲動詞;後一辭屬於卜辭習見的令某比某辭例,𢦏衛作爲王命令的對象之一,應是人名或職名,表示𢦏地的衛職事。

卜辭還有“多某衛”的稱呼,如“☐令郭以多射衛示,呼。六月”(《合集》5746),“癸亥卜,貞:呼多射衛”(《合集》5748),“癸酉卜,争貞:令多射衛”(《合集》9575),“庚

① 裘錫圭:《甲骨卜辭中所見的“田”、“牧”、“衛”等職官的研究——兼論“侯”、“甸”、“男”、“衛”等幾種諸侯的起源》。

② 該字郭沫若《卜辭通纂》第 475 片考釋指出“疑是防字之異”(科學出版社 1983 年版)。裘錫圭:《甲骨文字特殊書寫習慣對甲骨文考釋的影響舉例》亦把該字釋讀爲防衛的“防”字(《古文字論集》,北京:中華書局 1992 年版,頁 151)。作爲動詞使用時,防、衛同義,但作爲名詞使用時釋讀爲防似有不妥。不若釋讀爲衛字,作動詞時訓爲防。

戌卜,古貞:令多馬衛从盖。貞:令多馬衛于北"(《合集》5711),"□□卜,賓貞:☒遘以多馬衛⚏"(《合集》5712),"己酉卜,亘貞:呼多犬衛"(《合集》5665),射、馬、犬是官名,王宇信認爲多某衛的衛應是守衛之意,[1]王貴民認爲是衛隊之意。[2] 但卜辭"□戌卜,永貞:令旨以多犬衛比多矍羊☒比□"(《合集》5666 正)表明多犬衛是受王命支配的對象,辭意爲命令名旨的臣子率領多犬衛聯合多某踐行王事,多犬衛應是商王朝職事稱謂。學者已經指出多馬衛是官名或職司,[3]那麼以上卜辭中的多射衛、多馬衛、多犬衛似可以理解爲多個射手隊、多個馬隊、多個犬組成的職事衛,或許可以稱此種衛的構成爲複合職事的衛。

卜辭有"多衛"之稱,爲以往研究所未見。《殷墟甲骨輯佚》256"□□[卜],賓貞:獲征多衛☒",説明衛是商王朝社會身份之一種,與多侯、多田、多任、多伯一樣表示數量衆多,足以成爲商王朝一類職事稱謂,並且其主要活動在王都之外,以軍事保衛職責爲主,可據《尚書·酒誥》"越在外服:侯、甸、男、衛、邦伯"視其爲商王朝的外服職事。

綜上,卜辭中表示社會身份的衛不僅有"在某(地名)衛"的稱名方式,還有單稱"衛"的稱名方式,以及衛與其他王朝職事共同接受王命踐行王事,表明衛爲商王朝職事稱謂。也存在稱"某衛"者踐行王事的辭例,表明"某衛"也是商王朝職事稱謂。卜辭"多某衛"是衛的複合職事稱謂,踐行王事的"多衛"卜辭的出現,爲衛作爲商王朝一類職事稱謂提供了最爲直接的證據。

二、卜辭中衛的身份考

卜辭中表示社會身份的衛的性質,已往研究大體有三説:一説爲武官後發展爲諸侯;一説商代的衛由武官發展爲衛服;一説以卜辭中的衛有表示外服衛的用法,既非職官也非等級劃分,細分又有表明一種貢納關係和表示商王朝職事稱謂兩種觀點。

1. 衛由武官於商代後期發展爲諸侯説。陳夢家於《殷虛卜辭綜述》一書中把衛列爲武官之一種,指出"'衛'在卜辭中爲邊地的一種官",又説"它可能是'侯、甸、男、衛'

---

① 王宇信:《甲骨文"馬"、"射"的再考察——兼駁馬、射與戰車相配置》,中國文物研究所編:《出土文獻研究》第五集,北京:科學出版社 1999 年版,頁 69。

② 王貴民:《"衛服"的起源和古代社會的守衛制度》。

③ 宋鎮豪主編、羅琨著:《商代史》卷九《商代戰爭與軍制》,北京:中國社會科學出版社 2010 年版,頁 411。

之衛,乃界於邊域上的小諸侯"。① 裘錫圭先生在此基礎上提出"'在某衛'應是被商王派駐在商都以外某地保衛商王國的武官。'衛'後來也成爲一種諸侯的名稱","衛應該像田、牧一樣,先是一種職官,後來演變成諸侯,中間經歷了一個發展過程"。② 判斷卜辭中的衛爲商代武官,周代的諸侯衛即起源於這種武官,是頗具道理的。衛於商代已發展爲諸侯之説,實受學者把《尚書·酒誥》"越在外服:侯、甸、男、衛、邦伯"之外服解釋爲諸侯的一般認識的影響。如蔡沈《書集傳》謂"在外服則有侯甸男衛諸侯與其長伯",③曾運乾《尚書正讀》"外服,諸侯也",④周秉鈞《尚書易解》"外服,即外官,指諸侯。侯甸男衛邦伯,即侯甸男衛之邦伯,邦伯,謂諸侯也"。⑤

2. 衛由武官發展爲衛服諸侯説。王貴民先生提出衛本是一種負責守衛的武裝,駐外地者以所駐地族爲名,發展爲後來的衛服,成爲商王朝的外服諸侯。⑥ 此説與裘文基本接近,區别在於判斷外服衛爲衛服名,其立論的前提是理解《尚書·酒誥》述商代"越在外服:侯、甸、男、衛、邦伯"爲服名,即侯服、甸服、男服、衛服等服名。這種意見實受學者以《國語·周語上》所述五服及韋昭注解讀《酒誥》外服稱謂的影響,如僞孔傳釋《酒誥》"越在外服侯甸男衛邦伯"爲"於在外國侯服、甸服、男服、衛服、國伯諸侯之長",孫星衍《尚書今古文注疏》則直接引述《國語·周語上》祭公謀父所述"五服"及韋昭注,來解釋《酒誥》所述"外服"。⑦

衛由武官發展爲諸侯或衛服諸侯,恐於甲骨文無徵,且都存在受古今學者對《尚書·酒誥》"越在外服"解讀的影響,而失於對卜辭所反映衛情況的客觀分析。衛於周代是否爲諸侯稱號,尚屬疑問,如令方彝稱"諸侯侯田男",並不包括衛。周人在談到商代外服及降周的殷商勢力時才提及衛,但有時也省略,如《尚書·酒誥》"越在外服:侯、甸、男、衛、邦伯","汝劼毖殷獻臣侯、甸、男、衛",《尚書·召誥》稱"庶殷:侯、甸、男、邦伯",《君奭》則省稱"侯、甸",大盂鼎稱"殷邊侯、田(甸)"(《殷周金文集成》2837),可能在周人看來,商代外服中衛不如侯、甸、男的地位重要。最近的研究表明,"西周封國在長時期内,仍具有王國政區性質,'侯'的基本身份仍然是王國邊域上的軍事長官,只是因受封

---

① 陳夢家:《殷虛卜辭綜述》,北京:中華書局 1988 年版,頁 328、512。

② 裘錫圭:《甲骨卜辭中所見的"田"、"牧"、"衛"等職官的研究——兼論"侯"、"甸"、"男"、"衛"等幾種諸侯的起源》。

③ (宋)蔡沈注,錢宗武、錢忠弼整理:《書集傳》,南京:鳳凰出版社 2010 年版,頁 173。

④ 曾運乾:《尚書正讀》,北京:中華書局 1964 年版,頁 177。

⑤ 周秉鈞:《尚書易解》,長沙:嶽麓書社 1984 年版,頁 186。

⑥ 王貴民:《"衛服"的起源和古代社會的守衛制度》。

⑦ 孫星衍:《尚書今古文注疏》,北京:中華書局 1986 年版,頁 379。

而同時兼有封君身份。西周的'侯'制顯然是脱胎於商後期商王朝之作爲外服職官的'侯',而有所改造(主要體現於封君身份上),則商王朝的'侯'應該有更强的、較爲單純的邊域軍事職官性質"。在商代地位最爲重要的侯,有更强的、較爲單純的邊域軍事職官性質,尚未發展爲如西周時期的諸侯。① 與外服侯相比,實力與地位遠遜的外服衛,終有商一代發展爲諸侯的能力與可能性極小。至於衛由武官演化爲衛服,可能與對《尚書·酒誥》"越在外服:侯、甸、男、衛、邦伯"的理解有關,若視侯、甸、男、衛、邦伯各爲外服中的一服,自然會將卜辭中的衛理解爲服名衛服。但商代服只分内外,侯、甸、男、衛、邦伯只是外服的不同稱謂,其稱謂多與外服各自的職責和命名方式有關,即便是到了西周,服的分化更加複雜,也未真正出現過衛服。

3. 卜辭中的衛爲外服,既非職官亦非等級劃分。如徐中舒主編《甲骨文字典》卷二"衛"字下謂"疑爲侯田男衛之衛",所舉卜辭爲《合集》7565 正"貞:呼衛从閔北"。② 段渝認爲卜辭中的衛既不是職官,也不是等級劃分,而表明一種貢納關係的指定服役制度。③ 拙文《〈尚書·酒誥〉所見商代内外服考論》及拙著《商周服制與早期國家管理模式》第一章,綜合文獻記載與卜辭,認爲卜辭中表示社會身份的"衛"爲外服職事稱謂。④ 卜辭中表示社會身份的衛既不是職官,也非表示諸侯等級劃分,這是比較客觀的認識。卜辭中衛確有貢納的義務,但貢納並非衛的全部職責,衛的職責也並非指定不變的,也不好確切地説是爲王朝服役,衛的職責可能更多地帶有其職事産生時的原始性特點。⑤ 卜辭中的職事衛與侯、田、男等皆爲商王朝的外服職事,是商代國家結構的重要組成部分。⑥

綜上,卜辭中的衛既不是諸侯身份,亦與官僚制度有所區別,而應是二者的源頭。卜辭中的衛身份應是商王朝的外服職事,宜以商周時期固有稱呼外服"御事"⑦稱之,

① 參考朱鳳瀚:《關於西周封國君主稱謂的幾點認識》,《兩周封國論衡》,頁 272—285;朱鳳瀚:《殷墟卜辭中"侯"的身份補證——兼論"侯"、"伯"之異同》。

② 徐中舒主編:《甲骨文字典》卷二,成都:四川辭書出版社 1985 年版,頁 185。

③ 段渝:《論殷代外服制與西周分封制》,《徐中舒先生百年誕辰紀念文集》,成都:巴蜀書社 1998 年版,頁 254。

④ 張利軍:《〈尚書·酒誥〉所見商代"内外服"考論》,《史學史研究》2008 年第 4 期;張利軍:《商周服制與早期國家管理模式》,上海:上海古籍出版社 2016 年版,頁 15。

⑤ 商朝官制具有原始性特點,參王貴民:《商朝官制及其歷史特點》,《歷史研究》1986 年第 4 期。

⑥ 王震中先生提出商代是由内外服組成的複合制的國家結構,但其以外服爲諸侯,參見王震中:《論商代復合制國家結構》,《中國史研究》2012 年第 3 期。

⑦ 《尚書·酒誥》將殷商内外服統稱爲"御事",即踐行王事者。

可能更加符合客觀情況。至於周代衛轉變爲諸侯或諸侯附庸，有商周之際政治變革促成的因素。

三、外服衛的職責及其與商王關係

既往研究多認爲卜辭中“衛”之職責是守衛、保衛，可能多少受到了古文獻及古注的影響，如《逸周書·職方》述所謂周代“九服”，孔晁注“衛，爲王捍衛也”。考察有關衛的卜辭，可見衛具體擔負職責及其與商王的關係。

商王可以用“呼”、“令”等向外服衛發布命令，命衛踐行王事。如卜辭“貞：呼衛从閉北。貞：勿呼衛”（《合集》7565 正，典賓），呼命衛趨往閉地之北，踐行王事；“己酉卜，亙貞：呼多犬衛”（《合集》5665 典賓），“□戌卜，永貞：令旨以多犬衛比多壘羊□比□”（《合集》5666 正，典賓），呼命多犬衛踐行王事，命令內服臣子旨率領多犬衛與多壘踐行王事；“己酉，令辰以多射［衛］□。己酉，貞：令㝷衛比□”（《合集》32999 歷二），卜問命令內服辰率領多射衛踐行王事，命令率領外服㝷衛踐行王事；“癸亥卜，貞：呼多射衛”（《合集》5748 賓三），“癸酉卜，爭貞：令多射衛”（《合集》9575 賓三），這兩條卜辭貞問呼命多射衛踐行王事；“庚戌卜，古貞：令多馬衛從盍。貞：令多馬衛于北”（《合集》5711 賓三），命令多馬衛往於北地踐行王事。

商王駐留外服衛屬地以及在外服衛屬地舉行祭祀活動，卜辭“丁亥卜，在陷衛肜，邑㚔典册有禱方剢，今秋王其事□□”（《合集》28009 無名）。剢字從唐蘭釋讀，[1]動詞，陳煒湛謂“從豕從刀，其本義當爲殺豬，引申之則或有殺伐、兇殺義”。卜辭屢見“有剢”，與“有禍”、“有祟”、“有來艱”辭例相同，其義頗與災異不吉之事有關。[2] 此辭占卜在陷地衛職事的領地舉行肜祭禮儀時，內服御事邑㚔稱册禱告方方國是否爲禍，今秋商王是否有征伐之事。

商王有向外服衛徵取祭祀所用貢物的權力，卜辭如“其取在潢衛，凡于雋，王弗悔”（《屯南》1008）。卜辭“取某”，一般表示商王朝向某臣屬徵取貢物，徵取在潢衛的貢物，用於在雋地的凡祭。從外服衛的角度看，也可以説衛有朝見商王並獻納貢物的職責，如“□亥，貞：在 𩁹 衛來”（《合集》32937 歷二）。卜辭中某人來，一般是指來朝見商王或來獻貢物之義，辭義爲在 𩁹 地的外服衛前來朝見商王。“甲寅卜，永貞：衛

---

① 唐蘭：《天壤閣甲骨文存并攷釋》二十三頁下，宋鎮豪、段志洪主編：《甲骨文獻集成》第二册，成都：四川大學出版社 2001 年版，頁 476。

② 陳煒湛：《甲骨文異字同形例》，《古文字研究》第六輯，北京：中華書局 1981 年版，頁 244。

以僕,率用。貞：衞以僕,勿率用"(《合集》555 正),"貞：衞以僕,率用"(《合集》555 反),"貞：衞以僕"(《合集》556 正),"壬申卜,古貞：衞弗其以僕"(《合集》556 反),商王從正反對貞衞是否致送俘獲的僕方人,並是否以之用於祭祀。

衞有阻擊敵方入侵保衞殷邦的軍事職責,如卜辭"弜益瀼人,方不出于之。弜益涂人,方不出于之。王其呼衞于昳,方出于之,有 (捷)"(《合集》28012 無名類)。"益"字形與西周成王時期德鼎、德簋、叔德簋中"益"字構形相近,彼處讀爲簡省的易(賜),[1]此條卜辭讀爲益,其義爲增益,表示濟師之意。益字相同用法見於《合集》5458"甲戌卜,賓貞：益吳啓, (由)[2]王事",辭義爲不用濟師於瀼地,方方國不會於此出没,不用濟師於涂地,方方國不會於此出没。商王呼命衞前往昳地,方方國會於此出動,希望衞取得大捷。衞負有軍事職責,還見於如下卜辭：

　　　　癸酉卜,爭貞：令多射[衞]。

　　　　庚寅卜,爭貞：令登罘甗弚工衞,有擒。

　　　　癸□[卜],爭[貞]：令帚罘衞以宿衞,有擒。(《甲編》1167＝《合集》9575 賓三)

　　　　□□卜,賓,貞：□遘以多馬衞 。(《合集》5712 賓三)

　　　　□□[卜],賓貞：獲征多衞 □。(《殷墟甲骨輯佚》256)

　　　　□令郭以多射衞示,呼 。六月。(《通纂》477＝《合集》5746 賓三)

屈萬里指出登字"於此爲人名。罘,及也。甗從羅振玉釋(殷釋中二八頁);於此亦人名也。弚字已見 1067 片,其義未詳。工,官名,見上 1161 片。擒,蓋謂擒獲敵人,非指禽獸而言"。[3] 弚,從弓從斤,唐蘭疑是弳的本字,《玉篇》弳同弯。[4] 李孝定謂"以字形言之,象以斤(弚)弓形",在卜辭中義不明。[5] 姚孝遂指出弚在卜辭中有爲人名、祭祀動詞文例。[6] 辭義是癸酉日占卜命令多射衞踐行王事,庚寅日占卜命令内服御事登與甗弚工衞而有所擒獲。 字諸家多認爲在卜辭中用作地名、人名,從俞。[7] 葉玉森認

---

① 馬承源主編《商周青銅器銘文選(三)》(文物出版社 1987 年版,頁 27)謂："此爲易之繁體,象容器中有水溢出,爲益字的初文,後簡省大部分筆畫成爲易字,然聲義猶存,引申爲增益義,又引申爲賜義。"

② 由字釋讀參考陳劍：《釋 》,《出土文獻與古文字研究》第三輯,上海：復旦大學出版社 2010 年版,頁 13—32。

③ 屈萬里：《殷虛文字甲編考釋》(上),臺北：中研院歷史語言研究所 1961 年版,頁 169。

④ 唐蘭：《古文字學導論》,濟南：齊魯書社 1981 年版,頁 190。

⑤ 李孝定：《甲骨文字集釋》,臺北：中研院歷史語言研究所 1965 年版,頁 4099。

⑥ 于省吾主編：《甲骨文字詁林》第三册,北京：中華書局 1996 年版,頁 2622 按語。

⑦ 參于省吾主編《甲骨文字詁林》第三册,頁 2193—2194。

爲从矢鏃形,或爲医字。①《説文・匸部》:"医,藏弓弩矢器也。从匸从矢。《國語》曰'兵不解医'。"今本《國語・齊語》作"兵不解翳",韋昭注:"翳,所以蔽兵也。"《國語・周語下》"而又奪之資以益其災,是去其藏而翳其人也",韋昭注:"一曰翳,滅也。"在該條卜辭應爲動詞,或與征伐之事有關。大概是命令内服臣子菁率領多馬衛踐行與征伐相關王事。"獲征多衛"可能是"多衛征獲"的語序,即命令多衛征伐而有所擒獲。最後一條卜辭占卜命令内服御事郭率領多射衛視察地方、踐行王事。

　　從以上外服衛負有的職責,以及商王對外服衛擁有的權力看,外服衛是完全臣服於商王朝的臣僚,是商代國家的重要組成部分。《尚書・多方》載"王若曰:猷告爾四國多方惟爾殷侯尹民",殷侯、尹民代指商外服與内服,四國多方顯然是與殷商並立的方國。周公謂"天惟求爾多方,大動以威,開厥顧天。惟爾多方罔堪顧之",天向與商並立的多方尋求可代商爲民主者,大動聲威開導多方,但多方没有能堪任的。從這個角度看,商與多方是邦與邦的並存關係,商與外服侯、甸、男、衛、邦伯並非邦與邦的關係,外服恰爲商邦的重要組成部分。殷墟卜辭反映商王將與商並存的方國稱"多方",卜辭有"叀多方"(《合集》28007),"丁酉卜,其呼以多方屯小臣"(《合集》28008),但從未將外服侯、甸、男、衛、邦伯稱爲"多方",顯然商王是將外服與方國區别開來的。外服多是接受商王命令踐行王事者,與内服一起被稱爲"御事",僅有少部分外服因叛商而被商征伐的例子,而方國常與商爲敵,侵擾商邦是常有之事,方國被征服也有可能被納入到外服體系。

　　綜上,卜辭中表示社會身份的衛不僅有"在某(地名)衛"的稱名方式,還有單稱"衛"、"某衛",表示職事稱謂,"多某衛"是衛的複合職事稱謂,踐行王事的"多衛"卜辭的發現,爲衛作爲商王朝一類職事稱謂提供了最爲直接的證據。卜辭中的衛既不是諸侯身份,亦與官僚制度有所區别,衛應是商王朝的外服職事,宜以商周時期固有稱呼外服"御事"稱之。卜辭反映商王可以用"呼"、"令"等向衛發布命令,命外服衛踐行王事。商王有權駐留外服衛屬地以及在外服衛屬地舉行祭祀活動,商王有向外服衛徵取祭祀所用貢物的權利。外服衛有以其族衆武裝阻擊敵方入侵、保衛殷邦的軍事職責。外服衛以其族屬力量踐行王事,是早期國家階段臣僚履職的重要特點,雖與後世官僚制度下的官僚個人履職的方式不同,但仍是臣服於商王朝的臣僚,構成商代國家的重要組成部分。

---

① 葉玉森:《殷虚書契前編集釋》卷六,頁34背面,宋鎮豪、段志洪主編:《甲骨文獻集成》第七册,成都:四川大學出版社2001年版,頁451。

揭示帝乙、帝辛時期對西土的一次用兵[*]

王子楊

（首都師範大學甲骨文研究中心，出土文獻與
中國古代文明研究協同創新中心）

商代後期，活躍在王朝周圍的戎夷方國逐漸强大起來，時常侵擾商境之同盟國族，給商王朝的統治帶來極大的威脅。爲了平定叛亂，帝乙、帝辛時期多次組織兵力，東征西伐，最爲突出的就是對東部人方和西部盂方的征伐。[①] 尤其是對人方的征伐，甲骨卜辭材料非常豐富，有不少學者嘗試對這些卜辭進行整理並予以排譜，取得了不少研究成果，大致復原出商末征人方的時間、路綫等具體情况。

相較於商代末期征伐人方、盂方而言，帝乙、帝辛對某些國族的征伐並沒有那麼顯眼，保留在甲骨卜辭中的材料也不多，長期以來被研究者忽視。隨着甲骨綴合成果的發布，一些内容相關的殘斷甲骨片經過拼綴，復原出比較完整的甲骨卜辭，這些復原出的新的甲骨卜辭連同先前存在的甲骨材料，共同向我們展示了商朝末期對西部邊境一次大規模用兵的史實，這極大豐富了我們對商代末期的邊境危機以及用兵情况的全面認識。現不揣簡陋，試揭示如下。

先看一組黄類卜辭：

---

[*] 本文係國家社會科學基金項目"甲骨字釋的整理與研究"（項目編號：15BYY149）的阶段性成果。

① 關於帝乙帝辛時期的戰争情况請參看宋鎮豪主編：《商代史·商代戰争與軍制》第四章第三節"帝乙帝辛時期的戰争"，北京：中國社會科學出版社 2010 年版，頁 298—334。

(1) 乙巳王卜，貞：孜（册）鑫侯［發，晋］🧍白（伯）拇①罘二姓，余其比發🪧戋，亡左自上下于𣪘，余受又＝（有祐），不黹戈（捷）。王占曰：“吉。”在二？月，在尋彝。

　　　　《合集》36347＋36355＋36747(李學勤、陳劍、殷德昭先生綴合)［黄類②］

(2) 丁丑王卜，貞：舍巫九舎，孜（册）鑫侯發，晋🧍白（伯）拇罘二姓，余其比

［發🪧］戋，亡左自上下［于𣪘，余］受又＝（有祐），不黹戈（捷）。肩［告于大］邑商，

亡害在［㞢（兆）］……　　　　　　　　　　　　　　　　　《合集》36344［黄類］

(3) ……鑫侯發……發🪧戋，亡……肩告于……　　　　《合集》36348［黄類］

上引(3)辭跟(2)辭顯然爲同文卜辭，可以據(2)辭補足，不論。下面的討論主要以(1)、(2)二辭爲主。先説(1)辭釋文的復原和擬補情況。此版經過李學勤、③陳劍、殷德昭④三位先生的綴合，已經比較完整，僅僅缺失“侯”下面的兩個字。“侯”下的缺字，可以據《合集》36344補出“發”字(參看附圖一)，“發”下一字，《合集》36344並不清晰，隱約可以看到“册”字的輪廓，然而並不能斷定。再看《合集》36747版，“🧍”字上面可見“口”之殘筆，“口”上部偏旁似爲“册”，再結合黄類卜辭常見的戰爭卜辭格式，可以敲定這個殘字就是“晋”字(參看附圖二)。確定“晋”字之補的相同辭例可以參看下引之辭：

(4) 丁巳王卜，貞：舍巫九舎，屯（蠢）⑤人方率伐東或（國），東孜（册）東侯，晋人方，妥余一人，其比多侯，亡左自上下于𣪘示，余受又＝（有祐）。王占曰：“大吉。”……彡，王彝在……宗。

　　　　　　　　　　《合集》36182＋《輯佚》690(《輯佚》綴合⑥)［黄類］

(5) 己未王卜，貞：舍［巫九舎］，［屯（蠢）人方率伐東］或（國），孜（册）東侯，晋

［人方］……🪧戋人方，亡……　　　　　　　　　　《輯佚》689［黄類］

(6) 甲戌王卜，貞：舍巫九𪊨，屯（蠢）人方率伐西或（國），孜（册）西田（甸），晋盂

---

① “拇”字釋讀從陳劍先生。參看《甲骨金文舊釋“尤”之字及相關諸字新釋》，《甲骨金文考釋論集》，北京：綫裝書局2007年版，頁59—80。

② 關於卜辭類組的稱謂請參看黄天樹師：《殷墟王卜辭的分類與斷代》，北京：科學出版社2007年版。

③ 李學勤：《論文王時期的四片卜甲》，“周秦漢唐考古和文化國際學術會議”論文，西北大學，1985年。

④ 殷德昭：《黄類甲骨綴合一則》，中國社會科學院歷史研究所先秦史研究室網站，2015年11月13日。

⑤ “蠢”字釋讀參蔣玉斌《釋甲骨金文的“蠢”》，《“出土文獻與學術新知”學術研討會暨出土文獻青年學者論壇論文集》，長春：吉林大學，2015年8月21—22日，頁1—18。

⑥ 段振美、焦智勤、党相魁、党寧：《殷墟甲骨輯佚——安陽民間藏甲骨》，北京：文物出版社2008年版，頁151。

<u>方</u>,妥余一人,余其比多田(甸) ⊕ 正(征)盂方,亡左自上下于[敏示]……

　　　　　　　　　　　　　　《合補》11242(《合集》36181＋36523)[黃類]

　　把(1)、(2)跟(4)—(6)諸辭比較,可知我們對"晉"字擬補是正確的。在上述黃類戰爭卜辭中,皆爲"叕"跟"晉"搭配使用,這是需要特別注意的。經過多位學人對"叕"、"晉"含義的探討,二者的含義已經基本明朗。謝明文先生在前輩學者研究的基礎上明確指出,"叕"本義是稱册,主要在黃類周祭卜辭或戰爭卜辭中用於同盟方國之前,而"晉"則用於敵對方國之前。① 驗諸甲骨卜辭,可知謝説十分正確。明乎此,可以討論(1)、(2)辭的具體内容了。

　　理解這兩條卜辭的關鍵就是"叕"、"晉"後所支配的對象。先説"叕"後面的"鑾侯發",這是商王聯合的同盟武裝力量。"某侯某"卜辭多見,如" 𝌆 侯豹"(《合補》495正)、"敖侯專"(《合集》6834正)、"伇侯喜"(《合集》36484)等,一般認爲"侯"後面的"豹"、"專"、"喜"等皆是私名,因此"鑾侯發"之"發"也應該是私名。(1)、(2)後面説"余其比發"如何如何,則是直呼其名,可證。武丁時期,"發"經常用作人名,如花東卜辭常見"子"呼令"發"這個人去進獻武丁和婦好物品,可見,"發"用作私名在殷代並不罕見。我們隸定爲"鑾"的字,當是"侯發"控制的領地。對於"鑾",學界有不同的理解。首先表現在"鑾"是一個字還是兩個字的分歧,其次是關於上下兩個偏旁的隸定差異,可謂異常紛紜,只要翻檢各家釋文就會看得非常明白,本文不打算一一評説,下面僅僅談談我們的看法。筆者認爲,"鑾"還是視作一個字爲好,理由很簡單,如果看作兩個字,則與之相連的"侯發"只能對應其中一字,並且(1)、(2)二辭後面明確説"余其比發",並没有涉及另外的同盟力量,可見看作兩個字,前後不能照應,實不可信。至於"鑾"字上下兩個偏旁的隸定,這裏也提出一種可能。下部所從當爲"象",並非"兔"、"㲋"之類。黃類卜辭自有"兔"字,作如下之形:

《合集》37364	《合集》37365	《合集》37365	《合集》37367
《合集》37368	《合集》37372	《合集》37373	《合集》37513
《英藏》2542			

　　這些"兔"字形體,皆有上翹的尾巴,這是"兔"字區分其他動物的典型特徵。我們討論的"鑾"字下部所從的偏旁,尾巴下垂,顯然不能是"兔"(或㲋)字。考慮到甲骨文

---

① 謝明文:《" 𝍖 "、" 𝍗 "等字補釋》,《中國文字》新三十六期,臺北:藝文印書館 2011 年版,頁 100。

晚期"象"跟"兔"的區別，"鱻"下部的偏旁可能是"象"字。上部偏旁左右兩個"木"没有問題，關鍵是中間的構件的辨認，過去有"方"、"才"、"屯"、"亡"等隸定，結合《國博》246 的照片看，二木中間似是"矢"，如此上部可以隸定作"㮤"，"㮤"作爲地名或族名見於《合集》6946、8013、《醉古集》62 等。當然，由於照片不清晰，關於這個字的隸釋，還可以進一步討論。

"鱻侯發"當是商王册封於鱻地之侯名發者，"鱻"地的位置需要結合下面的"🧍伯拇"來考索。"🧍伯拇"、"二姪"當是帝乙、帝辛本次用兵征伐的對象。先説"🧍伯拇"。顯然，"🧍伯拇"可以理解爲"🧍"地稱伯的私名爲"拇"者。"🧍"地在何處？這是確定帝乙、帝辛用兵方向的關鍵。下面就重點討論"🧍"這個字。此字上面從"曾"，下面從"宀(廩)"，因此可以隸釋作"甑"，下面就用"甑"來表示這個地名或國族名。《合集》27885 有這樣一條卜辭：

(7) 庚午卜，王貞：其乎(呼)小臣🧍比在 A□□……

《合集》27885 正(《甲》2830 清晰)[何組]

A 字形體作：

拓本　 照片

此字下部雖然有些殘缺，但是仍然可以看出就是前面討論的"甑"字。尤其查看史語所公布的照片，"宀"字尚存一半的筆畫，從這些筆畫連接特徵上看，很可能就是"宀"字的右半。如果我們對字形的辨認可信，這版何組卜辭當是甑族在甲骨文中最早出現的例子。按照黄天樹先生的研究，何組卜辭的時代主要是祖甲晚期到武乙之初的遺物。[1] 從這版卜辭可以看出，此時的甑族還没有反叛，與商王朝關係比較友好，否則商王就不可能呼令小臣🧍配合在甑地的武裝力量去執行某種任務了。可以推測，帝乙、帝辛時期之前，甑族人就獲得了商王的册封，爲商王朝鎮守邊陲，前引(1)、(2)黄類卜辭中的甑族首領稱作"甑伯拇"即爲明證。

"甑"，又見於商代的一件銅尊，該尊異常精美，"喇叭口，腹微鼓，高圈足。器表三層花紋：雲雷紋襯底；頸飾蕉葉紋，其下作回首夔龍，腹部及圈足飾饕餮紋；在主紋的凸綫條表面刻劃脉絡以爲勾勒"。[2] 在圈足内底，鑄有三字銘文"甑天禦"。

---

① 黄天樹：《殷墟王卜辭的分類與斷代》，北京：科學出版社 2007 年版，頁 231—241。

② 張吟午：《商代銅尊、魚鈎和陶抵手》，《江漢考古》1984 年第 3 期，頁 108。

"嚳"字作:

《集成》5687

此字顯然跟前面討論的""是同一個字,亦當隸定爲"嚳"。天禦尊 1965 年出土於湖北武漢市漢陽縣東城垸紗帽山(今武漢市漢陽區徒埠鄉),距離北部著名的黃陂盤龍城不過三十多公里。李學勤先生曾經根據這件銅尊的出土地點,指出"這是商朝勢力及于長江中游的又一證據"。① 由於"嚳"族器物僅此一件出土於湖北,因而並不能得出商代的嚳族或嚳地之人就生活在今武漢的漢陽區一帶的結論。《集成》7161 又收有一複合族氏銘文:

右下形體似也是"嚳"字,如果是這樣,反映了嚳族與舌、戊二族的密切聯繫。1976 年陝西寶雞竹園溝 1 號西周彌國墓出土一件銅泡,口沿和内壁各有一字,作如下之形:②

内壁　　　口沿(以往著録多倒置)

又,1985 年甘肅崇信于家灣 3 號西周早期墓地出土的銅戈上也有這個字,形體寫作:

《集成》10775

董珊先生指出,這兩件銅泡、銅戈上的族氏文字就是前引天禦尊、《甲骨文合集》36747 上的"嚳"字,並且把周公廟甲骨中兩見寫作左上從凶、左下從向、右側從王的"甂"字也與之繫聯。董先生綜合考察上述一系列從"曾"的字認爲,"嚳"、"甂"當從"曾"得聲,是表示國名"繒"的專字,這個繒族活動於陝西和甘肅的交通要綫上。而"甂"字右側從王,應該是"繒王"的專字,如同古文字"甀"字之從王表示豐王一樣。至於湖北武漢出土的天禦尊,這個"嚳"族活動地域明顯跟甘陝的"嚳"不同,董先生指出,這應該是商末周初同一個"嚳"族的兩個分支。③ 董先生上述文字繫聯以及對"嚳"族地望的論説都十分合理。僅從字形上看,商代甲骨、金文中的"嚳"字寫法比較象

① 李學勤:《甲骨學的七個課題》,《歷史研究》1999 年第 5 期,收入《李學勤文集》,上海:上海辭書出版社 2005 年版,頁 134—142。

② 盧連成、胡智生:《寶雞彌國墓地》,北京文物出版社 1988 年版,頁 134。

③ 董珊:《從出土文獻談曾分爲三》,《出土文獻與古文字研究》第五輯,上海:上海古籍出版社 2013 年版,頁 154—161。

形，到了西周，"嘗"字下部的"向"旁筆畫一律變作直筆，這或許跟這些文字的載體皆爲車馬器、兵器有關，不管怎樣，仔細辨識，仍然可以跟前舉甲骨、天禦尊的"嘗"字相繫聯。

寶雞竹園溝、甘肅于家灣出土的銅器以及周公廟出土甲骨中"嘗"字的集中出現，爲確定嘗族的活動區域提供了重要參考。上述有明確出土地點的實物材料指明，至遲到西周早期，嘗族人就已經在甘陝地區活動了，從周公廟甲骨"嘗"字又可以寫作"鄑"來看，該族勢力應該比較強大。按照前引董珊先生的説法，嘗族首領或已經稱王。可以想見，其對周王朝的統治可能造成了一定的騷擾，因此"鄑"字才兩見周公廟甲骨。以此爲定點，把甲骨卜辭中的嘗族與活動在甘陝一帶的嘗族相聯繫，是一個合理的選擇。另外值得一説的是嘗族銅泡（銅泡自銘"錫"，[①]這裏仍然沿習舊稱）。我們知道，出土的西周刻銘銅泡，所刻之銘往往是墓主的國族名或私名。因此，通過銅泡刻銘推測墓主族屬，通過刻銘銅泡出土地點推測該氏族的活動區域，往往會收到很好的效果。比如1932—1933年河南濬縣辛村（今屬鶴壁市淇濱區龐村鎮）西周衛國墓地出土"衛師"銅泡，銅泡刻銘"衛"與國族名相合。北京房山縣（今房山區）琉璃河鎮西周燕國墓地經常出土"匽（燕）侯"、"匽（燕）侯舞易（錫）"銅泡，銅泡刻銘"匽（燕）"與國族名相合。亞疑銅器多出河南安陽，因此"亞疑"銅泡也出自安陽，銅泡刻銘"亞疑"跟族氏活動區域相合。同理，"矢人"銅泡出土於陝西隴縣，"矢丁"銅泡出土於陝西鳳翔縣，則西周早期的矢族也應該活動在陝西隴縣、鳳翔一帶。陝西寶雞竹園溝出土"嘗"銘銅泡，則嘗族也應該在陝西寶雞一帶活動，這跟上面的分析是一致的，這也是筆者同意前引董先生意見的重要理由。我們應該充分重視刻銘銅泡在判斷族屬以及氏族活動區域方面的重要作用。

比較麻煩的是，如何解釋出土於湖北漢陽縣的天禦尊的嘗族。董珊先生給出的方案是，同一氏族兩個分支，這也是合理的推論。綜上，不管活動甘陝一帶的嘗族是不是文獻中的"繒"，其活動範圍都在商代安陽的西部，這應該是沒有問題的。

再看另一征伐對象"二婞"。"二婞"當指兩個婞族的聯合勢力。《合集》38761有"𩦂"，可惜辭殘，不能提供有效的關於"婞"的信息。根據（1）、（2）提供的信息，婞族跟嘗族當距離不應該太遠，皆在殷墟西北的甘陝、山西一綫。《殷周金文集成》7270號收録一件精美的商代晚期銅瓿，銘文一般隸釋作"子婞心"。"婞"字字體風格跟《合

---

① 李學勤：《北京、遼寧出土的銅器與周初的燕》，《考古》1975年第5期；劉昭瑞：《説錫》，《考古》1993年第1期，頁68—72。

集》38761十分相似,"心"緊貼"工"字下,謝明文先生指出,所謂"婡心"似當分析爲從"心"從"婡"聲的一個字,[①]筆者十分同意這個説法。這件銅觚就是婡族族長所造所用之器。可惜的是,這件銅觚爲陳承裘舊藏,出土地不明,不能提供婡族的確鑿信息。無論如何,"二婡"跟"嘼伯拇"聯合作亂,勢力範圍應該距離嘼族不遠。因此,我們認爲(1)、(2)辭反映的是帝乙、帝辛時期對西土的一次用兵。

確定了嘼族和"二婡"的地理位置,對我們認識卜辭中"羲侯"之領地"羲"的大體方位也有幫助。按照商王征伐方國、平定叛亂國族的一般規律,商王往往會聯合距離攻伐對象地理位置較近的同盟力量,一來就近調遣兵力,行動方便,二來這樣的同盟力量由於地緣關係,比較熟悉攻伐對象地理、兵力等具體軍事情況。既然嘼族和"二婡"地處甘陝一帶,則"羲"地也應該在商代西北部的區域來尋找。

最後,結合前引黃類卜辭大致復原這次用兵情況。帝乙、帝辛時期,處於大邑商西部的名字叫"拇"的嘼族首領聯合"二婡"勢力共同發動叛亂,消息傳到大邑商,帝乙(或帝辛)決定征討叛逆,並進行了戰前占卜。商王占問册命"羲侯發"跟自己一同征討是否能受到所有神主的保佑,翦伐叛亂力量。後來又在二月的"尋"地進行了相同的占問,兩次結果都是吉兆。於是,商王聯合羲侯共同征討了嘼伯拇和"二婡"。

商代末年,商朝周邊方國、部族不朝王庭,紛紛叛亂,反映到卜辭中,集中體現在帝辛征伐東部的人方和西部的盂方。現在我們在卜辭中找到了帝乙帝辛征伐西土嘼族和二婡的記載,知道當時的西土發生了國族叛亂事件,這無疑豐富了我們對商末時期的邊境危機和軍事形勢的認識。

看校補記:小文引出的(1)—(6)諸辭中的"叡",陳劍先生在最近發表的《釋甲骨金文的"徹"字異體》(《出土文獻與古文字研究》第七輯,上海:上海古籍出版社2018年版,頁1—19)一文中隸定作"勫",指出其與賓組卜辭"融(徹)示"之"融"是一字異體,皆釋作"徹"。陳説可從。又,孫亞冰女士的《殷墟卜辭中的冀與冀方》(《古文字研究》第三十二輯,北京:中華書局2018年版,頁111—117)對"徹示"問題亦有很好的討論,讀者可以參看。

---

① 謝明文:《商代金文的整理與研究》,復旦大學博士學位論文(指導教師:裘錫圭教授),2012年5月,頁371。

附圖:

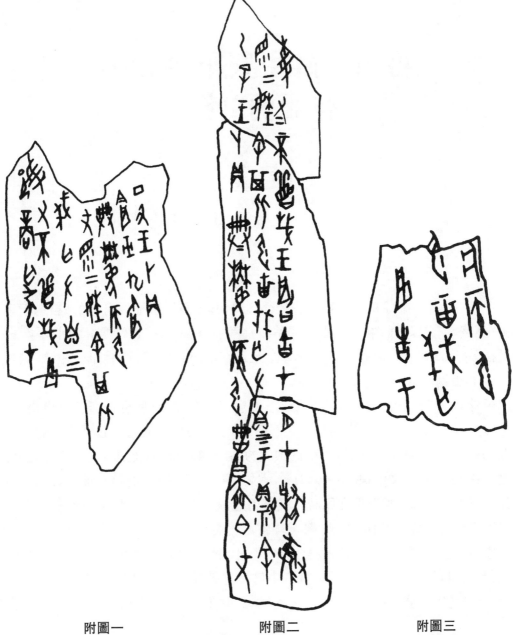

附圖一

《合集》36344

附圖二

《合集》36347＋36355＋36747

附圖三

《合集》36348

再論卜辭中與軍事行動有關的"啓"*

田國勵

（四川大學歷史文化學院博士生）

　　甲骨卜辭中"啓"字的字形與用法較爲複雜,其中與軍事征伐有關的"啓",于省吾先生《釋啓》一文以爲前軍,①相近的觀點如姚孝遂、肖丁教授也釋"啓"爲前驅,②白玉崢教授引《後漢書·岑彭傳》章懷太子注"凡軍在前曰啓"釋"啓"爲軍事組織,誠爲卓識,③但是否爲前軍則還可以商榷。

　　甲骨文"啓"作 目 ,象以手開户,或增無意字符"口",或加意符"日"引申爲"雨而晝姓"之啓,"啓之言闓也",從開户到天闓明,其字義是連貫的。于省吾先生認爲"啓"由開、發之義引申爲在前之義,並引諸典籍來佐證啓爲前軍,然而這些佐證是值得商榷的。首先,于先生文中釋《詩·六月》"元戎十乘,以先啓行"的啓爲前導,認爲"這是以元戎軍車十乘爲前導",但在原詩語境裏啓應該作動詞用,如《鄭箋》釋"二者及元戎皆可以先前啓突敵陣之前行"。④ 鄭玄釋啓爲啓突是對的,但以先、啓爲連文則不妥。"先"應該是指"先驅",見《左傳·襄公二十三年》齊侯伐衛的軍事部署:"先驅,穀榮御王孫揮,召揚爲右。申驅,成秩御莒恒,申鮮虞之傅摯爲右。曹開御戎,晏父戎爲右。貳廣,上之登御邢公,盧蒲癸爲右。啓,牢成御襄罷師,狼蘧疏爲右。胠,商子車御侯

---

* 本文係 2016 年國家社科基金年度重點項目"殷墟甲骨文分類與繫聯整理研究"(16AKG003)階段性成果。
① 于省吾:《甲骨文字釋林》,北京:中華書局 1979 年版,頁 287—290。
② 姚孝遂、肖丁:《小屯南地甲骨考釋》,北京:中華書局 1985 年版,頁 146—147。
③ 白玉崢:《契文舉例校讀》,《甲骨文字詁林》,北京:中華書局 1996 年版,頁 2127。
④ (清)阮元校刻:《十三經注疏·毛詩正義·六月》,北京:中華書局 1980 年版,頁 485 上。

朝，桓跳爲右。大殿，商子游御夏之御寇，崔如爲右。”[①]一軍之中自有作爲前軍的“先驅”，而非啓之任。至於啓，于省吾先生引《左氏會箋》“凡言左右以左爲先，知是啓左也”的觀點，實本自孔穎達的《正義》，而這一推測又是憑據服虔引《司馬法・謀帥篇》“大前驅，啓乘車、大晨倅車屬焉”之文爲説。然而該引文中啓乘車當與大晨倅車相類，《爾雅・釋天》郭璞注“太白星也，晨見東方爲啓明”，[②]以啓爲先行恐怕是孔氏將啓與前驅的連文誤讀。

啓字字義在典籍中確實發生了衍化，如于省吾先生所舉《論語・雍也》馬融注及《商君書》都以啓、最相對爲文而成爲前軍之名。但啓、最音韻遠隔，而啓、胠皆牙音溪紐字，可能是一語分化，關係更爲密切。啓、胠應是兩旁之名，《説文》“胠，亦下也”，《段注》：“啓胠皆在旁之軍。”[③]《莊子・胠篋篇》郭璞注“胠，開”，[④]《經典釋文》引司馬注：“從旁開爲胠。”[⑤]又《荀子・榮辱篇》“胠於沙而思水”，俞樾《諸子平議》讀作“阹”引《文選・吴都賦》“阹以九疑”注“阹，闌也。因山谷以遮獸也”，言遮闌於沙而思水。[⑥]俞説是合理的，讀作阹正與下文“掛於患”相對，阹爲攔擊，假作胠爲兩旁之軍，臨陣之時從旁包抄攔擊之，所以賈逵説“左翼曰啓，右翼曰胠”(《正義》引)應該是有所本的。

以上梳理依憑的都是後代的文獻資料，若據以論殷商甲骨文中所反映的軍事制度則難以徵信。先來看看諸條卜辭的具體情况。于省吾先生在《釋啓》一文中擇録十條，現稍爲增補修訂，轉録於此：

1. 丙辰卜，争貞，沚戛啓，王比，帝若，受我又。貞，沚戛啓，王弓比，帝弗若，不我其受又。[⑦]《合集》[⑧]7440 正(賓一 B)

2. 甲午卜，穷貞，沚戛啓，王比伐巴方，受㞢又。甲午卜，穷貞，沚戛啓，王弓比，弗其受(㞢又)。《合集》6471(賓一 B)

3. 貞，沚戛啓，王比。《合集》7441(賓一 B)

4. 辛卯卜，穷貞，沚戛啓巴，王叀之比。五月。辛卯卜，穷貞，沚戛啓巴，王弓隹之比。《合集》6461(賓一 B)

---

① (清) 阮元校刻：《十三經注疏・春秋左傳正義・襄公二十三年》，頁 1976 下。

② (清) 阮元校刻：《十三經注疏・爾雅注疏・卷六》，頁 2609 上。

③ (清) 段玉裁：《説文解字注・卷四下》，上海：上海古籍出版社 1981 年版，頁 169。

④ (清) 郭慶藩：《莊子集釋・胠篋篇》，北京：中華書局 1985 年版，頁 342。

⑤ (唐) 陸德明：《經典釋文・卷二十七・莊子音義中》，北京：中華書局 1983 年版，頁 374 下。

⑥ (清) 俞樾：《諸子平議・荀子一》，北京：中華書局 1956 年版，頁 233—234。

⑦ 原文第四條所引《乙編》3262 片經綴合並入《合集》7440 片。

⑧ 郭沫若主編、中國社會科學院歷史研究所編：《甲骨文合集》，北京：中華書局 1983 年版。

5. 貞,望洋若啓雀;望洋弗其若啓雀。《合集》6952(賓一 A)

6. 癸卯卜,□貞,𡥈啓龍,王比,受𡥈又。貞,𡥈啓龍,王弜比。《合集》6582(賓一 B)

7. 癸卯卜,貞,𡥈啓龍先,受𡥈又。貞,𡥈啓龍,弜。《戰後平津新獲甲骨集·元嘉造像室所藏甲骨文字·一一二》

8. 戊申卜,永,貞望乘𡥈保,在啓。《合集》39768(賓一 B)

9. 叀汜或啓我用若。《合集》33056①(歷二 A)

根據字體和風格,以上諸例基本集中在賓組一類,以一 B 類爲主,時代應該在武丁晚期,也有一 A 類卜辭,時代可能早到武丁中期。② 第 9 例《合集》33056 字體、風格略有不同,屬於歷組二 A 類卜辭,時代可能下延至祖庚時期。③ 根據諸條與啓有關的卜辭的時代,我們可以考察一下相應時期的出土遺迹情況,殷墟小屯北組墓葬值得我們注意。

北組墓葬位於乙七基址以南,由前中研院於 1936 年發掘清理,應該是一組與乙七基址相關的祭祀遺迹。根據鄒衡先生的分期研究,北組墓葬除個別葬坑如 M51 晚至西周時期外,其餘絕大部分墓的年代,大體與乙七基址相當。④ 乙七基址的時代可以根據 7∶H23 與 H036 進行推測。7∶H23 位於 C64 探坑,據《殷墟建築遺存》C64、C61、C70 三探坑臨近乙七基址北部,均爲夯土,且 C64、C70 各出一礎石,它們可能是乙七基址尚未發掘的北部延伸。⑤ 7∶H23 位於 C64 探坑夯土層的上層,《甲骨坑層之一》認爲是晚期居穴,⑥但其中出字骨一片,《乙編》⑦3689(《合集》21840)卜人爲"巡",字體是子組非王卜辭,時代應該在武丁中期。⑧ H036 爲乙七基址下層穴窖,呈狹長形,《殷墟建築遺存》認爲可能是殷墟早期溝防遺迹。⑨ 該坑所出字骨分別爲:《乙編》8657、8658—8659(《合集》20582 正反)、8660(《合集》19798)、8683—8684(《合集》

---

① 該片可與合集 33053、《英藏》397 綴合,見蔡哲茂:《甲骨綴合續集·518》,臺北:文津出版社 2004 年版,頁 137。

② 李學勤、彭裕商:《殷墟甲骨分期研究》,上海:上海古籍出版社 1996 年版,頁 125。

③ 李學勤、彭裕商:《殷墟甲骨分期研究》,頁 266—267。

④ 鄒衡:《夏商周考古學論文集·試論殷墟文化分期》,北京:科學出版社 2001 年版,頁 69—70。

⑤ 石璋如:《小屯第一本·遺址的發現與發掘·乙編·殷墟建築遺存》,臺灣:中研院歷史語言研究所,1970 年,頁 123。

⑥ 石璋如:《小屯第一本·遺址的發現與發掘·丁編·甲骨坑層之一》,臺灣:中研院歷史語言研究所,1992 年,頁 157—158。

⑦ 董作賓主編:《小屯第二本·殷虛文字·乙編》,臺灣:中研院歷史語言研究所,1953 年。

⑧ 李學勤、彭裕商:《殷墟甲骨分期研究》,頁 319—320。

⑨ 石璋如:《殷墟建築遺存》,頁 89。

19812 正反)、8685(《合集》26031)、8686(《合集》20113)、8687(《合集》11568)。其中
8658—8659、8660、8685、8686、8687 字體屬於自組大字扶卜辭,是自組卜辭最早的一
類,時代大致在武丁早期,下限至多在武丁中期偏早。[①]《乙編》8683—8684 片字體屬
於自組大字附屬,時代可能略晚於大字扶卜辭。[②] 根據 7:H23、7:H036 出土的甲骨
及分類斷代研究來看,乙七基址應該是武丁早中期的建築遺存。相應的北組墓葬中,
M188 所出器物形制較早,彭裕商師將其劃爲殷墟早期二組(殷墟一期偏晚),絕對年
代爲武丁早中期。[③]

　　北組墓葬與乙十一基址也存在地層關係,如 M239 爲乙十一基址前期打破,M238
壓在乙十一基址後期下,M242 打破乙十一基址前期又壓在乙十一基址後期下。根據
彭裕商師的研究,乙十一前期基址依據 M222、M270 出土物來看,大致在殷墟二期偏
早。後期基址夯層 C128 出字體近自組的《乙編》8690,以及早期形制的白陶簋 256V,
時代應該與前期基址大致相同在殷墟二期。[④] 此外,M238 根據彭裕商師的研究,早於
"婦好墓"與 M18,在殷墟二期偏早,年代爲武丁晚期。M239、M238、M242 是北組墓
葬中較晚埋入的,[⑤]那麼根據乙十一基址及 M238,北組墓葬的下限在殷墟二期偏早,
年代不晚於武丁晚期。

　　綜上來看,北組墓葬遺存集中在殷墟一期偏晚到二期偏早,年代爲武丁中期至晚
期,這與我們要考察的諸條卜辭在時代上是接近的,可以作爲一個參照的實例。

　　北組墓葬(祭祀坑)計有 49 墓,從排列上看是以五座車墓爲中心,周圍有車左、車
右、車前,共四大部分組成,可能反映了一個以車隊爲中心的軍事組織。[⑥] 我們重點來
考察車右、車左墓的情況。車右墓主體爲 27 座葴墓,呈四隅分布,每隅排列成雙行,
分布如方陣,共殉 125 人。其中西南隅人數最多,計 12 墓 65 人,且其中 M123、M122、

---

① 李學勤、彭裕商:《殷墟甲骨分期研究》,頁 82。

② 李學勤、彭裕商:《殷墟甲骨分期研究》,頁 83。

③ 李學勤、彭裕商:《殷墟甲骨分期研究》,頁 38—51。

④ 彭裕商:《小屯乙十一的基址與 M238 的時代》,《述古集》,成都:巴蜀書社 2016 年版,頁 280—285。

⑤ 石璋如:《殷墟建築遺存》,頁 413—415。

⑥ 關於北組墓葬的性質尚存在分歧。《殷墟的發現與研究》認爲北組墓葬間存在打破關係,並非一次埋入,
　不可能是以車隊爲中心的軍事組織。小葬坑可能是祭祀性質的坑,5 座車馬坑可能是一次祭祖獻車的遺
　留。就北組墓葬之間的打破關係,石璋如先生也作了説明,他認爲墓葬之間的叠壓除 M144 外,均叠壓極
　少的邊緣,可能是在先埋入墓葬形迹尚清楚的情況下,後埋入的墓葬本意沿前者邊緣而挖掘不慎挖壞很
　少一部分所導致的。參考中國社會科學院考古所編:《殷墟的發現與研究》,北京:科學出版社 1994 年
　版,頁 60;石璋如:《小屯第一本·遺址的發現與發掘·丙編·北組墓葬上》,臺灣:中研院歷史語言研究
　所,1970 年,頁 411—412。

M120、M88、M86、M144 諸墓人骨上染有紅色(車右墓共 25 具人骨染有紅色,23 具集中在西南隅),且 M88 出蚌針花 4、蚌針泡 7,共四套額帶飾,M86 出一套額帶飾。據發掘者及整理者的意見,人骨染色及額飾可能標示其身份的不同。如果從軍事組織的角度來看,那麼車右墓很顯然是重兵聚集的部分。①

車左墓是我們要重點考察的左翼,情況也較爲複雜。車左墓以 M31 爲中心,該墓有腰坑且殉狗,是真正意義上的墓葬。其西南方爲 M219 跪葬墓,人數不明,有損毁。其西北方爲 M30、M35 兩座童墓及 M89 跪葬墓。東北方爲羊坑 M182,出羊骨十具。東南方爲 M238、M242 兩座隨器墓,比較特殊。其中 M238 除殉五具遺骸外,所出銅器計有觚三、爵三、方彝二,斝、卣、壺、罍各一,此外尚有武器集中於西北,多完整。M242 所殉遺骸細弱,均 1.4m 左右,與 M238 均 1.7 米相差甚遠,且出骨笄等頭飾,口含貝,可能是女性或孩童。②

車左墓東邊近車墓一側有 M188,同樣是隨器墓,而發掘報告將其列入車前墓,並與 M197、M223 構成一組相關的橫列墓,我們認爲不妥。首先,從其位置來看,M188 與 M238 平行而不與車前五墓呈一字排開,車前五墓各殉五人,整齊劃一,應爲一個組織,而 M188 作爲隨器墓與 M238 左右呼應。其次,從地層關係上來看,M188 打破了車前五墓中的 M205,與五墓顯然不是同時埋入的,並非一個組織。第三,M188 遺骸爲跪葬,與 M197、M223 遺骸軀首東向橫列不同,並非真正意義上的橫列墓。所以我們認爲 M188 也應劃入車左墓的體系。M188 出遺骸兩具,形態特殊,一具全軀仰跪姿,雙手交於腹前,第二具俯置伏跪,雙手交於背上。所出器物計有:斝二,爵、鼎、甗、瓿、瓿、觚各一。除爵置於第一具遺骸前,其餘八器都壓在第二具遺骸上。如此特殊的放置,發掘報告認爲這很可能與二人一執觚爵司飲、一司煮的職責有關。③

車左墓的情況有三點值得注意。首先,M238、M188 兩墓出大量器物,發掘者認爲是以人殉器而非器殉人的意見是很中肯的,以飲食器具爲特征也凸顯了其職責。第二,所殉遺骸身型不一,M30、M35 爲童墓,M242 人骨細弱,他們很可能與 M188 兩具跪姿遺骸一樣是負責使用 M238 中銅器的人員,而置於 M238 五具遺骸的保護之下。可以看出,車左墓的主體顯然並非戰鬥人員。第三,羊坑代表的可能是隨軍的饗餼。《左傳·宣公二年》"將戰,華元殺羊食士。其御羊斟不與,及戰,曰:疇昔之羊子

① 石璋如:《北組墓葬上》,頁 322—326。

② 石璋如:《北組墓葬上》,頁 358—407。

③ 石璋如:《北組墓葬上》,頁 343—350。

爲政",①宋國爲殷商之裔,臨戰殺羊享士或是其遺俗。綜合器物、孩童、牲畜三個因素來看,相較於單純重兵集結的車右墓,車左墓似乎主要是負責軍需和後勤。

如果依照北組墓葬的結構來布陣,那麼啓爲左翼居前軍的觀點就很難成立了,總不能將攜帶飲食器具等輜重的雜役們推到前面去沖鋒陷陣吧! 這種左軍爲偏軍、右軍爲主力的結構在文獻中有諸多反映。如《老子·三十一章》:"君子居則貴左,用兵則貴右。……吉事尚左,凶事尚右。偏將軍居左,上將軍居右,言以喪禮處之。"②老子以喪禮來解釋,應該是基於他"抗兵相加,哀者勝矣"思想的闡發,而用兵貴右可能是相沿以來的傳統。《左傳·宣公十二年》:"蒍敖爲宰,擇楚國之令典。軍行,右轅,左追蓐,前茅慮無,中權後勁。"杜注:"在車之右者挾轅爲戰備,在左者追求草蓐爲宿備。"③楚國"令典"的軍制與我們考察的北組墓葬的組織結構若合符節。楚王私乘也以右爲上,《左傳·宣公十二年》"楚子爲乘,廣三十乘,分爲左右。右廣,雞鳴而駕,日中而説。左則受之,日入而説","王見右廣,將從之乘"。④ 邲之戰楚王初乘左廣,而遇敵之後欲更乘右廣,可見乘右廣戰鬥本是傳統,且右廣可能更有戰鬥力。至於具體作戰,見《襄公二十五年》"子木遽以右師先,子彊、息桓、子捷、子駢、子盂帥左師以退",⑤也以右師爲先,左師偏退。以上文獻材料反映出春秋以來楚國軍制的傳統是以右翼爲主力,這一傳統應該是有所本的。《詩經·商頌·殷武》:"撻彼殷武,奮伐荆楚。罙入其阻,裒荆之旅。有截其所,湯孫之緒。"⑥即是殷高宗武丁南伐荆楚的記載。近年公布的《清華簡·楚居》記載了楚人祖先季連"逆上汌水,見盤庚之子,處於方山,女曰妣隹",並以妣隹爲妻生下緈伯、遠仲二子的傳説。盤庚之子與武丁同輩,女妣隹與祖庚祖甲同輩,反映出楚人祖先與殷商王朝在武丁晚期有着密切聯繫。⑦ 且以盤龍城爲代表的一系列商代晚期遺址表明,商代的"南土"已經拓展到長江流域荆楚一代。由此看來,楚國僻居南徼其軍制遺自殷商並非不可能。此外,晋國軍制亦右强於左,《昭公元年》"專爲右角,參爲左角",《正義》:"服虔引司馬法云:'八十一乘爲專,二十九乘爲參。'"⑧此雖爲魏錡毀乘爲行後的軍制,但臨陣變制與舊法當不至於太遠。

① (清) 阮元校刻:《十三經注疏·春秋左傳正義·宣公二年》,頁 1866 中。

② (魏)王弼注,樓宇烈校釋:《老子道德經注校釋》,北京:中華書局 2008 年版,頁 80。

③ (清) 阮元校刻:《十三經注疏·春秋左傳正義·宣公十二年》,頁 1879 上。

④ (清) 阮元校刻:《十三經注疏·春秋左傳正義·宣公十二年》,頁 1881—1882。

⑤ (清) 阮元校刻:《十三經注疏·春秋左傳正義·襄公二十五年》,頁 1985 上。

⑥ (清) 阮元校刻:《十三經注疏·毛詩正義·殷武》,頁 627 下。

⑦ 李學勤:《論清華簡〈楚居〉中的古史傳說》,《中國史研究》2011 年第 1 期,頁 54。

⑧ (清) 阮元校刻:《十三經注疏·春秋左傳正義·昭公元年》,頁 2023 中。

　　綜上所述,卜辭中由沚𢼸、望洋、龍等方國大將率領的"啓"應該是偏軍,而真正的主力應是王族。啓雖有在前開導之義,但訓啓爲左翼又緣"凡言左右以左爲先"爲説,而認爲啓是前軍的觀點,是難以成立的。通過對殷墟北組墓葬祭祀遺迹的考察,我們可以看到,殷代的軍事組織裏左翼主要負責軍需和後勤,其戰鬥力量也明顯較車右諸墓爲弱。這種結構在後世的文獻記載中也可以得到印證,二者之間可能存在某種聯繫。但有周一代銅器不見與啓有關的軍事銘文,可能這種傳統流行於東方爲齊、楚等國所承襲而與西周軍制迥異。

卜辭"帝"爲天神説獻疑

陶 禹

（四川大學中國俗文化研究所）

　　凡治殷商宗教史，因文獻之不足徵，論者往往須持較高的預設立場，始有頭緒可理，該立場又多自後代推求而得。甲骨現世，學界始知周以後盛極之"天"，在殷未見行用。卜辭有顯要神靈，曰"帝"，前賢或説爲自然神，[①]或謂之祖先神。[②] 但不論持何見解，大抵默認此"帝"高居於天，以爲不易之論，如侯外廬等認爲："'帝'本指天上的祖宗神。"[③]胡厚宣云"殷人相信在天上存在着這樣一個具有人格和意志的至上神，名叫帝或上帝"，並屢次強調"殷人認爲帝在天上，主宰着大自然的風雲雷雨，氣象變化"，"殷人以爲帝在天上，能降禍福於人間"，"殷人以爲帝在天上，能夠下降人間，直

---

① 學林多重此説，較著者如陳夢家："殷人的上帝是自然的主宰，尚未賦予人格化的屬性。"（《殷虚卜辭綜述》，北京：中華書局 1988 年版，頁 580）日人島邦男："上帝是意味着支配自然的自然神。"（濮茅左、顧偉良譯：《殷墟卜辭研究》，上海：上海古籍出版社 2006 年版，頁 580）普鳴（Michael J. Puett）也認爲，帝雖然具有某些祖先神的屬性，但終究不可作此觀，見氏著《成神：早期中國的宇宙觀、獻祭與自我神化》（To Become a God：Cosmology，Sacrifice，and Self-Divinization in Early China），波士頓：哈佛大學出版社 2004 年版，頁 48—50。

② 持此説者，傅斯年導於前，以卜辭中"單稱帝者，……必爲所奉祖宗之一"（《性命古訓辨證》，上海：上海古籍出版社 2012 年版，頁 103）郭沫若之説近同："殷人的神同時又是殷民族的祖宗神，便是至上神是殷民族自己的祖先。"（《先秦天道觀之進展》，《青銅時代》，北京：科學出版社 1957 年版，頁 9）張光直："卜辭中上帝與先祖的分別並無嚴格清楚的界限，而我覺得殷人的'帝'很可能是先祖的統稱或是先祖觀念的一個抽象。"（《商周神話之分類》，《中國青銅時代》，北京：生活・讀書・新知三聯書店 2013 年版，頁 383）艾蘭（Sarah Allan）："在商代，上帝（簡稱爲'帝'）是神靈世界的王，他位居祖先神祇等級的最高層。"（艾蘭著，汪濤譯：《龜之謎——商代神話、祭祀、藝術和宇宙觀研究》，成都：四川人民出版社 1992 年版，頁 71）似亦以帝爲祖神。

③ 侯外廬、趙紀彬、杜國庠：《中國思想通史（一）》，北京：人民出版社 1957 年版，頁 64。

接保佑或作害於殷王"。① 晁福林也説:"殷人的確神化了'天',但並不是以天之字來表示,綜合專家的相關論述,可以説它是以'帝'來表示的。"②質言之,諸家皆以殷代之帝爲"天神"。此實基於周代以後宗教天人二分的對立圖式比擬推斷而得,是否合乎商代宇宙觀,尚成問題。然以筆者聞見所及,鮮有啓疑者。惟張光直嘗言"上帝在商人的觀念中没有一定的居所",又説"西周第一次出現了'天'的觀念,並將商代'無定所'的上帝放到了'天'上"。③ 此誠爲鴻論,可惜未引起足够重視,④張氏本人也未予深究。晁福林也曾敏鋭覺察道:"從殷墟卜辭中,我們找不出帝居於天的任何迹象。"其識亦甚卓,但因立論於帝、天無别,僅以"其原因就在於殷代的帝與天本來就是一回事兒"作結,⑤終於未達一間。

　　前賢以帝爲"天神",非逞臆而發,考其論證,理路大要有三:

　　　　(1) 名號説:"帝"之字形與"上帝"之號,顯示帝爲天神;
　　　　(2) 權能説:帝之權力極大且施動曰"降",易知帝居於天;
　　　　(3) 交通説:"降"、"陟"、"賓"等垂直互動方式,可見帝與凡間之上下有别。

　　愚意三説皆未安,故不揣譾陋,試爲復案,並就殷代宗教的空間圖式略呈淺説,懇請海内博雅君子有以教之。

　　進入討論之前,先試言材料揀擇。張光直曾論《書經》中所謂殷代篇目,説善可從:"在現存的歷史文獻中,真正的商代文獻恐怕是不存在的。……至少是非常可疑的。其中或許有少數的句子,或零碎的觀念,代表商代的原型,但其現存的形式無疑是周人的手筆。"⑥郭沫若也以爲不少殷代舊籍"都是真僞難分,時代混沌,不能作爲真正的科學研究的素材"。⑦ 有鑒於此,本文認爲,周以後的文獻,首先是該時代之史料,其中與商相關者,多新舊混同、未易辨别,兹以卜辭爲考察中心,傳世文獻僅資參證,是爲下文探討的基礎。

---

① 胡厚宣:《殷卜辭中的上帝和王帝(上)》,《歷史研究》1959 年第 9 期。

② 晁福林:《説商代的"天"和"帝"》,《史學集刊》2016 年第 3 期。

③ 張光直:《商周神話與美術中所見人與動物關係之演變》,《中國青銅時代》,頁 427、429。

④ 就筆者寓目,僅有王青(《中國神話研究》,北京:中華書局 2010 年版,頁 199)、李向平(《王權與神權》,瀋陽:遼寧教育出版社 1991 年版,頁 27)二先生略有述及,但均旨在説明上帝與祖神的關係,於其"天神"性則未多留意。

⑤ 晁福林:《論殷代神權》,《中國社會科學》1990 年第 1 期。

⑥ 張光直:《商周神話之分類》,《中國青銅時代》,頁 377。

⑦ 郭沫若:《古代研究的自我批判》,見氏著《十批判書》,北京:人民出版社 1982 年版,頁 4。

一

甲骨文"帝"字之構形與本意,學界歷來聚訟紛紜,諸説各有理據,本文不擬介入論争。惟其中有"燎天"説,論帝爲"天神"者喜援引爲證。其説蓋始自葉玉森:"禘與尞並祭天之禮,禘必用尞,故帝从尞。帝爲王者宜尞祭天,故帝从一或从二,並象天也。"①據此,"帝"字源於祭天儀式,持説近似者如明義士(James Mellon Menzies)、②朱芳圃、③陸宗達、④朱歧祥、⑤徐中舒⑥等。禘既爲祀天之禮,帝之名號又從禮出,則其伊始已暗含天神崇拜於内,由此不免推出帝爲天神的結論。

這一推理,以王輝所論最詳:"一在甲骨文中可以代表各種意義,但在帝字頂部,我們認爲它是一種指示符號,代表天空。……殷人認爲日、月、風、雲、雨、東母、西母、河、嶽等自然神祇是存在的,這些神祇居於自己上方的天空中,故對他們的祭祀用火祭。帝字从一从米(或朱),米或朱表示柴祭,一指明祭祀的對象爲居於天空的自然神。"王氏因謂,帝"這個威力無比的至上神的形象究竟是什麽,却是誰也不知道……因而藉用禘祭上界自然神的朱字來表示"。⑦ 晁福林附議其説,且曰:"假若這些理解不誤的話,那就對於殷代帝的本質的認識會有所啓發。"⑧

帝王名號出於宗教祭典,就知識生成機制而言,不乏理據。惟以"帝"的稱名脱胎於專祀天神之禮,殊有問題。王説雖辯,却植根於並不牢靠的假設——受享禘祭之神皆居於天。晁福林信從其説,也只好承認:"在殷人的概念裏,土(社)、河、嶽應當是居於天上的……在殷人眼裏,許多自然神以至祖先神也是居於天上的。"⑨此一推測未免行之過遠。常玉芝即辨曰:"接受他們關於禘祭是火燒柴薪之祭的考證,但不接受他

① 葉玉森:《殷契鈎沈》乙卷,《學衡》1923 年第 24 期。

② 明義士:《柏根氏舊藏甲骨文字考釋》,《齊大季刊》1935 年第 6 期。

③ 朱芳圃:《殷周文字釋叢》,北京:中華書局 1962 年版,頁 38—40。

④ 陸宗達:《説文解字通論》,北京:北京出版社 1981 年版,頁 195。

⑤ 朱歧祥:《殷墟甲骨文字通釋稿》,臺北:文史哲出版社 1989 年版,頁 134。

⑥ 徐中舒主編:《甲骨文字典》,成都:四川辭書出版社 1989 年版,頁 7。

⑦ 王輝:《殷人火祭説》,《四川大學學報叢刊》第 10 輯《古文字研究論文集》,成都:四川人民出版社 1982 年版,頁 270—271。

⑧ 晁福林:《論殷代神權》,《中國社會科學》1990 年第 1 期。

⑨ 晁福林:《論殷代神權》。

們關於禘祭是祭天和只祭祀居於天空的自然神的説法。"①其説誠是。卜辭禘祭甚繁，根據董蓮池的整理，禘祭"對象廣泛，但不包含上天"，涉及先祖、先臣、方神以及鳥、虎、河、秋等諸神。② 又，商人祭祀頻仍，且祭祀方式蕪雜，③非止火祭。上列禘祭者，也常以其他方式受享。舉"河"爲例，"帝于河"(《合》14531)或"燎于河"(《合》3458 正)之同時，亦行沈祭：

丙午卜，貞：燎于河五牢，沈十牛。　　　　　　　　　　　　　　　　《合》326

辛未，貞：奉禾于河，燎三牢，沈三牛，宜牢。　　　　　　　　　　《合》32028

丁巳卜：其燎于河牢，沈卻。　　　　　　　　　　　　　　　　　　《合》32161

亦有酒祭：

貞：酒于河報。　　　　　　　　　　　　　　　　　　　　　　　　《合》672 正

貞：酒于河十牛。　　　　　　　　　　　　　　　　　　　　　　　《合》1052 正

己亥卜，内：翌辛丑乎雀酒河……　　　　　　　　　　　　　　　　《合》4141

此外，尚有告祭(《合》9627)、埋祭(《合》14559)、舞祭(《合》14603)、取祭(《合》14575)等，殷人並非皆以祭天之禮事河，則河不可徑視爲天神，灼然可觀。再如四方神，除常用禘祭外，尚可見告祭(《合》8724)、侑祭(《英藏》86 反)、禦祭(《合》14321)、酒祭(《合》30173)等，其證益昭。

據此，將帝祭諸神認爲天神，於卜辭初無證據。況蔣瑞提出殷代"帝、燎、柴"三者皆是"祭天帝的火祭"，④嚴一萍也説三者共爲一系，其不同處"僅在積薪之方式與範圍"。⑤ "帝、燎、柴"三種祭祀的對象，合則囊括殷代大半神祇，照以上邏輯，諸神皆居於天，則有殷宗教實爲天神之國，此必不可通之説。

卜辭中"帝"偶稱"上帝"，如：

□□卜，争，[貞]上帝降莫？　　　　　　　　　　　　　　　　　　《合》10166

□□[卜]，出，[貞]……上帝……兄……　　　　　　　　　　　　《合》24979

……叀五鼓……上帝若王[受]又又　　　　　　　　　　　　　　　　《合》30388

---

① 常玉芝：《由商代的"帝"看所謂"黄帝"》，《文史哲》2008 年第 6 期。

② 董蓮池：《殷周禘祭探真》，《人文雜志》1994 年第 5 期。

③ 卜辭祭法統計不一，如陳夢家得 37 個，島邦男列出 264 個，徐中舒計爲 36 個，李立新又定爲 211 個，並詳李立新《甲骨文中所見祭名研究》(博士學位論文)，中國社會科學院研究生院，2003 年，頁 32—47。

④ 蔣瑞：《也説〈周禮〉"柴"與〈楚辭〉"些"》，《中國史研究》2000 年第 1 期。

⑤ 嚴一萍：《美國納爾森藝術館藏甲骨卜辭考釋》，臺北：藝文印書館 1973 年版，頁 8。

倡說帝乃天神者,間或出示爲證,如徐難于:"殷人以'天'稱天空之前,往往以'上'稱天空。例如卜辭中,上帝之'上',即指'上空'。"[1]胡厚宣認爲與"上帝"相對,有"地祇百神",[2]則同樣以"上帝"之"上"指空間之高。此說恐亦未確。

甲骨文上字作二形,固有空間意涵,然朱彦民指出商人已具備"全方位"觀念:"這些方位詞的出現,已不僅僅是表示某一單純的方位了,而是具有一定的引申含義和文化取向。"[3]張光直也已經隱約意識到:"'上帝'一名表示在商人的觀念中帝的所在是上,但卜辭中絕無把上帝和天空或抽象的天的觀念聯繫在一起的證據。"[4]郭沫若曾據"上"、"下"對待,推測上帝之外"有'上帝'一定已有'下帝'",[5]但迄今爲止未有發現。據此,沒有證據表明"上帝"之"上"指示空間方位。案,"上"字常用於祖先廟號中,表示去世久遠的先王,"上甲"、"上乙"是也,此"上"意即時間在先,正如列維•布留爾(Lvy-Bruhl)所謂:"一般說來,與時間有關的一切,首先是用那些早先用於空間關係的詞來表現的。"[6]同樣,在殷人心目中,先祖去世彌遠,權能愈高,地位也更尊崇,有商代祖先集合稱謂之"上示"、"中示"、"下示"的尊卑區分可證。[7] 故此,"上帝"之"上"應爲表示地位尊崇之稱,猶東周諸侯稱王室曰"上國",又如後世言天有五號之"皇天"、"昊天"云云。

由上觀之,甲骨文"帝"雖與火祭有關,但享禘祭者非皆天神,是以帝非必居於天;"上帝"之號,很可能是取"上"表地位之尊,而非空間之高,故以帝之二名證其爲天神並不足取。

二

或說以帝之施爲可推知其居於天,朱鳳瀚嘗言:"在卜辭中帝既稱作上帝,不僅自身能'降',且其權能亦多以'降囚'、'降若'等詞語來表達,這些通常不用於其他神靈,

---

[1] 徐難于:《商周天帝考》,載四川大學歷史文化學院編:《紀念徐中舒先生誕辰110週年國際學術研討會論文集》,成都:巴蜀書社2010年版,頁323。

[2] 胡厚宣:《甲骨文所見殷代之天神》,《責善半月刊》1941年第2卷第16期,頁4。

[3] 朱彦民:《商代社會的文化與觀念》,天津:南開大學出版社2014年版,頁359。

[4] 張光直:《商周神話之分類》,《中國青銅時代》,頁383。

[5] 郭沫若:《先秦天道觀之進展》,《青銅時代》,頁5。

[6] 列維•布留爾著,丁由譯:《原始思維》,北京:商務印書館1981年版,頁140。

[7] 參見晁福林:《關於殷墟卜辭中的"示"和"宗"的探討——兼論宗法制的若干問題》,《社會科學戰綫》1989年第3期。

所以商人的上帝確是居於天上的神。"①撮其要旨,蓋舉三事證帝居於天:(1)"上帝"之稱名;(2)帝自身可"降";(3)帝施展權能常用"降"字。第(1)點前文已揭其虚僞,其(2)姑留待後文説之。有關第(3)點,朱先生另有申明:"卜辭中惟對'上帝'施展其權能常用'降'字,亦可證明帝確是高居於天上的神。"②吉德煒(David N. Keightley)也認爲,帝居於"上方"(above),可由其能"降下"(send down)禍福於人顯示出來。③ 常玉芝亦有類似説法:"殷人説上帝或帝時,往往都是卜問它是否會'降'下什麽災禍,由此可見,在殷人的心目中,上帝是高高地居於天上的天神。"④此外,常先生歸納帝之神職爲"主宰氣象"、"支配年成"、"左右城邑安危"三類,且云:"由上帝所擁有的權能也可看出上帝是個高高地居於天上的天神。"⑤可見,此一假説實由以下兩個命題組成:其一,上帝具有控制自然氣象與人間禍福的權能;其二,該權能的施展通過"降"的方式達成。

前者可不待深辨而知其不然。帝在諸神職權誠多,因有謂其爲商代至上神者,⑥但以之作爲帝居於天的證據,則頗爲無力,帝的權能有無、大小,與其居處本毫不相關,衡以情理,常先生此論當嫌未審。

至於以"帝"的行動能用"降",證明帝居於天,學界頗首肯之。今按其説亦似是而非,索諸"降"字之義可知。陳夢家總結"上帝的權威,可分爲善意的與惡意的",曾列表如下:

	[善意的]	[惡意的]	[不明的]
令	雨	風	隋
降	若,食	禍,莫,不若	𡆥

① 朱鳳瀚:《商人諸神之權能與其類型》,見吳榮曾主編:《盡心集:張政烺先生八十慶壽論文集》,北京:中國社會科學出版社 1996 年版,頁 72。

② 朱鳳瀚:《商周時期的天神崇拜》,《中國社會科學》1993 年第 4 期。

③ 魯惟一(Michael Loewe)、夏含夷(Edward L. Shaughnessy)主編:《劍橋中國上古史:從文明起源到公元前 221 年》(The Cambridge History of Ancient China:From the Origins of Civilization to 221 BC),劍橋:劍橋大學出版社 1999 年版,頁 252。

④ 常玉芝:《商代宗教祭祀》,北京:中國社會科學出版社 2010 年版,頁 28。

⑤ 常玉芝:《由商代的"帝"看所謂"黃帝"》,《文史哲》2008 年第 6 期。

⑥ 關於殷人之帝是否爲至上神爭論,詳見宋鎮豪、劉源之綜述(《甲骨學殷商史研究》,福州:福建人民出版社 2006 年版,頁 293—301)。

續　表

	[善意的]	[惡意的]	[不明的]
受	佑,年	不佑	
	若	不若	
邑		終、禍、不若	孳
王	佐、缶、福		夊
年	受	㞢	

在學術昌明之今日,陳氏的歸納或已無法被完全同意,其分類也不免有所淆亂——左欄六詞中,只有"令、受、降"是帝的動作。但如若轉換觀察視角,上表又別具價值:長期以來,論帝之權能者,大都着眼於上帝行動的對象及影響,經此表却可探知,作爲行動本身的"令"、"降"、"受"三動詞亦有別焉,試論之。

自然氣象,如水氣凝結從天而下,堪稱帝之行動中最當用"降"者,卜辭却從不用"降"。例如帝操縱"雨",只用"令"字,如"帝令雨"(《合》14132 正)、"帝不其令雨"(《合》14135 正)、"帝令[多]雨。……帝不其令多雨"(《合》10976 正)等。卜辭又有"帝隹其雨"(《合》40393),"帝隹癸其雨"(《合》14154)等。胡厚宣先生云"帝隹雨,尤言帝唯令雨",[①]此皆作"令"而非"降"。又譬如,就感性體悟而言,"雷"亦屬與天相關的氣象,卜辭也但用"令":"帝其及今十三月令雷。帝其于生一月令雷"(《合》14127 正)、"帝其弘令雷。……帝不其弘令雷"(《合》14128 正)。再如"風",卜辭也只說"帝其令風。……帝不令風"(《合》672 正)。總之,帝所"令"者,如雨、雷、風等,皆專指自然氣象,無有例外,是發布命令之義。[②]

反觀帝"降",則與"令"判然有別,其賓語多爲抽象事物。如卜辭有"帝降若。……帝降不若"(《合》6497);又屢見"帝降囚",即"帝降禍";又如"帝降莫"(《合》10168),羅振玉釋爲"艱",郭沫若釋"饉",唐蘭釋爲"嘆";再如武乙、文丁時期的卜辭,"帝不降永。……來歲帝其降永"(《小屯南地甲骨》723),"永"字之義,學者有"久"、"詠"、"殃"等說,[③]但均不離抽象性質。以上所舉"帝降"搭配賓語,全非自然氣象,更

---

① 胡厚宣:《殷卜辭中的上帝和王帝(上)》,《歷史研究》1959 年第 9 期。

② 陳夢家:"我們以前因爲金文的'令'有'賜'義,因解令雨爲賜雨,……(《燕報》20:526-527)。由於新資料的出現,應有所修正。卜辭有'令風''令隋',則令仍作命令之令。"見《殷虛卜辭綜述》,頁 563。

③ 有關此問題的研究綜述,詳見劉釗《釋甲骨文中的"役"字》,《出土文獻與古文字研究》第六輯《復旦大學出土文獻與古文字研究中心成立十週年紀念文集(上)》,上海:上海古籍出版社 2015 年版,頁 42—47。

無從天而下的内涵。禍福與天的聯繫,唯見周代之後的天命觀,於卜辭却毫無踪迹可覓。所謂"帝降",僅是一種上級對待下級,神靈對待凡胎的作爲。質言之,此"降"乃由超驗空間抵達現實空間之情狀,表現尊與卑的精神區隔,而非縱向的層級之别。

"帝降"的此種含義,還可被"帝受"的用法佐證。藉陳表可知"受"、"降"之事近似,"降佑"亦曰"受佑","降若"("降不若")或作"受若"("受不若"),可知卜辭"受",義同於"降"。授即給予,亦含自貴者至賤者的差序,而毫無從天到地的垂直意味,恰可旁證"降"之虚擬情態。

綜上所論,據帝的權能説其爲天神,在邏輯上本不成立;帝所"降"者,亦爲源頭難覓的抽象禍福而非肉眼可見的直觀天象,則"職權説"亦無當。

三

或曰殷代帝爲天神已由彼時人神之交通性透出,如張光直:"商人的世界分爲上下兩層,即生人的世界與神鬼的世界。這兩者之間可以溝通:神鬼可以下降,巫師可以上陟。"[1]白川静亦曰:"帝的嫡子是爲王,死後升天,常侍帝之左右,因爲神靈是垂直式的往來,所以叫作陟降。"[2]此説乍看之下似頗允審,驗以卜辭,則又未然。

試先言下降通道,學者有謂帝自身可從天而下者,陳夢家:"帝降云云,記上帝降於廟。"[3]趙容俊云是降神巫術之反映,[4]諸家所舉例證,就筆者寓目,不外數例,兹分别予以探討:

　　　　□□卜,□,[貞]我其巳㝵乍,帝降若。
　　　　□□卜,□,[貞]我勿巳㝵乍,帝降不若。　　　　　　　　　　《合》6497

這一命辭,張光直認爲應參照"辛卯卜𤔲貞:祀賓若?"、"辛卯□□貞:我祀賓若?"、"辛卯卜𤔲貞:我勿祀賓不若?"數條,分别讀作"□□卜𤔲貞:我其祀賓、乍帝降,若?"、"□□□獻貞:我勿祀賓、乍帝降,不若?"。他認爲降字作不及物動詞時:"常説爲'帝降'或'其降',下面不跟着一個災禍之字。這種情形當指降神之降,即在人神溝通的意義上,神在巫師的邀請或召唤之下自上界以山爲梯而走降下來。……'祀

① 張光直:《商代的巫與巫術》,《中國青銅時代》,頁 289。
② 白川静著,王孝廉譯:《中國神話》,臺北:長安出版社 1983 年版,頁 19。
③ 陳夢家:《殷虚卜辭綜述》,頁 580。
④ 趙容俊:《殷商甲骨卜辭所見之巫術》,臺北:文津出版社 2003 年版,頁 220。

賓'是一個辭,'若'是另一個辭,似乎是兩種儀式,舉行了這種儀式可以造成'帝降'。"[1]其説非是。張氏所引據郭沫若《殷契粹編》,然覈討原書,降字後並未點斷,[2]又此辭郭氏在他處解作:"我如償祀鬼神,則帝降若。"[3]悉此絶非郭氏原意,又前文已揭帝之"降若"、"降不若"乃刻辭通例,可知張説誤施句讀,難以信從。

又謂帝可對城邑施加影響,故有關兩者關係的材料常見"降"字。胡厚宣因之曰:"殷人以爲帝在天上,能够下降人間,入於邑落和宮室。"[4]其證凡三,試分析之:

1. 貞帝……降邑……　　　　　　　　　　　　　　　　　《合》14170

胡厚宣據此説:"帝降邑者,言帝降於邑。"但此片卜甲殘甚,其下原有文否既不可知,故不足爲憑。且細審之,"邑"下似有"〜〜〜"形,故有學者改作"貞帝……降邑災"[5],雖未敢輕信,但卜辭屢見"帝降邑"、"帝受我佑"、"帝受我年"等"主+動+賓"結構,可備爲一説。此例既明,則如"貞:□帝令降□"(《合》14177)、"……帝……降……"(《合》14180)等類似有闕者,均不足憑。

2. 癸巳卜,㫄,帝毋其既入邑䖒。　　　　　　　　　　　《合》9733 正

此辭胡厚宣解説:"帝入邑者,言帝入於邑。"䖒,于省吾釋爲"摧",[6]常玉芝踵其説:"該辭是卜問上帝不會在它降入城邑之後,給該城邑以摧毁性的災害吧。"[7]徐義華説同。[8] 案,卜辭確有帝爲禍於城邑,但典型表述爲"帝+動+賓"結構,如"帝隹其終兹邑。……貞:帝弗終兹邑"(《合》14209 正)或"帝㘱兹邑。貞帝弗㘱兹邑"(《合》14211 正)等,凡此,上帝可直接爲害而無需贅言"入"。又,帝施以䖒,多用"降"字,如"帝不隹降䖒。……帝隹降䖒"(《合》14171)或"帝其降䖒"(《合》14173),"入邑"而"䖒"者,惟此一見,孤證不立。因知傳統解釋不僅迂晦牽强,也不合於刻辭文法,當尋另解。

刻辭有"既雨。……毋其既雨"(《合》1784),李孝定訓"既"爲"盡",[9]極是。"既

---

① 張光直:《商代的巫與巫術》,《中國青銅時代》,頁 271—272。
② 郭沫若:《殷契粹編》,《郭沫若全集·考古編》卷 3,北京:科學出版社 2002 年版,頁 627。
③ 郭沫若:《卜辭通纂》,《郭沫若全集·考古編》卷 2,北京:科學出版社 1983 年版,頁 365。
④ 胡厚宣:《殷卜辭中的上帝和王帝(上)》,《歷史研究》1959 年第 9 期。
⑤ 白於藍:《殷墟甲骨刻辭摹釋總集校訂》,福州:福建人民出版社 2004 年版,頁 129。
⑥ 于省吾:《甲骨文字釋林》,北京:中華書局 1979 年版,頁 223—227。
⑦ 常玉芝:《由商代的"帝"看所謂"黃帝"》,《文史哲》2008 年第 6 期。
⑧ 徐義華:《商代的帝與一神教的起源》,《南方文物》2012 年第 2 期。
⑨ 李孝定:《甲骨文字集釋》,臺北:中研院歷史語言研究所 1991 年版,頁 1751。

雨"即止雨,"毋其既雨",則雨不止。所謂"毋其",裘錫圭認爲"毋"之後有"其"字,則與"不、弗"相似,表示"可能性或事實的,往往可以翻譯成'不會'或'沒有'"。[①] 准此,則"帝毋其既入邑敀",或是卜問禘祭會不會終止降於城邑之災。此外,饒宗頤主張"邑"、"敀"同爲人名,讀爲"帝钔,其既入。邑敀"。[②] 張惟捷又謂:"此辭'敀'字從位置上看來,也可能是整句漏刻後的補刻,若如此則應作爲人名用。"[③]亦可備爲一説,以"其既入"爲句雖難解,亦不會有帝現身入城之義。

3. 癸亥卜,翌日辛帝降其入于𤔲大宎,在戜。　　　　　　　　　　　　《合》30386

胡厚宣譯作:"意思説帝下降人間,入於𤔲大宎的宮室裏。"此辭頗不易解。宎,陳夢家釋爲宗廟側室,[④]常玉芝遂解"大宎"爲"宗廟裏的大的側室",[⑤]不確,參看其下一句"于𤔲小乙宎","小乙"乃祖神,則"大"亦是先王,卜辭常省"大甲"、"大丁"、"大示"等爲"大",[⑥]"大宎"應是祭祀先王的側室。"翌日辛"則時間,"在戜"則地點。既明於此,則此文關鍵正在"帝降其入于"數字。"入"有時作納貢解,例如"己未卜,貞翌庚申告亞其入于丁一牛"(《合》5685 正)、"□□卜,鄭,貞其入于……"(《合》19726)等,其"入于大宎"及"入于小乙宎"當爲獻祭。"帝降"單出,雖無其例,但《合》6928 有"帝令",乃因其上有"帝令佳枫"而省文,此"帝降"似同之。再聯繫"庚戌卜,朕耳鳴,出钔于且祖庚羊百。出用五十八,出女三十𢎶,今日"(《合》22099)一條,可見二者結構有相似之處,則本辭可能關乎帝降禍患之後所進行的禳災祭祖,與帝親臨宗廟的記錄無涉。

最後,卜辭"癸酉卜,帝自入。十一月"(《合》15973),此條雖未見有"天神説"者稱述,然因有"帝自入"之語,來者或有以之爲證的可能性,故可預申此説之誤。案,此"帝",即祭祀之"帝(禘)"。"入"、"内"同源,故晁福林讀"自入"如"自内",表示方位。[⑦]"自"非"親自"之謂,當作"于",引介其事而已。"帝自入",如同"帝于内",正同於"帝

① 裘錫圭:《談談古文字資料對古漢語研究的重要性》,《中國語文》1979 年第 6 期。

② 饒宗頤:《殷代貞卜人物》,見《饒宗頤二十世紀學術文集》第 3 册第 2 卷《甲骨(中)》,臺北:新文豐出版股份有限公司 2003 年版,頁 781。

③ 張惟捷:《殷墟 YH127 坑賓組甲骨新研》,臺北:萬卷樓 2013 年版,頁 267。

④ 陳夢家:《殷虛卜辭綜述》,頁 472。

⑤ 常玉芝:《由商代的"帝"看所謂"黄帝"》,《文史哲》2008 年第 6 期。

⑥ 參見黃天樹:《關於甲骨文商王名號省稱的考察》,《語言》第 2 卷,北京:首都師範大學出版社 2001 年版,頁 287—289。

⑦ 晁福林:《先秦社會形態研究》,北京:北京師範大學出版社 2003 年版,頁 338。

于西”、“帝于東”等祭祀,則非“上帝親自入内”之謂明矣。

以上辨卜辭中“降”義仍不出前文討論範疇,並無“帝”本身從天而下的含義,所謂下降通道,於卜辭無據。

次言上升通道,細繹又分爲二事,或曰龜文“陟”即登天,或説“賓帝”爲祖先升天。

甲骨文“陟”、“降”字形分別作“䧹”、“䧏”,顯有相反相成之義。卜辭數稱“陟帝”,丁山曾以《君奭》“殷禮陟配天”解説,[1]張光直也稱“陟帝意蓋指上去見帝”。[2] 非是。卜辭中“陟”除單出者外,尚有“陟歲”、“陟用”等。“陟”爲祭名,陳夢家早已言明,[3]“陟歲”,饒宗頤説“與他辭言‘升歲’義同”,[4]王宇信説卜辭之“陟”“均與祭祀先公高祖和先王有關”,義爲“陟登祭於某祖先”。[5] 陟降相對,“陟”爲祭祀之義明,也可反過來佐助本文以“降”基於尊卑關係的解釋。

殷契中有較爲程式化者,其中屢見“賓于帝”,學者或解作殷人先祖死後得以晋謁上帝並居於天空,此論頗爲近人所樂道。唐君毅:“人能修德正德而奉天命,則其歿得‘賓于帝’。此在殷墟卜辭中已有之。”[6]陳夢家云:“帝廷或帝所,先公先王可以上賓之,或賓於上帝,或先公先王互賓。……所謂賓帝,發展爲周人的配天。”[7]郭静云也謂“賓帝”與逝者升天的葬儀有關。[8] 宋鎮豪以此反推,證帝爲天神:“夏商時帝與人王所處不在一個層面,帝在天界最上層,先王處在中層天地間。《尚書・微子》即有云:‘殷其弗或亂正四方,我祖厎遂陳于上。’‘陳于上’、‘賓于帝’均有上下層位相異的含義,這反映了殷人宗教信仰中的宇宙世界。”[9]

以《微子》證殷人信仰之不妥,開篇已陳,因而“陳于上”之“上”,究爲尊卑差異抑或空間區隔,可暫擱置不表。“賓于帝”三字,本無任何空間指向性,細察宋先生上語,先將帝放置於“天界最上層”,復在該語境下考察“賓于帝”,自然看出“上下層位相異”

① 丁山:《中國古代宗教與神話考》,上海:上海書店出版社 2011 年版,頁 204。

② 張光直:《商代的巫與巫術》,《中國青銅時代》,頁 275。

③ 陳夢家:《殷虚卜辭綜述》,頁 580。

④ 饒宗頤:《殷代貞卜人物》,《饒宗頤二十世紀學術文集》第 2 册第 2 卷《甲骨(上)》,頁 243。

⑤ 王宇信:《讀邢臺新出西周甲骨刻辭》,載《周秦文化研究》,西安:陝西人民出版社 1998 年版,頁 345—346。

⑥ 唐君毅:《中國哲學原論——原道篇》卷一《中國哲學中之“道”之建立及其發展》,《唐君毅全集》第 14 卷,臺北:學生書局 1986 年版,頁 55。

⑦ 陳夢家:《殷虚卜辭綜述》,頁 573。

⑧ 郭静云:《夏商周:從神話到史實》,上海:上海古籍出版社 2013 年版,頁 346—351。

⑨ 宋鎮豪:《夏商社會生活史》,北京:中國社會科學出版社 2005 年版,頁 762。

來,恐已落入循環論證的邏輯陷阱。

不寧惟是,"王賓"之義,本非定詁,祭名説亦爲大宗,如郭沫若解"賓"爲"儐祀鬼神",[①]李孝定謂"賓"有"儐敬"之義,[②]島邦男説又最詳善:"'王賓'是王入祀室舉行祭祀。……在頻繁、規律的祭祀以及臨時的祭祀中,每次都由王親自參與,這是極爲繁瑣的事,因此,這就會每當祭祀時要向祖神問有無王賓的必要,而王僅在有必要的情況下舉行祭祀。"[③]劉源即從之。[④] 晁福林認爲"學者將'王賓'理解爲儐接祖先神靈的解釋是正確的",並説與商代儐導神尸的祭禮有關。[⑤] 凡此,皆以"王賓"爲祭祀之禮,並無上升之義。對照卜辭,若合符節,"王賓"的對象非止有"帝",卜辭屢見"賓日"(《合》30476),復有"賓月"(《文録》419)、"賓歲"(《合》25109)等説,"賓帝"與祭祀有關,至爲明顯。

總而言之,儘管殷代人神確實存在可交通性,但此溝通往來的場景並非天與地,學界所謂"陟"、"降"、"賓帝"爲天地之上下通道,緣於學者誤讀卜辭而臆造。

綜上所論,則龜刻所見殷人信仰中,"帝"非爲天神,可得而知矣。

四

卜辭雖受場景所限,不能反映殷商一切觀念,但學者大半認可其作爲由王室壟斷祭祀之産物,以及在考察宗教信仰中的有效性。有關甲骨所示殷人宗教的空間觀念,孫詒讓曾釋卜辭之鬼神云:"《周禮》大宗伯掌建邦之天神、人鬼、地示之禮,通謂之吉禮,龜文亦三者咸有。天神則有'帝',地示則有'方嶽',人鬼則有'田正'及'祖、父、母、兄'等皆是也。"[⑥]同樣據《大宗伯》,陳夢家將卜辭所祭神祇分爲"天神、地示、人鬼"三類,其中"上帝"與"日"、"東母"、"西母"、"雲"、"風"、"雨"、"雪"等並列爲"天神"。[⑦]裘錫圭稱孫氏此法:"概括得相當好。"[⑧]宋鎮豪、劉源亦謂:"(孫氏)據傳世文獻梳理甲

① 郭沫若:《卜辭通纂》,頁 365。

② 李孝定:《甲骨文字集釋》,頁 2143—2153。

③ 島邦男著,濮茅左、顧偉良譯:《殷墟卜辭研究》,頁 590、597。

④ 劉源:《商周祭祖禮研究》,北京:商務印書館 2004 年版,頁 40。

⑤ 詳見晁福林:《卜辭所見商代祭尸禮淺探》,《考古學報》2016 年第 3 期。

⑥ 孫詒讓著,樓學禮校點:《契文舉例》上卷,濟南:齊魯書社 1993 年版,頁 24。

⑦ 陳夢家:《殷虛卜辭綜述》,頁 562。

⑧ 裘錫圭:《談談孫詒讓的〈契文舉例〉》,氏著《古文字論集》,北京:中華書局 1992 年版,頁 342。

骨文材料,將商人崇拜之鬼神概括爲'天神、人鬼、地示'三類,誠爲卓識。"①陳來討論殷商信仰體系,也引陳説,且曰:"天神、人鬼、地祇的三層神靈結構,是三代至少商代已經形成了的神靈體系。"②其後,晁福林論商代諸神地位,又用職權梳理替代空間分類:"殷代神權基本上呈現着三足鼎立之勢,即以列祖列宗、先妣先母爲主的祖先神,以社、河、嶽爲主的自然神,以帝爲代表的天神。三者各自獨立,互不統屬。"③朱鳳瀚説近之,分爲:A上帝,B自然神,C由自然神人神化而形成的、有明顯自然神色彩的祖神,D非本於自然神的祖神。④此一新見,雖較前説更爲近理,然仍將帝單列爲天神,置於某種"上層空間",況復前文已揭晁先生以自然神多居於天,故較之孫、陳,説雖不同,對天神的認識却無冰炭之異。

藉前文研究,吾人已知卜辭帝非居於天,故上述分類雖明晰可觀,對殷商宗教空間觀念而言,仍非探本窮源之論。蒲慕州嘗言:"在古代文明社會中,由於有文字,對於該文明社會史前時代的宗教情況的推測就多了一些材料。然而正因爲如此,學者可能會犯了以後來的宗教現象比附到史前時代的錯誤。"⑤蒲氏所論雖爲史前文明而發,置之殷商研究,亦所去不遠。以後世理解前代,當然不失爲觀照考察的便宜之法,但可類比並不一定意味着商周宗教的宇宙形態具有相同之構造,學者若不對二者神性外觀背後的内涵、屬性等差别時刻保持警惕,不假思索地根據周以後的文獻作比擬、移置的推論,不免潜伏着郢人舉燭而燕相任賢的風險。卜辭既已炳明,可再就商代宗教宇宙觀的空間圖式略作反思。

卜辭不以帝爲天神,當然不意味着商人對宇宙空間的認識如"古者民童蒙不知東西"⑥般一片混沌。古遺物所見先民對天的理性認識,最早可上溯至新石器晚期,⑦艾蘭也説:"把'上下'與'天地'聯在一起的説法是周滅商後纔出現的。但是,可以肯定的是商人同其他民族一樣知道天覆蓋着地。"⑧然而天地判然的體認,並不代表此時天

① 宋鎮豪、劉源:《甲骨學殷商史研究》,頁291。

② 陳來:《古代宗教與倫理:儒家思想的根源》,北京:生活·讀書·新知三聯書店1996年版,頁100、103。

③ 晁福林:《論殷代神權》,《中國社會科學》1990年第1期。

④ 朱鳳瀚:《商周時期的天神崇拜》,《中國社會科學》1993年第4期,又見氏著《商人諸神之權能與其類型》,吳榮曾主編:《盡心集:張政烺先生八十慶壽論文集》,頁73。

⑤ 蒲慕州:《追尋一己之福:中國古代的信仰世界》,臺北:允晨文化1995年版,頁32。

⑥ 何寧:《淮南子集釋》,北京:中華書局1998年版,頁760。

⑦ 參見馮時:《中國天文考古學》,北京:社會科學文獻出版社2007年版,頁343—355;李學勤:《走出疑古時代》,瀋陽:遼寧大學出版社1994年版,頁142—148。

⑧ 艾蘭著,汪濤譯:《龜之謎——商代神話、祭祀、藝術和宇宙觀研究》,頁114。

上、地下已有聖俗之分,更不代表商人已將諸神歸納爲天神、地祇的系統。因爲天與地二分,乃客觀之實在,代表對自然的感悟與解釋;天神與下界區隔,則爲先驗之架構,出於社會文化的表達與建造,二者不同如此。概言之,宗教理性並不具備與自然認識完全同步的心理結構。

　　大凡文明社會之文化,皆有神聖與凡俗二層次,二者在先民心智中,却未必自來都以天地對立之形式呈現。何則? 由宗教自發軔至成熟的規律言之,大要皆經過"萬物有靈"之階段,依愛德華・泰勒(Edward Burnett Tylor)之觀點,由於原始人以同一標準關照世界與自身,便推己及人,將靈魂觀引至自然存在,遂有自然精靈。[1] 亞里士多德(Aristotle)曾引"昔賢"語曰:"萬物(衆生)莫不充塞乎神,凡我們眼所可見,耳所可聞,所有其他官能所可感知的一切事物,無不有神在。"[2]此爲原始社會的共同俗尚。所以,商代宗教的早期狀況,以牟鍾鑒、張踐之説最得其情:"原始人和早期文明人的頭腦是相對簡單的,缺乏抽象概括能力,只有具體有形的事物纔能引起他們的注意。日月星辰、風雲雷雪能够直接影響他們的生活,所以從原始社會起就成了他們的崇拜對象,把太陽作爲祖神崇拜是世界許多原始民族的共同現象。而天空並不對人類生活造成直接影響,只能被看成是一片空無,很難成爲崇拜對象。"[3]

　　從卜辭中可見殷人的宗教世界已漸脱離原始而初具秩序。甲骨文"四方神"與"四方風"擁有操縱自然氣象與人間禍福的神祇屬性,對之亦有相應的獻祭,易見此爲平行空間觀念之於宗教的體現。然而細繹龜刻,則商代宗教又尚有原始崇拜的特徵在焉,譬如神靈多自然元素之神格化,衆神的權能、祭法雖有區分却仍然模糊,可見殷代神祇系統究無嚴格分類,神靈仍是作爲單獨物象被理解與崇拜,尚没有明晰的層級結構和空間分布,尤無《周禮》之後以文字歸納的成熟理性之系統形式。總之,殷代占辭所見之聖與俗,雖有初步的"四方—中心"的平行空間觀,却缺乏概念化的"上天—下界"垂直區分之證據,殷人的神祇系統尚不具備後世宗教宇宙觀完備的"上下"、"四方"縱橫交錯的圖式。

　　關於商代宗教的空間圖式,有依據人類普遍模式加以推度者。張光直引述基於中美洲古代文明研究提出的"亞美式薩滿教的意識形態内容",其言曰:"宇宙一般是分成多層的,以中間的一層以下的下層世界和以上的上層世界爲主要的區分。"[4]該理

① 詳見愛德華・泰勒著,連樹聲譯:《原始文化》,上海:上海文藝出版社 1992 年版,頁 573—638。

② 亞里士多德著,吳壽彭譯:《宇宙論》,北京:商務印書館 1999 年版,頁 297—298。

③ 牟鍾鑒、張踐:《中國宗教通史》,北京:社會科學文獻出版社 2000 年版,頁 96。

④ 張光直:《連續與破裂:一個文明起源新説的草稿》,《中國青銅時代》,頁 503。

論將宇宙垂直分割爲相對獨立,而又可以相互交通的空間。這種神聖地理學似乎與周代以後典籍中表述宗教空間範疇,如"絕地天通"——分層又相互聯繫的宇宙觀——不謀而合,因而影響頗巨,幾成解讀商代宗教之經典知識。惟今所見,商代卜辭不支持這種假設,"經爲解晦,當求無解之初;史爲例拘,當求無例之始",[①]史料俱在,有不容熟視無睹者也。王國維曾言:"中國政治與文化之變革,莫劇於殷周之際。"[②]就産生的先後言之,商代的"帝"與凡間,只有"此岸—彼岸"的區別,並不内含空間方位的高低;"天"之崇敬似昉乎周人,待周代以後宇宙觀傳達天人分立的等級觀念,形成天神與下界的區分,帝方纔作爲至上神被升至空中。如此,則殷周之際的文明轉型,不僅是政治性的,也是宗教性的,考察其變革隆替,又可探討中國早期宗教宇宙觀的流變轉型。

---

① 章學誠著,葉瑛校注:《文史通義》,北京:中華書局 1985 年版,頁 51。
② 王國維:《殷周制度論》,《觀堂集林》,北京:中華書局 1959 年版,頁 451。

卜辭所見商代裸祭考

張 亮

（鄭州大學歷史學院）

據文獻記載，商周時期，裸禮或爲祭禮前降神之儀，《詩經·大雅·文王》云："殷士膚敏，裸將于京。"或爲饗禮前獻賓之禮，《左傳》襄公九年云："君冠，必以裸享之禮行之。"在禮書中，裸禮更是成爲一種規範化和程式化的儀節，例如《周禮·春官·大宗伯》云"以肆、獻、裸享先王"，又如《周禮·秋官·大行人》記天子於朝覲諸侯有"再裸而酢"、"壹裸而酢"、"壹裸不酢"等。在甲骨文等出土材料中，"裸"字多表祭祀。商代裸禮主要表現爲一種祭禮，我們稱之爲"裸祭"。卜辭所見商代裸祭有特定的祭祀對象、場所和祭品，有明確的祭祀目的，有一定的祭祀規律，是商代晚期較爲常見的祭祀禮儀。學者對卜辭中裸祭的情況已有所關注，[①]在討論玉柄形器、圭瓚、璋瓚等出土器物的形制與用途時，也多會論及裸禮，[②]惜無專題討論，故本文不揣譾陋，試在前賢

① 相關研究成果有：賈連敏：《古文字中的"裸"和"瓚"及相關問題》，《華夏考古》1983 年第 3 期；連劭名：《甲骨刻辭中的福祭》，《第二屆國際中國古文字學研討會論文集續編》，香港：香港中文大學中國語言及文學系 1995 年編，頁 191—213；葛英會、李永徹：《卜辭裸祭與卜祭用日》，《紀念殷墟甲骨文發現一百周年國際學術研討會論文集》，北京：社會科學文獻出版社 2003 年版，頁 485—495；張玉金：《釋甲骨文中的"裸"和"𥧐"》，《中國文字研究》2007 年第 2 輯；張世超：《裸禮及相關問題新探》，《中國文字研究》2014 年第 1 輯。

② 可參看：萬紅麗：《"瓚"的定名、形制及相關問題》，《東南文化》2004 年第 2 期；孫慶偉：《周代裸禮的新證據——介紹震旦藝術博物館新藏的兩件戰國玉瓚》，《中原文物》2005 年第 1 期；方稚松：《釋殷墟花園莊東地甲骨中瓚、裸及相關諸字》，《中原文物》2007 年第 1 期；李小燕、井中偉：《玉柄形器名"瓚"説——輔證內史亳同與〈尚書·顧命〉"同瑁"問題》，《考古與文物》2012 年第 3 期；何景成：《試論裸禮的用玉制度》，《華夏考古》2013 年第 2 期；鞠煥文：《殷周之際青銅觚形器之功用及相關諸字》，《中國文字研究》2014 年第 1 輯；沈薇、李修松：《裸禮與實物資料中的"瓚"——試以〈周禮〉資料分析》，《中原考古》2014 年第 5 期；嚴志斌：《小臣𦚡玉柄形器詮釋》，《江漢考古》2015 年第 4 期。

的基礎上,就商代祼祭的對象、祭品、特點、作用及其在複合祀典中的地位等問題作專題論述,以質證於方家。

一、商代祼祭的祭祀對象

商代祼祭以祖先神爲主要祭祀對象。據學者的研究,殷代禮制有新舊之分。[①] 祼祭是新舊兩派共有的祭祀類型,只是兩派在祼祭對象的選擇上有所差異:舊派祼祭的對象更加廣泛,包括先公、先王、先妣、先兄、先臣等;新派祼祭的對象則以上甲以下的先王爲主。

舊派祼祭的祭祀清單看起來十分龐雜,但是相比禴、報等舊派祀典,其對於受祭對象的選擇頗有獨特之處。首先,祼祭的對象只有祖先神,未見上帝及帝廷諸神,亦未見風、雲、雨、日等自然神靈,河、岳等高祖神也被排除在外。其次,祼祭祖先,從先公近祖上甲開始,先公遠祖不在受祭之列。最後,祼祭先王,以時王的父輩先王爲主。以下分別舉例説明。

受到祼祭的先公主要是商人的近祖先公"上甲六示"。祼祭上甲者,如:

(1) ……祼上甲。　　　　　　　　　　　　　　　《合集》19805,師肥筆

(2) 其告秋于上甲一牛。

壬午卜,其祼秋于上甲卯牛。　　　　　　　　　　　《屯南》0867

辭(2)是爲蝗災之事祼祭上甲。目前已著録的甲骨卜辭中,嚳、契、王亥等先商遠祖未見接受祼祭的記録。商人祼祭先公自上甲始,可見上甲在商人心中的特殊地位。

"三報二示"没有單獨舉行祼祭的記録,只有一條合祭卜辭:

(3) 乙卯卜,祼三匚至屮甲十示。　　　　　　　　　《合集》22421 反,師歷間

該版卜問祼祭三報至屮甲十位祖先。屮甲不見於商王世系,在商代先王的周祭世次中,自報乙下推十系是卜丙,並非甲日先王,陳夢家先生認爲此條卜辭似未完而殘,無從推定,可能是祖甲。[②] 卜辭所見"屮甲"僅此一例。

大乙以下的先王是祼祭的主要對象,其中受到祼祭最多的往往是時王的父輩先王。以武丁時期的卜辭爲例,大乙、大丁、大甲、祖乙、祖辛、羌甲、祖丁等分別受到一次祼祭,而父乙則受到六次祼祭,以及一次諸父合祭。

---

① 董作賓:《殷代禮制的新舊兩派》,(臺灣)《大陸雜志》1953 年第 6 卷第 3 期,頁 69—74。

② 陳夢家:《殷虚卜辭綜述》,北京:中華書局 1988 年版,頁 434。

(4) 辛未卜，祼大乙牢，火其正，毋□先，寧。　　　　《合集》19946 正，師肥筆

(5) 祼 𢆶 方大丁。　　　　　　　　　　　　　　　　《合集》20623，㞢類

(6) 壬辰卜，祼 𢆶 方大甲。　　　　　　　　　　　　《合集》08425，師賓間

(7) 丁巳卜，㱿，貞告 𠭯 于祖乙，勿㞢歲祼。

　　丁巳卜，宁，貞祼于祖乙告王 𠭯。

　　貞勿 藺祼于祖乙告 𠭯。

　　勿㞢祼祖乙。

　　貞王不祼示左。

　　貞示弗佐王不祼。　　　　　　　　　　　　　　《合集》10613 正，賓一

(8) ……王祼……祖辛……　　　　　　　　　　　　《合集》20285，師肥筆

(9) 貞于羌甲钋，祼曶……十　　　　　　　　　　　《合集》1793 正，典賓

(10) 祖丁祼有凸。　　　　　　　　　　　　　　　　《英藏》2408，歷一

　　以上是武丁卜辭中，大乙、大丁、大甲、祖乙、祖辛、羌甲和祖丁受到祼祭的記錄。第(5)、(6)辭中，𢆶方是商王朝的敵對方國，武丁時期的卜辭中常見征伐𢆶方的記錄，這裏"祼𢆶方＋某祖"，意思是爲𢆶方之事而向先王舉行祼祭，大概是爲了祈求對𢆶方戰事的順利。

(11) 乙巳卜，宁，貞勿卒㞢祼于父乙。

　　乙巳卜，宁，貞祼于父乙。　　　　　　　　　《合集》01901 正，賓一

(12) 貞勿祼舌父乙。　　　　　　　　　　　　　　《合集》02201，典賓

(13) 貞亦祼于父乙。　　　　　　　　　　　　　　《合集》02218 正，典賓

(14) 貞祼于父乙新[青]㞢羊。　　　　　　　　　　《合集》02219 正，典賓

(15) 癸巳卜，㱿，貞子漁疾目，祼告于父乙。　　　《合集》13619，典賓

(16) 自父乙祼若。/自祖乙祼若。　　　　　　　　《合集》32571，歷草

(17) 癸未卜，延祼父甲至父乙酻一牛。　　　　　　《合集》20530，師歷間

　　上引辭例皆武丁卜辭中祼祭父乙者，父乙即武丁生父小乙。辭(17)中的"父甲至父乙"是指武丁的父輩先王陽甲、盤庚、小辛、小乙四兄弟。父甲即陽甲，他還有一次單獨接受祼祭的記錄。見於《合集》1248 正：

(18) 貞祼于父甲，曰曦不鼎。　　　　　　　　　　《合集》1248 正，典賓

除此之外，武丁時期的卜辭中再無陽甲、盤庚、小辛的祼祭記錄。顯然，父乙受到祼祭的次數最多。由此可見，武丁在選擇祼祭對象時，其生父最受重視。

　　先妣也是舊派祼祭中常見的祭祀對象，且受祭者以商王的近世祖妣爲主。以武

丁時期的卜辭爲例,受到裸祭的先妣,有妣己、妣庚、妣癸、母庚等。如:

(19) 庚申卜,殻,貞王裸于妣庚惟甼祈。　　　　　　　　《合集》2472,典賓

(20) 貞裸于妣癸,甼三小宰。　　　　　　　　　　　　《合集》2501,典賓

(21) 貞裸于妣己,甼⻊,卯宰,我……　　　　　　　　《合集》718 正,賓一

(22) 貞裸于妣己,甼⻊,卯宰。　　　　　　　　　　　《合集》719 正,賓一

(23) 丙午卜,王,余裸叀妣己食,勿萻叀食。　　　　《合集》19891,師小字

(24) 丁□卜,殻,貞勿禦子狀……王占曰:吉。狀亡……

　　貞裸于母庚羸。

　　于妣己裸子狀。　　　　　　　　　　　　　　　《合集》3187,典賓

(25) 裸于母庚。　　　　　　　　　　　　　　　　　《合集》5769,典賓

　　第(19)、(20)辭中,妣庚與妣癸是哪位先王的配偶,難以判斷。第(24)、(25)辭中,母庚爲武丁母,即小乙之配妣庚。在(24)辭中,妣己與母庚同版,此條卜辭是說:子狀有疾,爲了攘除不祥,商王卜問是否應舉行禦祭,向母庚、妣己舉行裸祭是否會使子狀的病情好轉。據此推測,本辭及(21)(22)(23)中的妣己皆應指祖丁之配。可見,妣己與母庚是先妣中最受重視的裸祭對象。

　　商王的亡兄也是舊派祭禮中常見的裸祭對象。比如殷墟一期卜辭中的兄戊、兄丁,四期卜辭中的兄庚,皆屬王之先兄而受裸祭者。

(26) 貞裸于兄丁……來……牛惟……　　　　　　　　《合集》2885,賓三

(27) 戊申卜,王裸兄戊。/……裸兄丁……追……　　《合集》20462,師肥筆

以上兩辭中,兄丁、兄戊皆爲商王武丁的亡兄。

(28) 己卯卜,兄庚裸歲惟羊。/己丑卜,兄庚裸歲惟羊。

　　　　　　　　　　　　　　　　　　　　　　　《合集》27620,歷無名間

(29) 己丑卜,妣庚歲二宰。/己丑卜,兄庚裸歲牢。/壬辰卜,母壬歲惟小宰。

　　　　　　　　　　　　　　　　　　　　　　　《屯南》1011,四期

(30) 乙丑卜,兄庚裸夕歲一牢。　　　　　　　　　《合補》13364,歷無名間

　　第(28)(29)辭中,裸祭兄庚的日期選在己日,可能是類似"夕裸"的祭前儀式。另外,上引三辭中裸祭常與歲祭相伴舉行,也是值得注意的現象。

　　先賢舊臣是舊派卜辭中常見的祭祀對象,但先臣顯然不是裸祭的主要對象,卜辭所見受到裸祭的先臣只有師盤一人。

(31) 多尹在啚。

　　　　　　癸巳卜，裸告自般。　　　　　　　　　　　　　《合集》32979，歷二

　　該版卜辭字體屬於歷組二類，應是武丁晚期或祖庚時期的卜辭。師盤與商王武丁關係親密，是武丁朝的重臣之一，他統領軍隊，參加征伐，在賓組、歷組和出組卜辭中常見其活動。此版所記裸告典禮，當是在師般去世之後對他舉行的裸祭。裸祭先臣亦僅此一例。

　　新派裸祭的對象主要是上甲以下的先王。新派裸祭活動開始帶有明顯的規律性，裸祭舉行的日期往往與受祭者的日干名相合。

　　(32) 甲戌卜，尹，貞王賓藝裸亡囚。
　　　　　貞亡尤。
　　　　　甲戌卜，尹，貞王賓大乙乡夕亡囚。
　　　　　貞亡尤，在十月。
　　　　　乙亥卜，尹，貞王賓大乙裸亡囚。　　　　　　　《合集》22721，出二
　　(33) 貞亡尤，在十月。
　　　　　[庚]□卜，行，[貞]王賓大庚裸亡囚。　　　　　《合集》22794，出二
　　(34) 戌□[卜]，□，貞王[賓]大戌裸亡囚。　　　　　　《合集》22834，出二

　　以上辭例皆屬出組二類，爲祖甲時期卜辭。辭(32)爲乙亥日裸祭大乙；辭(33)爲庚日裸祭大庚；辭(34)爲戌日裸祭大戌。"貞亡尤"成爲此類卜辭中的習語。裸祭的這一特徵與周祭卜辭類似。先王以其日干受祭亦是新派禮制中的普遍現象。

二、商代裸祭的祭品與祭所

　　祭品是祭祀時對祖先神靈的貢獻，祭所是祭祀舉行的場所，二者皆屬祭祀的重要內容，常常成爲區別不同祭祀的標識。商代裸祭所用的祭品種類非常豐富，鬯、牛、羊甚至人牲，都可作爲裸祭時獻祭的物品。

　　鬯是常見的裸祭祭品之一，不僅見於王卜辭，還見於王婦卜辭和子卜辭等非王卜辭中，特別是新釀的鬯酒，尤其受到商人的重視。例如：

　　(35) 癸丑卜，裸鬯中母，□有友。　　　　　　　　　《合集》22258，婦女類
　　(36) 辛亥卜，喜，貞鬯其裸。　　　　　　　　　　　《合集》25978，出二
　　(37) 癸丑卜，子裸新鬯于祖甲。用。　　　　　　　　《花東》248
　　(38) 丙辰卜，貞裸告𡚬疾于丁新鬯。　　　　　　　　《合集》13740，賓三

以上皆殷人裸祭獻鬯之證。

商人爲祼祭而進獻的犧牲種目繁多,牛類有牛、牢、物牛;羊類有羊、宰;豕類有豕、犹、穀等。其中牛、羊、牢、宰等,已見於前文所引卜辭,不再贅述。這裏僅就前文未見之例,略舉一二:

(39) 丙辰祼歲匄牛。 《合集》30935,無名

(40) 貞豕祼。 《合集》15848,賓一

(41) 甲午卜,貞今日夕祼穀。 《合集》15835,賓三

(42) 癸丑卜,子祼新邕于祖甲。用。

戊寅卜:子祼叔,曶犹,钾往田。 《花東》459

由上引諸例可知,殺牲以祼是商代常見之禮。

人牲在祼祭中並不常用,所用者主要是羌和伐等戰俘。

(43) 庚子,貞夕祼曶羌,卯牛一。贏。 《合集》32182,歷一

(44) 祼 ☒,十羌。 《合集》32077 正,無名

(45) 庚子,貞夕祼……伐,卯牛一,贏。 《合集》32178,歷一

第(43)辭羌與牛同用;(45)伐與牛同用;前引(21)(22)辭中伐與宰同用。可見,人牲常與犧牲組合使用。

雖然可供選擇的祭品種類繁多,但不同的祭品也沒有明顯的輕重之分。不過還有兩個問題需要進一步説明。其一,祼祭的主要祭品是什麼? 甲骨文中"祼"字作"☒"(《合集》719)、"☒"(《合集》8425)或"☒"(《合集》30925),從構形來看,從示從酉從廾,雙手奉尊以祭之意,[1]或認爲是从示从収从瓚,[2]但無論如何,祼爲酒祭是可以肯定的,所用之酒應該就是邕酒。那麼邕是否爲祼祭必選祭品,而犧牲、人牲只是祼祭可以增選的祭品呢? 對此,卜辭中並沒有明確記載,實際上很多"王賓"祼祭卜辭都沒有言及所用祭品,可見商人對祭品非常熟悉,同時也暗示了日常祭品應該比較單一。我們推測至少在祖甲時期,邕應是祼祭的主要祭品,犧牲和人牲反而並不常用。

有一條選卜祼祭祭品的卜辭,也能説明問題:

(46) 丙寅卜,祖丁祼 ☒ 又邕。

丙寅卜,祼 ☒ 一牢。 《合集》32453,歷無名間

既然邕是常備祭品,本身是不用卜問的,那麼丙寅日祼 ☒ 祖丁時卜問祭品,主要

① 趙誠:《甲骨文簡明詞典——卜辭分類讀本》,北京:中華書局 1988 年版,頁 242。

② 賈連敏:《古文字中的"祼"和"瓚"及相關問題》,《華夏考古》1983 年第 3 期。

是在卜問是否要增加一牢。可見,商人對祭品的選用非常慎重,應該是遵循一定的規則。

其二,如果酉與犧牲同時使用,那麼祼酉與殺牲何先何後? 卜辭中有"先祼"之儀,如:

(47) 丙寅卜,大,貞翌丁卯歲其先祼。　　　　　　　　　《合集》25203,出二

(48) ……貞先祼歲三牛。　　　　　　　　　　　　　　《屯南》1106

祼祭在先,則"三牛"顯然是歲祭所用之牲,是祼酉在歲牲之前,此與《禮記·郊特牲》所記"既灌然後迎牲"相合,却與《尚書·洛誥》和《小盂鼎》(《集成》2839)先用牲而後祼不同,這反映了商周禮制的差別。王國維先生謂"既灌迎牲爲後起之禮",[1]恐怕不確。

卜辭中,祼祭可供選擇的祭所主要有三種。其一,普通的宗廟。祼祭通常在商都的宗廟中舉行,見於卜辭者有宗、盟室、大室等。[2] 如:

(49) 己巳卜,祝,貞祼告盟室其圣。　　　　　　　　　《合集》24942,出一

(50) 己未卜,其坒父庚奭,祼于宗。兹用。　　　　　《合集》30303,歷無名間

(51) 乙丑卜,彘,貞其祼告于大室。　　　　　　　　　《英藏》2082,出二)

其二,專屬的祭所,商人有專爲祼祭而建的祭祀場所,卜辭作"寑",此字一般認爲是"祼"字的異體,但從其在卜辭中的用法來看,更可能是表示祼祭場所的名詞。[3]

(52) 貞勿于寑。　　　　　　　　　　　　　　　　　《合集》8297,師歷間

(53) 貞于寑。　　　　　　　　　　　　　　　　　　《合集》23477,出二

(54) ……酉其用于寑。　　　　　　　　　　　　　　《合集》25977,出二

(55) ……酉其用于寑。　　　　　　　　　　　　　　《合集》25909,出二

(56) 貞于寑酚……小宰。　　　　　　　　　　　　　《合集》1046,師歷間

(57) □□卜,旅……庚子妣庚……其在寑。　　　　　《合補》7020,二期

以上,"寑"均作介詞"于"、"在"的賓語,是名詞,表示舉行祼祭的場所。"寑"非止一處,卜辭所見有"父寑"、"母乙寑",表明商人常爲某先祖建造專屬的祼祭場所。又有"四寑",可能是四個"寑"所。

---

① 王國維:《觀堂集林》,石家莊: 河北教育出版社 2001 年版,頁 61。

② 島邦男:《殷墟卜辭研究》,上海: 上海古籍出版社 2006 年版,頁 501。

③ 張玉金:《釋甲骨文中的"祼"和"寑"》,《中國文字研究》2007 年第 2 輯,頁 70—76。

(58) 壬寅卜，㱿，貞王𡪍于父𥧊。　　　　　　　　　《合集》2235 乙正，典賓

(59) 甲子卜，大，貞作𥦒子母乙𥧊眔多母，若。　　　《合補》7047，二期

(60) 于四𥧊。　　　　　　　　　　　　　　　　　　《合集》02832 甲正，典賓）

由此可知，每位先祖均可擁有獨屬的“𥧊”，故卜辭中常有“作𥧊”的記錄：

(61) ……乍𥧊。　　　　　　　　　　　　　　　　　《合集》2273 正，典賓

(62) 丁□[卜]，賓，[貞]□乍……𥧊……　　　　　《合集》277，賓三

其三，臨時的祭所。祼祭有時候會在商都之外舉行，比如《合集》24341 中的“師
𣶈”，《合集》24345 中的“師丙”、“師獲”，《合集》24362 中的“𠂤”等。又如：

(63) 丁酉卜，行，貞王賓祼亡𡆥。在師㐬[卜]。　　《合集》22606，出二

(64) 戊戌卜，行，貞王賓祼亡𡆥，在襄。　　　　　《合集》24233，出二

這種商王在外出途中舉行的祼祭，有兩個可能的祭祀場所：其一，師丙、師獲、師
㐬等軍事據點内本有的祭祀設施可供使用；其二，在臨時搭建祭祀場所中進行，這種
臨時設施類似於春秋時期“舍不爲壇”（《左傳·襄公二十八年》）之壇、墠。

三、商代祼祭的祭儀

祖甲時期，祼祭已是相當程式化的祭祀活動，其祭儀有一個顯著的特點，即正祭
舉行之前會在祭前一日的夕時或祭日的菥時舉行一次預祭，卜辭記作“夕祼”、“菥
祼”。出組卜辭中常見省去受祭者的名號，且具有明顯規律性的祼祭，主要格式有三
種，分別爲“干支卜，某，貞王賓祼亡𡆥”、“干支卜，某，貞王賓夕祼亡𡆥”和“干支卜，
某，貞王賓菥祼亡𡆥”。這裏，“夕”和“菥”均是標示時間的名詞。“夕”，有廣狹兩種含
義，既可泛指夜晚，又可專指夜間某一特定的時間。[1] 在“夕”與“菥”對舉的卜辭中，
“夕”應是有所特指的。有學者推定晚商的“夕”時當今制 21 時之後，或即子時。[2]

“菥”，甲骨文中寫作“𣂑”，又隸定爲“杽”，用作時稱。“𣂑”象人執火炬之形，故
可表示時間概念，但執火以照明這一行爲可以在日落之後，也可以在日出之前，因此
對於晚商“菥”時所表示的時段，學界主要有兩種意見：其一，認爲“菥”是日落之後上

---

① 馮時：《百年來甲骨文天文曆法研究》，北京：中國社會科學出版社 2011 年版，頁 142；宋鎮豪：《釋住》，
　　《殷都學刊》1987 年第 2 期。

② 宋鎮豪：《商代社會生活與禮俗》，北京：中國社會科學出版社 2010 年版，頁 108。

燈之時，①約當今之 19 時前後，②是白天和黑夜的分界點；③其二，認爲"枆"應該就是"夙"字，指夜盡將曉之時，舉火之形表示早起做事之意，④其所轄範圍自日首至日出之前，是一日之中最早的一段時間。⑤ 我們更傾向於第二種看法。

　　總之，"夕"和"蓺"標明了施祭的時段，夕祼即夕時舉行的祼祭，蓺祼即蓺時舉行的祼祭。那麼，"夕祼"與"蓺祼"又是什麼關係呢？ 同版卜辭中，"夕祼"和"蓺祼"往往是對貞關係，表面上看，這是商人爲選定祼祭時間而進行的占卜。值得注意的是做出卜問的日期，這裏有兩種情況。一種，"夕祼"與"蓺祼"的占卜日期相同。如：

(65) 甲寅[卜]，[尹]，貞王賓蓺祼亡囚。在九月。

　　　　貞亡尤。

　　　　甲寅卜，尹，貞王賓夕祼亡囚。在九月。　　　　　《合集》25488，出二

(66) 庚辰[卜]，囗，貞[王賓]蓺祼[亡囚]。

　　　　貞亡尤。

　　　　庚辰卜，行，貞王賓夕祼亡囚。

　　　　[貞]亡[尤]。　　　　　　　　　　　　　　　　　《合集》25506，出二

(67) 庚申[卜]，囗，貞王賓蓺祼亡囚。

　　　　貞亡尤。

　　　　庚申卜，行，貞王賓夕祼亡囚。

　　　　[貞]亡[尤]。　　　　　　　　　　　　　　　　　《合集》25516，出二

(68) 甲申卜，貞王賓夕祼亡囚。

　　　　貞亡[尤]。

　　　　甲申[卜]，貞王[賓]蓺祼亡囚。　　　　　　　　　《合集》25521，出二

　　以上卜辭中，"夕祼"和"蓺祼"均在同一天舉行。除辭(68)之外，其餘諸辭中二者的占卜順序皆爲"蓺祼"在前，"夕祼"在後。我們認爲這裏"蓺祼"和"夕祼"的祭祀對象應該不會相同，而是前後相連的兩個先王。

　　另一種，"夕祼"的占卜日期早於"蓺祼"一日。如：

(69) 癸卯卜，即，貞王賓夕祼亡囚。

---

① 唐蘭：《天壤閣甲骨文存·考釋》，臺北：輔仁大學出版社 1939 年版，頁 46。

② 宋鎮豪：《試論殷代的記時制度》，《全國商史學術討論會論文集》(《殷都學刊》增刊)，1985 年，頁 319。

③ 常玉芝：《殷商曆法研究》，長春：吉林文史出版社 1998 年版，頁 145。

④ 沈培：《說殷卜辭的"枆"》，《原學》第三輯，北京：中國廣播電視大學出版社 1995 年版，頁 107。

⑤ 馮時：《百年來甲骨文天文曆法研究》，頁 145。

　　　貞亡尤。
　　　甲辰卜，即，貞王賓藝祼亡囚。
　　　貞亡尤。　　　　　　　　　　　　　　　　　《合集》25377，出二
(70) 甲辰卜，尹，貞王賓夕祼亡囚。
　　　貞亡尤。
　　　乙巳卜，尹，貞王賓藝祼亡囚。在九月。
　　　貞亡尤。　　　　　　　　　　　　　　　　　《合集》25385，出二
(71) 丙子卜，行，貞王賓夕祼亡囚。
　　　貞亡尤。
　　　丁丑卜，行貞王賓藝祼亡囚。
　　　[貞]亡尤。　　　　　　　　　　　　　　　　《合集》25394，出二
(72) 丙午卜，尹，[貞王]賓[夕]祼亡囚。
　　　丁未卜，尹，貞王賓戠亡囚。
　　　丁未卜，尹，貞王賓藝祼[亡]囚。　　　　　　　《合集》25680，出二

　　以上卜辭中，"夕祼"均比"藝祼"早一天舉行。還有一版卜辭，也可證"夕祼"早於"藝祼"一日。

　　　(73) 甲辰卜，夭，貞王賓夕祼至于翌藝祼不乍。　　《合集》25460，出二

本版中"翌藝祼"即"翌乙未藝祼"的省文。顯然，夕祼在甲辰日舉行，而藝祼在乙未日舉行。

　　上述卜辭中，"夕祼"和"藝祼"對貞卜問，表明商人對祼祭舉行的時間十分關心，那麼舉行"夕祼"或"藝祼"的目的是什麼呢？它們與祼祭又是何種關係呢？有學者認爲"夕祼"、"藝祼"均爲"前夕祭"。如董作賓在《殷曆譜》中提出："'夕祼'爲'祭'前夕之祀。與'彡'前夕之祀稱'彡夕'略同。"①董先生主要根據《合集》22630 做出以上推論：

　　　(74) 甲戌[卜]，尹，貞王賓上甲亡囚。
　　　貞亡尤。
　　　甲戌卜，尹，貞王賓夕祼亡囚。在六月。
　　　貞亡尤。
　　　乙亥卜，尹，貞王賓大乙祭亡尤。　　　　　　　《合集》22630，出二

① 董作賓：《殷曆譜》，《甲骨文獻集成》第三十一冊，成都：四川大學出版社 2001 年版，頁 163。

他認爲乙亥祭大乙,而甲戌"夕祼",故"夕祼"在"祭"之前夕。① 此觀點得到島邦男的認同。島邦男認爲"夕祼"不但可以是"祭"祀的前夕祭,還可以是"壹"祀的前夕祭,②並進一步指出"藙祼"也是"祭"祀前夕祭。③ 如《合集》27042 中,辛酉日的"夕祼"是示壬的"壹"祀前夕祭;辛亥日的"藙祼"是大戊之配妣壬的"祭"祀前夕祭。

(75) 庚申卜,甯,貞王賓藙祼亡尤。

辛酉卜,甯,貞王賓夕祼亡尤。

甲子卜,甯,貞王賓上甲魯亡尤。　　　　　　　　　　《合集》27042 正,何一

戊申卜,甯,貞王賓大戊戠亡尤。

辛亥卜,甯,貞王賓藙祼亡尤。　　　　　　　　　　　《合集》27042 反,何一

其實此版卜辭已是殷墟三期卜辭,並不是典型的新派卜辭。董作賓和島邦男兩位先生認爲"夕祼"和"藙祼"是附屬於周祭的"前夕祭"活動,這種觀點是值得商榷的。首先,"夕"和"藙"在祭祀卜辭中都不是祭祀動詞,而是時間詞,故有學者認爲"枫"爲"前夕祭"的説法不能成立。④ 其次,把"夕祼"和"藙祼"作爲"祭"祀或"壹"祀的前夕祭,顯然忽視了"夕祼"、"藙祼"與祼祭的關係。

儘管董作賓、島邦男的舉證並不充分,論證也不够嚴謹,但他們把"夕祼"和"藙祼"視爲"前夕祭"的思路還是不錯的。我們認爲"夕祼"和"藙祼"並不是周祭祭奠的前夕祭,而應是祼祭的前期準備。卜辭中,"夕祼"與"祼"同版卜問的辭例很多。如:

(76) 乙亥卜,尹,貞王賓祼亡囚。在五月。

貞亡尤。

乙[亥]卜,尹,貞王賓夕祼亡囚。在五月。

貞亡尤,在師渲卜。

丙子卜,尹,貞王賓祼亡囚。

貞亡尤。在五月。

丁丑卜,尹,貞王賓祼亡囚。

貞亡尤。　　　　　　　　　　　　　　　　　　　　《合集》24341,出二

乙亥、丙子、丁丑,連續三天卜問"王賓祼",依據祼祭日期與受祭者日干相合的規律,受祭者只能是報乙、報丙與報丁。乙亥日,先卜"王賓祼",後卜"王賓夕祼","王賓

---

① 董作賓:《殷曆譜》,《甲骨文獻集成》第三十一册,頁 50。

② 島邦男:《殷墟卜辭研究》,上海:上海古籍出版社 2006 年版,頁 520—521。

③ 島邦男:《殷墟卜辭研究》,頁 556。

④ 陳昭容:《説𩂋》,《中國文字》新十八期,臺北:藝文印書館 1994 年版,頁 148。

祼"的對象是報乙,"王賓夕祼"的對象應該是報丙。"王賓夕祼"報丙的目的,應該是爲丙子日"王賓祼"報丙做準備。

> (77) 甲寅卜,尹,貞王賓祼亡囚。
> 　　　貞亡尤,在師丙卜。
> 　　　甲寅卜,尹,貞王賓夕祼亡囚。在四月。
> 　　　貞亡尤,在師獲卜。
> 　　　乙卯卜,尹,貞王賓夕祼亡囚。　　　　　　　　　　《合集》24345,出二

甲寅日和乙卯日,分別對名號相連的甲名和乙名先王舉行了祼祭。甲寅日,"王賓祼"在"師丙"舉行,"王賓夕祼"在"師獲"舉行,兩次祭祀的地點不同,時間有別,祭祀對象顯然不同。先卜"王賓祼",後卜"王賓夕祼",其"夕祼"的對象應是要在乙卯日接受祼祭的乙名先王。"夕祼"是爲了明日的"祼祭"而先期舉行的儀式。

> (78) 己巳卜,[行],貞王賓祼亡囚。
> 　　　貞亡尤,在正月,在 𠂤 卜。
> 　　　庚午卜,行,貞王賓祼亡囚。
> 　　　貞亡尤。在 𠂤 卜。
> 　　　庚午卜,行,貞王賓夕祼亡囚。在 𠂤 卜。
> 　　　貞亡尤,在正月。　　　　　　　　　　　　　　　《合集》24362,出二

己巳和庚午,分別對己名和庚名先王舉行了祼祭。庚午日,"王賓夕祼"的卜問對象應是辛日先王。

上列三版卜辭中,每版日期相同的兩條卜辭,"王賓祼"在前,"王賓夕祼"在後的占卜順序,暗示了在這一天舉行的"祼祭"時間上要早於"夕祼",這一點對於我們判斷祼祭及藝祼的祭祀時間是有幫助的。而同日舉行的"祼祭"和"夕祼",受祭對象不同,"夕祼"是爲明日"祼祭"所做的準備活動。因此,我們認爲"夕祼"是"祼祭"的前夕之祭。

"夕祼"和"藝祼"是對貞關係,既然"夕祼"是"祼祭"的前夕祭,那麼"藝祼"也應是"祼祭"的前期準備。卜辭中,舉行"藝祼"的日期與所祭先王的日干名相合:

> (79) [丁]巳卜,行,貞王賓大丁藝祼亡囚。　　　　　　《合集》22761,出二

丁巳日,"藝祼"大丁,説明"藝祼"日期與"祼祭"一樣符合周祭規律。我們據此推測對同一先王的"藝祼"和"祼祭"應該在同日舉行,而且"藝祼"的時間應在"祼祭"之前。

　　我們已指出關於"莤"時所表示的時段,學界有掌燈之時與將曉之時兩種觀點。具體到"莤裸"和"夕裸"時間的分析,如果"莤裸"的時間在日落之後掌燈之時,則和"夕裸"的時間差別不大,似乎没有選卜的必要,而且難以解釋爲何辭(69)(70)(71)(72)中"夕裸"比"莤裸"早一天舉行。如果"莤裸"的時間在早晨,則"夕裸"早於"莤裸"一日的現象易於理解,同時辭(65)(66)(67)中"莤裸"與"夕裸"同日舉行,而"莤裸"在前、"夕裸"在後的現象也可以有合理説明。因此,我們認爲"莤裸"的祭祀時間應該在早晨,"夕裸"的祭祀時間在傍晚,而"裸祭"的祭祀時間在"莤裸"和"夕裸"之間。可見在某次裸祭舉行之前,商人會舉行一次"莤裸"或"夕裸"作爲此次裸祭的先導。

　　其實商人早已有在某祭祀舉行前一日占卜的習慣,卜辭中常見"翌＋干支＋祭名"的記録。裸祭亦不例外,在一、二期卜辭中,習見"翌日裸"的辭例。如:

(80) 戊子卜,貞翌己丑王賓裸亡壱。　　　　　　　　《合集》15167,賓三
(81) 戊辰卜,貞翌己巳裸……　　　　　　　　　　　《合集》15845,典賓
(82) 甲寅,貞酚,翌日其裸告。　　　　　　　　　　《合集》34505,歷二
(83) 戊午卜,大,貞翌丁卯王裸。　　　　　　　　　《合集》25622,出二
(84) 丙寅卜,大,貞翌丁卯歲其先裸。　　　　　　　《合集》25203,出二
(85) 癸巳[卜],王,貞翌甲午裸亡囧。四月　　　　　《合集》41177,出二

　　以上諸例,除(83)辭是卜問下旬丁卯日的裸祭,其餘均是解釋卜問明日裸祭的情況。也有不標示時間詞"翌",但其實仍是卜問"翌日裸"者。如:

(86) 癸卯卜王于甲辰裸。　　　　　　　　　　　　　《合集》5334,師小字
(87) 癸巳卜于甲午裸。　　　　　　　　　　　　　　《合集》20918,師小字

　　可見,爲即將舉行的裸祭占卜吉凶,是晚商時期商人的傳統,這種行爲應該是出於對先祖的虔誠和對祭祀的審慎。我們認爲有規律的"夕裸"和"莤裸"便是"翌日裸"傳統進一步發展的産物。

　　另外,關於"夕裸"的卜問在殷墟一期卜辭中也已經出現,如:

(88) 丙子卜……貞王往……夕裸……遘雨　　　　　《合集》15833,賓三
(89) 貞夕裸亡囧。　　　　　　　　　　　　　　　　《合集》15834,賓三
(90) 甲午卜,貞今日夕裸穀。　　　　　　　　　　　《合集》15835,賓三
(91) 貞今夕裸。　　　　　　　　　　　　　　　　　《合集》22417,劣體類
(92) 庚子,貞夕裸晋羌,卯牛一。贏。　　　　　　　《合集》32182,歷一

　　但這一時期的"夕裸"卜辭數量有限,而且辭例殘缺,缺乏前後關聯的內容,對於

"夕祼"的目的及其與祼祭的關係都不是很清楚。從殷墟二期卜辭開始,"夕祼"才有規律的大量出現。我們還不太清楚這一變化背後所隱藏的奧秘,但新派祼祭顯然吸收了舊派祼祭的一些內容,並加以改造,使之程式化、規範化。

總之,"夕祼"與"䢅祼"性質相同,皆是祼祭之前的預備性祭儀。二者舉行的時間不同,"夕祼"在"祼祭"前一日的傍晚舉行,"䢅祼"在"祼祭"日的早晨舉行。至於說祼祭前的預祭,爲什麽分爲"夕"、"䢅"兩個備選,"夕祼"與"䢅祼"除時間不同之外,是否還有其他區別? 目前我們還不是很清楚。但這種祭祀習慣反映了商人崇拜祖先、重視祭祀的文化。祖甲時期禮儀化的祼祭是商人"翌日祼"傳統的進一步發展,在一定程度上反映了殷商晚期禮制的演化歷程。

四、商代祼祭的動機

卜辭材料顯示,商人在遭遇災禍、疾病和夢幻之時,常會舉行祼祭活動,以禳被作祟的祖先,是商代祼祭有向祖先祈求保佑、禳除災禍的目的。其一爲告災:

> (93) 其告秋于上甲一牛。
>
> 　　　壬午卜,其祼秋于上甲卯牛。　　　　　　　　　　　　　　《屯南》867

卜辭"告秋"之祭,與災異有關,[1]本版中,"祼秋"與"告秋"同,壬午日卜問用卯牛之法祼祭上甲,是祈求其解除蝗禍。[2]

其二爲告夢:

> (94) 丙子卜,子夢,祼告妣庚。用。　　　　　　　　　　　　　《花東》314
>
> (95) 丙申夕卜,子又鬼夢,祼告于妣庚。用。　　　　　　　　　《花東》352
>
> (96) 貞王卜,祼,惟囚。
>
> 　　　王夢,祼,不惟囚。　　　　　　　　　　　　　《合集》905 正,典賓

在商人的觀念中,夢大概是不祥之兆,故有夢就要占卜吉凶。[3] 祼祭是禳除夢憂時常用的祭祀之一。[4]

其三爲告疾:

---

① 于省吾主編:《甲骨文字詁林》,北京:中華書局 1996 年版,頁 1835。

② 常玉芝:《商代宗教祭祀》,北京:中國社會科學出版社 2010 年版,頁 221。

③ 劉源:《商周祭祖禮研究》,北京:商務印書館 2004 年版,頁 240。

④ 宋鎮豪認爲是祭法,見《商代社會生活與禮俗》,頁 564。

(97) 癸巳卜,彀,貞子漁疾目,祼告于父乙。　　　　　　　《合集》13619,典賓

(98) 丙辰卜,貞祼告𦥑疾于丁,新邑。　　　　　　　　　《合》13740,賓三

(99) 壬申卜,祼于母戊,告子齒[疾]。　　　　　　　　　　《花東》395

以上是商王或貴族因目疾、齒疾等而祼祭祖先之例。

祼祭是殷墟卜辭中常見的祀典,商人祼祭祖先必有其特定的訴求。但在卜辭中,明確記錄下祼祭事因的辭例非常之少,大多都是不帶原因賓語,沒有具體目的的"王賓祼"卜辭。我們以爲上舉爲告災、告夢、告疾而舉行的祼祭均屬於臨時祭告,而祖甲時期有規律的祼祭更有可能是一種常祀。

關於祼祭的作用,古人有降神説及歆神説。《周禮・春官・大宗伯》:"以肆、獻、祼享先王。"鄭注:"祼之言灌,灌以鬱鬯,謂始獻尸求神時也。"認爲祼是降神。賈疏:"從禋祀已下至此吉禮十二,皆歆神始。……煙血與祼爲歆神始也。"認爲祼爲歆神。王國維先生認爲《洛誥》之祼不必釋爲灌地降神之祭。[1] 劉源則進一步分析魂魄兩分觀念産生的時間,認爲灌地降神是後起之義。[2] 由此看來,商代祼祭恐怕也非降神,至於是不是歆神,僅從目前材料來看還不敢肯定。

五、商代複合祭祀中的祼祭

卜辭中常見兩種或數種祭祀組合在一起成爲複合祭祀的現象,這是商代禮制的重要特點。祼祭可與多種祭祀搭配組合成複合祭祀,較常見的如告祭、禦祭、屮祭、酯祭、歲祭、𢀞祭、彡祭、登祭等。大多數情況下,祼祭與其他祭祀是並列關係,如《屯南》867 中,"告秋"與"祼秋"同版;《合集》32915 中,"祼告"與"歲告"同版,顯然祼祭和告祭、歲祭是同等的。在同條卜辭中,祼祭與其他祭祀之間有時也會表現出從屬性,如《合集》10613 中,祼祭與告祭、歲祭、侑祭相伴舉行。《合集》1793 中,祼祭與禦祭相伴舉行。告祭和禦祭表達一種祭祀動機,而祼祭、歲祭、侑祭則表示具體的祭祀方法。

有時候,這種連祭並非隨意拼湊,而是有一定的規律和模式,比如出組卜辭中的"彡祼"。祖甲時期,祼祭具有一些明顯的規律性,祼祭與彡祭相伴舉行是其主要表現之一。

(100) 戊午[卜],[行],貞王[賓]……彡祼亡尤。

---

① 王國維:《觀堂集林》,頁 66。

② 劉源:《商周祭祖禮研究》,頁 307。

　　　　　貞亡尤。

　　　　　戊午卜，行，貞王賓雍己彡夕亡囚。

　　　　　貞亡尤。　　　　　　　　　　　　　　　　　　　《合集》22817，出二

　　(101) 甲子卜，行，貞王賓戔甲彡祼亡囚。　　　　　　　《合集》22883，出二

　　(102) 乙巳卜，旅，貞王賓祖乙彡祼亡囚。　　　　　　　《合集》22894，出二

　　(103) 乙亥卜，尹，貞王賓小乙彡祼亡囚。　　　　　　　《合集》23111，出二

　　(104) 庚戌卜，旅，貞王賓大庚[彡]祼[亡]囚。　　　　　《合集》22792，出二

　　　彡祭是商人周祭系統中五種祭祀之一，由辭(101)、(102)、(103)可知，彡祼的日期符合周祭規律。第(100)版，戊午日占卜，第一辭受"彡祼"者必是戊名先王；第二辭中的"彡夕"爲彡祭之前夕祭，受祭者爲雍己。據此可推知，第一辭的受祭者應是大戊。商王在戊午這一天既參加了爲大戊舉行的彡祼之祭，又參加了爲雍己舉行的彡夕之祭。至於祼祭爲何要與彡祭組成複合祭祀，祼祭與周祭之間又是何種關係，由於卜辭透露的信息有限，目前我們並不是十分清楚。商代複合祭祀中，祼祭的出現頻率非常之高，這是一個值得注意的現象。祼禮在周代成爲祭祀活動前一個程式化的儀節，可能與此有關。

　　　綜上所論，祼祭是商代晚期較爲常見的祭祖禮儀。晚商禮制中也有新舊派之分，祼祭之禮也不例外。比較武丁時期和祖甲時期的卜辭可以發現，新舊祼禮的差別主要表現在祭祀對象的選擇及祭祀禮儀的規範化上。首先，舊派祼祭的受祭對象更加豐富，先公、先王、先妣、先兄、先臣等皆在可選之列，尤以時王的父輩先王爲主，比如武丁之世，其生父小乙受到祼祭次數最多。新派祼祭的受祭對象則主要是上甲以下的先王。其次，相比舊派祼祭，新派祼祭更加程式化和規範化，比如舉行的祼祭日期與受祭者的日干名相合；正祭舉行之前會在"夕時"或"蓺時"舉行一次預祭。其實，"夕祼"在武丁時期就已出現，只是到了祖甲時期成爲常行之禮，又有"蓺祼"與之相配合，表現得更加有規律性。這表明，祖甲對祼祭的禮儀化改造是在繼承和發展武丁舊禮的基礎上完成的。

　　　商代祼祭主要在殷墟宗廟中舉行，一些先祖甚至擁有獨屬的祭所。祼祭祭品種類繁多，其中以鬯爲主，犧牲、人牲並不常用。祭品的使用有先後順序，祼鬯常在殺牲之前，但各祭品之間並沒有明顯的尊卑分化。商代祼祭的祭祀動機，主要是爲了禳被作祟的祖先。商人在遭受災、病、夢等困擾時，常以爲是其某位先祖從中作梗，故舉行祼祭討好之。至於古人謂商周祼祭有降神或歆神的作用，卜辭中還沒有這方面的證據。商代祼祭在複合祭祀中出現頻率非常之高，其可與告、禦、㞢、酚、歲、㓞、彡等多種祭祀相伴舉行，聯想到祼禮在周代成爲祭祀活動前程式化的儀節，則降神或歆神之祼可能與商代祼祭在複合祭祀中的作用有一定關聯。

鄉飲酒禮源流考

晏　青

（山東大學儒學院）

　　鄉飲酒禮是一種特殊的飲酒儀式，其儀節與禮義區別於通常的燕饗禮。有關鄉飲酒禮的記載，主要見於《儀禮·鄉飲酒禮》、《禮記·鄉飲酒義》等先秦典籍。傳統觀點認爲，鄉飲酒禮是由鄉大夫主持的飲酒儀式，目的在於考察賢能或敬養老人。前人研究鄉飲酒禮，多側重其儀節與禮義，很少論及其起源。直到近代，學界對其起源問題的討論才多了起來。很多學者認爲，此禮起源於原始的聚落會飲，[①]應當是符合歷史事實的。但是此禮是怎樣發展至周代的鄉飲酒禮儀式呢？學界對這一發展脉絡尚缺乏有關的梳理。其實，若能釐清這一問題，那麼一直以來關於鄉飲酒禮的一些爭論，比如種類、禮義等，都將很容易得到解決。筆者藉助甲骨文與金文中的可靠資料，對鄉飲酒禮進行了相關的文獻梳理，試圖釐清商、周間此禮的發展脉絡。目前，禮學研究在學界受到的關注越來越多，已呈現明顯的復興之勢。藉助鄉飲酒禮來研究周禮的發展演變，也可以給學界提供新的思路。

一、對鄉飲酒禮起源的傳統認識

　　在傳世文獻中，尚未發現專門針對鄉飲酒禮起源的討論。前人多把周禮看作一個整體，進而研究其起源。在此問題上，前人爭論較多，主要有周公製禮説、托名周公説、周因殷禮説等。

　　周公製禮説，屢見於先秦兩漢典籍，如《禮記·明堂位》曰："武王崩，成王幼弱，周

---

① 很多學者都認爲鄉飲酒禮起源於聚落會飲，如楊寬《西周史》、馮天瑜《中華文化辭典》、宋鎮豪《夏商社會生活史》等。

公踐天子之位以治天下；六年，朝諸侯於明堂，制禮作樂，頒度量，而天下大服。"《左傳·文公十八年》曰："先君周公制周禮曰：則以觀德，德以處事，事以度功，功以食民。"其他如《逸周書·明堂解》、《史記·周本紀》、《國語》、《尚書大傳》等也有記載，不再遍舉。周公製禮的説法，爲後世多數儒者所推崇。清代胡培翬《儀禮正義》、陳澧《東塾讀書記·禮記》、邵懿辰《禮經通論·論孔子定禮樂》等著作中也都提到了周禮爲周公所製作。周公製禮，這一説法寄托着後世儒者的理想。他們把周公看作聖人，既有平定天下之武功，又有製禮作樂之文治，並且輔政成王，流傳千秋美名。在儒者的眼裏，只有周公這樣的聖人，才具備製禮作樂的眼光與韜略，就如只有孔子才能够删訂六經一般。這一説法，自先秦至清代，一直備受推崇。但是很明顯，這種説法的缺點是太浮於表面，沒有深究歷史事實，故而後代不少學者都懷疑它的真實性。

托名周公説，是對"周公制禮"説的一種反駁。一些學者認爲，周禮這樣宏大的體系，絶非一人一時所能完成，當爲幾代禮官合力所製，然後托名於周公。如朱熹認爲，《周禮》一書"謂是周公親筆做成固不可，然大綱却是周公意思"（《朱子語類》卷八十六）。又楊華先生《先秦禮樂文化》一書，談到周公制禮時認爲："周代前期的'製禮作樂'應該是一個過程。……在這個過程中，西周前期的周公、成王、康王、昭王、穆王幾代統治集團都有創制之功。……後代儒家崇拜周制，'法憲文武'，把'製禮作樂'的締造之功托附於周公旦一人身上，顯然有悖於歷史。"[①]楊華先生亦認爲周禮經過了數代禮官的完善，然後托名於周公。近代以來，由於疑古學風的盛行，越來越多的學者開始懷疑周公製禮的真實性，開始考證周禮産生的歷史事實，在此不再備舉。

周因殷禮説，是當今較爲流行的一種觀點。孔子曾説："殷因於夏禮，所損益可知也；周因於殷禮，所損益可知也。"早在春秋時期，孔子即已意識到周禮當是藉鑒殷禮而成。《尚書·洛誥》曰："王肇稱殷禮，祀于新邑，咸秩無文。"孔穎達正義："於時制禮已訖而云'殷禮'者，此'殷禮'即周公所制禮也。雖有損益，以其從殷而來，故稱殷禮。"[②]孔穎達也認爲周禮從殷禮損益而來。從甲骨卜辭等文獻可知，殷商時期禮儀已經具備一定的規模，祭禮、喪禮等皆成系統。周朝建立以後，統治階層製作了一整套分封制、宗法制、婚姻制系統，使周部族的影響力遍布全國，有效地控制了殷商舊地及其他部族領域。所謂的周公製禮作樂，就是在殷禮的基礎上增改損益，使之適應周初的政治環境，服務於分封制、宗法制、婚姻制系統。顧頡剛先生對"周公制禮"與"周因殷禮"兩説進行了比較，説道：

① 楊華：《先秦禮樂文化》，長沙：湖北教育出版社 1997 年版，頁 68。

② 《十三經注疏·尚書正義》，北京：中華書局 1980 年版，頁 214。

　　“周公製禮”,這件事是應該肯定的,因爲在開國的時候哪能不定出許多制度和儀節來;周公是那時的行政首長,就是政府部門的共同工作也得歸功於他。即使他采用殷禮,也必然經過一番選擇,不會無條件地接受,所以孔子説:“周因於殷禮,所損益可知也。”(《論語·爲政》)即然有損有益,就必定有創造的成分在内,所以未嘗不可説是周公所製。不過一件事情經過了長期的傳説,往往變成了過分地誇大。周公製禮這件事常説在人們的口頭,就好像周代的一切制度和儀節都由他一手訂定,而周公所定的禮則是最高超的,因此在三千年來的封建社會裏,只有小修政而無大變化,甚至説男女婚姻制度也是由他所創立,那顯然違反了歷史的真實。①

　　顧先生實際上是糅合了這兩種説法。他認爲,周公作爲周王朝的主要行政首長,領導着周人對殷禮進行損益改革,那麼後人把“製禮作樂”的美名歸屬於他,也未嘗不可。不過我們要辯證地看待這一個問題。“製禮作樂”是一項政治工程,規模龐大,其内容涵蓋社會生活的各方面;周公作爲領導者,可以提出總的決策,甚至可以親自修訂某些重要的禮儀,但要説每種禮儀制度都由他一手訂定,則有違事實。從顧先生這段話可以理解,周公製禮這種説法,其實是浮於表面的一種説辭。在這種表面説法之下,隱藏着的是“周因殷禮”這一事實。作爲對前述兩種觀點的補充與發展,“周因殷禮”這一説法明顯更爲合理,更能科學地解釋周禮何以在短時間内形成。

　　周禮形成於周初,然後經幾代人努力逐漸完善,此觀點應比較接近史實。周禮的完善應當在西周中期以後。到了春秋時期,《儀禮》逐漸成書,我們才得以瞭解周禮的具體内容。也就是説,到了《儀禮》的成書,《鄉飲酒禮》成爲固定的篇章,我們才可以確定鄉飲酒禮最終定型。關於《儀禮》的成書問題,由於這牽扯到鄉飲酒禮的最終定型時間,所以在此需要加以説明。現今學術界比較認同的觀點是,《儀禮》成書於春秋末期。沈文倬先生在《略論禮典的實行和〈儀禮〉書本的撰作》一文中指出:

　　《儀禮》書本殘存十七篇以及已佚若干篇的撰作年代,其上限是魯哀公末年魯悼公初年,即周元王、定王之際;其下限是魯共公十年前後,即周烈王、顯王之際。它是公元前五世紀中期到四世紀中期這一百多年中,由孔子的弟子、後學陸續撰作的。②

　　沈先生通過文獻所得出的考證結果,與考古發現得出的結論不謀而合。國家博物館馮峰先生的《從出土器物看〈儀禮〉的成書時代》一文,通過對出土器物中的敦、瓾、壺的使用年代進行考察,判斷出《儀禮》的某些篇章産生於春秋中期以後、戰國晚

① 顧頡剛:《“周公制禮”的傳説和〈周禮〉一書的出現》,《文史》1979 年第 6 輯,頁 4。

② 沈文倬:《宗周禮樂文明考論》,杭州:浙江大學出版社 1999 年版,頁 54。

期以前。① 王輝先生的《從考古與古文字的角度看〈儀禮〉的成書年代》一文,從禮制、職官、器物、詞語、用字特點等角度對《儀禮》的成書年代進行考證,得出的結論是:"《儀禮》應成書於春秋以後、戰國中期以前。"②結合以上比較科學的結論,我們可以大致斷定,《儀禮》的成書時代就是春秋晚期左右,鄉飲酒禮在那時已經最終定型。

基於以上信息,並藉助甲骨文與金文資料,我們將對鄉飲酒禮的形成與演變作進一步的研究。《儀禮》記錄的是春秋晚期的鄉飲酒禮,與西周時期的鄉飲酒禮相比已有所不同。至於殷商時期是否有鄉飲酒禮,目前還是學界尚未確認的一個問題。筆者查閱甲骨文與金文文獻,發現了一些有關鄉飲酒禮演變的材料,現加以介紹。

二、從甲骨文中"鄉"字看最初的對飲

飲酒禮儀的產生是很早的。《禮記·禮運》曰:"夫禮之初,始諸飲食,其燔黍捭豚,汙尊而抔飲,蕢桴而土鼓,猶若可以致其敬於鬼神。"在最簡陋的條件下,掘地爲坑當酒尊,以手捧酒而飲,猶可以行飲酒禮。隨着文明的發展,簡陋的飲酒禮儀不斷進化、完善,逐漸産生出了鄉飲酒禮。要弄清鄉飲酒禮的起源,關鍵在於明白其中"鄉"字的意義。"鄉"在甲骨文中寫作 𗋈,似兩人對食。東漢許慎《説文解字》解釋曰:"𗋈,國離邑,民所封鄉也。嗇夫別治。封圻之內六鄉,六卿治之。"許慎認爲"鄉"的含義就是一個行政單位,這顯然不是其原始意義。《説文》中又有"饗"字:"饗,鄉人飲酒也。"這一解釋,當源於孔子所説的"鄉人飲酒,杖者出,斯出矣"。從字形的演變來看,甲骨文中的 𗋈,到漢代已分化爲兩種主要寫法:饗,表示飲酒義;鄉,表示行政單位。這兩種都不是原始含義。要弄清"鄉"字本義,就要從甲骨文中尋找材料。

"鄉"字在甲骨卜辭中主要有三種用法:一是饗祀先祖,如"庚子王饗于祖辛(文293)";二是宴饗,如"甲寅卜彭貞其饗多子(甲 2734)";三是向背之向,如"……于西方東鄉(粹 1252)"。徐中舒《甲骨文字典》把"鄉"的字義解釋爲:

> 從卯從皀,皀爲食器,象二人相向共食之形,爲饗之初字。饗、鄉(後起字爲
> 向)、卿初爲一字,蓋宴饗之時須相向食器而坐,故得引申爲鄉,更以陪君王共饗之

---

① 馮峰:《從出土器物看〈儀禮〉的成書時代》,《海岱學刊》2014 年第 1 期,頁 189。

② 王輝:《從考古與古文字的角度看〈儀禮〉的成書年代》,《傳統文化與現代化》1999 年第 1 期,頁 54。

人分化爲卿。《説文》"饗,鄉人飲酒也。从食从鄉,鄉亦聲"已非初義。①

結合用法來看,"鄉"的本義應當爲兩人相對共食。後來,逐漸延伸出宴饗、饗祀之義,又可藉用爲"向背"之"向"。爲區分不同字義用法,人們製造出新的字形,用"饗"字表示宴饗、饗祀之義,用"向"字表示面向之義。又分化出"卿"字,表示與君王相對共食之人,即周人所稱"六卿"。六卿各治天子畿内一域,其所治之域因其名而作"鄉"。蓋天子六鄉,由此而來。鄉作爲行政單位出現,當與"卿"這一官職有着直接或間接的聯繫。商代甲骨文與金文中已有"卿史"或者"卿事"出現,即所謂卿士,李學勤《論卿事寮、太史寮》一文已有論述。不過,甲骨卜辭與商代金文中尚未發現"鄉"作爲行政單位的用例。或許,商代並沒有出現由卿大夫統領的鄉。這一制度,到了西周,隨着禮制的發展才得以産生。

從卜辭可以看到,商代的饗禮已經十分發達。而鄉飲酒禮,極有可能就是從這種饗宴儀式分化而來。饗禮的最初形態,如甲骨文"鄉"字所呈現的那樣,是兩個人對飲。兩人對飲進一步擴大,就發展爲聚落會飲。到商代時,已經出現了由君王主導的大型饗宴。饗宴的對象很多,有王婦、臣僚、戚屬、邊地諸侯、方國君長等;饗宴的場所也多種多樣,有大室、祊西、北宗、宗、庭、召庭、召大庭、射宮等。② 饗禮又可稱作飲,如聽簋銘文曰:"辛巳,王飲多亞,聽酓京麗。"③饗與飲,其區別大概在於,饗宴重食,飲宴重酒。酒又分多種,有通常所説的糧食白酒,也有醴酒、鬯酒等。這充分説明了飲酒在商人的饗宴當中占到了很大比重。

在《尚書》等先秦文獻的記載中,殷商諸王十分勤政,並不好酒。《酒誥》曰:"自成湯咸至於帝乙,成王畏相,惟御事厥棐有恭,不敢自暇自逸,矧曰其敢崇飲。"可見商王飲酒十分節制,並無濫觴之飲。只是到了殷紂王時期,隨着王政崩壞,才出現了奢靡的飲酒風氣。周人代商之後,一改商末好飲之風,嚴令禁止濫飲,《酒誥》就記載了周人對濫飲行爲的處罰準則。在這種政治背景下,周初統治者極有可能進一步規範飲酒禮儀,從而促進了鄉飲酒禮的成型。周人在飲酒儀式上的改變,我們可從金文中窺見端倪。如果説商代的鄉飲酒禮還只是處於萌芽階段,那麼西周就是鄉飲酒禮逐步成型的時期。這時期出現了鄉飲酒禮的雛形——"鄉酉"。從西周前期的"鄉酉"到中後期的"鄉飲酉",再到《儀禮》中的鄉飲酒禮,或許就是鄉飲酒禮發展的清晰脉絡。

---

① 徐中舒:《甲骨文字典》,成都:四川辭書出版社 1989 年版,頁 1014。

② 宋鎮豪:《夏商社會生活史》,北京:中國社會科學出版社 2005 年版,頁 488。

③《殷周金文集成釋文》卷三,香港:香港中文大學中國文化研究所,2001 年,頁 218。

三、甲骨文與金文中的"鄉酉"、"鄉飲酉"

有幾件晚商銅器,銘文中出現了"王鄉酉"這一儀式。一是"尹光鼎",又名"乙亥父丁鼎":

> 乙亥王既才彙䢉,王鄉酉,尹光遝,佳各,商貝。用作父乙彝。[1]

彙是地名,䢉是祭名。也有學者認爲䢉爲"次",駐軍之義(楊寬《西周史》)。"鄉"即"饗"字。"酉"是酒器,這裏指代"酒"。饗酒,即饗以酒,以酒禮饗賓也。"遝"相當於禮書中所説的"侑"。西周青銅器穆公簋蓋銘文云:"王夕鄉醴于太室,穆公友。""友"讀爲"侑"。[2] 銘文中説,商王在彙舉行了䢉這一活動,然後進行飲酒儀式,由尹光輔佐商王行禮;尹光很恪守禮儀,於是受到了賞賜。

二是"宰甫簋":

> 王來獸自豆彔,才𤔔䢉,王鄉酉,王𡊂宰甫貝五朋,用作寶鼎。[3]

銘文的意思是,商王從豆彔田獵歸來,在𤔔舉行䢉這一儀式,然後飲酒,賞賜了宰甫財物,用以鑄鼎。兩件銅器均出現了"鄉酉"。其重要之處,在於鄉與酉的連用。在甲骨文中,我們只能推測"鄉"的本義是相對共食。但在此處,商王舉行的這一儀式,其主題明確就是飲酒,並且"鄉酉"多次出現,説明商末已有專門以飲酒爲主題的儀式。

再看西周銘文,也多次出現"鄉酉"、"鄉醴"。周穆王時製作的"遹簋",其銘文曰:

> 佳六月既生霸,穆穆王才莽京,乎漁於大池。王鄉酉,遹禦,亡遣。穆穆王窺易遹鬯。[4]

穆穆王即穆王,在莽京的大池進行射魚儀式,然後舉行飲酒禮,遹輔佐王行禮,獲賜。

西周中期器"三年瘋壺":

> 佳三年九月丁巳,王在鄭鄉醴,乎虢叔,召瘋,賜羔俎。己丑,王在句陵,鄉逆酉,乎師壽,召瘋,賜麀俎。[5]

---

① 《殷周金文集成釋文》卷二,頁 323。

② 王元化:《學術集林》,上海:遠東出版社 1997 年版,頁 126。

③ 羅福頤:《三代吉金文存釋文》卷八,香港:問學社 1983 年版,頁 5。

④ 《殷周金文集成釋文》卷三,頁 335。

⑤ 《殷周金文集成釋文》卷五,頁 464。

酒一宿而熟謂之醴。周王在鄭地和句陵舉行了兩次飲酒禮,瘋都獲召,輔佐王行禮,於是被賞賜俎肉。這裏的飲酒禮是獨立舉行的,不再依附於祭祀或田獵等大型活動。

西周中期"師遽方彝":

> 佳正月既生霸,丁酉,王在周康寢鄉醴,師遽、蔑曆侑王。①

西周中期"大鼎":

> 佳十又五年三月既霸,丁亥,王在醴辰官,大以厥友守,王鄉醴,王乎膳夫
> 騹……命取誰騂卅二匹賜大,大拜稽首。②

以上兩處銘文,都是獨立舉行飲酒禮的情況。無論"鄉酉"或是"鄉醴",都已經是非常隆重的飲酒儀式,否則受賜者不會把所得的"貝"製造成禮器,讓後代世世流傳下去。飲酒的目的,或是慶祝祭祀、田獵等活動的成功舉辦,或是單純的舉行飲酒宴會。從時間跨度看,這種儀式在殷商晚期就已經存在,一直延續到了西周中期。這幾百年間是否演變出了《儀禮》中的鄉飲酒禮呢? 西周早期的"天君簋"給了我們很大啓示:

> 奄癸亥,我天君鄉飲酉,賞貝,厥征斤貝用作父丁尊彝。③

與其他銘文僅稱"鄉酉"不同,天君簋的銘文當中稱作"鄉飲酉",其含義爲"鄉以飲酒之禮"。這種變化值得格外關注。説明在西周早期到中期這段期間,"鄉酉"也可以稱作"鄉飲酉"。總體看來,"鄉酉"是比較流行的名稱,"鄉飲酉"是極少情況下出現的。

綜上似乎可以發現,"鄉酉"這一儀式呈現這樣一種發展脉絡:起初,在祭祀或田獵等大型活動之後,商王爲了賞賜有功人員,舉辦專門的飲酒儀式;到了周代,不確定是在哪一時期,周王開始舉行獨立的飲酒儀式,使之不再依附於祭祀或田獵等活動;而名稱方面,或稱"鄉酉",或稱"鄉飲酉"。這種由商王或周王舉辦、由卿士侑王的飲酒活動,就是鄉飲酒禮的雛形。《儀禮·鄉飲酒禮》中已經很難找到這一儀式痕迹。相比較而言,《大射儀》中的飲酒儀式倒是與此更類似。《大射儀》中,周天子或諸侯國君爲主人,大射正爲儐以佐禮,大夫爲賓。又天子祭祖,諸侯佐禮,如《詩經·周頌·雍》所云"相維辟公,天子穆穆",即銘文中"侑王"之類也。也可以説,鄉飲酒禮是從"鄉飲酉"進化而來。鄉飲酉本是周天子的儀式,後來由於某種原因,此禮得到了進一步的推廣,延及到了諸侯或大夫階層。又經過了百年至數百年的演化,到了春秋時

---

① 《殷周金文集成釋文》卷六,頁 22。
② 《殷周金文集成釋文》卷二,頁 375。
③ 《殷周金文集成釋文》卷三,頁 240。

期,終於有了我們所熟知的鄉飲酒禮。而發生這種轉變的原因,就是周代鄉遂制度的建立。

四、從鄉遂制度看鄉飲酒禮的定型

關於鄉遂制度的起源,楊寬與于省吾兩位先生曾有過專門的討論。在楊寬先生《論西周金文中六自八自和鄉遂制度的關係》與于省吾先生《關於〈論西周金文中六自八自和鄉遂制度的關係〉一文的意見》兩文中,兩位前輩對鄉遂制度是否起源於西周初年進行了充分的討論。楊寬先生認定鄉遂制度起源於西周初年,《周禮》中所體現的鄉遂制度還保留有西周時期的特點。[①] 于先生針對楊寬先生文中的幾個主要觀點一一做了反駁。楊寬先生認爲《尚書·費誓》中的"魯人三郊三遂"可證明西周初年即設有鄉遂制度,于省吾先生則認爲《費誓》爲春秋魯僖公時所作,記載的是春秋之事;楊寬先生把《國語·齊語》管仲設立"十五士鄉"看作是齊國保留了西周時的鄉遂制度,于省吾先生則認爲"叁其國而伍其鄙"是管仲所創立的新制度,只能説明春秋早期齊國已經有了鄉遂制度。于先生認爲:"在已經出土的幾千件青銅器銘文中,雖然有不少處敘及軍隊、土地、人民、奴隸之事,然而從没有一處以'卿'或'家'用作《周禮》'六鄉'之'鄉'或'六遂'之'遂'。這是鄉遂制度不起於西周時代的一個有力的證明。"又:"以上所引《尚書》四篇以及其他《尚書》中屬於周初的篇章,都找不到鄉遂制度的迹象,這又是周代初期没有鄉遂制度的一個證明。"[②]于省吾先生總的觀點就是鄉遂制度起源於春秋時期。從于文中列舉的種種例證來看,于省吾先生的觀點更爲合理,鄉遂制度應當起源於春秋時期。

不過,隨後的考古發現更新了我們對該問題的認識。1986 年發掘出土的"史密簋"銘文中,出現了"遂人"一詞,讓我們對于省吾先生的觀點產生了懷疑。銘文内容如下:

> 佳十又一月,王令師俗、史密曰"東征",故南尸(夷)、盧(莒)、虎、會、杞尸(夷)、舟尸(夷)、雚(觀)、不(邳)、𣂪,廣伐東或(國)。齊自(師)、族土(徒)、遂人乃執鄙、寬(完)亞。師俗率齊自(師)、遂人左,□伐長必。史密右,率族人、厘(萊)、白、㷆、眉周伐長必,只(獲)百人。對揚天子休,用作朕文考乙白(伯)障簋,子子孫孫其永

① 楊寬:《論西周金文中六自八自和鄉遂制度的關係》,《文史》1964 年第 8 輯,頁 414。
② 于省吾:《關於〈西周金文中六自八自和鄉遂制度的關係〉一文的意見》,《考古》1965 年第 3 期,頁 131。

寶用。①

　　據考古測定,史密簋爲西周中期器,銘文中的"王"當爲懿王。大意爲,周懿王命師俗、史密會合各諸侯國東征,齊師、族徒、遂人負責完善城池;師俗、史密各自率軍分路進攻長必,獲俘百人。這裏的遂人,史學家們一致認爲即《周禮·地官》中的"遂人"一職。"遂"這一行政單位的出現,預示着鄉遂制度極有可能已經産生。如果西周中期也有"鄉",那麼就應當出現了由鄉大夫發起的鄉飲酒禮。由周王發起的"鄉酉"與由鄉大夫發起的"鄉飲酒",是鄉飲酒禮發展的兩個重要階段。要實現這兩個階段的跨越,"鄉"的出現是重要條件。

　　關於"鄉"的出現時間,學界尚無明確的結論。據楊寬《西周史》,鄉的來源很是古老,"大概周族處於氏族制時期已經用'鄉'這個稱呼了,是用來指自己那些共同飲食的氏族聚落的"。② 不過,這一説法缺少足够的證據來證實。甲骨文中不見"鄉"作爲行政單位來使用,那麼極有可能殷商時期尚無"鄉"的稱謂。即使在西周金文中,也没有"鄉"的這種用法。只是,史密簋銘文中的"遂人",讓我們有理由推測,鄉遂制度大概産生於西周中期。在新的證據出現之前,我們暫且支持這種説法。

　　至於鄉遂制度的具體模式,《周禮》中有比較詳細的記載。《周禮·地官·大司徒》曰:"令五家爲比,使之相保;五比爲閭,使之相受;四閭爲族,使之相葬;五族爲黨,使之相救;五黨爲州,使之相賙;五州爲鄉,使之相賓。"《周禮·地官·遂人》曰:"遂人掌邦之野,以土地之圖,經田野,造縣鄙形體之法,五家爲鄰,五鄰爲里,四里爲酇,五酇爲鄙,五鄙爲縣,五縣爲遂。"簡單來説,鄉就是國都及城郊區域,遂就是郊外村野區域。這是一套比較完整的行政體系。楊寬先生在《古史新探》中對鄉遂制度進行了十分詳細的解釋:

　　　　《周禮》把周天子直接統治的王畿,劃分爲"國"與"野"兩大區域,對整個王畿的經營布置,稱爲"體國經野"。在這"國"與"野"兩大區域中,"郊"是個分界綫。郊以内是"國中及四郊","郊"以外即是"野"……在"國"以外和"郊"以内,分設有"六鄉"……以王城爲中心,連同四郊六鄉在内,可以總稱爲"國"。在"郊"以外,有相當距離的周圍地區叫"野"。在"郊"以外和"野"以内,分設有"六遂",這就是鄉遂制度的"遂"。此外,卿大夫的采邑稱爲"都鄙"……大體説來,王城連同四郊六鄉,可以合稱爲"國";六遂及都鄙等地,可以合稱爲"野"。③

① 陳秉新:《出土夷族史料輯考》,合肥:安徽大學出版社 2005 年版,頁 175。

② 楊寬:《西周史》,上海:上海人民出版社 1999 年版,頁 750。

③ 楊寬:《古史新探》,北京:中華書局 1965 年版,頁 135、136。

據上,鄉是設立在國都及其周圍的行政區域,遂是設立在距離國都較遠地區的行政區域。鄉遂制度的出現,對鄉飲酒禮的最終定型有着至關重要的作用。《儀禮》中鄉飲酒禮的發起者爲鄉大夫,而鄉大夫的設立自當源起於鄉的設立。鄉大夫設立之前,只有天子"鄉酉";鄉大夫設立之後,或出於天子的授權,或是其他原因,鄉大夫逐漸舉辦了更多的鄉飲儀式。久而久之,天子之"鄉酉",發展成爲燕禮,即《儀禮·燕禮》所載;鄉大夫之鄉酉,發展爲鄉飲酒禮。

五、結　　語

　　至此,可以得出結論:鄉飲酒禮名稱中的"鄉",其起始意義並非"鄉遂"之"鄉",而是"饗燕"之"饗"。最初的"王鄉酉"擴展到鄉大夫階層以後,鄉大夫得以定時舉辦"鄉酉"儀式。或許經歷幾世之後,流傳既久,此儀式之名逐漸定型,便被史官們稱之曰"鄉飲酒禮",而約定其主人爲鄉大夫。名稱之中的"鄉"字,其原始意義"饗"已被忽略,而據其主人鄉大夫之稱,改爲鄉遂、鄉黨之"鄉"。從金文判定,西周中期只有"王鄉酉",不見其他公、侯有行此禮。若諸侯國君以鄉酉儀式賞賜某臣,亦當有鑄器紀念的可能,而金文中絶無此類例證,或可説明此時的鄉酒禮只限於周王。那麼鄉大夫舉辦鄉飲酒禮,當發生於西周中期以後。由西周中期至春秋末期,在這大約四百年間,鄉飲酒逐漸演變成爲鄉大夫必須履行的職責。在孔子生活的時代,鄉飲酒禮之"鄉",已經不再具有"饗"義,而只是"鄉遂"、"鄉黨"之"鄉"。鄉大夫的這一職責,也被記錄在了《周禮》當中。《周禮·地官·鄉大夫》曰:"三年則大比,考其德行道藝,而興賢者能者,鄉老及鄉大夫帥其吏與其衆寡,以禮禮賓之。此禮賓之事,即鄉飲酒也。"

　　自清代以來,禮學研究一直以考據學方法爲主,所運用的材料集中於傳統文獻與傳世器物。其所用之文獻,遍及諸經、子、史之類,不局限於三禮;所用之器物,如器皿、兵戈、服飾等,多用來輔證文獻所載之禮制。直到甲骨文被發現,禮學研究才出現了一次大的變革。王國維提出"二重證據法",即利用出土文獻與器物來補正傳世文獻的内容,引起了學界的強烈共鳴。此後,甲骨文與金文的釋讀成爲了禮學研究的一個重要突破點。尤其是近些年來,以甲骨文與金文内容爲研究對象的學術論文越來越多,取得的成果越來越大。如浙江大學的賈海生先生,多藉用鐘鼎銘文考證周禮,其《周代禮樂文明實證》一書,利用考古學、歷史學的最新成果,運用實證的方法,對周代禮樂文明進行復原式的研究,成果卓著。又如吉林大學等金文研究重鎮,近年也多有以金文補證禮制的佳作問世,如張秀華《西周金文六種禮制研究》、張亮《周代聘禮研究》等。總的來説,以甲骨文、金文補證禮學已經是非常流行的研究方法。但是,甲骨文與金文的研究仍有很大提升空間。首先,已經識讀的甲骨文與金文數量仍然十分有限。如甲骨文已發現三千餘字,可識讀者僅一千七百餘。其次,在已經識讀的甲骨文與金文中,仍有許多的禮學信息還没有被學界發現並加以利用。甲骨文與金文包含祭祀禮、軍禮、射禮、聘禮、飲食禮等各種禮學信息,但目前學界的研究還比較零散,多以某一件器物的銘文爲研究對象,藉以輔證某一種禮儀的研究。也就是説,其研究仍然集中在"點",未能延伸及"面"。若能從整體上把握甲骨文與金文中所包含的信息,然後用歷史的視角去研究禮,那麽禮學研究必將會取得更大的突破。

釋甲骨文"卬"

曹錦炎

（浙江大學文化遺産研究院）

　　殷墟甲骨卜辭中，有一構形作"𣥂"的字，常與"兹"字連言，"兹𣥂"一語主要出現在黄組卜辭中。"𣥂"字舊大多以爲是"御"字的異體，1999年在安陽召開的紀念殷墟甲骨文發現一百周年國際學術會議上，裘錫圭先生發表《釋"厄"》一文（以下簡稱"裘文"），認爲它與《說文》卷九上"厄"的小篆字形可相對照，《說文》的"厄"即由"𣥂"演變而來，在卜辭中，"厄"應該讀爲"果"，訓爲"應驗"。同時他指出，"兹厄"這類刻辭可以稱爲"果辭"，並非只出現在黄組卜辭中，賓組、無名組等的卜辭中皆有之。①

　　裘先生將"𣥂"與"御"字作區分，實屬創見，是非常準確的，文章中對字義的講解也很有道理，但"𣥂"字是否可以釋爲"厄"，學術界尚存有疑問。2001年公布的《上海博物館藏戰國楚竹書（一）》的《緇衣》篇中，引《詩·大雅·文王》一句作"儀型文王，萬邦作𠬝"，此句話今本《緇衣》作"儀刑文王，萬國作孚"，與"𠬝"對應的字作"孚"，而郭店簡《緇衣》篇中與其對應之字也作"孚"。因此，裘先生後來認爲他以前把甲骨文的"𣥂"釋爲"厄"是有問題的，甲骨文的"𣥂"字實應釋讀爲"孚"。②

　　裘先生將上博簡《緇衣》的"𠬝"字與甲骨文"𣥂"字聯繫在一起，很有道理，與今本《緇衣》對讀之字作"孚"也有郭店簡可作證明。但是，從字形上講，"𠬝"、"𣥂"與

---

① 裘錫圭：《釋"厄"》，《紀念殷墟甲骨文發現一百周年國際學術研討會論文集》，北京：社會科學出版社2003年版，頁125—133。

② 參見裘錫圭：《釋"厄"》"編按"語，《裘錫圭文集·甲骨文卷》，上海：復旦大學出版社2015年版，頁460；《𧪩公盨銘文考釋》，《中國歷史文物》2002年第6期，頁22。

"孚"的構形畢竟差別太大,無法證明必定爲一字,所以裘先生在《爨公盨銘文考釋》一文中也説"此字雖尚不能釋出,但其讀音應與'孚'相同或相近"。① 爲什麽此字可釋讀爲"孚",裘先生没有再作解釋。

通過出土簡帛與傳世文獻對讀而識别古文字,是近年來古文字學界獲得的最大優勢,成果顯著,但是對讀之字未必一定是同字或其異體,也可能是通假字或同義字,當然也有因書手原因造成的形訛和今本經隸變後的形訛,以及今本經後人改動的字,不能一概而論,其例甚多,大家都熟悉,無需舉例來説明。所以,上博楚簡《緇衣》的"尺"字,未必一定就是"孚"字,甲骨文的"𠱾"字仍有討論的必要。

我認爲,甲骨文的"𠱾"字應該釋讀爲"卬"。首先從字形分析入手。

"卬"字見《説文》卷八上"匕部",篆文作"𢓊",《説文》分析其構形爲"从匕从卪"。我們知道,《説文》成書之後,經過數百年之輾轉傳抄,又經唐朝李陽冰竄改,篆文已違失本真,由於商周金文以前未認出"卬"字,過去無法判斷"卬"字篆文的準確程度。可喜的是,上博楚簡已多次出現"卬"字:

　　　　上博(五)《三德》15"卬天事君";

　　　　上博(六)《孔子見季桓子》26"卬天而歎曰";

　　　　上博(九)《卜書》1"兆卬首出趾";

　　　　上博(九)《卜書》2"兆如卬首出趾"。

此爲"卬"字的標準構形。從"卬天"一語又可確認其異構:

　　　　上博(四)《柬大王泊旱》14"卬天呼而泣";

　　　　上博(七)《凡物流形》乙15"卬而視之"。②

這種構形應該是由於書手的原因而造成的訛體。

由楚簡"卬"字的標準構形對照《説文》"卬"字篆文構形,可以明確看出其左旁並非从"匕",而是作一豎筆向下内彎,《説文》是根據錯誤字形,將"卬"字誤列入"匕"部,可見篆文早有訛誤。

裘文已明確指出,甲骨文"𠱾"字所从短豎的位置是偏上的,有時"𠱾"字的短豎寫

---

① 同上引後文。

② 由於上博簡的整理工作原則是各人分篇負責進行,我無緣見到由我整理之外的其他上博簡資料(未刊布前),因此我將《凡物流形》甲、乙本的"卬"字釋爲"丩",承復旦讀書會諸君指正,改釋爲"卬",是也。

得比“卪”旁還高。同時指出，還有幾個從文例可以肯定爲“匕”的字，作以下諸形：

（《合》34345）、（《合》24122）、（《合》21586）

結合字形來看，裘説甚是。尤其是後二例的構形，其左旁之豎筆不僅偏上而且明顯下彎，與楚簡的“卬”字構形幾乎相同，楚簡作“”豎筆之下彎程度雖然更爲明顯，實際上二者乃是因“刻”與“寫”之區別而形成。再者，若去掉《説文》“卬”字篆文“”所謂“匕”旁多出的那一誤筆，也可與甲骨文、楚簡的字形相一致，三者構形的演變脈絡，清晰可辨。此外，這種構形的“卬”除了見於《合》24122、21586外，也見於《殷墟花園莊東地甲骨》，舉例如下：

（《花東》87）、（《花東》108）、（《花東》252）
（《花東》490）、（《花東》10）、（《花東》289）

皆是豎筆偏上且明顯下彎。至於黃組卜辭作“”，以及虁公盨作“”、師𩛥鼎作“”，乃是將豎筆加以縮短而已。

其次從字義上作分析。

《説文》：“卬，望，欲有所庶及也。从匕从卪。《詩》曰‘高山卬止’。”段玉裁《説文解字注》指出：“‘卬’與‘仰’義別。‘仰’訓舉，‘卬’訓望，今則‘仰’行而‘卬’廢且多改‘卬’爲‘仰’矣。”《廣雅·釋詁一》王念孫《疏證》則以爲：“仰、卬聲義並同。”值得注意的是，《説文》不僅以“望”訓“卬”，而且進一步解釋爲“欲有所庶及也”，“庶及”猶“庶幾”（見《説文》段注）。“庶幾”的意思是差不多，近似。《易·繫辭下》“顔氏之子其殆庶幾乎？”，也可以理解爲或許、也許，如《史記·秦始皇本紀》“寡人以爲善，庶幾息兵革”。另外，“庶幾”也有希望、但願之義，如《詩·小雅·車舝》“雖無旨酒，式飲庶幾”。[①] 皆是表示不確定的正面肯定的意思。《説文》解釋“卬”字爲“欲有所庶及也”，是説“卬”字可引申爲“願望差不多能實現”之義，屬於判斷用詞。

裘文對卜辭中所見的“卬辭”（這裏藉代裘先生“果辭”的稱呼）作了很好的全面梳理，指出“卬辭”的“位置總是在占辭之後驗辭之前，它們究竟是在占卜之後、所占卜之事有結果之前刻記的，還是在所占卜之事有結果之後跟驗辭一起刻記的呢？答案應是前者。……這是事先的判斷，而不是事後的記録”。

《左傳·桓公十一年》謂：“有疑則卜，不疑何卜？”卜以決疑，正因爲占卜者對某

---

① 皆引自《漢語大詞典》（簡編本）“庶幾”條，上海：漢語大詞典出版社 1998 年版，頁 1481。

事或某種狀態將出現的結果存在疑問,才會占卜。根據《説文》對"印"字的訓釋,將殷墟卜辭中極大多數的"印"字理解爲占卜者根據卜甲、卜骨經灼後所呈兆紋之形狀而對占卜的結果作判斷(即"占")時的專用術語,與裘文的看法完全吻合。"印"字之義在卜辭中的確切意思是"(此卜)差不多可以應驗",雖與裘文的結論"應驗"有相似之處,但其有揣度成分,即帶有一定程度的不確定因素,仍屬於正面的肯定之辭。"印辭"既可以視爲占詞的一部分,也可視爲占詞的另一種形式,但它決不是驗辭,則可以確定。

下面利用裘文的梳理成果,按分組選擇幾則"印辭"的例子。

(1) a. 辛丑卜,殻貞:婦好有子。二月。

　　 b. 辛丑卜,亘貞,王占曰:好其有子,印。　　　　　　　　　《合》94 正

　　 c. 王占曰:吉,印。　　　　　　　　　　　　　　　　　《合》94 反

此辭屬賓組,貞問婦好是否有子。反面 c 辭是 a 辭的占辭,是商王據兆紋對此卜所作的判斷,"吉"指吉兆,"印"字義爲所卜之事差不多可以應驗。b 辭省略命辭"婦好有子",商王的占辭謂"好其有子,印",是判斷婦好有子的事大概能應驗。

(2) a. 貞:王其有曰多尹。

　　 b. 貞:勿曰多尹。

　　 c. 貞:印。

　　 d. 貞:王其有曰多尹,若。　　　　　　　　　　　　　　《合》5611 正

　　 e. 王占曰:印。

　　 f. 王占曰:若。　　　　　　　　　　　　　　　　　　《合》5611 反

此辭屬賓組,反面的 e、f 兩條卜辭刻在與正面 c、d 兩條卜辭相應的位置上。裘文認爲,綜合上引各辭來看,很可能在 a、b 這對對貞卜辭裏,a 辭得到了肯定;c 辭所卜問的,就是這一卜是否確能應驗。按我的理解,c 辭的"印"用作命辭,所問的就是 a 辭這一卜或許可以應驗吧。e 辭"印"作爲占辭,是商王判斷這一卜差不多可以應驗。

(3) 貞,王占:印。　　　　　　　　　　　　　　　　　《合》10989 正

此辭屬賓組,命辭的内容已經省略,"王占"即"王占曰"之省,"印"是商王對此卜所作的判斷,即卜問之事差不多可以應驗。

(4) a. 辛巳卜,翌日壬不雨。吉。

　　 b. 其雨。印。雨小。　　　　　　　　　　　　　　　　《屯南》2713

此辭屬無名組,a、b 爲對貞卜辭。b 的"卬"是占辭,判斷説翌日壬午下雨或許會應驗。"雨小"是驗辭,記録是日果然下了小雨。

(5) 乙丑[卜],王曰:兹卜卬。　　　　　　　　　　　　　　　　　《合》24122

此辭屬出組,命辭的内容省略,"王曰"是"王占曰"之省,"卬"是商王的判斷,占辭謂此卜之事差不多可以應驗。裘文認爲"王曰"云云是命辭,若按此理解,"兹卜卬"可解釋爲此卜或許可以應驗吧。

(6) a. 丙戌卜,内:翌丁亥不其雨。丁亥雨。

b. 兹不卬。雨。　　　　　　　　　　　　　　　　　《合》12456＋12357

此辭屬賓組,a、b 二辭分别刻在兆的左、右邊。b 辭"兹不卬"爲占辭,是對 a 辭所作的判斷,是説這一卜或許不會應驗;"雨"與 a 辭的"丁亥雨"一樣也是驗辭。

(7) 庚子卜,兹不卬。六月。　　　　　　　　　　　　　　　　　《懷》1524

此屬自組,與上例一樣,"兹不卬"是説這一卜或許不會應驗。

(8) 兹小卬。　　　　　　　　　　　　　　　　　　　　　　　《合》34345

此屬出組,也應是占辭,"兹小卬"是説這一卜或許少可應驗。

下面再舉黄組卜辭中的"兹卬"例子。

(9) 戊戌王卜貞:田弋,往來亡災。王占曰:大吉。在四月。兹卬。獲狐十
又三。　　　　　　　　　　　　　　　　　　　　　　　《合》37437

(10) 壬戌王卜貞:田曹,往來亡災。王占曰:吉。在七月。兹卬。　《英》2546

(11) 已丑卜貞:王弋於召,往來亡災。在九月。兹卬。獲鹿一。　《合》37473

(12) 丙子卜貞:翌日丁丑王其振旅,延弋,不遘大雨。兹卬。　　《合》38177

(13) 辛未卜,在河貞:今夕師不震。吉。兹卬。　　　　　　　　《合》36428

(14) 其遘雨。兹卬。小雨。　　　　　　　　　　　　　　　　《合》38169

不難看出,"兹卬"皆處於占辭的位置,其意就是判斷"此卜差不多可以應驗"。

《花東》卜辭應該都歸屬於子組,其中 10 版有"卬"、"不卬"及"兹卬"的辭例,"卬辭"皆出現於占辭之中,其例如下。

(15) 丁卯卜:既雨,子其往于田,若。卬。　　　　　　　　　　《花東》244

(16) a. 庚申卜:子益商,日不雨。卬。

b. 其雨。不卬。　　　　　　　　　　　　　　　　　《花東》87

(17) 乙未卜,在𠱾:丙[不雨]。子占曰:不其雨。卬。　　　　　《花東》10

　　(18) 丙申卜，子占曰：亦叀兹印，亡賓。　　　　　　　　　　　　　　《花東》173

姚萱博士對其曾作過全面梳理，①此不煩舉。上引各例中"印"字的釋義皆可參看前引
對所舉各辭的解釋。

　　總之，無論從字形上還是字義、辭例上分析所得出的結論，將甲骨文"𣥂"、"𠂤"釋
爲"印"字是可以肯定的。作爲占辭，卜辭中"印"字之義的確切意思是"差不多可以
應驗"。

　　裘文曾指出，"𣥂(印)"字在一般的命辭中也多次出現，對此他還没有確定的看
法，只能留待以後研究。從裘文所引的例子看，②有些當屬於占辭，至於那些不屬於
"占辭"的"印"字，其釋義確實需要再進一步研究。

　　《詩·王風·兔爰》"尚無爲"鄭玄箋："尚，庶幾也。"孔穎達疏："庶幾者，幸覬之意
也。"以"尚"訓爲"庶幾"，亦見《爾雅·釋言》、《玉篇·广部》等。熟悉先秦文獻及出土
文獻的學者都清楚，"尚"字作爲占卜術語，經常出現在《左傳》、《國語》所載卜辭和楚
卜筮簡中，李零先生指出："命辭是講待決之事，其中有表示這種語氣的'尚'字，意思
是庶幾，義如當。"③作爲占卜術語，"印"與"尚"似乎有一定的相似性，出現於甲骨卜辭
的命辭中用爲占卜術語的"印"，是否與"尚"有某種關聯，值得考慮，提出來請各位指
正。至於裘文所引那條西周甲骨卜辭(齊家村一號卜甲)，"印"字出現在命辭中，也應
作如是觀。當然，裘文所引出現在命辭中的其他"印"字，在不用作占卜術語時，可以
視用詞的不同情況分別訓爲"仰"、"望"、"嚮"、"向"、"迎"、"舉"、"待"、"高"、"怒"、
"爲"等義，④不能一概而論，這裏就不再詳列和作具體分析討論了。

　　另外，裘文還提及三件西周青銅器銘文中的"印"字。

　　燹公盨銘文説："⋯⋯申(神)复(復)用被彔(祿)，永印于寧。"⑤"印"依《説文》訓爲
"望"，希望之義。此句大意是説祈求神給予福禄，希望永遠安寧。

　　師訇鼎銘文説："⋯⋯臣保天子，用厥烈祖印德。""印"訓"高"，見《廣韻·唐韻》：
"印，高也。"又，《荀子·賦》："印印兮天下之咸蹇也。"也可參考。"印德"義爲"高德"，
指德行崇高，或崇高的德行。《詩·小雅·車舝》"高山仰止"鄭玄箋："有高德者則慕

---

① 姚萱：《殷墟花園莊東地甲骨卜辭的初步研究》，北京：綫裝書局 2006 年版，頁 92—97。

② 裘文所舉例子見《紀念殷墟甲骨文發現一百周年國際學術研討會論文集》，北京：社會科學出版社 2003 年
　　版，頁 132—133。

③ 李零：《中國方術考》(修訂本)，上海：東方出版社 2000 年版，頁 283。

④ 見宗福邦等主編：《故訓匯纂》"卪部"印字條，北京：商務印書館 2003 年版，頁 283—284。

⑤ 釋文參見李學勤：《論燹公盨及其重要意義》，《中國歷史文物》2002 年第 6 期，頁 6。

仰之。""高德"一詞或可爲證。

　　儌匜銘文説："今汝亦既有印誓……亦既印乃誓,汝亦既從辭,式可。"此銘二"印"字可訓作"爲",《玉篇·匕部》:"印,爲也。"

　　最後,談談上博簡《緇衣》的"⿰ ⿱"字。

　　裘先生在《㝬公盨銘文考釋》中將"⿱"字與甲骨文的"⿰(印)"字聯繫在一起,疑爲一字,可信。我以爲,此字也當釋爲"印"。不少學者指出,上博簡《緇衣》篇書體屬於齊系文字,因此這種構形的"印"字或是齊國寫法。此外,桂馥《説文義證》指出:"《詩》曰'高山印止'者,《小雅·車舝》文,彼作'仰',箋云:'有高德者則慕仰之。'"用鄭箋來解釋上博簡《緇衣》"儀型文王,萬邦作印"一句,也甚爲妥帖。從用韻來看,"王"、"印"相押也可視作旁證。

　　至於郭店簡《緇衣》對應之字寫作"孚",有兩種可能:一是此底本原寫作楚國不標準的"印"字作"⿱"(《柬大王泊旱》14),因與"孚"字構形作"⿱"近似,抄寫者誤以爲是"孚"字而造成訛誤,今本沿襲其誤;二是兩者底本用字原有所不同,郭店簡《緇衣》是改用近義詞"孚",或是上博簡《緇衣》改"孚"爲"印"。二者都有可能,有待進一步研究。另外,清華簡《鄭文公問太伯》甲本中的"印"字讀爲"抑",乙本寫作"孚"。卬、印兩字構形非常接近,一作"印",一作"孚",其情況正好與上博《緇衣》的"印",郭店《緇衣》作"孚"完全一致。①

_____

① 此條證據由陳夢兮博士告知。

説殷墟卜辭的一種告辭

——外告①

蔣玉斌

（復旦大學出土文獻與古文字研究中心）

本文的討論，要從五版殷墟甲骨刻辭的釋讀説起。

一、《合》19779（南坊 5.37、掇二 468、歷所 1311，圖一）

該版刻有師小字類卜辭。靠上的一辭作："［癸］未卜，扶［貞］：旬。十二月。"其下尚有 "告"、"丫"二字，學者過去多釋爲"卜告"或"告卜"，或看作單獨的一條卜辭"……卜告"，② 更多的則把它們與月份連屬讀爲"十二月卜告"、"十二月告卜"、"十二月。告卜"。③

---

① 本文爲國家社會科學基金一般項目"甲骨綴合類纂及數據庫建設"（14BYY164）、中央高校基本科研業務 費專項資金資助項目"甲骨分類綴合研究"（63172302）成果之一。文章基本觀點在《〈甲骨文合集〉綴合拾 遺（第六十八～七十三組）》（中國社會科學院歷史研究所先秦史研究室網站，2010 年 9 月 17 日，http:// www.xianqin.org/blog/archives/2072.html）提出，全文曾在中國文字博物館等聯合主辦的"第六屆中國文 字發展論壇"（河南安陽，2017 年 5 月）宣讀。

② 《摹釋》頁 435 下欄。爲使行文簡練，本文稱述甲骨文著録書用學界習用的簡稱，不一一出注。稱引甲骨 文釋文書用簡稱，簡稱全稱對照如下：摹釋——姚孝遂主編、肖丁副主編《殷墟甲骨刻辭摹釋總集》，北京： 中華書局 1988 年版；合釋——胡厚宣主編《甲骨文合集釋文》，北京：中國社會科學出版社 1999 年版；校 釋——沈建華、曹錦炎編著《甲骨文校釋總集》，上海：上海辭書出版社 2006 年版；摹編——陳年福：《殷 墟甲骨文摹釋全編》，北京：綫裝書局 2010 年版。

③ 《合釋》19779 條；《校釋》第七册頁 2281，《摹編》第四册頁 1767；《歷》下册頁 66。

1. 歷 1311 拓本(50%)　2. 正反照片(50%)

圖一

今按：從該版反面鑽鑿與灼的形態來看，正面坼裂的卜兆是向右出枝的。癸未辭所守之兆，縱兆的下端在照片上尚可看到。縱兆左側是刻得很密的卜辭，可知橫兆雖已殘缺，但一定是朝右的，如果朝左，則卜辭屬於犯兆。"[癸]未卜"之"卜"作"Ɣ"，出枝方向正與實際的兆坼一致。在這樣的背景下看旁邊的"Ɣ"字，自然容易知道它不是"卜"而是"外"。

大家很熟悉，殷墟甲骨文中的"外"字是用卜兆形來表示的。張玉春、林澐先生都有很重要的討論；[1]張世超先生較準確地指出，其實質是"用側枝外向的兆坼形寫'外'這個詞"，[2]姚萱女士也總結道：

　　檢查卜辭可以確認的"卜(外)"字，特別是早期卜辭中的"卜(外)"字，可以發現大部分合於這樣一個規律：在腹甲左半和胛骨左版上的"外"字作"Ɣ"形，在腹甲右半和胛骨右版上的"外"字作"Ɣ"形，總之都跟同側的"卜"字方向剛好相反。這樣寫的"卜(外)"字，其兆枝正是指向龜甲或胛骨的"外側"、"卜兆的

① 張玉春：《説外》，《東北師範大學學報》1984 年第 5 期；林澐：《王、士同源及相關問題》，收入《林澐學術文集》，北京：中國大百科全書出版社 1998 年版，頁 25。
② 張世超：《殷墟甲骨字迹研究——自組卜辭篇》，長春：東北師範大學出版社 2002 年版，頁 230。

無旁枝一側"的。①

其説非常準確。前揭丫形與卜兆和"卜"字出枝相反,可知正是"外"字。它與"告"字組合,應讀爲"外告",具體論證詳下文。全辭應釋爲:

(1) ［癸］未卜,扶［貞］:旬。十二月。　外告

二、《合》19875(乙 25＋乙 33,圖二)

該版屬於左龜背甲。卜兆、"卜"字横枝均向右,而從上向下數的第二個兆(兆序爲一)旁邊有"丫告",丫左出枝,顯然應釋爲"外"。

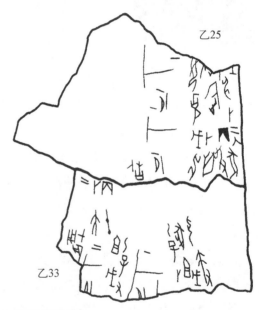

1. 乙 25＋乙 33　2. 張惟捷摹本②

圖二

舊釋均將月份與"丫告"看作單獨的一辭,如《摹釋》頁 437 下欄釋作"……卜……十月……"。《合釋》19875 條作"卜告。十一月",《校釋》第七册頁 2292、《摹編》第四

---

① 姚萱:《殷墟花園莊東地甲骨卜辭的初步研究》,北京:綫裝書局 2006 年版,頁 122—123。按:原文已注,這裏説的"左版"和"右版"就是就人面對胛骨的方向而言的。我們贊同這種處理方式,甲骨學中稱説牛卜骨的左右,應該采用甲骨學意義而非生物學意義上的概念。

② 張惟捷:《介紹一版新近清理的未著録甲骨》,中國社會科學院歷史研究所先秦史研究室網站,2014 年 6 月 28 日,http://www.xianqin.org/blog/archives/4107.html。

册頁 1776 襲之。實際上"十一月""外告"與戊申辭同守一兆,舊釋皆非是,當釋讀爲:

(2) 戊申卜:所①丙入豕二。十一月。 一 外告

三、《合》20966(京人 S.3099,圖三)

此爲龜腹甲之左前甲。照片可約略看出卜兆出枝向右,卜辭敘辭的"卜"字亦作右出枝,右上角一辭中則夾雜"⤙告","⤙"爲左出枝,可知亦是"外告"。

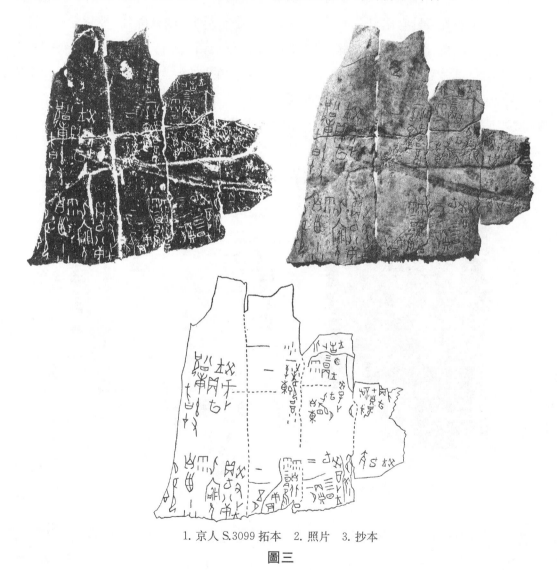

1. 京人 S.3099 拓本　2. 照片　3. 抄本

圖三

① 何景成:《釋花東卜辭的"所"》,《古文字研究》第二十七輯,北京:中華書局 2008 年版。

這例"外"字舊誤釋爲"卜",整條卜辭《京人》釋爲"□□[卜]王」[貞]、⊠告」⊠北」⊠雨。」"。嚴一萍先生釋爲"□(卜,)王(貞:旬)⊠告⊠北⊠少"。① 《摹釋》頁459上欄釋"……王……告…… 卜……比……少"。《合釋》作"王……告…… 從……[雨]……小"。《校釋》第七册頁2397襲之。《摹編》第四册頁1864釋爲"……王告卜從[雨]小"。以上均有較多問題。全辭應釋爲:

  (3) [癸□卜],王[貞]:旬。……北……小。　　外告

該辭與同版另幾辭一樣,也是貞旬辭,只是殘缺較甚。"……北……小"爲驗辭記録天氣,也許是説某日有雨自北而小。"外告"當是在坼兆、刻寫兆序(兆序已殘)後所刻,之後殷人認爲有必要記録卜辭,遂在卜兆周邊刻寫,行款上下行而左,刻到横兆下已有的"外告"時繞行繼續向左,從而造成今天看到的"外告"夾在辭中的情形。這種現象在師小字類刻辭中很常見,例如本版下方的癸酉辭中,"一月"即是在驗辭之前刻,驗辭是下行而左,繞過"一月",客觀上使"一月"夾在了驗辭中。②

四、《合》22174(粹238、善1267,圖四)

1. 合22174　2. 粹238摹釋本

圖四

該片屬右龜背甲。右下角豎向的折痕,對應乙巳辭所守之兆的縱兆,拓片上看不

---

① 嚴一萍:《甲骨學》,臺北:藝文印書館1978年版,頁455。
② 類似現象及分析,可參張世超:《殷墟甲骨字迹研究——自組卜辭篇》,頁253—254。

出左向的横兆，但卜兆左上方的兆序"一"很清楚。該兆左下側除了附記"六月"，還刻有"Ｙ告"，"Ｙ"出枝方向與卜兆和敘辭"卜"相反，顯係"外"字。

　　舊釋除未釋出"外"字，對卜辭的分合也不太合理。《摹釋》頁 489 下欄釋"……卜生□……月"；《合釋》僅釋出"告"字，單列一辭；《校釋》第七册頁 2535 襲之，皆不確。《摹編》第四册頁 1986 釋爲"乙巳卜又祖乙卜告六月"，注意到"外告"與卜辭的關係，是對的。該辭應釋爲：

　　（4）乙巳卜：又祖乙。六月。　一　外告

五、《合》20974（乙 8518＋乙 404＋乙 479）＋《外》211（敘 11）［蔣玉斌綴合①，圖五］

1. 綴合版　　2. 外 211（嚴一萍摹本）　　3. 乙 479（董作賓摹本）

圖五

　　此爲左龜背甲之殘。新綴處横向上斜的折痕，即是由卜兆横兆造成的；其左側的斷磩，則是縱兆的下半。全版的卜兆、卜辭敘辭中的"卜"均右出枝。"幺（兹）外告"之"外"則是左出枝。嚴一萍先生釋"午卜告"，非是。綴合後全辭應爲：

---

① 蔣玉斌：《〈甲骨文合集〉綴合拾遺（第六十八～七十三組）》，第七十二組。

（5）丁亥卜：舞𣅋，今夕雨。幺（兹）外告。三月。不雨。①

“三月”爲附記月份，“不雨”爲驗辭。

以上五例，過去較少受到關注，舊有釋讀也多有這樣或那樣的問題。專門的研究，似乎只有張世超先生和沈培先生對《合》19779 亦即本文第一例的論述。

張世超先生將該例之“告𠁁”釋爲“告卜”，指出其爲兆辭。他認爲，卜辭兆辭中常見“二告”、“小告”等，其含義至今不明確，而從該個“告卜”可以得到啓發，“二告”即“二告卜”之略，“小告”即“小告卜”之略；卜辭“告”多指告祭，兆辭中之“告”應指將卜事及卜得的兆象告祭於祖若神。②

沈培先生在討論卜辭中跟卜兆有關的“告”時，引述了張世超先生的意見，並説：③

> 張先生的意見值得重視。不過，所謂“告卜”似乎也可以理解爲“龜告卜兆”的意思。或許此二字本是“卜告”二字的合文，本來就應該讀爲“卜告”，意即“兆告”。這就跟我們上面所説的“告”是一樣的。至於“二告”、“小告”等辭的確切含義，仍然有待進一步研究。

我們認爲張、沈兩位先生的看法都十分重要，但所用材料僅限《合》19779 一例，並且是基於“卜”而不是“外”立論，因此需要作一些補正。

首先，前揭五版卜辭中均存在與卜兆和敍辭“卜”字出枝方向相反的“外”字，舊釋“卜”非是。

其次，這五例“外”字均與“告”相連，“外告/告外”應是比較固定的説法。“外告/告外”又與相關卜辭同守一兆，讀辭時應與這些卜辭連屬，而不應單列出去。“外告/告外”應如張説，是與“二告”、“小告”等相當的告辭（兆辭的一種）。

再次，關於這種告辭應讀作“外告”還是“告外”的問題。從“外”與“告”的位置關係看，在垂直方向上，按 1、4 當讀爲“告外”，而依 2、5 則讀爲“外告”，3 則是“外”“告”平列。在水平方向上，如以卜辭行款爲準，則 1、3 讀爲“告外”，2、4“外告”，5 則是“外”“告”直列；如以卜兆橫兆出枝方向爲準，則 1“告外”，2、3、4“外告”。

我們曾提出：

> “不再*黽”和“小/一/二/三 告”等是常見的兆旁刻辭。從賓類甲骨上的文字

---

① “雨”字《乙編》舊版、新版均不甚清晰，可參董作賓先生摹本（圖五：3，“舞”下一字摹脱）。
② 張世超：《殷墟甲骨字迹研究——自組卜辭篇》，頁 284—285。
③ 沈培：《殷卜辭中跟卜兆有關的“見”和“告”》。

布局來看,這兩種兆旁刻辭刻在卜兆橫兆的下方;但文字走向又各有規律,"不再*龕"多順着卜兆之橫兆的出枝方向往外刻,"告"類刻辭要麽作竪刻(由上向下刻),如果是橫向展開,則是逆橫兆出枝方向(也即朝着兆幹)契刻。雖有例外,但絶大多數都符合這一規律。[1]

以上 5 例"外告/告外"看不出類似的規律。從字體上看,它們均屬師小字類。該類刻辭行款的規律性不如賓類等,契刻相對要隨意一些,也是可以理解的。這就難以通過行款判定"外告/告外"哪一種讀法是對的。

在這種情況下,第 5 例"幺(兹)外告"就顯得尤其重要,三字自上而下垂直排列,直接説明這類告辭應讀爲"外告"。至於第 1~4 例中"外"與"告"呈現出不同的位置關係,則應參照上引沈先生説,解釋爲"外告"合文的多種組合方式。這就好比"外丙"合文既作 ⿰、⿰ ,又作 ⿱、[2] ⿰(合 19838＝屯南 4517),"外"字所在位置不一樣,但整個合文的讀法是一樣的。

如此,在殷墟甲骨上,卜兆旁邊的告類刻辭——告辭——就有以下類型:

(1) 一告。較少,10 例左右。

(2) 二告。極多。又師小字類有"二告友",不到 10 例。

(3) 三告。較少,20 餘例。

(4) 四告。僅 1 見(存上 1430＝存補 2.24.1＝北大 1956)。

(5) 小告。較多,數百例。

(6) 外告。5 例,僅見師小字類。[3]

"告"前的成分,是數字一至四或"小",現在新增了"外",它們的語法位置看起來是相同的。"告"很有可能如沈先生所講,是"兆告"的意思。但數字、"小"、"外"指什麽,這些告辭有哪種作用,確切含義爲何,仍需要進一步的討論。不管怎樣,"外告"的發現,豐富了我們對告辭形式的認識,有助於將告辭的研究引向深入。

---

① 蔣玉斌:《甲骨文字證真例説》,中國殷商文化學會、山東省大舜文化研究會主辦之"甲骨學殷商史暨慶祝王懿榮紀念館落成國際學術研討會"論文,山東煙臺,2014 年 8 月。

② 李宗焜:《甲骨文字編》,北京:中華書局 2012 年版,頁 1416。

③ 中國社會科學院考古研究所編輯《甲骨文編》收有"小告、一告、二告、三告、四告"合文(北京:中華書局 1965 年版,頁 627—628),李宗焜《甲骨文字編》收有"二告、三告、四告、小告"合文(頁 1444—1445),劉釗主編《新甲骨文編》(修訂本)(福州:福建人民出版社 2014 年版)未收告類合文。諸書均宜補入"外告"合文。

"二告"字義證

馮少波

（廣東外語外貿大學西方語言文化學院）

甲骨文 字，學者釋爲"二告"兩字。[1] 此説始於商承祚，其在《福氏所藏甲骨文字》中云："卜辭每於辭下刻二告、小告，乃紀當日之册告也。"[2] 此説似乎已成定論，當代學界已無人再提此事，《甲骨文字詁林》無"二告"條，《新甲骨文編》不收"二告"字，查閱"中國期刊網"，學者無人研究"二告"。本文所用"二告"乃是對甲骨上 刻辭的文字描述，僅僅是藉用學界通説而已，並不涉及本人對 字"二告"説的認可。

本人曾有《吉字與"二告"考論》一文，[3] 提出"陰面的吉字"的論點。拙文完成後，一則感到意猶未盡，二則又有新材料發現，故再撰此文，以補前文之不足。

一、"二告"三形皆與兆枝或裂紋有關

從"二告"本身形態看，"二告"有三形：第一種寫法是"二"字寫於"告"字正上方，如 （98 正，右後甲）、（201 正，右後甲）、（775 正，右首甲）、（17807 正），此種字形可命之爲"正二告"；第二種寫法是"二"寫於"告"字左上方，如 （113 正甲，右後甲）、（551）、（1100 正，右後甲）、（17812），此種字形可命之爲"左偏二告"；第三種寫法是"二"字寫於"告"字右上方，如 （418 正，左前甲）、（667 正，中甲左）、、

---

[1] 中國科學院考古研究所編：《甲骨文編》，香港：中華書局香港分局 1978 年版，頁 627。

[2] 商承祚：《福氏所藏甲骨文字考釋》，金陵大學中國文化研究所 1933 年版，頁 5 右。

[3] 該論文參加西南大學漢語言文獻研究所主辦的"第二屆古文字與出土文獻語言研究學術研討會"（2017年·重慶），收入會議《論文集》上册。

（590 正，左後甲）、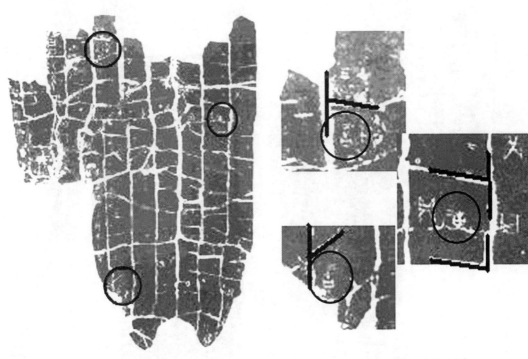（17778），此種字形可命之爲"右偏二告"。

　　這種現象值得深思。從甲骨上看，"二告"之"二"與"一二三四"之"二"並無差異。然而，在 ▨ 或 ▨ 或 ▨ 之中，"二"字之間有什麼不同？ 既然是數字之"二"，實在不必寫出左、中、右三種位置。是否是貞人不經意間的疏忽？ 或如羅振玉所言，"左右每無別"？

　　"二告"的三種寫法是否源於甲骨文寫法左右無別，我們可以到甲骨上觀察。249 正爲缺失約 1/3 的大半塊龜甲，甲上清晰可見的"二告"有 3 處，正好是正、左、右三形（圖一）。1655 正也是一塊僅有 1/3 缺失的大塊龜甲，該甲片上部也有 3 處"二告"，分別爲正、左、右三形（圖二）。兩組"二告"從字形寫法看，當爲一貞人所爲。在同一片甲上，由同一貞人同一時刻所刻寫的三個"二告"，不大可能出現雜亂無章的筆誤。1076 正甲上共有"二告"（含 1 例小告），其中"左偏二告"3 例，"右偏二告"同樣也是 3 例（圖三）。3 例甲片資料均可證明，同一甲片上的"二告"，往往有三種不同寫法，這些不同寫法，並非偶然任意所爲。這便存在一種可能性："二告"的三種用法是有區別的，或許其中還有規律可尋。

1. 249正（全圖）　　　　　　　　　　　　2. "二告"局部放大圖

圖一

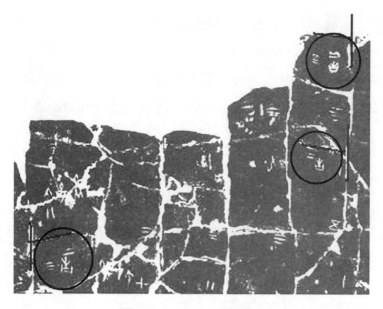

圖二　1655 正(局部圖)

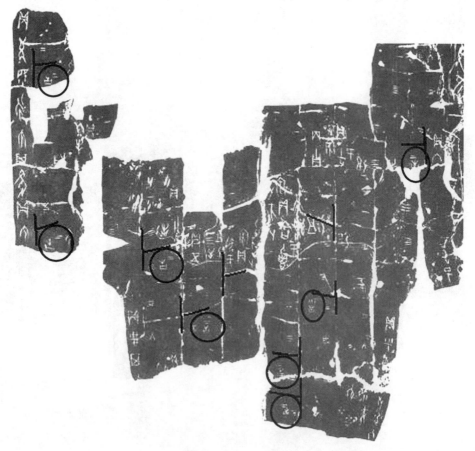

圖三　1076 正甲

本人查看大量"二告"甲骨，發現"二告"刻寫頗有規律。例 1：1076 正甲上，兩種"二告"呈相對之勢：3 例"右偏二告"均位於左半甲上，另外 3 例"左偏二告"則位於右半甲上。例 2：249 正與 1655 正甲片上的情況也是如此，"二告"所偏之方向與兆璺兆枝指向一致，指向朝龜甲中縫，即"千里路"。例 3：93 正，三例"二告"，右尾甲 1 例"左偏二告"，右前甲 1 例"左偏二告"，左前甲 1 例"右偏二告"。"二告"所偏指向朝"千里路"。例 4：96 甲片"右偏二告"1 例，刻於左上甲。113 正甲，3 例"左偏二告"，均在右半甲一側。例 5：1532 正甲骨上，有"右偏二告"1 例，在左半甲；"左偏二告"2 例，在右半甲（圖四）。大量資料均顯示："右偏二告"在左半甲，"左偏二告"在右半甲。事實表明："二告"所偏方向與兆璺—凹槽橫向所出方向一致。這種規律，可以概括成"二告所偏隨兆枝所出"（見圖五）。

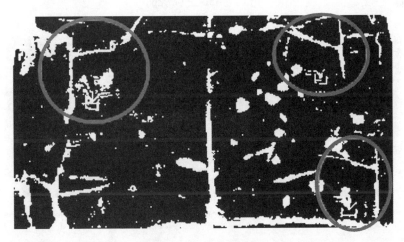

圖四　　1532 正（局部）

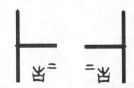

圖五　　二告所偏隨兆枝所出

本人還發現，"二告"使用之處，不僅在兆璺上，而且也在裂紋上。[①]　456 正（圖六）、466 正（圖七）和 590 正（圖八）3 甲具有相似特點：1. 均爲龜甲；2. 均有兩個相對

---

① 注：兆璺是甲骨文研究中學者所使用的一個概念，它是指占卜者刻意追求的吉兆，位置總是在鑽鑿凹槽之中，其形狀也相對固定：左半甲爲╀形，右半甲爲╁形。裂紋則是非占卜者所追求的、不受控制的甲骨開裂狀態。

的"二告";3."二告"均位於第三道齒紋形成的裂紋上;4."二告"文字均刻於一兆璺兆枝之下。然而,"二告"到底是與第三道齒紋裂紋有關,還是與兆璺有關,或者與一組兆璺有關,尚難斷定,需要進一步研究。

圖六　　456 正(局部)

圖七　　466 正(局部)

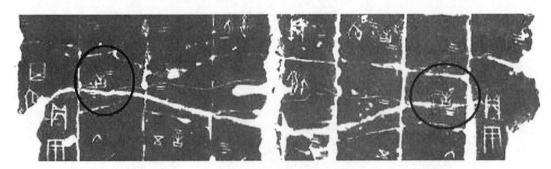

圖八　　590 正(局部)

二、"二告"含義由兆璺所決定

93 正是一塊完整度達 3/4 的甲片(圖九),據《釋文》載其上有 4 例"二告",但可見者僅 3 例。我們橫向的第二道齒紋和縱向的中縫爲界限,將其劃分成 4 個部分,取其中兆璺集中並與"二告"有關的 4 塊。

1. 93 正左上甲　　　　　　　　　　　　　　　2. 93 正右上甲

3. 93 正左下甲　　　　　　　　　　　　　　　4. 93 正右下甲

图九　93 正

可以看到：左上甲較完整，共 15 個兆璺，11 個數字，僅 1"二告"，位於數字"八"之下；右上甲破損缺失嚴重，可見數字 8 個，兆璺 6 個，僅 1"二告"，也位於數字"八"下；左下甲可尋得兆璺 7 個，數字 9 個，未見"二告"；右下甲僅存左側約 1/3，有不完全兆璺 6 個，數字 6 個，僅 1"二告"位於數字"十"之下。

觀察 93 正甲片上之數字、兆璺與"二告"，不難發現這樣一種規律：1. 數字與兆璺關係密切。每一數字所標示之處，代表甲骨一小方塊位置，其上正面有一個兆璺，背面對應着一個鑽鑿凹槽；2. 兆璺與"二告"有關。一組數字對應的一組兆璺之下，必有 1 個"二告"。顯然，此"二告"是對這一組兆璺的評語。

562 正反是一塊大刀狀的骨(圖一〇)片，其刀柄部分密集分布着 3 個"二告"，1 個"小告"。從背面的鑽鑿凹槽位置推斷，4 個"二告"當出自相鄰凹槽或兆璺。此種情況並非偶然個例，590 正是一塊完整程度超過一半的甲片(圖一一)，所取部分位於該甲中部左側，在一道橫裂上下，分布着 3 個"二告"。另有一例在 488 正甲片上，在相鄰兩個兆璺之下，分別刻寫兩個"二告"。拙作《吉字與"二告"考論》中研究過同一區域多個"二告"共存現象，提出多餘的兆璺往往有疑似凶相，即兆枝朝下或裂紋貫通等情況，此處 3 塊甲骨事例，更加驗證了這一觀點的正確。488 正(圖一二)兩個"二告"處於一組數字之中，其兆璺和"二告"之下顯示有"二"、"三"，這是兩者同處一個區域的明證。二號兆的兆幹背後，出現一條旁枝裂紋，這可能正是造成三號兆被確定爲疑似凶兆的原因。590 正(局部)圖上面兩個"二告"位於貫通左右的裂紋之上，而這條裂紋左端刻寫着"出田"二字，這是此二兆璺被確定爲疑似凶兆的佐證。562 正反骨片上，五號兆似乎看不出有何凶相，但其下兆璺、兆幹上下均有旁出，此乃凶相。外側一組三個兆璺、兆幹出現貫通上下的縱裂，乃大凶。

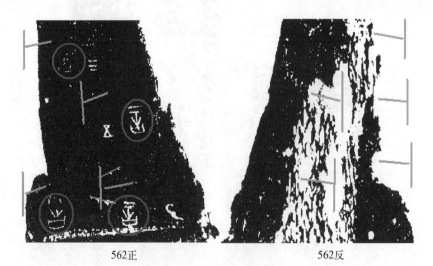

562正　　　　　　　　　　562反

圖一〇　　562 正、562 反

圖一一　　590 正（局部）　　　　　　　　　　圖一二　　488 正

綜上所述，“二告”就其用途而言，可分兩種：一種是將甲片劃分成若干區域，每個區域有若干兆璺，全部一組兆璺中用一個“二告”來作概括性評判，這種“二告”可稱“區域二告”。另一種是當一組兆璺中出現一個或多個問題兆璺或疑似凶兆時，這個或這些兆璺就會被拿出來單獨處理，通過一些補救措施，最後也要被標注上一個“二告”，這種“二告”可被稱爲“裂紋二告”。“二告”既可用於對一個區域若干兆璺全部爲吉的綜合判斷，又可用於對某一特別兆璺—裂紋的單獨判斷。

如此一來，我們便可通過兆璺的凶吉判定“二告”字義，通過“區域二告”中的吉兆，確定“二告”的含義。當一組兆璺，比如 93 正左前甲，兆璺全部爲吉兆時，未出現任何疑似凶兆，這種情況被占卜者概括評定爲“二告”，那麼這個“二告”是意思就應當等同於那些吉兆，吉兆之爲吉的性質證明了“二告”之爲吉。

973 正（圖一三）左右前甲各有一組兆璺，數字序號清晰可見，卜或ㅓ字兆璺分布整齊，刻寫清楚。“二告”之義正是由這一組 11 個被確定爲吉字的兆璺決定的，當 11 個兆璺均爲占卜者所期待的正常兆璺時，那該概括它們的評語，不是吉字還能是什麼呢？

同樣，635 正左右後甲（圖一四）各有一組兆璺，共 12 序數，12 兆璺，數位清晰，刻兆大都依稀可辨，可以判定全爲吉兆。此處區域“二告”的吉字即由這一組吉兆所決定的。

98 正右後甲（圖一五）這個區域，9 個序數顯亮，9 個兆璺明晰。刻兆全部兆枝上翹，爲吉兆無疑。該區域“二告”的含義，便是由這一組吉兆決定的，非吉莫屬。

圖一三　　**973 正**

1. 635 正　左後甲

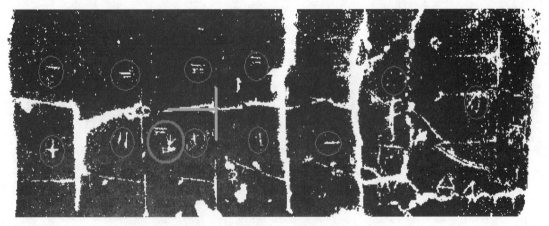

2. 635 正　左後甲

圖一四　　**635 正**

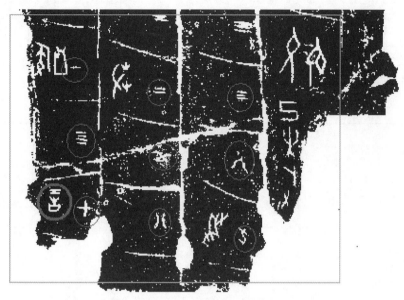

圖一五　98 正（局部）

三、反向"二告"，是凶還是吉？

占卜者刻意追求的是吉兆，然而兆璺不盡如人意，無法控制的裂紋時常也會出現。當區域"二告"中出現裂紋"二告"，而這種裂紋又恰恰與兆璺兆枝方向逆反時，就會出現一種特殊"二告"。這種"二告"雖在右半甲"二"字却向右偏，反之亦然。看上去與其他"二告"偏向悖逆，故可稱作反向"二告"。此種事例甲骨中爲數不少，部分字例見下表。

"反向二告"表

序　號	1	2	3	4	5
二告圖					
片　號	97 正	98 正	500 正	556 正	590 正
序　號	6	7	8	9	10
二告圖					
片　號	676 正	716 正	718 正	816	893 正

序　號	11	12	13	14	15
二告圖					
片　號	894	973 正	2002 正	4300 正	

　　前面研究證明，"二告"原本是對吉兆的評語，而當"裂紋二告"中出現逆向裂紋時，此絕非吉兆，至少應是疑似凶兆。此時以"二告"即吉字作爲兆璺—裂紋評語，顯然不合適。那麽問題在於，假如反向"二告"含義爲凶，那便是對區域"二告"爲吉的否定；若是反向"二告"爲吉，那又如何解釋問題兆璺或裂紋？抑或還有第三種可能？

　　我們帶着這個問題，以這14例反向"二告"爲對象，從兆璺—裂紋、甲骨龜片乃至卜辭語境當中去尋找答案。最先發現的問題是500正(圖一六)和718正(圖一七)，此二反向"二告"均位於中甲之中，"二告"雖刻於左半甲，但兆璺主體在右半甲。顯然，"二告"所偏是隨兆璺兆枝方向的，不論其位置何在。反向或正向之向，不是由左甲、右甲決定的，而是隨兆枝指向的。可見，在兆璺與"二告"偏向之間，是以兆璺爲主，"二告"偏向爲輔的。

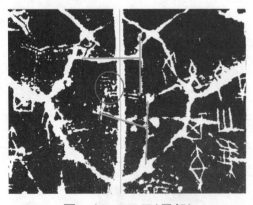 

圖一六　500 正(局部)　　　　　　圖一七　718 正(局部)

　　這片甲骨頗有啓發。當我們抛開左右兩半甲區分"二告"走向的先見，而以裂紋本身的走向決定"二告"偏向時，就會有令人欣喜的發現。97正右前甲(圖一八)1例"二告"，與其右上兆璺的兆枝方向相悖，爲反向"二告"。然而，再看左上兆幹的後出兆枝，同樣構成一個兆璺卜的形狀。590正(圖一九)的反向"二告"也是如此，右看兆璺，其爲反向"二告"，而左看則兆枝與"二告"並不相悖。換句話説，左側兆璺與"二告"構成一個順向"二告"。存在這樣一種可能,即反向"二告"是對逆向兆枝凶吉的一種評定用語,這種逆向兆枝通常出現在兆幹背後,而與所處區域兆璺走向相悖。556正右尾甲 5 號位、816 右前甲 9 號位、893 正右尾甲、973 正左後甲 2 號位、2002 正左後甲 5 號位、4300 正左後甲 11 號位的反向"二告"均與此類似,既存在順向兆璺,同時也存在逆向兆璺。一旦認定反向"二告"是對逆向兆璺的評語,則問題不攻自破。可以説,反向"二告"是以兆枝爲評判對象的,其意思爲"兆枝爲吉"。

 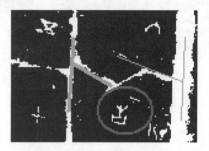

圖一八　97 正(局部)　　　　　　　圖一九　590 正

還有三個反向"二告",即 676 正上端、716 正中甲及 894 的反向"二告"情況略微複雜,需要稍加分析。676 正"二告"位於甲骨上端,凹槽—兆璺無存,但可根據反面甲骨上凹槽以及殘迹推斷其他凹槽的位置。"二告"前後,應該各有一個凹槽—兆璺(圖二〇)。

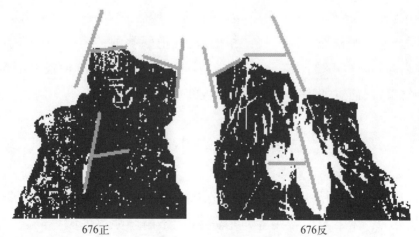

676正　　　　　　　　　　676反

圖二〇　676 正、676 反

716 正"二告"位於中甲左側(圖二一),兆璺兆枝本向右,然而,同一兆幹還有一向後出的旁枝,這可能正是此"二告"向左偏的原因。894 甲片只有正面,而無反面。但反向"二告"之前,有兆枝與兆幹的片斷殘迹,大致可以確定兆璺的位置(圖二二)。"二告"右側兆璺,也有逆向兆枝橫出,這與其下"二告"走向恰好相合。

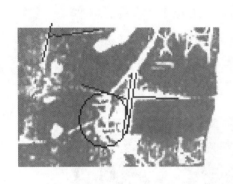

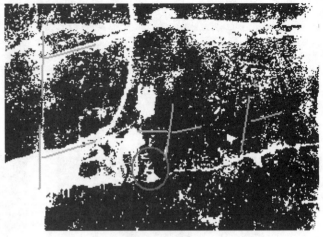

圖二一　　716 正　　　　　　　　　　　　　圖二二　　894

　　14 例反向"二告"中,只有 98 正 1 例情況特殊,難以解釋該甲反向"二告"之上,僅有左向兆璺,又與"二告"方向相悖。此甲反面凹槽也看不出有任何異常,這似乎是個例外。

　　總之,反向"二告"仍然遵循着"二告所偏隨兆枝所出"的基本原理,但却突破了右半甲兆枝向左,"二告"左偏;左半甲兆枝向右,"二告"右偏的一般規則。這可能與兆璺神定、"二告"人爲的觀念有關,神定第一,人爲第二,所以采取以兆璺走向確定"二告"偏向的做法。兆枝逆出本是凶兆,但占卜者不願看到凶兆,而千方百計使疑似凶兆"吉兆化"。逆向兆枝與反向"二告"相配,正好把原本兩種絶然矛盾的事物融合到一起,逆兆之凶,正好印證了"二告"之吉。因此,反向"二告"非但没有否定區域"二告"爲吉的結論,反而更加證明了"二告"爲吉的正確。

四、"二告"字義與卜辭語境相合

　　"二告"乃兆語,當附屬於兆璺。兆語是對兆璺性質的評語,兆璺與兆語乃是一個事物的兩個方面。舉卜辭以證兆璺和兆語,涉及卜辭與兆璺的關係問題。兆璺與卜辭之間的關係,甲骨學者早有研究。孫詒讓《契文舉例·敘》、羅振玉《殷虚書契考釋·卜法第八》、董作賓《商代卜法之推測》等均有論述,即先有鑽鑿,次有火灼,繼而視兆,最後契刻。甲骨學研究業已證明:卜辭與兆璺有關,卜辭源於兆璺,卜辭是就某一占卜事項根據兆璺所作出的具體解釋。兆璺與卜辭之間是一種前因與後果的關係。這就是説,至少從理論上講,以卜辭證兆語是可以説得通的。

卜辭中常見"亡囚"或"貞旬亡囚"之卜,多與"二告"連用,此舉幾例如下:

1. □□卜,□,貞[旬]亡囚。二告。 《合》137 正(1)
2. 丁未卜,争,貞重正化亡囚。十一月。二告
   貞重正化其出囚。 《合》151 正(1)(2)
3. 子商亡囚。二告。 《合》371 正(1)
4. [癸巳卜],争,[貞]旬[亡]囚。二告。 《合》583 正(3)
5. 癸丑,貞旬亡囚。二告。 《合》1141 正(2)
6. [癸]卯卜,[殻],㱿,貞亡囚。二告。 《合》16531
7. 癸丑卜,貞旬亡囚。二告。 《合》16671(2)
8. 癸丑卜,宁,貞旬{亡囚}。二告。 《合》16719(3)
9. 癸未卜,貞旬亡囚。二告。 《合》16754(3)
10. 癸亥卜,貞[旬]亡囚。二告
    癸酉卜,貞[旬]亡囚。二告 《合》16827(7)(8)(圖二三)

圖二三　　16827

對於囚字的理解是解決"亡囚"與"二告"兩者意思關聯的關鍵。囚字之解學界尚有爭議。郭沫若先釋㼡,後釋骨,"因其字象卜骨呈兆之形"。[①] 胡厚宣隸作囚,釋爲

---

① 郭沫若:《殷契粹編》,北京:科學出版社1965年版,頁189—190。

禍。因其觀察到了與囝類似文字皆與災禍有關。[1] 陳夢家云："囝之最初象形作🝑，象卜骨上有卜兆之形。"[2]三位學者高見：囝字外象甲骨之形，内中卜則象卜兆之形，其義爲"災禍"。卜辭中所謂"囝"，實乃"甲(骨)片之上，未見凶兆"之意，這種不祥之兆，古人視爲一種災禍，而"亡囝"則是指未出現不祥之兆。所以卜辭中"亡囝"與"二告"並用，而"出囝"則無"二告"，如 151 正(1)(2)卜辭。按照正常的卜辭程式，要先"視兆"，後"契刻"。"視兆"確定"二告"，然後刻寫卜辭。評語"二告"，卜辭皆由兆璺而來。因此，"亡囝"爲吉，"二告"亦爲吉，此理相通。16827 骨片上出現的"亥貞亡囝二告"和"酉貞亡囝二告"，直接將"亡囝二告"放在一起並列使用。此甲鐵證如山，證明"亡囝"與"二告"之間的關係。此處"二告"已脱離兆璺而獨立存在，其作爲"亡囝"的同義補充詞語，意思是經過貞問，無有災禍，是吉的。

卜辭中"亡囝"常與"出囝"相對，多爲正反對貞卜辭之兩面。在證明"亡囝"爲吉時，遭遇一種兩難的尷尬：一方面確實存在"亡囝"條有"二告"，而"出囝"條無"二告"的情況；但另一方面，不可否認的是，却也存在"出囝"條有"二告"的情形。譬如816 正龜甲中部一組正反對貞卜辭：(5)"貞䜒其出囝。二告"；(6)"貞䜒亡囝。二告"。那麽如何解釋這種現象？"出囝"與"二告"相伴，是否意味着對"二告"爲吉的否定呢？

325 甲片極小(圖二四)，但却信息齊全：有一組卜辭，一個"二告"，一個兆璺，由"二告"位置可知其上必有一兆璺。兩個兆璺均有問題：上一兆璺兆枝頭朝下當爲凶兆；下一兆璺兆枝中斷，且上下均有枝杈，此爲不祥之兆。然而問題在於，明明兆璺所顯示爲凶兆，但兆語却偏偏寫成"二告"，即吉字。卜辭也有問題，"十羌出五。二告"，按照占卜和祭祀原理，吉兆無須祭祀；出現凶兆或不祥之兆方才祭祀。此處卜辭不合邏輯：既然出祭，則必爲凶或不祥；既已爲吉，則無須出祭。這顯然是一對矛盾。

1141 正(圖二五)甲片下半部分卜辭曰："出于上甲一宰。二告。"這也是一對矛盾卜辭：既説吉，又要祭。然而觀察此甲似有異常：1. 兆璺有凶相：上面兩個兆璺爲一條寬而橫向貫通的裂紋所破壞，此當爲凶兆；2. "二告"刻於"出"與"上甲"之間，布局極不合理，似事先未謀，而事後補加。3. 卜辭"上甲一宰"之後，還有"上甲二宰"，"上甲二宰"前後上下，並無其他文字，完全有可能"上甲二宰"是因"上甲一宰"而來，全文應該是"出于上甲一宰，上甲二宰。二告"。

這就提出一個問題："二告"的刻寫時間，到底是在出祭之前，還是在其後？如果

---

① 胡厚宣：《甲骨學商史論叢初集》，臺灣大通書局 1972 年版，頁 672。

② 陳夢家：《釋囝》，《考古社刊》1936 年第 5 期，頁 18。

按照一般規則,查驗兆璺確定凶吉之後即刻寫"二告",便會產生既吉又祭的矛盾。但若反過來,在發現凶兆之後先行祭祀而後再刻寫"二告"呢？以此例觀之,當爲後者。理由是：1. 兆璺有凶相,本不能爲吉,即"二告"；2. "二告"刻寫在兩字夾縫之間,幾乎可以肯定,"屮于上甲一宰,上甲二宰"刻寫在"二告"之前。那麼,這就意味着,兆璺、卜辭與評語之間的順序是"凶兆—祭祀—二告"。這裏存在這樣一種可能：占卜者不願意接受凶兆事實,而千方百計地設法補救它。當兆璺出現凶相之時,用屮祭之法祭祀天神,作爲天神的一種回報,則問題兆璺可以確定爲吉,或許也可説通。

圖二四　　**325**

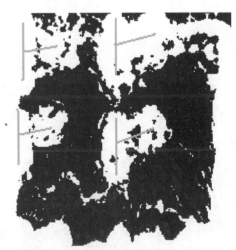

1141正　　　　　　　　　　1141反

圖二五　　**1141 正、1141 反**

殷商占卜規則中有無其他以屮祭卜辭修補救濟凶相裂紋的例證？答曰：有。

例證 1. 776 正(圖二六)

776 正是塊僅上部有缺的大半龜甲,所選部分位於甲橋下部。圖中共有 6 組卜辭,對應 4 個凶兆。圖中凶兆以橢圓圈標出。凶兆 1 位於圖上部,橫跨兩端,呈下弧綫形,其上對應兩條卜辭。凶兆 2 位於圖下部,貫通左右,呈上弧綫形,其上不止兩條卜辭。凶兆 3 位於圖右上角,凶兆 4 位於圖左下角。卜辭(10)"一牛(屮)于祖辛";(11)"屮于祖辛宰";(12)"貞于祖辛屮";(13)"屮于祖乙。二告";(14)"屮于示壬二牛";(15)"壬辰卜,㱿,屮于示壬宰"。其中 3 個要素,那就是凶兆、宰祭和"二告"。

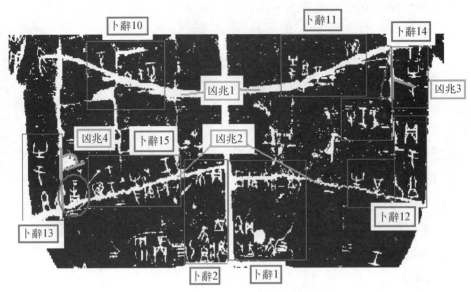

圖二六　776 正(局部)

例證 2. 190 正(圖二七)

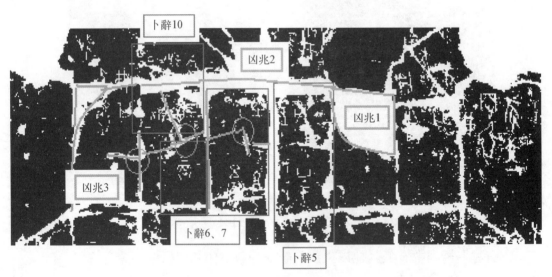

圖二七　190 正(局部)

190 正是一塊尾甲缺失的大半龜甲。中甲之下左右前甲有 3 組卜辭,分別對應 3 個凶兆。凶兆 1 位於右前甲,約呈側立的三角形。凶兆 2 位於中甲之下兩側甲橋上端的連綫,裂寬而貫通左右。凶兆 3 位於裂紋之下,中縫之左,約爲 4 個凹槽—兆璺的區域,其兆璺出現兆幹兆枝串通、兆枝開叉斜出等情形,如甲片圖中所顯示。卜辭(5)“壬戌卜,散,貞出于祖[乙]”;卜辭(6)(7)“出于祖乙五宰。三宰”;卜辭(10)“今日勿𪊓屮于祖丁宰"。有趣的是,當所有這些補救措施完成時,此塊龜甲上也出現一個"二告"。

兩塊甲片上固然裂紋縱橫,卜辭紛呈,看似雜亂無章。然而,當我們懂得祭祀原理和占卜規則,明瞭貞人行爲的用意之後,這一切都變得順理成章:當裂紋出現凶兆之時,占卜者並非束手無策,接受嚴酷事實,而會神通廣大,以屮祭之法補救凶兆,最後求得"二告",即吉兆。

如此看來,"屮囚—二告"卜辭當中,"二告"不是刻寫在屮祭之前,而是刻寫在其之後。此説可以解釋得通 325 和 1141 甲骨上的矛盾現象:因爲有了屮祭,所以卜(凶兆)變爲"二告"(吉兆)。不僅如此,卜辭中尚有更多例證支持此説,如 924、903 與 1143 諸甲骨。

1. 924 正(圖二八)

924正(局部)　　　　　　　　　　　　　　924反(局部)

圖二八　　924 正(局部)、924 反(局部)

924 正上一組凶兆—屮祭卜辭見於右後甲。(9)"貞乎子室屮于屮祖宰。二告"。卜辭刻於一道縱裂之上,此裂與下面兆璺之兆幹相貫連;兆璺位於卜辭之下,兆枝前端,一道裂紋曲折而下,略呈 ⋀ 形;"二告"刻於兆璺之下,爲左偏"二告"。

2. 903 正(圖二九)

903 正此凶兆—屮祭卜辭群位於左後甲,可分 3 組。按卜辭編號順序,第 1 組位於圖中間位置,兆璺之兆幹上下貫通,兆枝向右下與前排兆幹連通。卜辭(6)"翌丁酉屮于祖丁",呈兩縱列縱越凶兆。第 2 組位於圖左下角,兆幹朝上連通,又往後折下,兆枝往右上方斜出。卜辭(7)"翌辛丑屮祖辛",刻於龜甲左邊,跨越向後折下的凶兆。第 3 組位於圖左上角,兆幹往下連通,兆枝向右上斜出,與前排兆璺相接。卜辭(8)

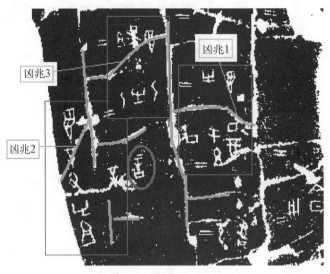

圖二九　　903 正(局部)

"翌乙巳屮祖乙",豎列跨越斜出之兆枝。3 組凶兆—屮祭僅有 1 處"二告",刻於(6)(7)兩兆璺之間。

3. 1143(圖三〇)

1143 爲一塊獸骨,凶兆—屮祭卜辭位於近骨臼處。兆璺爲占卜者所刻寫,即所謂"刻兆"。兆璺呈"卜"字形,在上揚的兆枝之下,又旁出一條枝頭朝下的斜出,此即凶相;卜辭刻於兆璺正上方,曰"庚申卜,争,貞屮于上甲";"二告"刻於兆璺之下。

圖三〇　　1143

　　此 3 例甲骨凶兆—虫祭資料,若不以本人"先虫祭後定吉"之説解釋,實在於情理不通。然而爲什麼會出現虫祭之後還要刻寫"二告"的情況呢? 出現了凶兆,占卜者不願接受這個事實,而用各種補救方法加以糾正,此種做法尚可理解。但在無法糾正的情況下,靠祭祀饗神來彌補凶兆之失就讓人難以理解:祭祀即已與神溝通,既然神已知曉,那何必還要將"二告"刻寫在甲骨上,而刻寫"二告"本意也是告知天神。這豈不是矛盾嗎? 可能存在這樣一種情況,祭祀只是方法,是過程,而非目的和結論。而兆語則不同,兆語是最後的結果,是結論。同時,祭祀是人的作爲,而兆語可能被理解成天神的啓示。所以,在施行了祭祀之後,反過來再將"二告"寫在凶兆之上。這個"二告",恐非占卜者本身所爲,而是代表着天神,這是天神所作的結論:吉!

　　有極少部分龜甲完整、文字較少而字迹清晰,且兩面所言爲同一事物的甲骨,可以反面之吉,佐證正面之"二告"。

　　例 1,4264 正卜辭曰:(1)"戊午[卜],出,貞般其虫囚"。(2)"戊午卜,出,貞般亡囚。二告"。虫囚爲凶,亡囚爲吉。4264 反"王固曰:吉。亡囚"。反面卜辭説"亡囚"爲吉,而正面卜辭又説"亡囚"爲"二告",那麼我們有理由認爲"二告"即吉字(參圖三一)。

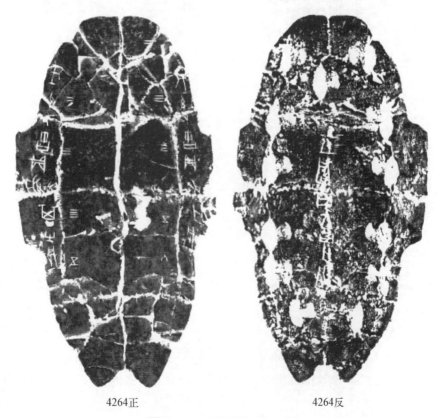

4264正　　　　　　　　　　　　　　　　　4264反

圖三一　　4264 正、4264 反

　　例2,3201正：(1)"貞子目亦毓佳臣。二告"；(2)"貞子目亦毓不其[佳]臣"。此甲反面"王固曰：吉。其佳臣"。既然"佳臣"爲吉，"佳臣"亦爲"二告"，可知"二告"當爲吉字(參圖三二)。

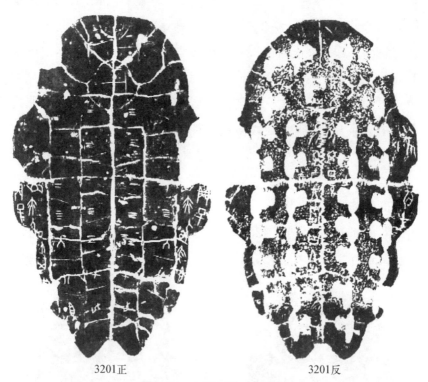

3201正　　　　　　　　　　3201反

圖三二　　3201正、3201反

　　例3,1100正：(1)"辛亥卜，宁，貞甹疋化氏王係。二告"。(2)"辛亥卜，宁，貞甹疋化弗其氏王系"。1100反：(1)"王固曰：吉，氏"。此處，"氏"在反面爲吉，在正面肯定"氏"的爲"二告"，故"二告"當等同於吉(圖三三)。

　　例4,4735正由中縫和第二道齒紋將此甲分爲左右上下4個部分，上半部分爲一組，下半部分爲另一組。下半部分卜辭曰：(3)"壬戌卜，宁，🔣其𡿮囚"。(4)"壬戌[卜]，宁，貞🔣亡囚。二告"。反面中縫卜辭："王固曰：吉。亡囚。"因此，"二告"爲吉(參圖三四)。

　　但令人疑惑的是，上半部分卜辭"亡囚"條中有"二告"，"𡿮囚"條中也有"二告"。其卜辭曰：(1)"貞告子亡囚。二告，二告"；(2)"貞告子其𡿮囚。二告"。或許是"𡿮囚"條"二告"爲裂紋"二告"，抑或是占卜者認爲，"亡囚"條的兩個"二告"比"𡿮囚"條的一個"二告"更吉。

1100正　　　　　　　　　　　1100反

圖三三　1100 正、1100 反

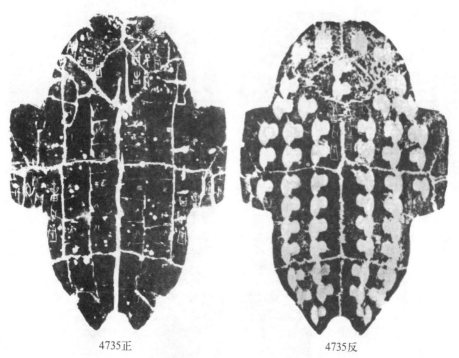

4735正　　　　　　　　　　　4735反

圖三四　4735 正、4735 反

　　例5,4259正甲片約有兩成殘缺,但文字較完整。正面卜辭:(1)"戊午卜,甶,貞般往來亡囚。二告"。(2)"貞般往來其㞢囚。二告"。反面"王固曰:吉。其[亡囚]"。(參圖三五)此處仍以"亡囚"爲吉,但"㞢囚"條出現了"二告",與4735上半甲情況相同。查看出現"二告"的甲片,發現此"二告"刻於第二道齒紋上,裂紋從"告"下"口"字中穿過。而在相對的右半甲位置,也出現半個"口"字形狀。從對應的甲骨反面看,正好是一處鑽鑿凹槽,當然必有一兆璺。左半甲的"二告"位於一兆璺之下,右半甲當亦如此。此二證據證明,右半甲裂紋上同樣也有一"二告",只不過因甲片破裂而脱落罷了。這使人聯想起前文所列456正、466正與590正三圖,其裂紋、兆璺、"二告"分布與此甲相同:一條貫通左右的裂紋,兩邊各有1"二告","二"字所偏朝裏相對,"二告"均與1兆璺搭配。這種做法,明顯不屬於區域"二告"性質,而必定屬於裂紋"二告"性質,其所傳達的信息是"此半甲此裂紋爲吉"。事實説明,4259正左半甲的"二告"與"㞢囚"無關,當然也就並不影響我們對"亡囚"爲吉,"㞢囚"爲凶的判斷。此解可謂一箭三雕,既解釋了此處"二告"的性質,又能揭示前文456正、466正與590正三圖的用意,還順便解決了4735正右上甲"二告"的問題,必爲裂紋"二告"無疑。從總體看,這四例龜甲資料可以證明,正面的"二告"與反面的吉字所指爲同一事物,此一事物在反面被稱爲吉,在正面被稱爲"二告",同樣證明了本人"二告"爲陰面的吉字的觀點。

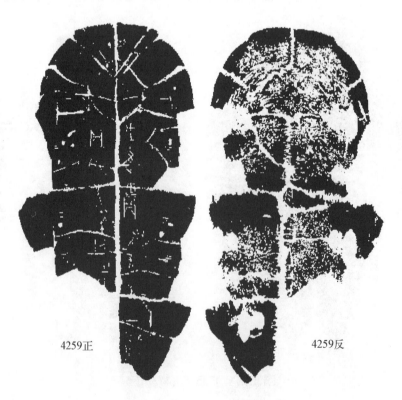

4259正　　　　　　　　　　　　　　　　　4259反

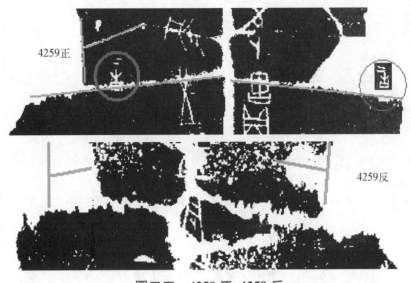

圖三五　4259 正、4259 反

五、"二告"字形本身的證明

如前所述，龜甲上 ![字] 的存在確定無疑，但甲骨文"二告"研究闕如。《甲骨文編》將"二告"置於合文中，爲"小告"、"一告"、"二告"、"三告"、"四告"合文之一。[1]《甲骨文字詁林》中無"二告"條，説明學者對此未有研究。《新甲骨文編》正文、合文及附録中均未收録"二告"。可見，甲骨學者已將 ![字] 視爲"二"與"告"兩字。

然而，![字]"告字説"面臨的困惑是：![字] 與 ![字] 字寫法並不一致。我們在《甲骨文合集》第一册中取字迹清晰的前 10 個 ![字]，在《新甲骨文編》"告"字條取前 10 字，製成"甲骨文二告與告字形比較表"，從中比較分析兩字之間的差異。從表中文字比較可以看出：

甲骨文"二告"與告字形比較表

序號	1	2	3	4	5	6	7	8	9	10
二告	![字]	![字]	![字]	![字]	![字]	![字]	![字]	![字]	![字]	![字]

---

① 中國科學院考古研究所編：《甲骨文編》，北京：中華書局 1965 年版，頁 627—628。

續　表

出處	14 正	53	84 正	96	97 正	98 正	113 正甲	118	130 正	137 正
告	𐌘	𐌘	𐌘	𐌘	𐌘	𐌘	𐌘	𐌘	𐌘	𐌘
出處	20576 正	19824	9620	1167 正	137 反	183	1859	3459 正	1472	2206

兩字實有區別:𐌘字中間一豎長,有時還加一橫,𐌘字中間一豎短。𐌘兩翼呈半圓狀,而𐌘兩翼平直。𐌘字下面出頭,而𐌘字下面不出頭。從整個資料觀察,𐌘從不分爲兩字而單寫其一,𐌘字則從無合文而只單用。從形狀上看,𐌘—𐌘字更象甲骨文𐌘(牛)字,而𐌘—𐌘—𐌘是一個指示方向的箭頭。事實説明,兩者各爲一字,根本不存在什麼"二告",而只有𐌘字。因此,將兩者混同爲一字毫無道理,根本無法令人信服。

如前文所説,𐌘中之𐌘,與甲骨文"一、二、三、𐌘"之"二"實在別無二致,而𐌘字絕無任何理由寫作𐌘、𐌘、𐌘、𐌘諸種形態,"二"字所偏與兆枝或裂紋之間的關係更加證明,𐌘中之𐌘絕非數字之二。此處𐌘是𐌘構成之一部分,而非單獨之𐌘。那麼,如何解釋𐌘之𐌘?

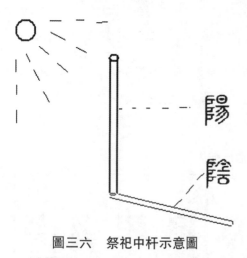

圖三六　祭祀中杆示意圖

本人對甲骨文數字來源作過專門研究,曾有《祭祀中杆與甲骨文數字的來源》與《甲骨文"立中"與陰陽觀念的起源》發表。甲骨文中字作𐌘、𐌘、𐌘諸形。對此,姜亮夫先生分析道:"中者日當午,則旌影正,故作𐌘,上𐌘爲旌,下𐌘則旌之投影也。"[①]𐌘字上下一豎爲杆,中間圓圈表示祭祀場地,或圓或方;以中間圓圈爲界,上部是實物,下部則爲影像(圖三六)。陰陽觀念即起源於𐌘:杆是陽的載體,有杆即有陽,杆必立,故爲|;影是陰的載體,必有杆方有影,影必橫,故

① 姜亮夫:《國學叢考》,杭州:浙江大學出版社 2008 年版,頁 13。

有二。

甲骨文數字來源於祭祀中杆。中杆其實是一種帶有刻度的立表,用以測量日影和時間。甲骨文一、二、三、四分別寫作 一、二、三、三。甲骨文四橫之設,意在區分陰陽。中杆一半爲陽,一半爲陰。上爲陽,下爲陰,而以五爲界。陰數在地下,橫着寫,故有 一、二、三、三;陽數在杆上,豎着寫,故有 介、十、八、乚。 字上面的一橫即表示"上到頂點",下面的一橫則表示"下到地平",而中間"×"字,意思是"位置在此"。

以上數字又區別陰陽,偶數爲陰,奇數爲陽,故甲骨文數字中奇數中均含一豎,偶數則均有對稱的兩豎。

介 字下面的兩豎,意思是將中杆對折,一分爲二;上面的 八,並非"入"字,而是位置的標示,表示"稍高於對折的位置"。 介 字强調的就是這個 八 點(圖三七)。

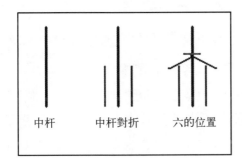

圖三七　六的標示示意圖

中杆　中杆對折　六的位置

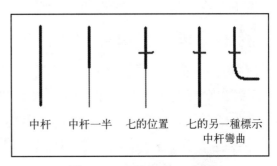

圖三八　七的標示示意圖

中杆　中杆一半　七的位置　七的另一種標示中杆彎曲

甲骨文的七字寫作 十、十。十中一豎當指中杆,而且是指陽杆,即不含五以下的部分;十的一橫是位置標示,意思是"陽杆中間位置"或者"陽杆中間或偏低的位置"。十後來被寫成"七"字。七字中的"乚"字符,表示的是中杆的彎曲,彎曲即意味着高度的降低(圖三八)。

八 是偶數,故有此兩豎之形。從中杆上的刻度來講,八位於陽杆中點偏上的位置。寫作 八 時,意在降低高度。直綫變成曲綫,表示的是"比直杆較低的位置"(圖三九)。

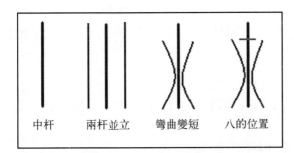

圖三九　八的標示示意圖

中杆　兩杆並立　彎曲變短　八的位置

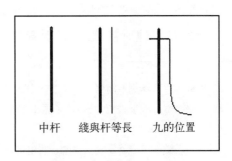

圖四〇　九的標示示意圖

中杆　綫與杆等長　九的位置

九字寫作 𝼂、𝼃。九與七的性質相同,均爲奇數,故在陽杆上表示。𝼂字上面的
"×"或"+"字表示在陽杆上的一點;𝼃字下面的彎曲,與七字下面的彎曲不同(圖四
〇)。七字彎曲的是杆,𝼃字彎曲的是綫。陽杆彎曲表示的位置更低,綫的彎曲則表
示位置更高。𝼂的意思在於標明陽杆上的位置,意思是"位置較高"。

中杆與數字的研究揭示了 ▥ 這個符號的含義。中杆尺規 ✕ 以下爲陰,數字全
部橫着寫;✕ 以上的數字,陽性的是一豎,陰性是兩豎。無論橫與豎,▥ 都是陰符。
行文至此,本人突然頓悟:甲骨文中所謂 ☷(一告)、☷(二告)、☷(三告)、☷
(四告),事實雖然毋庸置疑,但其蘊意却一直無人能解。原來此處"一、二、三、三",
形雖爲數字,意却在"陰"字。因爲無論數字爲幾,落到中杆上統統是個陰數。既然古
人之意不在數字多少,而在性質爲陰,那有何必計較是 一、二、三 或 三 呢?

☷ 之下有 ◖ 字。◖ 是什麼? 治甲骨學者,無不當作"口"字,若問此爲何,必爲
行家所嗤笑。◖ 字至簡,簡單到學者不屑於考證。以至於我們遍覽資料,無法知曉
"口字説"出自何人之手。《甲骨文字詁林》"口字條"(0717)下云"金祥恒《續文編》上
卷七葉收作口",大有其爲首創者之感。然而,最早的甲骨文研究者,如孫詒讓、羅振
玉早已將 ◖ 當作口。孫詒讓《契文舉例·釋卜事第三》云:"蓋卜當記吉凶以計算中
否。龜文則吉凶字罕見,唯有云'☷'者,疑即'吉'字。"①此處"☷"即 ☷ 下之 ◖,其
中當然也包括 ◖ 字。羅振玉《殷虛書契考釋》釋 ☷ 爲商,釋 ☷ 爲占,釋 ☷ 爲吉,釋
☷ 爲告,釋 ☷ 爲唐,釋 ☷ 爲問,釋 ☷ 爲合等,②却早已解作"口"字。故《甲骨文字典》
口字條云:"[解字]《説文》:'口,人所以言食也。象形。'甲骨文正象人口之形。[釋
義]:一、人所以言食之器官。二、人名。三、疑爲災禍之義。"③釋口爲災禍出於卜辭
有"亡口"之説。饒宗頤對此解釋是"知亡作口與亡至口俱指興口舌之禍","卜辭'作
口',爲殷時成語,意指口出橫生咘詈之事,故卜其吉否"。④從 ◖ 到口,從口到禍,這
中間距離遙遠,學者證明似有一蹴而就之嫌。

越是看似理所當然之事,其證明的難度反而越大,◖ 字即是如此。◖ 到底是

---

① 孫詒讓:《契文舉例》,濟南:齊魯書社 1993 年版,頁 18。
② 羅振玉:《增訂殷虛書契考釋》,《羅振玉學術論著集》第一册,上海:上海古籍出版社 2010 年版,頁 164、
   178、179、256、257。
③ 徐中舒主編:《甲骨文字典》,成都:四川辭書出版社 1989 年版,頁 87。
④ 饒宗頤:《殷代貞卜人物通考》,香港:中華書局 2015 年版,頁 700。

什麼？人之口爲什麼要寫作ㄩ形？ㄩ是什麼？━ 又是什麼？甲骨文字大都會有所本之原始物象，若不能證明字符與原始物象之間的聯繫，則實難經得住拷問與推敲。

《甲骨文編》收録ㄩ字 12 例，作人名解。[①]《新甲骨文編》收録ㄩ字 26 例。[②] 其字形寫法相對固定：圓弧形邊框，中間一橫。其特點是邊框出頭，而一橫被含於其中。弧形邊框有圓、方、尖三形，如ㄩ、ㄩ、ㄩ，其實不過略有差異而已。從字形查看，實難發現其所象何物，正像 100 多年來學者從未發現其中的問題一樣。我們恐怕只能到卜辭和甲骨中找尋原始物象的綫索。

《殷墟甲骨刻辭類纂》"口字條"收録帶口卜辭 42 條，其中"亡口"或"亡某口"最多，也最值得研究。"亡口"卜辭共 11 條，中有一組對貞卜辭，故合并爲 10 條，兹列於下：

1. 辛丑卜，亡口；辛丑卜，亡疾。　　　　　　　　　　　　《合》22258(10)(11)

2. 甲戌卜，亡口；甲戌卜，亡口，允不。　　　　　　　　《合》22265(5)(6)

3. 壬寅卜，亡口；亡入疾。　　　　　　　　　　　　　　《合》22392(1)(2)

4. 又眔啄亡口。　　　　　　　　　　　　　　　　　　　《合》22322(8)

5. 乙酉卜，㕚，貞我亡乍口。　　　　　　　　　　　　　《合》21615

6. 丙子，子卜，唯丁乍丝口。　　　　　　　　　　　　　《合》21740

7. 辛巳卜，㕚，貞無作口。　　　　　　　　　　　　　　《英》1897

8. 癸巳，貞帚亡至口。　　　　　　　　　　　　　　　　《合》22248(2)

9. 癸巳卜，貞帚🐚亡至口。　　　　　　　　　　　　　　《合》22249(9)

10. 癸巳卜，貞帚🐚亡至口。　　　　　　　　　　　　　《合》22251(2)

從 10 條"亡口"卜辭中可以篩查過濾出一些信息。22258 兩條卜辭位於全甲中下部，甲橋下綫，即第四道盾紋，列於中縫兩側。22265 當爲散片綴合之甲片，第 2 組卜辭位於左右後甲兩邊，形式相對。22392 兩條卜辭同樣位於甲橋下側，兩兩相對。可以肯定，1、2、3 均爲正反對貞卜辭，即貞問事之有無。因此，這裏的ㄩ字，絶不可能是"言食之器"，口既無法"亡"，也無法"有"。自古有殺頭之刑，未聞"亡口"之刑。至於饒宗頤所謂"口舌之禍"，也與此場合不符——此一占卜必一次完成，斷無中止而等待災禍驗證之理。此災禍之有無，必能當場視見，不可能模棱兩可，無法斷定，否則，正反對貞卜辭不可能一次刻寫完畢。

————————————

① 中國科學院考古研究所編：《甲骨文編》，頁 39。

② 劉釗等：《新甲骨文編》，福州：福建人民出版社 2009 年版，頁 53。

凵不是口,那它又是什麽? 18617 是一小塊甲骨(圖四一),其上 4 字:"貞亡其安。"《新編》口字條上凵字赫然在目,出處標注"《合》18617"。爲什麽《釋文》中却不見凵字呢? 比較《新編》之"口"與《合集》之"亡"(圖四二),發現其實並非"口"、"亡"兩字,實爲"凵"字一字。分明是一字,却爲何被誤解爲兩字呢? 甲骨文亡作㇑之形,實在與凵相像,凵字左側一豎短而直,且左下角處有斷裂,故既可被當作凵,又可被當作㇑。這並不難理解。

圖四一　　18617

《合集》之"亡"　　《新編》之"口"

圖四二　　《合集》之"亡"、《新編》之口

這是偶然的巧合嗎? 所誤之㇑字,臺灣學者早有研究。高鴻縉:"㇐,亡。按卜兆向邊落空亡。㇐,爲甲殼之邊形。非如《説文》所釋隱字。字倚‘卜’畫其兆向邊形。由文‘卜’生意。故托以寄空無之無。作㇐。"[1]高鴻縉先生指出了㇑字的原始物象:丿爲龜甲邊緣,㇏爲卜兆。高先生見識過人,不愧爲古文字大家。白玉峥在此基礎上進一步論道:"字作㇑或㇐,從丿從卜。丿或㇐者,龜甲或牛胛骨邊緣之象也。卜者,灼龜見兆之形也。今考龜甲或牛胛骨之兆,並皆兆坼向内,左右對稱,無一兆坼向外者;而字之結體,廼作兆坼向外;推其所以然之故,意爲類此之貞兆,皆爲錯誤者,廢而無用也。其造字之初義,蓋乃警惕鑽龜灼兆者,勿爲若此之錯誤也。故於傳世之甲骨片中,未有兆坼向外者;即屬背甲,雖裂之爲二,而其卜兆,亦必兆坼向内,左右兩背甲對稱。其或未裂之背甲,亦皆左右對稱,並無例外也。是亡字之初義爲誤;久之,輾轉引申爲無。甲骨卜辭中亡字用法,皆此義也。"[2]此論不僅考

① 高鴻縉:《中國字例》,臺北:三民書局 1960 年版,頁 349。

② 白玉峥:《契文舉例校讀》,《中國文字》第八卷第三十四册,臺灣大學文學院古文字學研究室編印,1969年,頁 3688—3689。

之甲骨外形,而且驗之兆璺分布,結論更加令人信服。遺憾的是,二位先生丩字義有憑空拔高之嫌。以我之見,既無"寄托",又無"輾轉"。丩或丩字,描述的是占卜中一種現象,類似今之歇後語:"兆枝向外走——不可能。"本身就有"無"、"沒有"、"不可能"之義。

18617片上的"口亡之誤"不可等閑視之。此甲𝄢字包括丩:𝄢→丩→丩。而甲骨文"亡"字又可衍變出凵字:丩→丩丩→凵→凵。這樣便不難理解,當𝄢左下角外廓綫有斷裂時,左邊廓即會被誤作丨,即丩字。這不是拼圖遊戲,而是在闡明𝄢與丩之間的關係。事實上,兩者之間確實存在一種包容和組合關係,兩者具有相同的方面。既然丩字之外廓爲龜甲邊緣,内卜爲兆璺,那麼凵爲什麼就不可能同樣如此呢?

凵字的結構,凵與一而已。凵表示龜甲外邊輪廓,一表示龜甲上的紋路,即第二道齒紋。龜甲輪廓以凵表示,簡明、恰當;龜甲紋路以一代表,重要、概括。這個凵字,本意是指"龜甲邊緣",同時引申爲"龜甲"或"甲骨"(圖四三)。

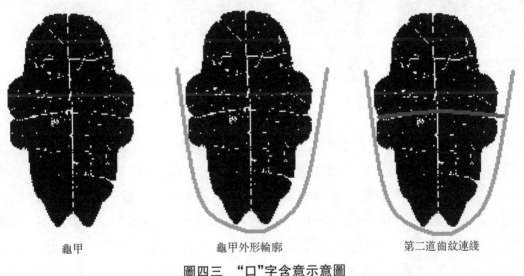

龜甲　　　　　　龜甲外形輪廓　　　　　　第二道齒紋連綫

圖四三　"凵"字含意示意圖

凵字"龜甲邊緣說"能否在甲骨實物上面得到驗證? 22258(圖四四)一組對貞卜辭刻於第四道盾紋與中縫(千里路)交匯處,左辭"亡凵",右辭"亡疾"。我們看到龜甲上右裂未達邊緣,左裂離邊緣較近。這可能正是"亡凵"與"亡疾"的區別所在。22392卜辭"壬寅卜,亡凵"刻於右後甲甲橋腋下,豎排兩列跨過一"七字形"裂紋,值得注意的是,"七"字的橫與彎鉤,均未到達龜甲邊緣(圖四五)。

圖四四　　22258(局部)

圖四五　　22392(局部)

圖四六　　22248(局部)

　　22248卜辭刻於龜甲右側甲橋中部(圖四六),跨越"〈字形"裂紋之 ╲ 字,卜辭曰"亡至口",而此處裂紋似到達邊緣。22249卜辭亦刻於甲橋之上(圖四七),内容也是"亡至口",一條弧狀裂紋右下延伸到甲橋邊緣,形成一個三角形豁口。22251爲一小塊甲片(圖四八),但可斷定屬於右側甲橋。卜辭刻於一條"人字形"裂紋上,"人"字右撇末端,與另一裂紋交匯,在甲橋中部形成一豁口。此三甲不但卜辭内容相同,裂紋情形也極相近。這到底算是"到達邊緣",還是"未到達邊緣"呢?從 凵 字義看,邊緣是指龜甲本身自然邊緣,而此處"邊緣"是指豁口上的邊緣。相對於龜甲上原生邊緣,豁口上的邊緣是次生邊緣。故這不算"到達邊緣",此其一。豁口通常爲三角形,造成豁口的裂紋一般來源於三角形頂點的正上方,即 〈 或人,很難有僅到達豁口一側邊緣的。故此推斷,此三例甲片裂紋,豁口必成於前,而 凵 字裂必成於其後,此其二。因此可斷定,三例"亡至口"裂紋必爲"未達邊緣"之意。

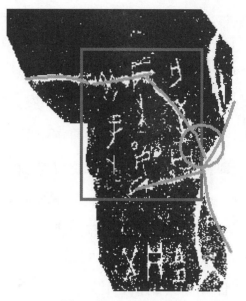

圖四七　22249(局部)　　　　　　　　圖四八　22251(局部)

　　察看了5塊龜甲的裂紋走勢,解析了10條卜辭的含義,論證了  的原始物象,也就徹底證明了 ▟ 字的含義,不是"言食之器",而是"龜甲邊緣"。

　　▟ 之中還有 ▼。▼ 符形至簡,然而要證其義何其難。首先要明確,▼ 並非一字,而是 ▟ 中一構件。甲骨文中有↑或↓,←或→符的文字,大抵 ↕(矢)、∮(束)、 ↯(弟或墮)三字。其中 ↕ 字,學者皆釋爲矢,即弓箭之箭頭。異字同構,其義相同。若 ▟ 字 ▼ 爲箭頭,似與字義不合。 ⋍ 爲陰符, ▟ 爲甲骨,陰符無法搭弓,甲骨無法中箭。然而,"箭頭"之意,不僅有弓箭之前端的"箭頭",也有指示方向的箭頭。這種箭頭源於對自然現象的觀察與感知,草木生長朝上的勢態可以表現作↑,水中拖曳,風中拉拽,均可使物體"箭頭化"。這種↑或那種← 的指示效果,恐怕是自然賦予的,無須有人教授。

　　▼ 不僅刻於 ▟,而且字中含有 ⋍, ⋍ 又表示爲"陰面"。甲骨本分陰陽兩面,此處陰面,即甲骨學所謂"正面",陽面即甲骨學所謂"反面"。陰面的 ▟ 含有"甲骨"和"箭頭",陽面的 ⚲ 也含有"甲骨"和"箭頭"兩個符號,不僅結構相同,而且具有同根同源特點:兩者均源於鑽鑿凹槽—兆璺。 ⚲ 字是王在燋灼之占驗卜兆所得出的結論; ▟ 則是在王占之後,貞人結合具體占卜事項對兆璺進一步測驗及修補所得出的

結論。更爲重要的是吉字所表達的意思。■由■和■兩部分組成,結合前人甲骨學研究成果,吉字即兆璺兆枝朝上,可知其含義是"甲骨上兆璺兆枝朝上"。所謂"王占曰:吉",就是指占卜出的兆璺兆枝全部或多數朝上。■是指兆璺兆枝朝上,"二告"也是如此。但是,問題是■爲何此處■指向朝下呢? 原因在於陰陽觀念。在中杆上,陽在上而陰在下。在陽面,陰符當在■之下,即■。與此相對應,陰面陰符自當在上,即■。似乎可以這樣理解:陽面的吉字寫成■,但當把龜甲上下顛倒過來時,吉字變成■。當陰符在上時,箭頭即朝下。若以陽面爲本的,則成■。這也就是説,陰面的箭頭朝下,與陽面的箭頭朝上,道理是一致的。這或許正是"二告"箭頭朝下的原因:因爲■(陰)在上,而■又在下,與此同時,又因爲吉字的箭頭朝上,而陰面的"二告"必須與吉字有所區別,所以■的■要朝下。至於"二告"的箭頭爲什麼要寫成單綫,而吉字的箭頭要寫成雙綫,原因則在於,陽面視兆,不分左右,故"王占曰:吉"字常刻寫於龜甲中縫,而陰面貞人視兆要分左右,故"二告"要寫成■或■兩種。■可能是在強調這是察看兩側兆璺得出的結論;而■的意思可能是,這是察看一側兆璺得出的結論。

總之,■中之■,如同■中之■,意思是"方向箭頭"。陰面箭頭方向朝下,與陽面箭頭方向朝上意思相同,意思是"朝上"。箭頭上指源於兆璺兆枝朝上翹,兆枝朝上乃是吉兆。

綜上所述,■中■是表示"陰面"的符號,■表示"龜甲"或"甲骨",■是指示方向的箭頭。■是一字,而非"二告"兩字,其義爲"陰面的吉字"。■是兆語,用於對兆璺凶吉性質的評判。

六、結 論

甲骨文"二告"有三種寫法,即"左偏二告"、"正二告"和"右偏二告",皆與兆璺方向有關。"二告所偏隨兆枝所出",即"二告"之"二"的位置與兆枝方向一致。甲骨上"二告"的用途有兩種:一種是"區域二告",這是對某一區域兆璺的概括性評判;另一種是"裂紋二告",這是對經過處理的問題兆璺的標注。所舉卜辭 10 例證明:甲骨上未見凶兆,卜辭稱爲"亡咎","亡咎"又與"二告"連用。同時,4 例龜甲資料證明，正面的“二告”與反面的吉字指向同一事物，亦即反面的吉字，在正面被稱爲“二告”。 字形本身也證明， 是一個字，義爲“陰面的吉字”，用於對兆璺凶吉的判斷。

卜辭語詞小考兩則[*]

周忠兵

（吉林大學古籍研究所，出土文獻與
中國古代文明研究協同創新中心）

一、“亡”字的一種特殊用法

甲骨文中“亡”作爲否定詞的用法爲大家熟知，如“亡雨”、“亡田”等。但下列卜辭中的“亡”若理解爲否定詞，似不好解釋：

> 1. 丁卯卜：雨其至于夕。子曰^①（占）曰：其至亡翌戊。用。　花東子卜辭，《花東》103
> 2. 己巳卜，在犾：庚不雨。子曰（占）曰：其雨，亡司夕雨。用。
>
> 花東子卜辭，《花東》103
>
> 3. 己巳卜，在犾：其雨。子曰（占）曰：今夕其雨，若。己雨，其于翌庚亡司。用。
>
> 花東子卜辭，《花東》103
>
> 4. 辛未貞：亡壬小牢千、豠^②四、爵。　　　　　　午組，《村中南》335

第 1、4 辭中“亡”字的釋讀没多大異議，只是第 1 辭中“其至亡翌戊”這幾字的句讀學界一般采用《花東》整理者的意見作：“其至，亡翌戊。”^③且或認爲“亡翌戊”應爲“翌

---

* 本文爲國家社科基金項目“歷組卜辭研究”(14BYY165)、吉林大學基地重大項目(2017XXJD05)的成果之一。

① 裘錫圭：《從殷墟卜辭的“王占曰”説到上古漢語的宵談對轉》，《中國語文》2002 年第 1 期，頁 70—76。

② 此辭中的“豠”《村中南》整理者釋爲“犰”，不準確。釋文參看中國社會科學院考古研究所編著：《殷墟小屯村中村南甲骨》，昆明：雲南人民出版社 2012 年版，頁 697。趙鵬女士已指出這一誤釋，參看其《甲骨綴合一則——附：讀〈村中南〉劄記》，先秦史研究室網站 2012 年 9 月 16 日。

③ 中國社會科學院考古研究所編著：《殷墟花園莊東地甲骨》，昆明：雲南人民出版社 2003 年版，頁 1600。姚萱：《殷墟花園莊東地甲骨卜辭的初步研究》，北京：綫裝書局 2006 年版，頁 149、258，等等。

戊亡司”的移位變異句型，其意爲“明日戊辰日不宜進行祭祀”。① 這種移位變型的觀點缺乏依據，並有增字解經之嫌，不確。第4辭或這樣句讀：“辛未貞：亡。壬小牢千、豻四、爵。”②將其中的“亡”單獨成句。但這樣處理使得“亡”的詞義該如何理解更不明晰，故不妥當。

第2、3辭中“亡”與“司”構成“亡司”這樣一個詞語，對此詞的詞義理解學界有不同的看法。其分歧主要在對“司”的破讀上，或將之讀爲事，③或將之讀爲祠（祀），④或將之讀爲時，⑤或將之讀爲嗣，⑥等等。或將“司”釋爲“後”，並將其中的“亡”釋爲“匕”讀爲“比”，認爲“比後”爲一直到（明天庚日）以後之意。⑦

以上有關第2、3辭中“亡司”一詞的釋讀意見，姚萱女士將之讀爲“亡嗣”的觀點最晚提出，故其對以往各家觀點有細緻分析，指出它們存在的問題，她的這些分析意見多數正確可取。但其結論還存在值得懷疑的地方。其一，她將“亡嗣”解釋爲不接着（下雨）或沒有接着（下的雨），認爲占卜者是不希望繼續下雨。這種理解從整版甲骨記錄的卜辭來看有問題。《花東》103上記錄的另外三條卜辭如下：

5. 丁卯卜：雨不至於夕。　　　　　　　　　　　　　花東子卜辭，《花東》103

6. 己巳卜：雨不征（延）。　　　　　　　　　　　　花東子卜辭，《花東》103

7. 己巳卜：雨其征（延）。子曰（占）曰：其征（延）夕（終）日。用。

　　　　　　　　　　　　　　　　　　　　　　　　花東子卜辭，《花東》103

其中，第5辭與第1辭，第6、7辭，第2、3辭爲三對選貞卜辭。在這些選貞占卜

① 朱歧祥：《〈殷墟花園莊東地甲骨卜辭選釋與初步研究〉讀後》，《中國文字》新二十六期，臺北：藝文印書館2000年版，頁119。

② 趙鵬：《甲骨綴合一則——附：讀〈村中南〉劄記》。

③ 劉一曼、曹定雲：《殷墟花園莊東地甲骨卜辭選釋與初步研究》，《考古學報》1999年第3期，頁267—268；又中國社會科學院考古研究所編著：《殷墟花園莊東地甲骨》，頁1600。

④ 朱歧祥：《〈殷墟花園莊東地甲骨卜辭選釋與初步研究〉讀後》，《中國文字》新二十六期，頁118—119。

⑤ 馮時：《讀契劄記》，王宇信、宋鎮豪主編：《紀念殷墟甲骨文發現一百周年國際學術研討會論文集》，北京：社會科學出版社2003年版，頁201—202；宋鎮豪：《殷商紀時法補論》，《中國文字》新二十七期，臺北：藝文印書館2001年版，頁24。

⑥ 姚萱：《殷墟花東莊東地甲骨卜辭的初步研究》，頁148—155。

⑦ 李學勤：《釋花園莊兩版卜雨腹甲》，《夏商周年代學札記》，瀋陽：遼寧大學出版社1999年版，頁241—243。王蘊智先生亦將“司”釋爲“后”，理解爲“先後”之“後”，“亡后”一詞的理解與李先生不同，參看其《從花東卜辭“其雨亡后”談古“后”字的釋讀》，《華夏考古》2011年第4期。

中,占卜者所作占辭多在"雨其至"、"雨其延"、"其雨"這些卜辭後,且其後皆記錄"用",説明它們的占卜結果被采用了。這些可説明占卜者是希望下雨的。

其二,值得注意的是第 2、3 辭這對對選卜辭,這組卜辭皆有占辭,並都得到采用,不像第 5、1 辭、第 6、7 辭兩對卜辭只在肯定下雨的那條卜辭中有占辭和用辭。這是因爲第 2、3 辭的占辭都是會下雨,且都得到采用,因其占卜結果一致,所以兩條卜辭皆有占辭與用辭。再結合第 5、1 辭,第 6、7 辭皆肯定下雨的占卜才會得到采用,説明第 2、3 辭表達的意思也是肯定下雨。因像第 2、3 辭所記用辭皆是占卜者不能控制的自然天氣,故這種用辭具有類似驗辭的性質。① 若像姚萱女士所説第 2 辭占辭的意思是庚午日會下雨,但不會接着己巳日晚上下;第 3 辭占辭的意思是己巳日下雨,但不會一直下到庚午日。② 但這兩辭皆記錄用辭,表明它們是應驗了的天氣。這就存在矛盾:一是庚午日會下雨,一是庚午日不會下雨。所以將第 2、3 辭的辭意理解爲相反的意思並不合適。③

綜上,第 1—4 辭中與"亡"有關的卜辭其解釋從以往的研究來看皆有問題。第 1、4 辭中的"亡"後所接分別爲"翌戊"、"壬",皆爲時間詞。第 2、3 辭"亡"後所接分別爲"司夕"、"司"。兩辭中的"司"可從姚萱女士讀爲"嗣"。"嗣夕"爲其占卜日"己巳所嗣之夕",即"庚午的晚上"。④ 第 3 辭中的"司"應是承前省略了"翌庚",即"司"實際是"翌庚司(嗣)"之省,指的是第二天庚午所嗣之日辛未。如此一來,第 1—4 辭"亡"後所接皆爲時間詞,其中的"亡"顯然不宜看作否定詞。前面説過李學勤先生曾將第 1—3 辭中的"亡"釋爲"比"讀爲"比",由於其釋字不準確,故其破讀意見學者並不贊同。⑤ 但李先生對"亡"字的詞意理解方向應是正確的,只是由於其釋字錯誤,故破讀不可信。

第 1—4 辭中"亡+時間詞"這樣一種詞組,與卜辭中常見的 ⊗ 或 ⊗ 等字(以下用○代替它們)的用法接近。○常見的用法是用於兩個干支之間,如甲子○乙丑(《合集》376 正),但也有○+干支的用例,如○癸巳(《花東》493)、惠○丙(《合集》39440)

---

① 姚萱女士在區別用辭與驗辭時指出若是占卜者不能主觀控制的,都應屬於驗辭性質。參看其《殷墟花園莊東地甲骨卜辭的初步研究》,頁 83。

② 姚萱:《殷墟花園莊東地甲骨卜辭的初步研究》,頁 154—155。

③ 李學勤先生已指出第 2、3 辭的占辭大致相同,但具體對這兩辭的理解與我們還是略有差異,參看其《釋花園莊兩版卜雨腹甲》,《夏商周年代學札記》,頁 242。

④ 此點蒙沈培先生指出,謹致謝忱。

⑤ 宋鎮豪:《殷商紀時法補論》,《中國文字》新二十七期,頁 27。

等。裘錫圭先生將卜辭中的○讀爲"向",指出其用法與文獻中的"夜向晨"、"向晦"一致,①很正確。第1、4辭爲亡＋干支,與○的用法完全一致。第2辭爲亡＋時間詞,第3辭爲亡用於兩個時間詞之間,這與○＋干支,○用於兩干支之間的用法也很接近。所以,我們認爲第1—4辭中的"亡"與○表示的是同一個詞,也可讀爲"向"。裘錫圭先生將○的一種異體釋爲"盫"讀爲"向",而盫从亡得聲,所以將第1—4辭中的"亡"讀爲"向",從語音看没有問題(亡爲明母陽部,向爲曉母陽部)。

　　將第1—4辭中的"亡"讀爲"向",相關卜辭的辭意可作如下解釋。第1辭"其至亡翌戊"指雨一直要下到接近第二天戊辰那個時段。此辭一般標點爲"其至,亡翌戊",不是很準確。此占辭應與命辭中的"雨其至于夕"結構一致,其中的"至于"或"至"皆爲介詞,訓爲"到"或"到……時",②其後直接跟時間詞,所以此辭中的"至"與"亡"之間不宜斷開。命辭説雨一直要下到晚上,占辭進一步説明雨要一直下到接近第二天戊辰的那個時段。第2辭"其雨,亡司(嗣)夕雨"意爲(庚午)那天會下雨,一直下到接近庚午的晚上。第3辭"己雨,其于翌庚亡司(嗣)"意爲己巳(晚上)會下雨,一直下到第二天庚午接近辛未的時候。第4辭"亡壬"意爲接近壬申的那個時段,記録的是此次祭祀的時間。

　　將第1—4辭中的"亡"讀爲"向",相關卜辭的理解皆能文從字順。卜辭中"亡"字有這樣一種特殊用法,這是大家以前不知道的。

二、"屮夕"小考

卜辭中有"屮夕"一詞,見於下列卜辭:

　　8. 丁巳卜:屮夕雨。戊。　　　　　　　　　　　歷一,《合集》33917＋33355③

　　9. 屮夕雨。　　　　　　　　　　　　　　　　　　歷一,《村中南》451

　　第8辭的釋文或作:"丁巳卜屮:夕雨。戊……"並認爲其中的屮是歷組卜辭的貞

---

① 裘錫圭:《釋殷虚卜辭中的"屮"、"屮"等字》,《裘錫圭學術文集・甲骨文卷》,上海:復旦大學出版社2012年版,頁391—403。

② 張玉金:《甲骨文虛詞詞典》,北京:中華書局1994年版,頁327—328、330。

③ 此組綴合參看周忠兵:《歷組卜辭新綴十組》第9組,《中國文字研究》2009年第1輯(總第12輯),鄭州:大象出版社2009年版,頁60—61。

人之一。① 但從《合集》33917 著録的這版甲骨的拓片看,其左側應爲骨的邊緣,且我們將之與《合集》33355 綴合後,整個拓片左側有一定的彎曲弧度,其左側應爲骨邊更可得到肯定。故第 8 辭“戊”字之後不會有缺文。歷組卜辭一般不録貞人,若將第 8 辭中的屰放在前辭中當作貞人,且在歷組卜辭中僅此一見,總會讓人感覺有點奇怪。故這樣一種釋文應有問題。

　　第 9 辭中的“屰”字原篆作“屰”,《村中南》整理者將之釋爲“未”,認爲它的字形被誤寫作“牛”。② 有學者贊同整理者的這一釋讀意見,並進一步認爲“這個‘未’很可能是‘癸巳’後的第二天‘乙未’,是‘乙未夕下雨’的占卜”。③ 可是,這種寫得有點像牛的字,其實只是屰字的一種異體。屰本作倒“大”形,此類屰只是將其中間的豎筆穿出,使之變得像牛字而已。《合集》32185＋28099 正④上逆所从之屰也作類似牛的形體,可參看。⑤ 故整理者將之釋爲“未”,並不正確。

　　參照第 9 辭的“屰夕雨”,可知第 8 辭中的“屰夕雨”也應連在一起看作命辭,將其中的“屰”看作貞人並不正確。

　　第 8 辭在丁巳日占卜屰夕雨,而驗辭記録的是戊(午)日下雨,這説明屰夕與戊午應在同一日。《村中南》451 上與第 9 辭相關的卜辭作:

<blockquote>
10. 丙申卜:雨。　　　　　　　　　　　　　　　　歷一,《村中南》451
11. 戊卜:雨。　　　　　　　　　　　　　　　　　歷一,《村中南》451
12. 己卜:雨。　　　　　　　　　　　　　　　　　歷一,《村中南》451
13. 庚卜:雨。　　　　　　　　　　　　　　　　　歷一,《村中南》451
</blockquote>

　　從鑽鑿與卜辭的對應關係看,第 9 辭位於第 10 與 11 辭之間,也就是説,第 10、9、11—13 這些卜辭,都是占卜與下雨有關的内容。且除去第 9、10 辭外,其占卜時間都是連續的。這就讓我們想到,位於第 10 與 11 辭之間的 9 辭應該也是在丙申日占卜,故可承前省去前辭,直接記録命辭屰夕雨。而所記的屰夕所指時間應在丁酉日。如此,第 10、9、11—13 這五條卜辭卜問何時下雨的時間就都是連續的了。

　　第 8 辭的屰夕與戊午同日,爲占卜日丁巳的後一天,第 9 辭中的屰夕在丁酉日,它

---

①　黄天樹:《殷墟王卜辭的分類與斷代》,北京:科學出版社 2007 年版,頁 168。趙鵬女士亦采用這樣一種觀點,參看其《殷墟甲骨文人名與斷代的初步研究》,北京:綫裝書局 2007 年版,頁 169—170。

②　中國社會科學院考古研究所編著:《殷墟小屯村中村南甲骨》,頁 726。

③　趙鵬:《甲骨綴合一則——附:讀〈村中南〉劄記》,先秦史研究室網站 2012 年 9 月 16 日。

④　此組綴合參看周忠兵:《歷組卜辭新綴》第 16 組,先秦史研究室網站 2007 年 3 月 26 日。

⑤　王子楊先生對此類“屰”作過討論,可參看其《甲骨文字形類組差異現象研究》,頁 181—182。

相對丙申日也是後一天，所以第 8、9 辭中的"屰"應該是指"下一個"的意思。屰（逆）在卜辭中用作動詞爲迎接之義（屰的辭例參看《類纂》第 113—114 頁），①這種迎接的意義暗含着來的義項，容易引申出接下來、下一個的意義。故第 8、9 辭中"屰"可出現"下一個"這樣一種義項。這就如同甲骨文中的生月表示下一個月，②其中的"生"有"下一個"的意思應該也是一種引申義。

　　如此，第 8 辭卜辭意思爲丁巳日占卜下一個（戊午日）晚上會不會下雨，結果在戊午那天果然下雨了。第 9 辭卜辭應在丙申日卜問下一個（丁酉日）晚上是否會下雨。將第 8、9 辭中的"屰夕"理解爲下一個晚上，相關卜辭辭意皆能得到很好的理解。

------

① 于省吾主編：《甲骨文字詁林》，北京：中華書局 1996 年版，頁 324—328、2285—2286。
② 陳夢家：《殷虚卜辭綜述》，北京：中華書局 1988 年版，頁 117—118。

甲骨文"叀"字新考

孫會强

（中山大學中文系）

一、"叀"、"惠"、"唯"關係考

甲骨卜辭中🔾字常見，其字形或作🔾、🔾、🔾、🔾、🔾諸形，其中🔾形使用得最爲廣泛。各形體雖繁簡不同，但用法無別，學界多將其隸定爲"叀"。唐蘭認爲："叀"古讀當與"惠"相近，"惠"當从"叀"得聲，"惠"字古即可用爲語辭，如《左傳·襄公二十六年》"寺人惠牆伊戾"，服注："惠、伊皆發聲。"《尚書·洛誥》"予不惟若兹多誥"，又《尚書·君奭》"予不惠若兹多誥"，服注："古書惟伊同用爲發聲，不見惠字，則惠亦惟之假也。"[①]學界多從唐説，將🔾釋爲"惠"。

"叀（專）"字上古音爲章母元部，"惠"字爲匣母質部，二者聲母一爲舌頭音，一爲牙喉音，聲韻俱有間隔。所以認爲"惠"字从"叀"得聲是值得懷疑的，至少根據我們目前掌握的上古音知識來看是這樣的，至於殷商音系中"叀（專）"和"惠"是不是同音，我們不能妄加揣測，而且可能還要考慮二者是否同形字符或有無訛變的問題。另外，"惠"字在先秦傳世文獻中作虚詞的用例很少，明確用作虚詞的例子屈指可數。《説文》："惠，仁也。"作爲語辭的"惠"跟"仁也"之間很難找到語義上的聯繫，二者之間存在引申關係的可能性較小，作爲虚詞的"惠"更可能是個假借字。

西周金文中的"叀"（惠）可作🔾（克鼎）、🔾（何尊）、🔾（蔡姞簋）等形。金文中的"叀（惠）"作實詞可以表示仁惠，如"叀（惠）伯"、"叀（惠）姬"等，但是西周金文中的虚詞"叀"是否就是傳世文獻的虚詞"惠"，我們還不敢輕易下定論，因爲傳世文獻中用作

① 唐蘭：《天壤閣甲骨文存考釋》，北京輔仁大學，1939年，第30—34頁。

虛詞的"惠"例子太少。金文中的實詞"叀(惠)"和虛詞"叀"應當是兩個不同的詞,它們不存在語義上的聯繫,所以只能算是同形字。《尚書》服注也明確指出"惠亦惟之假也",如果"惠"是假借字,那麼是否存在虛詞"惠"都是個問題。所以,僅憑《尚書》中的"不惠"與"不惟"互用就認爲甲骨卜辭的"叀"就是"惠",其證據是比較薄弱的。

同時傳世文獻中除了"惠"、"惟"互用之外,還有"思"、"惟"互用的情況,《詩經·小雅·我行其野》"不思舊姻",王先謙《詩三家義集疏》:魯"思"作"惟"。《尚書·大誥》"爾惟舊人",孫星衍今古文注疏:《漢書》"惟"作"思"。《楚辭·九章·惜誦》"專惟君而無他兮",舊校"惟"一作"思"、一作"爲"。① "思"(囟)字可作 🔯 (西周甲骨 H11: 1),跟 🔯 (叀)在字形上也十分相似,同時傳世文獻中"思"有作句首語辭的情況,而"惠"卻沒有作句首語辭的確鑿例子。如《詩經·大雅·文王》"思皇多士"毛傳:"思,辭也。"《詩經·周頌·思文》"思文后稷"朱熹集傳:"思,語辭也。"《爾雅·釋詁》:"惟,思也。"從這個角度來説,甲骨文的"叀"是"思"的可能性要比是"惠"的可能性大。

金文中的虛詞"叀"和實詞"惠"同形,而虛詞"叀"和"思"在甲骨文中其形體就十分接近,到了戰國時代實詞"惠"和"思"又形體相近,如"惠"可作 🔯 (楚帛書),"思"可作 🔯 (包山 198),所以虛詞"叀"、實詞"惠"和"思"三字均有相互訛誤的可能。我們懷疑,金文中的有些"惠"可能是要讀作"思"(通"使")的。陳斯鵬先生指出西周甲骨以及楚簡中的 🔯 即"囟"字,通"思",可讀爲"使",並指出"思"(使)與"命"是一組同義詞。② 西周禹鼎銘文有"曰:于匡(匡)朕(朕)肅慕,叀(🔯)西六自(師)殷八自(師)伐噩(鄂)厌(侯)駿(馭)方,勿遺壽(壽)幼",其同銘前文有"王廼命西六自(師)殷八自(師)曰:劕(撲)伐噩(鄂)厌(侯)駿(馭)方,勿遺壽(壽)幼","叀"相應的位置正是"命"字,所以我們認爲此"叀"可能是"思"的訛誤,表示的就是"思"(使)。

那麼,甲骨金文中的虛詞"叀"會不會就是傳世文獻的語辭"思"呢?先秦文獻中"思"除了作句首語辭之外,還可以作句末語辭,這是"叀"所不具備的,如《詩經·周南·漢廣》"不可求思"毛傳:"思,辭也。"《詩經·小雅·南有嘉魚》"烝然來思"孔穎達疏:"思,皆爲辭。"由於句首語辭和句末語辭在功能上的截然不同,而"叀"沒有作句末語辭的情況,從這個角度來説,甲骨金文中的語辭"叀"不太可能是"思"。當然,我們也不排除傳世文獻的句首語辭"思"是"叀"的字形的訛誤,而句末語辭"思"是"斯"的

---

① 宗邦福、陳世鐃、蕭海波主編:《故訓匯纂》,商務印書館,2003 年,第 778、804 頁。

② 陳斯鵬:《論周原甲骨和楚系簡帛中的"囟"與"思"——兼論卜辭命辭的性質》,香港中文大學中國語言及文學系編:《第四屆國際中國古文字學研討會論文集》,2003 年,頁 393—414。

假借字的可能。但是,“思”、“叀”只是在字形上有聯繫,而“叀”是不會讀作“思”的。

　　不少工具書在遇到“叀”字作虛詞時多將其直接釋爲“唯\惟”,如《殷墟甲骨刻辭摹釋總集》、《殷周金文集成》、《商周青銅器銘文暨圖像集成》,這説明大家多認可“叀”(惠)、“唯”音近可通,但是卻不認爲上古漢語中存在一個虛詞“惠”,所以將“叀”直接釋作了“唯”而不是“惠”。上古音中“唯”字爲喻母微部,“惠”字爲匣母質部,喻母三等字與匣母關係密切,質部與微部旁轉。鄭張尚芳構擬的上古音爲“唯”[Gʷi]、“惠”[Gʷiids],[①]二字聲母相同,主要元音一致。所以“唯”、“惠”是具備通假的可能的。也就是説,《尚書》服注所言“惠亦惟之假也”應當是可信的。

　　但是,甲骨卜辭中的“叀”和“唯”,二者用法雖相近,卻也有不同。例:

　　　　貞: 叀沚馘比。

　　　　勿唯沚馘比。　　　　　　　　　　　　　　　　　　　《合集》10080

　　　　桒年上甲示壬,惠兹祝用。

　　　　弜唯兹用。吉。　　　　　　　　　　　　　　　　　　　《屯》2666

　　　　王固曰: 戋,唯庚。不唯庚,叀丙。　　　　　　　　　　《合集》5775

　　甲骨卜辭中的“叀”和“唯”雖然都可以作焦點標記,但是二者出現的語境有明顯不同:“叀”基本上只用於肯定句,而“唯”既可以用於肯定句也可以用於否定句。“惟”字一般表示辭主所不能控制的情況狀態,强調的是客觀事實,而“惠”字一般强調主觀意願,有着强烈的肯定語氣。[②] 這種不同説明它們應當是兩個不同的詞。如果認爲“叀”就是“惠”字,而“惠”、“唯”語音可通,那就等於是説甲骨卜辭中的“叀”和“唯”是同一個詞的不同用字,這顯然是不符合實際情況的。“叀”和“唯”應該是同義詞而非同一個詞。所以,如果承認“叀”和“唯”是兩個不同的詞,那麼甲骨文的“叀”應當就不會是“惠”字。

　　也就是説,甲骨文中的“叀”應該不是“惠”字,其與“唯”是同義詞,將其釋爲“唯”也不合適。

二、“叀”、“于”、“粵”同義關係考

　　陳煒湛先生指出:“叀”、“于”、“隹(唯)”、“其”,這是一組意義相近、用法相似的虛詞。“于”本爲關係詞,“叀”、“隹(唯)”、“其”多用作語氣詞。除“其”外,“叀”讀若

---

① 鄭張尚芳:《上古音系》,上海:上海教育出版社 2003 年版,頁 357、487。
② 張玉金:《甲骨卜辭“惠”和“唯”的研究》,《古漢語研究》1988 年第 1 期,頁 4—9。

"隹",與"隹"同音,"隹"與"于"音亦近,"于"與"叀"同義互用的例子有"丙寅貞:叀丁卯酒于▩。于庚午酒于▩"(後上二二.三)。[1] 甲骨卜辭中"叀"、"于"同義互用的例子確實存在,如:

叀今秋。

于春。　　　　　　　　　　　　　　　　　　　　　《合集》2915

叀壬子。

于壬午。　　　　　　　　　　　　　　　　　　　　《合集》29743

叀翌日酚。

叀今日酚。

于今夕酚。　　　　　　　　　　　　　　　　　　　《合集》30839

于王亥崇我。

勿于王……　　　　　　　　　　　　　　　　　　　《合集》478 正

于夒崇王。　　　　　　　　　　　　　　　　　　　《懷》1571

于壬射,亡災。

弜壬射,弗擒。　　　　　　　　　　　　　　　　　　《合集》2887

前三例"叀"、"于"互作,説明"于"跟"叀"的意義應當相近或相同。後三例的"于"明顯不是介詞,而需理解爲句首語辭。像"于王亥崇我",若將"于"理解爲介詞則語義不通。可以跟"于王亥崇我"、"于夒崇王"作比較的是"惟祖丁耆王"(合集 1901),"于"的用法同於"叀"、"唯",應該也是句首語辭。"于壬射"跟"弜壬射"對貞,而卜辭中跟"弜"對貞多是"叀",説明此"于"應當同於"叀"。《爾雅·釋詁》:"粵、于、爰,曰也。"邢昺疏:"(于、曰)皆謂語辭發端。"先秦傳世文獻中"于"作句首語辭的例子並不多,且多容易被誤認爲是介詞。甲骨卜辭中"叀"、"于"互作的例子説明"于"確實可以作句首語辭。

"于"、"叀"可以同義互用,但是甲骨卜辭中"于"多作介詞,而"叀"一般認爲是語氣詞(傳統多叫句首語辭,也有學者認爲是語氣助詞或語氣副詞)。介詞跟語氣詞在功能和意義上都差異巨大,二者不太可能有引申發展關係,所以我們推斷跟"叀"互用的"于"應當是一個假借字。

也有不少學者認爲"叀"、"唯"是判斷動詞(或系動詞)。[2] 像"貞:不曰之"(合集

---

[1] 陳煒湛:《甲骨文同義詞研究》,《古文字論集》(初編),香港中文大學 1983 年版,頁 162。

[2] 余靄芹、鄧琳:《甲骨卜辭的"惠"——爲紀念敬愛的何樂士先生而作》,《何樂士紀念文集》,北京:語文出版社 2009 年版,頁 240—257;高嶋謙一:《系動詞研究》,《安徽大學漢語言文字研究叢書·高嶋謙一卷》,合肥:安徽大學出版社 2013 年版,頁 261—311。

18860)和"不唯之"(合集 13647 正)的"曰"跟"唯"用法相同,二者應當爲判斷動詞。卜辭中還有"于妣庚。于妣己。曰南庚。曰羌甲"(合集 1820),説明"于"、"曰"也可以同義互用。如果把跟"叀"、"唯"、"曰"同義的"于"也看作判斷動詞,那麼,從判斷動詞的角度來説,"叀"、"唯"、"曰"、"于"也是同義詞("于"爲假借字,並非介詞"于")。"于"作判斷動詞在傳世文獻和訓詁中也有證據,如:《儀禮·聘禮記》"賄在聘于賄",鄭玄注:"于,猶爲也。"《禮記·士冠禮》"宜之于假",鄭玄注:"于,猶爲也。"由于本文的主要着眼點不在"叀"、"唯"的詞性上面,所以我們不多作論述,爲方便論述,我們仍然采用傳統觀點,稱它們爲語氣詞或句首語辭。

《爾雅·釋詁》:"粤、于、爰,曰也。""爰、粤,于也。""爰、粤、于,於也。"粤、曰、于、於可以互訓,作句首語辭時它們是一組同義詞。其中,"粤"常與"越"通假,《説文》"越",段注:"《尚書》有越無粤,《大誥》、《文侯之命》越字,魏三體石經作粤。"而"粤若稽古"又可以作"曰若稽古"。可能是用字習慣的問題,在這一組同義詞中,"粤"字最少見,其他幾個作句首語辭的情況相對較多。

《説文》:"粤,亏(于)也。審慎之詞者。从亏从宷。周書曰:粤三日丁亥。"而《尚書·周書·召誥》有"越三日丁巳",也説明"粤"、"越"確實相通。作句首語辭時,"粤"應當是本字,而"越"應當是假借字,"曰"則更可能是"粤"的同義詞,而非假借。語辭"粤"漢代之後少見,多作地理名稱。那麼,"粤"字在古文字中有没有存在的可能呢?

"粤"(越)跟"唯"功能相似,可以用在時間詞之前,如"粤三日丁亥",同時又跟"于"、"曰"是同義詞。而甲骨卜辭的"叀"字也正好具備這些功能:跟"唯"的功能相似,又跟"于"、"曰"可以同義互用。在我們目前所掌握的古文字材料中"粤"字無可靠的源頭,而"叀"字没有可信的後繼。"粤"字的語法功能又跟甲骨卜辭的"叀"基本重合。所以我們推斷,甲骨卜辭中的"叀"可能就是"粤"字的前身。

三、"粤"字本義考

"粤"應當是個形聲字,从囧、亏(于)聲。粤爲匣母月部,于爲匣母魚部,二者聲母相同,而韻母有異。蔡一峰等學者發現古文字中的"害"字有月部和魚部兩讀,認爲此現象是語音異化音變的結果,[1]這也説明了上古音中月部和魚部之間是有密切關係的。所以,"粤"从"于"得聲應該是没有問題的。在甲骨文中"叀"字有寫作 、(合

---

① 蔡一峰:《"害"字新證》,《古漢語研究》2017 年第 1 期,頁 84—90。

集 5532)的情況,① 而 ▨ 在形體上跟"囷"是比較接近的。所以"囷"有可能是從 ▨ 演變而來的。

　　不論是語法功能,還是詞義,"粵"字都要比"惠"字更符合甲骨卜辭中"叀"字的特徵。甲骨文中的"叀"有以下諸形(摹本取自《新甲骨文編》):

　　　　▨(合集 27459)　　　▨(合集 15179)　　　▨(合補 1260)　　　▨(合補 6615)

　　　　▨(懷特 1628)　　　▨(合集 34343)　　　▨、▨、▨(合集 5532)

　　　　▨(周原 H11:174)　▨(周原 H11:168+268)

對於 ▨ 字構形的分析,學界多從《説文》,認爲"叀"(專)即紡專。徐中舒認爲此字像紡輪,上部 ▨ 像三股綫擰在一起。② 趙誠謂:"叀"字構形不明,作助詞,或爲藉音字。③ 康殷認爲:概象某些由肥碩的地下根莖上發芽的植物或植物的花蕾、芽等部分之形。④ 陳絜認爲:甲骨金文的 ▨、▨、▨、▨ 爲寒蟬之象形,當爲蟪蛄之"蟪",藉爲語助詞。⑤

　　"叀"作虛詞是假借字,這就導致其構字本意很難説清。但是 ▨ 上部的 ▨ 明顯更像是"中",也就是草木之形。所以,説 ▨、▨ 像紡專或寒蟬,不如説像某種植物會更可信。尤其是像 ▨ 合補 1260、▨ 合補 6615,其 ▨ 頭下面的部分跟植物的葉子十分相似。

　　我們認爲 ▨、▨ 中間闊而圓的部分當爲葉子,下部爲根實,上部的 ▨ 當爲意符。而像 ▨(合集 34343)、▨(周原 H11:168+268)二形,上部的 ▨ 似乎更宜看作葉莖,而下部則更像其根實。這種植物我們認爲就是"芋"。"芋"的根實帶有橫條的紋理,下端還有一個小凸出,▨、▨ 二形描摹得十分相似。《説文》:"芋,大葉實根,駭人,故謂之芌也。" ▨、▨ 等形體,明顯是凸顯其大葉特徵,同時下部也帶有實根。而 ▨、▨ 則是只凸顯其大葉的特徵。

---

① 劉釗、洪颺、張新俊:《新甲骨文編》,福州:福建人民出版社 2009 年版,頁 250。
② 徐中舒:《怎樣研究中國古文字》,《古文字研究》第十五輯,北京:中華書局 1986 年版,頁 3。
③ 趙誠:《甲骨文虛詞探索》,《古文字研究》第十五輯,頁 289。
④ 康殷:《文字源流淺説》,榮寶齋,1979 年,頁 274。
⑤ 陳絜:《關於"叀"字本義的一個假説》,《古文字研究》第二十七輯,北京:中華書局 2008 年版,頁 251—256。

《淮南子·精神》:"得茠越下,則脱然喜矣。岩穴之間,非直越下之休也。"高誘注:"楚人樹上大本小如車蓋狀爲越。"《禮記·禮運》:"執其肴,與其越席,疏布以冪,衣其澣帛。"孔穎達疏:"越席,謂蒲席。"高誘爲河北人,其對江南植物的解釋未必準確,但是"越"是一種植物則是明確的,作爲植物的"越"明顯是假借字,其本字應當就是"粵",此"越"(粵)應當就是"芋"。《儀禮·士喪禮》注:"齐人或名全菹爲芋。"故"越席"之"越"(芋)指的或是全菹,而"得茠越下"之"越"(芋)指的當是大葉實之芋。

我們認爲,🦴、🦴 即"関",當爲"芋"之初文,"粵"之本字,以象形之法造字,🦴 象"芋"之形,大葉實根,後被假借爲句首語辭。傳世文獻中"粵"多被"越"取代,後世雖不知其本義。而古有百越(粵)之地,若從其詞源來説,極有可能是南方多芋,故以"粵"名之。而後世的"芋"則可能是爲了書寫簡便而新造的形聲字,"芋"與其初文之間遂失去了聯繫。

芋頭以產自廣西荔浦者最爲有名,"荔浦芋體形橢圓,像過去婦女們用來織布的紡綞"(百度百科"荔浦芋頭")。《説文》認爲"叀"即紡專,徐仲舒認爲 🦴 像紡輪。而芋頭跟紡專很相似,所以從象形的角度來説,釋 🦴 爲"芋"也是具有合理性的,況且 🦴(合補 6615)、🦴(懷特 1628)等形體顯然更像植物。

金文中的"惠"字有跟 🦴 十分接近的字形,如 🦴 克鼎、🦴 何尊。我們前面説,"惠"從"叀"(專)得聲的可能性較小,那麼"惠"有没有可能从"粵"得聲呢?"惠"爲匣母質部,"粵"爲匣母月部,二者聲母相同,而韻母則爲旁轉關係,在《詩經》中就有質部和月部合韻的現象。[1] 所以與其認爲"惠"是從"叀(專)"得聲,不如認爲是從"粵"得聲。

金文中的"雩"字與"粵"、"唯"用法相似,可用於句首時間詞前,如"雩四月既生霸庚午"(作册魝卣,西周早)、"雩八月初吉庚寅"(静簋,西周中),此"雩"應當是句首語辭。或認爲"粵"是由"雩"訛變而來(王國維《觀堂古今文考釋·毛公鼎銘文考釋》),但是"雨"符訛爲"関"的情況除了《説文》所列的"霸"字古文之外,在出土古文字材料中没有任何證據支持。"粵"、"雩"皆从"于"得聲,所以"雩"用作句首語辭應當屬於假借(通"粵"),而非字形訛誤。在西周金文中的"雩"還可以用作介詞"于"、連詞"與"以及吴越之"越",[2]在戰國楚簡中"雩"還可用作"雨",如"雩平地至膝"(上博·鮑叔牙

---

① 周長楫:《〈詩經〉合韻通韻説質疑》,《廈門大學學報》1995 年第 3 期,頁 12—18。

② 陳初生:《金文常用字典》,西安:陝西人民出版社 1987 年版,頁 511、978—979。

8）。上文我們説甲骨卜辭中跟“叀”同義的“于”字應當是個假借字，在此，我們可以比較確定地説用作句首語辭的“于”通的正是“叀”（粵）。西周金文中的句首語辭“雩”應當就是甲骨卜辭中句首語辭“于”的直接繼承。

　　另外，我們上文所舉的 、、，《新甲骨文編》將其收入“叀”字頭下，其辭例爲“貞：南庚弗 父乙耂王。南庚 父乙耂王。貞：祖丁 父乙”（合集 5532），此處的“叀”當是並列連詞。這與“叀”的性質並不矛盾，因爲從其同義詞“唯”有並列連詞用法來看，[1]“叀”字用作並列連詞是符合同義詞類同引申規律的，而且與之相通的“雩”也有並列連詞用法。所以 釋爲“叀”應當不誤。

---

[1]　漢語大字典編輯委員會編：《漢語大字典》，四川辭書出版社、湖北辭書出版社 1993 年版，頁 2316。

甲骨文"歆"字補説[*]

袁倫强　李　發

（首都師範大學甲骨文研究中心，西南大學漢語言文獻研究所）

甲骨文有以下字形：

A1.　《花東》88　　A2.　《花東》92

A3.　《合》3042（《合補》1234、《懷》957）　　A4.　《合》4284

　　單從字形看，上揭諸形構形相同（A3 省手部筆畫），很可能是一字。目前，學界對這些字的認識還存在一些分歧。《摹釋總集》[①]將 A3 摹寫作，未釋，將 A4 釋爲"歆"。《合集釋文》[②]分別將 A3、A4 摹寫作、，未釋。《校釋總集》[③]將 A1、A2 釋爲"欸"，將 A3、A4 釋爲"飲"。《摹釋全編》[④]將此四字釋爲"頮"。"漢達文庫"將 A1、A2、A4 釋爲"盗"，將 A3 釋爲"飲"（懷 957 上此字未釋）。從近出的幾部工具書也可以看出，對 A 字的研究尚未達成共識。《古文字譜系疏證》將 A3 釋爲"歆"。[⑤]《古文字類編》（增訂本）將 A1、A2、A4 釋爲"飲"。[⑥]《新甲骨文編》（2009 年版）將 A2、A3、

＊　基金項目：國家社科基金項目"基於數據庫的商代祭祀資料的搜集、整理與研究"（18BZS031）；中央高校基本科研業務費專項資金資助創新團隊項目"文字學"（SWU1709128）。

① 姚孝遂：《殷墟甲骨刻辭摹釋總集》，北京：中華書局 1988 年版，頁 88。
② 胡厚宣：《甲骨文合集釋文》，北京：中國社會科學出版社 1999 年版，頁 189、247。
③ 曹錦炎、沈建華：《甲骨文校釋總集》，上海：上海辭書出版社 2006 年版，頁 6502、6503、415、554。
④ 陳年福：《殷墟甲骨文摹釋全編》，北京：綫裝書局 2010 年版，頁 5601、5602、5507、463。
⑤ 黃德寬主編：《古文字譜系疏證》，北京：商務印書館 2007 年版，頁 3883。
⑥ 高明、涂白奎：《古文字類編》（增訂本），上海：上海古籍出版社 2008 年版，頁 389。按：又收寧滬 2.52 之於"沫"字頭下，係失誤，寧滬 2.52＋寧滬 2.55 即合 4248。

A4 釋爲"歙",①但不知出於何種考慮,增訂本又將 A 字收在附録0113 號下,視作未釋字。②《甲骨文字編》收 A2、A3、A4 於 3374 號"盜"字頭下,又收 A1 於 3376 號"監"字頭下。③《殷墟甲骨文編》將 A2 釋爲"監",將 A3、A4 釋爲"歙"。④

　　《花東》整理者將 A1、A2 分別摹寫作 、,不够精確,又釋爲"監",説:"象人跪於盛水器皿之前,並用手撫着器皿,低頭監容之狀。字形與《合集》4284 近似。此字亦見於 92(H3:304),用爲祭名。"⑤姚萱先生從黄天樹先生釋爲"盜",説:"'盜'字原釋爲'監',拓本已不可見,摹本作 。又見 92.1,作 (),原亦釋爲'監',恐不可信。黄天樹師認爲,此兩字與卜辭 (《合集》4284、《合集》3042=《懷特》957)爲一字,字從'次'從'皿',可能當釋爲'盜'。甲骨文中皆用作人名。"⑥裘錫圭先生在引用寧 1.52(合 4284)卜辭時,已將 A4 釋爲"盜"。⑦ 饒宗頤先生説:"盪(寧滬 1.52),古文沫作頮,或即此字。"⑧《甲骨文編》將 A4 收在"沫"字頭下。⑨ 姚孝遂先生在《詁林》2688 號"歙"字頭下指出 A4 爲"歙"之或體。⑩

　　以上諸種意見,我們認爲釋"歙(飲)"之説應該得到充分重視。先看釋"監"、"盜"、"頮"是否成立。

(一) 釋"監"

甲骨文確定無疑的"監"字作 (合 27742)、(屯 779)等,象人俯首在盛水的器

---

① 劉釗、洪颺、張新俊:《新甲骨文編》,福州:福建人民出版社 2009 年版,頁 498。按:"歙"字頭下所收合 3042 與合補 1234 係重片同字,當以後者字形爲準。
② 劉釗主編:《新甲骨文編》(增訂本),福州:福建人民出版社 2014 年版,頁 902。
③ 李宗焜:《甲骨文字編》,北京:中華書局 2012 年版,頁 1025。按:所收《花東》二形,字形摹寫不準確。
④ 韓江蘇、石金福:《殷墟甲骨文編》,北京:中國社會科學出版社 2017 年版,頁 1230、115。按:原字頭爲簡體,此處爲統一,將其轉作繁體。
⑤ 中國社會科學院考古研究所:《殷墟花園莊東地甲骨》第六分册,昆明:雲南人民出版社 2003 年版,頁 1595。
⑥ 姚萱:《殷墟花園莊東地甲骨卜辭的初步研究》,北京:綫裝書局 2006 年版,頁 256。
⑦ 裘錫圭:《釋"弋"》,《裘錫圭學術文集·甲骨文卷》,上海:復旦大學出版社 2012 年版,頁 68,原載《古文字研究》第三輯,北京:中華書局 1980 年版。
⑧ 轉引自李圃主編:《古文字詁林》,上海:上海教育出版社 1999 年版,頁 223。
⑨ 中國社會科學院考古研究所:《甲骨文編》,北京:中華書局 1965 年版,頁 440。
⑩ 于省吾主編:《甲骨文字詁林》,北京:中華書局 1996 年版,頁 2674。

皿旁自監容貌之形,突出"目"表示照視之義。A形無"目"而突出"口",則與"監"所表之意相去甚遠,釋"監"自然不可信。

(二) 釋"盗"

《説文·次部》:"盗,私利物也。从次,次欲皿者。"徐灝注箋:"次欲皿者,説从次之意,垂次其皿,欲私其物也。"段玉裁注:"从次皿,會意。次,欲也。欲皿爲盗。"王筠句讀:"私有所利于它人之物也。"許慎等將"盗"當作會意字,从次从皿,表示垂涎於皿而欲盗之,把盗竊當作"盗"字本義解釋,是附會之説,難以讓人信從。"次"即"涎"的本字,本義爲口液,用"垂涎"表示覬覦、想得到是其引申義,出現的時間應該較晚。

甲骨文有一字作 （合8315）,从次从舟,于省吾先生據古文字从舟从皿常無別,將此字釋爲"盗",讀爲"涎",訓爲泛濫,並認爲"盗"从皿次聲。① 張政烺先生將此字讀爲"羨",並據字形與用法推測:" 就是次,因爲用作水羨,寫字的人隨手給它加上了一個舟旁用來表示水漲。"②《新甲骨文編》將此字隸定作"㳄",也未從于先生釋作"盗"。從用法來看,讀爲"羨",或是。

近來張富海先生從字形、聲韻等角度探討了"盗"字的來源,認爲"盗"來源於表意的"鑄"的一種異體,表示盗竊之盗是假借用法而非本義。③ 秦公鐘有一字作 （~百蠻）,蔣玉斌先生釋爲"鑄",讀爲"討"。④ 對比《石鼓文·汧殹》之"盗"作 、⑤碧落碑之"盗"作 ,⑥可知"鑄"與"盗"在字形上存在前後演變關係。加之,"鑄"上古音在端母幽部(或侯部),"盗"在定母宵部,聲母只有清濁之別,韻部幽、宵、侯上古相鄰,偶有交涉,故"鑄"與"盗"語音也相近,⑦則"盗"來源於"鑄"的可能性更大。盗竊之"盗"

---

① 于省吾:《釋次、盗》,《甲骨文字釋林》,北京:中華書局2010年版,頁382—387。按:張富海先生認爲于先生所謂"盗"从皿次聲,以盗、次雙聲爲説(不見得是雙聲),不可信。

② 張政烺:《殷墟甲骨文羨字説》,《甲骨探史録》,北京:三聯書店1982年版,頁35。

③ 張富海:《試説"盗"字的來源》,《中國文字學報》第六輯,北京:商務印書館2015年版,頁101—104。

④ 蔣玉斌:《釋西周春秋金文中的"討"》,《古文字研究》第二十九輯,北京:中華書局2012年版,頁274—281。

⑤ 徐寶貴:《石鼓文整理研究》,北京:中華書局2008年版,頁770。

⑥ 徐在國:《傳抄古文字編》,北京:綫裝書局2006年版,頁872。

⑦ 參張富海《試説"盗"字的來源》中相關論述。蒙唐英傑提示,四川方言當中"鑄"的讀音與"盗"相同,音dào,如"~瓢"、"鍋兒是鐵~的",或許正保留了其古音。

本是一個抽象概念,難以用具體的部件以表意的方式造字,這類字一般都假借其他字表示。張先生的意見很有啓發性,我們認爲是可信的。

"盜"既是"鑄"的分化字,則"'盜'上部雖然形同'次(涎)',却本來與'次(涎)'無關"。[①] 釋 A 字爲"盜",將皿旁的部件視爲"次",以爲象人俯身張口就皿之形,口下筆畫表示口液,並不符合"盜"本來的構形。事實上,A 字皿旁的部件本非"次"。甲骨文"次"作 （合 8317）、 （合 17934）等,象口液外濺之形,口液皆用散開的數個小點表示。再看 A 字,口下爲豎筆,我們認爲乃是吸管之類,字象人俯首飲水之形。商金文有 ,與 A 明顯是一字,象人手持吸管吸飲皿中的水。手可秉持,故斷不可將口下部分解釋爲口液,也不能將皿旁部分視爲"次"。故釋 A 爲"盜"亦不能成立。

(三) 釋"頮"

《玉篇・水部》:"頮,洒面也。""頮"即"沫"字。《説文・水部》:"沫,洒面也。从水,未聲。 ,古文沫从頁。"于省吾先生《釋次、盜》一文曾引《考古》1975 年第 1 期所載原小屯南地發掘報告公布的卜辭"乙酉卜,又伐自上甲頮示",但改釋"頮"爲"次"（于先生引文略有脱文）。于先生指出,"次"字既不从頁也不从夽,與頮無涉。[②] 釋 A 爲"頮"字,本是據字形成説,却於字形不合,固不足爲信。甲骨文另有一字作 （合 31951）,象人掬皿中水洗面之形,學者一般認爲這個字就是"沫"的初文,[③]應是正確的。

以上否定了學者釋"監"、"盜"、"頮"等意見,我們認爲把 A 釋爲"歙"應該是正確的。雖然已有不少學者將 A 中的部分或全部字形釋爲"歙",但並不能説對此字的認識已經清晰明瞭,而且釋"歙"也不爲絶大多數學者所接受,故還有必要再次申論。

卜辭中 A 字的用法如下:

(1) 甲卜:惠 A1 𢀖……甲……　　　　　　　　　　《花東》88,花東子卜辭
(2) 甲卜:惠 A2 具丁。用。　　　　　　　　　　　《花東》92,花東子卜辭
(3) 貞:呼 A3、𢆶弋(代)畫。　　　　　　　　　　　《合》3042,典賓

---

① 張富海:《試説"盜"字的來源》,《中國文字學報》第六輯,北京:商務印書館 2015 年版,頁 103。

② 于省吾:《釋次、盜》,《甲骨文字釋林》,頁 385;又見於北京:商務印書館 2010 年版,頁 385。

③ 參《甲骨文字編》,頁 1025;《新甲骨文編》,頁 632。

(4) 辛亥卜，設貞：呼 A4 弋(代)①畫，不![字形]。六月。　　　　　　《合》4284，典賓

　　上揭(1)(2)辭中，A1、A2 當如黃天樹先生所言用作人名，而非整理者所認爲的祭名，其後"卽"、"具"應是祭名。(3)(4)辭所卜之事相同，A3、A4 爲人名，指同一人。從辭例看，A 均用作人名，無義可説，難以從用法找到釋讀此字的綫索。

　　商代金文有一氏族名，前文已略提及，其形如下：

　　B. ![字形]《集成》4839、4840、5089、6566、6567、7389、8159 等

　　從字形看，B 與 A 構形完全相同，明顯是一字，《古文字類編》、《古文字譜系疏證》等都將其與 A 的部分字形予以認同，②是正確的。金文 B 字，或釋爲"嘔"，③或釋"歠(飲)"，目前學者已基本同意將其釋爲"歠(飲)"。④ 卜辭地名、族名、人名往往一體，A 與 B 所指很可能係同一氏族。譚步雲先生曾結合甲骨文"歠"字，也將其釋爲"飲"，頗有見地。但是，文中雖引及甲骨文"歠"與 A4 等字，却未論及 A1、A2、A3 等，也未能清楚地闡述 A 與"歠"的關係，似有未安。而且，文中將![字形](合 3868 反)當作 A4 的異體，我們也還不能同意。他説："漢字從人從女往往無別。例如'佺'也作'姪'，'伎'也作'妓'，等等。因此，雖然![字形]無文例可徵，也不妨確定爲'![字形]'字或體。"⑤合 3868 反與合 17725 爲重片，後者拓本更清晰，作![字形]，可處理成![字形]，與 A4 的構形還有明顯區別，視爲一字不妥，我們懷疑是"飲"字的異體。

　　甲骨文舊釋"即"的出組貞人名，一般寫作![字形]（合 22542）、![字形]（合 25779）等形，我們認爲應是"飲"字的異體，⑥象人就食之形。金文中"飲"字多作![字形]（集成 2600），楚簡中或作![字形]（包 2.247），省"皀"上倒口，與甲骨文同形。此字從皿從女，作爲部件"皿"、"皀"有時可通，如"鄉"可寫作![字形]（集成 11732），如譚先生所言"女"、"人"亦可通。古文字中表示動作的一些會意字，往往會突出身體的某些部分以增强表意功能，比如：甲骨文"監"作![字形]（合 27742）形，突出"目"以表照視之意；"沫"作![字形]（合 31951）形，

---

① 從裘錫圭先生釋，見《釋"弋"》，《裘錫圭學術文集·甲骨文卷》，頁 67—71。

② 見《古文字譜系疏證》，頁 3883；《古文字類編》(增訂本)，頁 389。

③ 張亞初編著：《殷周金文集成引得》，北京：中華書局 2001 年版，頁 622。

④ 參《古文字譜系疏證》、《古文字類編》(增訂本)等。

⑤ 譚步雲：《古文字考釋三則：釋狐、釋夔、釋飲/歠/酓》，《中山大學學報》2013 年第 6 期，頁 66。

⑥ 參拙文《甲骨文"飲"字補釋》(未刊稿)。

突出頭的面部以表洗面之意；金文 （集成 642）左部的 ，蔣玉斌先生釋"沐"，[①]突出頭部與頭髮以表洗髮之意。 字突出倒口意在表吃食，皿中的方形表示食物，所會之意甚明，所以很可能即"龡"字異體。由此再看以上 A、B 類字，突出倒口形與口下豎筆，理解爲以吸管飲水也應是合適的。

一般認爲，甲骨文"歙"字可作如下諸形：[②]

C1. 《甲釋》6　《合》10405 反　《合》10406 反

《合》18014（《上博》17645.694）

C2. 《合》775 正　《合》10137 正　《合》10137 正

C3. 《合》6057 正 [③]

合 19326 有一殘字作 ，從辭例看，應是"歙"字之殘。合 40722（師友 1.94）有一字作 ，也應是"歙"。《甲骨文字編》3374 號"盗"字頭下收字形 ，是據美 291 拓本 摹寫，不够準確。據卡博 73 彩照 ，此形當處理 ，較之 省口中"舌"形，也應是"歙"字異體。葉玉森先生説："《説文》，歠也，从欠酓聲，古文作 、。按《書契精華》載 、 二字，从 、 並象戴胄之人俯首向下形，酉即酒。从 ，乃别構，小點象酒滴形。當並爲許書'歙'字。"[④]其説雖不完全可取，但釋 、 爲"歙"應是正確的，也已成爲學界的共識，並無異議。

如上 C1 類字形，象人俯首吐舌，捧尊就飲之形，一般認爲"酉"即酒尊，會飲酒之意。對比 C1 與 A 的字形，二者構形相近，表意也應相類，前文所述 A 象人俯首飲水

---

① 蔣玉斌：《説與戰國"沐"字有關的殷商金文字形》，《戰國文字研究的回顧與展望》，上海：中西書局 2017 年版，頁 46—49。

② 見《新甲骨文編》（增訂本），頁 519；《甲骨文字編》，頁 1039—1040。

③ 《甲骨文字詁林》2731 號"歙"字頭下姚孝遂先生按語云："亦當是'歙'之異構，字不从'酉'，而从'九'，當屬同音假借，此例罕見。"裘錫圭先生認爲與 （合 29687）上部 是一字，不同意釋爲"歙"。參裘錫圭：《殷墟甲骨文字考釋（七篇）・釋"注"》，《裘錫圭學術文集・甲骨文卷》，上海：復旦大學出版社 2012 年版，頁 359。

④ 轉引自金祥恒：《釋酓》，原載《中國文字》第二十一册，1966 年，又收入宋鎮豪、段宏志主編：《甲骨文獻集成》第十二册，成都：四川大學出版社 2001 年版，頁 383—386。

之形,甚是。但是,也有幾點區別:C1 人形作站立狀,A 作跪坐形;C1 口下作歧筆,A 口下爲豎筆(或一豎或兩豎);C1 从酉,A 从皿。首先,甲骨文中的人形跪、立多無別,如"次"、"兄"、"監"等,而且金文此字,人本作站立形。其次,C1 口中歧筆爲舌頭,A 口中豎筆,我們認爲是吸管之類。金文氏族符號往往能保留字形更原始的面貌,B 象人手持吸管吸取皿中的水,十分形象。甲骨文或寫作兩豎筆,也意在表現吸管中空之狀,皿中或有數個小點,如 A1、A2,即指容器中的液體。《説文·龠部》謂:"龠,樂之竹管,三孔,以和衆聲也。"甲骨文"龠"作 𤲃 (合 4720)、𤲃 (合 22730)等形,象竹管編排的樂器,或在其上加倒口以示吹奏,其排管也以豎筆表示,與 A 字相類。再次,"酉"象尊形用於盛酒,C1 的造字本義當表示飲酒;"皿"爲盆盂之類器,用於盛水,如"監"、"益"、"温"等字皆从皿,A 的造字本義當表示飲水。皿爲敞口器,盛水之後既重也不便於飲取,故需以吸管吸取皿中的水。東巴文有 𤲃、𤲃 分別表示飲酒、飲茶,①與甲骨文 A 的造字意圖相同。我國苗族、布依族、彝族等少數民族有飲咂酒的習俗,咂酒用雜糧混合釀造而成,飲用時盛於罎内,插入通心竿子(蘆管或細竹筒等),以手扶竿而低頭吮吸,②與上揭 A、B 字形作飲水貌有異曲同工之妙。

　　甲骨文另有一字作:

　　D. 　《合》18545(《坊間》4.236、《京》2718)

　　此字,《新甲骨文編》(增訂本)、《甲骨文字編》似皆失收,《甲骨文編》收在附録中,③《古文字類編》(增訂本)收在"飲"字頭下。④　由於拓本不清晰,各家的處理也不盡相同,如:《摹釋總集》摹寫作 𤲃?("?"表示不確定),未釋;《合集釋文》摹寫作 𤲃,未釋;《校釋總集》釋爲"益";《摹釋全編》摹寫作 𤲃,未釋;"漢達文庫"釋爲"歙(飲)"。

　　事實上,金祥恒先生早已一并論及 A4、B、C1、C2、D 等字,並釋爲"歙",⑤或因爲没有詳細的字形分析,也没有清楚地闡述幾者之間的關係,所以對有些字的釋讀仍不爲一些學者所接受。D 與 C2 字形相近,是一字的異體應無問題。金先生已指出 C2 不从酉而从 𤲃,象圓底甕器,又謂 D 不从酉而从皿,其對字形的認識是比較準確的。

---

① 方國瑜編撰,和志武參訂:《納西象形文字譜》,昆明:雲南人民出版社 2005 年版,頁 242。此點蒙喻遂生先生提示。

② 杜榮春:《咂酒史話》,《貴州文史叢刊》1987 年第 3 期。

③ 中國社會科學院考古研究所:《甲骨文編》,頁 811。

④ 高明、涂白奎:《古文字類編》(增訂本),頁 389。

⑤ 金祥恒:《釋龠》。

但是,如果認同 C2 與 D 是一字之異體,從甲骨文構形規律看,C2 很可能是 D 省刻皿的圈足而成。伍仕謙先生説:“甲文所舉第一、二字(引按：分别指合 10405 反之與合 10137 正之)象人在酒尊前俯吐舌吸酒之形。”①伍先生明顯是將 C2 與 C1 混同,或以爲 C2 即 C1 的省形。“酉”省作,甲骨文不見其例,②而“皿”省刻圈足却很常見,如“盌”也可寫作(合 10966),“盡”也可寫作(合 3521 正),“盖”也可寫作(合 5770 丁)等。③ 因此,C2 應是從 D 演變而來,而非從 C1 來。既然 C2 並非來源於C1,那麼將 C2 釋爲“歆”便有疑問,因爲後世所見的“歆”字均從酉作,實際甲骨文確定無疑的“歆”只有 C1 類字。

我們認爲把 C2 釋爲“歆”仍可信。從字形來看,D 很可能是 A 與 C1 的結合。C2從皿作的字,其造字本義也應指飲水。用於表示“歆”這個詞,A、B、C2、D 和 C1 當視爲一字,即學者所謂“專字”、“義類專字”、“語境異體字”等。④ 甲骨文中這類現象還很多見,如“宰”與“牢”、“靬”與“牝”、“”與“沈”等均是其例。從皿、從酉本是專指飲水、飲酒,後來詞義泛化出現交叉,飲水可作從酉,飲酒亦可作從皿。甲骨文中二者的用法已經出現了交叉。

合 10405 反、10406 反卜辭作:

(5) 王占曰：有咎。八日庚戌有各云自東母,昃亦有出虹自北歆于河。

“虹自北歆于河”,指虹飲水於大河中。“歆”本指飲酒,此處表示飲水。

合 775 正、合 10137 正卜辭分别作:

(6) 貞：今王其 C2。

(7) 貞：王 C2,有害。

　　〔貞：王〕C2,亡害。

孟世凱先生認爲 C2 用作祭名,即以酒漿祭祀。⑤《周禮·天官·膳夫》:“膳夫掌

---

① 轉引自于省吾主編：《甲骨文字詁林》,頁 2701。

② 合 36345 與合 36528 反之“尊”作、,係缺刻橫畫所致。

③ 還可參劉釗：《古文字構形學》(修訂本),福州：福建人民出版社 2011 年版,頁 32—33。劉釗先生所舉例子就包括合 4284 之與合 10137 之。

④ 鄧章應：《甲骨文語境異體字及虎類字考釋》,安徽大學漢字發展與應用研究中心編：《漢語言文字研究》第一輯,上海：上海古籍出版社 2015 年版,頁 65—67。

⑤ 孟世凱：《甲骨學辭典》,上海：上海人民出版社 2009 年版,頁 571。

王之食飲膳羞。"鄭玄注:"飲,酒漿也。"C2 本指飲水,此處用以表示飲酒。

從卜辭內容看,從酉的"歙"與從皿的字在用法上出現了交叉,用於表示"飲"的詞,後世被"歙"所替代,而從皿之字則被淘汰。這與"宰"、"牢"的發展演變關係類似。"牢"本指大牢,"宰"指小牢,但"小宰"也可作"小牢",如合 27514、31118、34157 等,"牢"的詞義泛化,由具體的圈養牛泛化爲圈養一切動物,遂逐漸完全取代了"宰"。所以,上揭 A、B、C、D 均當釋爲"歙"。

譚步雲先生認爲" 、 、 、 諸形當釋爲'飲'; 當釋爲'歙'","'飲'和'歙'宜視爲同義詞,而不是異體字"。① 我們不贊成這個觀點。"飲"字出現的時間很晚,據周寶宏先生研究,"飲字在文獻中最早見於《釋名》","字形最早見於戰國楚年的金文,習見於戰國古璽文和漢隸,是戰國東方之國文字的寫法,是戰國時代産生的歙字的又一異體字"。② 從皿的"歙"在商代應該就已被從酉的"歙"所完全取代,後世不再見,不可能是出現於戰國時期的"飲"的來源。

順便討論甲骨文中的"酓"字。甲骨文有"酓"字作 (合 32345)形,從倒口從酉,與"食"作 (合 11483 正)構形相類。一般認爲,"酓"是由"歙"省變而來,是可信的。③《新甲骨文編》、《甲骨文字編》均單獨收在"酓"字頭下。④ 田煒先生認爲"'酓'字從今(象器蓋形)覆酉(象酒器形),其本義應該就是'覆蓋',是'盒'的初文","在出土文獻中,'酓'字或用爲'飲',是一種假借用法"。⑤ 這樣的解釋雖有一定道理,但顯得迂曲。黃天樹先生説:" 恐怕就是 (飲)的簡體,所從的'A'也可以看作'口'的變形,後來由於'今'、'飲'音近就變成聲符'今'了。"⑥黃先生的意見,我們認爲更直接、更可信。

"酓"字有如下用法:

(8) 于阜西酓,王弗〔每〕。

于宙門塾酓,王弗每。   《合 30284》,無名組

(9) 癸卯卜:惠伊酓。

① 譚步雲:《古文字考釋三則:釋狐、釋叟、釋飲/歙/酓》,《中山大學學報》2013 年第 6 期,頁 68。

② 李學勤主編:《字源》,天津:天津古籍出版社 2012 年版,頁 773。

③ 參李圃主編:《古文字詁林》,頁 397—400;于省吾主編:《甲骨文字詁林》,頁 2700—2701;周法高主編:《金文詁林》,香港:香港中文大學 1975 年版,頁 8367—8374。

④ 見《新甲骨文編》(增訂本),頁 836—837;《甲骨文字編》,頁 1039。

⑤ 田煒:《説"今""酓"——從商代甲骨文與西周金文中的"陰"説起》,《文史》2014 年第 2 輯。

⑥ 黃天樹:《殷墟甲骨文中的"變形聲化"》,《黃天樹甲骨金文論集》,北京:學苑出版社 2014 年版,頁 143。

惠邑王舍。

惠伊舍。　　　　　　　　　　　　　　　　　　　　　　　　《合 32344》,歷二

(10) 乙卯卜:子其自舍,弜速。用。

　　　乙卯卜:子其舍,弜速。用。　　　　　　　　　《花東》454,花東子卜辭

(11) 丁卜:今庚其作豐,速丁舍,若。　　　　　　　《花東》501,花東子卜辭

卜辭中"鄉"的用法與之相同,如:

(12) 惠王鄉。

　　　貞:勿唯王自鄉。　　　　　　　　　　　　　　　　　《合 5245》,典賓

"舍"與上文 C2 的用法也相同。"舍"與"歓"既有字形上的來源關係,又有相同的用法,應該視作一字的不同形體,而非二字。

最後,本文的結論是:從皿的 A、B、C2、D,本義爲飲水,從酉的 C1,本義爲飲酒,二者屬於所謂的"專字",在文字演變過程中從皿的字逐漸被從酉的字所替代。本文所論 A、B、C、D 等均當釋爲"歓"。"舍"是由"歓"省變而來,卜辭中又有相同的用法,應該視作一字之異體。

補記:

在本文寫作過程中,唐英傑、楊熠君都提出了很好的意見和建議,作者非常感謝。蒙付強先生提示,謝明文先生在其博士論文中也論及 A 與 B 類字形,本文失引,現將其主要觀點補於此處,以便讀者參看。

謝明文先生將 A1、A2、A3、A4 予以認同,認爲極有可能是同一個人,又認爲 A 與 B 是一字,並指出"▢ 示＊爵、祖己觶出土於洛陽,▢ 示＊鼎出土於安陽市殷墟苗圃北地,這些地方很可能曾經有 ▢ 族成員居住。從族名金文中的'▢'的相關字形來看,卜辭相關之字釋盥、釋盜皆與字形不合","族名金文中的'▢',舊一般認爲是'歓'字古文,從《花東》▢ 形'皿'中的小點可能是代表水滴或某種流狀物來看,'▢'的字形似可理解爲'手持管狀物吸取皿中之水或某種流狀物',故把相關諸字釋作'歓'的説法似較優,但仍缺乏證據"。[1] 可見,謝先生對這些字的認識與我們的觀點很一致,但限於這些字用法單一、缺少辭例,所以還不敢確定,態度十分謹慎。

---

[1] 謝明文:《商代金文的整理與研究》,復旦大學博士學位論文(指導教師:裴錫圭),2012 年,頁 125。

釋"屰"、"逆"字的演變

郭静云

（臺灣中正大學歷史系）

本文對"逆"字從商周到戰國時代的歷史語言變遷進行了通考。關於"屰"字形象的理解，甲骨金文的字形闡明"𝙔"（屰）爲"倒'天'形"的形象：其形象表達的本義是與天道走向相迎的方向。從甲骨文以來，該字用義涉及深入的精神信仰、王與臣之間的核心關聯，表達迎受命及保持誠意，並不象現代語言中"逆"所表達的悖逆叛亂或逆斥。不過同時，在甲骨卜辭中"逆"、"屰"字用義比例最大的是表達逆旅、迎軍、迎擊的意思。該用義最後影響"逆"字向負面的意思發展。此外，春秋戰國時期出現了三戈戟新兵器，相應出現表達該兵器的新字"𢧵"（今改寫成"戟"），而"屰"成爲新字的聲符。"屰"與"𢧵"（戟）兩個字的親密關係，逐漸影響"屰"、"逆"字本身的用義，使其字義變窄，更多集中於表達抗逆的意思。

一、象形意義、定義與用義之異同

"屰"字在甲骨金文的形象所表達的是倒"大"形"𝙔"。由於"大"字的象形意義爲正立的人形，故羅振玉描述："爲倒人形，示人自外入之狀。"大部分學者從之。但嚴一萍指出甲骨文"大"與"天"基本上是同一個字，並從金文來看，"屰"爲倒"天"的寫法很明確。[1] 趙誠先生在論述甲骨文"逆"字的用意時，指出："'逆'，甲骨文寫作𢓴，從'彳'從'止'從'𝙔'，'𝙔'象人從前面過來之形；從'彳'從'止'（趾）表示行走於道路，所以有'相迎'之義。卜辭作爲動詞，即用其本義。作爲副詞，有'迎面'、'迎上前去'

---

① 于省吾主編、姚孝遂按語編撰：《甲骨文字詁林》，北京：中華書局1996年版，頁324—325。

的意思,也與本義有非常密切的關係。……逆有迎義,後代還有所保留,如'逆水行舟',即迎着水流往上行船,'逆潮流而進',即迎着潮流前進。一般説來,'逆'在後代基本上由'迎'所代替。"①

　　鄙案:從字形而言,甲骨金文"天"字寫法爲"🧍"、"🧍"、②"🧍"、③"🧍",④"大"字(🧍、🧍)亦常用作"天"義。"屰"字甲骨文的寫法爲"🔱"、"🔱"、"🔱"、"🔱"、"🔱"、"🔱"、"🔱",⑤商代金文的寫法爲"🔱"、⑥"🔱"、⑦"🔱"、⑧"🔱"、⑨"🔱"、⑩"🔱"、⑪"🔱"、⑫"🔱",⑬西周早期亦相同寫爲"🔱",⑭西周晚期的寫法爲"🔱"。⑮因此"屰"字的字形支持嚴一萍先生的觀點。

　　就思考"屰"字的形象意義,《説文》曰:"逆,迎也。从辵,屰聲。關東曰逆,關西曰迎。"⑯東漢時,許慎雖然將"屰"的意思只視爲聲符,但甲骨文中"屰"和"逆"(包括"辵"、"彳"結構)的用意相同,且"屰"字的字形應該就是表達自位於東關之處迎接自

---

① 于省吾主編、姚孝遂按語編撰:《甲骨文字詁林》,頁328。
② 中國社會科學院歷史研究所編、郭沫若主編:《甲骨文合集》,北京:中華書局1982年版(後引簡作《合集》),19050、22454。
③ 以西周晚期大克鼎(《集成》2836)字形爲例,陝西省扶風縣法門寺任家村出土,現藏於上海博物館。
④ 以殷商晚期天父辛卣字形爲例,《集成》4976,現藏於北京故宮博物院。
⑤ 《合集》14626、20472、27075、23644、21626、21627、21693。
⑥ 🔱 屰爵,《集成》8147、8148,前者現藏於北京故宮博物院,後者藏處不明。很相近的字形有屰爵[《集成》7339,現藏於美國華盛頓弗里爾美術博物館(Freer Gallery of Art and Arthur M. Sackler Gallery, Washington, D.C., USA)];屰鼎[《集成》1035,現藏於美國夏威夷火奴魯魯美術學院(Honolulu Academy of Arts, Honolulu, Hawaii, USA)];屰子干鼎(《集成》1718,藏處不明);亞屰爵(《集成》7795,現藏於北京故宮博物院);癸屰爵(《集成》8059,藏處不明);屰征爵(《集成》8158,現藏於河南新鄉市博物館);屰父戊爵(《集成》8520,藏處不明);屰父辛爵(《集成》8599,藏處不明);屰戈(《集成》10633、10634,中國國家博物館、藏處不明);屰癸觚(《新彙編》1432,現藏於上海博物館);屰爵(《新彙編》249,現藏於山東省博物館)。
⑦ 屰父庚鼎,《新彙編》1921,現藏不明。很相近的字形有屰丁爵(《集成》8027,藏處不明)。
⑧ 屰觚,《集成》6546,現藏於上海博物館。
⑨ 屰鼎,《集成》1036,現藏於北京故宮博物院。
⑩ 屰爵,《集成》7338,現藏於北京故宮博物院。
⑪ 亞屰屰爵,《集成》7796,藏處不明。很相近的字形有亞屰勺(《集成》9910,藏處不明)。
⑫ 亞屰卣,《集成》4816、4815,前者現藏於旅順博物館,後者藏處不明。
⑬ 亞屰父丁爵,《集成》8887,藏處不明。
⑭ 屰目父癸爵,《集成》8964—8966,藏處不明。
⑮ 應侯見工鼎,《新彙編》1456,現藏於上海博物館。
⑯ (漢)許慎著,(清)段玉裁注:《説文解字注》,上海:上海古籍出版社1995年版,頁71下。

東來者的形象。自然天道自東上去，自西回下，因此若以天道方向爲參照，則自關東迎往西來者，來者乃順着天道從東向西來，而迎者逆着天道站立迎接，故謂"逆"也；反之，自關西迎往東來者，來者乃逆着天道從西向東來，而迎者實則順着天道站立迎接，故謂"迎"矣。是故，關西接爲順迎、關東接爲逆的理解，其意義來源是參照天的規律。所以，嚴一萍先生將商代"屰"字形象理解爲"倒'天'形"，不僅從字形可得證據，從其字義亦可解通："屰"字的"倒天"形象所表達的正是此字的本義，乃在形容迎接者與天道走向相迎的方向。西周中期同簋銘文載："自淲東至于河，氒（厥）逆至于玄水。"①這一句話表達的空間感可能是指：自淲向東走，這樣逆着到達玄水，"逆至"是因爲自西向東，與天地旋轉的走向相反。這種銘文表達亦符合"逆"字的本義。

　　不過，從甲骨文以來，"屰"、"逆"字的用意並不嚴格符合其本義，看不出其專指向東迎的含意，如《合集》32036 載"王于南門逆礿？"，"屰"、"逆"的意思應該早已從天道逆流的形象，泛指迎接的意思。換言之，筆者認爲，雖然關於"屰"的形象所隱，嚴一萍先生的見解非常有道理，但趙誠先生討論"屰"、"逆"字的實際意義亦完全準確。李孝定先生分析"逆"字的用意亦如此："卜辭用此有三義。其一爲迎……其一爲地名……其一爲人名……"②

　　甲骨文含"屰"（或"逆"、"芷"、"徉"）字的卜辭大部分殘缺，文義不明；③在可以解讀的片斷中，大部分可能作人名，④從殷商到戰國時期的銘文中，"屰"、"逆"作人名依然常見。直至漢代，"逆"字意思的負面意味加强，不再用作人名。甲骨文屰人名包含

---

① 《集成》4271，現藏於北京故宮博物院。

② 于省吾主編、姚孝遂按語編撰：《甲骨文字詁林》，頁 2285。

③ 《合集》112、2320、2960、4554、4827、4921、4922、7058、8851、14626、15006、15827、17099、17399、17537、18235、18236、18445、19244、19245、20454、20553、20563、20871、21774、21776、21921、22335、22510、22511、23644、23702、25369、26907、27075。松丸道雄編：《東京大學東洋文化研究所藏甲骨文字》，東京：東京大學東洋文化研究所，1983 年（後引簡作《東洋》），1141、415；曹錦炎、沈建華：《甲骨文合集補編》，上海：上海辭書出版社 2006 年版（後引簡作《合補》），2192、6397、9809；艾蘭、李學勤、齊文心：《英國所藏甲骨集》，北京：中華書局 1985 年版（後引簡稱《英藏》），522；Royal Ontario Museum, Hsü Chin-hsiung: *Oracle bones from the White and other collections*（《懷特氏等收藏甲骨文集》），Toronto：Royal Ontario Museum，1979（後引簡稱《懷等》），pp.334、516；中國社會科學院考古研究所編：《小屯南地甲骨》，北京：中華書局 1980—1983 年版（後引簡稱《屯南》），174、2686、4138。

④ 《合集》185、270、567、2691、3521、4568、4914—4920、5327、5951、7054、15528、20064、20472、20871、21513、21626、21627、21693、22274、27757；《合補》1271、5086；中國社會科學院考古研究所編著：《殷墟花園莊東地甲骨》，昆明：雲南人民出版社 2003 年版（後引簡稱《花東》），20、81；《英藏》2547。

有貞人的名號，①少數用作地名，②其餘基本上用來表達“迎”的意思，不過在該意義上可以發現幾個副主題。

二、甲骨金文“逆”字用義考

(一) 逆王記錄及其相關意義考

如花園莊東地出土殷商早期卜甲刻辭載“逆丁”之事，應該表達迎接武丁的意思，其中《花東》236 載有：

> 己卜：家其又（有）魚，其屰丁，侃？　一
> 己卜：家其又（有）魚，其屰丁，侃？　二
> 己卜：家其又（有）魚，其屰丁，侃？　三
> 己卜：家弜屰丁。一
> 弜屰。

西周晚期的銘文依然可見用“逆”字來表達迎王的意思，如𨕌王戜鐘曰“來逆卲（昭）王”，即來迎見王③。宣王時期駒父盨蓋銘文上，器主駒父説南淮夷都會來“逆見我”，並接着表達大小邦國都不敢不逆王命：“叕（遂）不敢不苟（敬）畏王命，逆見我，氒（厥）獻氒（厥）服，我乃至于淮，小大邦，亡（無）敢不敬具逆王命。”④從銘文的意思可見，“逆見”王的代表並不是單純表達迎接而已，也蘊含着接受王的政令。中晚期衛鼎、裘衛盉亦用“逆”來表達迎王命、受王命且相應之⑤；曶鼎“逆付”一詞，亦帶有相應的意思。⑥

㽙壺曰“己丑，王才（在）句陵，鄉（饗）逆酉（酒）”，即王接受下面所饗饋的酒。⑦ 而《花東》236 龜甲有載以魚來逆（迎）丁的事情。或許㽙壺銘文與《花東》卜辭的意義接近：向丁或向周王恭饗，以表達忠誠。以下花東卜辭的意思應該也相類似：

---

① 《合集》3933、3934、16600、31485—31488、31612，《合補》10069、10262，《英藏》624。

② 《合集》10961、24400、37517。

③ 《集成》260，現藏於臺北故宮博物院。

④ 《集成》4464，出土自陝西省武功縣回龍村周代遺址，現藏於武功縣文化館。

⑤ 《集成》2831—2832、9456，出土自陝西省岐山縣京當鄉董家村 1 號窖藏（75QDJ.36、2、25），現藏於岐山縣博物館、陝西省歷史博物館、岐山縣博物館。

⑥ 《集成》2838，曾出土自西安，現藏處不明。

⑦ 《集成》9726—9727，出土自陝西省扶風縣法門寺莊白村 1 號窖藏（H1：19、20），現藏於陝西省周原博物館。釋讀參馬承源主編：《商周青銅器銘文選》，北京：文物出版社 1986 年版，頁 183。

何于丁屰？一　　　　　　　　　　　　　　　　　　　　　　　《花東》320

壬卜：子其屰匿丁？一

乙卜：其屰吕狪，于帚(婦)好？一　　　　　　　　　　　　　　　《花東》409

壬寅卜，子烄：子其屰🜨于帚(婦)，若用？一　　　　　　　　　　《花東》492

屰於丁、屰於婦好，即忠誠、迎接而接受他們的政權。根據曹定雲先生的考證，在花東卜辭中，丁的身份既不是王，亦不是太子，卜辭中另有提到王和太子。但我們認爲這位丁確實是後來掌握最大權力的殷王武丁。[1] 若考慮此歷史背景，或許可以推想，對尚未繼位和未立爲太子的武丁，組織忠誠的團隊是其成功的基礎，是當時他關鍵的努力方向之一。至於向王“屰”的動作，其蘊含着迎見和饗饋，以表達忠誠、受命的意思。

西周早期銘文還有一種祈禱記錄與上述相應。仲再曰“中(仲)再乍(作)又(祐)寶彝，用鄉(饗)王，逆🦅(導)”，[2]器主向王敬恭供奉，且表達迎受王之引導。“銘文中‘逆導’的意思可能與‘逆命’相似。《儀禮·聘禮》言：‘宰命司馬戒衆介，衆介皆逆命不辭。’鄭玄注：‘逆，猶受也。’也就是説，器主在禮器上記錄，他謹受王之導，而針對王的指導，敬重表達榮譽而鑄造祭祀祖父的禮器，以響應和張揚王之導。”[3]保員簋、[4]伯密父鼎、[5]坪簋、[6]麦方尊、[7]伯者父簋、[8]作册夨令簋[9]等西周早期的青銅器亦有一樣的銘文。

(二) 逆祖與逆米之祭禮

在甲骨文上，向逆着的不僅是王，也會是祖先，如康丁時期的刻辭用“屰”字來表

---

① 曹定雲：《殷墟花東 H3 卜辭中的“王”是小乙》，《古文字研究》第二十六輯，北京：中華書局 2006 年版，頁 8—18。

② 《集成》3747，現藏於美國芝加哥美術館(Art Institute of Chicago, Chicago, Illinois, USA)。

③ 另參郭静云：《天神與天地之道：巫覡信仰與傳統思想淵源》，上海：上海古籍出版社 2016 年版，頁 789—791。

④ 《新彙編》1442，現藏於上海博物館。

⑤ 《集成》2487，藏處不明。

⑥ 《集成》3731，藏處不明。

⑦ 《集成》6015，藏處不明。

⑧ 《集成》3748，現藏於美國華盛頓弗里爾美術博物館(Freer Gallery of Art and Arthur M. Sackler Gallery, Washington, D.C., USA)。

⑨ 《集成》4300—4301，河南洛陽西工區邙山鎮馬坡村出土，現藏於法國巴黎基美博物館(Musée National des Arts Asiatiques Guimet, Paris, France)。

達一種祭禮活動：在求年或收穫謝恩儀式中，來祭祀、供奉祖先：

庚寅卜：屰自毓，求年？

自上甲，求年？　　　　　　　　　　　　　　　　　　　　　　《屯南》37

弜……年……

屰自父甲酌？

先匚（祖丁）酌于□，又（有）正？大吉　　　　　　　　　　　　《屯南》2557

……歲，叀（惠）高匕（祖乙）歲逆，三牢？

弜秦宗？　　　　　　　　　　　　　　　　　　　　　　　　　《屯南》3210

以筆者理解，這種祭儀的含意猶如《儀禮·少牢饋食禮》所言“用薦歲事於皇祖伯某”及向所有祖先回報收穫，恭敬供奉歲事於祖考，同時祈禱歲歲豐收。

《周禮·天官·宰夫》有言：“諸臣之復，萬民之逆。”鄭玄引鄭司農云：“復，請也。逆，迎受王命者。宰夫主諸臣萬民之復逆。”鄭玄注：“謂復之言報也，反也，反報於王，謂於朝廷奏事，自下而上曰逆，逆謂上書。”《周禮·夏官·御僕》亦言：“御僕掌群吏之逆，及庶民之復。”[1]可見在傳世文獻中，“逆”字保留有自下而上奏事、回報的意思，而且此一回報的含意有表達忠誠、順命的意思。只是在傳世文獻中，回報忠誠的對象爲王、天子等上位者，而在上述甲骨卜辭上，是向祖先呈告。

逆祖先的記錄依然可見於西周晚期散車父壺的銘文上：“散車父乍（作）皇母醒姜寶壺，用逆姞氏，白（伯）車父其萬年子子孫孫永寶。”[2]表達鑄造祭祀姞氏皇母的銅壺，以敬恭供奉姞氏宗廟、呈示誠意，並向之祈禱子子孫孫永寶。

商時代在求年或歲祭時明顯有供奉、饗饋祖先的習俗。禾有傷害時，也找祖先祈禱，如康丁時期《屯南》1046載：

佳（唯）祖庚蚩？

佳（唯）祖辛蚩？

佳（唯）祖乙蚩？

佳（唯）祖□蚩？

貞：……

佳（唯）蚩禾？

……雨，大屰……

---

① （漢）鄭玄注，（唐）賈公彥疏：《儀禮注疏》，《十三經注疏》，臺北：新文豐出版公司2001年版，頁1537；
　（漢）鄭玄注，（唐）賈公彥疏：《周禮注疏》，《十三經注疏》，頁111—112、1342。

② 《集成》9697，出土自陝西省扶風縣召陳村莊白大隊窖藏，現藏於陝西省歷史博物館。

卜辭簡略並殘缺,意思不甚清楚,所描述的情形似乎對禾有傷害,因此祈祖希望可能求雨,此祭禮或稱爲"大逆"。武乙、文丁時期《合集》33917 載"丁巳卜:屰夕雨,戊……",卜辭殘缺,意義不詳,有可能也是祭禮的殘片,表達迎雨的意思。

在武乙、文丁時期的卜辭中,"逆"的祭義在於"迎米",如《合集》33226＋33231 載在年收來時,用新收米來供祭上甲始祖,並以禘的祭法來祭祀秋[①]:

　　　　壬戌……于上甲……

　　　　壬戌貞:其告秋,隻于高……

　　　　壬〔戌〕貞:〔屰〕米,〔帝(禘)〕秋?

　　　　弜屰,帝(禘)秋,仇……

在《合集》33230 所描述的一套儀式中,迎米、用禘祭禮告秋、祭祀上甲,又問是否需要再次重複進行告秋禮儀:[②]

　　　　壬子貞:屰米,帝(禘)秋?

　　　　弜屰,帝(禘)秋?

　　　　壬〔子貞:〕其尋告秋?

　　　　弜秋,于上甲?

可見,甲骨文中有一些"屰"字的用義涉及深入的精神信仰,亦有涉及王與臣之間的核心關聯,在此並不像現代語言中"逆"所表達的意思是悖逆叛亂或逆斥,古代"逆命"的意思不是反對抗拒命令,而是迎受命令及保持誠意。只有到戰國晚期,在中山王嚳壺銘文上才最早出現"逆於天"的用詞,表達負面的意思。[③]

(三) 逆女迎接新娘

除了供奉及表達對祖先和王的順從、忠誠之外,武丁商王時期卜辭中有少量用"逆"字表達"逆女"、"逆娥",即迎接新娘配偶的意思:

　　　　癸亥卜,帚(婦)妭,亡囚(咎)?

　　　　貞:帚婦多(妭)奻(嘉)? 二

　　　　癸亥卜,匄逆女? 二

---

① 殷末甲骨刻辭用爲名詞的"帝"字與用爲動詞的"帝"(禘)字形有區分,參考郭靜云:《天神與天地之道:巫覡信仰與傳統思想淵源》,頁 473—476。

② 另參郭靜云:《天神與天地之道:巫覡信仰與傳統思想淵源》,頁 386—387。

③ 《集成》9735,出土自河北省平山縣中山王嚳墓(西庫 XK：15),現藏於河北省文物研究所。

屰以往子？……夕。三

先日屰娥？二

勾娥？一

勾屰娥？一

勾屰㜽？ 　　　　　　　　　　　　　　　　《合集》22246

勾屰娥？一

屰以往子？ 　　　　　　　　　　　　　　　　《合集》22247

《春秋・隱公二年》載："九月，紀裂繻來逆女。"[1]也保留"逆"爲迎娶女子的意思。

（四）逆戰迎擊

不過在甲骨卜辭中"逆"、"屰"字用義比例最大的是逆旅、迎軍、迎擊的意思，如在武丁時期軍事卜辭中有見"逆伐"一詞：

辛丑卜，㱿貞：霝妃不丼（囚）？二

辛丑卜，㱿貞：舌方其來，〔王勿〕逆伐？二

王勿逆伐？二

貞：舌方其來，王逆伐？二

舌方其來，王逆伐？二 二告 　　　　　　　　　　《合集》6198

辛丑卜，㱿貞：霝妃不丼（囚）？

辛丑卜，㱿貞：舌方其來，王勿逆伐？ 　　《合集》6199，6200

〔辛〕丑卜，㱿貞：舌方其來，王勿逆伐？一 　　《合集》6197

癸酉卜，爭貞：王勿逆伐舌方，下上弗若，不我其受又（祐）？

　　　　　　　　　　　　　　　　　　　　　《合集》6201、6202

辛未卜，㱿貞：王勿逆伐舌方，下上弗若，不我其受又（祐）？

　　　　　　　　　　　　　　　　　　　　　《合集》6203、6204

□戌卜，亘貞：舌方〔其來〕，逆伐，受屮（有）又（祐）？ 　《合集》6205

……王逆伐…… 　　　　　　　　　　　　　　《合集》7576

王勿伐？

貞：舌方其…… 　　　　　　　　　　　　　　《合集》7577

……來王……逆伐…… 　　　　　　　　　　　《合補》2120

王勿逆伐？二

---

[1]（晋）杜預注，（唐）孔穎達等正義：《春秋左傳正義》，《十三經注疏》，頁94。

貞：舌方其來，王逆伐？二

舌方其來，王逆伐？二 二告　　　　　　　　　　　　《英藏》555

"逆伐"即針對敵國軍旅的攻擊進行回伐的意思。西周晚期應侯見工鼎也用"政（征）伐亐"這種表達方式。①

《合集》22346殘片上的刻辭另有一種獨特的用法"壬寅，易亐五𡥝、十戈、十弓……"；"亐……千……令……"，即描述面對敵人兵器的意思。康丁時期《合集》26879載："戍亐其𡊏王衆？""戍亐弗𡊏王衆？"應表達保護國境邊緣的意思。

殷末時期《合集》36475卜辭中載王卜逆軍旅，而阻止敵人的事情：

庚辰王卜才（在）䧘，貞：今日其逆旅，以執于東𠦡，亡災？

辛巳王卜才（在）䧘，貞：今日其从自西，亡災？

在武乙、文丁時期的卜辭中亦有"逆執"用詞，表達阻止仇隊。

己巳貞：庚午又（侑）于父丁，牢？茲用。三

己巳卜：王其逆執，又（祐）？三

貞：王弜執？三

己巳貞：王來逆，又（祐）若？三

弜執，亡若？三

己巳貞：王逆執，又（祐）若？三　　　　　　　　《合集》32185＋28099

殷商軍隊不僅主動征伐周圍國家以擴展軍權，周圍族團或古國也會來攻擊，而殷商逆戰，如以下卜辭逆戰硪和𡇦，後者可能是文獻中殷周時期的畢國軍隊：

辛酉，其若，亦襪伐？

辛〔酉〕貞：王其逆𡇦……？一

壬戌貞：王逆𡇦，以硪？一

王于宗門逆硪？

于滴，王逆以硪？一

癸亥卜：弜硪？一　　　　　　　　　　　　　　《合集》32035＋32037

癸亥示硪入？三

王于南門逆硪？三

……入硪？　　　　　　　　　　　　　　　　　《合集》32036

<hr/>

① 《新彙編》1454，現藏於上海博物館。

　　□亥，弜硪？　　　　　　　　　　　　　　　　　　　　　　　《合集》32038

　　己卯，今日王逆阜，用？　一

　　癸……硪？　　　　　　　　　　　　　　　　　　　　　　　《合集》32155

　　癸未卜，貞：王其逆阜，亡蚩？　　　　　　　　　　　　　　　《天理》①654

　　《管子·大匡》有載齊桓公三年時"公不聽，興師伐魯，造於長勺，魯莊公興師逆之，大敗之"。② 此處"逆"字的用法一致，是"迎戰"、"迎擊"的意思。

三、戰國時期"逆"義演變因故推考

　　據上述資料可見，"逆"字原來的意思中性，表達迎接；由於迎接對象不同，因此迎接的態度、行爲也不同。若迎接王命就守之，或迎接戰爭就抗爭。但或許因爲"逆伐"即迎擊的用法的普遍性高，影響到字義逐漸演化爲對抗或違背的意思。上文闡明，商周時期"逆命"、"逆道"表達接受王命和王導；雖然戰國時期這種用法還沒有被忘記，但同時郭店楚墓出土《成之聞之》第 32 簡言"是古（故），小人燮天棠（常），以逆大道"，③上博《吳王踐阼》第 15 簡載"叀（使）民不逆而訓（順）城（成）"，④中山王䝮壺銘文"逆於天"，均已表達負面的意思。

　　就字形來説，《説文》載："屰，不順也。从干下凵，屰之也。"段玉裁注："凵，凶下云，象地穿交陷其中也。方上干而下有陷之者，是爲不順，屰之也。"⑤可見，對字形的理解已遠離商周倒天形的"🐂"。

　　戰國文字中"屰"的字形，一方面已經不是倒天形的形象，但也不是《説文》所言的字形結構。根據《包山》第 75 簡"🐾"（逆）和第 63 簡"🐾"（朔）推知，戰國楚"屰"正體字應爲"🐂"。另有繁化爲"🐂"（上博《容成氏》第 21 簡的"🐾"），另有常簡書寫爲"🐂"（丰）。觀察"🐂"（屰）字，"🐂"（戈）⑥字有一相似之處，甚至似分別向左和向右寫的同一個字。

　　春秋戰國時期，"屰"固作"戟"字的偏旁，春秋戰國"戟"字均寫从"屰"、"戈"的

---

① 天理大學編：《天理大學附屬參考館甲骨文字》，東京：天理教道友社 1987 年版（後引簡稱《天理》）。

② 黎翔鳳撰，梁運華整理：《管子校注》，北京：中華書局 2006 年版，頁 354。

③ 荊門市博物館：《郭店楚墓竹簡》，頁 66、62、177、51、168。

④ 馬承源主編：《上海博物館藏戰國楚竹書（七）》，上海：上海古籍出版社 2008 年版，頁 29、164。

⑤ （漢）許慎著，（清）段玉裁注：《説文解字注》，頁 87 上。

⑥ 以曾侯乙墓 61 簡的字形爲例。

“𢦒”。該字形最早見於西周時期爻癸婦鼎,[①]這一件源自清宫舊藏的銅鼎目前已遺失,精確年代和真僞問題難以確定,根據爻癸婦鼎銘文,𢦒爲器主名號,在其他出土文獻都未見𢦒人名。此字從春秋晚期至戰國早中期常見,在楚吴越戟戈銘上用來指本器。如春秋晚期君子𧊒戟、[②]吴國攻敔夫差戟、[③]蔿子受戟、[④]玄鏐戟;[⑤]戰國早期曾侯郕雙戈戟、曾侯乙三戈戟(圖 2)、[⑥]曾侯𩢍雙戈戟[⑦]等,戰國早中期平阿左戟(字形爲“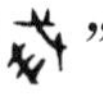”)、[⑧]左戈、[⑨]大堲公戟、[⑩]子禾子左戟、[⑪]越國新弨戟(字形爲“”)[⑫]等;戰國中期平夜君成戈(字形爲“”)。[⑬] 戰國早期析君戟,[⑭]其字形作从“金”的“”(鉾),曾侯乙墓楚簡亦有相同的字形()。戰國中晚期陵右戟、去□戟、齊城右刀亦作从“金”的“鉞”。[⑮] 戰國早中期越王戟,字形从“乚”的“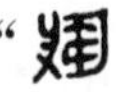”(䎣),曾侯乙墓竹簡上多次出現“戟”字,字形亦類似:(戢)、(䎣)。从“金”或从“戈”,或另加“乚”偏旁,但都有“丯”部,而戰國中期周公戈的“戟”字省爲“”。[⑯]

“屰”與“戟”古音爲魚部,故“屰”符合作“戟”字聲符的條件。不過同時,《説文》:“挌,枝格也。从丯,各聲。”[⑰]不將“屰”解釋爲聲符,反而似視爲意符。劉信芳先生認

① 中國社會科學院考古研究所編、王世民主編:《殷周金文集成·修訂增補本》,北京:中華書局 2007 年版(後引簡作《集成》),2139,藏處不明。

② 《集成》11088,現藏於中國國家博物館。

③ 《集成》11258,安徽省霍山縣衡山鎮上元街村十八塔楚墓出土,現藏於霍山縣文物保管所。

④ 鍾柏生、陳昭容、黄銘崇、袁國華編:《新收殷周青銅器銘文暨器影彙編》,臺北:藝文印書館 2006 年版(後引簡作《新彙編》),524—525,河南省淅川縣倉房鎮沿江村徐家嶺楚墓出土,現藏於河南省淅川縣博物館。

⑤ 《新彙編》535—537,河南省淅川縣倉房鎮沿江村徐家嶺楚墓出土,現藏於河南省淅川縣博物館。

⑥ 湖北省博物館:《曾侯乙墓》,北京:文物出版社 1989 年版,頁 264。

⑦ 《集成》11098、11172—11181,湖北省隨縣擂鼓墩曾侯乙墓出土,現藏於湖北省博物館。

⑧ 《集成》11158,山東省蒙陰縣高都公社唐家峪出土,現藏於山東臨沂地區文物組。

⑨ 《新彙編》1097,山東省煙臺市棲霞市石門口村出土,現藏於山東省棲霞縣文物管理處。

⑩ 《集成》11051,現藏於遼寧省博物館。

⑪ 《集成》11130,藏處不明。

⑫ 《集成》11161,湖北省南漳縣出土,現藏於襄樊市博物館。

⑬ 《新彙編》572、573、576、577、580—582,河南省新蔡縣葛陵故城楚墓出土,現藏於河南省新蔡縣文物保管所。

⑭ 《集成》11098、11214,湖北省隨縣擂鼓墩曾侯乙墓出土,現藏於湖北省博物館。

⑮ 《集成》10062,藏處不明;《集成》11183,藏處不明;《集成》11815,藏處不明。

⑯ 《新彙編》694,陝西、河南交界之間出土,藏處不明。

⑰ (漢) 許慎著,(清) 段玉裁注:《説文解字注》,頁 183 下。

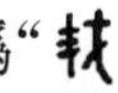

爲，“‘戋’正象三戈戟之形”，也基本上將“戟”、“𢧢”（戟）的“屰”字偏旁理解爲意符。[1]從“屰”字在戰國時期的形狀來看，單獨或在“戟”字偏旁中，乃寫作“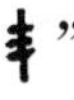”、“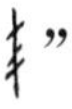”、“”、“”、“”、“”、“”等，劉信芳先生的看法有道理，其正似三戈戟之形。

筆者認爲，“戟”的古字既有作从“木”的“格”，這是因爲在木制支架上有雙戈或三戈的兵器結構；亦更多作从“丯”，可能是因爲對春秋戰國人而言，此偏旁能表達該兵器的形狀，但該偏旁同時也有聲符作用。换言之，筆者推論，春秋戰國時期出現了三戈戟新兵器，故而出現表達該兵器的“戟”新字（今改寫成“戟”）。該兵器最流行於楚國，吴越也受影響，常作墓葬隨葬品。“屰”字因讀音與“戟”（戟）字相同，故成爲新字的聲符，同時其字形可能被視爲兵器形狀，因而固定爲“戟”（戟）字的偏旁，直至秦帝國文字改革後，此“戟”字形還可見。筆者推論，“屰”與“戟”（戟）兩個字的親密關係，回頭更加影響“屰”、“逆”字本身的用義，並使其字義變窄，更多集中於表達抗逆的意思。

① 劉信芳：《郭店簡〈緇衣〉解詁》，《郭店楚簡國際學述研討會論文集》，武漢：湖北人民出版社 2000 年版，頁 177。

說甲骨文中的"牛"*

單育辰

（吉林大學中國古文字研究中心，出土
文獻與中國古代文明研究協同創新中心）

在甲骨文中，"牛"是一個常見字形，和"牛"的金文如 ![](《集成》4132.2）、等，以及小篆"牛"字形非常接近。《説文》卷二"（牛）象角頭三，封尾之形"，但參照甲骨文"羊"的字形，[①]則甲骨文的"牛"象牛頭的正視形，上象其角，下面的一豎及兩斜筆象其臉。"牛"字早在甲骨文發現之初便已釋出，[②]下面列出它的字形：[③]

　　![]《合》33296　　![]《合》27499　　![]《合》15616　　![]《合》30688　　![]《合》102

　　![]《合》8947　　![]《合》22078　　![]《花東》451

（1）庚戌卜，![]：夕虫殷庚伐，卯（劉）牛？　　　　　　　　　　《合》19798 師組

（2）丁未，貞：求禾于岳，尞（燎）三小宰，卯（劉）三牛？

　　　丁未，貞：求禾自上甲六主牛，小主九羊？　　　　　　　　《合》33296 歷組

（3）高匕（妣）尞（燎）叀（惠）羊，虫大雨？

　　　叀（惠）牛，此虫大雨？　　　　　　　　　　　　　　　　《合》27499 無名組

（4）癸巳卜，殼貞：尞（燎）十勿（物）牛，虫五牢？　　　　　　《合》15616 賓組

---

* 本文受到教育部人文社會科學研究青年基金項目"甲骨文動物字形整理與研究"（15YJC770008）的資助。

① 參拙文《説甲骨文中的"羊"》，未刊。

② 羅振玉：《殷虛書契考釋》，《甲骨文獻集成》第七册，成都：四川大學出版社 2001 年版，頁 36—37（影印一
　九一五年石印本，頁三三至三四）。

③ "牛"的辭例可參看姚孝遂、肖丁主編：《殷墟甲骨刻辭類纂》，北京：中華書局 1989 年版，頁 579—580。

(5) 丙寅卜：其钾(禦),佳(唯)宁(賈)視馬于癸子,叀(惠)一伐、一牛、一兇,晋
　　夢？用。　　　　　　　　　　　　　　　　　　《花東》29 花東子組

(6) 己巳卜：暒(翌)庚歲匕(妣)庚黑牛又羊,暮殺？用。
　　庚午：歲匕(妣)庚黑牝又羊,子祝？　　　　　《花東》451 花東子組

(7) ☑貞：翌丁未酒寮(燎)于丁十小宰,卯(劉)十勿(物)牛？　《合》39 賓組

(8) 貞：寮(燎)于土三小宰,卯(劉)一牛,沈十牛？　　　　《合》779 賓組

(9) 其用舊犜,二十牛,受年？
　　三十年,受年？　　　　　　　　　　　　　　《合》30688 無名組

(10) □戌卜,貞：單(畢)見百牛,兇用自上主？　　　　《合》102 賓組

(11) □亥卜,㲋貞：王其乎(呼)収,及(帥)白(伯)出牛,又(有)正？
　　貞：弓(勿)乎(呼)収,及(帥)白(伯)出牛,不其正？　《合》8947 賓組

　　甲骨文時代的"牛"常用於祭祀,據《安陽殷墟之哺乳動物群》對殷墟動物遺骸的鑒定,它可能是一種家牛,學名 Bos exiguus[野生種 Bison exiguus(Matsumoto 1915)或譯爲東北野牛]。① 石璋如談到："在墓坑内即特意埋葬的牛,都是黃牛,沒有水牛,而穴窖内的堆積層中,則往往有水牛角,也有黃牛角。我們知道墓坑内的牛骨,是整架的埋葬,是一種犧牲,它的對象是神或祖。穴窖内的堆積是食剩用廢的殘餘,乃是人的遺存。那麼所謂太牢者也許是指黃牛而言的。"②其文所言水牛相當於《安陽殷墟之哺乳動物群》鑒定的圣水牛,則他把殷墟的"牛"鑒定爲黃牛；袁靖、唐際根也把殷墟的"牛"鑒定爲黃牛(Bos sp.)。③ (7)的"酒"甲骨文很常見,作 (《合》1670)、(《合》32305)、(《合》28267)、(《合》32548)形,有不少學者隸定爲"酓",然其偏旁與甲骨文中的"彡"不同,而是水滴之形,其偏旁也不是甲骨文"河"、"洹"等字所從的河流之形("酒"所從不能是河流而只能是水滴),金文"酒"作(《銘續》351),其偏

---

① 參德日進、楊鍾健：《安陽殷墟之哺乳動物群》,北平：實業部地質調查所、北平研究院地質學研究所1936 年版,頁 4、7、44—45；又參王娟、張居中：《聖水牛的家養/野生屬性初步研究》,《南方文物》2011 年第 3 期。

② 石璋如：《河南安陽小屯殷墟墓中的動物遺骸》,《臺大文史哲學報》1953 年第 5 期。

③ 袁靖、唐際根：《河南安陽市洹北花園莊遺址出土動物骨骼研究報告》,《考古》2000 年第 11 期。按,Bos sp.代表該種爲牛屬,但不知具體爲何種。有關黃牛品種與起源的問題非常複雜,一直是動物學界的研究熱點,多參張仲葛：《中國古代的牛種——它的起源、種別、分類和分布》,《農業考古》1997 年第 1 期；于汝梁：《黃牛起源和分類的研究現狀及有待解決的問題》,《生物學通報》2000 年第 9 期；吕鵬：《試論中國家養黃牛的起源》,《動物考古》第 1 輯,北京：文物出版社 2010 年版等。

旁爲水滴更爲明顯;在甲骨文中"酒"也多見省作"酉"者,"酒"即从"酉"得聲。[1] 從這些方面看,此字只能釋爲"酒"。(11)"叟(帥)"從于省吾釋。[2]

一、牡

《合》6653　　《合》22904　　《合》34359　　《合》23151

《合》34406　　《花東》6

(12) 翌乙巳出且(祖)乙宰、出牡?

　　　貞:叧(勿)出牡,叀(惠)牡?　　　　　　　　　　　　《合》6653 賓組

(13) ☑王☑乙丑其又勺(祊)歲于且(祖)乙白牡四?王才(在)丨丨卜。

　　　　　　　　　　　　　　　　　　　　　　　　　　《合》22904 出組

(14) 丁亥卜,行貞:其出于母辛、母己牡?　　　　　　　《合》23411 出組

(15) 甲辰:夕歲且(祖)乙黑牡一,叀(惠)子祝,若,且(祖)乙侃?用。翌日舌

　　　(磔)。　　　　　　　　　　　　　　　　　　　　《花東》6 花東子組

甲骨文中的"牡"指公牛。

二、牝

《合》19897　　《合》7399 反　　《合》7814 反　　《合》34079

《合》29476　　《花東》427

(16) 乙巳卜,　:出大乙母匕(妣)丙一牝不(否)?　　　《合》19817 師組

(17) 戊寅卜,貞:令衍取牝?　　　　　　　　　　　　《合》4909 賓組

(18) ☑大甲白牝。　　　　　　　　　　　　　　　　　《合》7399 反 賓組

(19) 己卯卜:庚辰舌(磔)夕匕(妣)庚,先殺牢,夋(後)殺牝一?用。

　　　　　　　　　　　　　　　　　　　　　　　《花東》427 花東子組

──────────

① 參于省吾主編:《甲骨文字詁林》,北京:中華書局 1999 年版,頁 2702—2707;朱鳳瀚:《論酚祭》,《古文字研究》第二十四輯,北京:中華書局 2002 年版。

② 參于省吾:《釋叟》,《甲骨文字釋林》,北京:中華書局 1999 年版,頁 280—285(但于文所釋爲"帥"的很多字形其實是"尋"字);又參劉桓:《釋冒、叟》,《殷契存稿》,哈爾濱:黑龙江教育出版社 1992 年版,頁 79。

甲骨文中的"牝"指母牛。

甲骨文中還有一種"牝牡"的合文形式：

《合》19987

(20) 甲申卜，钔(禦)帚(婦)鼠、匕(妣)己二牝、牡？十二月。

《合》19987 師賓間類

在甲骨文裏，"幾牛"、"幾牡"也有一些合文形式。

《合》14358　《合》1291　《合》2214　《合》1051

《合》21117　《懷特》168　《合》1780　《合》15067

(21) 辛巳卜，貞：一牛主，求自上甲一牛，　隹羊？　隹象？

《合》14358 師賓間類

(22) 癸丑卜，史貞：其障壴(鼓)，告于唐一牛？　《合》1291 賓組

(23) ☑巳于父乙一牛？　《合》2214 賓組

(24) 乎(呼)雀用三牛？

二牛？　《合》1051 賓組

(25) 壬申卜：屮☑季☑□☑

☑三牛☑季☑　《合》21117 師賓間類

(26) ☑三牡☑　《懷特》168 賓組

(27) 翌癸丑屮且(祖)辛四牡？　《合》1780 賓組

(28) ☑□主，屮寮(燎)，屮羊，卯(劉)六牡？　《合》15067 賓組

這些"幾牛"、"幾牡"的合文爲《甲骨文編》首先釋出。[①] 其中(23)已有"一"字，但"一牛"又是合文，則應是誤衍了一個"一"。(24)中"三牛"是合文，"二牛"則非合文。

三、羊

《合》27441　《合》35965　《屯南》2710　《合》27060

(29) 辛卯卜：匕(妣)辛求，叀(惠)羊？　《合》27441 歷無名間類

---

① 中國科學院考古研究所：《甲骨文編》，北京：中華書局 1965 年版，頁 613、618。

(30) 丙寅卜，貞：康且(祖)丁方其牢、羊？兹用。

　　　丙申卜，貞：康且(祖)丁方其牢、羊？兹用。　　　　　《合》35965 黄組

(31) 匕(妣)辛歲，叀(惠)羊？

　　　叀(惠)勿(物)牛？　　　　　　　　　　　　　　　《屯南》2710 無名組

(32) 又(有)牝，叀(惠)羊？

　　　叀(惠)物？　　　　　　　　　　　　　　　　　《村中南》260 無名組

　　《説文》卷四："(觲)用角低仰便也。从羊、牛、角。《詩》曰：觲觲角弓。"今本《詩·小雅·角弓》則作"騂騂角弓"。《書·洛誥》："文王騂牛一，武王騂牛一。"《論語·雍也》"犁牛之子騂且角"，何晏注："騂，赤也。"《禮記·郊特牲》："牲用騂，尚赤也。"甲骨文的"羍"就是"騂"，是赤牛的意思，也相當於"牸"，《玉篇》牛部："牸：赤牛，亦作騂。"①金文中也有此字，作 （《集成》4165)、（《集成》196)等，辭例分别爲"錫笯羍犅"、"不白不羍"，但這兩個"羍"和甲骨文用法略有不同，只是赤色的意思。

四、物

　《合》37040　《合》37049　《合》37071　《合》37089

　《合》24542　《合》23217

(33) 其犧？

　　　叀(惠)物？　　　　　　　　　　　　　　　　　《合》37022 黄組

(34) 叀(惠)物？

　　　其牢虫一牛？　　　　　　　　　　　　　　　　《合》37025 黄組

(35) 其牢、物？

　　　其牢、物？　　　　　　　　　　　　　　　　　《合》37089 黄組

(36) 癸丑卜，行貞：翌甲寅毓且(祖)乙歲，叀(惠)幽物？兹用。

　　　貞：叀(惠)黄物？　　　　　　　　　　　　　　《存補》5.333 出組

　　"物"或省"牛"作"勿"，常與"羍"對貞，可見"物"應指某種毛色的牛。王國維釋此字爲"物"，《周禮·春官·司常》："雜帛爲物。"《詩·小雅·無羊》"三十維物，爾牲則

① 参羅振玉：《殷虚書契考釋》，《甲骨文獻集成》第七册，頁 37(影印一九一五年二月石印本，第三十四頁)。

具",毛傳:"異毛色者三十也。"①郭沫若則釋爲"犂",信從者頗多。② 裘錫圭已言:甲骨文此字和金文中的"勿"字形完全一致,且在甲骨文此字亦有用爲否定詞者,可見王國維把上揭諸字釋爲"物"是正確的。③ (36)的"幽物"、"黄物"似指黑色較多或黄色較多的雜色牛。

五、犠

《合》36002　《合》36002　《合》36081　《合》37022

(37) 丙辰卜,貞:康且(祖)丁方其牢?

　　其犠? 兹用。　　　　　　　　　　　　　　　《合》36002 黄組

(38) 甲申卜,貞:武乙宗方其牢? 兹用。

　　其犠?　　　　　　　　　　　　　　　　　　《合》36081 黄組

《合補》11299 有"隻(獲)商戠兕",此"戠"應該表示某種毛色,所以這些"犠"也有可能和"牚"一樣,是指某種毛色的牛。

六、牢

《合》321　《花東》427　《合》34165　《合》29580

《合》32028　《合》37089

(39) 壬申卜:业大甲三十牢,甲戌?　　　　　　　《合》19828 師組

(40) 貞:三十羌,卯(劉)十牢业五?　　　　　　《合》321 賓組

(41) 庚申卜:叀(惠)乙丑酒三羌、三牢?　　　　《屯南》313 歷組

(42) 乙亥:歲且(祖)乙牢、幽馬、白豭,权(又)二邑?　《花東》237 花東子組

(43) 戊子,貞:其尞(燎)于洹泉大三牢,宜牢?

　　戊子,貞:其尞(燎)于洹泉三牢,宜牢?　　　《合》34165 歷組

---

① 王國維:《釋物》,《觀堂集林》,北京:中華書局 1961 年版,頁 287。

② 郭沫若:《殷契萃編》,東京:文求堂書店 1937 年版,頁 66;郭沫若:《釋勹勿》,《甲骨文字研究》,《郭沫若全集・考古編》第一卷,北京:科學出版社 1982 年版,頁 83—92;又參商承祚:《殷契佚存考釋》,《甲骨文獻集成》第 1 册頁 455(影印一九三三年金陵大學中國文化研究所叢刊甲種本,頁三二)引董作賓説。

③ 裘錫圭:《釋"勿""發"》,《古文字論集》,北京:中華書局 1992 年版,頁 70—84。

(44) 丁巳,貞:庚申尞(燎)于🜚(兒)二小宰,宜大牢? 《合》34274 歷組

(45) 己丑卜:钔(禦)于帝二十少(小)牢? 己丑,余至狌、羊。 《合》22073 午組

(46) 其又匕(妣)己、匕(妣)庚,叀(惠)小牢? 《合》27514 何組

(47) 牢又一牛,王受又(佑)?

二牢,王受又(佑)? 《合》29487 無名組

(48) 其牢又一牛? 《合》35931 黄組

"牢"象牛處於圈廐中之形。卜辭中"牢"與"牛"常見於一辭(如例 47、48),可知二者不能等同,很多學者都已經談到在甲骨文中經過特殊飼養用於祭祠的牛稱爲"牢",未經過特殊飼養的則稱爲"牛"。而甲骨文的"宰"指經過特殊飼養的用於祭祠的羊,未經過特殊飼養的稱爲"羊"。秦漢以來故訓多認爲"大牢"爲牛羊豕三牲,"少牢"爲羊豕二牲,和甲骨文並不相合。甲骨文中的"大牢"、"小牢"應該就是指體型大或小的牢而已。[1]

七、🌿

🖼《合》14313 🖼《英》1289

(49) 貞:帝于東,函、🔳豕,尞(燎)三宰,卯(劉)黄🌿? 《合》14313 賓組

(50) 己丑卜,𡧊(賓)貞:☒犬、卯(劉)十黄🌿□☒ 《英》1289 賓組

此字或釋爲"牟",不是很可信。從文義上尚看不出與"牛"有什麽區別,也不知爲何要在牛頭上加一方形。

八、牛

🖼《合》14314 🖼《合》14315 🖼《合》14315 🖼《合》14951

(51) 甲申卜,𡧊(賓)貞:尞(燎)于東三豕、三羊,🔳犬、卯(劉)黄牛?

《合》14314 賓組

---

[1] 如孔德成:《釋牢宰》,《臺大文史哲學報》1966 年第 15 期;張秉權:《祭祀卜辭中的犧牲》,《中研院歷史語言研究所集刊》第三十八本,1968 年;張秉權:《殷代的祭祀與巫術》,《中研院歷史語言研究所集刊》第四十九本第三分,1978 年;姚孝遂:《牢宰考辨》,《古文字研究》第九輯,北京:中華書局 1984 年版等。

(52) 貞：尞(燎)東、西，卯(劉)黄牟？

尞(燎)于東、西，坐伐，卯(劉)、黄牟？　　　　　《合》14315 賓組

(53) 叀(惠)幽牟坐黄牛？　　　　　《合》14951 賓組

此字從文義上看不出與"牛"有什麼區别，也不知爲何要在牛身加水滴(或土塊)之形，在甲骨文中還有一種相類構形的字，如"羊"作""(《合》15642)、""(《合》16147)形，從辭例上也看不出與"羊"有什麼區别。

九、牽

《合》34675　《合》34675　《合》34674

(54) 戊子卜：品其九十牽？

□丑卜：品其五十牽？　　　　　《合》34675 歷組

(55) 戊子卜：品其九十牽？

☑品其百又五十牽？　　　　　《合》34674 歷組

上揭諸字象以束帶縛綁於牛身之形，宋鎮豪釋之爲"牽"，甚是。[①] 從這些"牽"字看，是作爲犧牲用的。它們可對比甲骨文的"羈"字如(《合》28156)、(《合》28159)、(《屯南》2499)、(《合》28163)，象用束帶(或橫木?)縛綁於羚羊角之形。

十、坦

《合》14362　《合》14559

(56) 戊午卜：王袞(燎)于邍二宰、坦三宰、坐一？　　　　　《合》14362 賓組

(57) 尞(燎)于河一宰，坦二宰？　　　　　《合》14559 賓組

"坦"象是挖坎埋牛以供祭祀之形，"牛"旁或加表示土塊的小點，相當於典籍中的"埋(或貍、薶)"，《周禮·春官·大宗伯》"以貍沈祭山、林、川、澤"，甲骨文中的埋祭確也皆用於山川而無用于祖先者。在甲骨文中還有"甾"字作(《合》16200)、

---

① 宋鎮豪：《甲骨文牽字説》，《甲骨文與殷商史》第二輯，上海：上海古籍出版社 1986 年版。

（《合》15551）；"凶"字作 ，它們的造字方式都和"凷"是一樣的。從卜辭看，"凷"已經不單純指埋牛，埋羊也可以用"凷"。但"凷"能否直接釋爲"埋"呢？因甲骨文還有"甾"、"凶"諸形代表埋羊、埋犬，現在還不好直接把"凷"釋爲"埋"。不過還有一種可能，就是"凷"、"甾"、"凶"三形都可以釋爲"埋"，這三個甲骨文字形不同，只是起區别字義的作用。

十一、羢　　（沈）

《合》1677　　《合》780　　《合》32028　　《合》5522

《屯南》2667

(58) 貞：□辛酉酒河，沈宰，尞（燎）宰？　　　　　　　《合》1677＋《乙》5681 賓組

(59) 貞：尞（燎）于土三小宰，卯（劉）一牛，沈十牛？　　　　　《合》780 賓組

(60) 辛未，貞：求禾于河，尞（燎）三牢，沈三牛，宜宰？　　　《合》32028 歷組

(61) 庚戌卜：其求禾于河，沈三牢？

庚戌卜：河卯（劉）三牢？

庚戌卜：高![]沈罘卯（劉）攸？　　　　　　　　　《屯南》2667 歷組

(62) 乙酉卜，宁（賓）貞：史（使）人于河，沈三羊，曶三牛？ 三月。

《合》5522 賓組

　　"羢"象把牛沈入河水以供祭祀之形，"牛"旁或加表示水滴的小點，相當於典籍中的"沈"，《周禮·春官·大宗伯》"以貍沈祭山、林、川、澤"，在甲骨文中沈祭也皆用於山川而無用於祖先者。在甲骨文中還有表示沈小宰意義的字形![]（《合》14558），它的造字方法和"羢"是一樣的。

十二、牧

《合》376　　《合》11400　　《合》493　　《合》8241

《合》35345　　《屯南》4033　　《合》28351　　《屯南》149

《合》32616　　《屯南》4033

(63) 乙丑卜,殼貞:甲子🜚乙丑王夢牧石麑,不佳(唯)禍,佳(唯)又(佑)?

貞:甲子🜚乙丑王夢牧石麑,不佳(唯)禍,佳(唯)又(佑)? 二月。

《合》376 賓組

(64) 癸酉卜:王其田,塹雉,叀(惠)乙雨?

叀(惠)戈田,徽雉,弗每(悔),亡戈(災),侃王?

叀(惠)麥田,罕(擒),亡戈(災)? 《屯南》4033 無名組

(65) 陽鹿其南,徽罕(擒)?

其北,徽罕(擒)? 《合》28351 無名組

(66) 辛未,貞:才(在)互塹來告,辰衡其比,史受又(佑)? 《合》32616 歷組

(67) 甲辰卜:才(在)兆牧征(延)徽(啓)又☐邑☐才(在)遘?

癸酉卜:戌伐,又牧罕(畢)攺(啓)尸(夷)方,戌又(有)戈(翦)?

《屯南》2320 無名組

(68) 壬申卜,才(在)攸,貞:又徽罕(畢)告啓,王其乎(呼)戌比寽伐,弗每(悔),

利? 《合》35345 黃組

(69) ☐☐卜,宁(賓)貞:塹再冊☐愀人☐

☐宁(賓)貞:叀(惠)今秋☐徽啓,求自☐ 《合》7343 賓組

(70) 庚子卜,貞:牧以羌征(誕)于丁☐用? 《合》281 賓組

(71) 戊戌卜,宁(賓)貞:牧匄人,令蕨以寽? 《合》493 賓組

(72) 己亥卜,宁(賓)貞:牧匄人,盰? 《合》8241 賓組

(73) 卭(禦)牧于匕(妣)乙盧🝱,匕(妣)癸🝱,匕(妣)丁🝱,匕(妣)乙🝱、🝱?

《屯南》附 3=《合》31993 屯西子組

"牧"象執鞭牧牛之形,其字或加"彳"或加"止",應爲一字,可參(67)"牧"、(68)"徽"爲同一人。(64)、(69)"徽""塹"爲同一人。(63)的"牧"是動詞,是卜問商王夢見放牧石頭做的麑鹿,會不會有災禍。(64)～(73)的"牧"則皆是官名,其人以牧名官,但也能參加田獵、戰事,也能俘獲異族人民。(71)是說牧向王求一些人去辦某事,王占卜是讓蕨和寽這兩個人去好不好,這裏的"以"是和、及的意思。

十三、𫘨

🜚《合》6057　🜚《合》6057　🜚《合》6057 反

(74) 王占曰:屮(有)求(咎),其屮(有)來婤(艱)。乞(迄)至七日己巳,允屮

(有)來娸(艱)自西。崖友角告曰:舌方出,慢(侵)我　田七十人五。

　　癸巳卜,𣪘貞:旬亡禍? 王占曰:𡆥求(咎),其𡆥(有)來娸(艱)。乞(迄)至五日丁酉,允𡆥來娸(艱)自西。止或告曰:土方征于我東啚(鄙),戈(翦)二邑,舌方亦㞷(侵)我西啚(鄙)田。　　　　　　　　　　　　　　　《合》6057 賓組

　　(75) 王占曰:𡆥(有)求(咎),其𡆥(有)來娸(艱)。乞(迄)至九日辛卯,允𡆥(有)來娸(艱)自北。�笰告曰:土方㞷(侵)我田十人。　　　　　　《合》6057 反賓組

　　"㞷"字或加"又"作"慢",即"侵"字,侵略的意思。① 其字來源不詳,似與"寢"聲有關。(74)的"友"表示某種身份,或是僚友之義。

十四、牧

《花東》286

　　(76) 己卜:于日牧中殺三牛匕(妣)庚?　　　　　　　《花東》286 花東子組

　　黃天樹認爲"牧"是 　(《合》33986)、 　(《合》20922＝《乙》156)、 　(《合》20908＝《乙》402)三字的異體,後兩字黃天樹認爲和前一字一樣,也是"羞"字,它們在甲骨文中的辭例爲"羞中"、"羞中日",他認爲"日牧中"相當於"羞中"、"羞中日",是時稱名。②

十五、剉

　　　《合》36809 　　　《合》36813 　　　《合》36815　　　《合》36437

　　(77) 己未卜,才(在)剉,今夕自(師)不戠?

　　　　其戠?　　　　　　　　　　　　　　　　　　　《合》36437 黃組

　　(78) □□卜,貞:旬亡𡆥? ☑占曰:大吉。才(在)剉師(次)。

　　　　　　　　　　　　　　　　　　　　　　　　　　《合》36813 黃組

　　(79) 癸亥王卜,才(在)剉,貞:旬亡𡆥?　　　　《合》36809 黃組

―――――――――

① 參唐蘭:《殷虛文字記》,北京:中華書局1981年版,頁30―31。

② 黃天樹:《釋殷墟甲骨文中的"羞"字》,《古文字研究》第二十五輯,北京:中華書局2004年版,又見《黃天樹古文字論集》,北京:學苑出版社,2006年版,頁368―373。

"剚"也就是"犅"字,卜辭中作地名。金文中也有此字,作 (《集成》4165)、（图）(《銘圖》13280)、（图）(《集成》4273)等,辭例分別爲"錫奴羍犅(犅)",其字是公牛的意思;"犅伯諆",其字是邦國名;"吕犅",其字是人名。

十六、柸

《合》8188

(80) 丙辰卜,争貞:叀(惠)庚申步自柸?　　　　　　　　　　《合》8188 賓組

卜辭的"柸"从"木"从"牝",是地名。

十七、衜

《合》16229

(81) 貞:令衜戠?　　　　　　　　　　　　　　　　　　　　《合》16229 賓組

卜辭的"衜"是人名。

再論甲骨文"𢦏"

——兼及"言"的兩個特殊字形

王晶晶

（首都師範大學文學院）

一、再論甲骨文"𢦏"

王子楊先生在《釋"銍"、"𢦏"》一文中詳細論證了甲骨文"𢦏"的用法及其與部分相關字形的聯繫，結論可總結爲三點：1. 𢦏是新石器時代石鐮鐮頭的象形；2."𢦏"和已釋的"𢦏（乂）"在形體上存在演進關係，也可釋爲"𢦏（乂）"；3."𢦏"在甲骨文中可以記錄"孽"，記錄"刈"的引申義即收割的穀物，記錄"族名或地名"。[①] 以上結論十分可信，但關於第二點，筆者還有一點補充。

王子楊先生在文章中以△代表"𢦏"，根據用法和類組將該字整理如下表：[②]

△A（賓組）	𢦏《合》2279 正　　𢦏《合》2280 反　　𢦏《合》2960 反（采自《乙》6949）　𢦏、𢦏《合》2659 正、反　𢦏《合》18840　　𢦏《合補》531　　𢦏《綴集》173　𢦏《合》19563　　𢦏《合補》5606 反　　𢦏《英》1128　𢦏《合》18136（添加無義偏旁"口"）

① 王子楊：《釋"銍"、"𢦏"》，《甲骨文字形類組差異現象研究》，上海：中西書局 2013 年版，頁 358—376。

② 王子楊：《釋"銍"、"𢦏"》，頁 358—359。

續　表

△B(賓組)	《合》19648 反　　《合》17089 反　　《合》15018 反 《合》8112　　《合》583 反　　《英》779 反
△C(歷組)	《合》19560　　《合》32917　　《合》35212＋　　《屯》172　　《屯》638 《英》2426　　《合》35213
△D(歷組)	《合》35215　　《合》35214

只觀察單獨成字和用作偏旁的 形,可以發現" "從字形上可分爲四類(表一,字形多直接取自王子楊先生表中的典型字形):

表一

序號	字　　　形
1	、 (《合》2659 正 賓二)　　 (《合》18136 賓二)　　 (《合》19648 反 賓二)、 (《合補》531 賓二)　　 (《英》779 反 賓二)
2	(《合》2659 反 賓二)　　 (《合》8112 賓二)　　 (《合》583 反 賓二) (《合》19560 歷一)　　 (《合補》531 賓二)　　 (《綴集》173 賓二)
3	(《合》20024 自小)　　 (《合》28086 無名)　　 (《花東》6)　　 (《花東》37) (《花東》180)
4	(《合》8695 何二)　　 (《合》27896 無名)　　 (《合》31911 何二) (《合》35214 歷一)　　 (《合》35215 歷一)

第1類形是石鐮鐮頭的標準象形字，賓組多用此形，從有些形體可以看出尖端的封口是有意識的。第2類明顯刻意拉伸了第1類形底部一斜筆，使彎曲狹長的刀刃形象更鮮明，歷組多用此形，有兩個特點：首先，拉伸的筆道長度較賓組更爲誇張，這也體現了歷組字形多不同於其他類組的特點，亦可證明這種“拉伸”是刻意爲之，而非無意滑出的筆道；其次，相對賓組而言，歷組明顯有把形拉直和中間一横下移的趨勢，如《合》19560、《屯》638、《英》2426。這種特點在前期的𠂤組小字、花東子組和後期的何組、無名類卜辭中表現爲寫成、等形，即第3類。第4類是、等和“辛”訛混後的字形，後期較前期爲多，此類不典型，本文不過多涉及。

由於時代演進，表一四類字形都與鐮刀的形象相去愈遠，於是便從第2類順勢演化出形，又改造其下部所从之“刀”變成、、等形，即是已釋的“亐(乂)”。從用法上看，甲骨文“亐”在記録“孽”、“族名或地名”時和“”完全一致，如：

> 鼎(貞)：蜚(非)亐(孽)，隹(唯)疒(疾)。　　　　《合》13845 賓三
>
> 辛酉卜：王其田(畋)，叀(惠)省犬比。丁于亐彔(麓)毕(擒)……
>
> 　　　　《合》33378 無名

從字形上看，“亐”可獨用，也可作偏旁，有如下四類形體(表二，截取形體的原形隸定字在片號後列出)：

表二

A	(《合》110 正“朥” 賓二) (《合》3738 賓二) (《合》17352“朥” 賓二) (《合》17412“朥” 賓二)
B	(《合》110 正“朥” 賓二) (《合》610 賓二) (《合》880 正“朥” 賓二) (《合》21401“朥”自肥)
C	(《合》248 正“朥” 賓二) (《合》2500 正“朥” 賓二) (《合》4198“朥” 賓二) (《合》11250 賓二) (《合》17106“竒” 賓二) (《合》22825“朥” 出二)
D	(《合》1956“竒” 賓二) (《合》10801“朥” 賓出) (《合》13845 賓三) (《屯南》2273“朥” 歷二)

結合表二可見“亐”字形有以下三個特點：

1. 字形分上下兩部分，下部是刀或鐮的象形

裘錫圭先生釋"丐"説："下部從刀，可知'丐'本象一種刀類工具。根據它的音義推測，'丐'應是'乂'的初文……乂字繁體作'刈'（見《説文》），《國語·齊語》韋注'刈，鐮也'……秏字有寫作 𥝢 的，所從的丐簡化成 𠃌、十 等形。"①"秏"還有作 𥝢 的，所從的"丐"既然可以簡化成 𠃌、十，説明"丐"其實是由上下兩部分組成的，結合生活實際可知 𠃌、十 正是鐮類工具的象形。而且觀察表中所列，上部形體位置極不固定，在象徵刀或鐮柄的一橫上前後移動，更説明它應是獨立於象形之外的另一構件。

2. 上部即 𢆉 形，作聲符

毋庸置疑，"丐"上部所從即是前文所説的" 𢆉 "，此處用作聲符。從 𢆉 形第 2 類順勢演化出的" 𢆉 "和改造其下部所從之"刀"變成的"丐"字形上並無甚區别，只是後者構件更規範化了而已。所謂"' 𢆉 '和已釋的'丐（乂）'在形體上存在演進關係"的本質，其實是古文字演變中常見的以不象形的原始象形字作聲符，在其上增加形符改造成形聲字的現象：" 𢆉 "是"丐"的象形初文，隨着時代推移，僅憑一個 𢆉 形已經不能準確達意，但該字讀音依然能和字形黏合，所以在其上加"跟商代金屬鐮刀外形一致的" 𠃌、十 等形，造成了後起形聲字"丐"。

王子楊先生認爲花東卜辭 𠃌、𠃌 類字形即是以" 𢆉 "作"璧"聲符，甚至可以直接用" 𢆉 "作假借字。② 賓組和自組小字類人名"子辟"的"辟"作 𠃌、𠃌 等形，先不管 𢆉 形和"辛"的訛混，"璧"後來以"辟"爲聲，則此處" 𢆉 "也應是"辟"聲符。③ 甲骨文"肵"、"䏌"也可記録"孼"和"族名或地名"，如：

鼎（貞）：王聑（聽）隹（唯）肵（孼）。

鼎（貞）：不肵（孼）。

匕（妣）己蚩（害）王。　　　　　　　　　　　《合》110 正 賓二

鼎（貞）：兹鳳（風）不佳（唯）䏌（孼）。　　　　　《合》10131 賓二

辛酉卜，古鼎（貞）：旨弎（翦）［肵白（伯）］罟。

---

① 裘錫圭：《甲骨文字考釋（八篇）·釋"䣽"、"秏"》，《裘錫圭學術文集·甲骨文卷》，上海：復旦大學出版社 2012 年版，頁 72。

② 王子楊：《釋"鈺"、"丐"》。

③ 金文中"辟"有作 𨻶 （大保簋）的，顯然是直承花東 𠃌 類形體而來並以之爲聲；有作 𨻶 （小克鼎）的，"璧"也有作 𨻶 （六年琱生簋）的，二字所從"丐"的聲符" 𢆉 "已訛混爲"辛"。這種寫法的"丐"屢見於金文，但在甲骨文中只有一例 𥝢 （《合》31910 何二），比照《合》31071 同文可知文例爲"叀（惠）王［又（有）］乍（作）辟（孼）"。

　　　　鼎(貞)：旨弗其伐脟白(伯)〔罡〕。　　　　　　　　《合》6827 正 賓二

字形多作 🏳️、🏳️等，以"亏"爲聲(🏳️中"月"亦表音)，但有時也寫成 🏳️(《合》1655 正 賓二)、🏳️(《合》767 正 賓二)、🏳️(《合》9671 正 賓二)、🏳️(《綴集》25 子組)，下部並無刀或鐮的象形，明顯以"🏳️"爲聲。上舉幾例都可證"🏳️"是"亏"聲符。

　　3. 🏳️形又分四類

　　"🏳️"在作"亏"聲符時變形雖多，但依然和表一四類有明顯關聯。表二 A 類作 🏳️形，去掉了中間象石鐮之柄的一橫，這筆確非必需，如表一第 3 類 🏳️(《合》20024 自小)、🏳️(《花束》180)都可没有；B 類即表一第 3 類無橫的 🏳️形；C 類即表一第 1 類；D 類即表一第 3 類有橫的 🏳️形。至於中間一橫位置的上下，其實和字形並無太大關係，連佳鵬博士在論文《甲骨金文中的"狹義變形"研究》第六章專門論述"筆畫位移"現象，舉出大量字例，如 🏳️(《屯》694)和 🏳️(《合》33700＝《安明》B2539)都是"舌"，🏳️(《合》6498)和 🏳️(《合》14170)都是"帝"，🏳️(《合》6057)正和 🏳️(《花束》80)都是"其"等，對於字形釋讀並無妨礙。①

　　綜上所述，甲骨文"🏳️"是"亏"的象形初文，統合表一、表二共可見六種字形(表三)：

表三

序號	字　　形	和表一、表二對應關係
A	🏳️	表二 A 類
B	🏳️	表一 3 類部分、表二 B 類
C	🏳️	表一 1 類、表二 C 類
D	🏳️或🏳️	表一 2 類
E	🏳️	表一 3 類部分、表二 D 類
F	🏳️(《合》27896"辟"偏旁)或🏳️	表一 4 類

---

① 連佳鵬：《甲骨金文中的"狹義變形"研究》，首都師範大學博士學位論文，2016 年 3 月，頁 90—92。

A、B、F 只在偏旁中出現,F 是和"辛"訛混的形體,C、D、E 可獨用也可作偏旁。"亐"是""的後起形聲字,上部从""作聲符,下部从刀或鐮的象形,二字在用法上都可記録"辪"和"族名或地名"。

二、再論甲骨文"言"——
兼及兩個特殊字形

甲骨文"言"有五類字形:

表四

序號	字　　形
A	(《合》4519 賓一)　 (《合》4520 賓二)　 (《合》4523 賓一)　 (《合》21580 子組)
B	(《合》376 正 賓二)　 (《合》3685 賓一)　 (《合》21928 劣體)　 (《合》19551 賓出)　 (《合》21631 子組)
C	(《花東》234 子組)　 (《德》192 黄類)　 (《合》8696 賓出)
E	(《合》1861 賓二)　 (《合》17450 賓出)
F	(《合》440 正 賓二)　 (《合》13638 賓二)　 (《合》27922 何二)
G	(《合》17795 反 賓二)　 (《合》30638 何二)

《甲骨文字詁林》認爲"言之初形从舌,加一於上,示言出於舌,爲指事字",[1]類似甲骨文"曰"在"口"上加一短橫、"甘"在"口"内加一短橫的造字方法,早已得到普遍認可。甲骨文"舌"有兩類字形:

---

[1] 于省吾主編:《甲骨文字詁林》第一册,北京:中華書局 1996 年版,頁 697。

表五

序號	字　　形	
1	（《合》5532 正 賓一） （《合》5760 正 賓二）	（《合》5995 正 賓二） （《合》2561 賓一）
2	（《合》9472 反 賓二） （《合》17455 賓出）	（《合》424 正 賓二） （《合》14948 賓二）

　　比較"言"、"舌"字形可以發現：有一部分"言"可能是從舌的，如表四 B、F 類，尤其是前者《合》21631 還畫出了象徵唾液的兩點。但這只是"言"的一小部分形體，其他字形所從畢竟和"舌"相去甚遠。前人並非未注意到這個問題：羅振玉首先認爲"卜辭中則妾從▽、言從辛、龍鳳從 𠦝，意均爲𠦝之或體"，①肯定了"𠦝"和"言"是有關係的；葉玉森認爲"言字則從辛從口。《説文》'辛，辠也'，先哲造言字，即主慎言，出諸口即獲愆，乃言字本誼"，②"辛"、"𠦝"不過是一字隸定之不同，但囿於《説文解字》的解釋使葉氏終究離事實差了一步；李孝定認爲"竊謂言字説解，但謂從口辛聲足矣"，③此處把"辛"換成"𠦝"就非常妥當了。從聲音上看，"𠦝"疑母元部、"言"疑母月部，上古元、月二部陰陽對轉，"𠦝"作"言"的聲符完全没有問題。

　　從字形上看，表四 A、C、E 類和表三 A、C、E 類對應得非常整齊，是典型從口 𠦝 聲的"言"；表四 B 類除加點的形體外，有些也無妨理解爲從口 𠦝 聲：因爲"舌"口上歧出的丫形多寫得比較正直，雖然有很多上部一側分叉和下部豎筆一筆完成的情況，但中間交叉點的位置多會作明顯彎折，而 𠂆 形顯然没有這種必要，所以表四 B 類有些字形和表三 B 類更契合；表四 F 類如果排除 𦥑 (《合》13638 賓二)類形體，和表三 F 類似乎相關度更大。

　　另外，"言"、"舌"二表字形還有一個顯著差異："舌"上丫形一定和"口"相連，但"言"不一定，尤以 A、C 兩類最爲明顯；除表中所列外，還有 E 類 𠙵 (《合》26742 賓出)、𠙵 (《合》26752 賓出)、𠙵 (《合》26730 出二)、𠙵 (《合》30639 何二)和 F 類 𠙵

① 于省吾主編：《甲骨文字詁林》第三册，頁 2475。

② 于省吾主編：《甲骨文字詁林》第一册，頁 694。

③ 李孝定主編：《甲骨文字集釋(第三卷)》，臺北：中研院歷史語言研究所 1970 年版，頁 743。

（《合》13639 賓二）、（《合》30619 何二）等，尤其是 F 類形體經常被認爲是从舌、一以指事的典型，但丫形和"口"分離顯然違背了"舌"的造字本義。這些形體的大量存在，説明"言"的構形應該有很大一部分和"舌"無關，而是以""爲聲符的。

　　此處要提到表一 1 類中出現的 （《合》18136 賓二），一般認爲它是""的繁化，從文例"鼎（貞）：屮（有）（孽）"來看，它的用法確實更接近""、"亏"而非"言"，但畢竟這種繁化的形體在記録"孽"時僅出現過一次，而且和表四 C 類尤其是 （《合》8696 賓出）字形非常接近。很多學者認爲"言"可記録"愆"，也是一種類似"孽"的壞事，相關文例如：

　　　　庚辰卜，鼎（貞）：多鬼夢，叀（惠）疒（疾）見（現）。
　　　　鼎（貞）：多鬼夢，叀（惠）言（愆）見（現）。
　　　　鼎（貞）：多鬼夢，叀（惠）□見（現）。
　　　　辛子（巳）卜，鼎（貞）：今夕亡（無）囚（憂）。　　　　　　　　《合》17450 賓出
　　　　辛酉子卜，鼎（貞）：丁言（愆）我。　　　　　　　　　　　　　《合》21580 子組

文例並不衝突；從聲音上看，"愆"屬溪母元部，和疑母元部的"言"很接近。如果這種説法成立，那麽是否可以認爲 的出現並非偶然，而是和"言"在字形、聲音、用法上都有一定聯繫呢？

　　最後説一下表四 G 類兩個特殊字形。從兩個字形的筆畫力度和筆勢上看，似乎可以排除誤刻的可能。再看以下文例：

　　　　癸丑卜，争鼎（貞）：旬亡（無）囚（憂）。［王］固（占）曰：乩（祸）。
　　　　　　　　　　　　　　　　　　　　　　　　　　　　《合》17795 正反 賓二
　　　　……卜，狄［鼎（貞）］……。　　　　　　　　《合》30638 何二

《合》17795 骨條正面應是幾段連續的貞旬卜辭，但只有"癸丑"這一條完整，反面相對位置的"［王］固（占）曰"應是相對於這幾辭而發的：先卜問下一旬是否有憂患，王看了卜兆説早上會有壞事。[1]《合》30638 辭殘，但從字形上看，完全可以認爲它和 一樣

---

[1] 有人認爲 其實是"二告"，因爲骨條背面縱向紋路密集而被誤認。但仔細觀察拓本，該字"舌"形向上伸出的兩叉筆畫很清晰，並且明顯穿過了下面一横，延伸到上面一横爲止。而且甲骨文的"二告"一般以小於卜辭的字體刻在卜兆附近，如果 是"二告"，實在和卜辭刻寫習慣相去太遠，故不予采信。

是从舌 🖋 聲,"舌"、"🖋"筆畫共用的形體。總之,雖然用法不能確定,但表四 G 類兩個字形可以認爲是"言"的特殊寫法。

　　綜上所述,"言"共有三種字形:第一種是从舌从一的會意字;第二種是从口 🖋 聲的形聲字;第三種是从舌 🖋 聲,"舌"、"🖋"筆畫共用的形聲字。

　　附記:

　　裘錫圭先生在《説"姛"(提綱)》中説"卜辭時代'㪔'(音)字亦兼有'司'一類讀音",①相關字形有"㪔"、"音"、"嫡"、"𠂤"四種。記録"司"時只用"音",如:

　　　　　丙寅卜,宕鼎(貞):子甗音(司)眈四方。十月。　　　　　　　《合》3087 賓三
　　　　　丁亥卜,宕鼎(貞):令䵼(肆)②音(司)出父工于 🔨 侯。　　　《合》5623 賓三
　　　　　丁卯卜,鼎(貞):令追音(司)出父工。　　　　　　　　　　　《合》5625 賓三③

記録"姒"時四種皆可,如:

　　　　　……又(侑)歲十牢,其興……司㪔(姒)……　　　　　　　　　《合》34426 歷二
　　　　　……司音(姒),伐羌(羌)……　　　　　　　　　　　　　　　《合》32149 歷二
　　　　　其至司嫡(姒),又正。　　　　　　　　　　　　　　　　　　《合》27605 無名
　　　　　辛丑卜,尹鼎(貞):其又(侑)于韓𠂤(姒)。　　　　　　　　《合補》7480 出二

　　從字形上看,記録"司"、"姒"的字形中"㪔"不管上部"🖋"寫成表三中哪種形體,下部都作類似倒 L 形,絶無作 🗡 (刀)形者。最明顯的例子如:

　　　　　鼎(貞):乎(呼)音于西。　　　　　　　　　　　　　　　　《合》8755 賓二
　　　　　辛卯卜,爭鼎(貞):音允井(殂)④。　　　　　　　　　　　《合》17106 賓二
　　　　　庚子卜,叔鼎(貞):令同音(司)出父工。　　　　　　　　　《合》9663 賓二

同是賓組,前兩例記録人名時字形依次作 🗲 、🎵 ,第三例記録"司"時字形作 🎶 ,顯然是有意用字形區別同一字的兩種用法。

---

① 裘錫圭:《説"姛"(提綱)》,《裘錫圭學術文集·甲骨文卷》,頁 524。

② 陳劍:《甲骨金文舊釋"䵼"之字及相關諸字新釋》,《出土文獻與古文字研究》第二輯,上海:復旦大學出版社 2008 年版。

③ 黄天樹師認爲此類"音"應是"乂"字初文,當"治理"講,《合》3087"音眈"即同義動詞連用(黄天樹:《商代甲骨金文中的同義詞連用》,《黄天樹甲骨金文論集》,北京:學苑出版社 2014 年版)。二者對"音"意義的理解基本相同,但讀音大相徑庭。

④ 陳劍:《"備子之責"與"唐取婦好"》,《出土材料與新視野》,臺北:中研院 2013 年版。

從字音上看,上古"以"屬喻母之部,"司"屬心母之部,"姒"屬邪母之部,字音很近,而"丂"在作"辥"聲符時應屬疑母月部,音韵和前三者相去太遠。所以從字形、字音兩方面看,卜辭時代"丂"應該有之部、月部兩讀。

筆者猜想:因爲"丂"本是石鐮鐮頭象形,在歷組二類、午組、花東子組中記録"刈"的引申義表示收穫物,記録"穫"的"秽"①所从的"丂"義也和收割、刈穫有關;"丂㐱"、"丂出父工"中的"丂"不管讀什麽,意義大概都屬於治理、管轄一類,這恰是"刈"的又一引申義,而當作"女子年長或尊貴者"講的"姒"應該也有這層含義。結合上述"丂"在"辥"和"司"、"姒"兩組字中字形、字音上的分别,推測"丂"在卜辭時代可能屬於一字多用,用讀音區别意義。

---

① 劉釗:《甲骨文"害"字及从"害"諸字考釋》,《甲骨文與殷商史》新四輯,上海:上海古籍出版社 2014 年版。

甲骨文"丂"、"昜"新解[*]

王　帥

（陝西師範大學歷史文化學院）

一

甲骨文"丂"字有下揭寫法：

（《合集》228）、（《合集》32616）、（《合集》35240）、（《合集》36777）、（《合集》39465）、（《合集》101）

這個字出現很早，自組卜辭就有（《合集》20860）。學界多認爲"丂"是"柯"的本字，"丂"與"柯"溪見旁紐，甲骨文的"丂"象是自然形成的分叉樹枝或這些樹枝製作的柯仗、柯柄。從《詩經·魏風·伐檀》可知，在先秦時期這種硬木材質的樹枝常被砍伐用以製作各種木質器具。"丂"可指"柯仗"，即古文字"老"的下部偏旁，如同長髮老者所挂柯仗。《説文解字》："从人、毛、匕。言鬚髮變白也。"[①]乃是對篆書形體的誤讀。"老"、"考"、"丂"三字形、音、義關係密切，"考"如《説文解字》所講"从老省，丂聲"。[②]"老"、"考"幽部叠韻且金文常有互通，如叔趯父卣："余考（老）不克御事……"[③]"丂"字不僅與"考"雙聲叠韻用作聲符，似乎也是因爲製作柯杖的材料正是"丂"所代表的"柯"，這與甲骨文"受"字从"舟"的構形方法很像。從自組（《合集》20280）、（《合集》21054）和黄組（《合集》37649）的"木拐"狀到（卿卣，《商周》13122）的"卜"形，

* 本文爲國家社會科學基金西部項目"深度學習技術支持下的甲骨文自動識别系統"（18XKG003）及陝西省社會科學基金一般項目"關中出土西周金文考古學研究與周王畿社會結構考察"（2016H007）成果之一。

① 許慎：《説文解字》，北京：中華書局1963年版，頁173。
② 許慎：《説文解字》，頁173。
③ 本文釋讀均取寬式。

最後變成了(蔡姞簋,《商周》05216)中的“丂”形,①“丂”均表示柯仗。“丂”還可以表示工具“柯柄”,如甲骨文“斤”字箭頭後的部分。《詩經·豳風·伐柯》“伐柯如何,匪斧不克。……伐柯伐柯,其則不遠”,②“柯”即用以製作斧或斤(錛)柄部的樹枝。

  “易”字下邊的“丂”並非柯仗、柯柄。學者很早就注意到“易”與“陽”、“揚”、“暘”、“禓”、“鐊”等字存在孳乳關係,但“易”的造字本意及其下部“丂”形偏旁所指却長期没有定論。《説文解字》:“易,開也。从日、一、勿。一曰飛揚。一曰長也。一曰彊者衆皃。”③雖然許慎對“易”字的形義説解證據不足,④但他對表示動作的“飛揚”、“長”的提法是有價值的。清末徐同柏訓“易”爲“陽”。⑤ 高田忠周引朱駿聲觀點認爲“易”通“暘”,字形爲“旦”,下邊“勿”旁是光閃之象,會意爲“陽”。⑥ 釋“旦”意雖可通,然而“旦”字甲骨文已有,字形相差較大。高鴻縉先生引林義光《文源》認爲“易”下“丂”形乃是引去蔽日之雲;⑦朱芳圃先生認爲象燈發光之形,本意訓爲光明,孳乳爲“陽”,金文增是燈光下射。⑧ 兩個説法皆無確證。李孝定先生認爲許慎衆説並陳,是許氏也不知確切本意,並指出段玉裁認爲“易”乃“陰陽正字”,“易”下部偏旁爲“可”即“柯”字,“日”在上,象太陽初升之形⑨,李先生這個看法較《説文解字》更進一步,但似乎仍未切中要害。于省吾先生指出“易”與“揚”乃古今字,並與“颺”義近,分析很有見地,但缺乏字形詳論。⑩ 何琳儀先生則敏鋭地指出“易”可从日从示,會日出祭壇上方之意,示亦聲,乃暘之初文,⑪極富啓發性。

  “易”字下部的偏旁究竟代表什麼? 我們認爲其與“示”的形體演變關係密切。“示”在時代較早的自組卜辭裏寫作(《合集》20951),最初應是名詞,表示祭祀之臺(一説神主),後來引申出很多相關詞,如“大示”、“小示”等。甲骨文“示”字衍生的形

---

① 實際上,“柯仗”的寫法即使在西周晚期也有較早的形態,如杜伯盨《集成》04450)、事族簋《集成》04089)。

② 周振甫:《詩經譯注》,北京:中華書局 2002 年版,頁 210。

③ (清) 許慎:《説文解字》,頁 196。

④ 于省吾主編:《甲骨文字詁林》,北京:中華書局 1996 年版,頁 1100 姚孝燧按語;董蓮池:《説文解字考正》,北京:作家出版社 2005 年版,頁 377 按語。

⑤ 徐同柏:《從古堂款識學》卷十二(清石印本),頁 1—2。

⑥ [日]高田忠周:《古籀篇》卷二十四,吉川弘文館鉛印本,1905 年,頁 5。

⑦ 高鴻縉:《中國字例》,臺北:三民書局 1960 年版,頁 385。

⑧ 朱芳圃:《殷周文字釋叢》,北京:中華書局 1962 年版,頁 50。

⑨ 李孝定:《甲骨文字集釋》,臺北:中研院歷史語言研究所 1970 年版,頁 2973。

⑩ 于省吾:《甲骨文字釋林》“釋鬼方易”,北京:中華書局 1979 年版,頁 424—425。

⑪ 何琳儀:《戰國古文字典——戰國古文聲系》,北京:中華書局 1998 年版,頁 661。

體不少,"主"就是從"示"分化而來,文獻記載的"示壬"、"示癸"也可作"主壬"、"主癸"。"昜"字可分析爲會意字,下邊的"丂"形與上邊的"日"會意,表示在祭壇觀察(或祭祀)太陽的升起。這個"丂"作爲動詞,實際是從名詞"示"字孳乳分化而來,即"提"的本字,"祁"聲("祁"就是以"示"爲聲的),進一步引申出"興舉"、"興起"之意。"示"古音爲脂部神紐,"祁"脂部群紐,兩者叠韻。周祖謨先生早就指出从示之字韻書有歸入群母的現象,[①]兩字上古聲韻可以相通。《史記·晋世家》:"餓人,示眯明也。"[②]《公羊傳》稱"祁彌明"[③],《左傳》作"提彌明"[④]。可知"祁"从示聲,可讀爲"提",兩字乃支脂通轉。[⑤] 史牆盤銘"天子矕無害,擁祁上下","祁"寫作 🔣,徐中舒先生認爲"祁"讀如提,擁祁兩字同義連用,爲提拔之意。[⑥] "提"古漢語常作"舉",《周禮·夏官·田僕》:"凡田,王提馬而走。"鄭玄注:"提,猶舉也。"[⑦]《史記·黥布列傳》:"大王提空名以鄉楚……"[⑧]意即高舉向楚之名義。"昜"作爲會意字,其聲亦與"示"古音相近,兩字聲紐均爲舌面音,乃喻神旁紐關係。會意字往往也有音、意兼有的情況,例如"受"之"舟"旁、"攴"之"卜"旁,雖不能歸爲形聲字範疇,造字時所選擇的意符本身却也兼顧了一定的發音需要。

甲骨文"昜"字下部的"丂"形大多呈豎向曲筆,但賓組卜辭 🔣(《合集》3392)、🔣(《合集》3394)、🔣(《合集》8979)、🔣(《合集》3389)、🔣(《合集》3390)、🔣(《合集》3388)、🔣(《合集》3393)裏的"昜"字,其下部均是標準"示"形,呈豎向直筆。西周金文裏"昜"字下部不作"丂"形而从"示"的例子也不少,如 🔣(《商周》11806)、🔣(《商周》05328)、🔣(《商周》02228)、🔣(《新收》41)等。仔細觀察,甲骨文"折"、"析"如 🔣(《合集》18459)、🔣(《合集》22213)等右側表示柯柄的"丂",與自組、賓組卜辭"昜"字如 🔣(《合集》3387)、🔣(《合集》7411)、🔣(《英藏》198)等下部所謂的"丂",兩者形態是有差異的。

① 周祖謨:《審母古音考》《禪母古音考》,《問學集》,北京:中華書局 1966 年版,頁 120—161。

② 司馬遷:《史記·晋世家》卷三十九,北京:中華書局 1982 年版,頁 1674。

③ 徐彥:《春秋公羊傳注疏》,阮元校刻:《十三經注疏》(五),北京:中華書局 2009 年版,頁 4950。

④ 孔穎達等:《春秋左氏傳正義》,阮元校刻:《十三經注疏》(四),頁 4054。

⑤ 王輝:《古文字通假字典》,北京:中華書局 2008 年版,頁 55—56。

⑥ 徐中舒:《西周牆盤銘文箋釋》,《考古學報》1978 年第 2 期,頁 139—148。

⑦ 賈公彥:《周禮注疏》,阮元校刻:《十三經注疏》(二),頁 1853。

⑧ 司馬遷:《史記·黥布列傳》卷九十一,頁 2600。

　　“昜”字下部的“丂”是來自“示”字的分化,豎筆變得彎曲是爲了與“示”字相區別,就如同“申”的甲骨文寫法是“電”的初文,在漢字的演變中,楷體的“申”爲了與“電”區別,出現了前者豎筆、後者曲筆的情況。“昜”下“示”字的豎筆彎曲,還可看成是特殊形態的指示字。指示字的構成方法不止一類,常見的“刃”、“本”、“末”、“厷”等字加指示符號於象形字或形符之上,多表示名詞。還有加符號表示動作或狀態的,如“引”🏹(《合集》35347),弓上一斜筆形容拉滿弓弦將放未放之勢,《孟子・盡心上》:“君子引而不發,躍如也。”[1]

　　此外,甲骨文“乎”字常見下列寫法:

🖼(《合集》16013)、🖼(《合集》14647 正)、🖼(《周原》H11：52)、🖼(《懷特》1379)、🖼(《合集》21565)

　　“乎”字下部偏旁與“昜”字下部偏旁寫法近似,許慎説“乎”字“象聲上越揚之形也”,説“昜”字表示動作的“飛揚”,似乎也表明他心目中兩者下部偏旁是有共通之處的。

　　有學者提出“昜”可以讀爲“丂(考)”,但這個問題還要具體分析。1976 年陝西扶風縣法門鎮雲塘 13 號墓所出𤼌卣銘曰“𤼌作生号日辛尊彝”。“生”是“往”的本字,其與“皇”陽匣雙聲疊韻。春秋晚期齊國的鮑子鼎銘有“其獲生男子”,“生男子”即“皇男子”,戰國早期的陳逆簋銘也有“陳純裔孫逆作爲生襖大宗簋”,“生襖”即“皇祖”。按金文通例,日名前可稱“皇考”,故“生号”之“🖼”當讀“考”。[2] 這個例子似證明“昜”可通“丂(考)”,却在古音及書證方面多有費解。

　　“昜”是喻母陽部字,“丂”與“考”均爲溪母幽部字。雖説曾運乾曾提出“喻三歸匣,喻四歸定”,[3]但是針對上古音擬音音值,邪、影、曉、喻、來五紐的歸屬,匣、群及喻三的分合,學界長期未有定論。[4]“昜”與“丂(考)”二字無論聲韻都難以滿足通轉條件,“昜”的上古音聲紐其實還是有待研究的。雖可舉《詩經》“洋洋”、

---

[1] 孫奭:《孟子注疏》,阮元校刻:《十三經注疏》(五),頁 6029。

[2] 關於此字,吳鎮烽先生在《商周青銅器銘文暨圖像集成》中未讀作“皇考”,而隸定爲“皇昜”。

[3] 曾運乾:《喻母古讀考》,《東北大學季刊》1927 年第 2 期。

[4] 《漢字古音手册》歸爲余母,中古音爲三等字,《戰國古文字典——戰國古文聲系》歸爲定紐,何琳儀似認爲其是喻母四等字,《王力古漢語字典》的中古音歸爲喻母四等字,《古韻通曉》則歸爲喻母三等字,《古文字通假字典》僅標喻紐。

"油油"連綿詞作爲佐證,然而先秦連綿詞通轉關係較寬,無法形成確證。此外,喻牙能够通轉的一些例子如"勻"與"鈞"、"庚"與"唐"等,均存在叠韻關係,這與"易"、"丂(考)"兩字無法類比。更重要的是,傳世文獻尚無例子可證明"易"與"丂"、"考"之間存在切實直接的諧聲通轉關係。至於魯侯爵銘的□及晋侯墓地 M31 所出文王玉環銘的□兩例,其實是常見的形聲字省形及省聲後所形成的"觴"的異體字,此爲省聲符。古文字中省去聲符常見,"夜"即在"亦"基礎上省去一部分增"月"而成;而見於《珍秦齋古印展》的"秦觴"的"觴"寫作□(第三十七),[1]就是從爵省,易聲,此爲省形符。[2] 故魯侯爵及文王玉環銘中兩字讀音不必與"丂"相涉,依然可以從易聲。

可以看出,憑闕卣銘"生号"讀爲"皇考",很難作爲西周金文"易"與"丂(考)"通轉進而讀爲"陽"的證據。那麼,闕卣銘文的"号"讀作"考"究竟作何解?其實"号"也可不考慮通轉關係而直接讀作"丂"。

從甲骨文發展到金文階段的許多字可以加"口"旁,如□(《商周》05352)、□(《商周》05676)、□(《商周》03025)、□(《商周》00758)等。這些字有的用以繁化,如"芮"到"商";有的孳乳新字,如"余"到"舍","帝"到"啻";還有一些則是爲了加强字義,如"香"是强調穀禾成熟時的味道,"吉"是强調金屬斧鉞的質地堅硬。增加的"口"旁均不是口腔之"口",而只是一種識別符號。此外,古文字中封閉輪廓的偏旁,又常在中間加點畫作爲飾筆,即"趁隙加點",如"魯"□(《商周》02487)到"魯"□(《商周》02479)。[3] 在得不到更多金文"易"作"考"的直接例證及出土、傳世文獻諧聲關係的情况下,闕卣的特殊現象更符合以上這類古文字的演變規律,"号"並非"易"字,可徑讀爲"丂(考)"。

還需要注意到,闕卣銘中"号"與西周金文"易"的寫法差別較大。它上部的所謂"日"形不僅與絕大多數"易"的圓日不同,甚至與本就少見的非圓日的形態如□(《商周》13319)、□(《商周》05225)、□(《商周》11807)等也不大一樣,故這個偏旁很難認定爲表示太陽的"日"字。

① 蕭春源編:《珍秦齋古印展》,澳門市政廳印,1993 年。

② 更多例子可參看裘錫圭:《文字學概要》,商務印書館,1988 年,頁 160—164。

③ 甲骨文此類寫法的例子還有很多,如"田"、"卣"、"豈"、"日"、"東"、"束"等。

二

"昜"在甲骨文中多作地名或人名,①並不反映其本意。實際上,"昜"作"興起"之意,殷墟卜辭就有實例:

1. 己酉卜,賓貞,鬼方昜,亡囚? 五月 二告　　　　　　　　　　（《合集》8591）
2. 己酉卜,内……鬼方昜……囚? 五月 二告　　　　　　　　　　（《合集》8592）
3. ……卜,㱿貞,鬼方昜……　　　　　　　　　　　　　　　　　（《合集》8593）

饒宗頤先生將此句釋爲"鬼方禓",認爲"禓"是《玉篇》"强鬼方,道上祭也"之義,②此解與句意多有勉强。于省吾先生正確指出"昜"應讀爲"揚",卻因"飛揚"、"颺舉"之義,認爲此句是形容鬼方撤離迅速,飛揚而去。③ 我們認爲此句之"昜"引申爲"興起",可能更合乎辭意及文例。卜辭是説殷商時某個己酉日,在幾乎同一時間内,由三位武丁中後期最重要的貞人"賓"、"内"、"㱿"連續正反對貞,卜問戰事是否有禍於商,可見鬼方侵擾已迫在眉睫、危如纍卵。類似文例也見於西周晚期多友鼎銘:"唯十月,用獫狁方興,廣伐京師,告追於王,命武公:'遣乃元士,羞追於京師。'"獫狁的突然進犯也逼迫周王急命武公派多友率軍抵御,"興"與"昜"意思一樣。

甲骨文有個寫法奇怪的字 (《合集》20980 正),"日"下"丂"形奇特,卜辭僅見一例,其辭可釋爲:"丁酉卜 燎山羊 㹫雨。"《殷墟甲骨刻辭類纂》將該字與"昜"分列,④似不認爲是"昜"字,但卜辭常見"燎某",應是祭祀方式,也有"豕雨"或"犬雨"。按辭例,這裏的"羊"應是意動詞,釋爲"以羊"祭某,"羊 "與"㹫雨"對舉,此字仍應是"昜",分别可看作動詞"出日"及"下雨"之意。另有西周匍盉(《新收》62)的 ,其"丂"旁的形態與 很像,可參證。

殷墟卜辭賓組有"陽"字寫作 (《合集》948),圓形的"日"下恰好有一座很形象的祭壇,顯然保留了"示"的形體,其左側"阜"作爲疊加的形符,也可表示升起或高舉之意。段玉裁《説文解字注》説"昜"字乃陰陽之"陽"的正字。⑤《漢書·地理志》交趾郡

① 姚孝遂主編:《殷墟甲骨刻辭類纂》,北京:中華書局 1989 年版,頁 432。

② 饒宗頤:《殷代貞卜人物通考》,香港:香港大學出版社 1959 年版,頁 301—302。

③ 于省吾:《甲骨文字釋林》"釋鬼方昜",頁 424—425。

④ 姚孝遂主編:《殷墟甲骨刻辭類纂》,頁 433。

⑤ 段玉裁:《説文解字注》,上海:上海古籍出版社 1981 年版,頁 811。

有曲陽縣,顏師古注:"昜,古陽字。"①《逸周書‧度邑》:"居陽無固其有夏之居。"《史記‧周本紀》"陽"寫作"易",乃"昜"之誤。② "陽"與"揚"相通的例子更多:《詩‧鄭風‧野有蔓草》:"有美一人,清揚婉兮。"《文選‧傅武仲舞賦》李善注"揚"作"陽"。③《詩‧小雅‧正月》:"燎之方揚,寧或滅之?"《漢書‧谷永杜鄴傳》"揚"作"陽"。④《禮記‧玉藻》:"盛氣顛實揚休。"鄭玄注:"盛聲中之氣,使之闐滿,其息若陽氣之體物也。"⑤《楚辭‧天問》:"羲和之未揚,若華何光?"洪興祖《楚辭考異》:"《釋文》揚一作陽。"⑥"揚"古有升高、掀舉之意,如《說文解字》:"揚,飛舉也。"⑦《詩‧小雅‧沔水》:"鴥彼飛隼,載飛載揚。"⑧《禮記‧曲禮》:"將上堂,聲必揚。"⑨《楚辭‧漁父》:"舉世皆濁,何不淈其泥而揚其波?"⑩

　　金文中"昜"或以"昜"爲偏旁各字形體多釋作"揚",大致有九類:

　　1. "昜"或其變體,如 五年師旋簋(《商周》05248)、 貉子卣(《商周》13319);

　　2. 从"昜"从"宀"或其變體,如 寡長鼎(《商周》01306)、 斱尊(《商周》11783);

　　3. 从"𠬝"从"玉",如 緐簋(《商周》05180);

　　4. 从"𠬝"从"玉"从"日",如 老簋(《新收》1875);

　　5. 从"𠬝"从"玉"从"昜",如 達盨蓋(《新收》693);

　　6. 从"𠬝"从"玉"从"昜",但"玉"在"日"與"丂"之間,如 十三年㿝壺(《商周》12436);

　　7. 从"𠬝"从"昜",如 獄簋(《商周》05315);

---

① 班固:《漢書‧地理志》(卷八),北京:中華書局 1962 年版,頁 1629。

② 高亨纂著,董治安整理:《古字通假會典》,濟南:齊魯書社 1989 年版,頁 603。

③ 蕭統編:《文選‧傅武仲舞賦》,上海:上海古籍出版社 1986 年版,頁 797。

④ 班固:《漢書‧谷永杜鄴傳》(卷八十五),頁 3459。

⑤ 孔穎達等:《禮記正義》,阮元校刻:《十三經注疏》(三),北京:中華書局 2009 年版,頁 3217。

⑥ 洪興祖:《楚辭補注》,北京:中華書局 1983 年版,頁 93。

⑦ 許慎:《說文解字》,頁 254。

⑧ 周振甫:《詩經譯注》,頁 256。

⑨ 孔穎達等:《禮記正義》,阮元校刻:《十三經注疏》(三),北京:中華書局 2009 年版,頁 2680。

⑩ 洪興祖:《楚辭補注》,頁 180。

8. 从"阜"从"昜"或"昜"上增加一横,如 應侯見工簋(《新收》79)、 夷伯夷簋(《新收》667);

9. 其他形體,如 蛮鼎(《商周》02405)、 公臣簋(《商周》05183)、 無更鼎(《商周》02478)、 呂服余盤(《商周》14530)。

這九類字例中絕大多數(據我們統計有 400 餘例)都是中間有一點的圓形符號,僅有少數(據我們統計有 10 餘例)屬於特殊或草率的書寫形體寫成非圓形。對金文"揚"造字本意的説解,早期學者如阮元、吳式芬、劉心源、丁佛言、高田忠周、馬叙倫等,多認爲這個圓形符號應是玉璧之類,"揚"的本意是捧持玉璧祭祀。[①] 這種説法仍不够準確。

以上第 1、2、5、7 類包含單獨的"昜"字,與"揚"諧聲,是聲符或直接通假無疑,第 2 類也可讀作"唐"。第 3、4 類無"昜",因爲"丮"強調動作,所以這兩類"揚"字,可分析爲會意字,"玉"旁與祭祀或祭品有關,[②]圓形符號也不排除是玉璧,[③]吳大澂認爲乃持玉祭日,[④]可備一説。第 6 類較特別,"玉"介於"日"與"丂"形之間,當有玉器置於示臺以獻祭之意。第 8 類與"揚"諧聲通用,第 9 類 、 兩例下邊並不是"子",豎筆加 ∨ 或 ∧ 當是古文字常見的形變現象,如"余"、"辛"、"單"等字均有這種情況。可見,這 9 類字體多以"昜"爲聲符或意符,圓形符號應分析爲"日"。對太陽的祭祀古已有之。《禮記・祭義》云:

> 郊之祭,大報天而主日,配以月。夏后氏祭其闇,殷人祭其陽,周人祭日,以朝及闇。祭日於壇,祭月於坎,以別幽明,以制上下。祭日於東,祭月於西,以別内外,以端其位。日出於東,月生於西。陰陽長短,終始相巡,以致天下之和。[⑤]

《殷契粹編》一七有:"出入日,歲三牛。"郭沫若先生在《考釋》中談到:"殷人於日之出入均有祭……蓋朝夕禮拜之。"[⑥]宋鎮豪先生曾細緻研究了卜辭中共計 12 片 21

---

① 周法高主編:《金文詁林》,香港:香港中文大學出版社 1975 年版,頁 6640—6654。

② 于省吾主編:《甲骨文字詁林》,頁 3281—3283。

③ 玉璧象天(日)説由來已久,《周禮・春官・大宗伯》鄭注:"璧圜,象天;琮八方,象地。"鄭玄之後,從者較多。羅振玉最早認出甲骨文的"玉"字,陳夢家認爲其字形象玉串之形。實際上,"玉"的甲骨文很像史前到商周時期常見的多節狀、中間貫通的玉琮。在考古發現中,玉琮、玉璧常伴出,但研究已表明,琮璧之間的隨葬地位及使用邊界是有差别的。琮多出於大墓,璧則多見於中小型墓,墓葬裏埋藏的位置也有不同。玉琮對於古人的意義顯然非同一般,"揚"字所從"玉"的造字本體很可能是玉琮。因這些觀點與本文主旨無直接關聯,在此不贅述。

④ 吳大澂輯:《説文古籀補》,北京:中華書局 1988 年版,頁 48 下。

⑤ 孔穎達等:《禮記正義》,阮元校刻:《十三經注疏》(三),頁 3460。

⑥ 郭沫若:《殷契粹編》,北京:科學出版社 1965 年版,頁 354—355。

條殷商時期對太陽的祭禮活動,稱爲"出日"、"入日",①祭日時間在殷曆二、三月之交。

中國境內隨處可見的史前時期考古材料也充分顯現了古人對太陽的崇拜。河南鄭州大河村出土的仰韶文化彩陶就有形象鮮明的太陽圖像(圖1),山東莒縣陵陽河大汶口文化陶尊符號更是反映了"日出"的形象(圖2)。馮時先生在《中國天文考古學》中指出:

> ……明確可識的日文圖像在漫長的史前時代始終就没有消失,從西部的仰韶文化到東方的大汶口文化,從各種精緻的陶玉器具到色彩斑斕的石刻岩畫,似乎都體現着人們對太陽所具有的一種巨大的超自然力量的膜拜,這種力量事實上最終以曆法的形式規範着人們的行動,成爲神與權力的最原始的結合。②

圖1　仰韶文化彩陶太陽圖像

圖2　大口汶文化陶尊"日出"形象

《易》:"天行健,君子以自强不息。"③古人對天體生生不息的運行特性有自己獨特的認識。早期先民對太陽奉若神明的崇拜使得他們很注意利用太陽運行的軌迹來確定時間與地點。湖南長沙子彈庫戰國楚帛書載:"帝夋乃爲日月之行。"④《尚書·洪範》云:"日月之行,則有冬有夏。"⑤我們認爲,"易"字所反映的內涵,應該不僅是古人對太陽每天按時升起的描述,也有觀時測影的實際目的。王暉先生指出,"晨"作爲商周時期的"日界",就是指晨刻夙時東方露出的魚肚白,亦即《詩·齊風·雞鳴》"東方明矣,朝既昌矣"。⑥

---

① 宋鎮豪:《甲骨文"出日"、"入日"考》,《出土文獻研究》第一輯,北京:文物出版社1985年版。

② 馮時:《中國天文考古學》,北京:社會科學文獻出版社2001年版,頁148。

③ 孔穎達等:《周易正義》,阮元校刻:《十三經注疏》(一),頁24。

④ 李零:《長沙子彈庫戰國楚帛書研究》,北京:中華書局1985年版,頁69。

⑤ 孔穎達等:《尚書正義》,阮元校刻:《十三經注疏》(一),頁408。

⑥ 王暉:《古文字與商周史新證》,北京:中華書局2003年版,頁388。

甲骨文"易"與"旦"的造字本意應該是分指太陽的不同方面,前者強調高升及運行軌迹,後者與"昌"同源,更強調光明。"示"本來是祭祀之臺,"易"下"丂"形所反映的也許正是一種另類的"示"之所在,如見於河南登封告城鎮的周代測影遺迹(圖3)。

圖3　河南登封告城鎮周代測影遺迹

　　總的看來,"易"與"揚"兩字的古文字形體代表了不同的造字本義。"易"最初只是表示太陽自己的升起及運行軌迹,與人的揚舉動作無關,其圓形符號就是太陽;而"揚"則比較複雜,既有以"易"爲聲的通假或形聲,也有手持玉璧、玉琮等器祭天(日)的會意(從這個角度理解,圓形玉璧本身也是對太陽的模仿)。無論將圓形符號分析爲"太陽"還是"玉璧",僅是對造字本義不同角度或不同層次的理解,太陽始終是"易"所象徵的本體。

　　本文所引著録:

　　《合集》——郭沫若主編:《甲骨文合集》,北京:中華書局1979—1982年版。

　　《英藏》——中國社會科學院歷史研究所、倫敦大學亞非學院:《英國所藏甲骨集》,北京:中華書局1985年版。

　　《周原》——曹瑋:《周原甲骨文》,北京:世界圖書出版公司2002年版。

　　《懷特》——許進雄:《懷特氏收藏甲骨文集》,加拿大:多倫多安大略皇家博物館1979年影印版。

　　《商周》——吳鎮烽:《商周青銅器銘文暨圖像集成》,上海:上海古籍出版社2012年版。

　　《新收》——鍾柏生、陳昭容、黃銘崇、袁國華編:《新收殷周青銅器銘文暨器影彙編》,臺北:藝文印書館2006年版。

"🜚"字試釋[*]

吳麗婉

(清華大學出土文獻研究與保護中心)

甲骨文有以下三個字形:

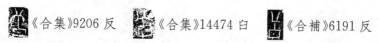

第一個字形,各家或摹寫爲"🜚",①或摹寫爲"🜚",②或認爲是"唐"字缺刻。③ 第二、三個字形,各家均以原形摹寫。④《合集》9206 反即《中歷藏》391 反,從《中歷藏》391 清晰的彩照看,長方形中間並無"一"的筆畫,第一個字形應摹寫爲"🜚",此字與

---

* 本文爲國家社科基金重大委托項目"清華大學藏甲骨的綜合整理與研究"(16@ZH017A4)和教育部、國家語委甲骨文研究與應用專項科研項目"甲骨文字新編"(YWZ－J005)及中國博士後科學基金資助項目"《甲骨文字編》校補及相關文字考釋"(2018M631430)階段性成果。

① 胡厚宣主編:《甲骨文合集釋文》,北京:中國社會科學出版社 1999 年版,第 9206 號;姚孝遂主編:《殷墟甲骨刻辭摹釋總集》,北京:中華書局 1998 年版,頁 221;劉釗主編:《新甲骨文編》(增訂本),福州:福建人民出版社 2014 年版,頁 946;李宗焜:《甲骨文字編》,北京:中華書局 2012 年版,頁 414;漢達文庫,http://www.chant.org/Trial.aspx。

② 孫海波:《甲骨文編》,北京:中華書局 1965 年版,頁 658。原書此字的出處爲"坊間 3.14","坊間 3.14"即"《合集》9206 反"。韓江蘇、石福金:《殷墟甲骨文編》,北京:中國社會科學出版社 2017 年,頁 198。

③ 陳年福:《殷墟甲骨文摹釋全編》,北京:綫裝書局 2010 年版,頁 891;曹錦炎、沈建華主編:《甲骨文校釋總集》,上海:上海辭書出版社 2006 年版,頁 1118。

④ 胡厚宣主編:《甲骨文合集釋文》,第 14474 號;彭邦炯、謝濟、馬季凡:《甲骨文合集補編》第 5 冊,北京:語文出版社 1999 年版,頁 1708;姚孝遂主編:《殷墟甲骨刻辭摹釋總集》,頁 337 頁;曹錦炎、沈建華主編:《甲骨文校釋總集》,頁 1723、5283;陳年福:《殷墟甲骨文摹釋全編》,頁 1365、4124;李宗焜:《甲骨文字編》,頁 414、1149;韓江蘇、石福金:《殷墟甲骨文編》,頁 887;陳年福:《甲骨文字新編》第三冊,北京:綫裝書局 2017 年,頁 235。漢達文庫,http://www.chant.org/Trial.aspx。

"唐"字字形差別甚大,不宜看作"唐"字缺刻。《中歷藏》的編著者疑此字與《合補》6191 反爲同一字,①是正確的。從字形結構看,此三字確有可能爲一字,三字在卜辭的用法基本一致(詳後文),更可證爲一字異寫。

《甲骨文編》、《新甲骨文編》(增訂本)均只收錄了第一個字形,將其置於附錄,分別爲 3175 號、附錄 424 號。《甲骨文字新編》僅收錄第二個字形,置於第三冊 235 頁。《甲骨文字編》則將三個字形全部收錄,但將第一、二個字形置於 1366 號,第三個字形置於 3648 號。《殷墟甲骨文編》亦收錄三個字形,但亦將三字形分列,第一個字形置於 198 頁,第二、三個字形置於 887 頁。五種字編對凸 的處理不盡合適。

漢達文庫雖然以原形摹寫第三個字形,但在原形後面標注"(兮?)",已經懷疑第三個字形可能爲"兮"字。但對於前兩個字形,漢達文庫又僅僅以原形摹寫,未將其與"兮"字聯繫起來。筆者在閱讀甲骨材料的過程中,認爲這三個字形均爲"兮"字,下面分別從字形結構以及用法兩方面試加分析。

一、"凸"的字形結構分析

甲骨文"兮"字常見的寫法爲" " " "等形。凸 (下面以此字形表示上舉三個字形)與常見"兮"字的區別有三:一、上端兩道豎筆是弧形的;二、中間橫筆是弧形的(《合補》6191 反中間橫筆其實已經是直筆);三、豎筆下端有"□"形。可能是這些區別才導致凸 向來不被看作"兮"字。但卜辭中"兮"字及"兮"旁又有作以下形體:

A. 兮: 《屯南》2348　　《上博》46464

《合集》34481　　《合集》33694

B. 絢: 《合集》28230

C. 衾: 《合集》530 正

D. 零: 《合集》28244　　《合集》30074

① 宋鎮豪、趙鵬、馬季凡編著:《中國社會科學院歷史研究所藏甲骨集》下冊,上海:上海古籍出版社 2011 年版,頁 23。

可看出"兮"字和"兮"旁上端兩道豎筆有作弧形的寫法,如 A 之《屯南》2348、《上博》46464,C 之《合集》530 正;中間橫筆亦有作弧形的寫法,如 A 之《上博》46464、C 之《合集》530 正。A 之《合集》34481 與 ☐ 之《合集》9206 反的寫法尤其相似,區別僅在於後者下旁多了"□"形。從 A—D 中可知,有的"兮"字和"兮"旁最下端有一道"一"形的筆畫,與 ☐ 下端的"□"形當是繁簡的關係,古文字中的"□"形與"一"形在作偏旁時或可通用,且有時可省略,如"示"字作"☐"(《合集》32392)、"☐"(《合集》11166)、"☐"(《合集》22072),又作"☐"(《合集》1256)、"☐"(《合集》32397)。"戌"字作"☐"(《合集》24254)、"☐"(《合補》7517)。又如"敦"字作"☐"(《合集》6783),又作"☐"(《合集》28123)。☐ 從字形結構分析,很有可能是"兮"字。

二、"☐"在卜辭中的用法

☐ 的三條卜辭分別爲:

(1) ⋯⋯邑來⋯⋯ ☐。　　　　　　　　　　　　　　　《合集》9206 反

(2) 丁巳邑示五屯。☐。叔。　　　　　　　　　　　　《合集》14474 臼

(3) ⋯⋯ ☐。　　　　　　　　　　　　　　　　　　　《合補》6191 反

我們先看辭例完整的(2)辭,此辭爲骨臼刻辭,根據骨臼刻辭的格式可知 ☐ 爲人名。(1)辭從甲骨形態看,刻寫的位置爲後甲,實爲甲橋刻辭,根據甲橋刻辭的格式,☐ 應是人名。《合補》6191 與《合集》5411 綴合①以後可知爲甲尾部位,(3)辭刻於甲尾的反面。方稚松先生對甲尾刻辭的刻寫位置做過統計,此類刻辭一般刻在龜腹甲正面的甲尾,但亦有少數刻於反面甲尾處。② (3)辭很有可能是刻於反面的甲尾刻辭。甲尾刻辭常見刻於甲尾靠近原邊之處,但亦有刻於偏向千里路的例子,如《合集》3640,(3)辭的刻寫位置與之相似,很可能是甲尾刻辭,(3)辭的 ☐ 有可能也是人名。

而"兮"字在卜辭中常見作地名或表示某種祭祀場所的用法:

---

① 蔣玉斌先生所綴,參《蔣玉斌甲骨綴合總表(300 組)》第 280 組。
② 詳參方稚松:《殷墟甲骨文五種記事刻辭研究》,北京:綫裝書局 2009 年版,頁 99—102、283—287。

（4）乙巳卜，在兮：惠丁未敢衆。　　　　　　　　　　　　《合集》35343

（5）癸丑王卜，在兮師。在三月。　　　　　《合補》11225＋《合集》37900①

（6）己卯卜：于兮立岳，雨。　　　　　　　　　　　　　　《屯南》2282 正

（7）于兮蔉（焚）。　　　　　　　　　　　　　　　　　　《合集》34482

（8）于南兮。　　　　　　　　　　　　　　　　　　　　《合集》33694

（9）貞：于商兮庭，哂以于敦。　　　　　　　　　　　　《上博》46464

卜辭中的人名、地名常可通用，峀與“兮”的用法可以説基本是相同的。

《殷商金文集成》11887 號收有一件“峀胄”，字形及用法均與甲骨文“峀”字相似，當爲一字。此器或可釋爲“兮胄”。

《殷周金文集成》11887

三、結　語

不管是字形，還是用法，峀與“兮”均有相同之處，兩者當爲一字異寫。筆者曾想，兩者雖均爲“兮”字，但是否有異體分工的關係，有“囗”形的作爲人名，無“囗”形的作爲地名？但（3）辭因上部殘損，辭例不完整，不能完全排除峀表示的是貢入龜甲的地名這種可能。實情如何，只能等待綴合驗證。從現有資料看，峀的寫法只見於記事刻辭，是偶然，還是有其他原因？也只能依靠新材料才能進一步討論。

---

① 殷德昭先生綴合，見中國社會科學院歷史語言研究所先秦史研究室網站，http://www.xianqin.org/blog/archives/3627.html。

"偏旁分析法"及其運用淺説

——以甲骨文考釋爲中心

毛祖志

（復旦大學出土文獻與古文字研究中心）

楔　　子

提起古文字學,我們首先想到的是並不太遥遠的 1899 年。這一年,王懿榮從中藥"龍骨"中偶然發現了甲骨文字,也就在這一年,王懿榮對他所發現的甲骨文字做了最爲初步的釋讀。這次偶然的發現和最初的釋讀,是後來逐漸形成的甲骨學以及主要由甲骨文釋讀而産生的古文字學的肇始。

我們説現代意義上的古文字學肇始於甲骨文釋讀,却不認爲古文字學僅限於甲骨文字及其相關的學科。實際上,隨着各種古文字資料的出土和收集,古文字學的研究對象,從最初的甲骨文,擴大到了金文、簡帛、陶文、封泥、璽印等諸多門類,而古文字學的研究成果,經過一百多年幾代學者不懈努力,早已涵蓋到了歷史、文化、考古、文獻、語言等諸多方面。

古文字學涉及對象的多和涵蓋面的廣是由古文字材料的載體和内容所決定的。但是,無論古文字學涉及的對象有多少,涵蓋的面有多廣,乃至其分支學科的研究有多深入,其中最基礎最重要最核心的還是文字字形的研究,而文字字形研究中,最基礎最重要最核心的是對"偏旁"的分析。

一、草創期的"偏旁分析法"及其運用

在《古文字學導論》裏,唐蘭先生就説過,孫詒讓在清代研治小學的諸多學者中是

"最能用偏旁分析法的"。① 誠如唐先生所言,孫氏早在撰寫《古籀拾遺》(1888)、《古籀餘論》(1903 年撰寫,1929 年出版)的時候,就已經運用了"偏旁分析"的方法。《契文舉例》(以下簡稱《舉例》)(1904)是這種方法在甲骨文字研究上的第一次運用。

甲骨文有字作""。孫詒讓《舉例》:"《説文・夊部》:'复,行故道也。从夊从富省聲。'此上从,即富省。下从,即夊也。金文召鼎復作,散氏盤作,偏旁正相似。"②

甲骨文有字作""、""等形。《舉例》以爲:"此當爲'伲'字。《説文・人部》:'伲,象也。从人目聲。'此从即目字,从即人之省。古伲目聲同字通。"③

在討論到孫氏《契文舉例》的成就時,王國維先生曾下過"惟其書實無可取"的評語,羅振玉先生也有"得者十一,而失者十九"的批評。王、羅兩先生的論斷在學術界的影響至巨,以致長期以來,多數學者都對孫氏在甲骨學上的開山之功予以肯定,而對其在古文字考釋上的成績則認識不足。對孫氏在"偏旁分析法"上的成就,此前只有唐蘭先生給予過較爲公正的評價。他説"古文字的研究,到孫詒讓才納入正軌,他的精於分析偏旁,和科學方法已很接近了",而且感歎"在甲骨文字的研究盛行後,大都用的是猜謎法,因而,古文字學暫時呈露出退化的現象"。④ 這也就是説,在此後一段時間之內,在古文字考釋的方法論上,許多學者反而及不上草創時期的孫詒讓。事實也是如此,如上面孫氏釋爲复字的"",羅振玉是釋爲"復"的。按照今天的識字水平看,顯然孫氏考釋比羅氏更爲準確。甲骨文中的""很久以來被學者釋爲"氏""氐"或"挈",現在的學者大多認識到此字就是目(以),則是其"截除性簡化"後的字形。⑤ 孫氏在考釋時提到了"古伲目聲同字通",而沒有認識到""、""爲一字的繁簡是殊爲可惜的,但他能將""釋爲目(以),比起衆多的後來者來説要準確得多。⑥無怪乎裘錫圭先生在《談談孫詒讓的〈契文舉例〉》一文中就曾感歎道:"考慮到孫氏寫書時在資料等方面所受的限制,他所作出的那些貢獻就更加值得後人珍視了……如

① 唐蘭:《古文字學導論》(增訂本),上海:上海古籍出版社 1981 年版,頁 179。以下簡稱《導論》。
② 孫詒讓:《契文舉例》,濟南:齊魯書社 1993 年版,頁 11。
③ 孫詒讓:《契文舉例》,頁 114。
④ 唐蘭:《導論》,頁 183—184。
⑤ 有關"截除性簡化"的概念,參見林澐:《古文字學簡論》,北京:中華書局 2012 年版,頁 58。
⑥ 孫詒讓考釋"复"和"目"的例子及其評價,都是概括裘錫圭先生《談談孫詒讓的〈契文舉例〉》中的有關論述,特此注明,以示並無掠美之意。參見裘錫圭:《談談孫詒讓的〈契文舉例〉》,《裘錫圭學術文集・雜著卷》,上海:復旦大學出版社 2012 年版,頁 41—47。

果孫氏在甲骨文研究方面能有羅王所具備的客觀條件,他所能作出的貢獻大概是不會比他們小的。"①據張德劭先生在《甲骨文考釋簡論》裏所作的統計,孫氏 135 條考釋中,現在認爲比較可信的有 63 字。當時孫氏所憑藉的是印刷尚欠精良的《鐵雲藏龜》,却能準確考釋出數量如此衆多且有些是難度較高的未識字,②證明了裘先生對孫氏在古文字考釋上的貢獻所作判斷的正確性。③

早在 1888 年撰寫《古籀拾遺》時,孫氏在考釋文字中就提及了"竊以此二字所從偏旁析而斠之"的方法論問題。④ 在 1905 年出版的《名原》裏,孫氏又説:"書契初興,形必至簡,逮其後品物衆而情僞滋,簡將不周於用,則增益分析而漸繁。其隨後文極而弊端,苟趣急就,則彌務省多,故復減損而反諸簡。其更迭嬗易之爲,率本於自然;而或厭同耆異,或襲非成是,積久承用,皆爲律科,故歷年益遠,則僞變益衆。"⑤從上述引文可以了解到,孫氏不僅明確提出了"偏旁分析"的方法,而且對古文字形體的演變規律做了較爲合理的推定。

以今天的眼光來看,孫氏對"偏旁分析法"的運用還有不够完善的地方,⑥對古文字形體的演變規律的概括還顯得較爲粗略,而他所提出的"偏旁分析法"也還只是一個比較模糊的概念,缺少科學定義所必要的概括性、準確性和明晰性。但即便如此,現代意義上以"偏旁"作爲主要手段來分析考釋古文字,而且將其上升爲理論的當以孫詒讓爲第一人。⑦ 就因爲孫詒讓提出"偏旁分析法"並付諸實踐,使得"古文字在認識論和方法論上都產生了一個質的飛躍",⑧這也是爲什麽孫氏考釋古文字的水平比

---

① 裘錫圭:《談談孫詒讓的〈契文舉例〉》,《裘錫圭學術文集·雜著卷》,頁 47。

② 陳夢家先生認爲孫詒讓"所認的對的以及和羅氏水平相等的共 185 字",與張先生所統計的頗有出入。參見陳夢家:《殷虛卜辭綜述》,北京:中華書局 1988 年版,頁 56。

③ 張德劭:《甲骨文考釋簡論》,北京:世界圖書出版公司 2012 年版,頁 14。

④ 孫詒讓:《古籀拾遺·古籀餘論》,北京:中華書局 1989 年版,頁 23。

⑤ 孫詒讓:《契文舉例·名原》,收入許嘉璐主編:《孫詒讓全集》,北京:中華書局 2016 版,頁 219—220。

⑥ 在王斐、程邦雄先生所撰寫的《孫詒讓考釋甲骨文的偏旁分析法》中,認爲孫詒讓在甲骨文考釋中運用的"偏旁分析法"至少涉及了"運用偏旁分析法考釋'群字'"、"'以偏旁證單字'和'以單字證偏旁'"、"通過偏旁分析法辨析形近異字、確定異形同字"等多個方面。參見王斐、程邦雄:《孫詒讓考釋甲骨文的偏旁分析法》,《語言研究》2016 年第 4 期,頁 95—100。可見,雖然處於"偏旁分析法"遠未成熟的草創期,孫詒讓在甲骨文考釋中對"偏旁分析法"已經運用得非常嫺熟了。

⑦ 通過偏旁來對漢字做分析,從先秦就已初現端倪(學術界常引的例子是《左傳·宣公十二年》的"夫文,止戈爲武",《左傳·昭公元年》"於文,皿蟲爲蠱"等),至東漢的《説文解字》蔚爲大觀,後世更不乏來者。這裏以對甲骨文的研究爲起點,所以均未涉及。

⑧ 劉釗:《古文字構形學》(修訂本),福州:福建人民出版社 2016 年版,頁 3。以下簡稱《構形學》。

之後來的羅王有過之而無不及的原因。① 在古文字的考釋中提出和運用了"偏旁分析法"，這是"他對於古文字學的最大貢獻"。② 可惜的是孫氏在 1908 年就過早離世了。如果能有更多更清晰的著録書籍供其研究，有更多的古文字字形供其對比分析，孫氏一定會正確地考釋出更多的古文字來，而我國古文字的考釋水平也會於開創伊始就站在一個更高的臺階之上了！

二、形成期的"偏旁分析法"及其運用

孫氏之後的諸多學者們，都或多或少、或自覺或不自覺地運用以"偏旁分析"爲主要手段分析字形的方法考釋未識的古文字，③而其中成就最爲卓越的當屬唐蘭先生。

唐先生在古文字學上的貢獻很多，僅就與"偏旁分析法"有關的貢獻從以下方面來加以論述：

（一）宣稱漢字學研究的對象只限於漢字的"形體"

對於漢字學研究的對象"只限於形體"的觀點，在唐先生撰寫《導論》相關篇章時就簡略地提到過，④而真正較爲系統提出這個觀點並加以論證，則是在他的《中國文字學》裏。⑤ 唐先生是通過三個方面來加以論證的：

1. 從"漢字與拼音文字的區別"上看

"中國的文字是特殊的，在一切進化的民族都用拼音文字的時期，她却獨自應用一種本來含有意符的注音文字……我們……不能把只有二十多個字母拼音的西方文

---

① 參見裘錫圭：《談談孫詒讓的〈契文舉例〉》，《裘錫圭學術文集・雜著卷》，頁 45。

② 參見陳夢家：《殷虚卜辭綜述》，頁 56。

③ 羅振玉和王國維是孫詒讓之後最具成就的古文字學家。據張德劭在《甲骨文考釋簡論》中的統計，王國維一共考釋了 53 字，被認可的有 25 字；羅振玉一共考釋了 425 字，被認可的有 315 字（參見該書第 10—11 頁）。羅振玉是迄今爲止考釋甲骨文字數最多準確率也最高的古文字學家。這主要是因爲羅氏當時收藏了大量的甲骨文材料，而且他所考釋出來的都是一些極易辨識的字形，一旦遇到較有難度的字形，羅氏的考釋就往往漏洞百出。裘先生就曾説羅振玉在釋字時"由於望文生義憑空臆測而釋錯的字也不少"。參見《裘錫圭學術文集・甲骨文卷》頁 22。我們認爲這主要是羅氏（也包括王氏）沒有能夠運用科學的釋字手段的結果［唐蘭先生也認爲羅氏"是不很講究分析偏旁的方法的"，參見《古文字學導論》（增訂本）第 11 頁和第 182 頁］。所以，雖然他們兩位在早期的甲骨文考釋上成績斐然，但方法上並未有過多的創新，我們就不把他們單獨列舉出來作爲"偏旁分析法"的一個歷史階段的代表了。

④ 參見唐蘭：《導論》，頁 135。

⑤ 唐蘭：《中國文字學》，上海：上海古籍出版社 2005 年版，頁 2—5。以下簡稱《文字學》。

字來比較"。這也就是説,漢字最大的特點就是仍然保留"意符",語言的發展和文字的發展極不一致,與西方"語言和文字差不多一致,研究語言也就是研究文字"的狀況大不相同。①

雖然,唐先生在做論證時,並没有科學地指出漢字與拼音文字的本質區别,而將"意符"作爲漢字的特點來加以論述也顯得不够全面,但畢竟已經開始注意到了漢字有别於拼音文字的一些特點,給後來的研究奠定了基礎。

2. 從"文字學和語言學的差别"上看

漢字學的研究對象是什麽,長久以來都是一個聚訟紛紜的問題。有學者就認爲,漢字既然是形音義三個方面組成的,漢字學的研究對象理所當然地就應該包括形音義。

對於這個問題,唐先生説:"一個字的音義雖然和字形有關係,但本質上,它們是屬於語言的。嚴格説起來,字義是語義的一部分,字音是語音的一部分,語義和語音是應該屬於語言學的。"②

正如唐先生所説,從文字學特别是漢字學的角度看,文字與語言並没有必然的關係,每種文字和它所記録的語言雖然相互之間有或近或遠的聯繫和或大或小的影響,但文字和語言都有着相對獨立的發展方向和軌迹,所以,文字學和語言學就理所當然地有屬於自己的研究對象。索緒爾在《普通語言學教程》中談道:"語言和文字是兩種不同的符號系統,後者唯一的存在理由是在於表現前者。語言學的對象不是書寫的詞和口説的詞的結合,而是由後者單獨構成的。"③索緒爾所謂"口説的詞"和唐先生所謂"形體"當然有别,④但是他們要將對音和義的研究都納入到語言學範疇而不是文字學範疇的觀點則是一致的。

3. 從"文字學的學科發展史"上看

中國古代所謂"小學",包括了"文字"、"訓詁"、"音韻"三個門類。唐先生根據學科發展的歷史認爲,其中的音韻學"從漢末反語的産生開始,就已經逐漸脱離小學",

---

① 唐蘭:《文字學》,頁 3。

② 唐蘭:《文字學》,頁 5。

③ [瑞士] 費爾迪南·德·索緒爾:《普通語言學教程》,北京:商務印書館 1999 年版,頁 47—48。

④ 嚴格地説,唐先生的"形體"和索緒爾的"書寫的詞"是有本質的區别的。就像裘錫圭先生所説的"文字是語言的符號。作爲語言的符號的文字,跟文字本身所使用的符號是不同層次上的東西。參見裘錫圭:《文字學概要》,北京:商務印書館 1989 年版,頁 10。那麽,索緒爾的"書寫的詞"只談到"語言的符號"的層次,而唐蘭先生的"形體"實際上已經深入到了"文字本身所使用的符號"的層次。考慮到那時的學者都不具備這樣的認識(包括唐先生自己),所以我們就姑且將兩者所説看作是同一個概念的不同表述。

而"早已成爲一種獨立的、專門的學科",①"小學"在初期就分爲了以《説文解字》、《字林》爲代表的"文字學",以《爾雅》、《倉頡篇》爲代表的"倉雅學",以《聲類》、《韻集》爲代表的"聲韻學"等三個獨立的學科。而"民國"以來所謂"文字學",名義上雖兼包形音義三部分,其實早就只有形體是主要部分了,②而訓詁也從傳統小學中獨立出來,那麼,剩下的"文字"也就必然成爲一門單獨的學科了。

衆所周知,音韻學的研究對象是語音,訓詁學的研究對象是語義,那麼,由"小學"中的"文字類"研究發展而來的文字學,研究對象也就理所當然是字形了。就像音韻學的研究會兼顧到形義、訓詁學的研究會兼顧到形音一樣,文字學的研究也會兼顧到音義。即便如此,在文字學中,對形體的研究永遠是第一位的,音義只是對形體進行研究時較爲有效的輔助手段罷了。

唐蘭先生從上述三個方面論證了"我的文字學的研究對象,只限於形體"的觀點,雖然在邏輯性和全面性上還有待加强,但總體上説,還是合乎漢字學作爲一門單獨學科的實際的。但對這種觀點,時人和後人的非議也是頗多的。李學勤先生就説過"文字的形、音、義是不能截然分開的,只研究形而不兼顧音、義,會爲我們的工作帶來很大的局限性"。③

我們認爲,唐先生的意思並不是"不兼顧音、義",而是要改變之前"文字學"、"訓詁學"、"音韻學"界限不清的局面,使"文字學"作爲一門獨立的學科從傳統小學的窠臼中擺脱出來。在這個基礎上,進一步明確"形體"才是文字學這門學科的核心研究對象。只有形體得到充分和正確的研究之後,對漢字音、義的研究才能真正地展開。唐先生"只限於形體"的話,是針對整個漢字學來説的,對於古文字考釋也是適用的。劉釗先生《古文字構形學》認爲:"考釋古文字的一條根本原則,就是以形爲主,從字形出發……形是第一位,是先決條件,只有先解決了形,才能談到音義。"④這也就是説,在古文字考釋時,對"形"研究得不够充分,就不可能真正正確地考釋出古文字來。

(二) 在古文字考釋中突出强調了"偏旁分析法"並使之上升到了理論層次

唐先生對"偏旁分析法"的主要貢獻在於以下三點:

---

① 唐蘭:《文字學》,頁 4。

② 唐蘭:《文字學》,頁 4。

③ 李學勤:《古文字學初階》,北京:中華書局 1997 年版,頁 8。

④ 劉釗:《構形學》,頁 228—229。

1. 較爲科學地定義了"偏旁分析法"

在《導論》中,有"怎樣去認識古文字"一章,裏面明確提出了"偏旁的分析",而且將其分爲上下兩篇,可見對"偏旁分析"的重視程度。在論述中,唐先生首先對"偏旁分析法"的歷史做了回顧,肯定了孫詒讓的開創之功,然後對"偏旁分析法"做了較爲明確的定義:這種方法"是把已認識的古文字分析做若干單體——就是偏旁,再把每一個單體的各種不同的形式集合起來,看它們的變化,等到遇見大衆所不認識的字,也只要把來分析做若干單體。假使各個單體都認識了,再合起來認識那一個字。"①

儘管,在此前,孫詒讓就對"偏旁分析法"做過最初步的定義,但説到完整性和系統性,是完全不能和唐先生的定義和論證相提並論的。可以説,因爲唐先生的重視和定義,古文字考釋才真正有了明確的屬於自己學科的方法。

2. 對"偏旁分析法"給予了較爲客觀的評價

"偏旁分析法"作爲一種科學的方法,考釋出來的古文字準確度有多高、應用效果如何、有什麽樣的學科價值,都是學習和使用這種方法的學者們最爲關心的問題。

在《導論》中,唐先生對上述問題極具預見性地一一做了解答。在談到"準確度"時他説:"這種方法,雖未必便能認識難字,但由此認識的字,大抵總是顛撲不破的。"②在談到"應用效果"時他説:"如果僅拿一兩個字來説,這種方法運用的範圍,似乎太瑣小狹隘了。這種方法最大的效驗,是我們只要認識一個偏旁,就可以認識很多的字。"③在談到"學科價值"時他説:"有了這種方法,我們才能把難認的字,從神話的解釋裏救出來,還歸到文字學裏。"④

唐先生的解説雖然較爲簡略,表述上也略有矛盾之處,⑤但從中我們却不難了解到,"偏旁分析法"考釋出來的古文字是"顛撲不破的",通過這種方法是可以"認識很多的字"的,而且這種方法是屬於"文字學"的科學的方法。

3. 用實例從正反兩方面對"偏旁分析法"進行驗證

在"偏旁的分析"的下篇,唐先生就運用"偏旁分析法",考釋出了古文字中一批從

---

① 唐蘭,《導論》,頁 179。

② 唐蘭:《導論》,頁 179。

③ 唐蘭:《導論》,頁 188。

④ 唐蘭:《導論》,頁 180。

⑤ 這個矛盾體現在:前面説這種方法"雖未必便能認識難字",似乎認爲通過"偏旁分析法"不能考釋難字;後面又説用這種方法"我們才能把難認的字,從神話的解釋裏救出來,還歸到文字學裏",又似乎在説"偏旁分析法"是考釋難字唯一符合文字學的方法。

冎和一批从斤的、在現在已經被公認考釋正確的字。[①] 通過實例驗證了"偏旁分析法"的確是"顛撲不破的",是可以"認識很多的字"的,是屬於"文字學"的科學的方法。

除了通過實例驗證了"偏旁分析法"在古文字考釋上的科學性,唐先生還通過相反的實例證明没有運用或没有正確運用"偏旁分析法"所帶來的後果。

在"偏旁的分析"上篇裏,唐先生説:"兩周系裏的金文,算是很好認識了,但是,即便學者間以爲已認識的字,要是一分析偏旁,往往有許多錯誤。"[②]又説"在甲骨文字裏,這種錯誤,尤其多了"。[③] 唐先生的意思是,這些字之所以被認錯,其原因就是在考釋時没有對所釋文字做偏旁分析,並引金文中从皀的"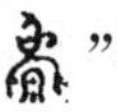"被釋爲"熊"和甲骨文中的""被釋爲"埽"等錯誤的考釋爲實例來證明,[④]没有運用或没有正確運用"偏旁分析法",古文字考釋就會流於"猜謎",而"古文字學"也會"暫時呈露出退化的現象"。[⑤]

唐先生給"偏旁分析法"下了較爲科學的定義,對其也給予了較爲客觀的評價,而且用了比較大的篇幅,從正反兩方面對這種方法進行了檢驗。這是我們之所以説唐先生所提倡的"偏旁分析法"具有科學性、系統性、客觀性等諸多特點的原因。

可以説,在古文字學中,首創"偏旁分析法"的是孫詒讓,而真正使之上升到理論層次的是唐先生。這是唐先生在古文字考釋的理論建設上所做的最大貢獻。朱德熙先生在《紀念唐立厂先生》一文中也説:"儘管這兩種方法(引者按:兩種方法指的是'偏旁的分析'和'歷史的考證'。在我們看來,這兩種方法其實就是一種方法在具體運用時的不同表現。具體論述詳見下文)在具體考釋古文字時都曾有人用過,但先生第一個有意識地把這兩種方法作爲方法論的原則提出來,意義是重大的。"[⑥]

(三) 較爲詳實地總結了"偏旁"的歷史演變規律

在《導論》"歷史的考證"一節裏,唐先生説:"我們精密地分析文字的偏旁,在分析後還不能認識或有疑問的時候,就得去追求它的歷史……我們得搜集材料,找求證

① 考慮到這兩個實例早已爲多數古文字學學者所習知,我們就不做全文引述了。讀者可以參考《導論》相關章節的内容。

② 唐蘭:《導論》,頁 180—181。

③ 唐蘭:《導論》,頁 182。

④ 唐蘭:《導論》,頁 181、182。

⑤ 唐蘭:《導論》,頁 183—184。

⑥ 朱德熙:《紀念唐立厂先生》,《古文字研究》第二輯,北京:中華書局 1981 年版,頁 6。

據,歸納出許多公例。……這種研究方法,我稱它做歷史的考證。"又説:"偏旁分析法研究横的部分,歷史考證法研究縱的部分,這兩種方法是古文字研究裏的最重要部分,而歷史考證法尤其重要。"①

這也就是説,唐先生的"偏旁分析法"在注重"偏旁"的横(共時)的變化的同時更注重"偏旁"縱(歷時)的變化,較爲詳實地總結了"偏旁"的歷史演變規律。

唐先生總結字形的演變規律時,首先是從宏觀的視角探討文字演變的途徑,然後再從微觀的視角,對古文字字形的具體演變規律進行審視。唐先生認爲文字的演變,有兩個途徑,"一是輕微地漸近地在那裏變異,一是巨大的突然的變化",②即我們現在常説的"漸變"和"突變"。

在談到古文字字形具體的演變規律時,唐先生首先關注的是有關文字簡化的規律並加以總結:

"把筆畫太肥不便刀筆的地方,用雙鉤或較瘦的筆畫表現出來",並以"▢"簡化爲"▢"等爲例。

"整齊劃一的規律",並以"▢"的結構調整爲"▢"等爲例。

"太繁的部分往往省去一部分",並以"▢"簡化爲"▢"爲例。

其次是有關文字的增繁:

凡垂直的長畫,中間長加‧,‧又引爲 ━ ,間或爲 ∨ ,並以"▢"演變爲"▢"又演變爲"▢"和"▢"演變爲"▢"又演變爲"▢"或"▢"等爲例。

凡前綴是横畫,常加一畫,並以"▢"演變爲"▢"等爲例。

凡前綴是横畫者,常加 八 ,並以"▢"演變爲"▢"等爲例。

凡字末常加 ━ , ━ 下又加 ‧‧ 或 八 ,並以"▢"演變爲"▢"又演變爲"▢"等爲例。

凡有空隙的字,常填以‧,並以"○"演變爲"⊙"等爲例。③

除了古文字演變的"簡化規律"和"繁化規律"外,唐先生還總結了"字形通轉的規律"、④"字形的混淆和錯誤"⑤等規律。限於篇幅,我們就不一一介紹了。

---

① 唐蘭:《導論》,頁 197—198。

② 唐蘭:《導論》,頁 218。

③ 以上諸例出自唐蘭:《導論》,頁 219—226。

④ 唐蘭:《導論》,頁 230。

⑤ 唐蘭:《導論》,頁 241。

　　總之,唐先生對"偏旁"歷史演變規律的總結是全面和細緻的,爲此後的進一步研究打下了堅實的基礎。

　　在唐先生之後,對古文字考釋方法做比較全面總結的是楊樹達先生。在《積微居金文説・新識字之由來》中,楊先生將其從實踐中歸納出來的考釋方法總結爲"據《説文》釋字"、"據甲文釋字"、"據甲文定偏旁釋字"、"據銘文釋字"、"據形體釋字"、"據文義釋字"、"據古禮俗釋字"、"義近形旁任作"、"音近聲旁任作"、"古文形繁"、"古文形簡"、"古文象形會意字加聲旁"、"古文位置與篆書不同"、"二字形近混用"等十四個條目。① 在這十四個條目中,除了"據文義釋字"和"據古禮俗識字"外,其他十二種條目,都是以字形爲對象的考釋方法。稍微對這十二個條目進行區分後不難發現,除"據銘文釋字"、"據形體釋字"外,其他十個都可以歸入唐先生的"偏旁分析法",所不同的只是楊先生將偏旁分析的對象進一步明確爲某一類具體的古文字材料。相較而言,唐先生總結的考釋方法,在理論上更爲明晰,特別是"偏旁分析法"的提出,在古文字考釋的方法論上,可謂居功至偉;而楊先生總結的考釋方法,在實踐上更具操作性,後來者以此爲入口,必然會找到一條行之有效的途徑。②

　　于省吾先生是公認的繼羅王之後在甲骨文考釋上最有成就的學者。③ 于先生有關古文字考釋的理論,最爲人所熟知的,是在《甲骨文字釋林・序言》(以下簡稱《序言》)裏所説的"古文字是客觀存在的,有形可視,有音可讀,有義可尋。其形、音、義之間是相互聯繫……",④學者們常據此來反對唐蘭先生所宣導的"只限於形體"的觀點。就像我們之前所談到的,唐先生的研究不是不理會音義,而是從學科的角度將"形體"置於"唯一"的地位。其實在《序言》接下來的敍述中,于先生也強調:"還應當看到,留存至今的某些古文字的音義或一時不可確知,然其字形則爲確定不移的客觀存在。因而字形是我們實事求是地進行研究的唯一基礎。"⑤于先生的言説儘管簡短,但已經將唐先生運用在整個文字學上的理論,具體到了古文字考釋上,明確宣稱"字形"是"進行研究的唯一基礎"。讀者只要仔細閱讀于先生《甲骨文字釋林》裏的考釋

---

① 楊樹達:《積微居金文説》(增訂本),北京:科學出版社 1959 年版,頁 1—16。以下簡稱《金文説》。

② 楊先生具體考釋例子已爲學界所習知,所以我們在這裏只簡單引述其相關理論,至於考釋實踐,讀者可參考《積微居金文説》中的相關例證。

③ 參見姚孝遂主編:《中國文字學史》,長春:吉林教育出版社 1995 年版,頁 346;黃德寬、陳秉新:《漢語文字學史》,合肥:安徽教育出版社 1990 年版,頁 201;王宇信:《甲骨學通論》(增訂本),北京:中國社會科學出版社 1999 年版,頁 355—358;王宇信:《中國甲骨學》,相關章節。

④ 于省吾:《甲骨文字釋林》,北京:中華書局 1979 年版,頁 3。以下簡稱《釋林》。

⑤ 于省吾:《釋林》,頁 3—4。

文章,就不難發現于先生在考釋文字時不僅以"形"爲第一要義,而且將文字考釋中的"偏旁分析法"引向了更爲"微觀"的層面。

甲骨文中,作"才"形的字,之前的學者大都釋爲"力",因此,也將從"才"的"古"釋爲"召"而讀爲"咎";將從"古"的"裑"釋爲"袑",並以"袑"爲"咎"的異體。在《釋林·釋乇、舌、裑》中,于先生通過上述諸字所從的"才"與"力"的甲骨文字形作對比,發現"力"在甲骨文裏的字形多爲"ᒻ",與"才""分明是兩個字"。在對比了甲骨文中的"宅"和"亳"以及晚周貨幣厇陽之"厇"所從的"乇"多爲"才""乇"形之後,于先生得出了"才"爲"乇"、"古"爲"舌"、"裑"爲"裑"的結論。①

武丁時期的賓組貞人中有名"ᙁ"者,初不知何字。經由胡光煒先生考釋,認爲該字形與金文中常見的"敢"字所從的"ᙁ"及毛公鼎中的"靜"字所從的"ᙎ"形近,而將其釋爲"爭"。釋"ᙁ"爲"爭"確實體現了胡先生的卓識,但因爲論證尚欠嚴密,學者們對其結論一直持懷疑態度。在《釋林·釋爭》中,于先生認爲胡先生釋"ᙁ"爲"爭"是正確的。但同時認爲"敢"並不從"爭",而且要證明西周晚期的"靜"所從的"ᙎ"與商代一期卜辭中的"ᙁ"爲一字,缺少必要的中間環節。于先生舉出了時代比毛公鼎早得多的靜卣、靜吊鼎和靜簋中"靜"字所從之"爭"分別作"ᙎ"、"ᙎ"和"ᙎ",將它們與卜辭中的"ᙁ"作對比,指出後者與前者之間"只是'◡'形變爲向左下迤作'丿'形而已",②從而在字形演變上爲"ᙁ"發展爲"ᙎ"找到了令人信服的證據。

和唐、楊兩先生相比,于先生在古文字考釋的理論上論述不算很多,但大多比較重要,而古文字考釋水平却在于先生手上大幅度提高。上面所舉的同樣都是釋"ᙁ"爲"爭",爲什麽經過于先生的論證之後,才爲學者所普遍接受呢? 這主要還是于先生運用了偏方分析法,觀察到了偏旁變化過程中的相互聯繫和細微差別。于先生在實踐中使"偏旁分析法"深入到微觀的層面,從而考釋出了一批難度頗高的甲骨文字(其成果大多收録於《釋林》中),使古文字考釋進入到一個新的層次。

---

① 于省吾:《釋林》,頁 167—168。
② 于省吾:《釋林》,頁 190—191。

三、全面成熟期的“偏旁分析法”及其運用

（一）林澐先生的貢獻

繼唐、楊兩先生之後，對古文字考釋方法作進一步總結和實踐的是林澐先生。林先生的主要貢獻至少可以從以下方面進行探討。

1. 强調“字形”在古文字考釋上的首要地位

在此之前，利用文例來“推勘”古文字，是一個比較通行的方法，羅王郭董都或多或少使用過這種方法。比如，甲骨文中用作干支的“ ”、“ ”、“ ”等形，被孫詒讓釋爲“子”，羅振玉對照甲骨文中發現的干支表（孫氏没有能够見到甲骨文中完整的干支表）中的文例成功地釋出甲骨文中的“ ”等形體實際上是“辰巳午未”的“巳”。所以，唐先生指出了“推勘”在文字考釋中的重要性，而且將“推勘”理論化爲“推勘法”，使之成爲考釋古文字的“四大根本方法”之一，也就在情理當中了。楊樹達先生也提出了“據文義釋字”的方法，而且總結出了“當以文義定字形，不當泥字形而害文義。文義當，則依字讀之可也，依字不通，則當大膽改讀之”的經驗之談。[1] 林先生在《簡論》“考試古文字的途徑”一章裏認爲，唐先生的“推勘法”（也即楊先生的“據文義釋字”法），如果“要求認出來的字放在具體的辭例中能講得通”則是正確的，[2]但如果是像楊先生所説的“依字不通，則當大膽改讀之”的話，那就“勢必使識讀古文字成爲隨心所欲之舉”了。[3] 他認爲，如果没有字形作爲可靠的依據，即便有相關文例可供推勘，其結果也仍然只留在猜測階段，往往只能導致更多的錯誤與混亂。在這裏，他並不是否定文例的推勘，而是旨在説明文例在文字考釋上只是輔助作用，强調在“考釋古文字時”應該“把客觀存在的字形作爲主要的出發點”。[4]

唐先生提出的“推勘法”，和他説的文字學（當然也包括古文字學）研究“只限於形體”的觀點是存在矛盾的（“推勘法”顯然不屬於形體範疇）。林先生有鑒於此，將唐先生的“推勘法”和楊先生的“屈形以就義”調整到了“字形”研究的附屬地位。

---

① 楊樹達：《金文説》，頁 15。
② 林澐：《古文字簡論》，北京：中華書局 2012 年版，頁 52。以下簡稱《簡論》。
③ 林澐：《簡論》，頁 53—55。
④ 林澐：《簡論》，頁 47—60。

2. 重新確定了"偏旁分析法"的適用範圍

這是林先生對"偏旁分析法"所做出的最大的貢獻。

雖然此前唐蘭先生已經對"偏旁分析法"下了比較科學的定義,也大致劃分出了"偏旁分析法"所適用的範圍,但包括唐先生自己在内的很多學者,對"偏旁分析法"的概念也還不夠清晰,對其適用範圍也有估計得過於狹窄之嫌,没有能够清楚地認識到,字形和偏旁雖然是兩個概念,但絕大多數古文字字形是由兩個或兩個以上的偏旁構成的,大多數單獨的偏旁也就是一個個字形,比如"如",就是由"女"和"口"兩個偏旁構成的一個字形,而構成"如"的偏旁"女"和偏旁"口",單獨成字時就是"女"字和"口"字;只不過有的時候,作爲字形組成成分的偏旁和這個偏旁單獨成字時的形體有所變異罷了。所以在很大程度上,對字形的分析就是對偏旁的分析,字形和偏旁的區别只是單位的大小,實在是没有本質上的差異。在《古文字學簡論》(1986 年初版時的書名爲《古文字研究簡論》,2012 年 4 月出版的再版本名爲《古文字學簡論》。本文使用的後者,以下簡稱《簡論》)裏,林先生將唐蘭先生的"對照法"、"偏旁的分析"、"歷史的考證"看作一個有機的整體,而且進一步指明,考釋古文字的主要出發點是字形,根本的方法是"歷史比較法",而"歷史比較法"的"主幹"是"偏旁分析",這就將唐蘭先生的四種考釋方法中的"對照法"、"偏旁的分析"、"歷史的考證"三種方法結合起來,既表現出了層次性,又體現出了系統性和整體性,彌補了唐蘭先生在論述這些方法時因表述不够嚴明而讓人産生的割裂感,明確了偏旁分析在古文字考釋方法上的核心地位,更明確了所謂"對照"是偏旁的對照,所謂"歷史"是偏旁的歷史,從而使偏旁分析在人們的腦海裏不再是一片混沌,成爲了較之以前易於把握的古文字考釋方法(當然,易於把握,不代表易於掌握,更不代表易於運用)。

3. 首次對如何在考釋古文字時正確拆解漢字進行了深入探討

陳世輝、湯餘惠兩先生在《古文字學概要》裏説過:"偏旁分析的實質,是把合體字拆開來,進行局部的對照。"[1]但遇到一個具體的未識字,怎樣才能正確地拆分,則是一個很少有人談及的問題,也是一個直接關係到考釋成敗的問題。在《簡論》中,林先生就舉出過這樣一個例證。《金文編》中的 "林"字條下有字形作" 🔤 ",被劃分爲" 🔤 "、" 🔤 "這樣兩個偏旁。實際上這個" 🔤 "是从林从堂的古"棠"字,正確拆分應該是" 🔤 "、" 🔤 "。[2] 林先生接下來總結説:"有的古文字之所以認錯,就是因爲考

---

① 陳世輝、湯餘惠:《古文字學概要》,福州:福建人民出版社 2017 年版,頁 120。

② 林澐:《簡論》,頁 66。

釋者在作這種假定性的字形劃分時,犯了片面性的錯誤,没有考慮幾種别的可能性。一般我們總是假定筆畫互不連續的各個部分是具有相對獨立性的,但實際上有很多的例外。"①

4. 進一步歸納了"字形歷史演變的規律"

在古文字考釋時,形體的相似性一直是學者們關注的重點。唐蘭先生在討論到"字形演變的規律"時,也是以相似與否作爲考釋字形的一個標準。而在早期的文字考釋中,羅振玉就利用形體的相似性,對甲骨文字與後代文字進行比較,準確識别出了大量甲骨文。但這種"相似性",只在古文字考釋初期對一些形體較爲簡單的字形才行之有效,對於演變較爲複雜的字形就顯得捉襟見肘了。在《簡論》中,林先生舉例説,甲骨文中的"𡗜"(王)跟金文中的"𡯂"(立)形體相似,却不是一個字,而這個"𡗜"(王)和小篆中的"王"(王)差别很大,却是一個字,由此認爲"根據形體差别大小來判定是否是同一個字或偏旁,往往得出錯誤的結論",②而是應該找到字形演變的内在規律性,而且將其内在規律概括爲"簡化"、"分化"、"規範化"以及比較特殊的"訛變"等四個方面。對這四種規律進行論證時,林先生列舉了大量的證據,相比唐先生的相關章節("字形演變的規律"),林先生的論證更爲明晰直觀深入。如説到"簡化"時,林先生就根據自己的研究所得,總結爲"總體性簡化"、"截除性簡化"、"並劃性簡化"等。其中所謂"並劃性簡化",就是唐先生"原來分開的兩個偏旁中的某些綫條重合起來",而且列舉"坤珂"演變爲"𡊍","𤢀"演變爲"𤟘"等加以説明。而這種簡化現象,就是唐先生没有注意到的偏旁組合現象。又如,針對"古文字從很强的圖畫性演變爲易於書寫的符號"這種簡化方式,唐先生的説法是"把筆畫太肥不便刀筆的地方,用雙鉤和較瘦的筆畫變現出來",而林先生則概括爲"整體性簡化",顯然更爲簡潔明瞭。③

林先生對"字形歷史演變規律"的歸納當然不止上述那些内容,限於篇幅我們就不過多舉例了。

作爲"建國以來第一部全面論述古文字研究方法的著作"和"着重分析探索了古文字分析考釋上的認識和理論問題"的"一部難得的好書",④林先生的《簡論》在古文字學特別是在古文字考釋的方法論上是極具指導意義的。劉釗先生在《古文字學構形學》裏也曾加以評述,認爲《簡論》:"是一部談古文字考釋方法的重要著作,言近旨

① 林澐:《簡論》,頁 78。

② 林澐:《簡論》,頁 83。

③ 林澐:《簡論》,頁 85—89。

④ 姚孝遂主編:《中國文字學史》,頁 471。

遠,對古文字考釋中存在的問題和錯誤,分析得極爲透徹,已大體勾畫出了正確科學考釋古文字的方法和途徑。"①通過上面的例證可以充分證明上述學者對《簡論》所下論斷的正確性。

5. 着重指出時代與書寫習慣對古文字考釋的重要性

除了《簡論》中的相關内容,林澐先生在其他文章中對古文字考釋也有深入的思考。在《甲骨文中的商代方國聯盟》一文中,林先生就曾指出"不少甲骨學者對甲骨分期和分類在文字研究上的重要性認識還不够"。② 長期以來,很多學者都認爲甲骨文中的"从"和"比"是同一個字(現在還有學者這樣認爲)。林先生通過對甲骨文中不同時期不同組别的"从"和"比"的偏旁的全面對比分析,得出了不同時代不同組别的"从"和"比"或有形似的情況,而同時代同組别的"从"和"比"兩不相混(極少例外)的可靠結論(見"表一"),凸顯出了時代特點和書寫習慣對字形的重要影響。林先生的這個觀點,長期被古文字研究者所忽略,只有到了本世紀初,陳劍先生才專門全面地研究了這個問題,並撰寫了《殷墟卜辭的分期分類對甲骨文字考釋的重要性》一文。③

表一④

	武丁自組	武丁賓組	祖庚	祖甲尹群	廪辛康丁	武乙文丁	帝乙帝辛
人							
匕							
从							
比							

在這裏值得一提的是,林先生不但將偏旁分析法付諸考釋實踐,而且對先秦的偏

---

① 劉釗:《構形學》,頁5。

② 林澐:《甲骨文中的商代方國聯盟》,收入所著《林澐學術文集》,頁69—84,引文在該書頁72。

③ 陳劍:《殷墟卜辭的分期分類對甲骨文字考釋的重要性》,收入所著《甲骨金文考釋論集》,北京:綫裝書局2007年版,頁317—457。

④ 林澐:《甲骨文中的商代方國聯盟》,收入所著《林澐學術文集》,頁69—84,引表在該書第73頁。

旁系統做了深入系統的梳理，據此寫出了《先秦古文字中待探索的偏旁》一文。[①] 該文是林先生爲了編寫《古文字偏旁譜》的副産品，[②]文中對先秦古文字中三十個難以確認的偏旁進行了分析。此前，很少有學者對先秦古文字的偏旁做過系統梳理，林先生的探索對古文字的偏旁演變規則、古文字字編的部首分類以及意欲對古文字進行考釋的學者是極具啓發意義和參考價值的。

（二）裘錫圭先生的貢獻

林澐先生《簡論》之後，在理論和實踐上對“偏旁分析法”的發展有全面貢獻的是裘錫圭先生。下面我們就對裘先生的貢獻作具體論述。

對於裘先生的《文字學概要》（以下簡稱《概要》），人們多從漢字學的角度予以評價，[③]很少有人從古文字考釋的角度展開論述。雖然《概要》的内容不限於古文字，也不以古文字考釋爲目的，更没有對古文字的考釋方法有過總結性的意見，但“《概要》一書”作爲“迄今爲止文字學著作中最好的一部，深刻周密，自成體系，在文字學理論上對古文字考釋具有不可低估的指導意義”。[④]《概要》在分析字形時，大量運用了“偏旁分析法”，並由此而總結出的一系列文字現象。下面就我們的認識，對《概要》在古文字考釋上的成就做一些討論。

1. 以科學的文字符號觀看待漢字及其所構成的偏旁

之前的文字研究，都只將文字作爲語言的符號加以論證，即便是唐、于二位先生，在分析漢字時也是如此。因此，許多學者在討論文字的性質時，誤將文字的功能當作文字的性質來理解，以至於對漢字的性質問題一直都未能弄清。裘先生將語言所使用的符號和文字所使用的符號區别開來。具體地說，漢語所使用的符號是漢字，漢字則是由字符構成的，漢字的性質也就是由它所使用的字符決定的。漢字所使用的字符主要是“意符”（意符可進一步分爲“意符”和“形符”）和“音符”，所以由此可以得出

---

① 林澐：《先秦古文字中待探索的偏旁》，收入所著《林澐學術文集（二）》，北京：科學出版社 2008 年版，頁 177—181。

② 據劉釗先生《古文字構形學·緒論》中的説法，林先生已經放棄了《古文字偏旁譜》的研究計劃，徐寶貴先生有意繼續下去，並更名爲《古文字偏旁演變大系》。參見劉釗：《構形學》，頁 7。

③ 有關《文字學概要》在文字學上的成就，已有多位學者從不同角度進行了比較詳盡的論述。參見姚孝遂主編：《中國文字學史》，頁 472；詹鄞鑫：《漢字説略》，長春：遼寧教育出版社 1992 年版，頁 19—25。劉釗：《構形學》，頁 4。

④ 劉釗：《構形學》，頁 4。

漢字是一種“意音文字”的結論。① 就像詹鄞鑫先生在《漢字説略》裏所説的,儘管以前也有人得出漢字是一種“意音文字”的結論,但没有誰能像裘先生那樣深入到漢字的核心區域即它的形體,裘先生的出發點及其論證過程和他們相比有着質的飛躍。② 儘管裘先生的符號觀在學界極有影響力,但在古文字考釋上運用這種學説的學者並不多,很少有人注意到《概要》裏字符的觀點在古文字考釋上也具有巨大的實踐意義,因此極大地影響到了古文字考釋水平的提高和考釋結果的正確性。這也是爲什麼“射覆式”的猜想在古文字考釋實踐中一直没有杜絶的原因之一。在《古文字構形學》裏,劉釗先生曾説:“文字學理論上的認識正確與否,能否持有科學的文字符號觀,是直接關係到考釋古文字的成敗的關鍵。只有把文字當成一種純粹的‘符號’看待,研究這種‘符號’的構成和演變,才能把考釋古文字的基礎打好。”③裘先生雖然没有直接提出“科學的符號觀”,但他提出的“字符”、“意符”、“音符”、“形符”、“意符”等概念,實質上就是“科學的符號觀”。

2. 全面勾勒出漢字形體的特點及其演變規律

在《概要》裏,裘先生全面闡述了各個階段的漢字形體特點及其演變規律。裘先生首先是將漢字的形體分爲古文字和隸楷兩個階段來闡釋的。在古文字階段,裘先生繼承了唐蘭先生的分類方式,按文字的時代先後和形體特點,將古文字分爲了商代文字、西周春秋文字、六國文字、秦系文字四類。④ 然後根據各個類別的不同特點,對其字形演變規律做了詳細論證。如在“西周春秋文字”一節裏,總結出了該類文字“綫條化”、“平直化”以及到了春秋中晚期所呈現的“美術化”等演變規律。⑤ 在對隸楷階段的漢字進行論述時,裘先生特別對古今文字最爲重要的一次變革——“隸書”對篆文字形改造進行了分析,總結出了所謂“隸變”的“解散篆體,改曲爲直”、“省并”、“省略”、“偏旁變形”、“偏旁混同”等五個方面。⑥ 在具體論述中,裘先生還特別注重每個時代所出現的俗體字。不僅對這些俗體字的演變歷史做了深入分析,而且就俗體字對文字發展所産生的巨大影響和重要作用進行了全面論述。⑦ 這些論述旨在指明字

---

① 裘錫圭:《文字學概要》(修訂本),北京:商務印書館 2013 年版,頁 9—20。以下簡稱《概要》。

② 參見詹鄞鑫:《漢字説略》,頁 21。

③ 劉釗:《構形學》,頁 226。

④ 裘錫圭:《概要》,頁 45。

⑤ 裘錫圭:《概要》,頁 51—53。

⑥ 裘錫圭:《概要》,頁 88—90。

⑦ 裘錫圭:《概要》,頁 48—49、53—54、58—64、74—79。裘先生的論述囊括了漢字各個階段的俗體現象,因爲本文的目的,我們只標注了古文字階段與俗體有關的那部分内容。

形演變規律,而實際上對古文字的考釋也是非常具有指導意義的。

3. 對不同結構類型和不同時代的漢字(當然包括古文字)的偏旁特點做了全面總結

裘先生在論述漢字的基本類型時,將漢字劃分爲"表意"、"形聲"、"假借"三個類別。這是他綜合了唐蘭先生的"三書説"和陳夢家先生的"新三書説"的結果。① 雖然裘先生所信從的"新三書説"和他利用這種"新三書説"進行的實踐,是有關漢字結構類型的,但他實踐的每一個步驟都没有離開對漢字偏旁的利用和分析,從他對"表意字"、"形聲字"的構成做細緻的分析就可以體現出來。在論及"表意字"中的"會意字"時,裘先生就會意字的偏旁及其偏旁之間的構成特點,分出了更小的"圖形式會意字"、"利用偏旁間的位置關係的會意字"、"主題和器官的會意字"、"重複同一偏旁而成的會意字"、"偏旁連讀成語的會意字"、"其他"等六類。② 在對形聲字產生的途徑進行論述時,裘先生根據形聲字偏旁的增減和改換的事實,總結出了"在表意字上加注音符"、"把表意字字形的一部分改換成音符"、"在已有的文字上加注意符"、"改換形聲字偏旁"等四種產生形聲字的方法。③ 又如在談到異體字時,裘先生根據異體字之間的形體差別,將它們分爲"加不加偏旁的不同"、"表意、形聲等結構性質上的不同"、"同爲表意字而偏旁不同"、"同爲形聲字而偏旁不同"、"偏旁相同但配置方式不同"、"省略字形一部分跟不省略的不同"、"某些比較特殊的簡體跟繁體的不同"、"寫法略有出入或因訛變而造成的不同"等八類。④ 在這八個類別中,前六類直接就是對異體字偏旁進行的分析(第六類講的是異體字中減省了偏旁的那一類),第七、第八兩類,雖然不直接涉及偏旁,但是其中的差異,也和偏旁的變異和筆畫的訛變有關。可以説裘先生爲異體字所分出的八個類別,都是根據偏旁的不同情況而進行的劃分。在《概要》裏,裘先生利用偏旁論述字形的篇章當然不止於此,比如在"同形字、同義換讀"、"文字的分化和合并"等篇章裏,裘先生就大量地涉及偏旁分析法,只不過限於篇幅,我們就不多做論述了。

《概要》只要涉及文字的分析,基本運用了偏旁分析的方法。這些運用都隨文散見於各個相關章節的相關論述,總結了"偏旁的類別"、"偏旁的配置"、"偏旁的位置"、"偏旁的增減"、"偏旁的訛變"、"偏旁的混同"、"偏旁的變形"、"偏旁的更換"、"偏旁的

---

① 裘錫圭:《概要》,頁 108—113。
② 裘錫圭:《概要》,頁 124—137。
③ 裘錫圭:《概要》,頁 148—153。
④ 裘錫圭:《概要》,頁 199—201。

改造"等多個方面,基本上囊括了當時可以發現的偏旁的各種演變規律。不難想見,以這些規律爲指導,必然可以大幅度提高人們對古文字認知和考釋的水平。①

前面説過,裘先生的《概要》並没有闡述有關古文字考釋的内容,但這並没有減低這本專著對古文字考釋所具有的價值,特別是其中研究各種文字現象時對偏旁進行的大量分析以及由此而歸納出的一系列規律和方法,對古文字考釋有着巨大的指導意義。只是這些規律和方法,需要長時間的閲讀和消化才能被充分吸收,這些意義,需要更長的時間才能被充分地認識到。

在古文字考釋實踐上,裘錫圭先生是公認的繼于先生之後,古文字界造詣最爲精深的學者。② 在實踐中,裘先生不但繼承唐蘭先生的"偏旁分析法"和于先生對偏旁所做的"微觀"考察,並將偏旁分析和"微觀"考察推到了一個更深的層次,並以此爲基礎,釋讀出了一批難度極高的古文字。在考釋實踐中,裘先生不僅像于先生那樣注意到了不同偏旁的異同,而且將這種對異同的注意延伸到了同一個字形,同一偏旁不同時期、不同結構中的細微變化,甚至在有些考釋中進入到了筆畫的層次,不僅能釋前人所未釋,也能糾正前人所誤釋,更通過這樣的方法,達到唐蘭先生在《導論》所説的"認識很多的字"的境界。

在裘先生諸多考釋文章中,比較有代表性的是《釋殷墟甲骨文裏的"遠""狀"(邇)及有關諸字》(以下簡稱《遠邇》)。我們以這篇文章的相關考釋爲例,對裘先生的在古文字考釋上的成就做具體論證。

甲骨文中有字作"𦥑",初不爲人所識。裘先生經過細緻地對比後發現,"𦥑"的聲旁"𦥑(𦥑)"與西周金文中的"睘"(其字形爲"𦥑"、"𦥑"、"𦥑"等,"睘"字從"目""袁"聲)的聲旁"𦥑"、"𦥑"、"𦥑"相同,即後世文字中的"袁"。結合古文字中偏旁"彳"與"辵"時常通用的規律(偏旁通用規律),推論出從"彳"的"𦥑"也就應該釋爲"遠"。

甲骨文中有字作"𦥑",與"𦥑"所從的"𦥑"的區別只在"○"位置的不同,根據古文字中"𦥑"、"𦥑"爲一字的例證,可證"𦥑"與"𦥑"是一字的異體(即"袁")。這正是《概要》裏説到的異體字"偏旁相同而配置方式不同"③的規律應用到古文字考釋上的例證。

---

① 有關裘先生理論付諸實踐的論述,請詳參後文。

② 參見姚孝遂主編:《中國文字學史》,頁 350—351;王宇信:《甲骨學通論》,頁 363—366。

③ 參見裘錫圭:《概要》,頁 207。

甲骨文中,有字作"𧾷"形,雖然可隸定爲"𢓊",但其音義一直不得其解。經過裘先生的細緻觀察,"𢓊"所从的"𦥑"與"𦥑"所从的"𦥑"以及前面論證過的"𦥑"在字形上極爲相近,其區別僅在於有"●"無"●"。根據"古文字裏……凡是形旁包括兩個以上意符,可以當作會意字來看的形聲字,其聲旁大多數是追加的"的規律,"𦥑"實際上是"𦥑"和"𦥑"未加聲符"●"時的初文(即"袁"的初文)。據此,以"𦥑"爲聲符的"𢓊"也應釋爲"遠"。這正是《概要》裏説到的"形聲字產生的途徑"時"在表意字上加注音符"①的規律應用到古文字考釋上的例證。

在上面的考釋中,難度最大的應該是"𢓊"。但裘先生不懼繁難,先是證明了"𦥑"所从的"𦥑"和"𦥑"是"袁",再根據古文字形聲字追加聲旁的規律,證明了"𢓊"所从的"𦥑"也是"袁",從而無可異議地將"𢓊"釋爲"遠"。如果不是熟練地運用了"偏旁分析法",如果不是對偏旁有細緻入微的觀察,對字形變化規律有精準的把握,是不可能將"𢓊"考釋出來的。②

《遠邇》一文中與"遠"有關的字形,遠不止上面所舉的那些,在這裏我們就不多做舉證了。

裘先生的文字學理論大都是他將自己的考釋實踐上升爲理論結果。《概要》雖然不是古文字學的專著,但是裏面總結出來的一些文字現象都是可以在考釋實踐中找到相應的例證的,也是可以用來指導考釋實踐的,除了上舉《遠邇》中的一部分例子,相應的例子還有很多,如《"畀"字補釋》就運用了後來在《概要》中被總結爲"複雜象物字"、③"同形字"④的概念來考釋文字。學者們在論及裘先生的考釋特點時,着眼點往

---

① 參見裘錫圭:《概要》,頁 151。

② 前面提到過,裘先生沒有就古文字考釋寫過專門的論著。通過我們對裘先生考釋實踐的簡析,證明了裘先生在考釋文字時,經常運用到《文字學概論》裏所總結的一些文字規律,只不過這些規律是關乎整個漢字領域的,閲讀者或研究者往往習慣性地忽略了《概論》對古文字考釋的指導作用。

③ 參見裘錫圭:《"畀"字補釋》,收入所著《裘錫圭學術文集·甲骨文卷》,上海:復旦大學出版社 2012 版,頁30;裘錫圭:《概要》,頁 118。

④ 參見裘錫圭:《"畀"字補釋》,收入所著《裘錫圭學術文集·甲骨文卷》,頁 35;裘錫圭:《概要》,頁 208—210。葉玉英先生認爲"陳煒湛先生是最早把'同形字'作爲專題進行研究的學者"。參見葉玉英:《二十世紀以來古文字構形研究概述》,《出土文獻與古文字研究》第二輯,上海:復旦大學出版社 2008 年版,頁 67。

往在"重視語言環境"、"重視歷史比較"、"重視文字組類"等方面。① 這當然是没有問題的。但我們認爲,裴先生對古文字的考釋能够"取得令人矚目的成就",首先還是在科學符號觀的指導下運用了"偏旁分析法"的緣故。

有必要提到的是,在這個階段,在林、裴二位先生前後,對"偏旁分析法"多有貢獻的還有朱德熙先生和高明先生。

朱先生的主要成就在戰國文字的考釋實踐上。裴先生認爲朱先生"對古文字字形的分析,非常深入細緻。有時候,某個字的某種字形由於訛變或簡化得太厲害而不爲人所識。一般人斷斷想不到這一字形會是某個字的異體,先生通過精確地揭示這個字的字形演變的複雜過程,能使人清楚地認識到這一字形確實就是這個字的異體"。② 在論及朱先生的成就時,裴先生又説:"可以説先生不只是把戰國文字研究的水平,而且把古文字考釋的整體水平提高了一大步,對後人的影響極爲深遠。"③

高先生在古文字學上最大的成績當然是編著了《古文字類編》、《古陶文彙編》、《中國古文字學通論》等著作。其實高先生在"偏旁分析法"上的貢獻也是較爲突出的。早在 20 世紀 80 年代初,高明先生就撰寫過《古文字的形旁及其形體演變》一文,將形旁歸類爲"人與人的肢體和器官"、"動物形體"、"生活器皿,工具和武器"、"自認物的形體"等五類,然後再選取包括其中的"一百十一種偏旁分別按照商代甲骨、兩周金文、戰國文字、秦篆、漢隸等幾個大發展階段,每種形旁各製一沿革表,具體説明它們的時代特徵和演變過程"。④ 稍後高先生又撰寫了《古體漢字義近形旁通用例》,對"辵、彳"、"首、頁"等三十二組形旁的通用情況做了比較詳細的排比與總結。⑤ 高先生的這兩篇文章,選取的都是比較常見的偏旁,總結的都是比較重要的規律,不但對於

---

① 趙平安、王子揚:《甲骨學研究的豐碩成果——〈裴錫圭學術文集・甲骨文卷〉評述》,《中國典籍與文化》2013 年第 4 期,頁 136—137。

② 裴錫圭:《朱德熙先生在古文字學方面的貢獻》,收入所著《裴錫圭學術文集・雜著卷》,頁 183—184。

③ 同上,第 184 頁。

④ 高明:《古文字的形旁及其形體演變》,收入中山大學古文字研究室編:《古文字研究》第四輯,北京:中華書局 1980 年版,頁 41—89,引文爲頁 46—49。文中提到的選取 111 種偏旁,實際只分析了 110 種。後該文以章節形式收入所著《中國古文字學通論》,北京:北京大學出版社 1996 年版,頁 57—129,分析的偏旁爲 112 種。

⑤ 高明:《古體漢字義近形旁通用例》,收入香港中文大學中國文化研究所編《中國語文研究》1982 年第 4期。後以章節形式收入所著《中國古文字學通論》,頁 129—159;收入所著《高明論著選集》,北京:科學出版社 2001 年版,頁 31—61。

初學者意義重大,對於已經登堂入室的研究者而言也是非常有藉鑒意義的。

四、整體升華期的"偏旁分析法"及其運用

前面説過,唐蘭先生提出了"我的文字學的研究對象,只限於形體"的觀點之後,頗引起了人們的爭議。爭議當然是允許的,但就像我們在前面所論證的,字形的研究是古文字研究的重中之重,而偏旁分析又是字形研究中的重中之重。羅振玉、王國維、董作賓、郭沫若等先生在考釋文字時未能須臾離開文字字形,即便是被譽爲"甲骨文字考釋第一人"的于省吾先生,成果之所以如此豐碩也跟他將字形作爲考釋文字的主要出發點和將偏旁分析作爲主要的考釋方法是分不開的。從通論古文字的專著來看,唐蘭先生《導論》的整個"下編",幾乎都是在用偏旁講解字形;林澐先生《簡論》則用了最大的篇幅來説明偏旁分析法在古文字考釋中的運用;裘錫圭先生運用偏旁分析法分析字形則是他所著《概要》中講解字形時的主體部分。而他們的著作和實踐都對"偏旁分析法"起到了巨大的推動作用,通過綜合論證,我們甚至可以説,拋開字形也就無所謂古文字學乃至文字學,而拋開偏旁的分析也就無所謂的字形研究。研究和分析古文字中的偏旁,説白了就是在研究和分析偏旁以什麼方式如何構成字形的,這也爲進一步以構形的視角研究字形創造了條件。以此爲條件(偏旁分析法的成熟),構形研究成爲一門新型而獨立的學科也就是理所當然的事情了。

漢字構形研究作爲一門獨立的學科首先被提出來且做系統研究的是劉釗先生。我們認爲,劉先生的構形學,在古文字考釋上的貢獻至少有下面幾點:

(一) 首次提出了"構形學"的概念

對漢字構形的研究,一直是古文字研究的重點,[①]在《關於古文字研究的若干問題》一文中,于省吾先生就曾提出過古文字研究應該"以文字的構形爲基礎"的觀點。[②]但是將"構形"提升到一個學科的層次,則以劉先生在《古文字構形學》(以下簡稱《構形學》)裏的論述爲肇始。

如果考慮到"構形學"產生之前對漢字(特別是古文字)形體分析所采用的方法,這門學科應該理所當然地被命名爲"偏旁分析學"。但通過前面的論述,我們不難發

---

① 參見劉釗:《構形學》,頁 2。
② 于省吾:《關於古文字研究的若干問題》,《文物》1973 年第 2 期,頁 32—35,所引文字在頁 33。

現,對漢字作形體研究時,有時分析的是分不出偏旁的"圖形文字"如" "、" "等;[1]有些文字雖然可以分出偏旁,但具體操作時,是將字形作爲一個整體即大於偏旁的單位來進行分析的,如唐蘭先生所説的"倒書"即劉釗先生所説的"全字倒書";[2]有時用的是小於偏旁的單位,如上文于先生對"乇"的分析,就涉及了比偏旁更小的筆畫。對於具體考釋時已經運用到大於和小於偏旁的單位來分析漢字構造的現實,如果再用"偏旁分析學"來命名就顯得不太合適了,這也是爲什麼有的學者認爲"偏旁分析法"需要抛棄的原因所在。"構形學"中的"構形"則不存在這個問題。因爲不管用來分析的這個單位有多大或多小,也不管用來分析的字形是否可以分析出偏旁,這個字形在漢字本體研究中都可以稱之爲"形",而采取某種方式將這個"形"或者這一些"形"組成一個完整的字形就是"構"。所以,劉先生的"構形學"是"偏旁分析法"結出的碩果,更是一棵以"偏旁分析法"爲根本而長成的大樹。

(二) 倡導科學的文字符號觀

裘先生的《概要》裏,已經深入全面地用科學的符號觀解決過文字學上的諸多問題(主要體現在對"漢字性質"的論證上,論説見前文)。儘管裘先生的符號觀在學界極有影響力,但在古文字考釋上自覺運用這種學説的學者並不多。劉先生是最先明確提出將科學的符號觀運用於古文字考釋上的學者。説到漢字,很多人(包括不在少數的從事相關研究的學者)都習慣性地與圖畫聯繫起來。在駁斥了古文字考釋中的"看圖識字"、"猜測想像"等錯誤之後,劉先生説:"漢字的大部分基本形體都來源於圖畫,但是一旦這些圖畫變成記録語言的文字形體,它就再也不是圖畫,而是變成了'符號'。它本身的構成演變就不再是圖畫的構成演變,而只能是符號的構成演變。"[3]在歸納了古文字考釋上與"圖畫"有關的三種誤解之後,劉先生總結道:"能否持有科學的文字符號觀,是直接關係到考釋古文字的成敗的關鍵。只有把文字當成一種純粹的'符號'看待,研究這種'符號'的構成和演變,才能把考釋古文字的基礎打好。"[4]也就是説,没有科學的文字符號觀,就不能成功考釋出未識的古文字。在《十年磨一劍》一文中,張涌泉先生也認爲"總有人過不了考釋文字這一關",其原因"就是頭腦中缺

---

① 字形引自唐蘭:《導論》,頁 202—203。

② 劉釗:《構形學》,頁 11。

③ 劉釗:《構形學》,頁 223。

④ 劉釗:《構形學》,頁 226。

乏科學的文字符號觀".① 持有科學的文字符號觀,應該成爲相關學科學者們的共識。

(三) 重視"表音"這一特性在文字構成演變中的樞紐作用(相關内容將在論及劉先生的考釋實踐時再做詳述②)

(四) 從構形學的高度,對甲骨和先秦青銅器上的文字做了系統的分析,從中總結出了一系列構形規律

劉先生總結的古文字構形規律比較豐富,在這裏就不一一羅列了(請參看《構形學》原書)。下面只選取劉先生著作中的一個規律加以論述,以期能有窺一斑而知全豹的效果。

甲骨文字中的"倒書"現象。早在甲骨文研究的伊始,就已經爲學者們所注意,唐蘭先生的《導論》也用了一定的篇幅對這種現象做了專門的探討。但他們認爲這只是古人書寫文字的習慣,都没有將"倒書"現象提高到"構形"的高度來加以闡述。劉釗先生不僅注意到了甲骨文中的"倒書",③而且將這種"倒書"現象細分爲"全字倒書"、"偏旁倒書"、"筆畫倒書"等類别。比之唐蘭先生《導論》中的"倒書"即《構形學》裏所説的"全字倒書",劉先生看似只增加了兩個類别,實際上是古文字研究里程中的一大步。

(五) 將"構形學"總結出的"構形"規律付諸實踐,在文字考釋上取得了一批嶄新的成果,考釋出了一批前人未釋或誤釋的古文字

在《構形學》的《古文字考釋舉例》一章裏,集中了劉先生利用"構形學"最新考釋出的 100 個古文字。④ 而實際上,在其他章節之中,劉先生也根據需要隨文考釋了一批古文字,所以全書的考釋成果遠不止 100 例。如在談到"形體的繁簡"時,隨文考釋出甲骨文字中的"𣥐"、"𣥐"、"𣥐"等是"彝"字的簡體,⑤在談到"形體的省略"時,隨文考

---

① 張涌泉:《十年磨一劍》,《中華讀書報》2007 年 8 月 15 日第 4 版。

② 詳後文對劉先生"𤙔"字考釋的相關論述。

③ "倒書"現象在《古文字學導論》有所論及,但唐蘭先生只注意到劉先生提到的"全字倒書"。這也是古文字考釋水平提高的一個體現。

④ 劉釗:《構形學》,頁 239—334。

⑤ 劉釗先生對古文字構形研究的成果,集中體現在所著的《古文字構形學》中,裏面總結了"甲骨文的倒書""形體的訛混""古文字中的'類化'"等一系列構形現象,讀者可以參看。

釋出"▯"是"多"的省略，①等等，例子衆多，我們就不一一列舉了。

劉先生總結了之前唐、于、裘諸位先生的考釋成果，吸收了前人的理論成果，提出了"古文字構形學"的概念，使古文字考釋在理論和實踐兩方面都達到了一個新的高度。上面論述了劉先生在理論上的成就，下面我們就通過實例對劉先生的考釋實踐作具體介紹。

甲骨文中有字作"✦"，爲前人所不識。甲骨文中的"耤"作"✦"、"✦"、"✦"諸形，"字象一人雙手操持耒具作農耕之形"。劉先生根據"古文字凡從人形表示某種動作的字，常常可以省去人形大部而只保留手形"的規律，將甲骨文中作"✦"形以及金文中作"✦"、"✦"、"✦"、"✦"、"✦"等形的字都釋作"耤"。

甲骨文中又有字作"✦"，上部所從之"✦"，根據前面對"✦"的考釋，無疑應當被釋爲"耤"，而下部的"〰"則是災禍的"巛"，但兩者會意成何字却一直困擾着學者。劉釗先生先是從"昔"字入手，否定了學界一致認爲甲金文字中的"✦"從"日"從"巛"會意爲"不忘洪水之日"的説法，認爲"✦"是從日 巛 聲的形聲字，並以《合集》1772 正"庚申卜㱿貞 ✦ 且丁……"與"庚申卜㱿貞 〰 且丁……"對貞卜辭爲例證，運用"形聲字可省去形符而保留聲符的規律"，考定"〰"就是"✦"保留聲符的省寫，從而斷定從"✦""〰"聲的"✦"是"✦"（"耤"）的後起形聲字。②

在以往的研究中，多數人都誇大了漢字(特别是早期漢字)的表意特點，對漢字的表音特點則置若罔聞。實際上，即便是在最早的成體系的漢字中，假借字與形聲字也是大量存在的(至少比一般人甚至諸多文字學家認爲得要多得多)。對漢字的性質和結構類型，我們是可以從各個角度做多種考察的。姚孝遂先生在《古漢字的形體結構及其發展階段》和《再論古漢字的性質》、《甲骨文形體結構分析》等文章之中，闡述了古漢字(包括甲骨文)是"表音文字"的觀點。儘管姚先生的説法，没有被大多數學者所接受，但强調漢字表音這一特點的，無疑給當時乃至後來的學者相當大的啓發，至少在一定程度上拓寬了文字考釋的道路。姚先生對古漢字性質的看法，極大地影響到了劉先生，也爲劉先生後來能够在前人的基礎上考釋出兩百多個字奠定了堅實的基礎。能重視古文字的表音特點，是劉先生運用偏旁分析法考釋文字的一大特色，在

---

① 劉釗：《構形學》，頁 33—34。

② 劉釗：《釋甲骨文耤、義、蟺、敖、戠諸字》，收入所著《古文字考釋叢稿》，長沙：嶽麓書社 2005 年版，頁 1—4。

《古文字構形學》裏劉先生就表示要“重視‘表音’這一特性在文字構成演變中的樞紐作用”。[①] 上面的“ ”之所以能够得到正確的考釋，即劉先生在運用偏旁分析法時打破了人們認爲甲骨文多爲會意字的偏見，從形聲的角度去考慮分析字形的結果。

<h1 style="text-align:center">五</h1>

綜上所述，我們對古文字考釋中“偏旁分析法”的運用和發展的歷史，做了一次粗綫條的勾描。在勾描過程中，我們是以理論和實踐爲綫索的。

在理論上，我們將唐蘭先生的《古文字學導論》、林澐先生的《古文字學簡論》、裘錫圭先生的《文字學概要》、劉釗先生的《古文字構形學》作爲重點論述的對象。《導論》是第一個爲“偏旁分析法”作了較爲科學的定義，並對這種方法進行了較爲詳細的論證。《簡論》則在《導論》的基礎上，將“對照法”和“歷史的考證”這兩種方法，也納入到了“偏旁分析法”的範圍之内，而且總結出了一些《導論》没有注意到的字形演變規律以及利用偏旁分析文字時必須注意的問題，將“偏旁分析法”理論引向了一個較爲全面深入的層次。《概要》雖然不是探討“偏旁分析法”的專著，但其中對字形演變規律的全面總結、對科學符號觀的詳證博引、對偏旁分析的運用和古今漢字偏旁現象的全面展示，較之以前前進了一大步，是偏旁分析法在文字學研究上全面成熟的標志。《構形學》打破了古文字字形考釋主要依靠“偏旁”的局限，將字形的研究範圍擴大到了與“形”有關的方方面面（見前所述），在分析文字結構類型時，也不拘泥於古文字多表意的傳統觀點，着重突出了之前被許多學者所忽略的古文字的表音特點，從而將以“偏旁分析法”爲主的考釋方法提升到了“構形”的全新高度。

在實踐上，我們則以于省吾先生、裘錫圭先生、劉釗先生作爲重點論述的對象。于先生在考釋中，比較注重文字字形在縱横兩個維度上的聯繫，裘先生在考釋中，在前人的基礎上更加注重偏旁乃至筆畫的細微變化，而劉釗先生則更加注重古文字中“音”的紐帶作用。

總而言之，在理論上，“偏旁分析法”經歷了“草創期（以孫詒讓爲代表）”、“形成期（以唐蘭、楊樹達爲代表）”、“全面成熟期（以林澐、裘錫圭爲代表）”、“整體升華期（以劉釗爲代表）”等四個時期。

當今古文字研究，就像劉釗先生在《書馨集》中所説的，已經日趨精密化。[②] 陳劍

---

① 劉釗：《構形學》，頁 1。

② 劉釗：《書馨集》，上海：上海古籍出版社 2013 年版，頁 500。

先生也有類似的説法且有較爲詳盡的論述。① 這種精密化體現在古文考釋上，就是以之前對"偏旁"做一般性分析，而逐漸深入注意到"偏旁"的各個方面。小到一筆之微，大到整個字形；小到一個字的結構類型，大到一個字的書寫方向；小到個人書寫習慣，大到字形的地域異同與時代特徵等，都成了考釋古文字時研究和分析的具體對象。就因爲堅定地使用偏旁分析法，並在實踐和理論上使之"日趨精密"，我們的古文字學者才能在"釋出一個字好像發現一顆行星"②的現在考釋出一批疑難字來。可以説，在目前爲止，古文字考釋的唯一行之有效的手段是分析字形，而分析字形基本上就是分析"偏旁"（即便到了"構形學"階段，對"偏旁"的分析也是以形爲主的前提下最爲主要的考釋方法），其他的方法(不以形爲主的方法)只是這種方法的補充。可以説意欲或者已經在古文字考釋上有所成就的學者幾乎都"或多或少或局部或全體地對古文字的基礎形體作過清理、排比思考"。③ 這是漢字(特別是古漢字)"以較爲具體的形爲構造"的特點所決定的。段玉裁在爲王念孫《廣雅疏證》所寫的序言中也説"學者之考字，因形以得音，因音以得義"，④這也是將字形作爲考釋文字的出發點，與現在我們"以形爲主"的主張是遥相呼應的。

　　這裏有必要作出説明的是，我們之所以選擇上述學者及其論著作爲主要的論述對象，主要是因爲相對於同時期有關"偏旁分析"(或字形分析)的其他論著，他們的研究顯得更爲全面而深入，可以説是"偏旁分析法"歷史上的幾塊里程碑，我們將它們作爲重點，是希望使古文字字形研究的歷史更爲清晰；在相關研究的歷史上，當然不只這幾位學者這麽幾部專著。在理論上，張世禄先生提出了有關漢字結構的"三書説""寫實法"、"象徵法"、"標音法"；⑤王力先生將字形分爲"字體"與"字式"；⑥李圃先生的"字素"論及其在甲骨文字中的運用；⑦劉志基在結構和字體上的新觀點……。⑧ 在文字構形理論的建設方面，我們還必須提到王寧先生。《漢字構形學講座》和《漢字構形學導論》兩部著作，是王先生在文字構形理論方面的代表作。王寧先生論述的最大特

---

① 參見陳劍：《〈釋殷墟甲骨文裏的"遠""𤔣"(邇)及有關諸字〉導讀》，收入裘錫圭：《中西學術名篇精讀 3·裘錫圭卷》，上海：中西書局 2015 年版，頁 293—295。

② 李學勤：《甲骨學的七個課題》，《歷史研究》1999 年第 5 期，頁 58。

③ 引自陳劍先生在出土文獻與古文字研究中心"古文字形體源流研究"課程上所表達的觀點。

④ 段玉裁：《〈廣雅疏證〉序》，收入王念孫：《廣雅疏證》，北京：中華書局 1983 年版，頁 1。

⑤ 張世禄：《中國文字學概要》，貴陽：文通書局 1941 年版。

⑥ 王力：《漢語史稿(重排本)》，北京：中華書局 2004 年版。

⑦ 李圃：《甲骨文文字學》，上海：學林出版社 1995 版。

⑧ 劉志基：《漢字體態論》，南寧：廣西教育出版社 1999 年版。

點是將劉釗先生所開創的構形學的範圍擴大到了整個漢字領域,她的學生在這一理論的指導下,寫出了一大批相關研究的論文和專著(其成果大都被收入王先生主編的《漢字構形史叢書》)。① 在考釋實踐上,有顯著成就的學者還有很多,何琳儀先生的《釋晶》、②趙平安先生釋戰國文字中的“遜”與甲骨文字中的“奉”爲一字、③陳劍先生據郭店楚簡中“𢼄”釋出了金文中的“𢼊”,④都是利用偏旁釋出疑難字的佳例。“新時期内‘大家’衆多,‘强手如雲’”,⑤但考慮到篇幅,我們就不一一列舉了。⑥

　　張德劭先生《甲骨文考釋簡論》統計甲骨文的考釋成功率來看,偏旁分析的成功率並不算高,特別是到了現在,考釋成功的古文字數量,與偏旁分析的精密程度成反比勢態。⑦ 那麼是否可以據此對偏旁分析法的科學性表示質疑呢? 回答當然是否定的。因爲在張先生的著作中,對考釋方法的分類本身就有問題,很多屬於偏旁分析法範疇之内的方法被排除在外。以這樣的分類來進行統計,顯然會拉低“偏旁分析法”的準確率。而另一重要的原因則是,現存還沒有被考釋出來或考釋出來沒有被認可的古文字大多是一些疑難字。這些疑難字,大多是後世不再使用的“死文字”,通過一般的字形對比是很難考證出來並得到普遍承認的。

---

① 王寧:《漢字構形學講座》,上海:上海教育出版社 2002 年版;王寧主編:《漢字構形史叢書》,上海:上海教育出版社 2003—2007 年版。

② 何琳儀:《戰國文字通論(訂補)》,南京:江蘇教育出版社 2003 年版,頁 271—272。

③ 趙平安:《戰國文字的“遜”與甲骨文“奉”爲一字説》,收入所著《新出簡帛與古文字古文獻研究》,北京:商務印書館 2009 年版,頁 42—46。

④ 陳劍:《據郭店簡釋讀西周金文一例》,收入所著《甲骨文金文考釋論集》,頁 20—38。

⑤ 劉釗:《構形學》,頁 5。

⑥ 相關學者的相關成就請參閱葉玉英:《二十世紀以來古文字構形研究概述》,收入復旦大學出土文獻與古文字研究中心編:《出土文獻與古文字研究》第二輯,頁 48—76。

⑦ 張先生所統計出的甲骨文考釋方法一共 26 類,分別爲“取象”、“字形分析”、“偏旁分析”、“説文義訓”、“説文小篆”、“説文古文”、“音韻”、“古文字”、“字形演變”、“偏旁互用”、“繁文”、“省文”、“結體方位”、“辭例”、“文例”、“結構類比”、“字書”、“傳世文獻”、“金文”、“通假”、“偏旁數量”、“偏旁增益”、“古俗文化”、“出土器物”、“異體”、“無説”等。這 26 類是否都可以稱之爲考釋方法姑且不論,至少其中有關“偏旁分析”的定義就大可商榷。如在文中張先生認爲“字形分析”是“對合體字的構成所作的分析”,並以于省吾先生將“𦫵”分析爲从允从水爲例證;而“偏旁分析指的是通過偏旁的構字情況來確定考釋字的結構”,並以羅振玉將“㕥”所从的“㠯”與“洹”所从的“亘”看作同一偏旁爲例證。其實從張先生對這兩種方法所下的定義和所舉的例證看都可以歸入偏旁分析法。實際上張先生所説的考釋方法中,至少有“字形演變”、“偏旁互用”、“繁文”、“省文”、“結體方位”、“結構類比”、“偏旁數量”、“偏旁增益”、“異體”等方法,在我們看來都是可以并入“偏旁分析法”的。參看張德劭:《甲骨文考釋方法簡論》,北京:世界圖書出版公司 2012 年版,頁 144—145。

　　不容否認，在運用"偏旁分析法"分析字形時，也有不少不太正確甚至完全錯誤的例子。但這些錯誤恰恰是没有正確運用"偏旁分析法"的研究者所導致的，絶不能因此而否定"偏旁分析法"本身。

　　當然，我們並不是說，只要有了偏旁分析法，就能正確考釋出全部的未識字。再好的方法也只是一種方法，能不能行之有效以及能在多大程度上行之有效，主觀上取決於使用這種方法的學者的學識水平和對偏旁分析法的認知程度，客觀上則取決於有多少相關材料可供我們研究參照。我們也並不是說，通過偏旁分析法釋出了文字，就可以解決出土文獻中的閱讀問題；釋出來的文字在出土文獻中用作什麽詞又有什麽樣的意思，以及它們承載了多少歷史與文化内涵，則需要綜合各種因素來加以考慮了！但即便如此，"偏旁分析法"也是準確和全面釋讀古文字材料的一個不可逾越的起點。

甲骨文"舍巫九靈"和
"舍巫九备"含義新考

史亞當（Adam Schwartz）

（香港浸會大學中國語言文學系饒宗頤國學院）

一、前　言

　　占卜是中國傳統文化的普遍現象，也是科學前身的重要學術之一。甲骨與筮草是占卜最常使用的工具，所以這兩件用品變成了中國古代人民最珍貴的吉祥物之一。在前輩們的基礎上，本文繼續展開卜與筮同時並用研究。論文先利用二重方法（即並用出土與傳世文獻）確定古代占卜活動可同時兼用甲骨與筮草兩種方法來解惑正事，其次嘗試釋讀説明兩條很難了解詳細含義的句子。

　　關於閱讀占卜書和學習占卜方法，人們向來局限於單獨材料本身，也局限於閱讀單篇材料的習慣。物質文化告訴我們，殷周占卜方法其實是卜與筮同時並行。此篇文章主要的傾向是"前"易學，提出閱讀《周易》（即經文）要先明白古代占法有多元性，在筮占前後，特別在貴族們的平臺上，經常做龜卜一回活動來驗證結果，考定可用或不可用。《周易》本來是占卜書，嚴格地説，卦辭、爻辭都是占辭。我認爲，《周易》的一些占辭，其實是特殊占卜術語，是要對照事件之前或之後施行龜卜而言。《頤》初九的"舍爾靈龜，觀我朵頤，凶"是最離譜的例子。

　　至今，經過許多人的研究，一般都同意甲骨文中有數字卦象，就是説，甲骨上有筮占的痕迹（即數字卦象）。易卦當時是一種用數字來表示的記號，除了甲骨，銅器、陶器、石器、各種材質的出土物上都有，現在經學者收集，已經超過一百個例子。[①] 此種

---

① 參見濮茅左：《楚竹書〈周易〉研究》下册，上海：上海古籍出版社 2006 年版，頁 435—495。

記號,專用數字組成,常見的是六個數字,或三個,和易卦三爻再重卦而成六爻的情形很是符合。把數字卦(即卦畫)刻在甲骨上,有時候貼(經常"倒貼")在文句和其有關卜兆旁邊,就是商末周初時期卜與筮卦同時兼用最有利的證明(見附錄實例)。

先筮後卜,先卜後筮,龜從筮逆,筮從龜逆,龜從筮從,龜筮皆違於人,於卜凶而止不筮,於筮凶而止不卜,傳世與出土資料各有記載。有時卜而不筮,有時筮而不卜,都要看情況,由事件的輕重決定。如《左傳》僖公四年記晉國獻公爲了以驪姬爲夫人而先卜,不吉;筮之,吉。公曰"從筮"。當時在場的卜人專家戒曰:"筮短龜長,不如從長。"這是先卜後筮的例子。《書·洪範》"龜筮協從"、"龜從筮逆"、"龜筮共違於人",和《詩·衛風·氓》"爾卜爾筮,體無咎言",都是證明較完整的一次占卜活動是龜與筮捆在一起用,能互相靈驗是讓人感到快樂和有保障的結果。

先筮後卜的記載更多,如《周禮·春官·宗伯》:"凡國之大事,先筮而後卜。"鄭玄注云:"當用卜者,先筮之,即事之漸也。於筮之兇,則止不卜。"在別處,鄭玄引鄭司農注《周禮·太卜》"凡國大貞"句,說"國有大疑,問於蓍龜",蓍占要在龜卜前面。古人指出(看唐賈公彥《周禮·春官·宗伯》疏)殷與周的占卜方法不同,認爲殷人先卜後筮,或卜而不筮。周人先筮後卜,筮兇則停,不卜。如果兩種產生矛盾,應該相信卜。今天,經過科學發掘已經有幾版數字卦刻在晚期(即帝乙、辛時期)甲骨上,有大量證據證明商代晚期(即帝乙、帝辛時期)確實有先筮後卜的習慣,兩種方式疊用達成"一套"的概念。作爲占卜活動第二回的龜卜來説,卜法本來有自己的"成套"概念。大體來説,武丁時期王朝占卜和祭祀用牲風習已經有了較嚴格的規模體系,可説有個"奇數"主義:三、五、七、九一直在運用。殷商王朝甲骨占卜每每一事多卜,通常同日或連日同事卜用多塊甲骨,所用的甲骨數"三卜"爲多,後來人叫它"三卜制度"。[1] 請參下面諸例:

　　　壬戌卜,乙丑用侯屯。一
　　　癸亥卜,乙丑用侯屯。一
　　　癸亥卜,乙丑昜日。一　　　　　　　　　　　　　　《合集》32187
　　　壬戌卜,于五示用屯。二
　　　壬戌卜,用屯乙丑。二
　　　癸亥卜,用屯乙丑。二
　　　甲子卜,乙丑昜日。允。二　　　　　　　　　　　　《屯南》2534
　　　壬戌卜,用侯屯自上甲十示。三

---

[1] 宋鎮豪:《商代社會生活與禮俗》,北京:中國科學院出版社 2010 年版,頁 635—652。

　　　　壬戌卜，于五示用侯屯。三
　　　　癸亥卜，乙丑易日。三　　　　　　　　　　　　　　　　　　　　　《合集》32189

“一、二、三”是一套骨版的號碼，與甲骨學家所説的“兆辭”不同。

　　最後，簡單地解釋一下龜重筮輕的現象。從材料來看，龜質貴，難以獲得。要用甲骨占卜，配套用具較專業，裂龜得兆判兆更爲專業，都不如筮草簡單。殷代末期已經用小石子數占，《詩經·小宛》“握粟出卜”和《管子·中匡》“握粟而筮”，都是説數占，比小石子更下一等了。龜占所用的龜有好幾種，古時區別龜有 10 種（《爾雅》），其中一叫作靈龜。戰國時期的包山簡册、望山 1 號墓簡册、葛陵 1 號簡册都有靈龜的記載，是專門用來占卜的龜。數占所用的材料也有好幾種，而筮草（即靈草）最佳。

二、甲骨文“舍巫九靈”和
“舍巫九备”含義新考

　　甲骨文有“靈龜”合文，寫作从雨从龜，[1]到了戰國時期，合文的寫法還有人在使用。甲骨文的靈龜記載很重要。一條（《合集》8996，圖版一）屬於驗辭部分，有人在某年四月份運送多龜來王朝，“以龜靈八、黿五百十”。黿的入貢數是靈龜的 60 多倍，可見靈龜的難以獲得，非常珍貴。如此，我們有理推斷，王朝占卜時用一套靈龜應是隆重的儀節。

　　用靈龜占卜見於一件殘的腹甲，時期爲帝乙、帝辛，占卜和刻辭是由所謂黃組占卜機構做的（《合補》11242，圖版二）。學者一律同意命辭開頭“舍巫九靈”一定是卜法習語，但是詳細含義很難了解。至今，全句的解釋没有一個令人相信的説法。在展開討論中，我們可把相近的“舍巫九备”放在一起考察。後者也只見於黃組卜辭，一共有19 例。卜辭的格式，前辭都是説王親自占卜、貞問，占辭也是王親自觀兆而説的，命辭開頭每每有此句話。關於“舍巫九备”，我剛説王朝用靈龜占卜是爲了隆重的儀節，這套國王親自一律指導與加入占卜活動也能够做證。關於卜辭的特點，最近朱鳳瀚先生在《甲骨文與殷商史》（新三輯）上發表的文章很有啓發性，有獨特的見解，學者可參閱。[2] 下面陳列本套卜辭中的兩條實例和拓片，以便於討論（釋文盡量用今字）：

　　　　甲戌王卜貞，舍巫九靈，遇盂方率伐西國，典西田（甸），晉盂方，妥余一人，余其

─────────────

① 饒宗頤：《甲骨集林》，收入《饒宗頤二十世紀學術文集》卷二《甲骨》，北京：中國人民大學出版社 2009 年版，頁 835。

② 朱鳳瀚：《黃組卜辭中的“舍巫九备”試論》，《甲骨文與殷商史》新三輯，上海：上海古籍出版社 2013 年版。

「比」多田(甸)徃正(征)盂方,亡左自上下於叔……　　　　　《合補》11242,圖二

　　　丁卯王卜貞,舍巫九备,余其比多田(甸)于多白(伯)正(征)盂方白(伯)炎,更
衣(卒)羽(翌)日步,亡左自上下于叔示,余受有佑,不缓捷,肩告於茲大邑商,亡害
在戋。[王占曰]引吉。在十月遘大丁羽(翌)。　　　　　　　　《合集》36511,圖版三

　　研究全批資料時會發現一個綫索,"备"字除了一個孤例之外只見於胛骨,"靈"只
見於龜甲。[1] 所以"靈"指"靈龜",如此便很容易判斷"备"是胛骨的名字,這對於釋讀
"备"是重大的發現。[2] 李學勤先生認爲當从"各"省聲,讀爲《説文》訓禽獸骨的"骼"
字,無疑是個很合理的解釋。有意思的是,在其他的文章裏,李學勤又指出甲骨文並
用"靈"與"骼"的事實也見於《尚書·盤庚下》"弔(淑)由靈各(骼)"一句,[3]兩句能相互
旁證,不會是巧合。

　　唐蘭先生在《天壤閣甲骨文存考釋》中對"备"的字形結構和句子本義曾説道:"备之
字象有足來至上,其本義或是卜而神靈來降於鬲與?"朱鳳瀚先生在唐蘭的基礎上提出
讀"至",訓"通",説其義像鬲一樣,當是"通神靈的卜兆",是"可引申爲符合神靈指示的
卜兆的占辭"。這種解釋有兩個問題。第一是資料收集不完全而造成不知道"靈龜"和
"备"的聯繫,不知道物質與刻辭本身的内在聯繫。第二個問題是不接受备字下面部分
"田"是"肩"的異體。唐蘭認爲是"卤",所以讀同聲"鬲"可通。仔細看拓片,一般隸定备
往往無"卜"在"肩"内,如《合集》36344(圖版四)。《合集釋文》隸定成"禽",从骨。圖三可
見句子的第一字"舍",確實是从田(是肩骨上有兆的字形)。下面我們就來討論此字。

　　過去"舍"字有兩種隸定,一是當爲一字,二是當爲二字,參考書和學者專論都没有
統一的標準。讀作兩字是因爲黃組刻手寫"舍"字時經常上下分開較遠,分開讀上面爲
"今",下面爲"骨"、"肩"、"卤"(鬲)等等。對於這個問題,從新發現的花園莊東地甲骨可
確定其爲一字,不必分開。此字在花園莊東地甲骨一共出現三次,都屬於記事刻辭,刻
辭刻於腹甲的反面、龜橋上,舍是族或地名(《花園莊東地甲骨》242,圖版五)。花園莊東
地甲骨"舍"的發現解決了該字的隸定問題。在我們討論的黃組卜辭句子裏,"舍"有可
能是族名或地名,也有可能是動詞。朱鳳瀚分析這句的語法是有道理的,他認爲"舍"是
動詞,"巫九"是賓語,是動賓結構的句子,主語是"王卜貞"之王。朱先生的觀點較爲合
理。他釋讀"舍"的方法是利用新發現的戰國文字來考察甲骨文字,憑藉戰國文字的

<hr>

① 《合集》36345 看上去是一塊背甲,卜辭中的字有漏刻橫畫,字距較疏遠。在龜上刻"骼"與物質不合。不知
　 是否刻手刻錯字或者有其他的原因。

② 李學勤:《論新出現的一片征人方卜》,《殷都學刊》2005 年第 1 期,頁 1—3。

③ 李學勤:《甲骨卜辭與〈尚書盤庚〉》,《甲骨文與殷商史》新一輯,上海:上海古籍出版社 2008 年版。

"戡"字(溪母侵部)从戈今聲(見母侵部),從而他提出甲骨文"舍"字應該讀爲从囧今聲的"勘"詞。《説文》:"戉,殺也,从戈今聲。《尚書》曰西伯既戡黎。"西伯戡黎的"戡",今本《尚書》有"戡"。戉是戰國時期楚國文字的寫法,"戡"的異體。"勘"見於《説文》新附,从力甚聲,其意爲"校也"。朱駿聲《説文通訓定聲》釋曰:"蓋引申爲深切考覈之意。"王筠《説文句讀》曰:"考其事,必得其實,乃謂之覈。"《玉篇》:"勘,覆定也。"

有趣的是在朱先生的基本分析上,我們還能推測出"舍"下面的"囧"很有可能表示"勘",訓"校"、"覈定",本來是針對"肩骨的兆"而言,和"占"字有密切關係。

因爲朱鳳瀚把句子的第一個字當動詞,讀"勘",把最後一個字也當動詞,讀"至"(訓"通",即卜兆通於神明),所以夾在當中的"巫九"只能勉强地讀爲"九巫"(見於《周禮·春官·簭人》),此看法與唐蘭一致。《周禮》其文曰:

> 簭人掌三易以辨九簭之名,一曰連山,二曰歸藏,三曰周易。九簭之名,一曰巫更,二曰巫式,三曰巫目,五曰巫易,六曰巫比,七曰巫祠,八曰巫參,九曰巫環,以辨吉凶。

鄭玄注認爲"此'九巫'讀皆當爲簭字之誤也",並將九個"巫某"之"某"分別解釋爲九件事情,比如認爲"簭更"是"簭遷都邑也","巫咸"是"謂簭衆心歡不(否)也"等等。唐蘭不同意鄭玄的看法。建議巫(即"簭")後的字是"古精簭者九人的名字"。朱先生認爲"巫(簭)九"指"九種簭術之名稱","卜辭不言'九巫',亦當是爲了避免理解爲九個巫者"。我對這樣的解釋有異議,甲骨文本身没有"九巫"稱,他説是爲了避免理解成"九個巫者"是没有根據的。

儘管有學者認爲鄭玄注解"九簭之名"的含義有可商之處,説"巫"讀皆爲"簭"之誤應該是對的。唐蘭和饒宗頤都贊同甲骨文的一些"巫"字讀爲"簭"。黄組卜辭的時期是商末,而在此時期占卜機構已經在同時並用卜與簭,讀"巫"爲"簭"是合情合理的。從古文字學的角度看,本來"巫"、"簭"一字兩用,"簭"字加"竹"旁爲了表意分化,用來區別"巫"與"簭"。①

那麼,"勘簭九骼"、"勘簭九靈"是先簭後卜又一個很好的證明。本人不贊同"簭九"即九種簭法,而建議"簭"分開讀,當勘的賓語。我們了解王朝隆重的占卜活動可能按照先簭後卜的順序來進行,那麼"勘簭"就好理解了。"九骼"和"九靈"也是勘的賓語,理解和"勘簭"是一樣的。占卜人物爲了驗證一件事而選用的甲骨數,跟事情的重要性有直接關係。國王曾經兩次用九版龜甲和九塊牛胛骨來占卜,足以表達其内

---

① 唐蘭:《天壤閣甲骨文存考釋》,北京:輔仁大學1939年版;饒宗頤:《殷代貞卜人物通考》,收入《饒宗頤二十世紀學術文集》卷二《甲骨》(上),北京:中國人民大學出版社2009年版,頁49—50。

容事關重大。九版一套龜甲和九塊一套牛胛骨也肯定與"三卜制"有關係,九就是三的三倍數。① 綜述之,兩句話的含義是國王已經作了筮占,正在用九塊胛骨(叫骼,也許是一種很靈的胛骨)和九版靈龜甲去占卜國家大事(戰事)。從前辭"王卜貞"來看,"貞"的用法很關鍵。"貞"與"正"、"證"、"定"有詞源關係,"貞"與"正"常見假借。對這兩套卜辭的語氣,"貞"後文不是問句而是陳述句。②國王正在親自"驗證"前面一些占卜機構所得到結論。

附錄

商代先筮後卜的實例之一:

1980年在小屯南地出土的遺物中發現刻有卦象的卜甲(附圖一)。有如下的數字卦和文句:

中甲靠近千里路有刻"習九六"

腹甲右邊"678968"

右甲橋相接處"671679"

腹甲左邊"776766""貞吉"

左甲橋下邊"友(?)……"

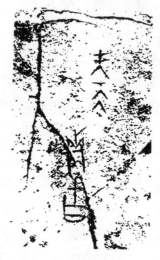

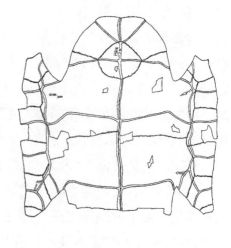

附圖一

---

① 武丁時同日同時卜用腹甲數最多有五龜一套者,牛肩胛卜骨則最多有九塊一套者。後者,參見《合集》6860—6863,內容是戰事。參見宋鎮豪:《商代社會生活與禮俗》,頁639。

② 饒宗頤:《殷代貞卜人物通考》,收入《饒宗頤二十世紀學術文集》卷二甲骨(上),頁68—69。

　　"貞吉"是"776766"的占辭,是龜占所得出來的結果。"貞吉"是占書和占卜記錄裏最常見的占辭。三套數字卦無疑是龜卜前面所得的結果。

　　商代先筮後卜的實例之二:

　　《甲骨續存》1980 片(＝《合集》29074,附圖二)第三期田獵卜辭。安陽出土。

　　　　(筮占判決):6776(倒數)

　　　　(用卜甲來驗證):［于］喪亡災。

　　　　(卜兆判決):吉

附圖二

圖　　版

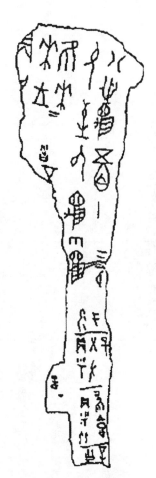

圖版一　《合集》8996

圖版二　《合補》11242

圖版三　《合集》36511

圖版四 《合集》36344

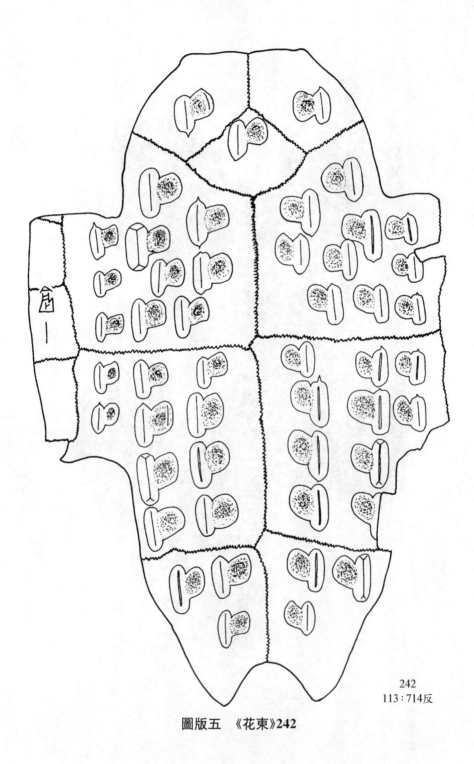

242
113：714反

圖版五　《花東》242

論商代甲骨占卜中的"異史同貞"

牛海茹

（浙江大學人文學院）

武丁時期的賓組卜辭中貞人很多,有時會出現兩個或三個貞人卜問同一件事的現象。郭沫若發現一條卜辭中有兩個貞人的現象,稱之爲"二人共卜"。[1] 胡厚宣研究卜辭同文例時,發現了"同文異史"。[2] 隨着甲骨文材料的不斷豐富與綴合工作的進展,我們發現不同貞人卜問同一件事的現象實際比較多見,並不限於武丁時期的賓組卜辭中,出組、黃組中亦有少量發現,下文暫將此種現象稱爲"異史同貞"。[3] 儘管已經注意到這種現象,但很少有學者對此進行專門研究。筆者在整理同文卜辭[4]材料的過程中,發現"異史同貞"是探討晚商甲骨占卜制度中一個非常重要的問題,關係到貞人的身份與職責,以及重新理解成套卜辭[5]含義與劃分標準等問題。因此,本文將對相關材料和涉及的問題展開討論。

---

① 郭沫若:《殷契粹編·考釋》,1937 年東京文求堂影印本,頁 188。

② 胡厚宣:《卜辭同文例》,《中研院歷史語言研究所集刊》第 9 本,1947 年。

③ 此定義參見宋鎮豪:《論古代甲骨占卜的"三卜"制》,《殷墟博物苑苑刊》創刊號,北京：中國社會科學出版社 1989 年版;又參見宋鎮豪:《甲骨占卜和卜辭文例文法》關於"同文異史同貞"中的"異史同貞"的論述,載見王宇信、楊升南主編:《甲骨學一百年》,北京：社會科學文獻出版社 1999 年版,頁 205。

④ 文中筆者所指的同文卜辭包括：(1) 不同甲骨上卜日及命辭完全相同的卜辭。(2) 同卜一事,卜辭部分相同,包括① 幾版甲骨同卜一事,其中一版上卜辭完整,而其他版上記錄同件事的卜辭或命辭有所省略,或語法結構有變化,或從相反角度進行貞問;② 不同版甲骨上的某些卜辭同卜一事且命辭相同,相對應的卜辭中有些未刻卜日或者卜日殘缺,但通過卜辭的契刻位置,同版相鄰卜辭可以確定卜日相同者。同時,統計同文卜辭時排除周祭卜辭、王賓卜辭,以及部分程式化的田獵卜辭和卜旬卜辭。

⑤ 張秉權:《甲骨文與甲骨學》,臺北："國立"編譯館 1988 年版,頁 199。成套卜辭的概念由張秉權提出,"是有甲骨上那些在同一天占卜同一件事,而連續契刻在若干序數相連的卜兆之旁的若干條辭意相同或省略的正問或反問的卜辭組合而成"。

一、卜辭所見異史同貞

　　由於殷墟卜辭中所見異史同貞現象幾乎出自賓組卜辭,其他組類鮮有發現。因此下文將按照異史同貞卜辭的類型,即異版同文卜辭、同條卜辭、同版異條卜辭、異版不同文卜辭進行分類,具體如下:

(一) 異版同文卜辭中所見異史同貞

　　1. A. □寅卜,爭貞:禦婦㜷於母□。　　　　　　　　　　　　　　《合集》2773

　　　　B. 甲寅卜☑

　　　　　　乙丑卜,㗱貞:我[受年]。

　　　　　　貞:勿禦婦㜷於母庚。

　　　　　　一 二 三 二告　　　　　　　　　　　　　　　　　　《合集》2777

　　　　C. 丁丑卜,爭貞:禦于祖辛十宰。一

　　　　　　甲寅卜,爭貞:勿禦婦㜷於[母]庚。　　　　　　　　　《合集》2774 正

　　　　D. 丁丑卜,[賓貞]:禦于祖☑。一

　　　　　　甲寅卜,賓貞:勿禦婦㜷於母[庚]。一　　　　　　　　《天理》34 正

　　2. A. 戊申卜,賓貞:屮保□啓。二告　　　　　　　　　　　　《合集》16425

　　　　B. 戊申卜,永貞:望乘屮保在啓。一 二 二告 三　　　　　《英藏》1555

　　3. A. 乙巳卜,爭貞:呼多臣伐舌方,受有[佑]。　　　　　　　《合補》1828

　　　　B. ☑㱿貞:呼多臣伐舌方☑　　　　《合集》625＋6288＋《輯佚》118①

　　4. A. 辛卯卜,爭貞:勿令望乘先歸。九月。一

　　　　　　壬辰卜,爭貞:王惠沚䤾比。一　　　　　　　　　　　《合集》7488

　　　　B. 辛卯卜,㱿貞:勿令望乘先歸。九月。一 二告

　　　　　　壬辰卜,㱿貞:王勿唯沚䤾比。九月。一 不玄冥

　　　　　　　　　　　　　　　　　　　　　《合集》7490 正＋《合補》1534②

　　　　C. 辛卯卜,㱿貞:勿令望乘[先歸]。四

　　　　　　壬辰卜,㱿貞:王勿唯沚䤾比。四　　　　　　　　　　《合集》7492

---

① 蔡哲茂:《甲骨綴合續集》,臺北:文津出版社有限公司 2004 年版,頁 99,見綴合 473 組;劉影:《賓組新綴一則:合集 625＋合集 6286＋輯佚 118》,中國社會科學院歷史研究所先秦史研究室網站:http://www.xianqin.org/blog/archives/1718.html,2009 年 10 月 20 日。

② 蔡哲茂:《甲骨綴合續集》,頁 31,見綴合第 380 組。

D. 辛卯卜，殼貞：勿令望乘先歸。九月。五

壬辰卜，殼貞：王勿唯沚歔比。九月。五　　　　　　　《合補》2069

E. ☒殼[貞]：☒令[望]乘先歸。九月。六　　　　　　　《合集》4002

5. A. 乙巳卜，爭貞：惠王往伐舌方，受有[佑]。六　　　　　《合集》6214

B. 乙巳卜，爭貞：惠王往伐舌方，受[有佑]。　　　　　　《合集》6215

C. 乙巳卜，殼貞：惠王往伐[舌]方，受[有佑]。　　　　　《合集》6216

6. A. 丁未卜，殼貞：勿令畢伐舌，弗其受[有佑]。

戊申卜，殼貞：勿唯王往。一

貞：☒王☒一　　　　　　　　　　　　　　　　　《合集》6294

B. 貞：勿令畢伐舌，弗其[受有佑]。二

戊申卜，殼貞：勿唯王[往]。二　　　　　　　　　　《合集》6295

C. 丁未卜，賓貞：勿令畢[伐]舌方☒　　　　　　　　　《合集》6296

D. 丁未卜，賓貞：勿令畢伐舌方，弗其受有佑。　　　　《合集》6297

7. A. 癸丑卜，殼貞：舌方其□。一

癸丑卜，殼貞：𢦏及舌方。四月。一　　　　　　　　《英藏》566

B. 癸丑卜，爭貞：舌方弗戕。二（?）

癸丑卜，爭貞：𢦏及舌方。　　　　　　　　　　　《合集》6341

C. 癸丑卜，殼貞：舌方其戕。

癸丑卜，殼貞：𢦏及舌。三　　　　　　　　　　　《合集》6342

8. A. 庚申卜，爭貞：今早王比望乘伐下危，受有佑。　　　《合集》6489

B. 庚申卜，爭貞：今早王比望乘伐下危，受有佑。四 二告 不玄冥

《合集》6490

C. 庚申卜，賓貞：今早王比望乘伐下危，受有佑。四

《合集》6491＋《合補》5529①

D. 庚申卜，賓貞：今早王[比]望[乘]伐下[危]，受[有佑]。　《合集》6492

E. [庚]申卜，□[貞]：今早王[比]望[乘伐]下危，受[有佑]。

《合集》6493

9. A. 戊午卜，殼貞：沚歔稱冊，王比。四　　　　　　　　《合集》7383

B. 戊午卜，殼貞：沚歔稱冊，王[比]。五　　　　　　　《合集》7384

C. 戊午卜，爭貞：沚歔稱冊，王比。

---

① 李愛輝：《典賓類卜骨新綴四則》，中國社會科學院歷史研究所先秦史網站：http://www.xianqin.org/ blog/archives/1611.html，2009 年 08 月 31 日。

　　　　辛酉卜，<u>殼</u>貞：㞢戜稱册，王比。　　　　　　　《合集》7386＋《合補》5670①

　　D. 戊午卜，<u>爭</u>貞：㞢戜稱册，王☒

　　　　辛酉卜，<u>殼</u>貞：㞢戜稱册，王☒②

10. A. 丁未卜，<u>爭</u>貞：㞢伲化受佑。二

　　　　丁未卜，<u>爭</u>貞：㞢伲化弗其受佑。二

　　　　貞：方其戋我史。二

　　　　貞：方弗其戋我史。二

　　　　貞：我史其戋方。二　二告

　　　　我史弗其戋方。二

　　　　往西，多紳☐王伐。　　　　　　　　　　　　　　　　《合集》6771 正

　　B. 丁未卜，<u>殼</u>貞：㞢伲化受佑。三

　　　　丁未卜，<u>殼</u>貞：㞢伲化弗其受佑。三

　　　　貞：㞢伲化亡憂。三

　　　　其有憂。三

　　　　貞：方其戋我史。三

　　　　貞：方弗戋我史。三

　　　　貞：我史其戋方。三

　　　　貞：我史弗其戋方。三

　　　　往西，多紳其以伐。　　　　　　　　　　　　　　　《合集》9472 正

11. A. 乙酉卜，<u>殼</u>貞：勿呼婦好先于龐攺人。二　　　《合集》7284

　　B. 乙酉卜，<u>殼</u>貞：勿呼婦好先于龐攺人。　　　　　《合集》7285

　　C. 乙酉[卜]，☐貞：勿[呼]婦先于龐攺人。　　　　《合集》7286

　　D. 乙酉卜，<u>爭</u>貞：勿呼婦好先[攺]人于龐。五　　《合集》7289

　　E. 乙酉卜，<u>爭</u>貞：勿呼婦先攺人于龐。二告　　　　《英藏》151③

　　F. 乙酉卜，<u>爭</u>貞：呼婦好先攺人于龐。　　　　　　《合集》7288

12. A. 己酉卜，<u>賓</u>貞：鬼方、昜[亡]憂。五月。一 二 二告 三 四 五

　　　　　　　　　　　　　　　　　　　　　　　　　　　《合集》8591

---

① 林宏明：《甲骨新綴第 60 例》，中國社會科學院歷史研究所先秦史研究室網站：http://www.xianqin.org/blog/archives/1798.html，2009 年 11 月 20 日。

② 蔡哲茂：《介紹一版新出現的甲骨拓片》，中國社會科學院歷史研究所先秦史網站：http://www.xianqin.org/blog/archives/2240.html，2010 年 12 月 30 日。

③ 《英藏》151 除乙酉日卜辭外，其他卜辭皆係偽刻。《英國所藏甲骨集》(下編上册)釋文中已指出。

B. 己酉卜，内貞：鬼方、易亡憂。五月。　一 二 二告 三 四 五

　　　　　　　　　　　　　　　　　　　　　　　　　　　　　《合集》8592

13. A. □丑卜，争貞：畢往。六月。　　　　　　　　　　　　《合集》4071

　　B. 丁丑卜，賓貞：畢往。六月。二 三　　　　　　　　　《合集》4070

14. A. 甲午卜，㱿貞：勿令壬唯黄。五月。一

　　　　　　　　　　　《合集》5044＋5045＋11584＋19106＋39812①

　　B. 甲午卜，争貞：令壬唯黄。[五]月。三

　　　貞：勿令壬唯黄。三　　　　　　　　　　　　　《東文研》421②

　　C. 甲午卜，㱿貞：勿令壬□。四　　　　　　　　　　　《合集》19107

15. A. 癸亥卜，争貞：旬亡憂。[王占曰：有咎]，艱。五日丁卯王狩□亦奴在
　　　車□
　　　癸亥卜，争貞：旬亡憂。王占曰：有咎□戊辰允有來艱，沚臧呼告曰□

　　　　　　　　　　　《合集》583 正＋7139＋11454＋40663③

　　B. 癸亥卜，㱿貞：旬亡憂。王占[曰：有咎，其有來艱]。五日丁卯王狩敝
　　　斻車□亦奴在車，畢馬亦□
　　　[癸]亥卜，[㱿貞]：旬亡憂。王占曰：[有咎，其有]來艱。六日[戊辰
　　　允]有來艱，沚臧呼[告曰：]舌[方]□

　　　　　　　　　　　《合集》584＋9498＋7143＋《東大》B0571＋《合補》5597④

16. A. 癸丑卜，永貞：旬[亡憂]。五日丁巳子陷殟。二

　　　　　　　　　　　　　　　《合集》7363＋7364＋11482⑤

　　B. 癸丑卜，㱿貞：旬亡憂。王占曰：有咎。五日丁巳子陷殟。一
　　　癸卯卜，㱿貞：旬亡憂。　　　　　《合集》16913＋17076⑥

---

① 李延彦：《賓組胛骨試綴一則》，中國社會科學院歷史研究所先秦史網站：http://www.xianqin.org/blog/archives/1737.html,2009 年 11 月 5 日。

② 李延彦：《賓組胛骨試綴一則》。李延彦認爲《合集》4304(即《龜》1•24•13)與《東文研》421 爲同一版。

③ 劉影：《甲骨新綴第 222 組》，中國社會科學院歷史研究所先秦史網站：http://www.xianqin.org/blog/archives/6592.html,2016 年 7 月 28 日。

④ 李愛輝：《賓組胛骨綴合一則》，中國社會科學院歷史研究所先秦史網站：http://www.xianqin.org/blog/archives/1745.html,2009 年 11 月 9 日。

⑤ 李愛輝：《牛胛骨新綴一則》，中國社會科學院歷史研究所先秦史網站：http://www.xianqin.org/blog/archives/1644.html,2009 年 9 月 17 日。

⑥ 林宏明：《甲骨新綴第四七例》，中國社會科學院歷史研究所先秦史研究室網站：http://www.xianqin.org/blog/archives/1746.html,2009 年 11 月 9 日。

　　C. 癸丑卜，㱿貞：王占曰：有[咎]。[五]日丁巳子[陷]𡆥。二

　　　　癸卯卜，㱿貞：旬亡憂。　　　　　　　　　　　　《合集》17077

　　D. 癸丑卜，爭貞：旬[亡憂]☑五日丁巳子[陷]☑　　《合集》17078

17. A. [癸]亥卜，賓貞：旬[亡]憂。一日𩢾，甲子☑　　《合集》18787

　　B. [癸亥]卜，古貞：旬亡[憂]。[一日]𩢾，甲子有☑　《合集》18788

18. A. 己酉卜，㱿貞：勿呼☑肩任伐，弗☑

　　　　□子卜，㱿[貞：婦]蝶娩☑　　《合集》19724＋2778＋《合補》2136①

　　B. 癸亥卜，㱿貞：洹弗作兹邑[憂]。

　　　　☑㱿貞：洹其作兹邑憂。

　　　　☑㱿貞：呼🐑取肩任伐，以。

　　　　甲子卜，㱿貞：婦蝶娩，妨。四月。

　　　　己酉卜，㱿貞：勿呼🐑取肩任伐，弗其以。

　　　　　　　　　　　　　　　　　　　《合集》7854 正＋《英藏》1106②

　　C. 癸亥卜，爭貞：洹弗其[作兹邑憂]。

　　　　☑爭貞：洹其作兹[邑憂]。　　　　　　　　　　《合集》7853

19. A. 乙巳卜，亘貞：替不其受年。一　　　　　　　　《合集》9790 正

　　B. 乙巳卜，㞢貞：替受年。　　　　　　　　　　　《合集》9789

20. A. 丁亥卜，兄貞：翌辛卯㞢于☑

　　　　癸巳卜，兄貞：二示咎，王遣并☑

　　　　癸巳卜，兄貞：并來歸，唯㞢示☑

　　　　癸巳卜，兄貞：丁辛吉，永于并。

　　　　丁酉卜，貞：子弗疾，㞢疾。十月。

　　　　庚子卜，貞：其㞢于五毓宰。

　　　　三　三二告　　　　　　　　　　　　　　　　《英藏》1948

　　B. 癸巳卜，大貞：并來歸，唯㞢示。

　　　　癸巳卜，大貞：丁辛吉，王永于并。

　　　　☑貞：二示咎，王遣并。十月。

---

① 蔡哲茂：《〈甲骨文合集〉新綴第三則補綴》，中國社會科學院歷史研究所先秦史網站：http://www.
　xianqin.org/blog/archives/1789.html，2009 年 11 月 18 日。

② 蔡哲茂：《〈甲骨文合集〉綴合第四則》，中國社會科學院歷史研究所先秦史網站：http://www.xianqin.
　org/blog/archives/1679.html，2009 年 9 月 29 日。

一　　　　　　　　　　　　　　《合集》4387＋4394①＋《史購》199②

C. ☑于五毓一宰。

☑疾，有疾。［十月］。

☑吉，永于并。

☑唯出示。十月。

☑母辛。十月。

☑遣并。　　　　　　　　　　　　　　　　　　　《合集》23439

D. ☑［永］于并。

☑唯出示。十月。

☑貞：翌辛卯出于母辛。

☑兄貞：二示咎，王［遣］并。十月。

二　　　　　　　　　　　　　　　　　　　　　　　《合集》24412

21. A. 庚辰卜，□［貞］：來丁亥［寇］寢出蚩歲羌三十卯十［牛］。十二月。
　　　　　　　　　　　　　　　　　　　　　　《合集》319

B. 庚辰卜，大貞：來丁亥寇寢出蚩歲羌三十卯十［牛］。十［二］月。二
　　　　　　　　　　　　　　　　　　　　　　《合集》22548

C. 庚辰卜，出貞：來丁亥寇寢出蚩歲羌三十卯十［牛］。十[二]月。
　　　　　　　　　　　　　　　　《輯佚》70＋《合集》23624③

22. A. 癸亥卜，事貞：旬亡憂。一日𠦪甲子夕𤾓大稱，至于相☑
　　　　　　　　　　　　　　　　　　　　　　《合集》18793

B. 癸亥卜，兄貞：旬亡［憂］☑夕𤾓大稱☑　　《合集》26631

23. A. 癸亥，王卜貞：［旬亡憂］。在九月，王［征］人方，在雇。　《合集》36485

B. 癸亥卜，黃貞：王旬亡憂。在九月征人方，在雇。　《合集》36487

(二) 一條卜辭中所見异史同貞

24. □未卜，内、𤖀貞☑　　　　　　　　　　　　　　《合集》909

25. 癸亥卜，賓、𤖀貞☑　　　　　　　　　　　　　　《合集》3700

---

① 蔡哲茂：《甲骨綴合集》，臺北：文淵閣文化事業有限公司1999年版。見綴合第287組。

② 蔣玉斌：《〈史購〉新綴第五—六組》，中國社會科學院歷史研究所先秦史研究室網站：http://www.
xianqin.org/blog/archives/2218.html，2010年12月22日。

③ 孫亞冰：《〈殷墟甲骨輯佚〉綴合第二則》，中國社會科學院先秦史研究室網站：http://www.xianqin.org/xr
_html/articles/jgzhh/1258.html，2008年11月12日。

26. 癸未卜，<u>爭</u>、✕貞：旬亡憂。　　　　　　　　　　《合集》3755

27. ☑<u>爭</u>、✕貞：旬亡憂。壬辰雨。　　　　　　　　　《合集》3756

28. 癸酉卜，<u>爭</u>、✕貞：旬亡憂。　　　　　　　　　　《合集》6929

29. 癸卯卜，<u>㱿</u>、✕貞：亡憂。二告　　　　　　　　　《合集》16531

30. 癸未卜，<u>爭</u>、✕貞：旬亡憂。一　　　　　　　　　《合集》16815

31. 癸未卜，<u>爭</u>、✕貞：旬亡憂。□告　　　　　　　　《合集》16816

32. 癸卯卜，<u>爭</u>、✕貞：旬亡憂。一　　　　　　　　　《合集》16862

(三) 同版不同條卜辭中所見異史同貞

33. 辛丑卜，<u>㱿</u>貞：婦好有子。二月。

　　辛丑卜，<u>亘</u>貞。王占曰："好其有子。孚。"　　　《合集》94

34. 丙寅卜，<u>賓</u>貞：翌丁卯出于丁。一

　　貞：勿出于丁。五月。一

　　丙寅卜，<u>古</u>貞：翌丁卯出于丁。一

　　貞：翌丁卯出于丁宰出一牛。　　　　　　　　　　《合集》339

35. 辛卯卜，<u>内</u>貞：王有作憂。一 二 三 四 五 六 七 八 二告

　　辛卯卜，<u>爭</u>貞：王亡作憂。一 二 三　　　　　　　《合集》536

36. 丁巳卜，<u>賓</u>貞：祼于祖乙告王⊞。四月。

　　貞：勿䄈祼于祖乙告⊞。

　　丁巳卜，<u>㱿</u>貞：告⊞于祖，勿出、歲、祼。

　　貞：勿出、祼祖乙。　　　　　　　　　　　　　　《丙編》98

(四) 異版不同文卜辭中所見異史同貞

37. A. 壬午卜，<u>賓</u>貞：㲋不䄈執多臣逸羌。一　　　　　《合集》627

　　B. 壬午卜，[<u>㱿</u>]貞：[多]臣逸羌，執。

　　　壬午卜，<u>㱿</u>貞：㲋追多臣[逸]羌，弗執。一 二　《合集》628

38. A. □酉卜，<u>賓</u>貞：翌丙子其☑[子]立中。允亡風，易[日]☑。

　　　　　　　　　　　　　　　《合集》7370＋《東大》372b①

　　B. 癸酉卜，<u>㱿</u>貞：☑丙子立中，允☑。　　　　　《合集》7373

─────────────

① 黃天樹主編：《甲骨拼合集》，北京：學苑出版社 2010 年版，頁 312，見綴合第 285 則。

C. □爭貞：翌丙子其立□風。丙子立中［允］亡風，易日□。

《英藏》680

由以上 38 組卜辭可知，異史同貞現象集中出現於武丁時期的賓組卜辭中（第 1—19、24—38 組），出組（第 20—22 組）、黃組（第 23 組）卜辭中僅有幾例。異史同貞比較多見的類型是兩個貞人同貞一事，但偶爾也有三個貞人同貞一事之現象。下文將具體分析各組中的卜辭，以便了解更多的信息和綫索。

二、異史同貞卜辭分析

第 1 組：四版甲骨上的卜辭同文，其中 A、C 版上貞人名爲"爭"；D 版爲"賓"；B 版卜辭殘缺，不知貞人。從同樣的序數來看，可以肯定 C、D 版卜辭不是成套卜辭。筆者懷疑 C、D 兩版卜辭很可能各爲一組卜辭的第一卜。

第 3 組：A、B 版卜辭同文，B 版缺少卜日。對比兩版上相同卜辭的契刻位置、字體風格以及字排特徵，可以認定兩版卜辭同文。其中 A 版上卜辭中的貞人名爲"爭"，B 版爲"㱿"。

第 4 組：共有六版甲骨，卜辭同文。F 版殘缺過甚不做討論，其他五版皆爲殘留的骨首。B、C、D、E 版上，同文卜辭中貞人名皆爲"㱿"，按照序數極可能依次爲成套卜辭的第一、四、五、六卜，且壬辰日卜問聯合沚馘之事皆屬反貞。A 版上的貞人名爲"爭"，序數恰與 B 版相同也爲"一"，壬辰日卜問聯合沚馘之事爲正貞。

第 5 組：A、B、C 三版卜辭同文，其中 A、B 版上同文卜辭中貞人名爲"爭"，C 版爲"㱿"。三版甲骨皆爲骨首，僅 A 版上同文卜辭下方刻有序數，B、C 兩版上同文卜辭序數不明，不知是否成套。

第 6 組：共有同文甲骨[①]共四版。A、B 兩版上同文卜辭中貞人名皆爲"㱿"，根據卜辭內容、契刻布局、字排特徵以及序數，可知此兩版爲某成套卜辭的第一、二卜，B 版同文卜辭省略卜日"丁未"。C、D 版上骨首部位的卜辭與 A、B 上丁未日卜辭同文，貞人名爲"賓"，未見序數，不知是否成套。

第 7 組：該組同文甲骨共三版。A、C 版上的同文卜辭極有可能是同一套卜辭的第一、三卜，此兩版同文卜辭中的貞人名、契刻布局及字排特徵相同，內容均爲正面卜問舌方會勝利之事。B 版上卜辭之間的契刻布局與其 A、C 略有不同，貞人名也不同，

---

① 同文甲骨指刻有同文卜辭的甲骨，可能整版卜辭同文，也可能只部分同文。

且反面貞問舌方作戰不會勝利之事,該版上刻有序數的部位殘缺,不能肯定序數爲
"二"。筆者懷疑 B 版卜辭很可能與 A、C 兩版不是一套,屬於另外一組卜辭。

第 8 組：同文甲骨共五版,各版骨首部位的卜辭同文。其中 A、B 版同文卜辭行
款相似,每一豎行所刻字數相同,且貞人名皆爲"争"。C 版上同文卜辭中貞人名爲
"賓",序數爲四,因與 B 版序數相同,C 與 A、B 不是同一套。D 版上貞人名爲"賓",極
有可能與 C 版同組。E 版貞人殘缺不知,從行款與字體來看很可能與 C、D 兩版爲
一組。

筆者懷疑,針對庚申日聯合征伐下危是否會受保佑之事,至少有兩個貞人分别進
行了兩組占卜,其中① 貞人"争"至少用四版肩胛骨,用肯定的語氣正面卜問了此事,
形成了 A、B 所在的一組卜辭;② 同日,貞人"賓"也進行了占卜,至少使用了四版卜骨
正面貞問,結果形成了 C、D、E 三版所在的一組卜辭。

第 9 組：三版甲骨卜辭同文。A、B 版上同文卜辭皆刻於骨首部位,行款相似,貞
人同爲"㱿"。從序數來看,A、B 兩版分别屬某一成套卜辭的第四、五卜。C 版同文卜
辭刻於骨扇,貞人與前兩版不同,且因序數不明,不能完全肯定其與 A、B 兩版同套,有
可能屬於另外一套卜辭。

第 10 組：同文甲骨共兩版。張秉權認爲該組兩版同文卜辭成套,分别爲第二、三
卜,並指出兩版卜辭不完全成套,貞人不同。① 筆者認爲,兩版上的同文卜辭雖序數相
連,但卜辭中的貞人不同,兩版卜辭是否爲同一套,還需謹慎判斷。

第 11 組：同文甲骨共六版,除 F 版爲骨扇殘片外,其他五版上的同文卜辭皆刻於
骨首。其中,A、B、C 三版上同文卜辭語序相同,貞人皆爲"㱿",筆者懷疑此三版可能
是一套卜辭。但僅 A 版刻有序數二;B 版上不見序數;C 版因有殘缺不知是否原刻有
序數。D、E、F 版上同文卜辭中的貞人名均爲"争",卜辭語序相同,可能爲另外一套卜
辭,序數殘缺不明。

第 12 組：同文甲骨共兩版。A 版同文卜辭中貞人名爲"内",B 版爲"賓";兩版同
文卜辭之後皆有 1—5 相連的序數。由此,可知五月的己酉日,貞人内用一版甲骨五
次貞問同一件事;同日貞人賓用另外一版甲骨對同一件事也卜問了五次。筆者認爲
該組兩版卜辭屬於異版異套同文卜辭,兩個貞人各用一版甲骨反復占卜同一件事,各
在一版之上形成一套卜辭,兩版甲骨上的兩套卜辭同文。此外,該組同文卜辭的材質
比較特殊,A 版爲完整龜背甲,B 版爲肩胛骨骨首部位。

第 13 組：同文甲骨共兩版,A 爲牛肩胛骨殘片,同文卜辭中貞人名爲"争"。B 爲

---

① 張秉權：《甲骨文與甲骨學》,頁 208。

龜腹甲殘片，卜辭中貞人名爲"賓"。A 版序數不明，不知兩版卜辭是否成套。從 B 版序數可知，針對"畢往"之事，貞人"賓"至少卜問了三次。

第 14 組：同文甲骨共七版，後四版卜辭殘缺嚴重，此處不做討論。A、B、C 三版卜辭保存較好，同文卜辭皆刻於骨首。A、C 版上同文卜辭中貞人名爲"㱿"，靠近臼角處的卜辭皆爲反面貞問。B 版不同，貞人爲"争"，關於同一件事的正反卜問順序與其他兩版不同。筆者懷疑 B 版有可能與 A、C 不是同一套卜辭，屬另外一套卜辭的第三卜，現因材料缺失，無法證實。

第 15 組：同文甲骨共兩版。通過骨面其他卜辭的相同序數可知，A 版爲第二卜，B 版爲第一卜。因兩版同文卜辭中的貞人不同，不知是否爲同套。

第 16 組：四版甲骨上卜辭同文。A 版上同文卜辭刻於骨扇位置，序數爲二，貞人名爲"永"。B、C 兩版上同文卜辭皆刻於骨首的相同部位，行款一致，貞人名均爲"㱿"，序數分別爲一、二，此兩版甲骨應爲同一套卜辭的第一、二卜。因 C 版序數與 A 版相同，筆者認爲 A 版應爲另外一套卜辭的第二卜，或者甲骨上占卜的第二件事。D 版貞人與前三版皆不相同，爲"争"。A、D 兩版皆爲骨扇殘片，部分卜辭同文且在骨面的位置大致相同。綜合貞人、序數、同文卜辭契刻布局，筆者認爲 A、B 兩版與 C 版以及 D 版上的同文卜辭分別屬於三套不同的卜辭，至少可以完全肯定 A 版與 B、C 兩版卜辭不是同一套。

第 17 組：同文甲骨共兩版，A 版上卜辭中貞人名爲"賓"，B 版爲"古"。

第 18 組：A 版與 B 版己酉和甲子日卜辭同文，兩版上各條卜辭從左到右的順序相反，A、B 很可能是同對卜骨。[①] C 版骨扇部位的癸亥日卜辭與 A、B 相同，貞人名不同，有可能是"争"與"㱿"同在癸亥日占卜，詢問洹河漲水會不會損壞城邑之事。蔡哲茂在綴合 B 版時已經指出該組中"不同貞人同卜一事"。

第 19 組：B 版與 A 版上乙巳日卜辭同文。B 版上貞人"亘"從反面貞問彗地不會有一個好年成；A 版上貞人"㱿"從正面貞問。

第 20 組：四版甲骨同文。蔣玉斌在綴合時指出 B 版爲第一卜，D 版爲第二卜，A 版爲第三卜。上文中筆者已經談到賓組中有些異史同貞的同文卜辭，屬於異套同卜。該組卜辭中 B 版貞人與 A、D 兩版中的不同。筆者認爲 B 版與 A、C 兩版並非一套卜辭，屬於另外一套。

第 21 組：三版甲骨卜辭同文。A 版貞人名缺失，B 版上貞人名爲"大"，C 版爲

---

① 蕭良瓊：《卜辭文例與卜辭的整理與研究》，《甲骨文與殷商史》第二輯，上海：上海古籍出版社 1986 年版。她在文中指出同對甲骨是"内容行款完全相同，僅左右順序不同但相互對稱的全版同文的卜骨"。

“出”。A、C 版卜辭序數不明,不知 A、B 兩版是否同套。

第 22 組:A、B 兩版龜骨同文,A 版上同文卜辭中的貞人名爲“事”,B 版爲“兄”。本組爲賓組三類與出組一類同卜一事。

第 23 組:A、B 兩版卜辭同文。“商王”和貞人“黃”皆在雇地,於九月征伐夷方途中的癸亥日,貞問一旬之內會不會有憂患發生。

第 24—32 組:[①]此九組皆爲一條卜辭中並列出現兩個貞人。郭沫若《殷契粹編》考釋中已經提到這些卜辭中“二人共卜”的現象,[②]胡厚宣稱其爲“兩史同貞例”,[③]陳夢家稱此“並卜”,饒宗頤稱“二人同貞者”。[④] 四位學者皆指出一條卜辭中兩個貞人並卜之現象。據現有材料,“𢀖”作爲貞人並單獨進行占卜只見於師賓間類的卜旬卜辭中,其占卜活動範圍比較小,從事占卜的時間也比較短,可能專於某一時期內卜旬,也有可能他的主要職責並非占卜。目前我們發現 𢀖 與其他貞人共卜的情況,僅出現在賓組一類的卜旬卜辭中,與 𢀖 同貞的分別有賓、内、争、㱿等貞人,多數情況下爲“争”。

第 33 組:同一骨扇上辛卜日兩條卜辭相鄰,其中貞人爲“亘”的省略命辭,但通過商王的占辭,可以知道貞人“㱿”和“亘”都在辛卜日卜問了婦好有子之事。

第 34 組:同版龜腹甲,右腹甲上、下兩條丙寅日卜辭中“賓”和“古”用同一版甲骨,分別詢問同一件事。“賓”正、反卜問獻祭丁之事,“古”先正面卜問第二天祭祀丁之事,再卜問第二天獻祭給丁一定數量的牛之事。

第 35 組:同版龜腹甲上,千里路左右分別刻有一條辛卯日卜辭,內容正反對貞。“争”和“内”用同版甲骨,分別在同一天正反詢問商王有無憂患之事。

第 36 組:同版龜腹甲,右腹甲上前、後甲靠近甲橋處,分別刻有丁巳日卜辭。“賓”、“㱿”兩個貞人在丁巳日用同一版甲骨,針對祭祀祖乙告商王 𡰥 之事,分別進行了貞問,詢問角度一正一反,卜辭內容稍有差別。

第 37 組:A、B 兩版上雖卜辭不同文,但卜辭內容相同。從卜辭內容可知,壬午日有多臣羌逃跑,“賓”用 A 版甲骨,“㱿”用 B 版甲骨,分別貞問沇能不能抓捕到逃跑的羌人。

---

① 至於饒宗頤提到的賓組之外的“兩史同貞”例:《甲》2769、1274,《佚》969,《乙》3861。經查拓片與卜辭,筆者認爲並不屬於此例。

② 郭沫若:《殷契萃編·考釋》,頁 189。

③ 胡厚宣:《卜辭雜例》,《中研院歷史語言研究所集刊》第 8 本 3 分,1939 年。

④ 陳夢家:《殷虛卜辭綜述》,北京:中華書局 1988 年版;饒宗頤:《殷代貞卜人物通考》,《饒宗頤二十世紀學術文集》卷二《甲骨》下,北京:中國人民大學出版社 2009 年版,頁 70。

第 38 組：A、B、C 三版甲骨上雖卜辭不同文,通過三版甲骨上卜辭中的相同時間以及相同事件,可知此"賓"、"殼"、"争"分别用 A、B、C 版於癸酉日,詢問商王丙子日立中時有没有大風之事。

三、關於異史同貞

首先,通過 38 組卜辭材料及分析,可以明確知道異史同貞現象基本出現於武丁時期,這很可能與武丁時期重視占卜、卜辭數量龐大、貞人衆多以及卜辭記録完整有關。出組和黄組中顯然僅有幾例。歷組和無名組卜辭幾乎不記貞人名,所以情況不明;其他組類的卜辭數量較少,目前尚未有所發現。

實際上,商王命令多個貞人同日占卜同一件事,根本目的是爲了保證占卜的"可靠性",以在多次占卜中得到自己想要的占卜結果。就卜辭而言,"異史同貞"最簡單的模式是：不同的貞人同日從相同角度占卜同一件事,不必多版,不必多次;複雜一些的模式爲：不同貞人同日用不同的甲骨,各自從不同的角度單次占卜同一件事;最複雜的模式是：不同貞人同日用不同的甲骨,從不同的角度,多次反復占卜同一件事,各自形成一套同文卜辭,各套卜辭亦同文,即"異套同文"。筆者認爲,這種異版同文且異史同貞的現象,本質上依然是一事多卜、多貞,只不過在以次數爲主要變數的占卜過程中,加入了"貞人",即文獻中所謂的"命(龜)者"這一因素。

除商代晚期的卜辭外,我們在《包山楚簡》中也發現了多人同日同貞一事的記載。[①] 例如：

第 1 組

宋客盛公逤聘于楚之歲,荆夷之月乙未之日,鹽吉以寶家爲左尹𨵿貞：自荆夷之月以就荆夷之月,出入侍王,盡卒歲,躬身尚毋有咎。占之：恒貞吉,少有戚於躬身,且志事少遲得。　　　　　　　　　　　　　　　　　　　　　　　　197—198

宋客盛公逤聘于楚之歲,荆夷之月乙未之日,石被裳以訓䖒爲左尹𨵿貞：自荆夷之月以就荆夷之月,盡卒歲,躬身尚毋有咎。占之：恒貞吉,少外有戚,志事少遲得。

　　　　　　　　　　　　　　　　　　　　　　　　　　　　199—200

宋客盛[公]逤聘于楚之歲,荆夷之月乙未之日,應會以央著爲子左尹𨵿貞：自

① 李零：《包山楚簡研究(占卜類)》,《中國典籍與文化論叢》第 1 輯,北京：中華書局 1993 年版,頁 426—430。

荆夷之月以就荆夷之月,出入侍王,盡卒歲,躬身尚毋有咎。。占之:恒貞吉,且爵立遲踐。　　　　　　　　　　　201—202

第2組

東周之客許盈致胙於葴郢之歲,夏夷之月乙丑之日,武生以承德爲左尹羌貞:出入侍王,自夏夷之月以就集歲之夏夷之月,盡集歲,躬身尚毋有咎。。占之:恒貞吉,少有戚於躬身與宫室,且外有不順。　　209—210

東周之客許盈致胙於葴郢之歲,夏夷之月乙丑之日,鹽吉以寶家爲左尹羌貞:出入侍王,自夏夷之月以就集歲之夏夷之月,盡集歲,躬身尚毋有咎。占之:恒貞吉,少有惡於王事,且有戚於躬身。　　212—213

東周之客許盈歸胙於葴郢之歲,夏夷之月乙丑之日,苛嘉以長𦦖爲左尹羌貞:出入侍王,自夏夷之月以就集歲之夏夷之月,盡集歲,躬身尚毋有咎。占之:恒貞吉,少有戚於躬身,且外有不順。　　216—217

第3組

大司馬悼滑將楚邦之師徒以救郙之歲,荆夷之月己卯之日,鹽吉以寶家爲左尹羌貞:出入侍王,自荆夷之月以就集歲之荆夷之月,盡集歲,躬身尚毋有咎。占之:恒貞吉,少有戚躬身。　　226—227

大司馬悼滑將楚邦之師徒以救郙之歲,荆夷之月己卯之日,陳乙以共命爲左尹羌貞:出入侍王,自荆夷之月以就集歲之荆夷之月,盡集歲,躬身尚毋有咎。占之:恒貞吉,少有戚躬身。。占之:恒貞吉,少有戚於宫室。　　228—229

大司馬悼滑將楚邦之師徒以救郙之歲,荆夷之月己卯之日,觀繃以長𩥑爲左[尹]羌貞:出入侍王,自荆夷之月以就集歲之荆夷之月,盡集歲,躬身尚毋有咎。占之:恒貞吉,少有戚也。　　230—231

大司馬悼滑將楚邦之師徒以救郙之歲,荆夷之月己卯之日,許吉以駁𩥑爲左尹羌貞:出入侍王,自荆夷之月以就集歲之荆夷之月,盡集歲,躬身尚毋有咎。許吉占之,吉,無咎。　　235

第4組:

大司馬悼滑將楚邦之師徒以救郙之歲,荆夷之月己卯之日,鹽吉以寶家爲左尹羌貞:既腹心疾,以上氣,不甘食,久不瘥。尚速瘥,毋有祟。占之:恒貞吉,疾難瘥。　　236

大司馬悼滑將楚邦之師徒以救郙之歲,荆夷之月己卯之日,陳乙以共命爲左

［尹］扡貞：既腹心疾，以上氣，不甘食，尚速瘥，毋有祟。〔符號〕。占之：恒貞吉，疾
變，有續，遞瘥。　　　　　　　　　　　　　　　　　　　　　　　　　239

　　大司馬悼滑將楚邦之師徒以救郙之歲，荆夷之月己卯之日，觀繙以長靁爲左尹
扡貞：既腹心疾，以上氣，不甘食，舊不瘥，尚速瘥，毋有祟。占之：恒貞吉，病遞瘥。
　　　　　　　　　　　　　　　　　　　　　　　　　　　242—243

　　大司馬悼滑將楚邦之師徒以救郙之歲，荆夷之月己卯之日，五生以丞德爲左
［尹］扡貞：既腹心疾，以上氣，不甘食，尚速瘥，毋有祟。〔符號〕。占之：恒貞吉，病
變，病窔。

　　　　　　　　　　　　　　　　　　　　　　　　　　245

　　大司馬悼滑將楚邦之師徒以救郙之歲，荆夷之月己卯之日，許吉以駁靁爲左尹
扡貞：既腹心疾，以上氣，不甘食，久不瘥，尚速瘥，毋有祟。占之：恒貞吉，病有續。
　　　　　　　　　　　　　　　　　　　　　　　　　　247

第 5 組：

　　東周之客許盈歸胙於葳郢之歲，爨月己酉之日，許吉以寶家左尹扡貞：以其下
心而疾，少氣。恒貞吉，甲寅之日病良瘥，有祟，太現琥。　　　　　　218

　　東周之客許盈歸胙於葳郢之歲，爨月己酉之日，苛光以長惻爲左尹邵扡貞：以
其下心而疾，少氣。恒貞吉，庚辛有閒，病速瘥，不逗於枝陽。　　　　220

　　東周之客許盈歸胙於葳郢之歲，爨月己酉之日，鞏脁以少寶爲左尹扡貞：既有
病，病心疾，少氣，不入食，爨月幾中尚毋有恙。鞏脁占之，恒貞吉，有祟，現親王
父，殤。

　　　　　　　　　　　　　　　　　　　　　　　　　221—222

　　屈宜習之以彤笭爲左尹扡貞：既有病，病心疾，少氣，不內食。尚毋有恙。占
之：恒貞吉，有祟見。　　　　　　　　　　　　　　　　　　　223

　　以上五組簡文的求貞者皆爲"左尹扡"，每組內簡文占卜時間相同。第一組記錄
了鹽吉、石被裳、應會爲左尹扡占卜，貞問內容相同，詢問自占卜之日開始的一年中左
尹扡是否有咎禍。鹽吉、石被裳用龜，應會用筮，占卜結果大致相同。第二組簡文中，
貞人有武生、鹽吉、苛嘉三位，皆詢問左尹扡在一年之內是否會有災禍。武生用筮，其
他兩人用龜，占卜結果總體是"吉"，但具體事項稍有不同。第三組簡文中鹽吉、陳乙、
觀繙、許吉，詢問左尹扡在一年之內是否會有災禍。占卜方式爲卜、筮、卜、卜。占卜
結果總體相同，具體事項稍有區別。第四組簡文共有五名貞人，因左尹扡腹心之疾病
久久不見好轉，鹽吉、陳乙、觀繙、五生、許吉爲其貞問，希望左尹扡疾病儘快痊癒，不

要再生病患。占卜方式依次爲卜、筮、卜、筮、卜。除鹽吉外,其他四人的占卜結果顯示疾病會有所好轉。第五組簡文中,許吉、苟光、鞏脁和屈宜爲左尹舵占卜詢問其所患胃病之事,占卜結果不盡相同。

(一) 關于異史同貞之貞人

排除每組簡文中的"筮占",可以看到楚簡中的龜卜與晚商時期的甲骨占卜非常相似:同一日,不同的貞人針對同一件事各自詢問,命辭完全一致。不論是殷墟卜辭還是包山楚簡,我們發現各組"異史同貞"中,唯一的變數只有"貞人"。那麼商王或者左尹舵爲什要用多名貞人詢問同一件事呢? 這應該與貞人的身份或職責密切相關。

據現有的殷墟卜辭材料來看,能够確定的是貞人在卜辭中的活動基本上爲"命龜(告龜以所卜之事)"以及驗收甲骨。金祥恒於很早就提出了卜辭中自有"卜人",和"貞人"是不同的。[①] 後來嚴一萍在《甲骨學》中贊同金氏的看法,並重申了這一點。[②]劉學順也認爲卜辭中的"卜"和"貞"完全是兩件事情,貞人一般只宣布命辭,偶爾需要"卜"和"問",貞人和卜人是不同的人。[③] 也就是説,貞人一般不親自作龜(製作鑽鑿及以火灼龜)。那麼,貞人和占人是同一人嗎? 貞人的職責是否包括親自占斷?

因爲甲骨文中占辭的數量極少,其中可以明確占者身份的卜辭更少。除上述第8組C版、10組、15組、16組、33組、37組甲骨上刻有商王之占辭外,其他組甲骨或殘缺不完整,或占辭情況不明。僅依靠卜辭,我們經常無法得知占者具體爲何人。上述第3組簡文235中的"許吉",以及第五組簡文221—222中的"鞏脁"既貞問又占斷外,其他簡文中占人情況不明。關於殷墟卜辭的占辭情況,張秉權曾説過:"我們現在所能看到的甲骨卜辭,絕大多數只有序、命之辭,偶有占辭,已不多見,至於驗辭,更是常付闕如。這大概是事過境遷,往往容易忘了補記的緣故。"[④]針對賓組占辭的情況,吉德煒認爲:"舊有的儀式和信仰在武丁時代仍然殘存,可是記錄占卜結果的工作,正逐漸以助長商王的威信爲目的。"[⑤]情況是否如兩位學者所説,還有待討論。商代晚期的甲骨"異史同貞"占卜中,貞人在占卜時只詢問而不占斷嗎?

① 金祥恒:《卜辭卜人解惑》,《中國文字》1969 年第 33 期。

② 嚴一萍:《甲骨學》,臺北:藝文印書館 1978 年版,頁 1210。

③ 劉學順:《關於卜辭貞人的再認識》,《甲骨學研究》1987 年第 1 輯。

④ 張秉權:《甲骨文與甲骨學》,頁 197。

⑤ 吉德煒:《中國正史之淵源:商王占卜是否一貫正確?》,《古文字研究》第十三輯,北京:中華書局 1986 年版。

通過一些卜辭可確切知道,武丁時期的某些占卜活動中貞人既詢問又占斷,具體如下:

　　39. 乙丑卜,由☒祖丁。由曰:用二㠱,卯一☒　　　　　《合集》19774

　　40. 戊子卜,由:婦白亦有聲。由占曰:亡聲。　　　　　《合補》6808

　　41. 丙寅卜,由:王告取兒☐。由占曰:若,往。　　　　　《合集》20534

　　42. 癸卯卜,由卜:其有取。由占曰:其☒　　　　　　　《合集》20535

由以上四組卜辭可知,武丁前期師組卜辭中的貞人"由",在占卜中可以既貞問又占斷。

　　43. ☒憂。由占曰:吉。　　　　　　　　　　　　　　《合集》21411

　　44. 貞:余勿呼延〔?〕。由曰:吉。其呼〔?〕。　　　　《合集》20070

　　45. ☐亥卜,師貞。王曰有孕,妫。夾曰:妫。　　　　　《合集》21071①

從43—45組卜辭記錄的信息可知,師組中的貞人"由"和"夾"至少曾經充當占者。綜合來看,在師組中貞人是可以占斷的,尤其是師組的"由"在有些占卜活動中既貞問又占斷。歷組中也有非王的"左卜"之占辭,如:

　　46. ☒入商。左卜占曰:弜入商,甲申秋夕至,寧,用三大牢。　　《屯南》930

但是,一次占卜中貞人也判斷吉凶的情況,目前在師組之外的其他組類中沒有發現。卜辭材料不足的情況下,我們希望通過分析其他先秦文獻典籍中的相關材料,作爲參考以便更好地回答"貞人是否占斷"。

　　從先秦文獻記載可以明顯看出,作龜、命龜、占斷是三個分開的環節,由不同的職官負責。如《儀禮・士喪禮》:

　　　　卜日,既朝哭,皆復外位。卜人先奠龜于西塾上,南首,有席。楚焞置于燋,在龜東。族長涖卜,及宗人吉服,立于門西,東面,南上。占者三人在其南,北上。卜人及執燋席者在塾西……涖卜即位於門東,西面。卜人抱龜燋,先奠龜,西首,燋在北。宗人受卜人龜,示高。涖卜受視,反之。宗人還,少退,受命。……許諾,不述命,還即席,西面坐,命龜。興,授卜人龜,負東扉。卜人坐作龜,興。宗人受龜,示涖卜。涖卜受視,反之。宗人退,東面,乃旅占。卒,不釋龜,告于涖卜與主人:"占曰:'某日從。'"……

---

① 有學者認爲,"王曰有孕,妫"應屬命辭。筆者認爲,即使是命辭,這也是商王對未來之事的一種預測判斷,其本質上還是占辭。

從這段話中可以看出,士階層的喪禮卜日中,涖卜(臨卜)、卜人、宗人(命龜者)、占人是完全不同的人,各自負責占卜中的一部分。涖卜由族長擔任,掌族人之親疏者;卜人奠龜、作龜;宗人命龜,掌禮之官;占者三人,負責判斷吉凶。需要指出的是宗人(命龜者)不參與占斷。卜之前已經交代有"占者三人",剛好符合《尚書·洪範》"三人占,則從二人言",而且從"命筮者受視,反之。東面旅占,卒,進告於命筮者與主人",可以看出"旅占"的主體絕對不包括命者。王引之認爲:"旅,序也。旅占謂占者三人,順其長幼之序以占之。《特牲饋食禮》:'筮者還東面,長占。'注曰:'長占,以其年之長幼占也。'疏曰'從長者爲始也'是其明證。"[1]筆者認爲此説更爲合理。

從《左傳》中記載的龜卜情況來看,占者和命者不是同一人。例如:

> (文公)十八年春,齊侯戒師期,而有疾,醫曰:"不及秋,將死。"公聞之,卜曰:"尚無及期。"惠伯令龜,卜楚丘占之,曰:"齊侯不及期,非疾也。君亦不聞,令龜有咎。"二月丁丑,公薨。

文公十八年春天,魯文公令人占卜,希望齊侯在出兵伐魯之前病逝。此次占卜中,命龜者是惠伯,占人是楚丘。

《周禮》中作龜與占斷也由專職人員負責,作龜由卜師負責,即"凡卜眡高,揚火以作龜,致其墨"。通過"凡卜,辨龜之上下左右陰陽,以授命龜者而詔相之"可知,一次占卜中,卜師和命龜者是不同的兩個人。占龜則由占人負責,即"占人掌占龜,以八簭占八頌,以八卦占簭之八故,以眡吉凶"。周代理想化的制度中,大卜總掌占卜之法。就龜卜而言,他可以在涖卜、陳龜、貞龜、眡高、作龜、命龜的任何一環節中,充當負責人。當然這需要根據所卜之事的大小及重要程度,相應地調整各環節之負責人。

《周禮》賈疏云:"凡卜法,在禰廟廟門闑外闑西南,北面,有席。先陳龜於廟門外之西塾上。又有貞龜,貞龜謂正龜於闑外席上。又有涖卜、命龜、眡高、作龜。六節。尊者宜逸,卑者宜勞,從上向下差之,作龜、眡高二者勞事。以大貞事大,故大卜身爲勞事,則大宗伯臨卜,其餘陳龜、貞龜皆小宗伯爲之也。"從這段話中可以看出一次占卜中,命龜者的身份僅次於涖卜者,需尊貴之人爲之。《周禮正義·大卜》疏曰:"凡命龜必有文雅之辭,故《毛詩·鄘風·定之方中》傳,説建邦能命龜,爲君子九能德音之一也。"[2]所謂的君子九能德音包括:建邦能命龜,田能施命,作器能銘,使能造命,升高能賦,師旅能誓,山川能説,喪紀能誄,祭祀能語。[3] 由此可見,命龜者需要具備很高

---

① (清) 王引之:《經義述聞》(萬有文庫本)卷十,上海:商務印書館 1935 年版,頁 479。

② (清) 孫詒讓:《周禮正義》卷四十八,北京:中華書局 1987 年版,頁 1963。

③ (清) 阮元校刻:《毛詩正義·卷三·定之方中》,《十三經注疏(一)》,北京:中華書局 2009 年版,頁 666。

的文化水準及學識素養,不是一般人可以充當的。由此推測,專爲商王之事的命龜、命骨之人其身份地位及學識素養絕對不低。

《周禮》賈疏參考《儀禮・士喪禮》鄭玄注,認爲"凡命龜辭,大夫已上有三,命筮辭有二;士命龜辭有二,命筮辭一"。按照鄭玄和賈公彥的研究,先秦時期大夫及以上的求貞占卜中,用龜卜方式進行時,命辭會出現三次;用筮占的方式,命辭會出現兩次。龜卜命辭出現次數多,是因爲"龜重威儀多"。當然,這種針對一件事的一次占卜中命辭被不同人提及的情況,與殷墟同文卜辭或成套卜辭中的完全不同,同文或成套卜辭是在同日針對同一件事的不同次占卜中,不同貞人的"命龜之辭"基本相同或完全不同。但是,"龜重威儀多"可以作爲參考,用來理解爲什麼需要"異史同貞"。我們認爲,如果單純考慮占卜次數以求結果"可靠性"的要求,那麼同貞人的同文卜辭和成套卜辭完全可以滿足。用不同的貞人同日占卜同一件事,很可能是出於禮制或者儀式方面的需要,爲了滿足占卜規程中莊重威嚴的要求。

根據殷墟卜辭,參照楚簡以及先秦文獻中的占卜記録,我們認爲晚商時期的甲骨占卜中,貞人一般只負責告龜、告骨所卜之事,判斷吉凶由另外的人物負責。商王爲求貞者的占卜活動中,所卜之事的吉凶一般由商王親自占斷。換句話說,一般情況下貞人既不作龜也不占斷,不影響占卜結果。《左傳》"且楚故,司馬令龜",即依照楚國舊例,龜卜中司馬擔任命龜者。《禮記》"大夫之喪,大宗人相,小宗人命龜,卜人作龜",也就是說卿喪卜葬及日,一般由小宗伯命龜。從這兩段記載中可以看出,命龜者不是特定的某一人,而是某一特定的群體。對應不同身份等級的求貞者,命龜者的身份根據官職等級也不同。且依據文獻,這個特定的群體並不是專職的命龜者,只是經常在龜卜活動中擔當命龜者而已。這一點似與殷墟卜辭中的記録不同。從現有材料來看,商代晚期的甲骨占卜中,貞人除了命龜、命骨以及驗收甲骨之外,很少看到他們從事其他職業或活動。

(二) 關於異史同貞之貞人組合

根據對以上 38 組卜辭文例的分析,可知晚商甲骨占卜中的異史同貞,一般會有兩個不同的貞人詢問同一件事情,如第 1—15 組、17—38 組,偶爾會有三個貞人詢問同一事。上述 38 組所見異史同貞中貞人組合如下:

争十賓;賓十永;争十瞉;瞉十賓;内十賓;瞉十㬎;賓十古;争十内;瞉十争十永;賓十瞉十争;賓十𡻕;争十𡻕;内十𡻕;瞉十𡻕;兄十大;大十出;事十兄;王十黄。

我們發現異史同貞現象集中出現於賓組卜辭中,其他組類卜辭中很少見,這很可能與賓組卜辭中常常記錄貞人名稱有關。賓組同日卜同事中最常見的貞人組合是"殼＋爭",目前共計 10 例,"賓＋殼"僅 3 例,其中兩例"賓"和"殼"貞問同一事的角度和側重點不同。"爭＋賓"、"賓＋古"分別有 2 例,"爭＋𢆶"組合有 2 例,其餘組合均見 1 例。通過研究大量的賓組卜辭,可知"賓"、"爭"、"殼"是賓組卜事中活動極爲頻繁的重要貞人,亦爲同時期之貞人。按照陳夢家的統計,此三人是賓組中出現次數最多的貞人。[①] 而對此,筆者推測存在一種可能性:"殼"、"爭"很有可能是同時代貞人中文化水準、學識背景和身份地位等綜合素養最高的兩個。因此,商王武丁作爲求貞者的占卜儀式中常常使他們作爲"命者"。除了充當貞人以及甲骨"驗收者"外,在卜辭中幾乎找不到"殼"、"爭"、"賓"三人從事其他活動的痕迹,可以肯定其主要職責就是"命龜"、"命骨"。"殼"和"爭"是武丁時期非常重要的貞人,同時也是活動最爲頻繁的異史同貞之貞人組合。這很有可能是因爲他們學識素養以及文化水準得到了商王武丁的青睞,因此常常同日爲商王貞問同事。楚國卜筮類竹簡中也有類似的情況,如"'歸豹'又作'畏豹',是望山簡中出現頻率最高的一位元貞人";[②]包山簡中"盬吉"在所有貞人中出現的次數最多。

(三) 以貞人爲核心的異組同文、異套同文

1. 異組同文

我們發現上列某些組中存在一個現象,即某一組中同文甲骨多於兩版,且同文卜辭中有兩個貞人名時:① 貞人名相同的同文卜辭,其關於同一件事的正反卜問順序、卜問重點,以及在骨面上的契刻布局,字排特徵都是相同的。② 貞人名不同的同文卜辭,正反卜問順序、卜問重點、卜辭契刻布局、字排特徵等不同。例如:

第 7 組中 B 版與 A、C 兩版卜辭中貞人不同。B 版卜辭中,貞人用否定語氣詢問,A、C 兩版中貞人用肯定語氣詢問。筆者認爲 A、C 兩版卜辭完全相同,應爲一組,B 版卜辭爲另外一組。

第 11 組中,A、B、C 同文卜辭中的貞人相同,且卜問側重點相同;D、E、F 版上貞人相同,且卜問側重點同。而 A、B、C 版同文卜辭中的貞人及貞人詢問的重點與 D、E、F 版恰好都不同。因此,筆者懷疑前三版與後三版極有可能各爲一組卜辭,兩組卜辭各以一名貞人爲核心,通過變化卜問重點,反復貞問同一件事。

---

① 陳夢家:《殷虚卜辭綜述》,頁 174—176。

② 陳偉:《望山楚簡所見的卜筮與禱祠——與包山楚簡相對照》,《江漢考古》1997 年第 2 期。

第 14 組中 A、C 貞人名相同,靠近臼角處的卜辭爲否定貞問,應爲同一組。B 版上貞人名與 A、C 不同,且靠近臼角處爲正面貞問,應與 A、C 不是同一組。

筆者認爲上述三組同文卜辭,各組同文卜辭中存在的卜問重點、卜問順序等差異皆與占卜時貞人不同相關。因同日兩名不同的貞人用不同的甲骨詢問同一件事,兩個貞人的貞問之辭可能完全相同,也可能因爲卜問某事的側重點不同,命辭會稍有差異,例如正反對貞順序不同,命辭中相同字詞的前後位置調整等。占卜完成之後,刻手在甲骨上契刻每個貞人的命辭信息以作記錄。如果兩名貞人卜問的側重點不同,那麼表現在甲骨上就是同文卜辭中的細微差異。貞人相同的同文卜辭屬於一組,每組中的同文卜辭可能是序數相連的成套卜辭,也可能不成套;以不同貞人各爲核心的多組卜辭也同文,這種情況即屬異組同文。

2. 異套同文

所謂異套同文,是指兩個及以上的貞人,分別在同一日用不同的甲骨進行占卜,占卜完成之後刻手在這些甲骨上刻寫卜辭以作記錄,同一貞人所用甲骨上卜辭同文且序數相連,形成一套卜辭,以不同貞人爲核心的多套卜辭也同文。

張秉權早已指出,同文卜辭並不完全等同於成套卜辭。他認爲:"成套卜辭,未必都屬同文;而同文卜辭亦未必全是成套的,兩者之間雖有密切聯繫,但在基本觀念上,却是截然不同的。'同文'之辭是要求卜辭儘量相同;而'成套'的觀念,則由序數聯繫所導引出來的,所以不必求其文字完全相同,而更重要的還在求其同中之異,找出他們之間互相成套的關鍵,沒有可以相連的序數,就不稱其爲成套的卜辭……"①實際上,有些時候不同版甲骨上的卜辭同文且序數相連,未必就屬同一套卜辭。根據序數判斷異版卜辭是否成套時,需要謹慎,不能忽視貞人這一要素。出現這種情況的原因是:貞人各自使用甲骨詢問同一件事,詢問的重點相同,刻手記錄詢問内容的卜辭文字也相同,形成以相同貞人爲核心的各組同文卜辭,即上文提到的"異組同文"。每組中同文卜辭可能成套也可能不成套,當兩組同文卜辭都各自成套時,它們的序數很可能會彼此交叉相連。那麼,這種貞人名不同但序數相連的同文卜辭,並不是一套卜辭。

比較典型的例子是上列第 4 組。該組中 A 版同文卜辭之序數與 B 版的相同,可以肯定兩版卜辭不屬於同一套,但 A、B 兩版的序數都與 C、D、E 版相連。這種情況下我們並不能直接將 A、C、D、E 版或 B、C、D、E 版同文卜辭看作成套卜辭。B、C、D、E 版上同文卜辭序數相連,貞人名稱相同,顯然屬於一套;A 版可能是另外一組。我們認爲,出現這種情況的原因極可能是"殼"爲貞問者,在辛卯、壬辰兩日進行的占卜中,

---

① 張秉權:《甲骨文與甲骨學》,頁 200。

對兩日中的兩件事分別貞問了六次，每次用不同的卜骨，占卜結束後刻手契刻文字於卜骨上，結果形成了以 B、C、D、E 爲第一、四、五、六卜的一套卜辭。與此同時，“爭”作爲貞問者，也在辛卯、壬辰兩日對同樣的事件進行了詢問，占卜結束後刻手契刻文字於卜骨上，即 A 版卜辭，有可能是另一成套卜辭的第一卜。

賓組卜辭中偶爾也會有三個貞人同日詢問同一件事的記録，例如 16 組中的“永”、“䧹”、“爭”以及 38 組中有“賓”、“䧹”、“爭”皆在同日貞問同事。第 16 組是最能反應三人同貞的典型材料。該組四版同文卜辭的卜日、命辭及占辭皆相同，唯一的不同點是貞人：

（1）以 A 爲第二卜的一成套卜辭，記録貞人“永”卜旬之事。

（2）以 B、C 爲第一、二卜的另一成套卜辭，記録貞人“䧹”卜旬之事。

（3）D 版卜辭，記録貞人“爭”卜旬之事（卜數不明，不知是否成套），很可能與 A、B 和 C 兩套都不同套。

三個貞人同日占卜同事，又以三人爲中心各自形成一組卜辭，三組卜辭同文。A、C 版，雖卜辭完全相同，但因序數也相同，可以肯定兩版不是同一套卜辭。兩版同文卜辭之序數都與 B 版的相連。但我們並不能就此認定 A 版與 B 版就是某一成套卜辭的第一、二卜。綜合卜辭中的貞人名以及骨面其他因素，顯然 B、C 兩版應屬同一套。A 版卜辭可能屬於另外一套。第 12 組中 A、B 兩版上各自形成一套卜辭，兩套卜辭也同文。當然，這種情況並不僅僅出現在賓組卜辭中，我們在歷組卜辭中也發現了“異套同文”，如下：

47. A. 癸亥貞：翌甲子其☐ 一

甲子卜：惠舊冊用。一

惠新冊用。一

甲子卜：☐舊冊用。

丙寅貞：☐卯酒，畢尊㠯羌十，卯三牢于父丁。一

☐取☐

癸酉卜：𢎥㓞于父丁，尊其禺。一

☐射。

一 一

　　　　　　　　　　　　　　　　　　　　　　　　　　《屯南》1090

B. 癸亥貞：翌甲子☐ 三

甲子卜：惠舊冊用。三

惠新［冊］用。三

［甲］子卜：惠舊冊用。

丙寅貞：丁卯酒，畢尊㠯又伐于父丁卯三牢、羌十。三

　　　　　　☒于父丁其尊鬲。　　　　　　　　　　　　　　　　《合補》10417

　　C. 甲☒惠用。

　　　　惠新柵用。三

　　　　甲☒三

　　　　惠新柵用。三

　　　　惠祔至用。三

　　　　兹用。不雨。

　　　　丙寅貞：丁卯酒，畢☒

　　　　丁卯卜：于來辛巳酒，㞢。

　　　　弜酒。　　　　　　　　　　　　　　　　　　　　　　《合補》10655

　　A、B兩版上臼角朝向與C版相反。A版上同文卜辭序數皆爲一，B、C兩版上序數皆爲三。這種情況下，我們並不能簡單地認爲A與B或A與C是某成套卜辭的第一、三卜，B、C兩版應各自屬於某套卜辭的第三卜。通過對比同文卜辭的契刻位置、卜辭間契刻布局以及字體風格，A、B兩版極可能爲同一套，該套卜辭至少有三卜。C版應爲另外一套卜辭的第三卜。因歷組卜辭中極少刻寫貞人名號，所以我們無法得知歷組中的"異套同文"，是否如賓組一樣是不同貞人的多次占卜。但由此組同文卜辭可知，不同版甲骨上卜辭同文且序數相連時，並不一定就屬於同一套卜辭。

　　經過對上述異史同貞卜辭的討論，筆者認爲殷墟甲骨一至五期都存在異史同貞的占卜現象。因爲一期武丁時的甲骨占卜儀式繁瑣莊重，卜辭記錄信息完整，因此賓組卜辭中異史同貞現象最多；其他組類或因卜辭數量較少，或因卜辭信息記錄不完整，或經記載的貞人名稱較少，因此目前發現的異史同貞卜辭數量較少。通過上述討論，可以肯定出組、歷組以及黃組中都有異史同貞之現象。異史同貞的核心是貞人，通過相同貞人繫聯同日卜同事的異版同文卜辭，可以發現異組同文以及異套同文卜辭。其中異套卜辭是針對"成套卜辭"的一個新定義，我們把不同版甲骨上，占卜日期和卜辭内容相同、序數相連或相同，但貞人名不同的卜辭稱爲異套卜辭。另外結合包山楚簡中的五組卜筮簡，以及先秦傳世文獻中的占卜類文獻，我們認爲先秦時期的占卜活動中，一次占卜中卜人、貞人和占人一般是負責不同環節的不同人，貞人一般不參與占斷。殷墟甲骨文與包山楚簡中出現的"異史同貞"，不同貞人同日各自貞問同一件事，主要是出於占卜儀式的需要，營造占卜的莊重威儀感。

甲骨文"豊"字考論

——兩版《甲骨文字研究》的研究系列之二

李鳳英

（太原師範學院）

甲骨文中的"豊"字記録卜人、卜官時可省寫爲"豊"，而"皿"是"豊"在記録祭祀對象時的省寫，作爲商人爲水患而祭祀的對象，與紙本文獻中的"玄"對應。後代所説的水神"玄冥"應是揭舉"玄"與"冥"兩位神而指代所有與水有關的神。

一、兩版《甲骨文字研究》對"豊"的考釋

郭沫若第一版《甲骨文字研究》於 1931 年出版，該書在《釋祖妣》一篇中舉一條卜辭例如下：

> 貞：子漁侑豊于娥酒。

作者在"豊"字下加小字注："豊。"於句後加注："《鐵》264・1，豊與豊同意，從二𣏟在皿中。𣏟者𤤺（朋）之省，從二朋，猶從二玉。"[1]

於下文又引一例卜辭作：

> 庚午卜，豊貞：告于三父。

這一例中，直接把甲骨文的"豊"隸寫作"豊"。

---

[1] 郭沫若：《甲骨文字研究》，宋鎮豪、段志洪主編：《甲骨文獻集成》第 8 册，成都：四川大學出版社 2001 年版，頁 6 上。

第一例卜辭後收作《合集》14780，原拓片作“□”，漫漶不清。《甲骨文字研究》再版時，于省吾先生在這條卜辭的上方加注眉批：“案□當爲晉，此誤。注文亦當删削。”但結合第二條用例可以看出，郭老是把“□”字釋爲从二玉的“豐”字的。

在此之前，王國維在《觀堂集林・釋禮》中就認爲：甲骨文的□、□即小篆豐字所從之曲，豐又曲之繁文。① 在《甲骨文字研究》書後所附的《參考書籍》中列有《王國維遺書全集》，可見郭老是采用了王國維的説法，並且把“□”與“□”視爲一字的。甲骨文中有隸定爲“豐”的“□”字，能不能把“□”釋爲“豐”，首先要考查一下“□”與“豐”在卜辭中的用法是否相同。卜辭中“□”的用法有三類，其中最常見的是用爲卜人名，如：

(1) 辛卯卜，□貞：呼多羌逐兔，獲。　　　　　　　　　　　　　《合集》154

(2) 庚午卜，□貞：告于三父。　　　　　　　　　　　　　　　　《合集》2330

(3) 己丑卜，□貞：今十一月不其雨。　　　　　　　　　　　　　《合集》12637

其次是用爲骨臼刻辭中的卜官簽名，如：

(4) 奠示十屯一屯。□。　　　　　　　　　　　　　　　　　　　《合集》6445 白

(5) 壬午邑示八屯。□。　　　　　　　　　　　　　　　　　　　《合集》17558 白

(6) 癸亥乞自雩。□。　　　　　　　　　　　　　　　　　　　　《合集》3054 白

此外，還有不同於以上兩種用法的“□”，出現在如下的語境中：

(7) 甲戌卜，宁貞：攸侯令其□舌曰□若之。五月。　　　　　　　《合集》5760 正

(8) ⋯⋯淄其來水⋯⋯侑□舌。五月。　　　　　　　　　　　　　《合集》10163

對於這種用法的“□”，《甲骨文字典》從丁山釋，認爲即後代的“展”字，意爲陳也。這個問題我們將留在後文討論。

而“豐”在卜辭中的用法常見的有以下兩種。其一，用在“作”、“其”和“侑”的後面，如：

(9) 其作豐，有正。　　　　　　　　　　　　　　　　　　　　　《屯》2276

---

① 王國維：《觀堂集林》卷六，《王國維遺書》第 1 册，上海：上海古籍書店 1983 年影印本，頁 15 上欄。

(10) 弜作豊。　　　　　　　　　　　　　　　　　　　　　《合集》34609

(11) ……侑豊,惟祖丁庸用。　　　　　　　　　　　　　　　《屯》1255

(12) 弜庸,其豊……爵有正。　　　　　　　　　　　　　　　《合集》31021

(13) 丙戌卜,戊亞其障,其豊。　　　　　　　　　　　　　　《合集》27931

以上例句中的"豊"後代孳乳爲"禮"。例(9)—(11)中的"豊"分別爲前面動詞"作"、"侑"的賓語,用作名詞。例(12)(13)中的"豊"受副詞"其"的修飾,用作動詞。姚孝遂在《甲骨文字詁林》"豊"字下加案語:"豊"當爲祭品。"豊"多與"庸"同見,"豊"當與樂有關。[1] 由上舉例(12)(13)看,姚先生的案語還應補充爲:"豊"當與樂或作樂有關。

其二,作"用"的賓語,如:

(14) 丙戌卜,惟新豊用。

惟舊豊用。　　　　　　　　　　　　　　　　　　　　《合集》32536

(15) 惟兹豊用。

弜用兹豊。　　　　　　　　　　　　　　　　　　　　《合集》30725

這種用法的"豊"後代孳乳爲"醴"。

比較以上""與"豊"所在的卜辭可見,二者的使用没有任何交集,它們分別記錄了卜辭中的兩個詞。

再就字形而言,王國維認爲甲骨文的""即小篆豐字所從之曲,豐又曲之繁文。但甲骨文的"豊"字作如下字形:

(1) 《合集》31047　(2) 《合集》34609

(3) 《合集》31180　(4) 《合集》32536

字形除從兩玉外剩下的部分應是甲骨文的"壴",不能拆爲從豆從凵,也就不能有"曲"之説了。這一點姚孝遂在《甲骨文字詁林》"豐"字條後的按語中已説明,可參看。

總之,""與"豊"在甲骨文中記錄着不同的詞,字形也不同,是兩個不同的字,所以,郭沫若在1952年出的第二版《甲骨文字研究》中放棄了這一説法,仍保留原字形""。[2]

---

[1] 于省吾主編:《甲骨文字詁林》,北京:中華書局1999年版,頁2788。

[2] 郭沫若:《甲骨文字研究》,《郭沫若全集·考古編》,北京:科學出版社1982年版,頁29。

二、對"凹凹"字的進一步研究

（一）"凹凹"與"凵凵"

　　郭沫若把"凹凹"與"凵凵"視爲一字。對這一觀點，後來的學者有贊同的，有反對的，意見不一致，在此作一檢討。

　　持贊成意見的有丁山、徐中舒、李孝定等學者。具體來説，丁山認爲"凹凹"與"凵凵"是一字，後者爲前者的省寫。[1]　徐中舒在編《甲骨文字典》時雖把二字分列，但也引用丁山説，疑二字同。[2]　李孝定在《甲骨文字集釋》中則徑直把二者收在同一字頭下，贊同丁的意見。[3]

　　持反對意見的有孫海波、白玉峥、于省吾、劉釗等學者。其中，孫海波在《甲骨文編》中把二者放在附錄中，別居二欄。[4]　白玉峥在《契文舉例校讀》認爲："就卜辭觀之，應爲二名，緣斯之故，亦必爲二字矣。"[5]于省吾主編的《甲骨文字詁林》把二者別居二欄，姚孝遂在"凵凵"後加按語："凵凵"爲貞人名，與"凹凹"不同字。[6]　劉釗等主編的《新甲骨文編》也同樣把二者分收於附錄。[7]

　　筆者對曹錦炎、沈建華等編著的《甲骨文校釋總集》所收甲骨片作一統計，除却因綴合重複記數、重出、不識者外，有 121 598 條卜辭，其中"凵凵"出現的卜辭只有 13 例。就完整的辭例看，"凵凵"多數用爲貞人名，如：

　　　（16）癸巳卜，凵凵貞：旬亡国。　　　　　　　　　　　　　　《合集》16850

　　　（17）壬辰卜，凵凵貞：今夕亡国。　　　　　　　　　　　　　《合集》16852

　　還有一例用爲卜官簽名：

---

[1] 丁山：《甲骨文所見氏族及其制度》，宋鎮豪、段志洪主編：《甲骨文獻集成》第 27 冊，頁 284。

[2] 徐中舒：《甲骨文字典》，成都：四川辭書出版社 1989 年版，頁 104—105。

[3] 李孝定：《甲骨文字集釋》，臺北：中研院歷史語言研究所 2003 年版，頁 414。

[4] 孫海波：《甲骨文編》，北京：中華書局 1965 年版，頁 655—656。

[5] 白玉峥：《契文舉例校讀》，《中國文字》第 52 冊，臺北：藝文印書館 1973 年版，頁 5822。

[6] 于省吾主編：《甲骨文字詁林》，頁 757。

[7] 劉釗主編：《新甲骨文編》，福州：福建人民出版社 2009 年版，頁 878—881。

　　(18)……乞自……𝕌。　　　　　　　　　　　　　　　《合集》9453

可見,與前文所舉"𝕌"的使用情况一樣。作爲貞人的"𝕀"有與貞人"允"同版的用例:

　　(19)……卜,𝕀貞:……丁卯……于黄……

　　　　……丑卜,允貞:……ㄓ……于………亡囚。　　　　《合集》3878

而在下面的一版甲骨上,"𝕌"、"𝕀"與"允"同版:

　　(20)癸丑卜,𝕌貞:旬亡囚。十二月

　　　　癸酉卜,𝕀貞:旬亡囚。十二月

　　　　癸亥卜,允貞:貞旬亡囚。五月　　　　　　　　《合集》11546

可見,"𝕌"與"𝕀"同是武丁時期賓組貞人的名字,但是在這 121 598 條卜辭中,"𝕌"出現過 185 次,而"𝕀"只出現了 13 次,這種懸殊是令人費解的。細查甲骨拓片上"𝕌"的字迹,可分爲以下三類:

　　1. "𝕌"字上方的構件"ㅁ"刻得規整的,如:

《合集》2985　　　　《合集》4561

《合集》6007　　　　《英》671

這一類"𝕌"字所從的"ㅁ"很規範,四角没有突出的刻痕。

　　2. "𝕌"字上方的構件"ㅁ"刻得不規整的,如:

　　(1)　《合集》712　　(2)　《合集》2144

　　(3)《合集》3047　　(4)　《合集》5551

這一類"𝕌"字所從的"ㅁ"刻得不規整:(1) 所從第二個"ㅁ"的左上角向上突出;(2) 所從第一個"ㅁ"的右下角向下突出,第二個"ㅁ"的右上角斜向上突出;(3) 所從第一個"ㅁ"的右下角向下突出,第二個"ㅁ"的兩下角都向下突出;(4) 所從的第一個"ㅁ"左上角横向左突出,第二個"ㅁ"的右上角横向右突出。

3. "𣥂"字上方的構件"口"刻作"工"的,如:

《合集》46 白　　　　《合集》3873

《合集》15838　　　《合集》19549

比較可知,第一類是"𣥂"的標準字形,但刀骨之作不易,倉促之下會出現第二類不規整的字迹。之後,爲了整齊又快捷,所以演變成了第三類字形。把第三類字形"𣥂"與"𦣞"相比,二者之間就只是上下兩橫間單豎或雙豎之別了。"𦣞"應如丁山所言,是"𣥂"的省寫,只不過是經歷了下面所揭示的漸變的過程:

𣥂 → 𣥂 的不規則形 → 𣥂 → 𦣞

高明就把"𦣞"與"𣥂"看作是同一貞人的兩種寫法。[1] "𣥂"是一般常見的字形,"𦣞"是它的簡體,在卜辭中只偶爾出現。以此來解釋卜辭中"𣥂"出現的頻率遠高於"𦣞"的現象,自然就合乎情理了。

(二) "𣥂"與"𤰔"

"𤰔"在卜辭中的使用僅找到如下三例:

(21) ……𤰔……王庚申……　　　　　　　　　　　　　　《合集》3879

(22) 癸亥卜,惟𤰔其征方。　　　　　　　　　　　　　　《合集》6752

(23) ……亥卜,王……𤰔……伐。一月。　　　　　　　　《合集》10478

辭例少,又有殘缺,所以很難判斷其意義及用法。金文中有"𤰔"字,《金文編》把它當作不認識的字收在附録中。[2] 其實,它與甲骨文的"𤰔"應視爲一字的不同寫法,因爲甲骨文、金文中的"玉"有寫作上下不出頭的"王"形的,也有寫作上下出頭的"豐"形的,如前文所舉"豐"字從玉,既有如(1) (《合集》31047)從"豐"形的,也有如(2) (《合集》34609)從"王"形的;再如"寳"字從"玉",在《金文編》中收有如下字形:

---

① 高明:《中國古文字學通論》,北京:北京大學出版社1996年版,頁263。

② 容庚:《金文編》,北京:中華書局1985年版,頁1174。

(1) 伯□□卣 ；(2) 能匋尊 ；(3) 斯鼎 ；

(4) 斯鼎 ；(5) 顏卣 ；(6) 郊子宿車盉 ①

前三例从"王"形,而後三例从"丰"形。

""在金文中的用例如下:

(24) 辛萬年唯人,厥剢多友,多友釐。　　　　　　辛鼎(《集成》2660)

(25) 辛酉王令士上眔史寅殷于成周,百姓豚眔賞卣鬯貝。

　　　　　　　　　　　　　　　　　　　　　　　　　　士上卣(《集成》5422)

例(25)中"賞"後的間接賓語"百姓"承前省略,完整的表述應該是"賞百姓卣鬯貝","眔"作爲連詞聯接的是前後兩個動賓短語,""應是一個與"賞"語義相類的動詞。以此來理解(24),在"唯"的作用下""的賓語"人"提前了,""是一個施惠於人的動詞,所以能與句尾"多友釐"的語義和諧共處。甲骨文中""的用法如上舉例(22)、(23),句意與征伐有關,也應是商王在征伐之前的一種施惠行爲。卜辭中征伐前祭祀的句子常見,賞賜將士的句子却少見,但也找到一例戰後賞賜的用例如下:

(26) ……征不囚,賜貝一朋。一月。　　　　　　　　　　　《合集》40073

無論如何,""出現的語境與""出現的語境毫不相干,二者分別記錄了兩個不同的詞。王國維認爲甲骨文的""、""即小篆"豐"字,顯然與事實不符,它們應是兩個不同的字,這點目前已成甲骨學界的共識。

三、關於""字的再研究

郭沫若認爲""字所从的"口"爲"朋"之省,从二朋,猶从二玉。但是不論甲骨文還是金文中,"朋"字或以"朋"爲字符的字都沒有省寫爲"口"的用例,所以,這一説法難

① 容庚:《金文編》,頁516—525。

以印證。

　　丁山認爲：“〔字形〕”是“〔字形〕”的省寫，而“〔字形〕”當是“珡”字的初文。“〔字形〕”是喔的本字，讀爲展，陳之義。① 《甲骨文字典》引“《玉篇》珡，今作展”，爲丁説補充了證據。② 李孝定也認爲：“〔字形〕”所從“工”當與“珡”字同，象以器貯二玉之形。古文從工從玉同意，丁讀爲展可從。③

　　從邏輯的角度來看，這些説法是值得推敲的，“〔字形〕”是“〔字形〕”的省寫，“〔字形〕”源於“〔字形〕”，我們不能因爲“〔字形〕”演變末流的字形“〔字形〕”所從的“工”與“珡”所從的“工”形相同，就認爲“〔字形〕”是“展”。換言之，我們找不到“〔字形〕”與“珡”平行的演變系列。“珡”没有從兩個“〔字形〕”的字形，也没有從兩個“〔字形〕”的字形。饒宗頤認爲“工”爲玉，以“弄”字證之。④ 于省吾把“〔字形〕”釋爲“塞”之初文。⑤ 《古文四聲韻》“塞”字下收一異體作“〔字形〕”，也可證明“工”就是玉，而上文已説明甲骨文中有從玉的“〔字形〕”，與“〔字形〕”不是一個字。總之，把“〔字形〕”與“珡”視爲一字是不足信的，姚孝遂在《甲骨文字詁林》“〔字形〕”字條下加案語就認爲：“字非從工，亦不從玉，只能從疑。”⑥

　　下面我們將結合卜辭中“〔字形〕”的第三種用法，對其作進一步的分析。

（一）“〔字形〕”爲殷之先公之一

前文所舉“〔字形〕”的第三種用法所在的卜辭是：

　　（7）甲戌卜，宁貞：攸侯令其〔字形〕舌曰〔字形〕若之。五月。　　　　　　《合集》5760 正

　　（8）……淄其來水……侑〔字形〕舌。五月。　　　　　　　　　　　　　　　《合集》10163

從語法的角度看，例（7）中，“〔字形〕舌”作“曰”的狀語，指明“曰”的時間，“〔字形〕”修飾“舌”，語義上指“舌”的對象。例（8）中“〔字形〕舌”作“侑”的目的賓語，“〔字形〕舌”的語義結構同（7）。換言之，在這兩例中，“〔字形〕”都是禱告的對象，卜辭中類似的表述還見於如下

---

① 丁山：《甲骨文所見氏族及其制度》，頁 110—111。

② 徐中舒主編：《甲骨文字典》，頁 105。

③ 李孝定：《甲骨文字集釋》，頁 1680—1681。

④ 饒宗頤：《殷代貞卜人物通考》，宋鎮豪、段志洪主編：《甲骨文獻集成》第 16 册，頁 553。

⑤ 于省吾：《甲骨文字釋林》，北京：商務印書館 2010 年版，頁 393。

⑥ 于省吾：《甲骨文字詁林》，頁 733。

卜辭:

    (27) 勿舌祖辛。   《合集》1730 正

    (28) 貞:王舌父乙。   《合集》2202

    (29) 貞:其……夏舌。   《合集》15154 正

    (30) ……其……季舌……   《合集》21118

可見,舌的對象可以是夏、季、父乙、祖辛等殷的先公先祖或先王,那麼,"𦥑"也應位於他們之列。值得注意的是:例(29)(30)的詞序"夏舌"、"季舌"與"𦥑舌"正同,而這種詞序不見於舌先王的卜辭中,意味着"𦥑"屬於夏、季等先公之列。

(二)"𦥑"與"叩"

卜辭中有如下用例:

    (31) 甲子貞:今日有𠂤歲于大甲牛一,兹用在叩。   《屯南》1111

    (32) ……貞:蓺,允往于叩,其……   《合集》15351

一般認爲,以上兩例中的"叩"用作地名,釋爲"鄰"。這樣解釋的原因大概是因爲"叩"放在介詞"在"和"于"的後面吧。卜辭中介詞"在"、"于"之後常接地名詞或時間名詞,但也有以下用例:

    (33) 貞:其蒸邕,其在祖乙。   《合集》22925

    (34) 壬子卜,即貞:祭其酌奏其在父丁。七月。   《合集》23256

    (35) 其萊年在毓,王受年。

          于祖乙萊,王受年。   《合集》28274

    (36) 貞:往于河,有雨。   《合集》8329

    (37) 貞:往于夏,有从雨。   《合集》14375

例(33)、(34)中,介詞"在"後接的分別是"祖乙"、"父丁",尤其例(36)、(37)與例(32)的表述框架都相同,"于"之後接的是"河"、"夏",可見,例(31)、(32)中介詞"在"、"于"之後的"叩"也不排斥是祭祀對象而非地名的可能。

例(35)中的"在"和"于"分別放在"毓"和"祖乙"之前,卜辭中"祖乙"以下均可稱"毓",[①]所以此處分別用"在"和"于"有形成對比的作用。

例(31)的同版卜辭還有如下內容:

---

① 于省吾:《甲骨文字詁林》,頁 483。

> 戊午貞：桒于大甲父丁。
>
> 戊午卜，惟庚桒。
>
> 戊午卜，于辛桒。
>
> 茲用于大甲。

"茲用于大甲"與"茲用在叩"結構相當，"大甲"與"叩"分別接於"于"與"在"之後，也形成一種對比的作用。換言之，"叩"與"大甲"同是祭祀對象，同中有異的是他們的地位有別，即"大甲"屬於先王，而"叩"不屬於先王。

卜辭中還有如下一條用例：

> （38）貞：婦好侑匚于叩妣酻。　　　　　　　　　　　　　　《合集》2607

卜辭中類似的表述如：

> （39）貞：侑于示壬妻妣庚宰，惟勿牛七十。　　　　　　　　　《合集》938 正
>
> （40）乙巳卜，𡗬：侑大乙母妣丙牝。　　　　　　　　　　　《合集》19817

（38）的"叩妣"對應於（39）的"示壬妻"、（40）的"大乙母"，不同的是"叩妣"後沒有進一步指明是哪位妣，卜辭中這樣不具體指明哪位的還見於如下辭例：

> （41）侑于王亥母。　　　　　　　　　　　　　　　　　　《合集》672 正
>
> （42）……巳貞：其侑三匚母豕。　　　　　　　　　　　　《合集》32393

（38）的"叩妣"與（41）的"王亥母"、（42）的"三匚母"詞序正好一致，換言之，"叩"不屬於"示壬"、"大乙"等先王系列，而屬於"王亥"、"三匚"等先公系列。"叩"作爲殷的祭祀對象也屬於先公一類，"叩"應是"𢆶"的省寫形式，甲骨文常有從"口"與否不別的字，如周、遣、商等等，茲不贅舉。

（三）"𢆶"與"玄"

由上舉例（8）所揭示的語境看，侑祭是因爲淄地來水需禱告"𢆶"而設。甲骨文中與來水相關的卜辭還有：

> （43）己亥卜，宕貞：王至，于今水，燎于河三小宰，沈三牛，有雨，王步。
>
> 　　　辛酉卜，宕貞：燎于戜……牛。二月。
>
> 　　　……卜……貞：取岳。　　　　　　　　　　　　　　《合集》14380
>
> （44）辛巳卜，其告水入于上甲，祝大乙牛。　　　　　　　　《合集》33347
>
> （45）貞：……今水……河。　　　　　　　　　　　　　　《合集》40414
>
> （46）于祖辛。

　　……亥宜……水風……夕雨　　　　　　　　　　　　　《英》39

　　(47)辛酉……禦……水于土宰　　　　　　　　　　　　《東》991

　　可見,爲水患而祭的對象有高祖先公河、夔、岳、土,也有先王大乙、上甲、祖辛。"𦥑"屬於先公之列的另一位被祭祀對象。紙本文獻中所載商的水官見於《國語·魯語上》:"冥勤其官而水死。"[1]《禮記·月令》:"其帝顓頊,其神玄冥。"鄭玄注:"玄冥,少皞氏之子,曰脩,曰熙,爲水官。"孫希旦加注:"玄冥,在地水行之神。脩及熙爲水正,其官亦曰玄冥。祭水神則以配食焉。"[2]玄冥是水官,又爲水神,相關的記載還見於《左傳》昭公十八年:"明日,使野司寇各保其徵,郊人助祝史,除於國北,禳火于玄冥、回禄,祈於四鄘。"杜注:"玄冥,水神。"[3]昭公二十九年:"木正曰句芒,火正曰祝融,金正曰蓐收,水正曰玄冥,土正曰后土。"[4]陳夢家認爲"冥"可能就是甲骨文中的"𡶴"(現在一般釋爲"岳"),由人名之冥,變爲官名之玄冥,繼爲水神之玄冥。[5] 解釋清了傳説中人王與神帝的互相轉化關係,但是没進一步説明由人名的"冥"轉變爲官名和神名時爲什麽要加"玄"。紙本文獻中有單稱"玄"的,《詩·商頌·長發》:"玄王桓撥,受小國是達,受大國是達。"毛傳:"玄王,契也。"鄭玄箋:"承黑帝而立子,故謂契爲玄王。"[6]鄭玄的箋藉助了陰陽五行的理論意在説明稱契爲玄王的原因,應屬後起的推測。一般認爲"契"應是卜辭中的王亥。同是殷的先公,"玄"既指向岳又指王亥,顯然齟齬難通,應是一個值得研究的問題。

　　甲骨文中,對"𦥑"的禱告與水患有關,它與紙本文獻中的"玄"有無關係呢?

　　就"𦥑"的字形而言,它所從的"□"非"玉",應與甲骨文"𢦏"所從相同。于省吾先生認爲"𢦏"字象縛盾於戈之中部,即捍衛之"戰"字。[7] 那麽,"𢦏"就是一個從戈從盾的會意字。甲骨文的"干"字作"丫",象盾之形,與"□"異形同義,所以"戰"字在金文中就只從"干",没有從"□"形的了。"戰"字應該是"𢦏"字的形符"□" 變爲同義的"丫",再進一步改造爲從"旱"作聲符的一個形聲字。"𦥑"字在金文中已不存在,究

① 徐元誥:《國語集解》,北京:中華書局 2002 年版,頁 158。

② (清) 孫希旦:《禮記集解》,北京:中華書局 1989 年版,頁 484—485。

③ 楊伯峻:《春秋左傳注》,北京:中華書局 1981 年版,頁 1396。

④ 楊伯峻:《春秋左傳注》,頁 1502。

⑤ 陳夢家:《殷虛卜辭綜述》,北京:中華書局 1988 年版,頁 342—343。

⑥ 李學勤主編:《十三經注疏·毛詩正義》,北京:北京大學出版社 1999 年版,頁 1454。

⑦ 于省吾:《甲骨文字釋林·釋𢦏》,頁 59。

其原因可能有兩個：一是因爲作爲卜人、卜官用的“▯”到了周代已不存在；二是由於金文内容的特殊性，我們看不到周代爲水患而祭的材料。《説文》收有“开”字，唐孫愐注音古賢切。[1] 但从“开”得聲的“𦮃”字，孫愐注音五計切；[2]“眄”，苦兮切；[3]“笄”，古兮切。[4] 作古賢切的“开”甲骨文作“开”，何琳儀認爲从二丰，會對偶平齊之意，後演化作“开”，[5]與作五計切的“开”應是同形字，而後者有可能是“▯”的簡體“叩”遵循了與“戕”字一樣的變化過程而來的。

就字音而言，从“开”得音的“𦮃”、“眄”、“笄”與“玄”的上古音地位很相近：

𦮃　質部　匣母

眄　支部　溪母

笄　支部　見母

玄　真部　匣母

聲母的見、溪同屬牙音，匣屬喉音，發音部位相近。韻母的支部與質部關係很近，如：戰國古幣的“榆即”紙本文獻作“榆次”，“即”爲質部，“次”爲支部；《釋名·釋喪制》：“殪，翳也。”“殪”屬質部，“翳”屬支部。質部與真部屬陽聲與入聲的對轉。

總之，第三種用法的“▯”省寫爲“叩”，又演變爲“开”，後又假借“玄”字代替，以與同形字古賢切的“开”區分開來。

如果上述推理能成立，那麽，後代尊爲水神的“玄冥”就不只是冥，而是“玄”和“冥”兩位水神。“冥”對應卜辭中的“岳”，“玄”對應於卜辭中的“▯”，它們在卜辭中本來是分别被祭祀的，因都被視爲與水患有關的神，所以放在一起指稱所有的水神；而《商頌》所稱的“玄王”就不是契，而是指卜辭中的這位“▯”了。

---

① （清）段玉裁：《説文解字注》，上海：上海古籍出版社 1981 年版，頁 715。

② （清）段玉裁：《説文解字注》，頁 641。

③ （清）段玉裁：《説文解字注》，頁 131。

④ （清）段玉裁：《説文解字注》，頁 191。

⑤ 何琳儀：《戰國古文字典：戰國文字聲系》，北京：中華書局 1998 年版，頁 998。

殷墟四盤磨"易卦"卜骨及相關問題研究

吳雪飛

（山東大學歷史文化學院）

　　殷墟四盤磨"易卦"卜骨，1950 年由郭寶鈞先生發掘於安陽殷墟四盤磨 SP11 探方。[①] 卜骨共有三條卜辭，其中一條卜辭爲數字卦，另兩條卜辭由數字卦和文字構成。此卜骨曾引發學界對商周數字卦的探討，在易學史上占有重要地位。然由於以往卜骨拓片不清，學界對卜骨的文字部分未能準確釋讀。2010 年宋鎮豪先生公布了這片卜骨的清晰照片，[②] 近來安陽博物館周偉先生公布了這片卜骨的彩色照片，[③]對考釋卜骨中的文字具有重要意義。筆者嘗試根據以上照片對卜骨作新的研究，不妥之處，請方家批評指正。

一、以往學者對卜骨的研究

　　唐蘭先生最早研究四盤磨卜骨，他指出卜骨中的符號與數字有關，並考釋卜骨中的文字爲"曰䰠（隗）"、"曰剋"。[④] 張政烺先生成功"破譯"卜骨中的數字卦，並指出三段"易卦"分別爲"未濟"（七八七六七六）、"否"（七五七六六六）、"明夷"（八六六五八七），其中"未濟"卦之下的文字爲"曰隗"，"否"卦之下的文字爲"曰魁"，他認爲"隗"、"魁"爲原來的卦名，類似於"連山"。[⑤]

① 郭寶鈞：《一九五〇年春殷墟發掘報告》，《中國考古學報》第五册（第一、二分合刊），1951 年，頁 55—56。
② 宋鎮豪：《談談〈連山〉和〈歸藏〉》，《文物》2010 年第 2 期。
③ 周偉：《殷墟所見易卦文物》，"先秦秦漢史"微信公衆號"青銅器與金文專輯"，2017 年 8 月 28 日。
④ 唐蘭：《在甲骨金文中所見的一種已經遺失的中國古代文字》，《考古學報》1957 年第 2 期。
⑤ 張政烺：《試釋周初青銅器銘文中的易卦》，《考古學報》1980 年第 4 期。

　　張亞初、劉雨先生對四盤磨卜骨作了摹寫，認爲“未濟”、“否”兩卦之下的文字“曰：□”中“曰”下一字不識，爲占筮的卦辭或卦名。[①] 管燮初先生釋讀“否”卦之下的兩字爲“曰畏”。[②] 曹定雲先生重新對卜骨作了拓片和摹寫，將“未濟”卦“曰”下一字隸定爲“从凶从女”，釋爲“媿”，認爲“否”卦“曰”下一字確从鬼，但筆畫不清，難於隸定。他亦將“媿”理解爲卦名，並認爲“媿”有慚愧、羞愧之義，與“未濟”之義不合。他對四盤磨卜骨的文字、行款、形制、鑽鑿等作了深入研究，認爲卜骨與西周甲骨有近似之處，但仍屬殷人的易卦卜骨，其時代爲康丁時期。[③] 李零先生結合西周甲骨辭例，將卜辭中“曰”下一字釋讀爲“凶女”兩字，並指出“凶”是常見於周原甲骨中的一個虛詞。[④] 李學勤先生指出“凶”字下一字是一般釋爲“御”的字，左爲一豎筆，右从“卪”。[⑤]

　　綜合以上學者的研究，學界對殷墟四盤磨卜骨中“易卦”部分的釋讀並無異議，爭議的焦點集中於“未濟”、“否”兩卦之下的文字問題，爭議的原因是“原骨腐朽，拓片不清，蝕紋與刀筆相混”。[⑥] 而宋鎮豪和周偉先生公布的照片彌補了這一缺憾。那麼易卦之下的文字究竟爲何字？下面筆者即嘗試研究。

二、卜骨中的文字

　　宋鎮豪、周偉先生公布的照片（圖一、圖二），筆者嘗試作了摹本（圖三）。可以看出兩條“易卦”之下的文字相同，當爲三個字。其中“曰”後第一字爲“▨”，第二字爲“▨”，兩字寫得較爲分離。而“▨”字左下方、右上方均出現蝕紋，以往由於拓片不清，刻辭筆畫與蝕紋相混，學者的摹本未能釐清筆畫，故學界多將兩字連爲一字，而不能準確釋讀。下面筆者嘗試對“曰”後的“▨”和“▨”兩字作考釋。

　　卜骨中的“▨”字，筆者摹作“▨”，此字即西周甲骨中常見的“凶”字，現將其與西周甲骨中的“凶”對比如下表：

---

① 張亞初、劉雨：《從商周八卦數字符號談筮法的幾個問題》，《考古》1981 年第 2 期。

② 管燮初：《商周甲骨和青銅器上的卦爻辨識》，《古文字研究》第六輯，北京：中華書局 1981 年版，頁 146—147。

③ 曹定雲：《殷墟四盤磨“易卦”卜骨研究》，《考古》1989 年第 7 期。

④ 李零：《寫在前面的話——讀〈張政烺論易叢稿〉》，李零等整理：《張政烺論易叢稿》，北京：中華書局 2011 年版，頁 17—18。

⑤ 李學勤：《周易溯源》，成都：巴蜀書社 2000 年版，頁 209。

⑥ 曹定雲：《殷墟四盤磨“易卦”卜骨研究》。

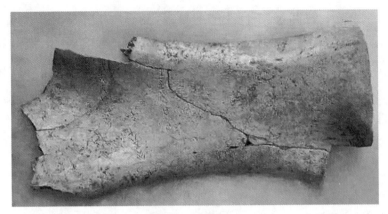

圖一　卜骨全貌

圖二　卜骨局部

四盤磨	H11.1	H11.2	H11.47	H11.6	H11.28	H11.96	H11.32	H31.4

由於照片有一定傾斜度,因此卜骨中"囟"之橫筆有點傾斜,其豎筆有些不清,但對照西周甲骨中大量的"囟"字,可知此字確當爲"囟"。"囟"是常見於西周卜辭中的一個詞,其辭例往往作"囟有正"、"囟亡咎"、"囟亡害"、"囟克事"等,如:

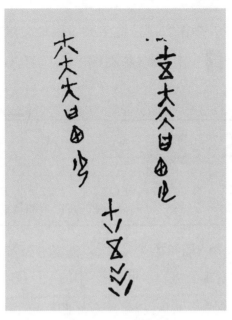

圖三　卜辭摹本

……彝,盟羊三豚三,囟有正。　　　　　　　　　　　　　H11.1

……囟正。　　　　　　　　　　　　　　　　　　　　　H11.82

孖曰:并囟克事。　　　　　　　　　　　　　　　　　　H11.6

曰:友囟克事。　　　　　　　　　　　　　　　　　　　H11.21

囟亡咎。　　　　　　　　　　　　　　　　　　　　　　H11.20

□歲,乘,囟亡咎。　　　　　　　　　　　　　　　　　H11.35

囟亡咎。　　　　　　　　　　　　　　　　　　　　H11.77①

丁卯,王在洛,告于天,囟亡咎。　　　　H11.133＋H11.96②

其禱,囟又瘳。　　　　　　　　　齊家村 02ZQIIA3H90：79③

"囟"後往往接好的結果,學者認爲它是一個表示希求、希望的詞,釋讀爲思、斯、使
等。④ 我們認爲四盤磨卜辭中的"囟"與西周甲骨中的"囟"含義相同,是一個表示希

① 所列舉西周卜辭參照曹瑋編著:《周原甲骨文》,北京:世界圖書出版公司 2002 年版。

② 此條卜辭由王恩田先生綴合,參見王恩田:《商周甲骨文綴合舉例》,《古文字研究》第二十九輯,北京:中
　華書局 2012 年版,頁 155。

③ 參見曹瑋:《周原新出西周甲骨文》,《考古與文物》2003 年第 4 期。

④ 參見李學勤:《續論西周甲骨》,《人文雜志》1986 年第 1 期;陳偉等著:《楚地出土戰國簡册十四種》,北京:
　經濟科學出版社 2009 年版,頁 62。

望、希求含義的詞。

卜骨中的"▦"字,筆者摹作"少"。此字殷墟甲骨文作"少",西周甲骨作"少",豳公盨作"少",訓匜作"少",上博簡《緇衣》作"尺",可以隸定爲"卬"。試將它們的字形放大並對比,如下表:

▦	少	少	少	少	少	少	少	尺
四盤磨	合 31758 無名組	合 37421 黃組	合 37476 黃組	FQ2 西周中期	FQ2 西周中期	豳公盨 西周中期	儳匜 西周晚期	上博簡 戰國

可以看出四盤磨卜骨中的此字右邊從卩,左邊從一豎筆,與表列其他的字確當爲一字。裴錫圭先生在考釋《豳公盨》"永卬于寧"中的"卬"字時說:

> 卬字亦見于西周晚期的儳匜,匜銘所記伯揚父對牧牛的判辭中有如下語:"……今汝亦既有卬誓:尃趄音,睦儳,宥亦兹五夫;亦既卬乃誓,汝亦既從辭從誓,式可。"舊多釋此字爲"御",不可信。《禮記·緇衣》所引《詩·大雅·文王》"萬邦作孚"之"孚",上海博物館所藏《緇衣》簡作"尺",疑與卬爲一字。此字尚不能釋出,但其讀音應與"孚"相同或相近。《尚書·呂刑》:"五辭簡孚,正于五刑。"僞孔傳:"五辭簡核,信有罪驗,則正之於五刑。"楊筠如《覈詁》:"孚,讀爲符,信也,合也。《盤庚》'以不浮于天',《君奭》'若卜筮罔不是孚',並同。"將儳匜諸卬字讀爲"孚",義皆可通。疑本銘卬字亦應讀爲"孚"……殷墟卜辭"兹少"之"少"……現在看來,也有可能應該釋讀爲"孚"……周原甲骨 FQ2 號卜甲所刻諸辭中,有"囟卬于永終","囟卬于休□"二辭,卬亦當讀爲孚,可與盨銘及《君奭》互證。[1]

裴先生對此字考察甚詳,近來曹錦炎先生對此字的釋讀提出了新的見解,認爲其當爲"卬"字,並將有關此字的辭例重讀。[2] 王寧先生著文反對其觀點,堅持認爲

---

① 裴錫圭:《豳公盨銘文考釋》,《裴錫圭學術文集》第三卷,上海:復旦大學出版社 2012 年版,頁 161、166。

② 曹錦炎:《釋甲骨文"卬"》,復旦大學出土文獻與古文字研究中心網站,http://www.gwz.fudan.edu.cn/Web/Show/3095,2017 年 8 月 24 日。

此字爲"孚"字。① 筆者認爲將此字釋爲"孚"是可信的，釋爲"孚"，相關辭例可得通解。

　　關於"卭"字的字形，王寧先生認爲"卭"是"符"的初文。② 我們認爲這種解釋可信。古文字中的"孚"字，往往假借爲"俘"，此字寫作从爪从子，表示撫抱兒童，可能是"保"或"抱"之初文，而與"應驗"之義無關。訓爲"應驗"之義的"孚"，當爲"符"之假借，此點裘先生已經指出。唯我們在甲骨、金文中未見到"符"字，"符"可能是一個晚出的形聲字，那麼"卭"可能即"符"之初文。"卭"字右部所从爲"卩"，《説文》："卩，瑞信也。守國者用玉卩，守都鄙者用角卩，使山邦者用虎卩，土邦者用人卩，澤邦者用龍卩，門關者用符卩，貨賄用璽卩，道路用旌卩，象相合之形。""卩"即"節"之初文，"卭"右邊从"卩"表示符節，其左邊的一撇可能爲指示符號，表示合"符"之義，亦可能是一個表聲的符號。

　　殷墟四盤磨"易卦"卜骨中的"卭"字亦當釋爲"孚"，可以將其卜辭隸寫如下：

　　　七八七六七六，曰：凶孚。
　　　七五七六六六，曰：凶孚。
　　　八六六五八七。

其中"曰"常見於殷墟和西周卜辭，當與"占曰"、"卧曰"等相同，③是一個引領占辭的詞，因此"曰"下的"凶孚"當爲占辭，而非卦名。"曰：凶孚"表示視察卦象後得出的斷占。"凶孚"的辭例見於西周 FQ2 號卜甲，其卜辭作：

　　　凶孚于永終。
　　　凶孚于休□。④

李學勤先生指出"永終"、"休命"均爲先秦文獻中常見的詞，與卜辭對應的詞句如《尚書·君奭》"我不敢知曰：厥基永孚於休"，《尚書·金縢》"公曰：體，王其罔害。予小子新命於三王，惟永終是圖，兹攸俟，能念予一人"。⑤ 卜辭中的"孚"爲應驗之義。

---

① 王寧：《申説"符（孚）"》，復旦大學出土文獻與古文字研究中心網站，http://www.gwz.fudan.edu.cn/Web/Show/3098，2017 年 8 月 28 日。

② 王寧：《申説"符（孚）"》。

③ 裘錫圭先生認爲西周甲骨中的卧引領占辭，他將卧釋讀爲"繇"，參見裘錫圭：《釋西周甲骨文中的"卧"字》，《裘錫圭學術文集》第一卷，頁 431—435。

④ 曹瑋編著：《周原甲骨文》，頁 146。

⑤ 李學勤：《再論周原任家村腹甲卜辭》，《夏商周文明研究》，北京：商務印書館 2015 年版，頁 77—78。

殷墟卜辭中亦常見"孚"、"兹孚"等辭例,如:

辛丑卜,㱿貞,婦好有子。二月。

辛丑卜,亘貞,王占曰:好其有子,孚。 　　　　　　　　　　　　　《合》94 正

王占曰:吉,孚。 　　　　　　　　　　　　　　　　　　　　　《合》94 反

貞:王其有曰多尹。

貞:勿曰多尹。

貞:孚。

貞:王其有曰多尹,若。 　　　　　　　　　　　　　　　　　　《合》5611 正

王占曰:孚。

王占曰:若。 　　　　　　　　　　　　　　　　　　　　　　　《合》5611 反

乙丑[卜],王曰:兹卜孚。 　　　　　　　　　　　　　　　　　《合》24122

丙戌卜,内:翌丁亥不其雨。丁亥雨。

兹不孚。雨。 　　　　　　　　　　　　　　　　《合》12456＋12357

兹小孚。 　　　　　　　　　　　　　　　　　　　　　　　　《合》34345

戊戌王卜貞:田弋,往來亡災。王占曰:大吉。在四月。兹孚。獲狐十又三。

　　　　　　　　　　　　　　　　　　　　　　　　　　　　《合》37473

"孚"、"不孚"、"小孚"、"兹孚"、"兹卜孚"的"孚"訓爲"驗",指占卜之事得到應驗。

"孚"又大量見於《周易》,兹即列舉"未濟"卦的爻辭爲例:

初六,濡其尾,吝。

九二,曳其輪,貞吉。

六三,未濟,征凶,利涉大川。

九四,貞吉,悔亡。震用伐鬼方,三年有賞於大國。

六五,貞吉,無悔。君子之光。有孚,吉。

上九,有孚於飲酒,無咎。濡其首。有孚,失是。

《周易》中的"有孚",與殷墟卜辭中的"孚"含義相同,《尚書·君奭》"若卜筮無不是孚",卜骨和《周易》中的"孚"即"卜筮無不是孚"的"孚"。

綜上可見,"孚"是先秦占卜中常用的一個詞。"孚"的含義是"應驗",指占卜之事得到應驗。凡占問"孚"的對象均爲好事,説明"孚"是占卜者希望得到的結果,故《尚書·君奭》謂"若卜筮無不是孚"。張玉金對先秦占卜中的"孚"有較爲深入的研究,他説:

我們把《周易》中的"孚"和甲骨文、金文、戰國簡牘中的"孚"聯繫起來考察,結

果證明《周易》卦爻辭中的"孚"、"有孚"都應是筮占用語。甲骨文中的"孚"主要是卜兆出來以後的推測,是一種事先的判斷,而不是事後的記録。相應地,《周易》卦爻辭中的"孚"、"有孚",也是卦象出來後的一種事先的推斷,所以往往是將然語氣。[1]

殷墟卜辭的"孚"接近於《周易》的"有孚",屬於占辭,表示占問的結果能够得到應驗。

殷墟四盤磨卜骨中的"凶孚"前以"曰"字開首,"曰"引領的是占辭,所以卜骨中的"孚"即視察卦象後的斷占,與殷墟甲骨和《周易》中的"孚"、"有孚"含義相同。"孚"是一種占卜者希望獲得的結果,因此卜骨稱爲"凶孚"。

綜之,我們根據字形和辭例,將殷墟四盤磨卜骨中的"曰囟卪"釋讀爲"曰凶孚",指視察卦象後作出的斷占爲"凶孚",即占卜結果能够得到應驗。

三、卜骨的時代

殷墟四盤磨卜骨的時代,學界多有討論。由於殷墟四盤磨 SP11 探方的年代及同出器物没有公布,卜辭内容又主要爲易卦,文字極少,而且未能釋讀,學界只能根據卜骨的字體、行款、形制、鑽鑿形態等來判定其時代。學界普遍認爲四盤磨卜骨具有西周卜骨的特點,但是不能坐實。今得釋讀其文字,爲此説增添了又一力證。下面嘗試論述之。

在鑽鑿形態上,曹定雲先生指出,四盤磨卜骨兩側大幅形鑿,鑿旁之灼均在鑿之内側,兩兩左右相對,使兆枝指向卜骨的中央;甲岡上兩個小長方形鑿,其灼又在鑿之外側,使小鑿之灼與旁邊大幅形鑿之灼左右相對。這種左右兩兩相對之灼稱之爲相向,在殷墟卜骨中實不多見。殷墟卜骨中常見的灼向是同向,即卜骨上鑿旁之灼均位於鑿之同側(一律左側或一律右側),使兆枝指向同一方向。[2] 案曹先生描述之同向之灼向以及兆枝相對等特徵,在殷墟卜骨中非常少見,却爲西周卜骨的一大特徵,西周的牛胛骨"由於圓鑽中間的豎槽稍靠外部,所以正面所呈現的兆枝必然向内……兆枝向對,這是西周卜骨的獨特作風"。[3]

在字體和行款上,曹定雲先生指出,卜骨上的文字比較細小,每字長 3 毫米左右,寬 3 毫米左右,比通常的殷墟卜辭要小。卜骨文字横向縱行,這種文字走向在以往的

---

① 張玉金:《〈周易〉"有孚"新探》,《出土文獻》第三輯,上海:中西書局 2012 年版,頁 247。

② 曹定雲:《殷墟四盤磨"易卦"卜骨研究》。

③ 王宇信:《西周甲骨探論》,北京:中國社會科學出版社 1984 年版,頁 162。

殷墟卜辭中實屬罕見，而在西周卜骨中則常見。① 西周卜辭的文字較小，牛胛骨卜辭的行款，通常的卜辭"殷墟的卜骨以骨臼一方爲上，而西周卜骨正與此相反"。涉及"易卦"的卜辭則"均爲横刻"。横向縱行，這是商代卜辭没有見過的。② 字體較小，横向縱行等屬於西周甲骨的特點。

在卜骨内容上，除了其易卦與西周甲骨的易卦接近外，卜骨中的"凶孚"文例則與西周卜辭非常吻合。如果以上的鑽鑿形態、字體、行款尚不足以坐實四盤磨卜骨與西周甲骨的聯繫，則"凶孚"的辭例可以將這種聯繫坐實。"凶"字不見於殷墟卜辭，却是西周卜辭的標志性詞語。"凶孚"這樣的辭例以往只見於西周卜辭，在殷墟出土的卜辭中屬於首次見到，充分説明四盤磨卜骨與西周卜辭之間的聯繫。

綜之，從鑽鑿、文字大小、行款、辭例看，四盤磨卜骨均具有西周卜骨的特點。李學勤先生指出，四盤磨卜骨字體辭例與西周相同，只是與其他殷墟卜骨一樣切去了臼角。可見在晚殷時代殷都已有周人那種卜法存在。③ 這種認識是符合四盤卜骨特徵的。應該看到，四盤磨卜骨出土於殷墟，儘管具有西周卜骨的種種特徵，但是亦有諸多區别，如卜骨與其他殷墟卜骨一樣切去臼角，而西周卜骨則並不切去臼角。其字體雖小，但尚可以看清，比西周卜辭要大得多。在鑽鑿上，其出現了少量長方形鑿，但是整體與西周卜骨全部爲方鑿不同。可見四盤磨卜骨仍屬於殷人卜骨，帶有從殷墟卜辭向西周卜辭過渡的特點。

我們認爲四盤磨卜骨當爲一種時代較晚的殷人卜辭，這種卜辭形式由殷墟卜辭演變而來，並爲西周卜辭所繼承。目前對殷墟卜辭的時代下限未能確定，對其是否包含帝辛卜辭存在争議，對西周卜辭的上限，學界基本同意爲周文王時期。④ 所以四盤磨卜辭極有可能處於殷墟卜辭和西周卜辭之間，屬於帝辛時代的卜辭。

四盤磨卜辭與西周卜辭的密切關係，説明殷墟卜辭在晚殷時期發生了較大變化，而此時逐漸興起的周人繼承了這種占卜形式。王宇信先生謂："我們認爲西周甲骨與殷墟甲骨有許多的共同性，正説明它們是一脉相承的。而西周甲骨的特徵，規定了它與殷墟甲骨的不同本質。這些特徵不是獨創的，而是早在殷人那裏就始露端倪，加以繼承和發展而成，是時代進步性的表現。"⑤四盤磨卜骨彌補了從殷墟卜辭向西周卜辭

---

① 曹定雲：《殷墟四盤磨"易卦"卜骨研究》。
② 王宇信：《西周甲骨探論》，頁162—164。
③ 李學勤：《西周甲骨的幾點研究》，《考古》1985年第9期。
④ 王宇信：《西周甲骨探論》，頁188—190。
⑤ 王宇信：《西周甲骨探論》，頁174。

過渡的缺環,使我們看到,對殷墟卜辭的這種繼承和發展可能在帝辛時期已經完成,而周人直接采用了帝辛卜辭,所以西周卜辭本質上屬於帝辛卜辭,而並非自己的原創。

這與商周青銅器體現出的特點一致,如果從形制和紋飾的角度來説,周初的青銅器與商末的青銅器非常接近,兩者很難劃出明確的界限,而從銘文的角度來説,周初銘文的字體與商末也非常接近,銘文中出現的大量祭名往往見於殷墟甲骨文,而在西周中期逐漸消失,由此可見周文化與商文化的銜接關係。周人卜辭與商人卜辭的關係與之類似,我們認爲周人卜辭當與商晚期卜辭直接銜接,是采用、繼承了商晚期的卜辭。

另外四盤磨卜骨對考察學術史上的周原"廟祭甲骨"問題具有重要意義,下面嘗試考察之。周原甲骨有以下卜辭:

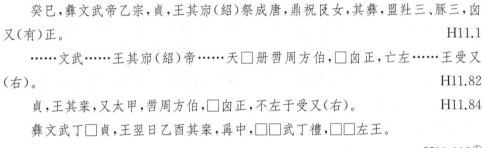

　　癸巳,彝文武帝乙宗,貞,王其彤(紹)祭成唐,鼎祝㠱女,其彝,盟牡三、豚三,凼又(有)正。　　　　　　　　　　　　　　　　　　　　　　　H11.1

　　……文武……王其彤(紹)帝……天□册畱周方伯,□凼正,亡左……王受又(右)。　　　　　　　　　　　　　　　　　　　　　　　H11.82

　　貞,王其桒,又太甲,畱周方伯,□凼正,不左于受又(右)。　　　H11.84

　　彝文武丁□貞,王翌日乙酉其桒,再中,□□武丁禮,□□左王。

　　　　　　　　　　　　　　　　　　　　　　　　H11.112①

此組甲骨,學界稱爲廟祭甲骨,自發現以來即引發學界不斷的討論。卜辭記載"王"祭祀成唐、太甲、文丁、帝乙等先祖,並册畱周方伯,其占卜形式與西周甲骨一致。學界對其族屬爭議較大,王玉哲、李學勤、王宇信等先生認爲卜辭中的"王"指商王,"周方伯"指周文王,此卜辭爲商人卜辭,②徐中舒、高明、王暉、李桂民等先生則認爲卜辭中

---

① 參見曹瑋編著:《周原甲骨文》,頁 1、62、64、78。釋文有所調整,其中的"祝",卜骨作"🔳"从示从釆从兄,殷墟卜辭常見从示从釆之字,此字或爲其異體,兄可能爲聲符,我們懷疑此字爲祝或揚。卜骨中的盟字,卜骨作"🔳",學界多釋爲"血",裘錫圭先生釋爲"盟",參見裘錫圭:《釋殷墟卜辭中的"🔳""🔳"等字》,《裘錫圭學術文集》第一卷,頁 391—403。卜骨中的"册"字,作"🔳",象雙手托册形,以往學者多釋爲"典",唯古文字"典"下部从"丌",與其字形不合。謝明文先生釋爲"册"。參見謝明文:《"🔳""🔳"等字補釋》,《中國文字》新三十六期,臺北:藝文印書館 2011 年版。"册畱"可能和"册告"、"册祝"含義近似,指誦讀册書以册命周方伯。

② 分別參見王玉哲:《陝西周原所出甲骨文的來源試探》,《社會科學戰綫》1982 年第 1 期;李學勤:《續論西周甲骨》,《人文雜志》1986 年第 1 期;王宇信:《試論周原出土的商人廟祭甲骨》,《中國史研究》1988 年第 1 期。

的"王"指周文王,此卜辭爲周人卜辭。①

　　持"商人説"的學者提出古代"神不歆非類,民不祀非族",周人不會在周原建立商人宗廟祭祀商人祖先,亦不會站在王的角度稱自己爲周方伯。但是此説需要解釋廟祭卜骨爲何與周人占卜形式一致的問題。於是學者提出"周人史官參與説",如李學勤、王宇信、楊升南等先生認爲,廟祭卜辭爲商人册命周文王時的卜辭,而周史官參與了册命大典,並將這次册命用周人的占卜形式加以記録,並帶回周原。② 又提出"文王占卜説",如高明先生認爲廟祭卜辭是文王囚居殷時占卜的卜辭,之後帶回周原。③

　　持"周人説"的學者提出廟祭卜辭的占卜形式與周人卜辭一致,而與殷墟卜辭有很大區别,屬於周人占卜系統,因此不可能是商人卜辭。但是此説又要面對卜辭中的"神不歆非類,民不祀非族"以及王與周方伯同出的問題。於是學者提出周人祭祀商人祖先説,④周人藉祭祀商人祖先祈嗣受命説,⑤以及王與周方伯爲一人説等觀點。⑥

　　綜之,以往學者爭議産生的原因在於廟祭甲骨占卜風格與占卜内容之間的矛盾,學界均從兩者中的某一方面出發去試圖解釋另一方面。那麽,如何解釋這種卜骨占卜風格與占卜内容之間的矛盾? 王宇信先生列舉了一種觀點,即帝辛時期卜法已有一定變革,出現了與此前不同的新形式。⑦ 我們認爲這種觀點值得重視,殷墟四盤磨卜骨爲這種説法提供了重要綫索。

　　四盤磨卜辭的鑽鑿、字體大小、行款、卜辭内容等與西周卜辭接近,説明在某個較晚的時間段内,商人卜辭發生了變革,出現了四盤磨卜辭這種風格的卜法,而這種卜辭形式爲逐漸興起的周人所採用。正如王宇信先生所説,周作爲商的方國,在卜筮方法上與商屬於同一系統。⑧ 在商代較晚時段興起的周人,直接採用了同時期商人的卜

---

① 分别參見徐中舒:《周原甲骨初論》,載《古文字研究論文集》《四川大學學報叢刊》1982 年第十輯;高明:《略論周原甲骨文的族屬》,《考古與文物》1984 年第 5 期;王暉:《周原甲骨屬性與商周之際祭禮的變化》,《歷史研究》1998 年第 3 期;李桂民:《周原廟祭甲骨與文王受命公案》,《歷史研究》2013 年第 2 期。

② 李學勤:《周文王時卜甲與商周文化關係》,《人文雜志》1988 年第 2 期;王宇信:《試論周原出土的商人廟祭甲骨》。

③ 高明:《略論周原甲骨文的族屬》。

④ 參見徐中舒:《周原甲骨初論》;王暉:《周原甲骨屬性與商周之際祭禮的變化》。

⑤ 參見李桂民:《周原廟祭甲骨與文王受命公案》。

⑥ 參見仵君魁:《試論"周方伯"》,《考古與文物叢刊》1983 年第 3 號;孫斌來:《對兩篇周原卜辭的釋讀》,《考古與文物》1986 年第 2 期;王暉:《周原甲骨屬性與商周之際祭禮的變化》。

⑦ 王宇信:《西周甲骨探論》,頁 165。

⑧ 王宇信:《西周甲骨探論》,頁 165。

筮方法,因此周人卜法與商人卜法是保持一致的。所以周原廟祭甲骨雖爲殷人甲骨,但是和周人甲骨具有高度一致性。

我們認爲,廟祭甲骨中的“王”在商人宗廟祭祀商人祖先,則此王只能是商王。清華簡《程寤》記載太姒“夢見商廷惟棘,迺小子發取周廷梓樹于厥間,化爲松柏棫柞”後,周文王即詔祝宗“攻于商神”,“攻”相當於包山楚簡的“攻解”、“攻除”,指對造成災害的鬼神進行驅逐。“商神”,學者認爲即商的祖先神。[①] 周人“攻于商神”,説明周人認爲商人祖先在危害自己,對之持一種敵對態度,因此周人不會祭祀商人祖先。又卜辭中提到王“册周方伯”,學界對“册”的含義有所爭議,但是“册”無論是指册命還是指討伐,均説明王與周方伯並非一人,所以此卜辭只能是商人卜辭。又由於帝辛時期,周人采用了商人的卜辭,所以廟祭卜辭形式才與周人卜辭具有高度一致性。

那麽這組商人的帝辛卜辭爲何會出現於周原? 李學勤、王宇信先生認爲卜辭由周人帶回周原。[②] 那麽周人爲何帶回這組卜辭? 顯然是因爲卜辭和周人有關。卜辭記載帝辛舉行祭祀大典而册命周文王爲方伯,此事對周來説屬於重大事件,因此周人要將册命的卜辭帶回周。在西周册命禮中,受册命者需要將命書帶回,作爲其接受任命、行使權力的憑證,廟祭卜辭很可能與此類似。周文王受帝辛册命,將這片册命時占卜的甲骨帶回周,以作爲其行使方伯之權的憑證。學界已公認殷墟甲骨具有官方文書檔案的性質,故周原廟祭甲骨很可能作爲文書,由周人在接受册命後帶回,藏於周之府庫,與其他周原甲骨一樣,由史官保存,類似於周人的命書。

四、結　　論

以上結合新公布的照片對四盤磨卜骨作了研究,主要的結論可以歸納如下:

第一,以往學界由於“原骨腐朽,拓片不清,蝕紋與刀筆相混”,對殷墟四盤磨“易卦”卜骨中的文字未能準確釋讀。筆者根據新公布的照片,將兩條“易卦”下的文字釋讀爲“曰凶孚”三字,其中“凶”常見於西周甲骨,“孚”常見於殷墟甲骨、西周甲骨和《周易》,“凶孚”的辭例見於西周甲骨。“曰凶孚”爲占辭而非卦名,指占筮者視察卦象後作出的判斷。

第二,通過“曰凶孚”的文例,結合四盤磨卜骨的鑽鑿、字體、行款等特點,可以看出四盤磨卜辭與西周卜辭之間具有密切聯繫,四盤磨卜辭的時代可能處於殷墟卜辭

---

① 李凱:《説清華簡〈程寤〉“攻于商神”》,《雲南社會科學》2014 年第 5 期。
② 李學勤、王宇信:《周原卜辭選釋》,《古文字研究》第四輯,北京:中華書局 1980 年版,頁 255—256。

與西周卜辭之間,因此四盤磨卜辭極有可能即商代晚期的帝辛卜辭。

　　第三,四盤磨卜辭説明商代晚期商人卜辭發生了重要變化,而西周卜辭即繼承這種晚商卜辭而來。周原出現的廟祭卜辭屬於商人帝辛卜辭,但由於這一時期周人卜辭采用了帝辛卜辭,故周原廟祭卜辭與整個西周卜辭的形式具有高度的一致性。

陶 觥 讀 釋

黄錦前

（河南大學歷史文化學院）

朱鳳瀚《新見商金文考釋（二篇）》公布和討論了一件商末青銅器陶觥（以下簡稱"朱文"），[1]隨後李學勤《論陶觥及所記史事》又對其作進一步討論（以下簡稱"李文"），[2]我們在研讀之後，有一些不同於朱文和李文的淺見，寫出來向李先生、朱先生及大家請教。

陶觥流部較短，蓋前端爲有"瓶形角"的龍首，角内側有小横突起。龍耳外伸，右耳舊已折損。鋬上部飾批角的牛首，鋬身布以鱗紋，下有垂珥。矮圈足，上有兩道弦紋。其時代應爲商末帝辛時期，朱文和李文皆有很好的論證，不贅述。

下面先按我們的理解，將觥銘釋寫如下：

> 癸亥，小臣𣄰錫百工王，作册殷友小夫麗，賜圭一、璧一、璋五，陶用作上祖癸尊彝。唯王廿嗣（祀），在九月。或。

"癸亥，小臣𣄰錫百工王"，"百工"，朱文云當爲供職於王室的"百工"，指多工種的手工業工匠。李文則認爲即見於《尚書·堯典》的"百工"，指朝中百官，將該句解釋爲小臣𣄰賞賜百官；將"王"字下讀作"王作册殷友"，他在銘文中特標爲"王作册"，係表明他是王的史官，並非小臣𣄰私家的臣屬。這樣理解恐怕是有問題的，而當以朱文云王賜小臣𣄰百工爲妥。所謂"百工王"，即屬於王的"百工"，金文中類似的表達一般在"王"

① 朱鳳瀚：《新見商金文考釋（二篇）》，復旦大學出土文獻與古文字研究中心編：《出土文獻與古文字研究（第六輯）——復旦大學出土文獻與古文字研究中心成立十周年紀念文集》，上海：上海古籍出版社 2015 年版，頁 121—142。

② 李學勤：《論陶觥及所記史事》，李學勤主編：《出土文獻》（第七輯），上海：中西書局 2015 年版，頁 1—3。

前加"于"或"自",如鬲尊①"鬲錫貝于王"、御正衛簋②"懋父賞御正衛馬匹自王"、中觶③"王錫中馬自曾侯四"等,但有時也省略"于"或"自"等,從語法和金文文例來講,並無不妥。

"作册殷友小夫麗","殷"爲作册之名,這一點無疑義。"友"謂僚友、僚屬。朱文云爲同宗族之人,兼有幕僚、下屬之身份。恐未必。李文謂"作册友"相當於《尚書·酒誥》的"太史友"、"内史友",毛公鼎的"太史僚",均可從。"小夫",朱文謂即較基層的治事官吏,"作册殷友小夫"應即負責"作册"諸項具體工作的。李文云"小夫"見於《商君書·境内篇》及雲夢睡虎地秦簡《日書》,指身份較低的屬員。近是。據上下文看,這裏應係作器陶自稱,或帶有自謙的意味。李文將此句斷讀作"王作册殷友、小夫麗",亦即將"作册殷友"與"小夫"視作兩類人,恐非。"麗",朱文、李文均理解爲"侍"意,近是。但朱文云作册殷的族人任小夫者配合王所做之事應是"作册",即負責製作記載王賜賞之命的簡册,恐非。我們曾有小文對金文中"麗"或"邐"字的用法進行討論,認爲"麗"或"邐"應讀爲"贊",訓"助"、"佐",即在宴饗或盟會等場合充任儐相的角色。④

"賜圭一、璧一、璋五",據上下文看,這應係"作册殷友小夫",即作器者陶在此次活動中因充任"麗"之角色而所獲賞賜。李文謂殷及他的僚屬參預這次活動,也得到賞賜,計有圭、璧、璋等禮玉共七件。恐非。

"陶用作上祖癸尊彝","陶"即作器者,亦即上文之"作册殷友小夫"。朱文謂陶爲"作册殷友小夫"或小夫之一,是作册殷的下屬,任小夫職,具體負責在此次王賞賜事務中制作簡册的工作,未必盡是。李文謂"他應該是作册殷同僚中的重要成員,因而分享到小臣㗊的賞賜",意即陶爲"王作册殷友"之一,恐非。

"唯王廿嗣(祀),在九月"。"廿"字原篆分別作▨(ʊ)、▨(ʊ),似"口"形,朱文、李文皆以爲係"曰"字,恐非。據上下文來看,該字應係"廿"字,緯簋⑤"唯王廿

---

① 《殷周金文集成》[中國社會科學院考古研究所:《殷周金文集成》,北京:中華書局 1984 年—1994 年版;《殷周金文集成》(修訂增補本),北京:中華書局 2007 年 4 月。以下簡稱"集成"]11.5956。

② 集成 7.4044。

③ 集成 12.6514。

④ 拙文:《説荆子鼎銘文中的"麗"》,載《湖南省博物館館刊》第十一輯,長沙:嶽麓書社 2016 年版。

⑤ Dawn Ho Delbanco, Art from Ritual: Ancient Chinese Bronze Vessels from the Arthur M. Sackler Collections, No. 29, pp. 82 - 83, Cambidge: Fogg Art Museum, Havard University, 1983; Robert W. Bagley, Shang Ritual Bronzes in the Arthur M. Sackler Collections, No. 103, p. 520, Cambridge: Havard University Press, 1987;中國青銅器全集編輯委員會:《中國美術分類全集 中國青銅器全集》,第 2 卷,一〇一,北京:文物出版社 1997 年版。

祀”及《合集》37866“王廿祀”的“廿”字分別寫作 ▢、▢ 等形,均可證。“嗣”讀作“祀”。朱文將此句釋讀作“惟王囗(曰)司册,在九月”,云“囗”用爲“曰”,“司”訓“治理”、“管理”、“主持”、“負責”,當非。李文則釋讀作“惟王曰嗣,在九月”,云“嗣”義爲嗣位。前王逝世,新王宣告嗣位,故云“惟王曰嗣”。由這一句,可知觥銘所記的是商王帝辛(紂)繼嗣王位的典禮。並結合《尚書·顧命》成王病卒,康王嗣位的典禮由召公主持的記載推測小臣誧的身份應與之相類,以及作册殷及其僚屬在典禮中的角色的有關推想,恐非。

“或”,係族氏徽記,李文正確指出。朱文釋作“必日”,與上文“在九月”連讀爲“在九月必日”,顯非。

以上是對有關文字和文句的簡單解釋。下面討論有關問題。

首先討論“陶用作上祖癸尊彝”句陶和上祖癸的身份問題。

據研究,帶“或”字作爲族氏徽記者,作器者爲召公奭及其後裔,“或”這一族氏,係姬周之分支,其得名至遲始於召公。① 本銘的“陶”,或即後來繼位爲燕侯的“廖”,爲召公奭子。“陶”爲定母幽部字,“廖”爲來母幽部字,二者同韻部,聲紐同爲舌頭音,古音極近,故可通。朱文謂陶與作册殷同族,或非。

“上祖癸”,朱文云“上”字語義未能確知,對照殷墟卜辭“上”、“下”是對先王神主的分類來看,陶所祭“上祖癸”,或係其家族列入“上”範圍内的先祖,或係相對另一距自身較近的祖癸(下祖癸)而言。李文云是陶先人世系中第一位祖癸,故而加區別字“上”,例如殷墟卜辭中有“上甲”、“上乙”等稱謂。

我們認爲,本銘的“上祖癸”應指周文王。周文王日名爲“癸”,我們曾有小文加以論證。② 又大家都熟知的周初成王時著名的銅器保尊③和保卣④,其銘文曰:

> 乙卯,王令保及殷東國五侯,誕逊六品,蔑曆于保,錫賓,用作文父癸宗寶尊彝。

衆所周知,此銘的“保”即召公奭,係周文王子,銘文稱“父癸”,可見“癸”應即文王之日名,應無疑義。因文王在周人祖先系統中占有重要地位,故加“上”字。

① 拙文:《“宫伯”、“西宫”考——兼談召公諸子銅器》,未刊稿。
② 拙文:《“宫伯”、“西宫”考——兼談召公諸子銅器》,未刊稿。
③ 集成11.6003;中國青銅器全集編輯委員會:《中國美術分類全集 中國青銅器全集》,第5卷,一五九,北京:文物出版社1996年版。
④ 集成10.5415;中國青銅器全集編輯委員會:《中國美術分類全集 中國青銅器全集》,第5卷,一七二;陳佩芬:《夏商周青銅器研究》(西周篇),二六四,上海:上海古籍出版社2004年版,頁160—163。

　　銘文曰"唯王廿祀",據"夏商周斷代工程"年表,帝辛二十年即公元前 1056 年,[①]
周文王姬昌即卒於此年,故陶觥當作於文王去世後不久。

　　其次是銘文的族氏徽記"或"字有關問題。帶"或"字徽記的目前銘文所見數量也
不少,爲方便討論,先將有關銘文釋寫如下:

　　　　(1) 陶觥:癸亥,小臣蒱錫百工王,作册殷友小夫麗,錫圭一、璧一、璋五,陶用
作上祖癸尊彝。唯王廿嗣(祀),在九月。或。　　　　　　　　　　商末(帝辛)
　　　　(2) 季老盉[②]:季老作文考太伯寶尊彝,子子孫孫其萬年永寶用,或。
　　　　　　　　　　　　　　　　　　　　　　　　　　　西周早期(康王)
　　　　(3) 或作父癸方鼎[③]:作父癸尊彝,或。　　　　西周早期(成、康)
　　　　(4) 或作父丁鼎[④]:作父丁尊彝,或。　　　　　西周早期(成、康)
　　　　(5) 或作妣壬爵[⑤]:作妣壬尊彝,或。　　　　　西周早期(成、康)
　　　　(6) 吕仲僕爵[⑥]:吕仲僕作毓子寶尊彝,或。　　西周早期(昭王)
　　　　(7) 吕仲僕尊[⑦]:吕仲僕作毓子寶尊彝,或。　　西周早期(昭王)
　　　　(8) 繁卣[⑧]:唯九月初吉癸丑,公肜祀,雩旬又一日辛亥,公禘辛公祀,卒事亡
尤,公蔑繁曆,錫宗彝一肆,車馬兩,繁拜手稽首,對揚公休,用作文考辛公寶尊彝,
其萬年寶,或。　　　　　　　　　　　　　　　　　西周早期(昭王)

其中(2) 季老盉的"或"字在"季老"之下,舊皆將"季老或"視爲人名,稱其爲季老或盉。
其實亦應係族氏名,季考或即陶觥之陶,召公子廖,"文考太伯"指召公奭。[⑨]

　　(3) 或作父癸方鼎約爲成、康時器。[⑩] 李學勤指出,值得注意的是,方鼎(案:即父

① 參見夏商周斷代工程專家組:《夏商周斷代工程 1996—2000 年階段成果報告・簡本》,北京:世界圖書出
　　版公司北京公司 2000 年版,"夏商周年表",頁 88。
② 集成 15.9444;吴鎮烽編著:《商周青銅器銘文暨圖像集成》第 26 卷,上海:上海古籍出版社 2012 年版,頁
　　182,第 14773 號。
③ 集成 4.2133、2134;陳佩芬:《夏商周青銅器研究》(西周篇),二〇一,頁 21—23。
④ 集成4.2249;Imperial Treasure III: Archaic Bronzes from the Golden Age of China,pp. 20 - 24,Hongkong:
　　Joyce Gallery,2014.
⑤ 吴鎮烽編著:《商周青銅器銘文暨圖像集成》第 17 卷,頁 71,第 08518 號。
⑥ 集成 14.9095;吴鎮烽編著:《商周青銅器銘文暨圖像集成》第 17 卷,頁 127,第 08578 號。
⑦ 吴鎮烽編著:《商周青銅器銘文暨圖像集成》第 21 卷,頁 201,第 11730 號。
⑧ 集成 10.5430;陳佩芬:《夏商周青銅器研究》(西周篇),三四六,頁 363—365。
⑨ 拙文:《"宫伯"、"西宫"考——兼談召公諸子銅器》,未刊稿。
⑩ 拙文:《"宫伯"、"西宫"考——兼談召公諸子銅器》,未刊稿。

癸方鼎)的"或"字形狀和陶觥的非常相似①。其説是。據銘文看,作器者或係召公奭本人,"父癸"應即周文王。

（4）或作父丁鼎,香港御雅居所藏者器形、紋飾與上揭或作父癸方鼎皆同,或係同人同時所作。

（5）或作姁壬爵據形制、字體等看應屬西周早期前段,與上揭作父癸、父丁方鼎接近。

（6）吕仲僕爵、尊據器形、紋飾和銘文字體看,當爲康王前後器。李文謂"毓子"可讀爲《尚書·舜典》的"胄子",器主大約是當時在姜姓吕國的該族氏之人,或可從。

（8）繁卣的器主繁爲召公子,"公禘辛公祀"之"公"指第二代召公諆,爲召公奭次子,"辛公"指召公奭。②

上文指出,帶"或"字作爲族氏徽記者,作器者爲召公奭及其後裔,"或"這一族氏,係姬周之分支。其較早者如陶觥可早至商末帝辛(紂)之時,可見"或"這一族氏,至少在商末帝辛(紂)之時即已存在,其得名至遲始於召公時。

綜上,本文對新近公布的陶觥銘文進行了討論,指出作器者陶或即後來繼位爲燕侯的"廖",爲召公奭子;"上祖癸"應指周文王,"癸"爲其日名,因文王在周人祖先系統中占有重要地位,故加"上"字。末句當釋讀作"唯王廿嗣(祀)",係帝辛二十年即公元前 1056 年,周文王姬昌即卒於此年,陶觥當作於文王去世後不久。進而對帶"或"字徽記的有關金文材料進行了分析和討論,指出帶"或"字作爲族氏徽記者,作器者應爲召公奭及其後裔,"或"這一族氏,係姬周之分支,至少在商末帝辛(紂)之時即已存在,其得名至遲始於召公時。

---

① 李學勤:《論陶觥及所記史事》,載李學勤主編:《出土文獻》(第七輯),上海:中西書局 2015 年版,頁 1—3。

② 拙文:《"宫伯"、"西宫"考——兼談召公諸子銅器》,未刊稿。

《殷虚卜辭後編》甲屆初校

楊　楊

（故宮博物院）

　　近年來，以《甲骨文合集三編》、《山東博物館珍藏甲骨文的整理與研究》、《故宮博物院藏殷墟甲骨文整理與研究》等項目爲代表的甲骨文整理與研究，帶動了甲骨學與殷商史研究的熱潮。在這股熱潮的影響下，諸多此前不易見到的甲骨著録書、拓本、摹本、學者手稿也在國内外藝術品市場涌現出來。例如 2016 年 1 月 23 日，北京海王村拍賣有限責任公司拍出了曾毅公手稿本 1 函 2 册《殷虚卜辭後編考釋》。這本手稿拍出後，劉波先生惠澤學林，很快予以出版。2016 年 8 月，由李學勤先生作序、范曾先生題寫書名的曾毅公手稿本《殷虚卜辭後編考釋》付梓出版。這部手稿的重現，爲我們整理明義士舊藏甲骨提供了寶貴材料。

一

　　明義士，字子宜，原名詹姆斯·梅隆·孟席斯（*James Mellon Menzies*），[1]1885 年 2 月 23 日生於加拿大安大略省克林頓鎮（*Clinton Ontario*）。祖籍蘇格蘭，其祖父移居加拿大。1907 年，獲多倫多大學（*University of Toronto*）應用科技學院（*School of Practical Science*）土木工程專業學士學位。在校期間，擔任多倫多大學基督教青年會理事兼秘書、應用科技學院基督教青年會主席等職務。1910 年從多倫多大學諾克斯神學院（*Knox College*）畢業後，根據加拿大長老會（*Presbyterian Church in Canada*）海外傳教協會的統一安排，被派往加拿大長老會豫北差會武安（今屬河北）傳教總站。翌年，與安

---

① Menzies 在蘇格蘭蓋爾語中讀作 Mingis，故此明義士將自己姓氏的讀音和中國明王朝的稱呼巧妙地結合在一起，既蘊藏着對故鄉的向往，也包含了對中國歷史文化的敬慕。

妮·貝爾·塞德維克（*Annie Belle Sedgwick*）在開封喜結良緣，先後育有二子二女。1914年，調往彰德（今安陽市）傳教總站，擔任教會學校（賢英中學①）教員，次年擔任校長並榮升爲牧師。並且就在這一年，明義士在教堂西北方向的田地壟溝中發現了一些甲骨。② 後經查閱縣志和詢問當地村民，瞭解到小屯出土甲骨的情況。1917到1920年歐戰時期，由於豫北差會參與了募集華工參加歐戰，明義士被授予英軍上尉軍銜，隨"中國勞工團"赴法國前綫服役。將要離開中國的當年3月，上海別發洋行（*Kelly and Walsh，Limited Shanghai*）出版了他的第一部甲骨著録書《殷虛卜辭》（*Oracle Records From The Waste of Yin*），這本書收録了他精選的2 390片甲骨。1921年春夏之交，他重回安陽，繼續宣教。1924年，購得小屯村民築牆取土時發現一坑約300餘片甲骨。1926年，小屯村長張學獻家菜園發現一坑甲骨，也爲其所得。

1927年，北伐戰争延及河南，豫北地區英屬僑民撤往天津。是年秋，明義士被委派到北京"華北協和華語學校"③（*North China Union Language School*）任教。在職期間，他結識了馬衡、容庚、商承祚等一批知名學者，並萌生了長期執教該校的想法。他從安陽帶來的大批藏品，也一直存放於此。而他留在安陽未及帶走的近萬片甲骨，在戰争中被無知士兵毀爲齏粉，劫後餘生者不足30片。1932年，明義士應聘到齊魯大學考古與漢學系任教。一入校，他便被委以哈佛燕京學社項目負責人。1936年6月20日，明義士告別齊大回國休假，並在多倫多大學師從懷履光攻讀博士學位。1937年七七事變爆發後，加拿大聯合教會海外傳教協會面臨新的形勢，推遲了已回國休假傳教士重返中國的計劃。1938年始，明氏應聘到多倫多皇家安大略博物館（*Royal Ontario Museum*）遠東部做助理研究員。1942年，明義士以商代青銅兵器——戈作爲研究對象的博士論文《商戈》（*The Shang Ko*）通過答辯，並獲得博士學

① 1915年，"賢英中學"改稱爲"斌英高初兩級小學校"，學制七年，明義士任校長。1927年因軍閥混戰學校停辦。1930年秋，明氏士回到安陽，着手復校。1931年，學校正式更名爲"安陽斌英初級中學"，復校並開始招生。1932年秋，校長明義士應齊魯大學之邀，前往任教。1937年，安陽被日軍占領，斌英中學轉移至河南省襄城縣繼續辦學，並更名爲"襄城私立斌英中學"。1994年，經許昌市襄城縣委、縣政府同意，教育局、城關鎮人民政府批准，在城關一中基礎上恢復斌英中學。據襄城縣斌英中學官網斌英校志 show.asp? fristid=9&id=62&name=％D1％A7％D0％A3％BC％F2％BD％E9http：//www.xcbyzx.com/index.asp

② 劉志慶、尚海麗：《加拿大傳教士在安陽四進四出及其影響》，《世界宗教研究》2000年第4期，頁87。

③ "華北協和華語學校"（*North China Union Language School*）（又譯華北協和話語學校、華北聯合語言學校、華語學校等）。1925年夏，與燕京大學合并，易名"燕京華文學校"（*Yenching School of Chinese Studies*）或譯"燕京中國研究所"等，簡稱"華文學校"或"華語學校"。1928年結束合作辦學。1930年，學校英文名字改爲（*College of Chinese Studies Cooperating with California College in China*），中文校名沿舊。

位。1943 年,明義士應邀到舊金山美國戰時新聞局(*United States Office of War Information*)做顧問,爲美國新聞廣播準備材料。1946 年,明義士因心臟病返回加拿大。1947 年,豫北差會被迫解散,身在異國的明義士委託同事將寄存在天津英租界內加拿大長老會大本營中裝有家信的紅盒子帶回國,並將所存文物設法運往齊魯大學。1948 年 9 月,明義士在天津存放的部分藏品被陰錯陽差地寄送回了加拿大聯合教會海外傳教協會總部。1957 年 3 月 16 日,明義士因心臟病辭世。1961 年,明義士夫人(*Annie Sedgwick Menzies*)和兒子明明德(*Arthur Redapth Menzies*)將存放在多倫多港口的 4 700 件甲骨、2 812 件未發表之甲骨拓片,悉數捐贈給皇家安大略博物館,這成爲了皇家安大略博物館的中國收藏歷史上最慷慨的單筆捐贈。根據捐贈雙方協定,由博物館提供四萬加元的"明義士基金",資助明氏博士論文《商戈》的出版,邀請臺灣學者①赴加整理明義士甲骨並著録出版,該基金視運營情況資助中國學者不定期赴該館從事研究。此後,許進雄先生以十年之功編成《殷虛卜辭後編》一書,分兩卷

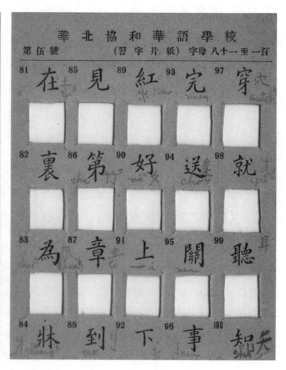

圖一

---

① 原計劃邀請董作賓或屈萬里等學者,但受邀學者無法長居域外,改派就讀於臺灣大學中文系師從屈萬里學習古文字的許進雄從事此項工作。

於 1972 年由臺灣藝文印書館出版。①

二

　　據明義士《甲骨研究》自述："1924 年,余有疾一月,才好了。小屯人打牆,發現一坑甲骨,爲余所得,其中有大的。1927、1928 二年間拓本成,即《殷虚卜辭後編》。"②任教齊魯大學期間,他曾多次將該書列入"哈燕"出版項目,並寫信與友人諮詢"北京或華北地區哪裏有最好的珂羅版印刷廠"。③ 該書雖然終其一生未能出版,但是學術界對它的關注卻從未降低。民國時期,容庚、孫海波等學界翹楚屢屢通過明義士的學生兼助手曾毅公打聽該書的消息,並積極地爲該書的出版獻計獻策。容庚還將明氏贈與的拓本藉與葉玉森、郭沫若、唐蘭、陳夢家等人交流學習。胡厚宣先生更利用商承祚、于省吾所得拓本,製作過摹本。據胡先生《戰後南北所見甲骨錄·序例》介紹:"明氏該書曾傳拓 5 份,明氏自留一份,一份贈馬衡,一份贈商承祚,一份贈容庚。容氏的一份轉贈于省吾④,又轉歸清華大學,最後歸北京大學。還有一份贈曾毅公後索回改贈多倫多大學圖書館。"許進雄先生在《殷虚卜辭後編·編者的話》中對明氏拓本情況做出了進一步説明,他指出:"據曾與明義士共事甚久的史景成教授面告,明氏只拓四本而已 …… 收錄於南明的胡厚宣摹自商承祚和于省吾的拓本,都没有藏甲的部分 …… "⑤曾毅公《殷虚卜辭後編考釋》也提到"一份贈馬叔平(馬衡字叔平)先生,一份贈容希白(容庚字希白)先生,一份贈余"。⑥ 據《甲骨研究》和《明釋》⑦中提到的《殷虚卜辭後編》拓成年份,有 1927 年、1928 年兩種説法。《甲骨研究》所據拓本成書於

---

① 明義士博士簡介,據維基百科、百度百科、華人基督教史人物辭典、安陽劉志慶(aylzq)新浪博客;董作賓、胡厚宣:《甲骨年表》;明義士著、許進雄編:《殷虚卜辭後編》,臺北:藝文印書館 1972 年版;方輝:《明義士和他的藏品》,濟南:山東大學出版社 2000 年版;朱勇、郭芳菲:《華北協和語言學校:民國時期對外漢語教學的奇葩》;李孝遷:《北京華文學校述論》;Dong, Linfu. *Cross Culture and Faith: The Life and Work of James Mellon Menzies*. University of Toronto Press, 2005 等材料編輯,未一一注明出處,望諒解。

② 明義士:《甲骨研究》,濟南:齊魯書社 1996 年重印版,頁 19—20。

③ 方輝:《明義士和他的藏品》,頁 112。

④ 據曾毅公 1941 年 2 月 20 日給明義士的信,可知容庚將此拓本向于省吾交換了"許伯龍戈"。見方輝:《明義士和他的藏品》,頁 114。

⑤ 明義士著,許進雄編:《殷虚卜辭後編》,頁 3。

⑥ 曾毅公:《殷虚卜辭後編考釋》,北京:文物出版社 2016 年版,頁 11。

⑦ 本文中明義士甲骨著錄書簡稱:明義士《殷虚卜辭後編》,簡稱《明後》;胡厚宣《戰後南北所見甲骨錄》,《南明》;許進雄《殷虚卜辭後編》,簡稱《明續》;曾毅公《殷虚卜辭後編考釋》,簡稱《明釋》。

"1927 年，丁卯，民國十六年，約 2 700 片"。① 《明釋》所參之復拓本成書於 1928 年，"(民國)十七年，戊辰"，②約 1 011 片。《明續》爲"1928 年編拓的殷虚卜辭後編 2 812 片(綴合後的數目)"。③ 經核對，《甲骨研究》與《明釋》徵引之本，拓本編號基本一致，但兩者的總片數相差甚遠。筆者未及核驗陳夢家先生《殷虚卜辭綜述》引用《明後》之情況。但是就現有材料來看，《明釋》參照之本，竊以爲也是簡本。

明氏歿後，多倫多大學圖書館所得拓本"分裝爲 9 大册，前 6 册爲藏甲，後 3 册爲藏骨，他於藏甲部分，於序號外，並標明購進時的包裝號碼。藏骨則除少數外，都是只有序例號碼，可能是整批購進的"。許先生關於藏骨拓本序號的推測，也印證了 1924 年小屯一坑甲骨爲明氏所得的説法。不過，所謂藏甲的"包裝號碼"，可能並非單純購進時的信息。據故宫院藏明義士舊囊匣來看，他的甲骨通常采用報紙分包包裝，若干包承於木屉之中，木屉則置於木箱、皮箱、藤箱之中。據明義士 1933 年 2 月寄金璋(原名萊昂内爾·查理斯·霍普金斯 *Lionel Charles Hopkins*)信，可知其采用報紙包裝甲骨而後放入木屉是出於防潮、防氧化的目的。每包甲骨的外包裝上，寫有分屉、分箱信息和每包甲骨之數量。多倫多大學明氏拓本標識的數字，似有部分可與故宫甲骨包裝信息相對照。

許進雄先生《殷虚卜辭後編》收録拓片 2 819 片，其中 2 片被撕去，2 片僞刻，7 片可綴合，3 片模糊無法釋讀，實數爲 2 805 片。④ 相關内容曾著録於商承祚《殷契佚存》17 片，胡厚宣《戰後南北所見甲骨録》843 片，曾毅公《殷虚卜辭後編考釋》330 片等。《明續》雖然著録了一份完整的拓本，可惜缺少了明氏自撰的《後編序》。胡厚宣、容庚、馬衡、商承祚等先生，亦未曾提及序言。可見他們所見的簡拓本，本身就不帶序言。陳夢家先生在《殷虚卜辭綜述》中曾提到過這篇序言，⑤李學勤先生於 20 世紀 50 年代也曾見到過一稿曾毅公從英文翻譯的，寫在幾頁白紙上，没有完篇，末尾贅有一些零散的文字，不能通讀的《後編序》，並抄録在筆記本上。"文革"後，於 1981 年在《文物》上發表⑥。據《後編序》，可知明按甲骨内容將其分爲"田獵、遊行之事"和"祭祀之事"，又根據"祭祀"刻辭的稱謂，分爲甲、丙兩屉，進而推斷甲屉"爲武丁後半期所卜

---

① 明義士：《甲骨研究》，頁 22。

② 曾毅公：《殷虚卜辭後編考釋》，頁 12。

③ 明義士著，許進雄編：《殷虚卜辭後編》，頁 3。

④ 明義士著，許進雄編：《殷虚卜辭後編》，頁 3。

⑤ 陳夢家：《殷虚卜辭綜述》，北京：科學出版社 1956 年版，頁 135。

⑥ 李學勤：《小屯南地甲骨與甲骨分期》，《文物》1981 年第 5 期。

者”，有的“可决屬於祖庚時代”，丙屜則屬於祖甲至武乙時期。明義士根據甲骨文事類、稱謂和字體進行的分類，對研究甲骨文分期具有重要意義。“他在甲骨文的分期斷代研究和整理方面走在了同時代學者的最前頭”。[1] 與新近出版的《明釋·序》相比，李先生當年見到的序言，缺少最後專門言及“甲屜二”字體的一段。

據《殷虚卜辭後編考釋·序》曾毅公跋語，可知此書拓本由“劉殿臣拓製，編號自 2370 至 3381。卜辭內容爲 1926 年小屯村長張學獻家菜園一坑所處”。[2] 明氏《甲骨研究》云“小屯人打牆，得一坑甲骨”，學界多以《明後》材料選自此。而曾跋言，《明後》甲骨乃張學獻家菜園所出。兩種說法，未敢遑論。不過以此書所錄 330 條釋文之數量和內容來看，筆者更傾向於大多爲村中“打牆”所得。以考古發掘和可以推斷出土地點的私人藏品情況來看，歷組等村南系卜辭多出自小屯村中。

《明釋》中提到的甲屜某、丙屜某，實爲明義士甲骨之包裝號碼。在未見到《明釋》一書之前，雖然故宮藏有《明後》實物和相關檔案，筆者仍然感到一頭霧水。故宮藏明義士甲骨接收檔案上，對明義士甲骨包裝情況的描述分爲某箱某包和某匣某屜兩種。名之爲箱的，按天干分爲甲、乙、丙、丁、戊、己、庚、辛、壬、癸十箱。而名匣者，分爲一匣二屜、一匣三屜、一匣四屜等。對於匣屜之間的對應關係不是很清楚。直到看到《明釋》中提及的“甲屜二”，才突然明白書中的“甲屜”就是檔案中的“一匣”。“甲屜某”，就是“一匣某”或作“一匣某層”。以《明釋》“甲屜二”爲例，可能與之相關的檔案中就有兩種描述方法。一類帶有文物名稱、文物號，檔案稱其爲“一匣二屜”。另一類，則只標明各匣甲骨數量寫作“一匣二層”。根據這些材料，筆者嘗試找了兩件晚清民國時期的木制提匣作爲圖示，僅供參考。

圖二

---

① 王宇信、楊升南主編：《甲骨學一百年》，北京：社會科學文獻出版社 1999 版，頁 136。

② 曾毅公：《殷虚卜辭後編考釋》，頁 12。

　　以《明釋》和筆者所見故宮材料來看,明義士每包甲骨並無定數,彼此之間數量相差甚大。卜骨由於片形較大,每包數量大約在 35 片以下。而龜甲由於片形較少,每包數量極多。比較《殷虚卜辭後編考釋·序》提及的每屜數量,和故宮接收明氏甲骨的清單,可知二者基本一致,個別匣屜稍有出入。[①] 相關情況詳見下表:[②]

	明釋	故宮	歷拓
甲屜二	25	25	25
甲屜三	19	19	18
甲屜四	31	31	30
甲屜五	19	18(綴合 1 片)	18
甲屜六	16	16	16
甲屜七	26	26	26
丙屜一	30	31	31
丙屜二	19	20	20
丙屜三	23	24	24
丙屜四	29	27	27
丙屜五	35	37	36
丙屜六	24	25	25
丙屜七	26	27	27

　　上表之"某屜某",是根據《明釋》推定的明義士原始藏品信息,"故宮",指根據《明釋》對故宮相應檔案做出的推斷;"歷拓",指胡先生編纂《甲骨文合集》兩次進入故宮庫房傳拓甲骨時留下的記錄。由此不難看出,故宮博物院藏明義士甲骨基本與《明後》一致,個別匣屜數量不一致的情況,有待日後核實。

---

① 檔案顯示每匣屜數量與《明釋》數量不一致的,可能存在綴合、甲骨自然破損、匣屜誤裝等多種情況。
② "明釋",即《殷虚卜辭後編考釋》中提到的某屜某包中甲骨數量。"故宮",即故宮 1974 年文物接收清單顯示的入藏數量。"歷拓",即胡厚宣先生在故宮傳拓甲骨的數量。

三

“故宫博物院藏殷墟甲骨文整理與研究”項目組在整理明義士舊藏時,非常希望能够參照《殷虚書契後編》原拓本的體例,分類、分箱、分包、分匣、分屜地開展工作,可惜由於時間的久遠和庫房管理人員的更迭,項目組遲遲不能確定院藏文物與《明後》各屜、包的對應關係。也曾藉邀請許進雄先生來院講座的機會,諮詢《明續》編輯和明義士舊囊匣的情況,甚至一度懷疑《明後》原物是否在故宫接收之前,已有部分被國家文物局調往他處。隨着對院藏舊檔案的整理,項目組發現了許多超出預期的綫索。其中,時間分别爲 1974 年 1 月、1975 年 10 月、1976 年 1 月的三批 400 餘頁文物送庫檔案(參圖三),詳細記録了故宫接收明義士藏品的情況。依照這些材料,基本可以做到院藏文物與明氏箱、包、匣、屜之間的對應。老一輩文博工作者,甚至依據實物,擬定了簡要釋文作爲文物的品名。不過非常遺憾的是,故宫接收的僅是甲骨實物,缺少明義士當年親自編次的《殷虚卜辭後編》拓本。幸賴劉波先生拍到了曾毅公《殷虚卜辭後編考釋》的手稿,並迅疾出版惠澤學林。有了《明釋》的編次信息,以及院藏檔案的基礎,筆者嘗試著對故宫明氏舊藏做了一些簡單的校釋。

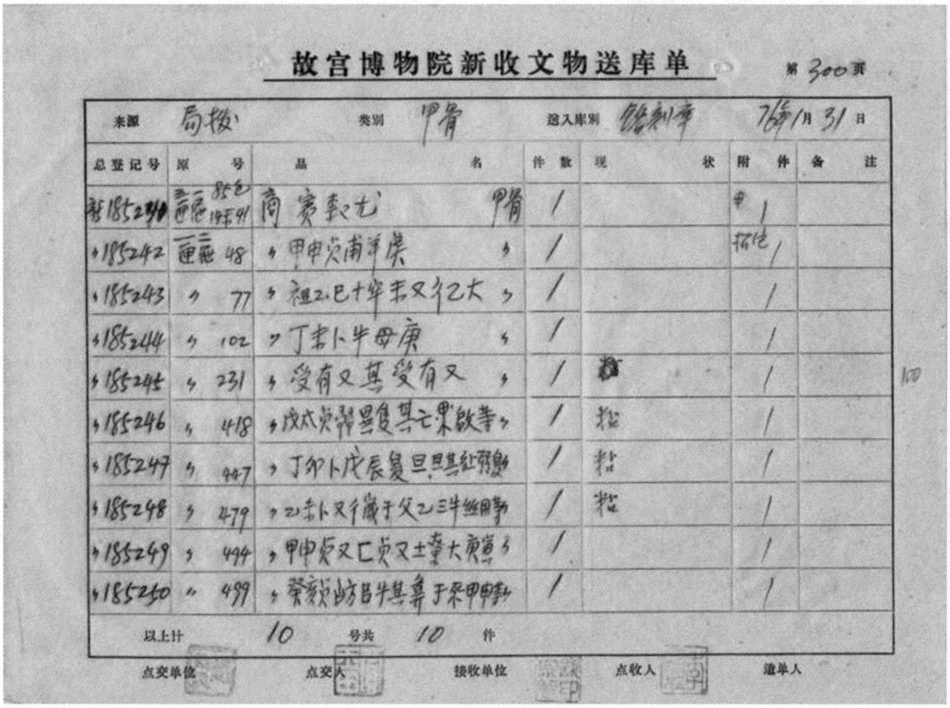
故宫博物院新收文物送库单 第 300 页

来源 局拨　类别 甲骨　送入库别　76/1月31日

总登记号	原号	品名	件数	现状	附件	备注
185241	[illegible]	[illegible] 甲骨	1		甲 1	
185242	[illegible] 48	〃 [illegible] 〃	1		拓片 1	
185243	〃 77	〃 [illegible] 〃	1		1	
185244	〃 102	〃 [illegible] 〃	1		1	
185245	〃 231	〃 [illegible] 〃	1		1	
185246	〃 418	〃 [illegible] 〃	1	粘	1	
185247	〃 447	〃 [illegible]	1	粘	1	
185248	〃 479	〃 [illegible]	1	粘	1	
185249	〃 494	〃 [illegible] 〃	1		1	
185250	〃 499	〃 [illegible]	1		1	

以上计 10 号共 10 件

点交单位　点交人　接收单位　点收人　造单人

圖三

(1) 癸巳卜,壬于伊尹牛五。二

　　癸巳卜,又于。兹用 二

　　癸巳卜,又于河。不用 二

　　癸巳卜,又于王亥。二

　　癸巳卜,又于河。二

　　乙未卜,又𢀖歲于父乙三牛。兹用 二

　　辛丑貞,卓更疫以凿。

　　卓更束人以凿。

　　[卓更]多射以凿。

　　　　《明釋》3051、《南明》479、《明續》2529、《合集》34240、新 185248(圖四)

由拓片和實物照片來看,曾毅公《明釋》未能很好地將卜辭完整地聯繫起來。割裂了敘辭、命辭、用辭間的有機聯繫。再者,曾先生所處的時代,還未對甲骨文的序數和卜數重視起來,忽略了卜數的釋文。祖先名或自然神名"河"未釋出,認爲應釋作"禹"。[1] "又"字於卜辭中假借"侑祭"之"侑",曾先生未作特別説明。這版甲骨不啻明義士視若至寶,即便是在故宫,也是被當作對外展示的珍品,曾被著録於《故宫博物院藏珍品文物全集·銘刻雕塑卷》。而該卷圖録從院藏 4 000 多片帶文物號的甲骨中僅選取了 15 版。它在故宫的地位,由此可見一斑。

(2) 庚申卜,更父乙戠用。□□

　　……用。

　　　　《明釋》3052、《合集》32737、新 185259

這是一版牛肩胛骨骨條卜辭,歷組一類字體。"戠"字,曾毅公未釋出。

(3) 癸……又……

圖四

────────────

① 曾毅公:《殷虚卜辭後編考釋》,頁14。

癸酉卜,又伊五示。

汎又。

斐若。

甲戌卜,又于父乙一牛。二

……牢。　　《明釋》3053、《南明》507、《明續》2520、《合集》32722、新 185251

這是一版牛肩胛骨骨條卜辭,歷組一類字體。曾先生誤釋"伊尹"之"伊"作"伐"。其辭意應爲侑祭包含伊尹在内的五位舊老臣的先祖。"斐"字未隸定,只摹繪了字形。"斐"字,學界暫無定論。這個字也見於青銅器銘文和數字卦甲骨。由辭例來看,應是占卜用語。

(4) 其陟于大乙。二

丁卯貞,王其再琡,寮三宰。二

戊辰貞,酒ㄅ歲。二

乙亥卯□牢祖乙。

《明釋》3054、《南明》547、《明續》2536、《合集》32420、新 185253

這是一版牛肩胛骨骨扇上部甲骨,字體爲歷組一類。從辭意和字體看,(4)、(5)兩版像是占卜同事。其干支日和獻祭種類、受祭者高度一致,不排除兩者有綴合的可能。

(5) 丁卯貞,王其再琡、絣,乙[亥]寮三小宰,卯三大牢于…… 兹用

[兹]用,又父乙。

《明釋》3055、《南明》614、《明續》2344、《合集》32721、新 185253

這是一版牛肩胛骨骨條卜辭,字體爲歷組一類。如前所述,與(4)存在同版遥綴的可能。

(6) 乙□[貞],方出……于大甲祖[乙]……羊。

乙巳貞,于父乙告牛。

□□貞,其卯于示。

……隹……

《明釋》3056、《南明》649、《明續》2497、《合集》33054、新 185261

這是一版牛肩胛骨骨條卜辭,字體爲歷組一類。内容爲商王占卜敵對方國入侵,是否向大甲、祖乙兩位直系先祖祈求戰爭勝利。《明釋》誤釋"父乙"爲"尹"。

(7) 于父乙。　　　　　　　　　　　《明釋》3057、新 185260

(8) 丁未卜,牛母庚 。　　　　　　　　　　　　　　　　《明釋》3058、新 185244

　　(7)、(8)兩版卜辭由於字數少,句意簡單,未被著録。對照實物照片來看,《明釋》釋文是正確的。

　　(9) 其受虫又。

　　　　受虫又。

　　　　　　　《明釋》3060、《南明》231、《明續》1840、《合集》16273、新 185254

　　這是一版牛肩胛骨骨扇部位的殘辭,雖然用辭類於賓組,但是字體偏重於歷組。明義士當年將這片甲骨文分入"甲屈二",可謂獨具慧眼。

　　(10) 丁未貞,王其令望乘帚(歸),其告于祖乙一牛,父丁一□。

　　　　□□貞,王其令望乘帚(歸),其告于祖乙一牛。

　　　　乙卯貞,又𢆶伐于伊。

　　　　乙卯貞,卯。

　　　　辛酉貞,方以牛其登自上甲。

　　　　辛酉貞,方以牛其登于來甲申。

　　　　癸亥貞,危方以牛其登于來甲申。

　　　　　　　《明釋》3061、《南明》499、《明續》1840、《合集》32896+《合集》33192

　　　　　　　(通別二 12.1 内藤)=《補編》10484=《綴集》88、新 185250

　　這是一版牛肩胛骨骨條卜辭,字體爲歷組一類。曾氏未釋出"望乘"之"望"字、"危方"之"危"字以及"登于某"之"登"字。望乘,人名,常見於賓組典賓類卜辭,是武丁時期最爲知名的臣屬之一,曾主持討伐危方等敵對方國勢力。危方,商代方國,其地在今河南永城與安徽宿州之間,是商王朝晚期主要的敵對勢力之一。伐下危之事,除少部分見於歷組一類卜辭外,絶大多見於賓組。由該辭"告于父丁"來看,不排除典賓類卜辭有突破武丁時期,下延至祖庚祖甲時代的可能。同樣不排除歷組一類卜辭的時間上限,可延至祖庚、祖甲,甚至武丁時代的可能。因爲武丁之前,其父輩繼承王位的"陽甲"、"盤庚"、"小辛"、"小乙"皆不在丁日受祭。也就是説該辭中的"父丁"如果是武丁對父輩的稱呼,則這位"父丁"未曾繼承王位。如果這位"父丁"繼承過王位,則必是武丁。因爲在歷組卜辭可能存續的王世中,只有武丁一人符合其時間要求。早於武丁的祖丁或晚於他的康丁,在時間上都無法伐危方,或與其他歷史事件契合。這版甲骨只有時王爲祖庚、祖甲,稱呼其父武丁爲父丁,其直系祖輩小乙爲祖乙時,才最契合史實。

　　這版甲骨值得注意的另一個問題是,它竟然能够與《卜辭通纂》著録的日本内藤氏舊藏甲骨綴合。《通纂》是郭沫若於 1932 年在日本訪求公私各家所藏殷墟甲骨後編成的一部著録書,書中著録的甲骨,大多爲民初被盗賣到日本去的甲骨。漂洋過海流落異邦,散於衆人之手,相關的出土信息幾乎完全無從查起。通過這片甲骨的綴合,明確了它的出土信息。通過整理"甲屉"的綴合情況,可知其與《通纂》等流落域外的甲骨綴合並不是很多,因此不排除在日本的同源藏品有當年村民在村中偶然拾得,而非大規模盗掘。

　　(11) 沉三牛。一

　　　　沉三[牛]。

　　　　沉三牛。

　　　　其裸告。

　　　　其歲告。

　　　　戊戌貞,彗異,佳其亡昇啓。

　　　　□□貞,……裸……人……

　　　　　　　《明釋》3062、《南明》418、《明續》2558、《合集》32915、新 185256

　　這仍是一版歷組一類的牛肩胛骨骨條卜辭。占卜内容爲將三頭牛沉入河中,進行裸祭、歲祭。《明釋》未釋出"裸""歲"等字。"裸"字形如酒尊,其意爲用酒行裸禮。"歲"字如斧鉞之形,爲殺牲獻祭。

　　(12) 癸丑貞,多寧其征(延),又 𣥠 歲于父丁,牢又一牛。

　　　　其三牛。

　　　　癸丑貞,王又歲于祖乙。

　　　　于父丁又歲。

　　　　甲寅貞,自祖乙至毓。

　　　　丁巳,小雨,不征(延)。

　　　　戊午貞,祝多寧以邕自上甲。

　　　　甲子貞,又伐于上甲羌一,大乙羌一,大甲羌,自。

　　　　丙寅貞,王又 𣥠 歲于祖乙牢一牛。

　　　　　　《明釋》3063、《南明》440、《明續》2558、《合集》32114＋《屯南》

　　　　3673＝《補編》10422＝《綴集》86、新 185265(圖五)

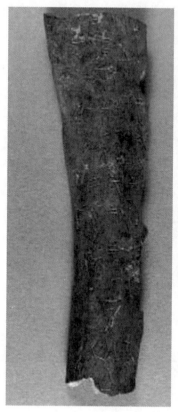

圖五

這是一版牛肩胛骨骨條卜辭,字體爲歷組一類。其背後粘有入院後最初整理文物時庫房管理人員製作的標籤。《明釋》未釋出"羌"字,曾氏以爲乃"石羊"。早期的甲骨釋讀,誤將从羊从人的羌釋爲羊,而羌字上所附的从系从石的聲旁或形旁,也就被誤作了各種羊的專字。

(13) 丁未卜,又五牢大乙。一
　　　戊申卜,又三牢大乙。一
　　　……□……
　　　癸丑卜,自上甲汎又伐。一
　　　甲寅卜,立中。一
　　　庚申卜,乙亥伐。一
　　　　一
　　　　一

《明釋》3064、《南明》524、《明續》2472、《合集》32214＋《安明》2772 周忠兵綴、新 185252

該版甲骨,爲歷組一類骨條卜辭。《明後》原拓只存 14 字,經過蔡哲茂先生綴合,其辭意基本完整。這是一版祭祀大乙、大甲等直系遠祖的卜辭。拼合之後,補出"立中"一詞,其意乃商王召集族衆宣告大事或整軍出征,由此一下提升了這片甲骨的史料價值。《尚書·盤庚下》正義云:"言我徙以爲民立中,汝等不明我心,乃謂我何故震動萬民以爲此遷。我以此遷之故,上天將復我高祖成湯之德,治理於我家。我當與厚敬之臣,奉承民命,用是長居於此新邑。以此須遷之故,我童蒙之人,非敢廢其詢謀。謀於衆人,衆謀不同,至用其善者。言善謀者,皆欲遷都也。又決之於龜卜而得吉,我與汝群臣各非敢違卜,用是必遷,光大此遷都之大業。"由此可見,商人占卜之後,行立中之制,見諸文獻,亦見諸甲骨,是商代治理國政的一種重要手段。

(14) 己未。二
　　　己未。二
　　　□
　　　丁……
　　　己未貞,其莽□于大甲。二
　　　己未貞,叀……
　　　二

　　　　　　《明釋》3065、《南明》551、《明續》2491、《合集》32473(《南明》551＋
　　　　　　《安明》2748)、新 185254

這是一版歷組二類的卜骨。辭意爲己未日莽祭大甲,希望得到祖先的福佑。這版甲骨可與《明義士收藏甲骨文集》著録的材料綴合。《合集》32473 收録的就是《南明》551 和《安明》2748 兩版綴合後的圖版。通過分析這條綴合材料,可知明義士舊藏甲骨可能並非完全根據收購順序或卜辭内容進行的分類。《南明》即《明後》之物,原藏北京華語學校,現藏故宫博物院。《安明》原藏天津加拿大長老會大本營,是明義士到天津或北戴河休假時帶去的,現藏加拿大皇家安大略博物館。同一坑所出甲骨,可能根據明氏的研究需要,被分置在不同地方。

(15) 丙申……中丁……
　　　……[彡]……　一

　　　　　　《明釋》3067、《南明》554、《明續》2493、《合集》32502、新 185255

這是一版歷組二類字體的卜骨殘辭。《明釋》未補出"彡"字。這個字位於卜骨上端,字口下壓着兩道劃痕,易被誤作"羌"字。

(16) 甲申貞,又匚……
　　　庚寅貞,又土,尞大…… 二

庚……二

《明釋》3068、《南明》494、《明續》2426、《合集》34183、新 185249

這是一版歷組二類骨扇卜骨。"尞"字省刻象徵火星或火苗的四個小斜筆。《明釋》分行隸定,誤將本爲一辭的"庚寅貞,又土,尞大……二"分爲"庚寅貞"和"申貞,又匚……"兩辭。曾氏在擬定釋文時,偶有類似問題。由於甲骨本身的殘泐,這種難以判斷文辭歸屬的情況,在整理甲骨時常常難以避免。

(17) □巳卜,貞王叀購……□以王族。才祖乙宗……

《明釋》3069、《南明》575、《明續》2505、《合集》34132、新 185258

該辭爲一條歷組二類字體的骨條卜辭。《明釋》釋"購"爲"珍",這個字雖然學界還未形成定論,但推測其意似與用貝祭祀有關。"祖乙宗"爲祭祀商王祖乙的宗廟。自 1928 年殷墟進行科學發掘以來,已發現約 54 座宮殿宗廟基址。根據其所處位置和發掘的先後順序,可被分爲甲、乙、丙、丁四組。其中在丙組基址附近密集出土了祭祀遺迹和車馬坑祭祀遺址。關於丙組基址的性質,學界一般認爲它是建築時間最晚的歷代商王宗廟。① 該辭中提到的"祖乙宗"應當就位於這片宗廟區之内。

(18) ……歲……祭……

乙巳貞,⚡歲叀劦𦔻。

丁未貞,⚡歲,于🜚(祭)𦔻。

□□貞,[⚡]歲,于□𦔻。

《明釋》3070、《南明》685、《明續》2565、《合集》34614、新 185262

這是一版牛肩胛骨骨條卜辭,字體爲歷組二類,是關於商王進行⚡、歲祭祀的占卜。《明釋》已指出"🜚亦祭字省示"。

(19) 于祖乙⚡敉來羌。三

叀白黍登。三

丙辰卜,丁巳置豆。三

丙辰卜,叀丁卯酒⚡歲。三

于八月酒⚡歲于丁。三

① 朱鳳瀚:《論小屯東北地諸建築基址的始建年代及其與基址範圍内出土甲骨的關係》,《古代文明》(第三卷),北京:文物出版社 2004 年版,頁 188。

丙辰卜，置豆，暮于丁。三

丙……置……

三

《明釋》3071、《南明》561、《明續》2510、《合集》32014(《南明》
561＋《安明》2337)、新 185256

這版甲骨仍是歷組一類的骨條卜辭。《合集》根據《南明》、《安明》做了綴合，故宮藏甲骨實物與《南明》、《明釋》相一致。在明氏"甲屜"卜辭中，祭祀祖乙的材料較爲常見，可見歷組卜辭中祖庚、祖甲兩個王世的卜辭占有相當比例。

(20) 丙寅[貞]，岂來告，以羌一用于父[丁]。

丙寅貞：叀丂以羌眔它于黽示用。

□卯貞：□來告，[以]羌其用自上甲。

《明釋》3072、《南明》468、《明續》2471、《合集》32033、新 185264

該版甲骨爲歷組二類骨條卜辭。上述(17)及此版，《明釋》均未釋出"以"字，僅摹寫字形作"𠂤"。"以"字金文作"𠂤"、"𠂤"，《説文》收篆字作"𠥩"，《六書通》收篆字有"𠂤"、"𠂤"，與契文字形相近。

(21) □□貞……萃禾。

甲申貞，又歲于伊黽…… 二

叀羊。二

……虎。

己亥貞，其令……

《明釋》3073＋《明釋》3082、《南明》48＋《南明》502、《明續》1621＋
《明續》2437、《合集》33612＋《合集》32788、新 185242

這是一版歷組二類字體的卜骨。通過綴合信息對照《明釋》，另一片卜骨原在明義士"甲屜三"中。筆者未及核驗故宮藏品實物，有待日後解決。

(22) □□卜，其又歲于祖乙馭…… 一

《明釋》3073、《南明》564、《明續》2513、《合集》32521、新 185257

這是一版歷組二類的田獵祭祀卜辭。骨質爲牛肩胛骨。《明釋》和《局撥(没收華語學校)甲骨補號交庫單》①未補釋"馭"字，僅摹寫了殘形。

---

① 《局撥(没收華語學校)甲骨補號交庫單》爲故宮接收國家文物局調撥明義士文物後製作的登記表。該表記錄了院藏文物與明氏原包裝的對應關係，以及根據釋文擬定的文物名稱。

(23) □□卜，……于祖乙，乙巳……伐十牢。

□未……又𦥑……乙大……

《明釋》3074、《南明》77、《明續》2514、《合集》32559、新 185243

這是一版祭祀祖丁的歷組卜辭，其字體似可歸入師歷間類。《明釋》作"乙巳□且□十牢"。據《合集》及實物，可釋爲"□□卜，……于祖乙，乙巳……伐十牢"。其中"乙"字兩讀。類似某字兩讀的辭例還見於《合集》32504"辛卯卜，又十五伐且（祖）乙，乙未，又……用"、《合集》32201"乙亥卜，又十牢、十伐大甲，甲申"、《合集》27417"于二父：父己、父庚舌"等。這種辭例，以歷組較爲常見。

(25) ……衆……

……彗以聞……

……卯牛。

《明釋》3075、《南明》736、《明續》2314、《合集》32902、新 185263

該版卜辭字體爲歷組一類。《明釋》"衆"、"卯"、"彗"三殘字未釋，"聞"字僅摹寫字形作"𦥑"。

通過筆者對《明釋》"甲屜二"的初步整理，可知這批甲骨編號爲 3051—3075，其中3066 爲空號，實際甲骨數量爲 25 片。甲骨實物現存故宮博物院器物部金石組銘刻庫。經過核對，故宮對這批甲骨的冠號情況爲連續號。這意味着，故宮接收這批藏品後，雖然拆除了原始包裝，但仍以每包甲骨作爲整體，儘量保持了藏品的原始信息。以現有文物號情況來看，冠號順序似爲當時拆包後依次提取文物的順序。"甲屜二"中的甲骨，進宮以來被視爲珍品，極受重視。其中，(12)、(16)兩版甲骨作爲展陳品參加過 1993 年赴日展覽和去年落下帷幕的"故宮博物院三年清理成果展"。(1)、(12)、(16)三版甲骨被著錄於《故宮博物院藏珍品文物全集·銘刻雕塑卷》、《大隱於朝——故宮博物院藏品三年清理核對成果展》。故宮 2 萬多片甲骨文，僅有總計不到 25 片甲骨曾被著錄於這兩本書。由此可見明義士"甲屜二"在故宮博物院藏殷墟甲骨文中的地位與分量。

《〈甲骨文合集補編〉資料來源索引總表》訂補

趙孝龍

（中國社會科學院歷史研究所，
出土文獻與中國古代文明協同創新中心）

　　《甲骨文合集補編》（下文簡稱《補編》）是中國社會科學院九五社科重點項目"甲骨學一百年"的科研成果之一，它整理和增補了未被《甲骨文合集》（下文簡稱《合集》）收錄的珍貴資料，是《合集》的延續與發展。《〈甲骨文合集補編〉資料來源索引總表》（下文簡稱《補編來源表》）是《補編》的重要組成部分，它爲學者對甲骨拓片進行追根溯源提供了極大的方便，是一項非常有意義的工作。但是，由於編纂過程中所存在的一些不確定因素，《補編來源表》中難免存在一些問題。筆者有幸參與了由宋鎮豪老師主持的中國社會科學院"十一五"重大規劃項目暨國家社會科學基金重點課題《甲骨文合集三編》的拓片校重工作，在校對拓片的過程中，筆者發現了《補編來源表》中的一些遺漏或不當之處。因此特做訂補如下，以方便諸多研治甲骨的學者。

　　1. "補編 666"號拓片，《補編來源表》中顯示其選用著拓號爲"京 1125"，在《補編》中，《京》是《戰後京津新獲甲骨集》的簡稱，而"戰後京津新獲甲骨集 1125"與"補編 666"並非同一拓片（圖一）。與"補編 666"相同的是"京人 1125"，《京人》在《補編》中是《京都大學人文科學研究所藏甲骨文字》的簡稱。因此，此處應該是編者誤將"京人 1125"寫成了"京 1125"。

　　2. "補編 1247 反"號拓片，《補編來源表》中顯示其選用著拓號爲"蔡綴 29 反"，"重見號"和"備注"欄中未作表述。除《蔡綴》外，此片甲骨拓片還重見於"續 5.25.7"和"續存上 80"。《續》和《續存》在《補編》中分別爲《殷虛書契續編》和《甲骨續存》的簡稱。在以上三枚拓片中，"續 5.25.7"僅保留了文字部分，殘缺非常嚴重，根據拓片四周的整齊程度判斷,這可能是人爲地將無字部分去掉了(圖二)。"補編 1247 反"和"續存上 80"都很完整,但"續存上 80"較爲清晰。

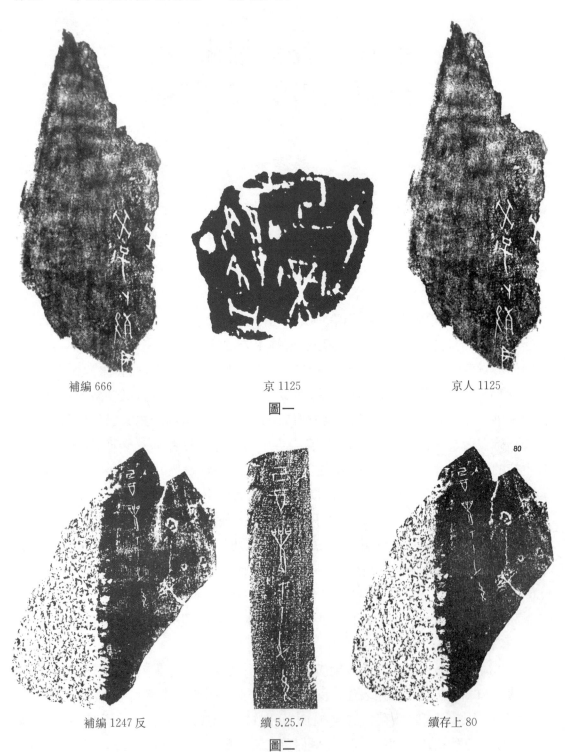

補編 666　　　　　　　　京 1125　　　　　　　　京人 1125

圖一

補編 1247 反　　　　　　續 5.25.7　　　　　　　續存上 80

圖二

3. "補編 1760 反"號拓片,《補編來源表》中顯示其選用著拓號爲"東大 388b","重見號"欄爲空。除此《東大》外,此拓片還見於"前 7.4.2","前"即《殷虛書契前編》的簡稱。然而,"東大 388b"與"前 7.4.2"雖然字迹清晰,却並不完整(圖三)。根據《補編來源表》可知,"補編 1760 反"是由"合集 6063 反"與"東大 388b"綴合而成。因此,"補編 1760 反"號拓片最爲完整。

東大 388b   前 7.4.2   補編 1760 反

圖三

4. "補編 6609"號拓片,《補編來源表》中顯示其選用著拓號爲"歷拓 5002","重見號"與"備注"欄爲空。除"歷拓 5002"外,此拓片還見於"明後 1883"和"南明 288"(圖四)。《明後》和《南明》分別是《殷虛卜辭後編》與《戰後南北所見甲骨録·明義士舊藏甲骨文字》的簡稱。"明後 1883"與"補編 6609"兩枚拓片無論從完整度還是從清晰度來看都相差不多,而"南明 288"是摹本,且僅將"余乍"兩個字摹出來,漏掉一個"桑"字。

5. "補編 8970"號拓片,《補編來源表》中顯示其選用著拓號爲"傅 2",其餘各欄未作表述。除"傅 2"外,這枚甲骨拓片還見於"日天 555"(圖五),《日天》是《天理大學附屬天理參考館甲骨文字》的簡稱。此二者相比,"補編 8970"號拓片更加清晰一些。

6. "補編 9314"號拓片,《補編來源表》中顯示其選用著拓號爲"京人 2345"。《京人》在上文中已做介紹,此不贅述。但"京人 2345"與"補編 9314"並非同一拓片,與"補編 9314"相一致的是"京人 2245","京人 2345"應是"京人 2245"的誤寫(圖六)。

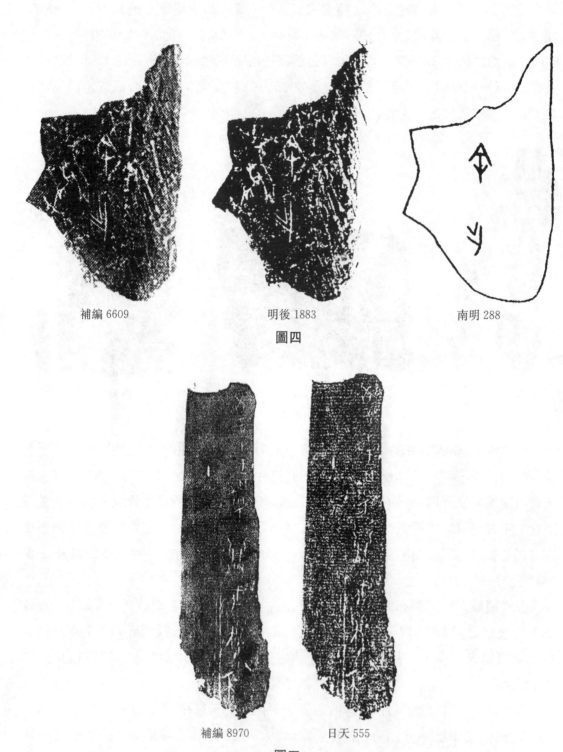

補編 6609　　　　　明後 1883　　　　　南明 288

圖四

補編 8970　　　　日天 555

圖五

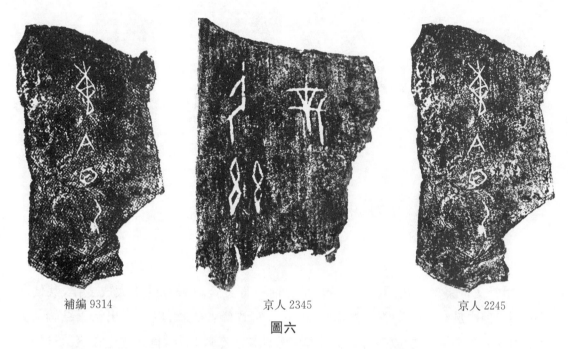

補編 9314   京人 2345   京人 2245

圖六

7. "補編 10885"號拓片,《補編來源表》中顯示其選用著拓號爲"歷拓 1191",其餘各欄未作表述。除"歷拓 1191"外,此拓片還見於"殷餘 13.1",《殷餘》是《殷墟文字之餘》的簡稱。"歷拓 1191"與"殷餘 13.1"都很清晰,但"歷拓 1191"的品質更勝一籌(圖七)。

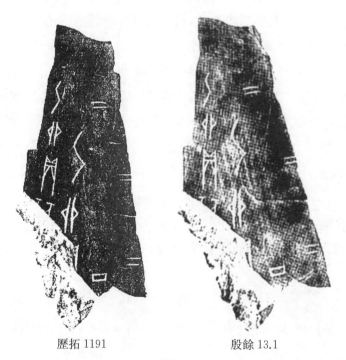

歷拓 1191   殷餘 13.1

圖七

《甲骨文合集》釋文校補二十五則

丁軍偉

（四川大學歷史文化學院）

《甲骨文合集》（下文簡稱《合集》）是目前甲骨文資料著録的集大成之作，甚便學者使用。但由於《合集》所收拓片清晰度不一，常致學者誤釋，以致得出錯誤結論。如合 23650，此版《合集》所收拓片殘泐不清，其摹本見於庫 1248，肖楠先生在談論自組卜辭的時代時曾引用此版，並指出："……還有在《庫》1248 中見到'自組'卜人扶與卜人中同版等。卜人中是屬於第一期（即武丁時代）和第二期前半葉（即祖庚、祖甲時代的前半葉）的人，亦説明'自組卜辭'的時代是承上（武丁）啓下（祖庚）的作用。這與地層 T43(4A) 下仍迭壓小屯南地早期的灰坑（H111、H112）的情況亦相符合。從這些迹象來看，'自組卜辭'的時代似屬於武丁晚期。"[1]

由上可知肖楠先生將自組卜辭定爲武丁晚期的原因之一即認爲自組卜辭貞人扶與出組貞人中同版。由庫 1248 摹本來看，確實如此。此版實物圖版見於《卡内基博物館所藏甲骨研究》293 號，[2]由卡 293 實物圖版可知所謂的卜人"扶"實爲卜人"㠱"，"㠱"、"中"均爲出組卜辭常見之卜人。由於庫 1248 摹本有誤，肖先生不知摹本有誤，故據此所得結論亦不可靠，因爲根本不存在自組卜辭與出組卜辭卜人同版。

目前所見《合集》釋文主要有《甲骨文合集釋文》（下文簡稱《釋文》）、《殷墟甲骨刻辭摹釋總集》（下文簡稱《摹集》）、《甲骨文校釋總集》（下文簡稱《校釋》）、《殷墟甲骨文

---

① 肖楠：《安陽小屯南地發現的"自組卜甲"——兼論"自組卜辭"的時代及相關問題》，《考古》1976 年第 4 期。

② 周忠兵：《卡内基博物館所藏甲骨研究》，上海：上海人民出版社 2015 年版。下文簡稱"卡"。

摹釋全編》(下文簡稱《摹編》)①四種,另有一些文章或論文亦曾對《甲骨文合集》釋文進行過訂正,但大多是就釋讀順序、漏釋、誤衍等方面而言。筆者在閱讀《合集》過程中,通過仔細比勘清晰拓片及前人綴合成果,發現有些卜辭諸家釋文均有可商之處,②故不揣譾陋,草成此文,以就教於方家。

1. 合 320

按:本版有條卜辭《釋文》釋爲:"丙申卜,貞:㞢尊歲羌三十,卯三宰,葡一牛于宗用。六月。"《摹集》釋爲:"丙午卜,貞㞢尊歲羌三十,卯三宰,葡一牛于宗用。八月。"後出之《校釋》、《摹編》釋文均從《釋文》。此版又見於《甲骨文合集補編》③13(《東京大學東洋文化研究所藏甲骨》④2 號),由東大 2 實物圖版可知此條《釋文》錯誤,《摹集》正確,後出之《校釋》、《摹編》均沿襲《釋文》之誤,是不應該的。

2. 合 2273

按:此版有條卜辭《釋文》、《校釋》均作"[翌甲辰]不其易日",《摹集》作"……辰不其易日"。此版又見於合補 4351,由合補 4351 來看,《釋文》、《校釋》所補之"翌甲辰"實爲"翌庚辰"之誤。《校釋》較《合補》晚出,卻仍襲《釋文》之誤,是不應該的。

3. 合 7538

按:此版拓片漫漶不清,《釋文》、《校釋》釋文爲"貞:今者乎比望乘伐,弗[受其又]",《摹編》釋文爲"貞:今者乎比望乘伐下危,弗受……"。此版又見於《甲骨文合集補編》2017(日天 158⑤),合補 2017 釋文爲"貞今🌵乎比望乘伐下危,弗其受[有又]"。覆核日天 158,由日天 158 清晰圖版可知,此版釋文應爲"貞:今🌵乎比望乘伐危,弗其受㞢……",上述諸家釋文均不準確。

4. 合 7628

按:此版漫漶不清,有條卜辭《釋文》、《校釋》、《摹編》釋文爲"丙午卜,賓貞:翌乙

---

① 胡厚宣主編:《甲骨文合集釋文》,北京:中國社會科學出版社 1999 年版;曹錦炎、沈建華編著:《甲骨文校釋總集》,上海:上海辭書出版社 2006 年版;陳年福:《殷墟甲骨文摹釋全編》,北京:綫裝書局 2010 年版;姚孝遂主編:《殷墟甲骨刻辭摹釋總集》,北京:中華書局 1988 年版。

② 上述釋文均存在漏釋、明顯誤釋等現象。本文主要比對較《合集》清晰拓片及綴合成果,以糾正諸家釋文之誤,漏釋、明顯誤釋之處,則不在本文整理範圍之內。

③ 彭邦炯、謝濟、馬季凡:《甲骨文合集補編》,北京:語文出版社 1999 年版。下文簡稱"合補"。

④ 松丸道雄:《東京大學東洋文化研究所藏甲骨·圖版篇》,東京:東京大學東洋文化研究所 1983 年版。下文簡稱"東大"。

⑤ 天理大學天理教道友社編集:《天理大學附屬天理參考館藏品·甲骨文字》,天理:日本天理教道友社 1987 年版。下文簡稱"日天"。

巳皋其正,受隹又"。胡雲鳳亦有此種觀點,其指出:"《通別二10.5》爲照片,較《合集》清楚許多,據此知《釋文》的釋讀,可信。惟第(1)辭(筆者按即文中所列卜辭)的天干'丙'與《卜辭通纂考釋》作'庚'有別。檢視《通別二10.5》,似乎應釋作'丙'字。"①

覆核《卜辭通纂》通別二10.5,考釋部分釋文爲"庚午卜,賓貞:翌乙亥皋其正,受隹又",《卜辭通纂》圖版後附有此版摹本,其摹本亦同考釋。② 細審照片,我們認爲此種釋文可從。其實只要仔細分析就會發現上述諸家釋文不確,依上述諸家釋文其前辭干支爲"丙午",命辭干支爲"乙巳",遍檢卜辭未見命辭"翌干支"之"干支"與前辭之"干支"相錯如此之久者,故此種釋文不確。

5. 合 7819

按:此版有條卜辭《釋文》、《校釋》、《摹編》釋爲"戊辰[卜],囗,貞令……商歸"。此版又見於合補2209(日天177),由日天177實物圖版來看,此條釋文應爲"甲辰[卜],貞令侯商歸",上述諸家釋文均誤。另《甲骨文合集補編釋文》此版作"甲辰[卜],貞令子商歸",其誤"侯"爲"子"。

6. 合 8007

按:此版有條卜辭《釋文》、《校釋》、《摹編》均作"□□卜……羊豕……[子]商釟",《摹集》釋文爲"其釟羊豕",胡雲鳳認爲上述釋文均誤,其釋文爲"……[子]商釟……羊豕"。③ 此版來源於《鐵雲藏龜》179.1,④覆核鐵179.1,其拓片較《合集》清晰,由其拓片來看,諸家釋爲"商"的字作"📷",應爲"其"字。此版《摹集》釋文是正確的,其餘諸家釋文均誤。

7. 合 8691

按:此版卜辭《釋文》、《校釋》、《摹編》釋文均作"……方弗……。十月"。《摹集》釋文爲"……方弗……"。此版來源於《甲骨續存》598,⑤覆核《甲骨續存》598,上述諸家所謂的"十月"實爲"任"字,此版釋文應爲"……方弗……任……",諸家釋文均誤。

8. 合 8938 乙

按:此版下部有條卜辭干支部分比較模糊,《釋文》、《校釋》、《摹編》釋文均作"戊寅

---

① 胡雲鳳:《〈殷墟甲骨刻辭摹釋總集〉與〈甲骨文合集釋文〉比較研究——第一册至第六册》,臺灣師範大學國文學系博士論文(指導教師:朱岐祥),2005年,頁291。

② 郭沫若:《卜辭通纂》,北京:科學出版社1983年版,頁208。

③ 胡雲鳳:《〈殷墟甲骨刻辭摹釋總集〉與〈甲骨文合集釋文〉比較研究——第一册至第六册》,頁296。

④ 劉鶚:《鐵雲藏龜》,上海蟫隱廬石印本1931年版。下文簡稱"鐵",下文所引亦出此書,不再另注。

⑤ 胡厚宣:《甲骨續存》,上海:群聯出版社1955年版,頁93。

[卜]，亘貞：[缶]乎収牛多奠"。《摹集》釋文爲"戊申……亘貞……乎収牛多奠"。此版由乙 2424＋乙 2566 綴合而成，覆核《殷虚文字乙編》，[1]上述諸家釋文中的"戊寅"實爲"戊申"，《摹集》釋文正確。後出之《校釋》、《摹編》不審，仍襲《釋文》之誤，是不應該的。

9. 合 9954

按：本版拓片比較模糊，《釋文》、《校釋》、《摹編》釋文均作"丁卯卜，賓貞：[我]受黍[年]"，《摹集》釋文爲"丁丑卜，賓貞：我受黍……"。細審拓片，上述釋文中的"丁卯"應爲"丁丑"，此版來源於六曾 8，[2]由六曾 8 拓片及摹本可知，此版干支確爲"丁丑"，《摹集》釋文正確，其餘諸家釋文均誤。

10. 合 10610 正

按：此版拓片漫漶不清，有條卜辭《釋文》、《摹集》、《校釋》、《摹編》釋文均作"壬申卜，殼貞：[王]勿征[南]獸（狩）"。此版又見於鐵 88.3，覆核鐵 88.3，其較《合集》拓片清晰，由其可知，諸家釋爲"南"的字應爲"獸"字，胡厚宣先生在《甲骨六錄·清暉山館所藏甲骨文字》第 25 號考釋中釋此字爲"獸（狩）"是很正確的。[3] 董作賓先生在《殷虚文字外編》294 號中釋此字爲"南"，[4]亦誤。據鐵 88.3 此條卜辭釋文應爲"壬申卜，殼貞：王勿征獸（狩），獸（狩）"。

11. 合 10893

按：此版拓片漫漶不清，《釋文》、《校釋》、《摹編》釋文均作：

(1) 己亥卜，□，貞其……隻。

(2) 己亥卜，[殼]貞：弗[隻]豕。

《摹集》釋文爲：

(1) 己亥卜，賓貞：弗……

(2) 己亥卜，賓貞：其……隻。

此版來源於鐵 159.2，覆核鐵 159.2，其拓片較《合集》清晰。據鐵 159.2，上述諸家釋文均誤，此版釋文應爲：

(1) 丁亥卜……王……其隻。

① 董作賓：《殷虚文字乙編》，臺北：中研院歷史語言研究所重印本 1994 年版。

② 胡厚宣：《甲骨六錄》，臺北：大通書局翻印本 1983 年版，又見宋鎮豪、段志洪主編：《甲骨文獻集成》（第三册），成都：四川大學出版社 2001 年版，頁 261—263。

③ 胡厚宣：《甲骨六錄》，又見宋鎮豪、段志洪主編：《甲骨文獻集成》第三册，頁 246。

④ 董作賓：《殷虚文字外編》，宋鎮豪、段志洪主編：《甲骨文獻集成》第三册，頁 356。

(2) 丁亥卜，口貞：弗……隻。

12. 合 12218

按：此版殘缺不全，有條卜辭《釋文》、《校釋》、《摹編》釋文均作“貞：今［夕］不雨”，殘缺之字上述諸家均補爲“夕”。張惟捷據實物將此版與合 902 綴合，①由其綴合來看，上述諸家釋文均誤，此條釋文應爲“貞：今十三月不其雨”，《摹集》釋文爲“貞：今……不雨”。其審慎態度則是可取的，與此亦可見綴合的重要性。

13. 合 12590

按：此版拓片漫漶不清，有兩條卜辭《釋文》、《校釋》、《摹編》釋文均作：

(1) □丑卜，王，即賓丁。
(2) 勿即賓，雨。六月。

《摹集》釋文爲：

(1) 乙丑卜，王即賓丁。
(2) 勿即賓丁雨。六月。

此版來源於鐵 59.4，由鐵 59.4 拓片可知，諸家釋爲“即”之字作“▨”，實爲“饗”字。故上述諸家釋文均誤，此兩條卜辭釋文應爲：

(1) □丑卜，王饗賓丁。
(2) 勿饗賓，雨。六月。

14. 合 12621

按：此版拓片漫漶不清，《釋文》、《校釋》、《摹編》、《摹集》釋文均作“辛巳卜，今十月亦盟［雨］”。此版又見於合補 3808 正（東大 323②），由東大 323 實物圖版可知，此版釋文應爲“辛巳卜：今十二月亦盟［雨］”。諸家釋文均誤“十二月”爲“十月”。合補 3808 釋文已將此版正確釋出，後出之《校釋》、《摹編》不知合補 3808 拓片清晰，故仍襲前人錯誤釋文。

15. 合 12855

按：此版有條卜辭殘漶不清，《釋文》、《校釋》、《摹編》釋文均作“口午卜，方帝三豕土犬，卯于土宰，桒雨。三月”，《摹集》釋文作“……午卜，方帝三豕土犬，卯于土宰，桒

---

① 張惟捷：《殷墟 YH127 坑賓組刻辭整理與研究》(上)，輔仁大學中國文學研究所博士論文(指導教師：蔡哲茂)，2011 年，頁 106。

② 松丸道雄：《東京大學東洋文化研究所藏甲骨文字》，東京：東京大學東洋文化研究所 1983 年版，B.0323a。

雨"。此版又見於合補 3487(日天 15),合補 3487 釋文與《摹集》釋文相同。覆核日天 15,此條釋文應爲"囗午卜,方帝三豕㞢犬,卯于土宰,桒雨。二月"。《釋文》、《校釋》、《摹編》均誤"二月"爲"三月",《摹集》、合補 3487 釋文則漏釋"二月"。①

16. 合 14322

按:此版殘缺不全,《釋文》、《校釋》、《摹編》釋文均爲"[貞]:钔[于]南",《摹集》釋文比較謹慎,其釋文爲"……钔……南……"。張惟捷曾據實物將此合 2404＋合 5324＋合 13656＋乙補 7126(合 17698 的正面)＋合補 5676＋乙補 1702 綴合,②綴合後此條釋文應爲"于南庚钔"。可見上述諸家釋文均不正確。

17. 合 16356

按:此版漫漶不清,《釋文》、《摹編》、《校釋》釋文均作"貞:其㞢不若。六月",《摹集》釋文爲"貞:其㞢不若。九月"。此版又見於合補 4594(東大 42),由東大 42 照片及拓片可知,此版釋文應爲"貞:其㞢不若。九月"。《摹集》釋文正確,其餘諸家均誤"九"爲"六"。

18. 合 16592

按:此版殘泐不清,《釋文》、《摹編》、《校釋》、《摹集》釋文均作"丙申卜,史貞:今夕亡囚"。此版來源於甲 3409,張秉權先生《殷虛文字甲編甲編考釋》釋文作"丙午卜,史貞:今夕亡囚"。③ 陳逸文據實物指出此版釋文應爲"丙午癸卜,史貞:今夕亡囚"。④ 由此可見,上述諸家釋文均誤。

19. 合 16845

按:此版《釋文》、《校釋》、《摹編》、《摹集》釋文均作"癸巳卜,🪶貞:旬亡囚"。此版又見於合補 4649(東大 71),由東大 71 照片及拓本來看,此版釋文應爲"癸巳卜,🪶貞:旬亡囚。一月"。上述諸家釋文均漏釋"一月"。

20. 合 35879

按:此版漫漶不清,《釋文》、《校釋》、《摹編》釋文均作"[己]亥卜,貞[王]宭祖庚

---

① 此版日天 15 實物圖版清晰,據之可知爲"二月"。伊藤道治先生所作釋文由於未釋出"月",且將"二"看成兆序,故亦則漏釋"二月"。圖版見天理大學天理教道友社編集:《天理大學附屬天理參考館藏品·甲骨文字》,頁 70;釋文見伊藤道治:《甲骨文字》,宋鎮豪、段志洪主編:《甲骨文獻集成》第六册,頁 44。
② 張惟捷:《殷墟 YH127 坑賓組刻辭整理與研究》(上),頁 230。
③ 張秉權:《殷虛文字甲編考釋》,宋鎮豪、段志洪主編:《甲骨文獻集成》第四册,頁 463。
④ 陳逸文:《"中研院"歷史語言研究所第一到九次發掘所得甲骨之整理與研究》,臺灣中山大學博士論文(指導教師:蔡哲茂、劉文强),2013 年,頁 552。此版"午"下"癸"字,張秉權先生認爲"蓋誤刻而未經刓去者"。

［彡］夕亡尤”,《摹集》釋文作“……卜貞……窛祖庚……夕亡尤”。

楊樹達先生曾指出:“殷人肜日祭之外,更有肜夕之祭,其卜也,比用王之名先一日。……如上來所説,殷人肜夕以王名先一日祭,而肜日以王名之日祭,然則前人所謂祭之明日又祭者,第一祭字蓋指肜夕言之,明日之祭則指肜日言之也。”又指出:“以事理言之,先夕之祭蓋豫祭,而當日之祭則正祭也。”[1]驗之卜辭,楊氏所言甚是。我們懷疑上述諸家釋文當是基於此種觀點所補。

此版又見於《北京大學珍藏甲骨文字》498 號,[2]北大 498 較《合集》清晰,據北大498 號可知,上述諸家釋文所謂的“亥”字實爲“辰”字。如此版確爲諸家所補之“彡夕”之祭,則由王名“祖庚”可知,此占卜日期必爲“己辰”日,但六十干支中並無“己辰”,故此版絶非“彡夕”之祭,上述諸家由於誤“辰”爲“亥”,故所補釋文亦誤。

21. 合 21830

按:本版漫漶不清,有條卜辭《釋文》、《校釋》、《摹集》、《摹編》釋文均作“丁卯卜,禘,令𢀠佳翌庚若”。蔣玉斌先生指出:“合 21830 上有一辭曰‘□卯卜,禘貞:令豙佳翌庚若’。……《合集》拓片上卜日天干不太清楚,《摹釋》摹作□釋作‘丁’,《釋文》亦釋‘丁’。按該辭爲丙種 A 類字體,雖然該字不清晰,但其作方角還是很明顯的。而丙種 A 類的天干‘丁’字缺不作方形,所以釋‘丁’是没有理由的。”[3]此版又見於《國甲》86 及《中法》41,由《國甲》86 及《中法》41 實物圖版可知,蔣玉斌先生所言是正確的,[4]上述諸家釋文所謂的“丁”實爲“己”,此版釋文應爲“己卯卜,禘,令𢀠佳翌庚若”。

22. 合 22554

按:此版殘漶不清,《釋文》、《校釋》、《摹編》釋文均作“［甲］辰卜,即貞:翌乙［巳］咎于祖乙,其冓又［𠂤歲］羌十卯五宰”。《摹集》釋文爲“……丑卜,即貞:翌乙……咎于祖乙,其冓又……羌十卯五宰”。此版來源於粹 239,郭沫若先生釋文爲“［癸］丑卜,即貞:翌乙［卯］咎于祖乙,其□又□□羌十卯五宰”。[5] 李愛輝將此版與合 26914(粹540)綴合,[6]由其綴合來看,此版釋文應爲“癸丑卜,即貞:翌乙丑咎于祖乙,其冓又𠂤歲羌十卯五宰”。上述諸家釋文均不正確。

① 楊樹達:《積微居甲骨文説》,上海:上海古籍出版社 1986 年版,頁 77。

② 李鍾淑、葛英會:《北京大學珍藏甲骨文字》,上海:上海古籍出版社 2008 年版。簡稱“北大”。

③ 蔣玉斌:《殷墟子卜辭的整理與研究》,吉林大學博士學位論文(指導教師:林澐),2006 年,頁 104。

④ 據實物圖版蔣先生釋文中的“貞”字並不存在,蔣先生誤衍。

⑤ 郭沫若:《殷契粹編》,北京:科學出版社 1965 年版,頁 420。

⑥ 李愛輝:《甲骨拼合第 330 則》,中國社會科學院歷史研究所先秦史研究室網站 2016 年 1 月 5 日。

23. 合 22680

按：此版漫漶不清，《釋文》、《校釋》、《摹編》釋文均作"□□卜，旅貞贏不既羍，其翌秦自上甲，其告于丁。十月"。《摹集》釋文作"己巳……貞贏不既羍，其翌秦自上甲，其告于丁。十一月"。此版來源於海巴 9，[①]又見於《德瑞荷比所藏一些甲骨》191，[②]由海巴 9 及德瑞荷比 191 可知，此版《摹集》釋文正確，其餘諸家釋文均誤"十一月"爲"十月"。

24. 合 22876

按：此版殘泐不清，《釋文》、《校釋》、《摹編》釋文均作：

　　(1) 貞[王宎]叔[亡尤]。

　　(2) 壬寅卜，□貞：王宎卜壬翌亡尤。

　　(3) □□卜，□貞：[王]宎……翌亡尤。

《摹集》釋文爲：

　　(1) ……貞……叔……

　　(2) 壬寅卜，貞：王宎卜壬翌亡尤。

　　(3) ……翌……尤。

此版又見於合補 6979（東大 1205），由東大 1205 實物圖片來看，上述諸家釋文均不準確，此版釋文應爲：

　　(1) 丁……貞……叔[亡尤]。

　　(2) 壬寅卜，涿貞：王宎卜壬翌亡尤。

　　(3) 甲辰卜，涿[貞]：王宎……翌……尤。

《合補》釋文(3)辭誤"甲辰"爲"甲戌"。

25. 合 41546

按：此版爲摹本，《校釋》、《摹編》指出此版見於英藏 2309，覆核《英國所藏甲骨集》一書，英藏 2309 實與合 41545 同版，合 41546 見於《史語所購藏甲骨集》243，[③]《校釋》、《摹編》所言不確。此版有條卜辭《釋文》、《摹集》釋文均作"辛丑卜，王其……亡戋"。據史購 243 知合 41456 此條摹本誤"巳"爲"丑"，故此條釋文應爲"辛巳卜，王其……亡戋"。

---

① 饒宗頤：《海外甲骨錄遺》，《東方文化》第四卷第 2 期，1958 年。

② 雷煥章：《德瑞荷比所藏一些甲骨》，臺北：利民學社印 1997 年版。

③ 中研院歷史語言研究所：《史語所購藏甲骨集》，臺北：中研院歷史語言研究所 2010 年版，頁 66。

《新甲骨文編》(增訂本)
校訂二十一則 [*]

黎　楠　張文奇

（華東師範大學思勉人文高等研究院）
（華東師範大學中國語言文學系）

　　劉釗先生主編的《新甲骨文編》(增訂本)①(以下簡稱《新甲編》)一書是在 2009 年初版②的基礎上增補修訂而成的，比較全面地體現了甲骨文字整理和釋讀的最新成果。但是對於一部成於衆手、材料豐富的文字編來説，保持體例統一、内容精確往往是極大的挑戰，難免會有疏漏。現謹就發現的一些字形、著錄等方面的問題，擷録如下，以供《新甲編》使用者參考。

　　本文校訂説明如下：

　　1. 首先列出字頭，之後列出頁碼及字形，再進行具體分析。

　　2. 由於《附録》所録字形未識，故只列出編號。

　　3. 校訂按内容可分爲四類類：一是字形重複收録，二是字形組類有誤，三是字形出處有誤，四是編輯體例有誤。

＊　本文爲國家社科重大項目"出土古文獻語料庫建設研究"(項目編號：10&ZD118)和華東師範大學研究生科研創新實踐資助項目課題"殷墟非王卜辭圖文資料庫建設研究"的階段性成果。

①　劉釗主編：《新甲骨文編》(增訂本)，福州：福建人民出版社 2014 年版。

②　劉釗、洪颺、張新俊：《新甲骨文編》，福州：福建人民出版社 2009 年版。

一、由

　　《新甲編》第 65 頁收録的第 49、50 字形作“〓、〓”，構形相同，同屬賓組，均出自《合集》5447 乙，僅有字形大小的差别。

　　經核查原拓，該片僅有一個“由”字，作“〓”，《新甲編》重複收録，當删除其中一個。

二、登

　　《新甲編》第 87 頁“登”字收録的第 68 字形作“〓”，屬歷組，《新甲編》標注的出處爲《屯南》32653。

　　經核驗拓片，《屯南》並無此片，而《合集》32653 有“〓”。因此，《屯南》32653 當爲《合集》32653 之誤。

三、登與齀

　　《新甲編》第 87 頁“登”字收録的第 82 字形作“〓”，屬賓組，見於《合集》18033。此字形同時亦收録在第 160 頁“齀”字第 16 字形，出處、組類均相同。

　　因此，字形“〓”當是重複收録。由於“登”下有“〓”字形，故而應當删除“齀”下的字形。

四、逐

　　《新甲編》第 99 頁“逐”字第 44 個字形作“〓”，屬賓組，來源爲《合集》8256。該字形上半部分亦見於《新甲編》570 頁“衕”字，作“〓”，同屬賓組，來源同爲《合集》8256。

　　經核查原拓，《合集》8256 中偏旁爲鹿的僅有一字，“鹿”下依稀可以發現有“止”，故該字形當作“〓”，釋爲“逐”。因此，當删除字頭“衕”及其字形“〓”。

五、主

　　《新甲編》第 317 頁“主”字第 8 個字形作“〓”，屬花東子卜辭，來源爲《花東》248。

經核驗拓片，該片並無此字，但有"𧧅（祼）"字，可能是"祼"的偏旁之誤。因此，當刪除此字形或另尋出處。

六、覃

《新甲編》第 342 頁"覃"字第 1 個字形作"𝕎"，屬師賓間，來源爲《懷特》347。該字形作爲偏旁亦見於《新甲編》第 624 頁"潭"字作"𝕏"，屬賓組，來源同爲《懷特》347。

這裏有兩個問題：一是重複收錄問題，即原拓中《懷特》347 僅有一個"𝕎"，因此只應收錄一次。我們注意到，初版的《新甲骨文編》在"覃"下僅有一個花束甲骨的字形，增訂本新增了兩個字形，其中一個就是"𝕎"。因此作者很可能是將"𝕏"釋讀爲"覃……水"，應該刪除字頭"潭"及字形"𝕏"。

二是組類標注問題，即《懷特》347 這片甲骨上的字形組類應該相同。我們注意到初版的《新甲骨文編》596 頁的"潭"字的組類標注爲不確定，增訂本改爲賓組，而新增的字形"𝕎"則直接標注爲師賓間。由於師賓間的字體特徵處於師組和賓組之間，在具體認定上可能就會見仁見智，但同一片甲骨的字形組類應該相同，或均爲"賓組"，或均爲"師賓間"。

七、索

《新甲編》第 379 頁"索"字第 1 個字形作"𝕩"，屬師組，來源爲《合集》20306。

經核驗拓片，該片並無此字。可能是《合集》21306 之誤，不過《合集》21306 甲、乙兩片甲骨的"索"字，已經收錄在"索"字頭下的第 2、3 字形，故難知其源自何處。因此，當刪除此字形或另尋出處。

八、暈

《新甲編》第 402 頁"暈"字共收錄 12 個字形。但是第 11 字形之後、第 12 字形之前還有比較大的空白，正好容納一個甲骨字形。

根據《新甲編》的體例，此處應該缺失一個字形。

九、黍

　　《新甲編》第 435 頁"黍"字收録的第 31 字形作"❀"，見於《合集補編》6822，《新甲編》組類標注爲"子卜辭"。

　　經核驗，蔣玉斌《殷墟子卜辭的整理與研究》[①]一文將其定爲"丙種子卜辭"，即"子組卜辭"。根據《新甲編》的體例，一般是當具體的下位組類（如子組、午組）不確定時，才使用比較模糊的上位組類（如"子卜辭"）。因此該字形組類當改爲"子組"。

十、沈

　　《新甲編》第 630 頁收録"沈"字第 21 字形作"❀"，見於《合集》26907 正，屬何組。從字形看，是河裏有人，當爲"沉人"之"沉"的專字。

　　但《新甲編》却誤將"'沉人'之'沉'的專字"標到第 19 字形"❀"的下面，這明顯是"沉牛"之"沉"，應當改正。

十一、濩

　　《新甲編》第 638 頁收録"濩"字 2 個字形，分別是"❀、❀"，均出自《合集》28254，屬無名組。

　　經核查原拓，該片僅有一個"濩"字，字形比較模糊，作"❀"，即《新甲編》的第 2 個字形，第 1 個字形爲第二個字形的圖片翻白處理。因此《新甲編》重複收録，當删除其中一個。

十二、甹

　　《新甲編》第 674 頁"甹"字僅收録一個字形作"❀"，見於《英藏》360，屬賓組。此字形又重複收録於《新甲編·附録》第 1051 頁的第 1206 號。

---

① 蔣玉斌：《殷墟子卜辭的整理與研究》，吉林大學博士學位論文（指導教師：林澐），2006 年，頁 201。

"𢎞"字從"鹵"從"中",構形清晰,完全可以隸定爲"𢍜"字。因此,當删除附録中的第 1206 號字形。

十三、酉

《新甲編》第 835 頁"酉"字收録的第 38 字形作"𤰳",見於《合集》36489,屬黄組。

經細審拓片,該字其實應該是"酚",原字形作"𩰍",翻白後爲"𩰌",拓片上所從的"彡"旁依稀可見。這個問題初版已有,增訂本没有校對出來。因此應該將此字形從"酉"移到第 838 頁"酚"字下。

十四、附録 224 與 516

《新甲編》第 919 頁的第 0224 號第 6 字形作"𤰬",第 957 頁的第 0516 號第 1 字形作"𣏟",其出處爲《合集》4504 片的同一條卜辭。

理論上講,一片甲骨的一條卜辭應該同屬一個組類,但《新甲編》將"𤰬"標爲師賓間,"𣏟"標爲賓組。查考其他學者的分析,崎川隆《賓組甲骨文分類研究》[1]標爲師賓間類,故應當標爲師賓間。

十五、附 録 293

《新甲編·附録》第 928 頁第 0293 號字的第 1 字形作"𤰐",見於《花東》18,屬花東子卜辭。

雖然此片甲骨經過刮削,但細審拓片和照片,仍可發現此字右邊從"𠂤"不從"𠂤"。這一點趙偉的《〈殷墟花園莊東地甲骨·釋文〉校勘》[2]一文已經指出。因此,該字形有誤,當作"𤰐"。

① 崎川隆:《賓組甲骨文分類研究》,上海:上海人民出版社 2012 年版,頁 330。
② 趙偉:《〈殷墟花園莊東地甲骨·釋文〉校勘》,鄭州大學碩士學位論文(指導教師:王蘊智教授),2007 年,頁 9。

十六、附錄 555 與 1168

《新甲編》第 963 頁的第 0555 號第 1 字形作"⟨圖⟩"，第 1046 頁的第 1168 號第 1 字形作"⟨圖⟩"，同出於合集 21922 片，其中"⟨圖⟩"標爲圓體類子卜辭，"⟨圖⟩"標爲劣體類子卜辭。

看該片甲骨字形可知，整體刻寫比較拙劣，蔣玉斌①、楊郁彥②都標爲劣體類。因此，出自這片甲骨的字形應標爲"劣體類子卜辭"。

十七、附錄 777 與 1119

《新甲編》第 993 頁的 0777 號第 2 字形作"⟨圖⟩"，第 1040 頁的 1119 號第 1 字形作"⟨圖⟩"，同出於合集 19723 片。其中"⟨圖⟩"標爲師組，"⟨圖⟩"標爲賓組。而且該片僅可見一條卜辭，《甲骨文校釋總集》③的釋文是："丁酉卜，王⟨圖⟩。"

檢視拓片，除了清晰可見的一句卜辭外，其他都是殘損的筆畫，並沒有發現第二個⟨圖⟩字，而且拓片上該字字形更加接近"⟨圖⟩"，而非"⟨圖⟩"。因此，《新甲編》重複著錄該字，當刪除不準確的字形"⟨圖⟩"。

關於該片甲骨的組類，楊郁彥④標爲師小字類，崎川隆⑤標爲賓三類。從拓片字體風格來看，比較符合賓三類的特徵，因此我們認爲崎川隆標注的賓組較爲可取。

十八、附 錄 999

《新甲編》第 1023 頁的第 999 號共收錄了兩個字形"⟨圖⟩"與"⟨圖⟩"，同出於合集 31822 片，其中"⟨圖⟩"標注爲何組，殘缺的"⟨圖⟩"字標注爲無名組。

---

① 蔣玉斌：《殷墟子卜辭的整理與研究》，頁 118。
② 楊郁彥：《甲骨文合集分組分類總表》，臺北：藝文印書館 2005 年版，頁 290。
③ 曹錦炎、沈建華：《甲骨文校釋總集》，上海：上海辭書出版社 2006 年版，頁 2273。
④ 楊郁彥：《甲骨文合集分組分類總表》，頁 261。
⑤ 崎川隆：《賓組甲骨文分類研究》，頁 768。

《甲骨文校釋總集》①把殘缺的""釋爲"疒",這樣就是把""與""解釋爲兩個不同的字,而《新甲編》是作爲一個字進行處理的。因爲字形有殘缺,無法準確地判斷兩者是否爲一個字。但從殘缺的筆畫及構形來看,應該是同一個字,也就是説,兩條卜辭是有聯繫的。

關於組類標注,楊郁彥②的標注爲無名組。但是看"貞"字寫法,與何組"貞"的寫法很是相似,因此標爲何組應該較爲合理。

十九、附　錄　1071

《新甲編》第 1034 頁的 1071 號收録了合集 33208 片的兩個字形""與"",其中""標爲師組,""標爲賓組。

從辭例看,該片卜辭的前四條只有干支和"東西南北"的差別,其他應該都是一樣的。而且字體風格比較類似,應該是同一人所刻,也應該是同一個組類。因此""與""完全就是一個字,只是刻寫方面有一些差異,畢竟很難刻出兩個絶對一樣的字形。

關於此片甲骨的組類標注,黄天樹③、楊郁彥④認爲是屮類,吳振武⑤認爲是師組大字類。因此,我們認爲標爲師組比較可取。

二十、附録 191、500、951 與 1216

《新甲編》第 914 頁的第 0191 號字標爲師組,第 955 頁的第 0500 號字標爲師組,第 1016 頁的第 0951 號共收録了與兩個字形,均標爲午組,第 1052 頁的 1216 號共收録了兩個字形與,又同標爲師組。以上列舉的六個字形,出處都爲合集 22507 片。

---

① 曹錦炎、沈建華:《甲骨文校釋總集》,頁 3533。

② 楊郁彥:《甲骨文合集分組分類總表》,頁 420。

③ 黄天樹:《殷墟王卜辭的分類與斷代》,北京:科學出版社 2007 年版,頁 29。

④ 楊郁彥:《甲骨文合集分組分類總表》,頁 438。

⑤ 吳振武:《〈合〉33208 號卜辭的文字學解釋》,《史學集刊》2000 年第 1 期。

　　關於此片甲骨的組類,楊郁彦[1]標爲圓體類。但從整體的風格看比較類似師組,
![img]的手部有折角,類似師歷間組,![img]的寫法則與花東和子組卜辭類似,字形大而潦
草,有的很類似習刻。因此,此片甲骨的分組分類就比較棘手,還需要再研究。

二十一、妣　與　且

　　《新甲編》合文中,將"匕"徑釋爲"妣",作"妣乙"、"妣丁"、"妣己"、"妣壬"、"妣丙"
等,却不將"且"也徑釋爲"祖",依舊作"且甲"、"且辛"、"且庚"、"武且乙"、"高且乙"等
處理。這是釋讀的不統一。

　　我們認爲,文字編的體例應該保持統一,或作"妣某""祖某",或作"匕某""且某"。

　　本文寫作過程中,得到了劉志基教授和陳健博士的支持與幫助,謹表感謝。

---

① 楊郁彦:《甲骨文合集分組分類總表》,頁 297。

《甲骨年表》校記[*]

鄧章應

（西南大學漢語言文獻研究所）

　　董作賓先生 1930 年編撰的《甲骨年表：關於甲骨文字三十年來發現研究的總記》將甲骨學史上發生的大事及重要著述按年編排，開創了一種甲骨學史新寫法。[①] 後董作賓、胡厚宣增訂重編，1937 年 4 月作爲中研院歷史語言研究所單刊乙種出版，不僅收錄時間延續至 1936 年 8 月，而且内容也有修訂完善。[②]

　　董作賓、胡厚宣 1937 年《甲骨年表》（以下簡稱《年表》）和董作賓、黄然偉 1965 年續補之《續甲骨年表》[③]被譽爲"全景式地展現了 60 多年來甲骨學研究的發展，對甲骨學史的研究很有價值"。[④] 其後引用者衆，特別是《年表》，因提供了早期甲骨學史實，被廣泛引用。細讀該書，發現其中有一些微小瑕疵，且後來學者未予辨別，直接引用或依此立論，導致錯誤擴散或產生新的錯誤。故作此校記，以方便學者更好地使用《年表》。

　　《年表》1977 年又收入《董作賓先生全集乙編》第 6 册，由臺北藝文印書館出版，但兩者内容一致，惟 1977 年版將原單面印的綫裝版改成雙面印的現代精裝版，相應地，原表示兩面一頁的頁碼替換成按頁編號的頁碼。本文所標爲 1977 年版本頁碼。體

---

* 本文受國家社科重大項目"漢字發展通史"（項目批准號：11&ZD126）、中央高校基本科研業務費團隊項目"文字學"（項目批准號：SWU1709128）資助。初稿曾請西南大學漢語言文獻研究所李發博士、鄧飛博士指正。謹此致謝。

① 董作賓：《甲骨年表：關於甲骨文字三十年來發現研究的總記》，《中研院歷史語言研究所集刊》第 2 本第 2 分，1930 年。收錄時間起於 1899 年，止於 1930 年。

② 董作賓、胡厚宣：《甲骨年表》，上海：商務印書館 1937 年版。

③ 董作賓、黄然偉：《續甲骨年表》，臺北：中研院歷史語言研究所 1967 年版。

④ 王宇信、楊升南等：《甲骨學一百年》，北京：社會科學文獻出版社 1999 年版，頁 393。

例是先出頁碼和年份,再出原論著編號和原文,加按語進行校訂。

1. 頁 32—33:1922 年:(六四)二月,抗父所著《殷虚文字之發現與研究》一文出版,刊《東方雜志》第十九卷第三號(上海商務印書館發行,每册定價洋一角二分五)《最近二十年間中國舊學之進步》一文中。又見《東方文庫》第七十一種《考古學零簡》。

按:署名爲"抗父"(引者注:"抗父"爲樊炳清的字)的《最近二十年間中國舊學之進步》文章分作兩節,一爲《古器物古書籍之發現》,一爲《新研究之進步》,文中並無《殷虚文字之發現與研究》之類小標題。

對比《年表》(二九〇)條"四月,曹銓所作《殷商甲骨刻文考》一文出版,刊《國專月刊》第一卷第二號《挈古廎金石題跋》一文中"。查《挈古廎金石題跋》,其中第一個小標題即爲《殷商甲骨刻文考》。

《最近二十年間中國舊學之進步》第一节《古器物古書籍之發現》稱:"而近二十年,尤爲古物出世之黄金時代。數其最大者:則如殷虚之甲骨文字,敦煌及西域諸城之漢晋木簡,敦煌千佛洞之六朝唐人所書古籍,内閣大庫之宋元刊本並明以後史料。"後又分别説之,第一條爲"殷商文字"。第二節《新研究之進步》也分析了研究甲骨文的著作。《年表》將文中關於甲骨文的内容概括爲《殷虚文字之發現與研究》。但這個題名與曹銓之《挈古廎金石題跋》文中《殷商甲骨刻文考》標題有所不同,不是一篇完整的獨立文章,而是《年表》根據内容歸納的一個題名,在此特作説明。

2. 頁 34:1923 年:(六八)八月,趙華煦所作《金石骨甲古文學及文字形體之發明》一文出版。刊《國學叢刊》第一卷第二期。

按:趙華煦先生文章題名爲《金石骨甲古文學與文字形體之發明》,將"與"誤成"及"。

3. 頁 35:1923 年:(七〇)同月(引者注:指 12 月),歷城陸懋德泳沂《甲骨文之歷史及其價值》講稿出版,刊十二年十二月二十五日北京《晨報副刊》。

按:《甲骨文之歷史及其價值》是陸懋德先生在清華學校所作演講,後登在《清華週刊》1923 年 12 月 21 日第 299 期,副標題爲"在本校華員公會演講"。後來才登在《晨報副刊》1923 年 12 月 25 日第 326 號,副標題爲"在清華學校華洋公會的演講",當以"華員公會"爲正確名稱,《清華週刊》1926 年第 25 卷第 16 期登載《華員公會:"華員公會"改爲"清華教職員公會"》一文,文中稱:"本校最初,美國教員甚多,彼等即組織一會,名爲American Teatchers Club,會務極須發達。繼後本國教職員漸漸增加,睹我清華外人倒有知此隆盛團體,而我反無之,殊覺相形不如,於是乃有'華員公會'之組織。"

《年表》只著録了《晨報副報》,而未著録更早的《清華週刊》,可補充。

4. 頁 35:1923 年:(七二)涇縣胡韞玉樸安著《甲文》一篇,見所著《文字學研究法》(《國學彙編》第一集本)。

按：胡樸安先生《文字學研究法》最早連載於《國學週刊》1923 年 5 月 9 日第 1 期
至 1925 年 2 月 25 日第 78 期。其中分《總論》、《古今文字學著作提要》兩節，第二節
《古今文字學著作提要》中提到了甲骨文情況及研究甲骨文的論著，刊於 1923 年 9 月
12 日第 19 期。但並未單獨標出《甲文》標題。

《國學彙編》是《國學週刊》每半年 26 期的合成彙編。僅編 1923、1924 兩年，每年
1 集，第一集有 4 册(第 1 期至第 26 期)，第 2 集 4 册(第 27 期至第 52 期)，共計 8 册。
胡樸安《文字學研究法》關於甲骨文部分的内容載於第一集第 1 册第二十六頁第二面
和第二十七頁兩面。《國學週刊》出版時間更早，《年表》可補出《國學週刊》出處。

5. 頁 35：1924 年：(七三)三月，東莞容庚希白著《甲骨文之發現及其考釋》一文，
刊《國學季刊》第一卷第四期。

按：容庚先生文章題名爲《甲骨文字之發現及其考釋》，"文"後脱"字"，發表在《國
學季刊》1923 年 12 月第 1 卷第 4 號上。當時容庚先生在北京大學國學研究所做研究
生。據《頌齋自訂年譜》，《甲骨文字之發現及其考釋》是 1923 年 1 月所作。[1]《顧頡剛
日記》7 月 21 日："校《甲骨文字之發見及其考釋》畢，即發出。"[2]顧頡剛時任北大研究
所國學門秘書。

6. 頁 38—39：1925 年：(八四)九月，王國維所講《殷虛甲骨文字及書目》演說稿
出版，刊《學衡》四十五期《最近二三十年中中國新發現之學問》一文中。

王國維先生文章《最近二三十年中中國新發現之學問》原是在清華的演講，先發
表在《清華週刊》第 350 期，署"王國維演講"。這一期的《編輯余談》中談到："王靜安
先生關於新發現之學問的講稿(係爲暑期學生會講的)，登在新清華的第一期新週刊
裏，實恰逢其時。"文中"將此二三十年發現之材料並學者研究之結果分五項説之"，第
一項即爲"殷虛甲骨文字"。後來這篇演説又登載在 1925 年 9 月《學衡》第 45 期上，但
内容更詳細，還加了雙行小注。文後有説明"按此篇原係王國維先生在北京清華學校
爲暑期學生演講之底稿。文中雙行小注，皆是日在場聽講之某君所增入。本志編者
識"。與《清華週刊》文章所不同者，文後有"附陳列書籍目録"，下有小字説明："此王
君演講日陳列各書目録。因供讀者求書之便，附録於後，並加注售書處及價目，以便
參考。"第一爲"甲骨類"。此文後來還刊登在《科學》1926 年 6 月 20 日第 11 卷第 6 期
上，内容與《學衡》版本一致，只是改爲横排。

---

[1] 容庚：《頌齋自訂年譜》，曾憲通編：《容庚文集》，廣州：中山大學出版社 2004 年版。
[2] 顧頡剛：《顧頡剛日記》(第一卷)，臺北：聯經出版社 1996 年版，頁 493。

由此可知,《殷虛甲骨文字及書目》不是原演講稿中某一節的標題,而是《年表》歸納的題名。但此後學者徑引作《殷虛甲骨文字及書目》,如吳浩坤、潘悠(1985)《中國甲骨學史》:"1925 年有王國維的《殷虛甲骨文字及書目》。"[①]王宇信、楊升南(1999)《甲骨學一百年》:"王國維《殷墟(虛)甲骨文字及書目》(《學衡》第 45 期,1925 年)。"[②]

7. 頁 44:1928 年:(一〇六)五月,和縣丁山丁山著《殷契亡尤説》一文,刊《國立中央研究歷史語言研究所集刊》第一本第一分。

按:丁山先生文章題名爲《殷契亡**文**説》,雖然丁文觀點認爲甲骨文中的"無**文**"即《易經》中的"無尤"。另外"丁山丁山"之前一"丁山"或應作丁山先生之原名"丁增熙",因爲根據《年表》之《編纂略例》,"撰人之籍貫別號,均於第一見時注明。不知者闕之"。但丁山先生長期以字行世,也可能當删一"丁山"。

8. 頁 45:1928 年:(一一一)十一月,聞宥所作《甲骨文之過去與將來》一文出版。刊《民鐸雜志》第九卷第五號。

按:聞宥先生文章題名爲《甲骨學之過去與將來》,將"甲骨學"誤作"甲骨文"。在《年表》所附《甲骨文論著分類索引》(五)論述(1)專論類仍作《甲骨文之過去與將來》,《年表》所附《甲骨文論著撰人索引》聞宥名下仍作這一錯誤名稱。凡《年表》正文中將題名寫錯,在所附《甲骨文論著分類索引》和《甲骨文論著撰人索引》一般也寫錯,如不再單獨説明,則説明在附錄中索引仍然有錯。

董作賓先生 1930 年《甲骨年表:關於甲骨文字三十年來發現研究的總記》:"(1928 年)又作《甲骨學之過去與將來》一文,載《民鐸》九卷五號。"題名無誤。

9. 頁 51:1929 年:(一三五)程憬所作《商民族的經濟生活之推測》一文出版,刊《新月》第二卷第六期。

按:程憬先生所作《商民族的經濟生活之推測》刊於《新月》第一卷第四號,出版於 1928 年 6 月 10 日。文末署寫作日期:"一九二八年五月。"《年表》誤繫於 1929 年。

10. 頁 51:1930 年:(一三六)一月,聊城傅斯年孟真撰《國立"中研院"歷史語言所發掘安陽殷虛之經過》一文,本年三月排印單行本,又刊《安陽發掘報告》第二期。

按:刊於《安陽發掘報告》第二期上題名爲《本所發掘殷墟之經過》。

11. 頁 53:1930 年:(一四二)四月,葉玉森所著《芝加哥博物館殷契攝影記》一文出版,刊《中山大學語言歷史學研究所週刊》第十一集一二五至一二八期合刊《文字專號》。

[①] 吳浩坤、潘悠:《中國甲骨學史》,上海:上海人民出版社 2006 年版,頁 3。

[②] 王宇信、楊升南等:《甲骨學一百年》,頁 391。

按：葉玉森先生文章題名爲《芝加哥博物院殷契攝影記》，將"院"誤成"館"字。董作賓先生 1930 年《甲骨年表：關於甲骨文字三十年來發現研究的總記》："葉玉森作《芝加哥博物院殷契攝影記》一篇。"題名無誤。

12. 頁 53：1930 年：（一四三）同月，聞宥所著《甲骨文乂文之研究》一文出版。

按：聞宥先生文章題名爲《甲骨文字中×文之研究》，"文"後脱"字"，另"乂"當爲"×"，文中所談爲甲骨文中恒見之×形符號，認爲一表文理，一爲文飾。文飾節後稱："上爲拙著《甲骨文字之紋樣》中之一節。全書屬稿於去歲之二月，以時方得葉君荔漁書，示以論組織之大概，既深佩其精美，思更有所以廣之者，遂別創義例，定爲兹篇。"而非"乂"字。

董作賓先生 1930 年《甲骨年表：關於甲骨文字三十年來發現研究的總記》："聞宥作《甲骨文中×文之研究》一篇"，"×文"正確，但題名中脱"字"字。

13. 頁 58—59：1931 年：（一六八）同月（引者注：指五月），吳縣瞿潤緡子陵所著《骨卜考》一文出版，刊《燕大月刊》第八卷第一期。

按：《燕大月刊》應爲《燕京月刊》。《燕大月刊》於 1927 年創刊於北平，由燕京大學燕大月刊社（後改月刊部）編輯發行，至 1934 年 5 月 12 日停刊。但 1931 年《燕大月刊》改名《燕京月刊》，卷號仍連續，1932 年《燕京月刊》又改回《燕大月刊》。

《骨卜考》文末署寫作時間"二十，四，二八"。按照《年表》之《編纂略例》"撰著排列，以成稿之年月爲准"，則這篇文章應著録爲四月。

14. 頁 61：1931 年：（一八一）周予同所著《關於甲骨學》一文出版，刊《中學生》（上海開明書店發行），又開明書店《活頁文選》本。

按：《年表》將這篇文章繫於 1931 年，刊於《中學生》雜志，但未注明刊期。實際上這篇文章 1930 年刊於《學生雜志》第 17 卷第 2 號"文哲講座"欄目，題名作《關於"甲骨學"》，文末署寫作日期"一九三〇，一，十一"。

15. 頁 62：1932 年：（一八四）三月，商承祚作《殷商無四時考》一文，刊《清華週刊》第三十七卷九、十號刊《文史專號》）。

按：商承祚先生文章題名爲《殷商無四時説》，將"説"誤成"考"字。

16. 頁 70：1933 年（二二〇）六月，永嘉劉節子植所作《評卜辭通纂》一文出版，刊《燕京學報》第十三期（北京燕京大學燕京學報社出版，每册定價洋一元五角）學術消息欄。

按：《燕京學報》第十三期《二十二年（一月至六月）國內學術界消息》分爲（甲）學術機關消息和（乙）出版界消息。其中出版界消息第一條爲郭沫若所著《卜辭通纂考釋》。該文介紹了該書情況，簡介其成就，也做了一些補正與批評。文末括弧注明

"松"，應爲作者劉節先生的號"青松"的簡稱。

17. 頁 71：1933 年：（二二四）同月，陳準所著《殷契書目録》一文出版，刊《圖書館學術季刊》第七卷第二號。二十三年又刊《甌風雜志》第一、六、七期。

按：陳準先生《殷契書目録》，原刊《圖書館學術季刊》第六卷第一期，出版於 1932 年 3 月。《年表》誤繫於 1933 年。

18. 頁 75：1933 年：（二三六）十二月，吳其昌所著《殷卜辭所見先公先王三續考》一文出版，刊《燕京學報》第十四期。

按：吳其昌先生文章題名爲《卜辭所見先公先王三續考》，衍"殷"字。

19. 頁 59：1934 年：（二五二）四月，戴家祥所作《評龜甲文字概論》一文出版，刊本年天津《大公報圖書副刊》第 21 期。

按：戴家祥先生文章題名爲《龜甲文字概論》，衍一"評"字。

20. 頁 82：1934 年：（二六六）同月（引者注：指九月），戴家祥所作《評甲骨學文字編》一文出版，刊《圖書季刊》第三期。

按：戴家祥文章題名爲《甲骨學文字編》，最初發表於《大公報圖書副刊》1934 年 8 月 4 日第 38 期，又發表於《出版週刊》1934 年 8 月新 19 號，題名爲《甲骨學——文字編》，文末注："録八月四日大公報。"又發表於《圖書季刊》1934 年 9 月第 1 卷第 3 期"新書介紹"欄目的書籍介紹，題名爲"甲骨學"，下有雙行小字"文字編 醴陵 芳圃著 民國二十三年三月 商務印書館出版 定價大洋二元五角"。

21. 頁 86：1935 年：（二八六）同月，鄭師許所作《我國甲骨學發現史》一文出版，刊《文學期刊》。

按：鄭師許先生文章題名爲《我國甲骨學發展史》，"發展"誤成"發現"。

22. 頁 95：1936 年：（三二四）同月（引者注：指四月），孫海波所著《甲金文中説文之逸文》一文出版，刊《師大月刊》第二十六號。

按：孫海波先生文章題名爲《甲金文中所見説文之逸文》，脱"所見"二字。

另外，《年表》收録内容迄於 1936 年 8 月，而黄偉然續補的《續甲骨年表》起於 1937 年 1 月，其中有 4 個月空檔。如《年表》"（三一五）許敬參著《契文卜王釋例》"，當時"未印行，目見本年六月出版之《考古社刊》第二期"。後來這篇文章發表於《河南博物館館刊》1936 年第 4 期（1936 年 10 月出版）、第 5 期（1936 年 12 月出版）。[①] 這些内容可以補充。

---

① 董作賓、黄然偉（1967：5）《續甲骨年表》誤將這篇文章繫於 1937 年，且未注明發表於《河南博物館館刊》哪一期。

　　後來甲骨學史研究論著,多參考徵引《年表》,並以此立説。如過去認爲周予同1930 年發表的《關於"甲骨學"》首次提出"甲骨學"名稱,但實際上聞宥先生在 1928 年發表的《甲骨學之過去與將來》就已提出。因《年表》將"甲骨學"誤作"甲骨文",後來學者研究未加審視,致有此誤。

一位早期的英國甲骨學者

——庫壽齡傳

Mrs. Couling 著　郅曉娜譯

（中國社會科學院歷史研究所，
出土文獻與中國古代文明研究協同創新中心）

譯者前言：英國浸禮會傳教士庫壽齡先生(1859—1922)因和美國長老會傳教士方法斂先生一起合購甲骨而聞名於甲骨學界。他於 1884 年受英國浸禮會派遣來到山東青州傳教，1887 年開始管理一所寄宿學校，即廣德書院。1904 年廣德書院與登州文會館合并，在濰縣成立廣文學堂，庫壽齡也隨之搬到濰縣任教。1906 年他被調到青州神學院任教，1908 年辭去教會職務，搬到上海居住，1922 年在上海病逝。庫壽齡從 1903 年開始關注甲骨，1903—1912 年和方法斂一起合購甲骨，先後轉讓給英美多家博物館。1914 年他發表了一篇有關甲骨的論文《河南之卜骨》。庫壽齡最主要的學術活動，是他主編了《亞洲文會北中國支會會刊》(1913、1914、1915 三期)、《中國百科全書》(1917)和《新中國評論》(1919—1922)，以及和蘭寧合著《上海志(2 卷)》(1921、1923)，在漢學界產生了很大影響。《中國百科全書》更是榮獲了法國漢學家獎"儒蓮獎"。本文翻譯的是庫壽齡去世後由他夫人撰寫的簡短傳記(訃告)。這篇小傳發表在 1922 年《亞洲文會北中國支會會刊》上，同年又發在《新中國評論》第四卷第六期(也是最後一期)上。译文中的注釋爲筆者所加。筆者翻譯水平有限，而英文原文又比較難找，故而附列於後，以便學者對讀。

訃告　庫壽齡碩士

庫壽齡(Samuel Couling)1859 年生於倫敦，是家中最小的孩子。父親是一位不信奉英國國教的新教牧師,雖然富有學術品味,但由於家庭拮据,無力給予孩子很多早期優勢。年輕人在十五六歲的時候進了一家保險公司,兩三年後應父親的召喚進了布里斯托浸會學院。他在這個學院修了五年神學課程,同時又在布里斯托大學學院(即今之布里斯托大學)修藝術課程。正是在浸會學院,他第一次對中國差會工作產生了興趣。

1883 年 1 月,庫壽齡成爲德文郡托特尼斯鎮的浸會教堂牧師,1884 年 6 月結束了短暫而愉快的牧師生活,因爲此時英國浸禮會正在招聘 14 名到中國傳教的志願者。這位年輕的牧師報了名並被録取。他的教民們遺憾地承認了差會工作的優先需求,學著把他視爲他們在異教地區的代表,並把他的名字終生記録在教堂名册上。

他於 1884 年 12 月到達中國,被分到山東青州府。經過一段時間的語言學習,他開始負責一所新建的寄宿學校。男學生們都是從基督教徒家庭挑選的孩子,所有課程用漢語教學,不用英語,早期教育的情況就是這樣。[①]

他很快意識到,出於工作的需要和他個人的意願,他需要一個學位。他充分利用了工作和研究之余的全部時間,並利用兩次休假時間做好必要的準備,最終於 1902年在愛丁堡獲得文科碩士學位。在教學大綱允許的範圍内,他選擇了有利於他在中國工作的專業,同時他也爲理學學士學位和法律學士學位做了很多努力,並希望在第三次休假期間考取其中一個或兩個。然而,實際情況阻止了一切。大約在 1904 年,差會的教育政策發生了重大改變,而他並不贊賞這種變化;在新環境下工作了兩三年,他做出了明智的選擇——辭職。也正是這一時期,他兩次被邀到山西大學任校長,但他以想繼續留在差會爲由拒絶了。1908 年他最終決定從浸禮會辭職,這成了他一生最大的悲哀之一。[②]

---

① 庫壽齡在青州負責的這所學校就是有名的"廣德書院"。這所男生寄宿學校開辦於 1887 年,當年只招收了 16 名學生,學校主要負責人是庫壽齡。1893 年學校得到百年基金(Centenary Fund)的捐款得以擴建,新校舍於次年完工,取名"廣德書院"。廣德書院自建立到 1904 年與登州文會館合并,一直由庫壽齡負責,庫壽齡將自己的絶大部分精力都用在了經營和發展這所學校上面。參看于洪振:《從登州到濟南——齊魯大學校園空間變遷及其影響》,山東大學碩士學位論文,2018 年 5 月,頁 13—14。

② 這裏所説的差會教育政策的重大改變,指的是英國浸禮會和美國長老會聯合辦學這一重大決定。根據《美國長老會海外傳教團第 68 次年報》記載:1902 年 6 月,英國浸禮會和美國長老會在青州舉行聯席會議,商討兩國教會在山東聯合舉辦教育事宜,通過了《聯合舉辦山東基督教大學的決議》。經過兩年的商談,1904 年 1 月雙方共同簽署了《教育工作聯合準則》,最終決定聯合建立山東基督教大學。山東基督教大學包括三個學院,即文理學院、神學院、醫學院。文理學院設在濰縣,是將登州文會館和青州廣德書院搬到濰縣共同組建而成。神學院設在青州,醫學院最終設在濟南。參看 *68th Annual Report* （轉下頁）

　　然後他搬到上海，在一個名門家庭做了幾年家庭教師。[①] 1914—1916 年他是亞洲文會北中國支會的榮譽秘書，也是會刊主編。[②] 這一時期，他感到亞洲文會圖書館或其他圖書館都缺少有關中國事物的一般參考書，遂開始爲編纂這樣一部書而收集資料。1917 年他出版了《中國百科全書》，該書於 1919 年榮獲儒蓮獎。該書《前言》寫到："這是一個基本框架，在此基礎上可以編纂一部更全面、更有價值的百科全書"，編

（接上頁）*of the Board of Foreign Missions of the Presbyterian Church in the U.S.A.* Presented to the General Assembly, May 1905, p.124‐141. 對英國浸禮會和美國長老會聯合辦校的決議，庫壽齡一直持反對意見。但迫於形勢，他只得接受。1904 年 10 月，文理學院正式開課，取名廣文學堂（後稱廣文大學），庫壽齡也從青州搬到濰縣。新學校的校長是原登州文會館校長柏爾根，庫壽齡只是普通教員。辛苦經營近 20 年的書院被美國長老會接管，庫壽齡對此非常不滿，加之與柏爾根在教學理念和管理方法上的諸多分歧，於 1906 年向浸禮會總部提交辭呈。浸禮會極力挽留他，將他調往青州神學院繼續工作。1908 年他再度提出辭職並獲得批准。參看于洪振：《從登州到濟南——齊魯大學校園空間變遷及其影響》，頁 23—26。

①　這裏的信息較爲簡略，筆者查到其他一些資料予以補充。1908 年庫壽齡搬到上海後，也是幾經周折，并經歷了一段從上海到倫敦、再到上海的過程。根據《亞洲文會北中國支會會刊》記載的會員地址，庫壽齡 1909 年居住在上海 Boone Road（文監師路）44 號，1910 年居住在上海 Avenue Paul Brunat（寶昌路）328 號，1911 年居住在上海廣學會（Christian Literature Society）。參看 *Journal of the North-China Branch of the Royal Asiatic Society*, Vol.39(1908), Vol.40(1909), Vol.41(1910)。而根據方法斂 1910 年 5 月 7 日致金璋的書信記載，1910 年 5 月庫氏已經到達倫敦，并在那裏做家庭教師。他買下了庫方藏品中方法斂的那部分，準備做甲骨研究。方法斂寫道："庫先生現在是那家（筆者注：信中提到的 Mr. Geo McCain）的家庭教師。地址是 Rev. S. Couling Little Marlowe，我想應該在倫敦西邊。他答應過我要盡快去拜訪您。庫先生買下了我們提供給卡内基博物院的那批藏品中屬於我的那部分，卡内基一直沒有答復我們。因此，在庫先生的誠摯要求下，我把我的那部分讓給了他。庫先生想做甲骨方面的研究，這對學界可能大有助益，因爲他既精通漢語，又有學術頭腦。庫先生性格怪異，但興趣很廣。我們兩人性格差異較大，却是非常要好的朋友。請原諒我的自信！我在上海時曾向他提過我在甲骨上所做的瑣碎工作。應他的要求，我把《甲骨字表》早期的手稿（1—1200 號）給了他。"然而，庫氏並未在倫敦常駐，也没有專注於甲骨研究。他把甲骨藏品轉讓給大英博物院，之後又返回上海，開始涉足亞洲文會北中國支會的各項工作。

②　根據《亞洲文會北中國支會會刊》記載，1911 年庫壽齡當選爲亞洲文會北中國支會的委員會成員，1914—1916 年擔任學會秘書和會刊編輯。1914 年 2 月 20 日，他在支會會議上宣讀一篇有關甲骨的論文《河南之卜骨》，并刊登在當年的會刊上。參看 Journal of the North-China Branch of the Royal Asiatic Society, Vol.42(1911), Vol.43(1912), Vol.44(1913), Vol.45(1914). 鄒芙都教授曾對這篇論文的内容進行過詳細介紹。參看鄒芙都：《西方傳教士與中國甲骨學》，北京：科學出版社 2015 年版，頁 117—121。

者也一直希望能出版第二版,爲此他手中有足够的資料可用。[1]

　　1919 年,儘管身體狀況不佳,他接受了上海(倫敦傳教會)麥倫書院代理校長一職,並很高興能回到差會工作。但到年底的時候,一場大病迫使他辭職。同年他開始主編《新中國評論》。[2]

　　1920 年,他接受了上海市政委員會的邀請,繼續編纂因 George Lanning 先生去世而未完成的 3 卷本《上海志》。不幸的是,庫壽齡去世之前只完成了第二卷。[3] 他於 1922 年 6 月 15 日在上海去世,享年 62 歲。

　　1894 年他成爲亞洲文會北中國支會的會員,并代表學會參加了 1910 年格拉兹舉辦的"國際動物學大會"。正如前面説過的,他擔任了幾年支會秘書和會刊主編。1918 年他成爲支會的榮譽會員,去世之前他還是支會的一名副主席。

　　他生性不善社交,不喜言談。這些特徵,又因爲稀少而令人痛苦的疾病——食管憩室——而愈加明顯,這個多年來不斷加重的痛苦,最終結束了他的生命。因此,他在社會意義上並不廣爲人知,但他晚年最大的快樂之一,就是諸多領域里博學慷

---

① 《中國百科全書》是庫壽齡漢學研究的代表作。該書由上海別發洋行出版,共 633 頁,是首部用英文撰寫的此類著作,一直被來自世界各地的漢學家廣泛參引。正是這部《中國百科全書》,爲庫壽齡贏得了 1919 年度的"儒蓮獎"。儒蓮獎是法蘭西科學院爲紀念著名漢學家儒蓮而設,代表歐洲主流漢學界的評價標準。獲得"儒蓮獎",無疑是對庫壽齡此書的最好褒獎,也是對其漢學研究生涯的充分肯定。參看王國强:《〈新中國評論〉出版前言》,《新中國評論(The New China Review 1919—1922)》,北京:國家圖書館出版社 2012 年版。

② 《新中國評論》創刊於 1919 年 3 月,1922 年 12 月停刊。雙月刊,一年 6 期合爲 1 卷,共 4 卷 24 期。庫壽齡創辦《新中國評論》,主要是爲了賡續英國漢學的代表刊物《中國評論》。《新中國評論》的作者以在華傳教士爲主,輔以任職於西方在華各種機構的歐美僑民,部分來自歐洲本土的學院派人士,以及少數中國學者。2012 年國家圖書館對這套書進行了影印出版,王國强在《〈新中國評論〉出版前言》中對它的創刊緣起、作者群體、重要影响、研究价值等進行了綜合研究。庫壽齡十分重視甲骨研究,《新中國評論》第 1 卷第 2 期和第 3 期刊登了金璋的論文 Working The Oracle(上、下),第 2 卷第 5 期刊登了金璋的論文 The Shaman or Wu 巫:A Study in Graphic Camouflage,第 2 卷第 3 期卷首刊登了金璋的照片。

③ 《上海志》是用英文資料寫成的第一部翔實記載 19 世紀上海租界歷史的著作,主要資料來源於工部局檔案,《北華捷報》等報紙,還有時人記載。由於資料翔實,結構嚴謹,被學者評爲"一部態度嚴肅、有很高學術價值的著作"。參看王國强:《〈新中國評論〉出版前言》。

慨的人們給與他的友誼，幫助他完成了《中國百科全書》，並使《新中國評論》成爲可能。

　　總是謙虛於自己的能力和成就，他最新的願望之一——多次重複的——就是希望他身後沒有悼詞，這個願望他的朋友們都感到應該尊重。然而，可以這樣說，他對身體虛弱的頑强抵抗和只要有一絲力量就堅持工作的決心，經常使認識他的人聯想到羅伯特·路易斯·史蒂文森，兩人在容貌上也有幾分相似。

　　卷首插圖的那張肖像畫，大約攝於 1911 年，是他的朋友們最願意記住的他的形象——是最後幾年身體的痛苦在他身上刻下痕迹之前的一張照片。

　　大多數人都將記住他是《中國百科全書》多才多藝的編纂者，漢學家們將會記住他是《新中國評論》大膽的編輯，但他最美好的記憶是他樸素的、認真的教育和指導過的一些中國人的性格和生活，這是他一生中最好的時光，是在山東内地一座沉睡的甜美老城裏度過的 20 多年時光。

　　他身後留有遺孀（應他的願望，這篇短文由他妻子撰寫）和一兒一女。

OBITUARY　Samuel Couling，M.A.（壽齡庫）[1]

Samuel Couling was born in London in 1859, the youngest child of a Nonconformist minister who, though of scholarly tastes, could not give his children many early advantages, through straitened circumstances. The lad was put into an Insurance Office at fifteen or sixteen; but after two or three years, having decided to follow his father's calling, he was entered at Bristol Baptist College. Here he took a five years' Divinity course, with Arts classes at Bristol University College (now Bristol University); here too, he first became interested in Mission work in China.

In January, 1883, he became minister of the Baptist Church at Totnes, Devon. His brief but happy ministry there came to an end in June, 1884, owing to the fact that the Baptist Missionary Society had asked for fourteen volunteers for China. The young minister offered himself and was accepted: his people regretfully acknowledged the prior claims of the Mission field, learned to regard him as their representative in *partibus infidelium*, and lovingly kept his name on the church roll

---

[1]　此爲英語原文，摘自 *New China Review*，Vol.4，No.6，De.1922，pp.522-524.庫壽齡的肖像照就印在卷首。

all his life.

He arrived in China in December, 1884, and was designated to Ch'ing Chou foo in Shantung, where — after studying the language — he was put in charge of a newly-established Boarding School. The boys were picked boys and all from Christian families; all instruction was in Chinese, English not being taught at all. For those were early days.

He soon realized that for his work's sake as well as his own, he ought to have a degree; and after using any leisure he could get from other work and other studies in the field, and utilizing two furloughs in the necessary preparation, he graduated M. A. of Edinburgh in 1902. As far as the University syllabus permitted, he chose the subjects suitable for his work in China; and he also did a good deal towards his B.Sc. and LL.B. degrees, one or both of which he intended to take on his third furlough. Circumstances, however, prevented this. About 1904, important changes were made in the educational policy of the Mission, which did not commend themselves to him; and after two or three years' work under the new conditions, he felt it wise to resign. It was about this time that he was twice offered the Principalship of Shansi University, which honour he declined on the ground that he wished if possible to remain with his Mission. He resigned finally from the B.M.S. in 1908; and this was one of the greatest sorrows of his life.

He then removed to Shanghai, where he was for some years tutor in a well-known family. In 1914 – 16 he was Hon. Sec. of the Royal Asiatic Society (North China Branch) and editor of its Journal. During this period he perceived the lack of a general book of reference as to things Chinese in the R.A.S. or any other library, and set to work to collect material for such a book. The result was the *Encyclopaedia Sinica* which was published in 1917, and was awarded the Prix Stanislas Julien in 1919. In the Preface it is said, "It is the framework on which a more complete and worthier encyclopaedia may be elaborated," and the Editor always hoped to bring out a second edition, for which he had considerable material in hand.

In 1919, though in poor health, he accepted the Acting Principalship of Medhurst College, Shanghai (L.M.S.), and rejoiced at being back in Mission work; but at the close of the year, a severe illness compelled him to resign. In the same year he stared the *New China Review*.

In 1920, he accepted the invitation of the Shanghai Municipal Council to complete the History of Shanghai (in 3 vols.) left unfinished by the late Mr. George Lanning. Unfortunately only the second volume was completed at Mr. Couling's death. This took place at Shanghai on June 15, 1822 at the age of 62.

He became a member of the R.A.S. (N.C.B.) in 1894; was its representative at the International Zoological Conference at Graz, in 1910; was, as we have said, Secretary, and Editor of its Journal for several years; was made an Honorary Member in 1918, and was one of the Society's Vice-Presidents at the time of his death.

He was by nature retiring and reserved; and those traits were accentuated by the nature of the rare and distressing complaint — an esophageal diverticulum — which after many years of increasing misery at last caused his death, so that he was not widely known in a social sense; but one of his greatest joys in later years was the fellowship of the learned and generous men of many lands who helped in the *Encyclopaedia*, and made the *New China Review* possible.

Ever modest about his own abilities and attainments, one of his latest wishes — oft-repeated — was that there might be "no eulogies," and this wish his friends feel bound to respect. It may be said, however, that by his courageous fight with physical weakness, and his determination to work as long as any strength was left, those who knew him often reminded of Robert Louis Stevenson, whom in features also he strongly resembled.

The portrait we offer as frontispiece, was taken about 1911, and represents him as his friends like best to recall him, — before the physical misery of his later years left its mark on his frame.

Most people will know him as the versatile compiler of the *Encyclopaedia Sinica*; sinologues will remember the plucky editor of the *New China Review*; but his best memorial is in the characters and lives of certain Chinese whom he taught and guided unostentatiously but thoroughly during the best time of his life, — the twenty odd years he spent in a sleepy, sweet old city in the interior of Shantung.

He is survived by his wife (who at his desire, writes this brief sketch) and by one son and one daughter.

沙曼翁甲骨文書法作品探源

賈書晟　　喬雁群

（京師大學堂殷商甲骨文研究院）

在當前的甲骨文熱潮當中，前輩書法名家沙曼翁先生有一批甲骨文書作，特別引起一些初涉甲骨文的年輕朋友的關注，他們想從中汲取營養，以加速自己的成長。這種積極性應予以充分肯定。但是也必須看到，對前輩書家，特別是那些聲名顯赫的書家，哪些值得學，哪些不應當學，還需要有一個清醒的認識。這裏有必要提醒一下年輕朋友，有幾個問題必須留意。一、前輩書家所使用的甲骨文字，只反映了當時甲骨文字的考釋水準，有些字在當時書寫時不能算錯字，但是今天看來就是"錯字"了。二、有些作者當時就把字寫錯了，或者寫了一些自造的"假甲骨文"。據我所知，有些朋友爲了查找某作品裏的一個未見過的字，翻來覆去查字典，浪費了很多寶貴時間，而這當中有時候就是爲了查出某個前輩書家所自造的"假甲骨文"。

還有比用錯字更嚴重的問題，就是創作態度問題。大家一定不會想到，某些名家所發表的"名作"，居然不是原創，而是"抄寫"的別人的作品。

我們知道，從20世紀20年代起，先後有羅振玉、丁仁、簡琴齋、董作賓等發表了甲骨文集聯、集詩詞等作品和作品集，這些詩詞、聯語作品公之於世，除了供人們鑒賞之外，無疑也可供初學者作爲學習的範本，供人臨習和作爲文辭的參考。如果用這些文辭進行創作也無不可，只是應該在款識中注明文辭的出處。這應該是搞書法的人最起碼的操守。如果參賽或者參加重要的紀念活動，則必須提交自己的原創作品。一個嚴肅的展覽，是不准臨摹別人的作品入圍的。這些"規則"應該是寫書法的人的常識。

大家可能不會想到，一代甲骨文書法大家，蘭亭獎終身成就獎獲得者沙曼翁先生，不但慣於"抄寫"甚至直接臨寫他人作品而幾乎從不注明出處，單是作爲他在書壇復出關鍵一次獲金獎的參賽作品，竟然就是臨寫的羅振玉的一副對聯，在紀念中日建交 30 周年中日聯展中提供的作品則是臨寫的簡琴齋的集古詩。最近朋友圈轉發的 10 幅作品，也無一例外，全都是臨的別人的作品。迄今爲止，筆者還沒見到有哪一幅作品是他自己的原創。下面，我們給大家展示一下他的作品與相應的原作及出處。

　　1979 年，剛創刊不久的全國第一家專業書法刊物《書法》發起主辦"全國首屆群衆書法評比"活動，在國內引起廣泛的注目，年逾花甲的沙曼翁先生以一副書卷氣十足的甲骨文對聯在數萬件投稿中脫穎而出，在總共只有十名的金獎中占得一席。這一評比活動對隨之而來的全國範圍的"書法熱"起到了推波助瀾的積極作用，而十名金獎得主自然也成爲衆多書法愛好者追逐的偶像。遺憾的是，這幅作品並非沙先生的原創，而是臨寫的羅振玉的一副對聯。圖一右側是沙先生提交的作品，左側是羅振玉書寫的對聯。稍有書法常識的人就可看出，這不僅僅是抄寫了羅的聯語，而且是逐字臨寫，每一字的結構體勢與原作完全一致，只有一個"歸"字略有不同——原因是他對文字結構理解有誤而導致抄錯了。

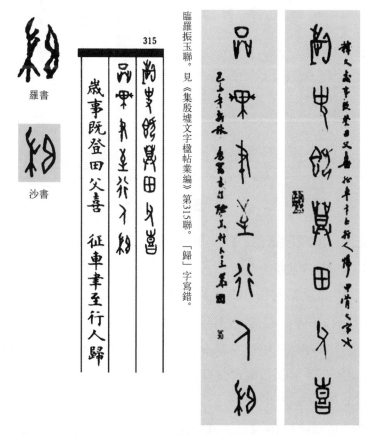

圖一

圖二是 2002 年沙曼翁先生提交的中日聯展的作品，内容是臨寫的簡琴齋的《甲骨集古詩聯》，但款識中隻字未提詩文的出處。不難看出各字的體勢完全是模仿原作。這時，甲骨文的“心”字已經釋出，他仍照抄了原作的舊釋字形。

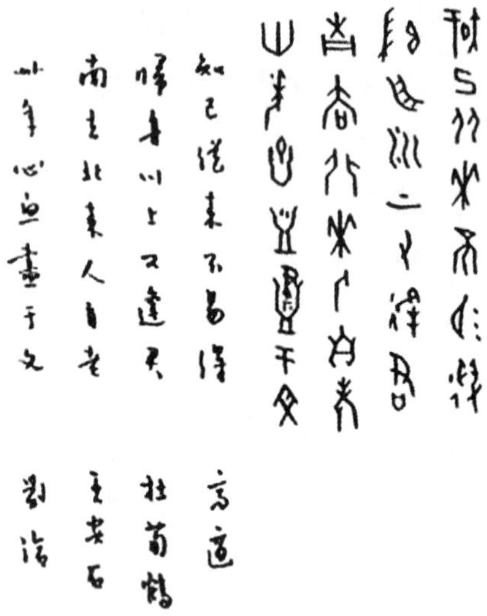

二〇〇二年慶祝中日建交30周年，臨簡琴齋《甲骨集古詩聯上編》第四十五頁。見左

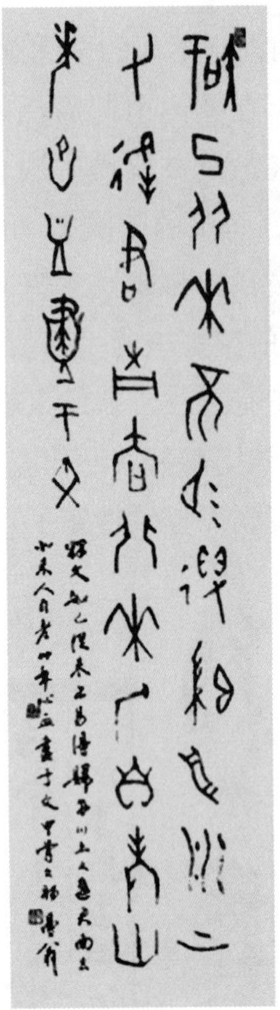

圖二

圖三是沙先生抄臨簡琴齋的《甲骨集古詩聯》，字形體勢悉從原作。“鄉”字原作誤用了一個“既”字，他也照抄不誤。有趣的是“好”字，原作無誤，沙氏抄錯了。甲骨文“女”字（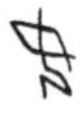或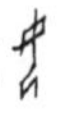，正反無别），作女子跪跽狀，雙手當是交叉於胸前，如果是雙手反縛於背後，即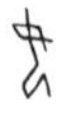字形，于省吾釋爲“奴”，陳年福《殷墟甲骨文字詞表》也釋爲“奴”，劉釗《新甲骨文編》（增訂本）釋爲“拘”，李宗焜《甲骨文字編》則收在“毋”字下，雖然意見略有不同，但它有别於“女”字則是確定無疑的。所以“好”字从“女”字没有問題，若寫成雙手交叉於背後的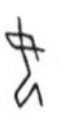便是錯字。

圖四中“春”字依原作仍用舊釋，“秋”字改爲今釋，這應該予以肯定，但並未改變“抄臨”的本質。

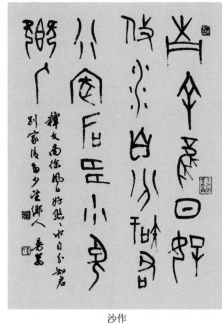

沙作 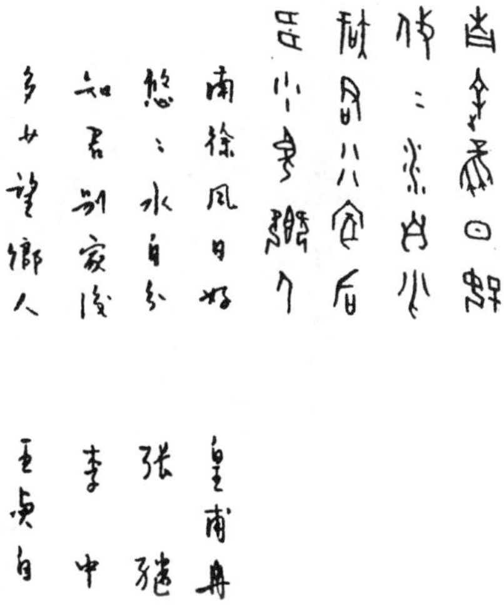　　　　　　　　　　　　　　　　原作

圖三

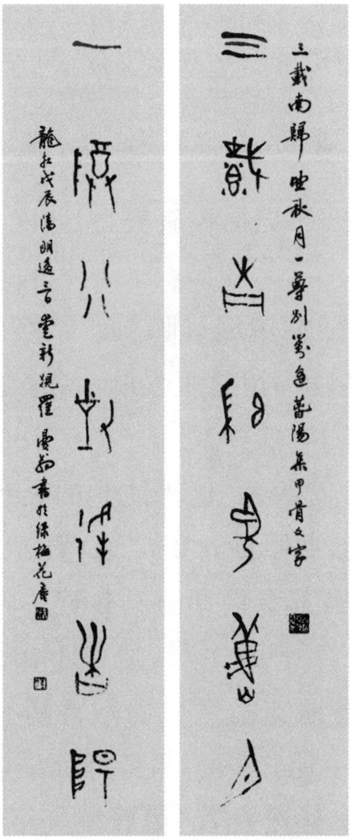

沙作 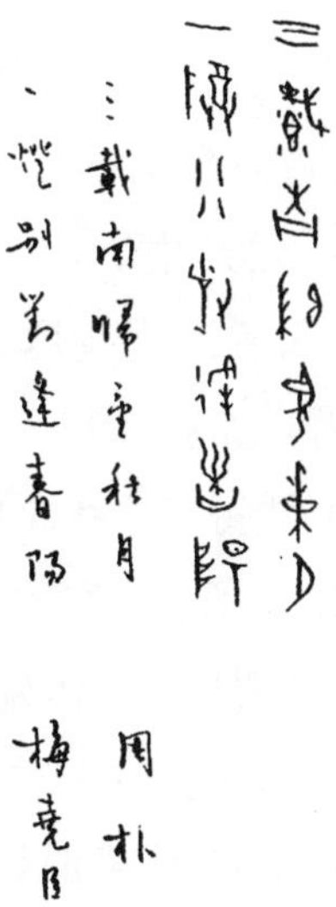　　　　　　　　　　　　　　　　原作

圖四

沙作　　　　　　　　　原作

圖五

　　圖五對聯中"天"、"雨"、"中"、"秋"四字與原作有異,但明顯的可以看出仍是"抄臨"簡琴齋的《甲骨集古詩聯》。

　　圖六是抄臨羅振玉的《集殷墟文字楹帖彙編》,除"天"字換了個寫法外,其他字形、體勢悉如原作,可以説沙先生臨寫的功力還是很强的,字的風格明顯與抄臨簡琴齋的不同,而轉成了羅氏風格。

　　圖七又是抄臨簡琴齋的《甲骨集古詩聯》。值得注意的是幾個細節:(1)"前"字原作行部的左側寫反了,沙作完全忠實照抄;(2)"臤(賢)"字原作取左高右低斜勢,沙作亦然;(3)"樂"字原作兩個幺部下面用一圓弧連結,下面木部的上段用一小短橫,沙作均照抄不誤;(4)"物"字下面牛部,原作不出頭,沙作忠實照抄;(5)"子"字原作不但用錯了字形(此爲地支用字),而且寫錯了,下部多寫了一豎筆,沙作也完全忠實於原作;(6)"爲"字原作"又"部寫得奇小,甚至與"象"的長鼻相接成一體,沙作亦照抄無餘。款識中赫然寫着"集殷墟文字",仿佛是書者自己所集。

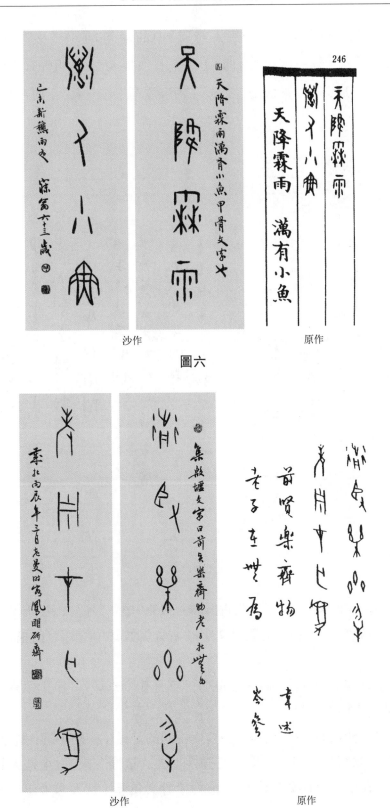

沙作　　　　　　　　原作

圖六

沙作　　　　　　　　原作

圖七

　　圖八是截取了簡琴齋《甲骨集古詩聯》中的兩句,原作"及"字用了個錯字;"時"字則是舊釋,卜辭中出現〇,即"上之下日"的字形,早期曾有人釋作"時",後來學界已基本達成共識,認爲是"之日"二字,意即"這一天"。而沙作對此一律照抄不誤。

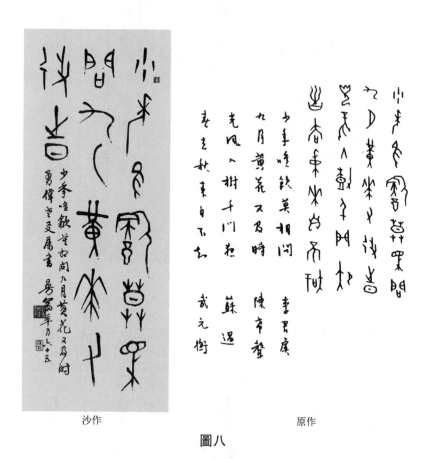

沙作　　　　　　　　　　　　　　原作

圖八

　　圖九也是臨寫的簡琴齋《甲骨集古詩聯》,只有"中"、"月"二字與原作略有異。
　　圖十又是臨寫的羅振玉《集殷虛文字楹帖彙編》,其中"車"字的構形只有羅氏使用過。
　　圖十一也是臨寫的羅氏《彙編》。除"月"字稍作變形,"端"字少了兩個小點外,各字字形、體勢均與原作無異。
　　圖十二也是抄臨的羅氏《彙編》,與前面不同的是做了一點手腳:將原作的七言聯中的前四字的"頭"砍掉,用另一副四言聯換上去。這樣一來,原來是仄起的句子,變成了平起。好在由於甲骨文字數少,一般對甲骨文集聯平仄要求並不十分嚴格,因此也還説得過去。

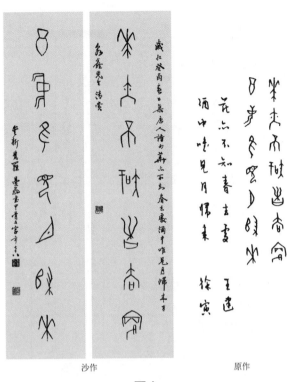

沙作　　　　　　　原作

圖九

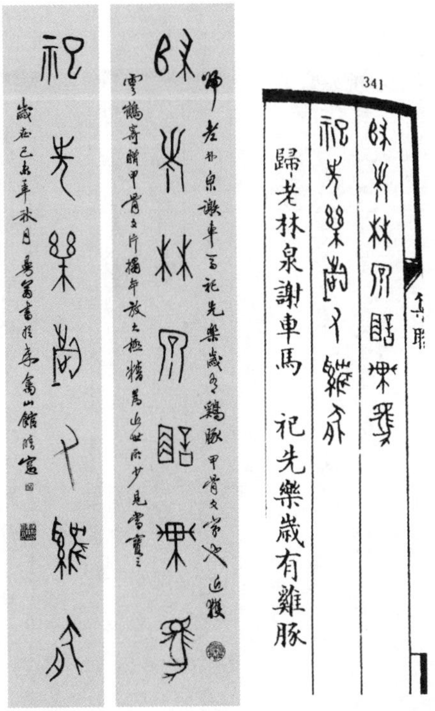

沙作　　　　　　　原作

圖十

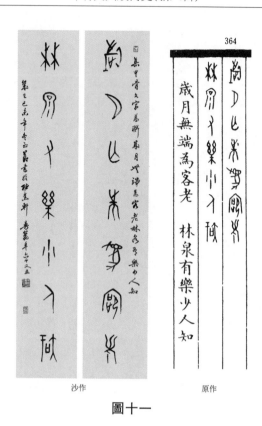

圖十一

圖十二

　　看了以上十二幅作品,不知大家作何感想。沙先生復出之後,給人們的印象是甲骨文書法大家。誰能料到這樣一位"大家"不但抄臨他人作品而不注明出處,而且其1979年關鍵的得獎作品,就非原創,中日聯展作品也非原創,拋開作者自身作爲"藝術家"的基本素質如何,這些活動的組織者、評審者難道没有責任嗎? 爲什麼冒牌的甲骨文書法作品能在中國書壇暢行無阻地流行數十年? 當前在甲骨文書法熱潮中大家應該如何學習和創作? 這一系列問題,不是很值得人們深思嗎?

淺談民間收藏甲骨 *

劉玉雙

（河南省甲骨文信息處理重點實驗室，
安陽市甲骨文博物館）

中華文明歷經滄桑，數千年一路走來，帶走了不堪回首的過往，也留下來太多的輝煌。文字是一個民族文明的載體，習主席 2014 年 5 月 30 號在北京視察工作時説："中國字是中國文化傳承的標志，殷墟甲骨文距離現在三千多年，三千多年來漢字結構没有變，這種傳承是真正的中華基因。"中國甲骨文和古埃及的紙草文字、巴比倫的泥版文字、印第安的瑪雅文字具有同等地位，號稱世界四大古典文字。但只有甲骨文字與當今漢字一脉相承，傳承至今。安陽是中國八大古都之一，是早期中國文明的中心，也是甲骨文的故鄉。甲骨文由最初的發現到被國家與社會所重視，個人收藏起到了不可否認的重要作用。本文的主題是談民間個人收藏甲骨，只是一家之言，有存疑和不同見解，願與大家共同商討。

一、甲骨文是由民間個人發現收藏開始的

古代甲骨上刻劃痕迹被確認爲是商代文字，是 19 世紀末 20 世紀初中國文化的三大發現（敦煌石窟、周口店猿人遺址）之一。它的發現經歷了一個錯綜複雜的過程。

據説，把甲骨片當作藥材賣到大藥房去的第一人，是河南安陽小屯村一位叫李成的農民，有一次他害了一身膿瘡，没錢求醫買藥，疼癢難耐，坐在田頭，無意中撿起一塊刻有"畫紋"的白骨片，他把白骨片揉搓成了粉末，塗抹在疥瘡上，想不到流出的膿

* 本文得到國家社科基金重大委托項目"大數據、雲平臺支持下的甲骨文字考釋研究"子課題"甲骨文大數據雲平臺技術研究"（項目批準號：16@ZH017A3）和"甲骨文信息處理"教育部創新團隊項目資助。

水被骨粉很快吸乾了,而且他發現骨粉還有止血功效,李成喜出望外。他把鄉親們扔掉的大量各種形狀的白骨片收集起來,送到城内的藥房去賣。他告訴藥店掌櫃:"這白骨片治疥瘡和外傷有特效。"藥房老闆將信將疑,取來藥典看了半天,終於弄明白這白骨就是中藥裏的"龍骨",在李時珍《本草綱目》中有記載:龍骨是古爬蟲動物的化石,能生肌防腐。藥店收下了這些"龍骨",李成則將大把的銅錢往錢袋裏一裝,高興地回家去了,從此成了收集販賣"龍骨"的"專業户"。李成一邊收集,一邊賣給藥店。可是,當時藥材交易落後,"龍骨"在當地的用量不大,藥店就不想收了。當李成又一次把收集來的"龍骨"送到藥房時,店老闆便挑剔起來:凡是刻有"畫紋"的"龍骨"一概不收。李成這次碰壁後,立即想出了聰明的對策:他拿起刀,將收集來的所有"龍骨"上的"劃紋"一刀一刀地刮掉,然後再送到藥店去賣(參圖一)。

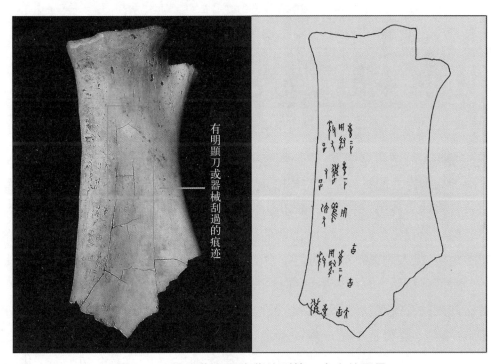

圖一　民間收藏家所收藏的刮掉一半字的甲骨

此時,藥房的倉庫裏已被"龍骨"堆滿了,老闆決定停止買進"龍骨"。但李成却没有放棄這掙錢的機會,没有停止"龍骨"的收集。他把一塊塊"龍骨"——一塊塊文化瑰寶搗成粉末,然後包成一個個小包到各個集市、廟會上去叫賣,去賺錢! 同樣,藥房老闆爲了賺錢,也陸續把"龍骨"轉賣給各地。

據我們博物館考證,這家藥房是位於原安陽中山中街24號的五洲大藥房(圖二)。我們館長的祖上在原安陽中山中街21號居住,與之緊鄰。當時我們館長的爺

圖二　原安陽市中山中街五洲大藥房所在地

爺跟五洲大藥房的老闆是朋友,看到相繼有人去藥房購買龍骨,也是出於好奇心,就收買了一部分並存放起來。是不是叫李成的農民發現的甲骨,我們無從考證,但第一個收買且售賣的大藥房,我們可以斷定是五洲大藥房。

　　清光緒二十五年(1899)秋,在北京任國子監祭酒(相當於現在的教育部長)的王懿榮得了瘧疾,派人到菜市口的達仁堂中藥店買回一劑中藥,王懿榮無意中發現其中一味叫"龍骨"的藥品上刻劃着一些符號,"龍骨"是古代脊椎動物的骨骼,這種骨頭上怎麼會有刻劃的符號呢? 這不禁引起了他的好奇,對古代金石文字素有研究的王懿榮仔細端詳起來,覺得這不是一般的劃痕,很像古代的文字,但其形狀又非籀(大篆)非篆(小篆)。爲了找到更多的"龍骨"作深入研究,他派人趕到達仁堂以每片二兩銀子的高價,把藥店所有刻有符號的"龍骨"全部買下,後來又通過古董商范維卿等人進行收購,累計收集 1 500 片。經過他潛心的專研,所謂的"龍骨"劃痕,其實是現在我們所能見到的最原始、最系統、最豐富的古代文字。

　　曾有人對王懿榮從中藥中發現帶字龍骨之說提出質疑,認爲王懿榮在他的有關著述中沒有這方面的記載,並認爲王懿榮吃的龍骨在藥店已加工成粉末,看不出刻劃的文字來,而且當時菜市口一帶沒有達仁堂藥店,只有一個鶴年堂中藥店(圖三),並且現在還在。

圖三　鶴年堂

　　也有人提出光緒二十四年(1898)，山東濰縣古董商范維清攜龜甲先到天津求教於學者王襄和孟定生，其後又將剩餘的大部分龜甲攜往北京求售於王懿榮，獲巨資。1898 或 1899，一年之差，衆説紛紜，似乎没有多大必要。但作爲一項重大的發現，確定一個準確的年代，則是科學態度問題了。經過一個時期的爭論和研究，大多數人都認爲王懿榮在 1899 年首先發現了甲骨文。其實，王襄早年在 1915 年的《題甲骨拓頁》中就講述甲骨文發現在"光緒己亥秋"，即光緒二十五年，公元 1899 年。我們這裏提到的發現，是學術意義上的發現，也就是不僅見到了甲骨文，而且認識了甲骨文。而一般意義的發現，是指在田野裏挖出了甲骨文。從一般意義上講，早在同治年間(1862—1874)，河南安陽小屯村即出現許多出土古物。"埋藏物多，每耕耘，或見稍奇之物。隨即其處掘之，往往得銅器、古泉、古鏡等，得善價"。[1] 其時龜甲獸骨也一定在其列。只不過它形態簡陋，又數量衆多，實在是不起眼。據在花園莊村居住的老一輩人回憶，没被科學發掘之前，甲骨片到處都是，老天下雨能把甲骨片沖出來，犁地能把甲骨片犁出來，蓋房子夯地基的時候也會挖掘出大量的甲骨，但都不知道其爲瑰寶。

_____

[1] 羅振常：《洹洛訪遊記》，鄭州：河南人民出版社 1987 年版，頁 20。

有許多人家蓋房子的時候會拉着成車的甲骨片倒進洹河裏。是因爲王懿榮的發現收藏,甲骨從不值錢的"藥材"搖身變爲珍貴的研究資料,避免了人爲的毀壞。王懿榮在1900 庚子八國聯軍侵京時"率勇拒之",投井自盡。己亥收得甲骨,庚子即殉節。證明他從事收集研究的時間不超過一年。但他仍然不失爲第一個偉大的發現者,因爲是他把甲骨文引進了當代學術文化史。這是范維卿或"李成"等專心於買賣者所無法比擬的。故而學術界仍然把世紀三大發現之首的甲骨文的發現,首歸於王懿榮。雖然故事的某些細節説法不一,但可以確認的是,從王懿榮開始,一大批學者開始了對這些帶文字甲骨的收藏和研究。劉鶚、羅振玉、王國維等個人憑着自身深厚的學識,不僅辨識出甲骨上的文字,還通過這些文字考證了史書中關於商朝的記載。在他們的努力下,學術界開創出一門全新的學問——甲骨文研究。

二、"甲骨文"名稱的由來

"甲骨文"一詞在 19 世紀以前是没有的,無論中國還是世界,無論民間傳説還是古籍記載都找不到。據老一輩小屯村民説,李成發現之初稱其爲"龍骨",而後被范維卿等人大批收購時,因其只收購有文字的龍骨,故稱之爲"龍骨文"。最初劉鶚、孫詒讓、羅振玉等學者對甲骨文的命名也均不相同。甲骨文是契刻在龜甲和獸骨上的。最初的收藏研究者,直接以質料來命名。劉鶚因爲買到的龜版居多,所以就稱甲骨文爲"龜"或"龜板文字"。孫詒讓稱"契文",是因爲這些文字是用刀刻的,這是按文字書寫的方法命名。羅振玉的書也叫《殷虛書契》。再有就是按照甲骨文的内容命名,因爲上面的内容大部分都與占卜有關,所以羅振玉有一本書叫《殷商貞卜文字考》,"貞"在商周兩代的意思就是卜問。

從"龍骨"到"龍骨文",再到最後統稱爲"甲骨文",經歷了大概二十多個年頭。1923 年 12 月 25 日,一個叫陸懋德的人,在北京《晨報副刊》發表了一篇《甲骨文之歷史及其價值》的文章,這是"甲骨文"這三個字第一次出現。此後,容庚、聞宥先後有論《甲骨文》的專篇。1931 年郭沫若出版《甲骨文字研究》一書。兩年之後,董作賓也發表了他在甲骨學史上劃時代的著作《甲骨文斷代研究例》。甲骨文這個叫法,從此爲人們所接受。

三、決定民間甲骨交易的價格因素

甲骨文的民間交易,在清代末年和改革開放後一度比較熱,但建國後和改革開放前這段時間爲低迷期。曾聽民間傳聞八年抗戰期間，有一個化名爲李鬼（因其古靈精怪而得名）的人，用鐮刀在一些舊骨上隨意劃拉幾下，就能賣給日本人，換得幾個銀圓（發現甲骨文的李成與李鬼是否爲同一個人，有待進一步論證）。而建國後因人民的生活水準有限，基本够解决温飽，並没有多餘的資金用於購買收藏品，所以價格低到幾元一片甲骨都没有人買。但隨着改革開放後人民生活水準的日益提高，甲骨又開始被民間收藏界所重視。交易的本質就是互换需求，有人買自然有人賣，價格開始逐步回升，一個字從幾百到幾千、上萬元不等。到目前這個階段，民間交易的價格已基本趨於規範，主要有以下幾方面因素决定：

1. 片的大小。因占卜時甲骨背面有鑽鑿的小坑，且經過火燒其背面已有裂紋，再經過幾千年的土壤擠壓風化，很大一部分出土後的甲骨質地已失去了原有的堅固性，所以民間能見到的甲骨片大的很少，普遍都是像一元硬幣的大小，像火柴盒大小的都少見。

2. 字的多少。不同時期，字形和書體的風格是不同的，且字體大小也是不同的。一期文字字體比較大，是五期文字的幾倍到十幾倍不等。一塊有三四個字的一期甲骨片，如果是五期也許就刻了十幾個字。字數越多，價格越高。

3. 内容。商人迷信，大事小事都要占卜，有些占卜的内容是天氣陰晴，有些是農作收成，也有問病求醫的，更有生育求子的，而打獵、征伐、祭祀等大事就更需要占卜了。一片甲骨上如果刻有較完整的重大事件或是很稀見的内容，則是極其珍貴的。

4. 品相。所有收藏品的門類都會講究品相，甲骨文也不例外。雖比不上瓷器的"缺一角，不值一角"那麽誇張，但甲骨片上字迹是否清晰，骨質風化程度如何等等，也都會成爲價格參考的因素。品相稍差，價格也會相差很多。

2004年7月5日在上海崇源藝術品拍賣有限公司主拍的20片甲骨，拍出了4 800萬人民幣高價，加手續費是5 280萬。文物專家指出，自甲骨文首次被發現迄今，出土對象已達十五萬片以上，散落於世界各地，其中絶大部分屬國家級别的博物館收藏。此番由上海崇源藝術品拍賣有限公司主拍的二十片甲骨（圖四）是當年的第一批出土文物，爲天津古文字學家孟廣慧個人收藏。其爲目前出土的甲骨中的私人藏品，拍賣完全合法。

2015年春紐約蘇富比拍賣行拍賣甲骨34片（圖五）。牛胛骨18片，龜甲16片，刻辭屬於賓組、出組、何組、黄組，即所謂村北派，内容包括周祭、求雨，祭牲、征伐，出獵，以及習刻。這一組甲骨早年流到日本，爲著名篆刻家小林斗盦所收藏。拍賣87.4萬美金。

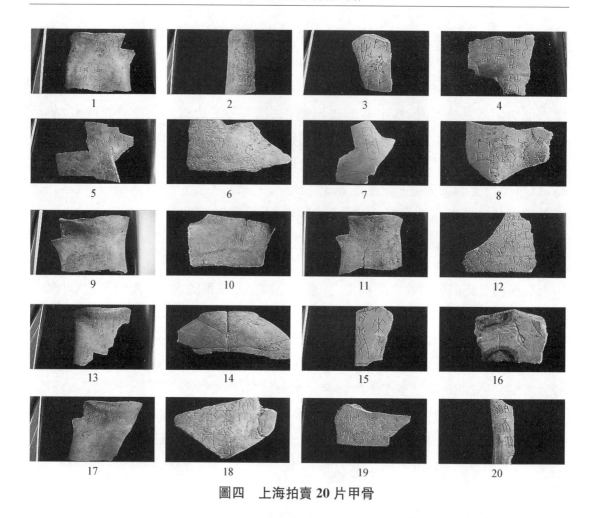

圖四　上海拍賣 20 片甲骨

　　因爲其價格極高,利潤相對較大,一些人即動腦筋將一些無字甲骨雇高手刻上字痕再埋入土中,又混雜真品帶字甲骨一起出售,獲利豐厚。但甲骨材料雖真,而補刻文字容易出錯,刻工不符合甲骨文例規律,信手刻劃,也爲後世甲骨文專家識讀帶來極大混亂。

四、民間收藏甲骨文真偽的鑒定

　　甲骨文鑒定,是一門被動被迫而不可忽視的學科。這深奧的大話題,僅憑我的學識,難以講清楚,但爲弘揚殷商文化,願將自己學習辨偽甲骨文的一點體會說出來,以供大家參考。甲骨文是歷史的産物,必然要打上歷史的烙印。現代人尤其是非專業性的去偽刻那些殷商遺物,難免會顧此失彼,顯現出違背歷史的端倪,暴露出造偽之迹。

圖五　蘇富比拍賣甲骨 34 片

縱觀甲骨文的造僞方法，概括起來有如下幾種：一是在出土有字甲骨上補刻，以增加文字數量；二是在出土的無字舊骨上刻字；三是在經過做舊的新骨上刻字。所刻甲骨文字，有的是胡亂找些單字堆積而成，也有"克隆"真甲骨文，或者取半段或整段卜辭仿刻等（圖六、七）。

我們可從以下幾點入手辨僞舊骨新刻的甲骨：

1. 運用痕迹學的原理和技術辨別字迹。痕迹學是廣泛用於考古和偵探等方面的一門學問，其主要目的在於通過事件發生後的内在或外在的痕迹表像，推導出這些痕迹產生的原因或過程。

現代研究甲骨文的專家學者，至今對殷商時期甲骨文字是用什麼工具刻出來的存有爭議。但從現有出土文物來看，刻寫甲骨文字用青銅刀和玉石刀的可能性比較大，比如安陽大司空出土的銅刻刀（圖八）、安陽苗圃北地墓葬出土的立鳥形銅刻刀（圖九）、武官村大墓出土的碧玉刀筆（圖一〇）、婦好墓出土的玉刻刀（圖一一）等。

真 假

圖六　洹寶齋所藏甲骨(第一片)

真 假

圖七　洹寶齋所藏甲骨(第一百零一片)

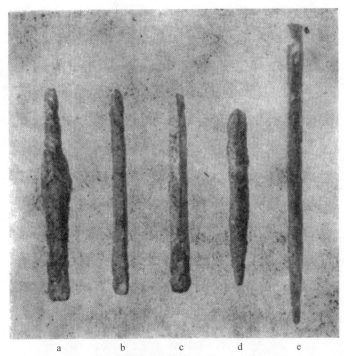

a b c d e

圖八 銅刻刀(安陽大司空村出土)

圖九 立鳥形銅刻刀(安陽苗圃 圖一〇 碧玉刀筆(安陽武官村
北地墓葬出土) 大墓出土)

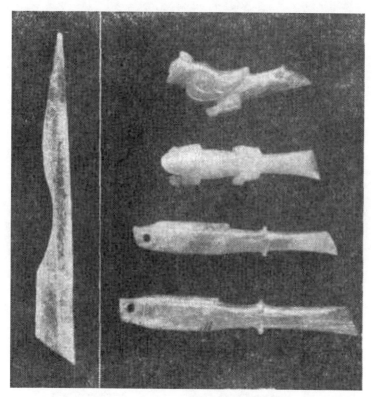

圖一一　玉刻刀(安陽婦好墓出土)

　　從清末發現甲骨後便有人開始仿刻,但因技術設備達不到,只能仿刻出一期、二期文字,當時用的工具是剃脚刀、金屬刀(圖一二)等。直到 90 年代末期,一個叫張某某的人,首次采取醫用牙科打磨機(圖一三、一四),才開始仿刻五期的甲骨字。

　　真正的甲骨文字是貞人即占卜之人、史官、商王朝的高級知識份子,用手一刀一刀刻出來的,因爲當年都是在新骨上刻字,而新骨都有一定的柔韌性,所以甲骨文的字口特徵,都是新骨的字口特徵:尖銳,可以彎曲,可以呈直角,且刀口都非常利落。而我們現代人用刀在古骨上刻出來的字,其刀口一定是鬆脆紊亂的,甚至會有小的崩裂。甲骨埋入地下三千餘年,能僞刻字迹的骨頭雖然離"化石"還差得遠,但相對來説也是十分堅硬的。爲了防止崩裂,在刻之前會用白醋進行浸泡,直至骨皮發軟。刻字後還會再用稀硫酸把表面處理一下,使其字迹看起來圓潤流暢。但無論怎樣處理,仔細辨別還是會有新字的痕迹。

　　專家研究出了商朝的貞人是如何刻寫甲骨文的,還從甲骨文中找到了師傅如何教徒弟刻寫和師傅示範、徒弟學刻的字樣。甲骨文一般先刻豎畫,後刻橫畫。一個現代人運用現代技術刻寫出的甲骨文,跟一個商代受過專業訓練的人刻出來的字,筆畫

圖一二　民間仿刻者所用刀具

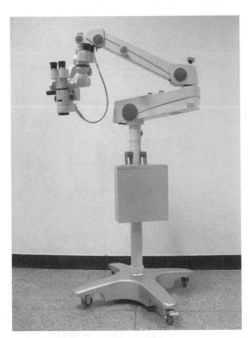

圖一三　老式打磨機

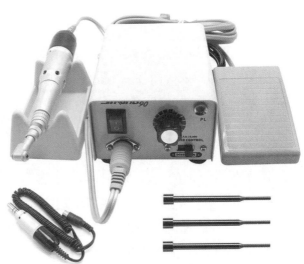

圖一四　進口打磨機

和結構是不一樣的,字型、行款、布局也是不一樣的。從心理學上説,貞人刻字率性隨意一些,更有時代的韻味。而現代人刻出來的字要麽過於規整,要麽筆畫做作,或多或少都能從痕迹上辨别出來。

《莊子·内篇·人間世》:"美成在久,惡成不及改,可不慎歟。"寓意美好的事物需要很長時間的磨練才能形成,且要付出長久的努力。順應事物的發展規律,方能水到渠成。在數千年的歷史與文化演繹中,甲骨文經過歲月長河的洗禮,字與骨頭早已融合爲一體,骨面的痕迹既參差錯落又統一和諧,其自然天成之美,實令後人神往。

2. 書體。郭沫若在《殷契萃編》序言中,就對甲骨文書法非常贊賞:"卜辭契於龜骨,其契之精而字之美,每令吾輩數千載後人神往。文字作風且因人因事而異,大抵武丁之世,字多雄渾,帝乙之世,文咸秀麗。而行之疏密,字之結構,回環照應,井井有條。"①專家將殷墟出土的甲骨文分爲五期,每期的字形、書體都有其獨特的風格。一期好刻大字,因字體太大不好把握,有的會先寫後刻;五期字形除個别外,均呈現"蠅頭"之狀,又因字形太小,會直接刻。字形也隨着時代發展而不斷變化。有些在寫法筆畫上也有不同,可以從甲骨學工具書(如高明《古文字類編》中華書局 1980 年版、孫海波《甲骨文編》中華書局 1965 年版、金祥恒《續甲骨文編》臺灣藝文印書館 1993 年版、李宗焜《甲骨文字編》中華書局 2012 年版)上查對。就書體而言,一期雄偉,二期謹飭,三期頹靡,四期勁峭,五期嚴整。

3. 内容。看内容是否符合卜辭的文例句法。骨上的各條卜辭,或自下而上,或自上而下刻寫,其間常有界劃相隔,每事亦反復對貞。但也有不同内容的卜辭上下相間布列的;有的卜辭於甲骨正面無處容納,而轉刻背面的;有反復卜問同一件事,而將内容基本相同的卜辭分刻於數版甲骨之上的。因作僞者並不懂甲骨文的内容,多數是胡亂抄襲的文字,東拼西湊,甚至倒寫刻錯亦渾然不覺。因此,在鑒别時要注意看刻辭是否連成文句。一條完整的卜辭,由前辭、問辭、占辭、驗辭四部分組成,不過許多卜辭都不完整,一般只有其中的幾部分。以至於對甲骨文有點研究的僞刻者們多數會掐頭去尾,按書上臨摹。

4. 看甲骨背面的小坑,民間稱爲"卜窑",甲骨學家稱之爲"鑽鑿"。占卜之前通常先在準備卜用甲骨的背面挖出或鑽出小坑,占卜的時候就在這些小坑上加熱使甲骨表面產生裂痕,這種裂痕叫作"兆坼"。在甲骨上的刻辭的走向是"迎兆"而不"犯兆",換句話說,就是刻辭的走向與兆枝恰好相對(當然也有極少數卜辭的行文走向"逆兆"的)。龜腹甲、背甲右側卜兆向左,文字右行;左側卜兆向右,文字左行;在甲首、甲尾及甲橋邊部的卜辭則由外向内行。牛胛骨中右胛骨卜兆向右,卜辭左行;左胛骨則相反。只有上端近骨臼處的兩條卜辭由中間讀起,在左左行,在右右行。甲骨學專家研

---

① 郭沫若:《殷契萃編》,北京:科學出版社 1965 年版,頁 10。

究表明，各期的鑽、鑿、灼的形狀、大小、分布、疏密都是有所區別的。

　　5. 鑒別甲骨文字筆畫間的泥土

　　經過三千多年的風化，真正的甲骨文字間的泥土已深入文字刻痕内，泥土與文字、文字與骨質都已完美地融爲一體，是很難洗刷掉的。而作僞者在舊骨新刻後的文字間，也會用黏性泥土糊上。比如把膠水和土混在一起塗抹上去，但這些泥土經過浸泡後，即刻清洗，用刷子是可以刷掉的。即便作僞後的泥土洗刷不下來，用高倍數的放大鏡仔細觀察，也是可以看出端倪的。

　　6. 香味。民間還有種説法，真甲骨上有特殊香味，假甲骨上沒有香味。我個人認爲這種説法是可信的。河南大學有個韓國人叫具隆會，他的教具是這樣處理的，首先用小刀仔細剔除肉泥，把骨頭放進燉鍋，每天 5 小時連煮 4 天，以完全去除油脂和膠質，然後再用 5 天的時間晾乾。我想三千多年前的商人大體也會用類似的方法，以得到去除油脂的乾净甲骨，而在處理的過程中可能會添加香料，目的是防蟲防蛀，更利於存檔保存。當然，在占卜之後需要保存時再添加香料處理也未嘗不可。在現已出土的甲骨片裏當時就被蟲蛀過的極少發現，還有一個原因是，甲骨片都是在炭灰坑裏出土的(圖一五)，炭灰屬碱性，本身就有抑制病蟲害的作用。

圖一五　殷墟甲骨灰坑

新骨做舊比較難。占卜是頭等大事,占卜用的骨頭當然也很重要,甲骨文中,就有某某進獻甲骨的記載。龜要選擇在秋天捕獲,到來年春天殺死,並去其皮肉,這在文獻中稱作"攻龜"。甲骨片由於埋藏條件不同,色澤和完整性差異很大,但這些,作爲一個有一定鑒賞能力的人來說,都不難識別。新骨的特徵和甲骨非常相似,很具有迷惑性。但新骨的顏色,無論用什麼辦法做舊,都還是顯得比較新,基本上都是呈單一的白色,土沁、礦物附着都沒有,斷裂處也沒有舊骨的酥脆感,骨質的網狀紋也非常完整清晰。即使做舊的骨頭,仍然很有柔韌性,如果用火燒的話,會有一種强烈的刺鼻異味。這些特點,都是做舊骨頭無法改變的。再就是用化工原料樹脂製作的假骨頭,粗看非常像,而且看上去有土沁和礦物附着物的,顯得非常古舊,但它斷裂處的質感和骨頭是肯定不一樣的。尤其是骨質既規律又雜亂的網狀紋,其殘破痕迹,是無論如何都仿不出來的。這種"骨頭"有時候會出現一層層的裂痕,這對真骨頭來說是不可思議的。總之,在骨頭上做舊,比較難。

在北京某古玩城,有人專售甲骨文,說是從日本回流的,全部呈骨白色,似有蒼白感,刻痕和字溝也是一體的白色,很有以假亂真之勢,但經推敲試驗後,用舊骨頭刻字放在太陽底下暴曬一月有餘,會呈一模一樣的狀況(圖一六)。

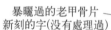

暴曬過的老甲骨片 新刻的字(没有處理過)

暴曬過的老甲骨片 新刻的字(經過處理后)

暴曬過的老甲骨片 新刻的字(没有處理過)

暴曬過的老甲骨片 新刻的字(經過處理后)

暴曬過的老甲骨片 新刻的字(經過處理后)

暴曬過的老甲骨片 新刻的字(經過處理后)

圖一六

這種方法,目前是很難被識破的一種做舊方法。但經仔細辨別後,還是能發現真正的甲骨被埋藏在灰坑幾千年,應爲發舊的淡黄色。

甲骨文辨別真偽的方式應引起專家學者和民間收藏家的重視。我觀察了很久,專家學者辨別真假甲骨文時先仔細讀看甲骨片上的辭例和位置是否正確,然後看骨質和刻痕新舊情況等；而民間藏家辨別是先看痕迹，再看骨片新舊，後看辭例等。往往有些專家學者看辭例不正確就直接否定。而大部分民間藏家先看痕迹，感覺有一點不陳舊的印象也馬上就否認了。很少有像宋鎮豪教授等綜合觀察後才下結論的。古人在習刻時爲了節儉材料，有在一片舊骨上反復練習而不注意辭例是否正確的現象，也有民間仿刻高手在一片出土的無字舊骨上刻字的情況，所以市場上一整片出土的無字舊骨有時也能賣到上萬元。如單看辭例是否正確或痕迹骨片是否新舊，也會有看錯的可能。如有機會可共同商榷和論證。

百年來約出土了 15 萬多片甲骨，分別藏於中國大陸、中國臺灣以及美國、日本、英國、加拿大、法國等國家。據統計大部分爲民間和個人收藏。更有安陽民間收藏家計算，没有記録在案的，民間收藏家所收藏的甲骨約也有五萬片之多。而目前發現的這些甲骨，只是其中的一小部分。甲骨在安陽這個地方還會不斷地出土，甲骨研究的重心應該放在安陽。

也許你不曾知道安陽，也許你没到過小屯，但中華有文字記載的輝煌歷史，却是從這裏拉開了序幕。如今，甲骨文入選《世界記憶名録》，必將引起更多甲骨文愛好者和收藏家們更大的興趣。相信，會有人在安陽這個地方，在甲骨片中，尋覓到更多前所未有的新發現，能深入揭開其中所藴含的大量歷史文化精髓。

徵 稿 啓 事

一、《甲骨文與殷商史》爲中國社會科學院甲骨學殷商史研究中心集刊,教育部、國家语委甲骨文研究與應用專项資助集刊,中國社會科學研究评价中心中文社會科學引文索引(CSSCI)來源集刊,教育部"2011高等院校創新能力提升計劃""出土文獻與中國古代文明研究協同創新中心"認定重要集刊。

二、《甲骨文與殷商史》1983年創刊,1986年和1991年又先後出版第二、三輯。2008年復刊爲新一輯,現爲年刊。

三、本集刊擇優刊布中國社會科學院歷史研究所同人最新甲骨學與殷商史研究成果,也竭誠歡迎海內外專家學者惠賜以下研究領域的大作:

1. 甲骨文殷商史專題研究;

2. 商周甲骨文材料保護整理與研究;

3. 甲骨文字考釋;

4. 甲骨文例與語法研究;

5. 甲骨文組類區分與斷代;

6. 甲骨綴合與辨僞;

7. 甲金文與殷墟考古研究;

8. 甲骨學史與海內外甲骨文研究動態、書刊評論。

四、來稿必須爲原創首發論文。

五、本集刊延請專家進行匿名審稿,一經采用,會及時將有關意見反饋給作者。來稿如未被采用,恕不另行答覆,敬請見諒。

六、稿件格式:

1. 投稿請同時提供word及pdf兩種格式電子文檔,word文檔采用橫排、繁體字。

2. 稿件中請注明作者姓名、工作單位及聯繫方式(通訊地址與郵編、電子郵址、電話或手機）。

　　3. 稿件注釋一律采用頁下注，每頁另起，注號用①、②、③、④……

　　4. 引用專著采用以下形式：

作者：《專著名》，出版所在城市：出版社××××年版，頁××。

　　5. 引用論文采用以下兩種形式：

作者：《論文名》，《刊物名》××××年第×期；或《刊物名》第×期第×卷，×××年。

作者：《論文名》，《論文集名》，出版所在城市：出版社××××年版。

　　6. 文中引用的古文字字形請造字後剪貼爲圖片插入 word 文檔中。如手寫則務必做到準確、清晰，也請以圖片形式插入文檔中。

　　七、來稿請用電子郵件發送，本集刊收到稿件後即予以回復。

　　八、來稿地址：

電子郵址：zhhsong@yeah.net

地址：北京建國門内大街 5 號　　中國社會科學院歷史研究所先秦史室

郵編：100732

電話：86－10－85195827　　86－10－85195842

圖書在版編目(CIP)數據

甲骨文與殷商史. 新八輯 / 宋鎮豪主編. —上海：
上海古籍出版社，2018.11
ISBN 978-7-5325-9051-3

Ⅰ.①甲…　Ⅱ.①宋…　Ⅲ.①甲骨文-研究 ②中國歷
史-研究-商周時代　Ⅳ.①K877.14 ②K223.07

中國版本圖書館 CIP 數據核字(2018)第 276021 號

甲骨文與殷商史(新八輯)

宋鎮豪　主編

上海古籍出版社出版發行

(上海瑞金二路 272 號　郵政編碼 200020)

(1) 網址：www.guji.com.cn

(2) E-mail：guji1@guji.com.cn

(3) 易文網網址：www.ewen.co

啓東市人民印刷有限公司印刷

開本 787×1092　1/16　印張 36.25　插頁 2　字數 669,000

2018 年 11 月第 1 版　2018 年 11 月第 1 次印刷

印數：1—1,100

ISBN 978-7-5325-9051-3

K·2585　定價：178.00 元

如有質量問題，請與承印公司聯繫